HISTOIRE

DU

CONSULAT

ET DE

L'EMPIRE

TOME XII

L'auteur déclare réserver ses droits à l'égard de la traduction en Langues étrangères, notamment pour les Langues Allemande, Anglaise, Espagnole et Italienne.

Ce volume a été déposé au Ministère de l'Intérieur (Direction de la Librairie), le 27 octobre 1855.

PARIS. IMPRIMÉ PAR HENRI PLON, RUE GARANCIÈRE, 8.

HISTOIRE
DU
CONSULAT
ET DE
L'EMPIRE

FAISANT SUITE

A L'HISTOIRE DE LA RÉVOLUTION FRANÇAISE

PAR M. A. THIERS

TOME DOUZIÈME

PARIS
PAULIN, LIBRAIRE-ÉDITEUR
60, RUE RICHELIEU

1855

muler les mots, prodiguer ici les rochers, et là les neiges, n'est à mes yeux qu'un jeu puéril et même fastidieux pour le lecteur. Il n'y a de sérieux, d'intéressant, de propre à exciter une véritable admiration, que l'exposé exact et complet des choses comme elles se sont passées. Combien de lieues à parcourir à travers monts, combien de canons, de munitions, de vivres à transporter sans routes frayées, à des hauteurs prodigieuses, au milieu d'affreux précipices, où les animaux ne servent plus, où l'homme seul conserve encore ses forces et sa volonté, le tout dit simplement, avec le détail nécessaire, sans les particularités inutiles, voilà, selon moi, la vraie manière de retracer une entreprise telle que le passage du Saint-Bernard par exemple. Qu'après un exposé précis et complet des faits, une exclamation s'échappe de la bouche du narrateur, elle va droit à l'âme du lecteur, parce que déjà elle s'était produite en lui, et n'a fait que répondre au cri de sa propre admiration.

Telles sont les causes de la lenteur que j'ai mise à composer cette histoire, et de l'étendue aussi de mes récits. Ceci me conduit à dire sur l'histoire, et sur la manière de l'écrire, quelques mots inspirés par une longue pratique de cet art, et par un profond respect de sa haute dignité.

Je ne sais rien, dans les œuvres de l'esprit hu-

vérité de convention, que les générations contemporaines se créent souvent, et transmettent aux générations futures comme la vérité authentique, mais cette vérité des faits eux-mêmes, qu'on ne trouve que dans les documents d'État, et surtout dans la correspondance des grands personnages. J'ai de la sorte employé quelquefois une année à préparer un volume que deux mois me suffisaient à écrire, et j'ai fait attendre le public, qui avait bien voulu attacher quelque prix au résultat de mes travaux.

Je dois ajouter qu'au scrupule s'est joint chez moi le goût d'étudier à fond comment, à l'une des époques les plus agitées de l'humanité, on s'y était pris pour remuer tant d'hommes, d'argent et de matières. Les secrets de l'administration, de la finance, de la guerre, de la diplomatie m'ont attiré, retenu, captivé, et j'ai pensé que cette partie toute technique de l'histoire méritait de la part des esprits sérieux autant d'attention au moins que la partie dramatique. A mon avis, la louange, le blâme pour les grandes opérations ne sont que de vaines déclamations, si elles ne reposent sur l'exposé raisonné, positif et clair de la manière dont ces opérations se sont accomplies. S'extasier, par exemple, devant le passage des Alpes, et, pour faire partager son enthousiasme aux autres, accun'existe pas. Dans ce cas, réduit à prononcer comme un juré, je parle d'après ma conviction intime, mais toujours avec une extrême appréhension de me tromper, car j'estime qu'il n'y a rien de plus condamnable, lorsqu'on s'est donné spontanément la mission de dire aux hommes la vérité sur les grands événements de l'histoire, que de la déguiser par faiblesse, de l'altérer par passion, de la supposer par paresse, et de mentir, sciemment ou non, à son siècle et aux siècles à venir.

C'est sous l'empire de ces scrupules que j'ai lu, relu, et annoté de ma main les innombrables pièces contenues dans les archives de l'État, les trente mille lettres composant la correspondance personnelle de Napoléon, les lettres non moins nombreuses de ses ministres, de ses généraux, de ses aides de camp, et même des agents de sa police, enfin la plupart des mémoires manuscrits conservés dans le sein des familles. J'ai rencontré, je dois le dire, sous tous les gouvernements (car j'en ai déjà vu se succéder trois depuis que mon œuvre est commencée), la même facilité, la même prodigalité à me fournir les documents dont j'avais besoin, et sous le neveu de Napoléon, on ne m'a pas plus refusé les secrets de la politique impériale que sous la république, ou sous la royauté constitutionnelle. C'est ainsi que je crois être parvenu à saisir et à reproduire non cette

AVERTISSEMENT DE L'AUTEUR.

Je viens d'achever après quinze années d'un travail assidu l'*Histoire du Consulat et de l'Empire*, que j'avais commencée en 1840. De ces quinze années, je n'en ai pas laissé écouler une seule, excepté toutefois celle que les événements politiques m'ont obligé à passer hors de France, sans consacrer tout mon temps à l'œuvre difficile que j'avais entreprise. On pourrait, j'en conviens, travailler plus vite, mais j'ai pour la mission de l'histoire un tel respect, que la crainte d'alléguer un fait inexact me remplit d'une sorte de confusion. Je n'ai alors aucun repos que je n'aie découvert la preuve du fait objet de mes doutes; je la cherche partout où elle peut être, et je ne m'arrête que lorsque je l'ai trouvée, ou que j'ai acquis la certitude qu'elle

main, au-dessus de la grande poésie. Mais on m'accordera qu'il y a des époques plus propres à la goûter qu'à la produire. Je ne crois pas que jamais Homère et Dante, par exemple, aient été plus vivement sentis que dans notre époque à la fois profondément érudite et profondément émue. Pourtant, bien que nous ayons eu des poëtes et des peintres remarquables, notre temps n'a pas produit cette poésie naïve et énergique de la Florence du treizième siècle, ou de la Grèce primitive. Les sociétés ont leur âge comme les individus, et chaque âge a ses occupations particulières. J'ai toujours considéré l'histoire comme l'occupation qui convenait non pas exclusivement, mais plus spécialement à notre temps. Nous n'avons pas perdu la sensibilité aux grandes choses, et en tout cas notre siècle aurait suffi pour nous la rendre, et nous avons acquis cette expérience qui permet de les apprécier et de les juger. Je me suis donc avec confiance livré aux travaux historiques dès ma jeunesse, certain que je faisais ce que mon siècle était particulièrement propre à faire. J'ai consacré à écrire l'histoire trente années de ma vie, et je dirai que, même en vivant au milieu des affaires publiques, je ne me séparais pas de mon art pour ainsi dire. Lorsqu'en présence de trônes chancelants, au sein d'assemblées ébranlées par l'accent de tribuns puissants, ou menacées par la multitude, il me restait un instant pour la réflexion, je voyais moins tel ou tel individu passager portant un nom de notre époque, que les éternelles figures de tous les temps et de tous les lieux, qui à Athènes, à Rome, à Florence, avaient agi autrefois comme celle que je voyais se mouvoir sous mes yeux. J'étais à la fois moins irrité et moins troublé, parce que j'étais moins surpris, parce que j'assistais non à une scène d'un jour, mais à la scène éternelle que Dieu a dressée en mettant l'homme en société avec ses passions grandes ou petites, basses ou généreuses, l'homme toujours semblable à lui-même, toujours agité et toujours conduit par des lois profondes autant qu'immuables.

Ma vie, j'ose le dire, a donc été une longue étude historique, et si on en excepte ces moments violents où l'action vous étourdit, où le torrent des choses vous emporte au point de ne pas vous laisser discerner ses bords, j'ai presque toujours observé ce qui se passait autour de moi, en le rapportant à ce qui s'était passé ailleurs, pour y chercher ce qu'il y avait de différent ou de semblable. Cette longue comparaison est, je le crois, la vraie préparation de l'esprit à l'exécution de cette épopée de l'histoire, qui n'est pas condamnée à être décolorée parce qu'elle est exacte et positive, car l'homme réel qui s'appelle tantôt Alexandre, tantôt Annibal, César, Charlemagne, Napoléon, a sa poésie, bien que différente, comme l'homme fictif qui s'appelle Achille, Énée, Roland, ou Renaud !

L'observation assidue des hommes et des événements, ou, comme disent les peintres, l'observation de la nature, ne suffit pas, il faut un certain don pour bien écrire l'histoire. Quel est-il? Est-ce l'esprit, l'imagination, la critique, l'art de composer, le talent de peindre? Je répondrai qu'il serait bien désirable d'avoir de tous ces dons à la fois, et que toute histoire où se montre une seule de ces qualités rares est une œuvre appréciable, et hautement appréciée des générations futures. Je dirai qu'il y a non pas une, mais vingt manières d'écrire l'histoire, qu'on peut l'écrire comme Thucydide, Xénophon, Polybe, Tite-Live, Salluste, César, Tacite, Commines, Guichardin, Machiavel, Saint-Simon, Frédéric le Grand, Napoléon, et qu'elle est ainsi supérieurement écrite, quoique très-diversement. Je ne demanderais au ciel que d'avoir fait comme le moins éminent de ces historiens, pour être assuré d'avoir bien fait, et de laisser après moi un souvenir de mon éphémère existence. Chacun d'eux a sa qualité particulière et saillante : tel narre avec une abondance qui entraîne, tel autre narre sans suite, va par saillies et par bonds, mais, en passant, trace en quelques traits des figures qui ne s'effacent jamais de la mémoire des hommes; tel autre enfin, moins abondant ou moins habile à peindre, mais plus calme, plus discret, pénètre d'un œil auquel rien n'échappe dans la profondeur des événements humains, et les éclaire d'une éternelle clarté. De quelque manière qu'ils fassent, je le répète, ils ont bien fait. Et pourtant n'y a-t-il pas une qualité essentielle, préférable à toutes les autres, qui doit distinguer l'historien, et qui constitue sa véritable supériorité? Je le crois, et je dis tout de suite que, dans mon opinion, cette qualité c'est l'intelligence.

Je prends ici ce mot dans son acception vulgaire, et l'appliquant seulement aux sujets les plus divers, je vais tâcher de me faire entendre. On remarque souvent chez un enfant, un ouvrier, un homme d'État, quelque chose qu'on ne qualifie pas d'abord du nom d'esprit, parce que le brillant y manque, mais qu'on appelle l'intelligence, parce que celui qui en paraît doué saisit sur-le-champ ce qu'on lui dit, voit, entend à demi-mot, comprend s'il est enfant ce qu'on lui enseigne, s'il est ouvrier l'œuvre qu'on lui donne à exécuter, s'il est homme d'État les événements, leurs causes, leurs conséquences, devine les caractères, leurs penchants, la conduite qu'il faut en attendre, et n'est surpris, embarrassé de rien, quoique souvent affligé de tout. C'est là ce qui s'appelle l'intelligence, et bientôt, à la pratique, cette simple qualité, qui ne vise pas à l'effet, est de plus grande utilité dans la vie que tous les dons de l'esprit, le génie excepté, parce qu'il n'est, après tout, que l'intelligence elle-même, avec l'éclat, la force, l'étendue, la promptitude.

C'est cette qualité, appliquée aux grands objets de l'histoire, qui à mon avis est la qualité essentielle du narrateur, et qui, lorsqu'elle existe, amène bientôt à sa suite toutes les autres, pourvu qu'au don de la nature on joigne l'expérience, née de la pratique. En effet, avec ce que je nomme l'intelligence, on démêle bien le vrai du faux, on ne se laisse pas tromper par les vaines traditions ou les faux bruits de l'histoire, on a de la critique; on saisit bien le caractère des hommes et des temps, on n'exagère rien, on ne fait rien trop grand ou trop petit, on donne à chaque personnage ses traits véritables, on écarte le fard, de tous les ornements le plus malséant en histoire, on peint juste; on entre dans les secrets ressorts des choses, on comprend et on fait comprendre comment elles se sont accomplies; diplomatie, administration, guerre, marine, on met ces objets si divers à la portée de la plupart des esprits, parce qu'on a su les saisir dans leur généralité intelligible à tous; et quand on est arrivé ainsi à s'emparer des nombreux éléments dont un vaste récit doit se composer, l'ordre dans lequel il faut les présenter, on le trouve dans l'enchaînement même des événements, car celui qui a su saisir le lien mystérieux qui les unit, la manière dont ils se sont engendrés les uns les autres, a découvert l'ordre de narration le plus beau, parce que c'est le plus naturel; et si, de plus, il n'est pas de glace devant les grandes scènes de la vie des nations, il mêle fortement le tout ensemble, le fait succéder avec aisance et vivacité; il laisse au fleuve du temps sa fluidité, sa puissance, sa grâce même, en ne forçant aucun de ses mouvements, en n'altérant aucun de ses heureux contours; enfin, dernière et suprême condition, il est équitable, parce que rien ne calme, n'abat les passions comme la connaissance profonde des hommes. Je ne dirai pas qu'elle fait tomber toute sévérité, car ce serait un malheur, mais quand on connaît l'humanité et ses faiblesses, quand on sait ce qui la domine et l'entraîne, sans haïr moins le mal, sans aimer moins le bien, on a plus d'indulgence pour l'homme qui s'est laissé aller au mal par les mille entraînements de l'âme humaine, et on n'adore pas moins celui qui, malgré toutes les basses attractions, a su tenir son cœur au niveau du bon, du beau et du grand.

L'intelligence est donc, selon moi, la faculté heureuse qui, en histoire, enseigne à démêler le vrai du faux, à peindre les hommes avec justesse, à éclaircir les secrets de la politique et de la guerre, à narrer avec un ordre lumineux, à être équitable enfin, en un mot à être un véritable narrateur. L'oserai-je dire? presque sans art, l'esprit clairvoyant que j'imagine n'a qu'à céder à ce besoin de conter qui souvent s'empare de nous et nous entraîne à rapporter aux autres les événements qui nous ont touché, et il pourra enfanter des chefs-d'œuvre. Au milieu de mille exemples que je pourrais citer qu'on me permette d'en choisir deux, Guichardin et le grand Frédéric.

Guichardin n'avait jamais songé à écrire, et n'en avait fait aucun apprentissage. Toute sa vie il avait agi comme diplomate, administrateur, et une fois ou deux comme militaire; mais c'était l'un des esprits les plus clairvoyants qui aient jamais existé, surtout en affaires politiques. Il avait l'âme un peu triste par nature et par satiété de la vie. Ne sachant à quoi s'occuper dans sa retraite, il écrivit les annales de son temps, dont une partie s'était accomplie sous ses yeux, et il le fit avec une ampleur de narration, une vigueur de pinceau, une profondeur de jugement, qui rangent son histoire parmi les beaux monuments de l'esprit humain. Sa phrase est longue, embarrassée, quelquefois un peu lourde, et pourtant elle marche comme un homme vif marche vite, même avec de mauvaises jambes. Il connaissait profondément la nature humaine, et il trace de tous les personnages de son siècle des portraits éternels, parce qu'ils sont vrais, simples et vigoureux. A tous ces mérites il ajoute le ton chagrin et morose d'un homme fatigué des innombrables misères auxquelles il a assisté, trop morose, selon moi, car l'histoire doit rester calme et sereine, mais point choquant, parce qu'on y sent, comme dans la sévérité sombre de Tacite, la tristesse de l'honnête homme.

Le grand Frédéric, qui ne fut jamais triste, aimait passionnément les lettres, et c'est assurément l'un des traits les plus nobles de son caractère, que cet amour des lettres qui le soutint dans les moments désespérés, où plus d'une fois sa fortune sembla près de s'abîmer. Le soir de batailles perdues, il se consolait en écrivant de mauvais vers, mauvais non par la pensée, car on y rencontre à chaque instant des idées profondes, ingénieuses ou piquantes, mais mauvais par la forme, car les vers ne sauraient se passer de correction, d'harmonie et de grâce. La pensée sans l'art n'est rien en poésie. Ce n'est pas encore là tout ce qui manquait au grand Frédéric pour composer des livres : n'ayant jamais fait de la pratique des lettres son art, n'en faisant que son délassement, il n'avait jamais étendu ses œuvres au delà d'une pièce de vers, d'un pamphlet ou d'une épître, et l'art de construire un livre lui était aussi étranger que celui d'écrire correctement. Et pourtant ce même homme, dans l'histoire qu'il nous a laissée de sa famille et de son propre règne, exposant les trames subtiles de sa diplomatie, les profondes combinaisons de son génie militaire, retraçant les vicissitudes d'une carrière de près de cinquante ans, les indicibles va-et-vient de la politique dans un siècle où les femmes gouvernaient les États pendant que les philosophes gouvernaient les esprits, enfin les alternatives continuelles d'une guerre où, aussi souvent vaincu que victorieux, mais toujours couvert de gloire, il se voyait à chaque instant à la veille de périr sous la haine de trois femmes et le poids de trois grands États, cet homme singulier a donné en mauvais français et en style bizarre un tableau simple, animé, et presque complétement vrai de cette curieuse époque, grande par lui seul et par quelques écrivains français. Ce mauvais écrivain écrit suffisamment bien, compose non pas savamment, mais simplement, avec ordre et intérêt, trace les caractères de main de maître, et serait un juge supérieur, s'il avait d'un juge l'équité et la dignité. Mais à la licence de son temps ajoutant la licence de son esprit, méprisant tous les rois qu'il avait humiliés, leurs généraux qu'il avait vaincus, leurs ministres qu'il avait trompés, ne se plaisant que dans la société des gens de lettres qui cependant par leur vanité lui prêtaient souvent à rire, aimant à faire pires qu'ils n'étaient lui et les autres, intempérant, cynique, il a donné à l'histoire le ton de la médisance, mais a immortalisé celle qu'il a laissée en la marquant du caractère de la plus profonde intelligence et du plus rare bon sens qui fussent jamais.

Je ne dis rien de César, parce qu'il était l'un des écrivains les plus exercés de son siècle, ni de Napoléon, parce qu'il l'était devenu. Mais les deux exemples que je viens de citer suffisent pour rendre ma pensée, et pour prouver que quiconque a l'intelligence des hommes et des choses a le vrai génie de l'histoire.

Mais, m'objectera-t-on, l'art n'est donc rien, l'intelligence à elle seule suffit donc à tout! Le premier venu, doué seulement de cette compréhension, saura composer, peindre, narrer enfin, avec toutes les conditions de la véritable histoire! Je répondrais volontiers que oui, s'il ne convenait cependant de mettre quelque restriction à cette assertion trop absolue. Comprendre est presque tout, et pourtant n'est pas tout; il faut encore un certain art de composer, de peindre, de ménager les couleurs, de distribuer la lumière, un certain talent d'écrire aussi, car c'est de la langue qu'il faut se servir, qu'elle soit grecque, latine, italienne ou française, pour raconter les vicissitudes du monde. Et, j'en conviens, il faut à l'intelligence joindre l'expérience, le calcul, c'est-à-dire l'art.

Ainsi l'homme est un être fini, et il faut presque faire entrer l'infini dans son esprit. Les événements que vous avez à lui exposer se passent souvent en mille endroits, non-seulement en France, si le théâtre de votre histoire est en France, mais en Allemagne, en Russie, en Espagne, en Amérique et dans l'Inde; et cependant, vous qui lui contez ces événements, lui qui les lit, ne pouvez être que sur un point à la fois. Le grand Frédéric se bat en Bohême, mais on se bat en Thuringe, en Westphalie, en Pologne. Sur le champ de bataille où il dirige tout, il se bat à l'aile gauche, mais on se bat aussi à l'aile droite, au centre, et partout. Même quand on a saisi avec intelligence la chaîne générale qui lie les événements entre eux, il faut un certain art pour passer d'un lieu à un autre lieu, pour aller ressaisir les faits secondaires qu'on a dû négliger pour le fait le plus important; il faut sans cesse courir à droite, à gauche, en arrière, sans perdre de vue la scène principale, sans laisser languir l'action, et sans rien omettre non plus, car tout fait omis constitue une faute, non-seulement contre l'exactitude matérielle, mais contre la vérité morale, parce qu'il est rare qu'un fait négligé, quelque petit qu'il soit, ne manque à la contexture générale, comme cause ou comme effet. Et pourtant on est tenu de ménager cet être fini, qui vous écoute et qui aspire toujours à l'infini, cet être curieux qui veut tout savoir, et qui n'a pas la patience de tout apprendre. Que je sache tout, et qu'il ne m'en coûte aucun effort d'attention, voilà le lecteur, voilà l'homme! nous voilà tous!

Il faut donc un certain art de mise en scène qui exige de l'expérience, du calcul, la science et l'habitude des proportions. Mais ce n'est pas tout encore : il faut savoir peindre, il faut savoir décrire; il faut savoir saisir dans un caractère le trait saillant qui constitue sa physionomie, dans une scène la circonstance principale qui fait image; il faut savoir distribuer la couleur avec mesure, avec une juste gradation, ne pas la prodiguer, au point qu'il n'en reste plus pour les parties qui ont besoin d'être fortement colorées. Enfin, comme l'instrument avec lequel tout cela se fait c'est la langue, il faut savoir écrire avec la dignité élégante et grave qui convient aux grandes choses comme aux petites, qui réussit à dire les unes avec hauteur, les autres avec aisance, précision et clarté. Tout cela est de l'art, je l'avoue, et souvent même du plus raffiné. Il est donc nécessaire d'unir à la parfaite intelligence des choses, une certaine habitude de les manier, de les disposer, de les rendre dans leurs moindres détails avec une ordonnance savante et facile, noble et simple, en pénétrant partout, en se traînant tantôt dans le sang des champs de bataille, tantôt dans les cabinets de la diplomatie, où quelquefois on est forcé d'aller jusqu'au boudoir pour trouver le secret des États, tantôt enfin dans les rues fangeuses où s'agite une démagogie furieuse et folle.

Mais en avouant que l'art doit s'ajouter à l'intelligence, je vais dire pourquoi l'intelligence, telle que je l'ai définie, arrivera plus qu'aucune autre faculté à cet art si compliqué. De toutes les productions de l'esprit, la plus pure, la plus chaste, la plus sévère, la plus haute et la plus humble à la fois, c'est l'histoire. Cette Muse fière, clairvoyante et modeste, a besoin surtout d'être vêtue sans apprêt.

Il lui faut de l'art sans doute, et s'il y en a trop, si on le découvre, toute dignité, toute vérité disparaissent, car cette simple et noble créature a voulu nous tromper, et dès lors toute confiance en elle est perdue. Qu'on exagère la terreur sur la scène tragique, le rire sur la scène comique ; que dans l'épopée, l'ode, l'idylle, on grandisse ou embellisse les personnages, qu'on fasse les héros toujours intrépides, les bergères toujours jolies, qu'en un mot on trompe un peu dans ces arts, qui tous s'appellent l'art de la fiction, personne ne peut se prétendre trompé, car tout le monde est averti ; et encore je conseillerais aux auteurs de fictions de rester vrais, quoique dispensés d'être exacts. Mais l'histoire, mentir dans le fond, dans la forme, dans la couleur, c'est chose intolérable ! L'histoire ne dit pas : Je suis la fiction ; elle dit : Je suis la vérité. Imaginez un père sage, grave, aimé et respecté de ses enfants, qui, les voulant instruire, les rassemble et leur dit : Je vais vous conter ce que mon aïeul, ce que mon père ont fait, ce que j'ai fait moi-même pour conduire où elles en sont la fortune et la dignité de notre famille. Je vais vous conter leurs bonnes actions, leurs fautes, leurs erreurs, tout enfin, pour vous éclairer, vous instruire et vous mettre dans la voie du bien-être et de l'honneur. Tous les enfants sont réunis, ils écoutent avec un silence religieux. Comprenez-vous ce père enjolivant ses récits, les altérant sciemment, et donnant à ces enfants qui lui sont si chers une fausse idée des affaires, des peines, des plaisirs de la vie ?

L'histoire, c'est ce père instruisant ses enfants. Après une telle définition, la comprenez-vous prétentieuse, exagérée, fardée ou déclamatoire ? Je supporte tout, je l'avoue, de tous les arts ; mais la moindre prétention de la part de l'histoire me révolte. Dans la composition, dans le drame, dans les portraits, dans le style, l'histoire doit être vraie, simple et sobre. Or quel est, entre tous les genres d'esprit, celui qui lui conservera le plus ces qualités essentielles? Évidemment l'esprit profondément intelligent, qui voit les choses telles qu'elles sont, les voit juste, et les veut rendre comme il les a vues.

L'intelligence complète des choses en fait sentir la beauté naturelle, et les fait aimer au point de n'y vouloir rien ajouter, rien retrancher, et de chercher exclusivement la perfection de l'art dans leur exacte reproduction. Qu'on me permette une comparaison pour me faire entendre.

Raphaël a créé des tableaux d'invention, des saintes Familles notamment, et des portraits. Les juges les plus délicats se demandent toujours lesquels valent mieux de ces saintes Familles ou de ces portraits, et ils sont embarrassés. Je ne dirai pas qu'avec le temps ils arrivent à préférer les portraits, car bien hardi serait celui qui oserait prononcer entre ces œuvres divines. Mais avec le temps ils arrivent à n'admettre aucune infériorité entre elles, et les Vierges les plus admirées de Raphaël ne sont pas placées au-dessus de ses simples portraits; la poésie des unes n'efface pas la noble réalité des autres. Mais comment Raphaël est-il parvenu à produire, par exemple, ce surprenant portrait de Léon X, l'une des œuvres les plus parfaites qui soient sorties de la main des hommes[1]? Voulait-il peindre une Vierge, ce beau génie cherchait dans les trésors de son imagination les traits les plus purs qu'il eût rencontrés, les épurait encore, y ajoutait sa grâce propre, qu'il puisait dans son âme, et créait l'une de ces têtes ravissantes qu'on n'oublie plus quand on les a vues. Au contraire voulait-il peindre un portrait, il renonçait à combiner, à épurer, à inventer enfin. Dans la figure d'un vieux prince de l'Église au nez rouge et boursouflé, au visage sensuel, aux yeux petits mais perçants, il n'apercevait rien de laid ou de repoussant, cherchait la nature, l'admirait dans sa réalité, se gardait d'y rien changer, et n'y mettait du sien que la correction du dessin, la vérité de la couleur, l'entente de la lumière, et ces mérites il les trouvait dans la nature bien observée, car dans la laideur même elle est toujours correcte de dessin, belle de couleur, saisissante de lumière.

L'histoire c'est le portrait, comme les Vierges de Raphaël sont la poésie. Mais de même que l'on parvient au portrait de Raphaël en s'éprenant de la nature et des beautés de la réalité, en s'attachant à les rendre telles quelles, on parviendra

[1] Celui qui est au palais Pitti à Florence.

à la grande histoire en observant les faits, en les contemplant, comme un peintre contemple la nature, l'admire même devant un laid visage, et cherche l'effet dans la vérité seule de la reproduction.

L'histoire a son pittoresque de même que la peinture, et le pittoresque est dans les hommes, dans les événements exactement et profondément observés. Par exemple, ouvrez notre histoire, prenez Henri IV, Louis XIII, Louis XIV, Louis XV, prenez leurs ministres, leurs maîtresses et leurs confesseurs, Richelieu, Mazarin, Louvois, Colbert, Choiseul, mesdames de Montespan, de Maintenon, de Pompadour, Letellier, Fleury, Dubois; de ces êtres puissants, gracieux, faibles ou laids, allez aux héros, au fougueux Condé, au sage Turenne, à l'heureux Villars, ainsi que la postérité les appelle; de ces héros gouvernés, allez à ces héros gouvernants, Frédéric et Napoléon : contemplez ces figures comme des portraits suspendus dans le Louvre de l'histoire, observez-les comme ils sont, avec leur grandeur et leur misère, leur séduction et leur déplaisance! est-ce que vous n'éprouvez pas une sorte de tressaillement à voir ces figures telles que Dieu les a faites, comme lorsque vous rencontrez un portrait de Raphaël, de Titien ou de Velasquez? Sentez-vous combien, sous leurs traits vrais, quelquefois sublimes, quelquefois bizarres, quelquefois grossiers, il y a la beauté pittoresque de la nature? Est-ce que Henri IV, avec sa profondeur d'esprit, son courage chevaleresque et calculé, sa grâce, sa bonté, sa ruse, ses appétits sensuels; Louis XIII, avec sa timidité gauche, son courage, sa soumission, sa révolte contre le puissant ministre auquel il doit la gloire de son règne; Louis XIV, avec sa vanité, son bon sens, sa grandeur; Louis XV avec son égoïsme, qui s'étourdit sans s'aveugler; est-ce que Richelieu avec son impitoyable génie, Mazarin avec sa patience et sa profondeur, Condé avec sa fougue que l'intelligence illumine, Turenne avec sa prudence qui s'enhardit, Villars avec son talent de saisir l'occasion, Frédéric avec son arrogant génie, Napoléon avec ce génie de Titan qui veut escalader le ciel, n'ont pas une beauté historique à laquelle ce serait crime de toucher, crime d'ajouter ou d'ôter un trait? Pour les rendre que faut-il? Les comprendre. Dès qu'on les a compris, en effet, on n'a plus qu'une passion, c'est de les bien étudier pour les reproduire tels qu'ils sont, et après les avoir bien étudiés de les étudier encore, pour s'assurer qu'on n'a pas négligé telle ride du malheur, du temps ou des passions, qui doit achever la vérité du portrait.

C'est la profonde intelligence des choses qui conduit à cet amour idolâtre du vrai, que les peintres et les sculpteurs appellent l'amour de la nature. Alors on n'y veut rien changer, parce qu'on ne juge rien au-dessus d'elle. En poésie on choisit, on ne change pas la nature; en histoire on n'a pas même le droit de choisir, on n'a que le droit d'ordonner. Si dans la poésie il faut être vrai, bien plus vrai encore il faut être en histoire. Vous prétendez être intéressant, dramatique, profond, tracer de fiers portraits qui se détachent de votre récit comme d'une toile, et se gravent dans la mémoire, ou des scènes qui émeuvent; eh bien, tenez pour certain que vous ne serez rien de tout ce que vous prétendez être, que vos récits seront forcés, vos scènes exagérées, et vos portraits de pures académies. Savez-vous pourquoi? Parce que vous vous serez préoccupé du soin d'être ou dramatique, ou peintre. Au contraire, n'ayez qu'un souci, celui d'être exact; étudiez bien un temps, les personnages qui le remplissent, leurs qualités, leurs vices, leurs altercations, les causes qui les divisent, et puis appliquez-vous à les rendre simplement. Quand un personnage passe, peignez-le de manière à faire sortir son rôle de son caractère, mais sans vous y arrêter avec complaisance; les personnages ont entre eux de violents démêlés, rapportez-en ce qu'il faut pour faire comprendre les motifs de leurs différends, le sens de leurs divisions, les inconvénients de leurs caractères, et ne vous arrêtez pas pour composer des tragédies ; allez, allez toujours comme le monde ; s'il y a des détails techniques, donnez-les, car il y a le matériel des choses humaines qu'on ne peut omettre, car dans la réalité tout n'est pas drame, grands éclats de passion, grands coups d'épée ; il y a les longs tiraillements qui précèdent les fortes crises ; il y a la réunion des hommes, de l'argent, du matériel, qui précède les sanglantes rencontres de la guerre ; il faut que tout cela ait sa place et son temps, que tout cela se succède dans vos récits comme dans la réalité elle-même ; et si vous n'avez songé qu'à être simplement vrai, vous aurez été ce que sont les choses elles-mêmes, intéressant, dramatique, varié, instructif, mais vous ne serez rien de plus qu'elles-mêmes, vous ne serez rien que par elles, comme elles, autant qu'elles. Et n'ayez aucune inquiétude sur votre sujet quel qu'il soit. N'en craignez ni les difficultés, ni l'aridité, ni l'obscurité. Dieu a fait le spectacle du monde et l'esprit de l'homme l'un pour l'autre. Dès qu'on montre le monde à l'homme, ses yeux s'y attachent ; il ne faut pour cela qu'une condition, c'est de n'y pas mettre les obscurités de son esprit en les imputant aux choses. Prenez quelque histoire ou partie d'histoire que ce soit, retracez-en les faits avec exactitude, avec leur suite naturelle, sans faux ornement, et vous serez attachant, j'ajouterai pittoresque. Si pour systématiser vos récits vous n'avez pas cherché à les grouper arbitrairement, si vous avez bien saisi leur enchaînement naturel, ils auront un entraînement irrésistible, celui d'un fleuve qui coule à travers les campagnes. Il y a sans doute de grands et petits fleuves, des bords tristes ou riants, mesquins ou grandioses. Et pourtant regardez à toutes les heures du jour, et dites si tout fleuve, rivière ou ruisseau, ne coule pas avec une certaine grâce naturelle, si à tel moment, en rencontrant tel coteau, en s'enfonçant à l'horizon derrière tel bouquet de bois, il n'a pas son effet heureux et saisissant ? Ainsi vous serez, quel que soit votre sujet, si après une chose vous en faites venir une autre, avec le mouvement facile, et tour à tour paisible ou précipité de la nature.

Maintenant, après une telle profession de foi, ai-je besoin de dire quelles sont en histoire les conditions du style? J'énonce tout de suite la condition essentielle, c'est de n'être jamais ni aperçu ni senti. On vient tout récemment d'exposer aux yeux émerveillés du public, parmi les chefs-d'œuvre de l'industrie du siècle, des glaces d'une dimension et d'une pureté extraordinaires, devant lesquelles des Vénitiens du quinzième siècle resteraient confondus, et à travers lesquelles on aperçoit, sans la moindre atténuation de contour ou de couleur, les innombrables objets que renferme le palais de l'Exposition universelle. J'ai entendu des curieux stupéfaits n'apercevant que le cadre qui entoure ces glaces, se demander ce que faisait là ce cadre magnifique, car ils n'avaient pas aperçu le verre. A peine avertis de leur erreur, ils admiraient le prodige de cette glace si pure. Si, en effet, on voit une glace, c'est qu'elle a un défaut, car son mérite c'est la transparence absolue. Ainsi est le style en histoire. Du moment que vous le sentez, lui qui n'a d'autre objet que de montrer les choses, c'est qu'il est défectueux. Mais est-ce sans travail qu'on arrive à cette transparence si parfaite? Certainement non. Si le style est vulgaire ou ambitieux, s'il choque par une consonnance malheureuse, car en histoire les noms d'hommes, de lieux, de batailles sont donnés par les langues nationales, et on ne peut pas leur trouver d'équivalent, si le style choque en quelque chose, c'est la glace qui a un défaut. Simple, clair, précis, aisé, élevé quelquefois quand les grands intérêts de l'humanité sont en question, voilà ce qu'il faut qu'il soit, et je suis convaincu que les plus beaux vers, les plus travaillés ne coûtent pas plus de peine qu'une modeste phrase de récit par laquelle il faut rendre un détail technique sans être ni vulgaire ni choquant. Mais qui aura tant de patience, de soin, de dévouement, uniquement pour se faire oublier? Qui? L'intelligence, car elle seule comprend son vrai rôle, qui est de tout montrer en ne se montrant jamais.

J'ai annoncé déjà qu'elle seule aussi saurait être juste. On me permettra de dire encore quelques mots sur cet important sujet.

Si j'éprouve une sorte de honte à la seule idée d'alléguer un fait inexact, je n'en éprouve pas moins à la seule idée d'une injustice envers les hommes. Quand on a été jugé soi-même, souvent par le premier venu, qui ne connaissait ni les personnages, ni les événements, ni les questions sur lesquels il prononçait en maître, on ressent autant de honte que de dégoût à devenir un juge pareil. Lorsque des hommes ont versé leur sang pour un pays souvent bien ingrat, quand d'autres pour ce même pays ont consumé leur vie dans les anxiétés dévorantes de la politique, l'ambition fût-elle l'un de leurs mobiles, prononcer d'un trait de plume sur le mérite de leur sang ou de leurs veilles, sans connaissance des choses, sans souci du vrai, est une sorte d'impiété! L'injustice pendant la vie, soit! les flatteurs sont là pour faire la contre-partie des détracteurs, bien que pour les nobles cœurs les inanités de la flatterie ne contre-balancent pas les amertumes de la calomnie; mais après la mort, la justice au moins, la justice sans adulation ni dénigrement, la justice, sinon pour celui qui l'attendit sans l'obtenir, au moins pour ses enfants! Mais qui peut se flatter en histoire de tenir les balances de la justice d'une main tout à fait sûre? Hélas! personne, car ce sont les balances de Dieu dans la main des hommes! Que de problèmes, en effet, que de complications dans ces problèmes, que de nuances pour être complétement équitable! Tel homme a exécuté de grandes choses, mais a-t-il tout fait lui-même? N'a-t-il pas eu des collaborateurs pour l'aider, ou des prédécesseurs pour lui frayer les voies? Alexandre a eu derrière lui son père Philippe, dont l'éloge le remplissait de courroux. Le grand Frédéric a eu son père et le prince d'Anhalt-Dessau qui lui avaient préparé l'armée prussienne. Napoléon avait reçu de la révolution française une armée incomparable. Tel homme a causé beaucoup de mal; mais ce mal appartient-il à lui ou à son temps? N'a-t-il pas été entraîné? Les passions auxquelles il a cédé n'étaient-elles pas celles de ses contemporains autant que les siennes? Et puis, s'il a été assez malheureux pour verser le sang humain, ne faut-il pas lui tenir compte des temps où il eut ce malheur? Une seule goutte de sang dans notre siècle, où l'on sait le prix de la vie des hommes, ne doit-elle pas peser dans la balance de la justice presque autant qu'un flot de sang au treizième siècle? Que d'autres problèmes encore! Voilà un général d'un courage éprouvé, d'une intelligence prompte et sûre, qui un jour se trouble, s'égare, et perd une armée! Voilà un personnage toujours sage, qui un jour, distrait ou affaibli, s'est laissé grossièrement tromper! Comment apprécier tant d'accidents divers? Et combien de jugements plus difficiles encore à porter, si on approche de notre histoire!

Voici un jeune homme extraordinaire, qui, après dix ans d'une horrible anarchie, se présente couvert de gloire à ses contemporains! Sur les lois de son pays foulées aux pieds, lois, il est vrai, qui n'inspiraient guère le respect, lois enfin, il arrive au pouvoir suprême. Il devient par sa sagesse, sa prudence, ses bienfaits, ses miracles, les délices de son pays et l'admiration du monde. Mais bientôt l'ivresse du succès monte à sa tête, il se jette sur l'Europe, l'accable, la soumet, l'opprime, la révolte, l'attire sur lui, et tombe, entouré d'une gloire sans pareille, dans un abîme où la France est précipitée avec lui! Comment juger cette prodigieuse vie? Eut-il raison, eut-il tort en se saisissant d'un sceptre que tout le monde le conviait à prendre? Quel homme eût résisté à une telle invitation? Sa faute ne consiste-t-elle pas plutôt dans l'usage qu'il fit de l'autorité suprême? Mais si on absout l'usurpation du pouvoir pour n'en blâmer que l'usage, n'oublie-t-on pas que dans la manière violente de le prendre il y avait en germe la manière violente de l'employer? Et puis, cet abus de la victoire qui révolta le monde, la faute en est-elle tout à fait à lui, ou au monde contre lequel il lutta? Le tort de cette horrible lutte, qui a fait couler plus de sang qu'il n'en coula jamais dans aucun siècle, est-il ou tout à lui, ou tout au monde, ou par moitié à l'un et à l'autre? Est-ce à l'insatiable orgueil du vainqueur ou à l'implacable ressentiment du vaincu qu'il faut s'en prendre?

Ainsi dans une seule vie, bien grande, il est vrai, que de problèmes profonds comme l'âme humaine! Comment arriver à les résoudre?

La première condition c'est d'éteindre toute passion dans son âme. Mais comment, demandera-t-on, opérer un tel miracle? Autant dire qu'on vous placera devant le plus vaste des théâtres, le plus vaste assurément, car c'est l'univers lui-même, et qu'assis devant ce théâtre où passeront les plus illustres acteurs connus, avec leurs grandeurs et leurs misères, leurs traits terribles ou risibles, vous ne serez jamais ému, vous n'éprouverez ni indignation, ni amour, ni haine, ni sentiment du ridicule! Glacer ainsi l'âme humaine est certainement impossible, et n'est pas désirable. Mais n'est-il pas possible de détruire la passion sans détruire le sentiment? Il me semble qu'on le peut, et qu'on y arrivera en élevant son esprit par l'étude assidue de l'histoire. Placez-vous, en effet, devant le spectacle des choses humaines; méditez-le sans cesse; parvenez à le comprendre, à le pénétrer; vivez avec les hommes dans le passé et le présent, rendez-vous compte de leurs faiblesses, pour les mieux comprendre songez aux vôtres, et, par la connaissance des hommes, vous deviendrez sinon impassible, du moins équitable et juste. Toute amertume à coup sûr sortira de votre cœur. Suivant vos goûts, vous aurez une préférence pour Turenne ou pour Condé, pour Richelieu ou pour Mazarin; mais votre raison, indépendante de vos instincts, planera au-dessus de vos sensations, et rendra les arrêts que la faible humanité peut rendre, en attendant ceux de Dieu. Si par caractère vous êtes indulgent ou sévère, il en paraîtra quelque chose, non dans le fond, mais dans la forme de vos jugements. Vous pourrez être triste comme Guichardin, ou comme Tacite, mais, comme eux, vous aurez cette justice qui tient à la hauteur de la raison. Ainsi j'en reviens à ma proposition première : ayez l'intelligence des choses humaines, et vous aurez ce qu'il faut pour les retracer avec clarté, variété, profondeur, ordre et justice.

Pour moi, j'ai passé vingt-cinq ans dans la vie publique, et plus de trente dans l'étude de l'histoire. Je me suis particulièrement attaché aux annales de mon temps, de celui du moins qui finissait quand ma jeunesse commençait. Après avoir écrit l'histoire de la Révolution française, j'ai essayé d'écrire celle du Consulat et de l'Empire. L'histoire de la Révolution française est connue, et je puis dire, au moins par le nombre des exemplaires répandus, que mon siècle l'a lue. J'ai publié une grande partie de celle de l'Empire, je vais en publier la fin. Celle-ci reste à connaître et à juger. Je ne sais ce qu'en pensera le public. Il y a cependant un jugement qu'il en portera, si je ne m'abuse, c'est qu'elle est empreinte du sentiment profond de la justice et de la vérité. Je l'ai commencée en 1840, sous un roi que j'ai servi et aimé, tout en lui résistant sur quelques points; je l'ai continuée sous la république, et je l'achève sous l'empire rétabli par le neveu du grand homme dont j'ai retracé les actions... Il y a une espérance dont je me berce, c'est que personne n'apercevra dans mes écrits une trace de ces diverses époques, non-seulement dans le fond de mes jugements, mais dans les nuances mêmes de mon langage. Quand on est en présence de choses d'une dimension prodigieuse, de prospérités ou d'adversités extraordinaires, qui ont eu pour le monde des conséquences immenses, qui ont leurs beautés et leurs horreurs éternelles, songer à soi dans le moment où on les contemple, atteste ou une faiblesse de caractère, ou une faiblesse d'esprit, dont je me flatte de n'avoir jamais été atteint. J'espère donc qu'on ne s'apercevra pas que tel jour je fus en possession du pouvoir, tel jour proscrit, tel autre paisiblement heureux dans ma retraite, et que ma raison, tranquille, bienveillante, et juste au moins d'intention, apparaîtra seule dans mes récits. Je ne dis pas qu'on n'y retrouvera point mes opinions personnelles : ah! je serais bien honteux qu'on ne les retrouvât point, mais on les verra dans le dernier volume telles qu'elles ont paru dans le premier.

J'ai toujours aimé la vraie grandeur, celle qui repose sur le possible, et la vraie liberté, celle qui est compatible avec l'infirmité des sociétés humaines. Ces sentiments je les avais en naissant, je les aurai encore en mourant, et je ne m'en suis point dépouillé pour écrire l'histoire de Napoléon; mais je ne crois pas qu'ils aient nui à la rectitude des jugements que j'ai portés sur lui, je crois plutôt qu'ils auront contribué à les éclairer. Aucun mortel dans l'histoire ne m'a paru réunir des facultés plus puissantes et plus diverses, et après avoir médité sur la fin de sa carrière, je ne change pas de sentiment. Mais lorsque je commençai son histoire je pensais, comme je pense en finissant, que l'abus de ces facultés prodigieuses le précipita vers sa chute, et je pensais, comme je pense aujourd'hui, que l'impétuosité de son génie, jointe au défaut de frein, fut la cause de ses malheurs et des nôtres. En l'admirant profondément, en éprouvant pour sa nature grande, vive, ardente, un attrait puissant, j'ai toujours regretté que l'immodération naturelle de son caractère, et la liberté qui lui fut laissée de s'y livrer, l'aient précipité dans un abîme. Sous le rapport poétique il n'est pas moins saisissant, il l'est peut-être davantage. Du point de vue de la politique et du patriotisme, il mérite un jugement juste et sévère. Mais à toutes les époques de sa carrière je me suis attaché à le rendre tel qu'il était, et on le verra tel, j'en ai la conviction, dans mes derniers récits, poussant en 1811 et en 1812 l'aveuglement du succès jusqu'au délire, jusqu'à s'enfoncer dans les profondeurs de la Russie ; apportant dans cette fatale expédition une force de conception extraordinaire, mais faiblissant dans l'exécution, atterré même pendant la retraite sous le coup imprévu qui l'a frappé, se réveillant au bord de la Bérésina, et à partir de ce jour se relevant tout à fait sous l'aiguillon du malheur, déployant en 1813 pour ressaisir la fortune des facultés prodigieuses, mais se trompant encore sur l'état du monde, insensé cette année même dans sa politique, admirable à la guerre, admirable dans les journées les plus malheureuses, jusqu'ici mal jugées, parce qu'elles sont tout à fait inconnues; se relevant avec plus de grandeur encore en 1814, alors ne se trompant plus ni sur l'Europe, ni sur la France, ni sur lui-même, sachant qu'il est seul, seul contre tous, ayant pour la première fois raison dans sa politique contre ses conseillers les plus sages, aimant mieux succomber que d'accepter la France moindre qu'il ne l'avait reçue, comprenant avec autant de profondeur que de noblesse d'esprit que la France vaincue sera plus digne sous le sceptre des Bourbons que sous le sien, luttant donc, luttant seul, et quoique n'ayant plus d'illusions conservant un dernier genre de confiance, la confiance dans son art, la conservant immense comme son génie, et la justifiant si bien, que quoique ayant tort contre le monde, n'ayant plus la France avec lui, ne conservant à ses côtés que quelques soldats qui ont noblement juré de mourir sous le drapeau, il pèse un moment dans la balance de la destinée, autant que la raison, la justice et la vérité! Devant un tel spectacle, un tel homme, de tels événements, éprouver je ne sais quel désir de rapetisser ou de grossir telle ou telle chose pour satisfaire un sentiment personnel, serait la plus insigne des puérilités. J'ai la certitude que mon caractère n'en admet pas de pareille.

Le génie de Napoléon devant l'histoire est donc hors de cause. Mais, à mon avis, ce qui ne l'est pas, c'est la liberté qui lui fut laissée de tout vouloir et de tout faire. Ma conviction à cet égard date, non pas de 1855 ou de 1852, mais du jour même où j'ai commencé à penser. Pouvoir tout ce qu'on est capable de vouloir est, à mon avis, le plus grand des malheurs. Les juges qui voient dans Napoléon un homme de génie, n'y voient pas tout : il faut y reconnaître l'un des esprits les plus sensés qui aient existé, et pourtant il aboutit à la plus folle des politiques. Le despotisme peut tout sur les hommes, puisqu'il a pu pervertir le bon sens de Napoléon. On verra donc dans mon récit la trace constante de cette conviction; mais qu'y puis-je faire? Il y a quarante ans que j'ai commencé à réfléchir, et j'ai toujours pensé de la sorte. Je sais bien qu'on me dira que c'est un préjugé de ma vie, je le veux bien; mais je répondrai que c'est un préjugé de toute ma vie. Je ne demande aux yeux de certains esprits que ce genre d'excuse. Je sais tous les dangers de la liberté, et, ce qui est pis, ses misères. Et qui les saurait, si ceux qui ont essayé de la fonder, et y ont échoué, ne les connaissaient pas? Mais il y a quelque chose de pis encore, c'est la faculté de tout faire laissée même au meilleur, même au plus sage des hommes. On répète souvent que la liberté empêche de faire ceci ou cela, d'élever tel monument, ou d'exercer telle action sur le monde. Voici à quoi une longue réflexion m'a conduit : c'est à penser que si quelquefois les gouvernements ont besoin d'être stimulés, plus habituellement ils ont besoin d'être contenus; que si quelquefois ils sont portés à l'inaction, plus habituellement ils sont portés, en fait de politique, de guerre, de dépense, à trop entreprendre, et qu'un peu de gêne ne saurait jamais être un malheur. On ajoute, il est vrai : Mais cette liberté destinée à contenir le pouvoir d'un seul, qui la contiendra elle-même? Je réponds sans hésiter : Tous. Je sais bien qu'un pays peut parfois s'égarer, et je l'ai vu, mais il s'égare moins souvent, moins complétement qu'un seul homme.

Je m'aperçois que je m'oublie, et je me hâte d'affirmer que je ne veux persuader personne. J'ai voulu seulement expliquer la raison d'une opinion dont on trouvera la trace dans cette histoire, opinion que l'âge et l'expérience n'ont point affaiblie, et dont, j'ose l'affirmer, l'intérêt personnel n'a point été chez moi le soutien. Si, en effet, j'osais parler de ma personne, je dirais que jamais je ne fus plus heureux que depuis que, rentré dans le repos, j'ai pu reprendre ma profession première, celle de l'étude assidue et impartiale des choses humaines. Certains esprits pourront ne pas me croire, et ils en auront le droit, comme j'aurai celui de ne pas les croire à mon tour, quand ils affirmeront que c'est avec désintéressement qu'ils professent l'excellence du pouvoir absolu.

Je demande pardon d'avoir quitté les hautes régions de l'histoire, pour entrer un moment dans la région des controverses contemporaines. J'ai voulu, je le répète, en avouant l'opinion qui percera seule dans ce livre, invoquer une excuse pour ma persistance dans des convictions qui remontent aux premières années de ma vie. On reconnaîtra, j'en suis sûr, dans ces derniers volumes, un historien admirateur ardent de Napoléon, ami plus ardent de la France, déplorant que cet homme extraordinaire ait pu tout faire, tout, jusqu'à se perdre, mais lui sachant un gré immense de nous avoir laissé, en nous laissant la gloire, la semence des héros, semence précieuse qui vient de lever encore dans notre pays, et de nous donner les vainqueurs de Sébastopol. Oui, même sans lui, nos soldats, ses élèves, ont été aussi grands, aussi heureux qu'ils le furent jadis avec lui! Puissent-ils l'être toujours, et puissent nos armées, quel que soit le gouvernement qui les dirige, être toujours triomphantes! Le plus grand dédommagement de n'être rien dans son pays, c'est de voir ce pays être dans le monde tout ce qu'il doit être.

Paris, 10 octobre 1855.

A. THIERS.

HISTOIRE
DU CONSULAT
ET
DE L'EMPIRE.

LIVRE TRENTE-HUITIÈME.

BLOCUS CONTINENTAL.

Situation de l'Empire après le mariage qui unit les cours de France et d'Autriche. — Napoléon veut profiter de la paix pour apaiser les esprits en Europe, et pour terminer en même temps la guerre avec l'Espagne et avec l'Angleterre. — Il se hâte de distribuer à ses alliés les territoires qui lui restent entre le Rhin et la Vistule, afin d'évacuer prochainement l'Allemagne. — Répartition des armées françaises en Illyrie, en Italie, en Westphalie, en Hollande, en Normandie, en Bretagne, dans le triple intérêt du blocus continental, de la guerre d'Espagne, et de l'économie. — Difficultés financières. — Napoléon veut faire supporter à l'Espagne une partie des dépenses dont elle est l'occasion. — Le projet de Napoléon est de forcer les Anglais à la paix par un grand revers dans la Péninsule et par le blocus continental. — État de la question maritime, et rôle difficile des Américains entre l'Angleterre et la France. — Loi américaine de l'*embargo*, et arrestation de tous les navigateurs de l'Union dans les ports de l'Empire. — Mesures de Napoléon pour fermer à l'Angleterre les rivages du continent. — Ses exigences à l'égard de la Hollande, des villes anséatiques, du Danemark, de la Suède, de la Russie. — Résistance de la Hollande. — Tout en se livrant à ces divers travaux, Napoléon s'occupe de mettre fin aux querelles religieuses. — Faute de quelques cardinaux à l'occasion de son mariage, et rigueurs qui en sont la suite. — Situation du clergé et du

LIVRE XXXVIII.

pape. — Efforts pour créer une administration provisoire des églises, et résistance du clergé à cette administration. — Caractère et conduite du cardinal Fesch, du cardinal Maury, et de MM. Duvoisin et Émery. — Établissement que Napoléon destine à la papauté au sein du nouvel empire d'Occident. — Envoi de deux cardinaux à Savone pour négocier avec Pie VII, et, en cas de trop grandes difficultés, projet d'un concile. — Suite des affaires avec la Hollande. — Napoléon veut que la Hollande ferme tout accès au commerce britannique, et qu'elle lui prête plus efficacement le secours de ses forces navales. — Le roi Louis se refuse à tous les moyens qui pourraient assurer ce double résultat. — Ce prince songe un moment à se mettre en révolte contre son frère, et à se jeter dans les bras des Anglais. — Mieux conseillé, il y renonce, et se rend à Paris pour négocier. — Vaines tentatives d'accommodement. — Napoléon n'espérant plus rien ni de la Hollande ni de son frère, est disposé à la réunir à l'Empire, et s'en explique franchement. — Cependant arrêté par le chagrin de son frère, il imagine un plan de négociation secrète avec le cabinet britannique, consistant à proposer à ce dernier de respecter l'indépendance de la Hollande s'il consent à traiter de la paix. — M. Fouché intervient dans ces diverses affaires, et indique M. de Labouchère comme l'intermédiaire le plus propre à remplir une mission à Londres. — Voyage de M. de Labouchère en Angleterre. — Le cabinet britannique ne veut point agiter l'opinion publique par l'ouverture d'une négociation qui ne serait pas sérieuse, et renvoie M. de Labouchère avec la déclaration formelle que toute proposition équivoque restera sans réponse. — La négociation, à demi abandonnée, est reprise secrètement par M. Fouché sans la participation de Napoléon. — Le roi Louis se soumet aux volontés de son frère, et signe un traité en vertu duquel la Hollande cède à la France le Brabant septentrional jusqu'au Wahal, consent à laisser occuper ses côtes par nos troupes, abandonne le jugement des prises à l'autorité française, et s'engage à réunir une flotte au Texel pour le 1ᵉʳ juillet. — Retour du roi Louis en Hollande. — Voyage de Napoléon avec l'impératrice en Flandre, en Picardie et en Normandie. — Grands travaux d'Anvers. — Napoléon découvre en route que la négociation avec l'Angleterre a été reprise en secret et à son insu par M. Fouché. — Disgrâce et destitution de ce ministre. — Conduite du roi Louis après son retour en Hollande. — Au lieu de chercher à calmer les Hollandais, il les excite par l'expression publique des sentiments les plus exagérés. — Son opposition patente à la livraison des cargaisons américaines, à l'établissement des douanes françaises, à l'occupation de la Nort-Hollande, et à la formation d'une flotte au Texel. — Fâcheux incident d'une insulte faite à l'ambassade française par le peuple d'Amsterdam. — Napoléon, irrité, ordonne au maréchal Oudinot d'entrer à Amsterdam enseignes déployées. — Le roi Louis, après avoir fait de vains efforts pour empêcher l'entrée des troupes françaises dans sa capitale, abdique la couronne en faveur de son fils, et place ce jeune prince sous la régence de la reine Hortense. — A cette nouvelle Napoléon décrète la réunion de la Hol-

BLOCUS CONTINENTAL.

lande à l'Empire, et convertit ce royaume en sept départements français. — Ses efforts pour rétablir les finances et la marine de ce pays. — Vaste développement du système continental à la suite de la réunion de la Hollande. — Nouveau régime imaginé pour la circulation des denrées coloniales, et permission de les faire circuler accordée à tous les détenteurs moyennant un droit de 50 pour 100. — Perquisitions ordonnées pour les soumettre à ce droit. — Invitation aux États du continent d'adhérer au nouveau système. — Tous y adhèrent, excepté la Russie. — Immenses saisies en Espagne, en Italie, en Suisse, en Allemagne. — Terreur inspirée à tous les correspondants de l'Angleterre. — Rétablissement des relations avec l'Amérique à condition que celle-ci interrompra ses relations avec l'Angleterre. — Situation du commerce général à cette époque. — Efficacité et péril des mesures conçues par Napoléon.

Avril 1810.

Napoléon, vainqueur à Wagram de l'Autriche et des derniers soulèvements de l'Allemagne, enrichi de nouvelles dépouilles territoriales en Gallicie, en Bavière, en Illyrie, prodiguant à ses alliés polonais, allemands, italiens, les provinces enlevées à ses ennemis, ayant poussé encore plus loin vers l'orient son empire déjà si étendu au nord, à l'ouest et au midi, époux sans en être le ravisseur d'une archiduchesse, semblait replacé à ce faîte des grandeurs humaines, duquel ses ennemis avaient espéré, et ses amis avaient craint un moment de le voir descendre. Le monde qui juge des choses par le dehors était encore une fois ébloui, et avait motif de l'être, car excepté la Russie où d'ailleurs on témoignait à Napoléon beaucoup de déférence, excepté l'Espagne où une vaste insurrection populaire lui disputait les extrémités de la Péninsule, le continent entier se montrait profondément soumis, et l'humilité des peuples comme celle des rois paraissait sans bornes. L'Angleterre seule, protégée par l'Océan, continuait d'échapper à cette prodigieuse domination; et si en France on était fatigué de la guerre maritime, on

État extérieur de l'Empire français après le mariage de Napoléon avec Marie-Louise.

n'en était ni surpris, ni effrayé, et on se flattait que la mer ne serait pas toujours invincible pour la terre.

Frappé de ce spectacle, le parti royaliste et religieux, de tous le plus lent à s'éclairer et à se soumettre, sentait ses forces défaillir. Il tendait à se rattacher à la dynastie impériale, et beaucoup de ses membres jusqu'ici les plus dédaigneux, les plus médisants, venaient d'accepter des places de cour. Ils répandaient même, soit qu'ils y crussent, soit qu'ils voulussent y chercher une excuse à leur faiblesse, les bruits les plus étranges. Napoléon, suivant eux, allié de Marie-Antoinette depuis son mariage avec Marie-Louise, allait revenir aux errements du passé, réhabiliter glorieusement la mémoire de Louis XVI, écarter les régicides du gouvernement, peut-être même du territoire, et s'entourer enfin de l'ancienne cour. On ajoutait à ces bruits une nouvelle plus singulière, c'est que Moreau, qui était fort populaire parmi les amis des Bourbons, allait être rappelé de l'exil, et élevé à la dignité de maréchal avec le titre de duc de Hohenlinden[1]. Quant aux républicains, il eût été difficile de recueillir quelque chose de leur bouche, car ils semblaient ne plus exister. Quelques-uns d'entre eux survivaient à peine, cachant leurs erreurs et leurs excès dans l'ombre et l'oubli. Mais à leur place surgissait une certaine disposition à l'examen et au blâme, qui présageait dans un temps assez prochain un tout autre état des esprits que celui qui se manifestait alors. Toutefois ces commencements d'indépendance étaient à peine

[1] Les rapports de la police furent pendant plus d'un mois remplis de ces bruits.

sensibles, et le prestige qui avait longtemps entouré Napoléon paraissait entièrement rétabli.

Pourtant sous des apparences encore éblouissantes, les esprits réfléchis entrevoyaient certaines réalités fâcheuses. Napoléon en épousant une princesse autrichienne avait beaucoup ôté de sa vraisemblance au projet supposé de détrôner les vieilles dynasties, et quelque peu amorti la haine violente qu'il inspirait à l'Autriche; mais il ne l'avait pas dédommagée des pertes qu'elle avait essuyées depuis quinze ans; il n'avait pas consolé la Prusse de ses revers, ni distrait l'Allemagne de sa profonde humiliation. Il avait blessé irrémédiablement la Russie par ses procédés à l'occasion de son mariage, et par le refus loyal mais altier de la convention relative à la Pologne; il lui avait préparé une source de défiances en s'alliant avec l'Autriche; il avait blessé l'Italie en s'appropriant successivement la Toscane, les Légations et Rome; il avait dans la guerre d'Espagne une plaie toujours saignante, dans la haine de l'Angleterre une cause d'hostilités dont on ne voyait pas le terme. De plus, pour parer à ces difficultés de tant d'espèces il fallait entretenir au nord, à l'est, au midi, des armées innombrables, dont la paix du continent allait faire peser l'entretien sur la France seule, et dont le recrutement était devenu pour les familles éplorées une source incessante de douleurs. Napoléon avait enfin dans les querelles avec le pape non pas encore un schisme, mais un enchaînement de contestations presque inextricable. Toutes ces choses aperçues par les ennemis, qui découvrent le mal parce qu'ils le souhaitent, méconnues par les amis, qui se le cachent parce qu'ils en sont importunés, presque entièrement dévoilées aux esprits sages toujours si rares et si peu écoutés, souvent très-bien discernées par Napoléon lui-même, ne constituaient pas sans doute des dangers insurmontables pour lui, si une modération étrangère à son caractère altier et passionné, si une application patiente et soutenue à terminer certains desseins avant d'en entreprendre de nouveaux, venaient l'aider à résoudre les nombreuses difficultés dans lesquelles il s'était engagé.

Si, par exemple, il s'appliquait à tirer de sa récente union les avantages qu'elle pouvait offrir, en rassurant peu à peu l'Autriche, en lui faisant espérer et en lui restituant, pour prix d'une alliance sincère, les provinces illyriennes dont il n'avait que faire; s'il apaisait l'Allemagne, en l'évacuant entièrement; s'il restreignait au lieu de les étendre les adjonctions continuelles au territoire de l'Empire; si en s'appliquant à rendre le blocus continental plus rigoureux il n'en faisait pas un prétexte pour de nouveaux envahissements; s'il portait en Espagne une masse accablante de forces, et la plus grande de toutes les forces, sa personne elle-même; s'il renonçait à toute guerre avant d'avoir fini celle-là; s'il préparait dans la Péninsule de tels échecs à l'Angleterre qu'elle fût contrainte à la paix; s'il savait ménager les croyances religieuses qu'il avait tant flattées à ses débuts, en amenant Pie VII à un arrangement que ce pontife désirait au fond du cœur; si en assurant ainsi au dehors l'établissement de l'Empire par la paix générale, il savait au dedans accorder quelque liberté aux esprits prêts à se réveiller, il était possible de prévenir une grande catastrophe, ou du moins de prolonger l'existence du trop vaste édifice qu'il avait élevé, nous disons prolonger, car, pour l'éterniser, il eût fallu renoncer courageusement à des acquisitions que la nature des choses condamnait, il eût fallu renoncer à avoir des préfets à Rome, à Florence, à Laybach, il eût fallu se restreindre aux Alpes, au Rhin, aux Pyrénées, que l'Europe alors ne songeait plus à nous disputer ; et quel magnifique empire que celui qui, même renfermé dans ces limites, aurait compris Gênes, le mont Cenis, le Simplon, Genève, Huningue, Mayence, Wesel, Anvers, Flessingue !

On dirait qu'avant de perdre les hommes, la Providence, en mère indulgente, les avertisse plusieurs fois, et les invite en quelque sorte à réfléchir afin de s'amender ! A Eylau, à Baylen, à Essling, la Providence avait clairement indiqué à Napoléon les bornes qu'il ne devait pas essayer de franchir, et en lui accordant la victoire de Wagram après la difficile campagne d'Autriche, en lui donnant une épouse du sang des Césars pour servir de mère à l'héritier du nouvel empire, elle semblait lui accorder un délai pour revenir sur ses pas et pour se sauver ! Lui-même, avec sa rare pénétration, en fut frappé, y pensa, voulut en profiter, et depuis son retour à Paris se montra tout occupé du soin de rassurer l'Europe, d'apaiser l'Allemagne, de finir la guerre d'Espagne, de désarmer ou de vaincre l'Angleterre, de ménager les finances de la France, de terminer les querelles religieuses, et de rendre enfin le repos au monde épuisé de fatigue. Malheureusement il mit à résou-

Avril 1810.

dre ces difficultés le caractère qu'il avait mis à les créer : au lieu d'en dénouer le nœud il voulut le briser, et dès lors, toujours vaste, son génie ne fut plus heureux, et sembla moins habile.

Politique pacifique de Napoléon après son mariage avec Marie-Louise.

L'un de ses premiers actes après son mariage fut d'adresser une circulaire aux agents diplomatiques de l'Empire, pour qu'ils en tirassent la matière de leurs entretiens : « Cette circulaire, écrivait Napo-
» léon au ministre des affaires étrangères chargé
» de la rédiger, ne sera point imprimée, mais elle
» servira de langage à mes agents. Vous y direz
» qu'un des principaux moyens dont se servent les
» Anglais pour rallumer la guerre du continent,
» c'est de supposer qu'il est dans mon intention de
» détruire les dynasties. Les circonstances m'ayant
» mis dans le cas de choisir une épouse, j'ai voulu
» leur ôter le prétexte funeste d'agiter les nations
» et de semer les discordes qui ont ensanglanté
» l'Europe. Rien ne m'a paru plus propre à calmer
» les inquiétudes que de demander en mariage une
» archiduchesse d'Autriche. Les brillantes et émi-
» nentes qualités de l'archiduchesse Marie-Louise,
» dont il m'avait été particulièrement rendu compte,
» m'ont mis à même d'agir conformément à ma po-
» litique. La demande en ayant été faite et con-
» sentie par l'empereur d'Autriche, le prince de
» Neufchâtel est parti, etc. J'ai été bien aise de
» cette circonstance pour réunir deux grandes na-
» tions, et donner une preuve de mon estime pour
» la nation autrichienne et les habitants de la ville
» de Vienne. Vous ajouterez que je désire que leur
» langage soit conforme aux liens de parenté qui

» m'unissent à la maison d'Autriche, sans cepen-
» dant rien dire qui puisse altérer mon intime al-
» liance avec l'empereur de Russie[1]. »

Toute la politique de Napoléon en ce moment se trouvait contenue dans ces lignes. S'attacher l'Autriche à laquelle l'unissaient des liens de parenté, sans s'aliéner la Russie sur laquelle il n'avait pas cessé de fonder son système d'alliance, fut pour quelque temps sa principale étude. Il hâta en effet l'évacuation des États autrichiens, il se montra facile dans le payement des contributions de guerre, il consentit à un emprunt que l'Autriche voulait ouvrir à Amsterdam, et le favorisa même par une intervention directe; il écouta complaisamment quelques paroles vagues sur la destination définitive des provinces illyriennes, récemment données à la France, et dont la restitution eût été un beau présent de noces pour la cour de Vienne. Il fit le meilleur accueil à M. de Metternich, que l'empereur François avait envoyé à Paris pour y établir les relations toutes nouvelles qui devaient être la suite du mariage.

M. de Metternich en entrant dans le cabinet autrichien, où il est demeuré près de quarante années, inaugurait une politique très-différente de celle de ses prédécesseurs, celle de la bonne entente avec la France. Afin de la préparer il voulut venir à Paris, d'abord pour guider les premiers pas de la jeune Impératrice dans une cour dont il connaissait tous les détours; secondement pour s'assurer si le conquérant allait contracter des habitudes plus pacifiques dans

Relations avec l'Autriche, et motifs du voyage de M. de Metternich à Paris.

[1] Lettre de Napoléon au duc de Cadore, existant au dépôt de la secrétairerie d'État.

les douceurs d'une brillante union, ou bien s'en faire un point de départ pour de nouvelles et plus vastes entreprises. Quelques semaines consacrées à ce double objet n'étaient point un temps perdu, et l'empereur François avait consenti à ce que son futur ministre, avant d'entrer en fonctions, allât remplir à Paris cette dernière et utile mission.

Napoléon, qui avait eu longtemps M. de Metternich auprès de lui, l'accueillit avec empressement, et s'appliqua fort à lui plaire. Il voulait surtout le rendre témoin du bonheur de la jeune Impératrice, afin qu'il pût tranquilliser l'empereur François sur le sort de sa fille. Un jour, en effet, M. de Metternich ayant demandé à voir l'Empereur pendant que celui-ci était chez l'Impératrice, on introduisit immédiatement le ministre autrichien dans l'intérieur du palais. Napoléon, le conduisant dans la chambre même de Marie-Louise, lui dit : Venez voir de vos yeux combien votre jeune archiduchesse est malheureuse, et surtout dans quel effroi continuel elle passe sa vie. Puis le quittant après quelques instants, il ajouta : Je vous laisse avec madame, vous aurez ses confidences, vous entendrez ses plaintes, et vous pourrez les rapporter à l'empereur François! — M. de Metternich surpris, presque embarrassé de tant d'abandon, resta cependant auprès de Marie-Louise, qui parut parfaitement heureuse de son nouvel état, et lui dit avec plus d'esprit qu'elle n'en montrait ordinairement : Probablement on croit à Vienne que j'ai grand'peur de mon redoutable époux. Eh bien! dites à mes anciens compatriotes qu'il a plus peur de moi, que je n'ai peur de lui. — En effet, quand Marie-Louise commettait quelque inadvertance fort excusable au milieu d'hommes et de choses qui lui étaient étrangers, Napoléon osait à peine l'en avertir, et lui faisait parvenir par M. de Meneval ou par l'archichancelier, les avis qu'il hésitait à lui adresser directement.

La conversation de M. de Metternich avec Marie-Louise avait duré près d'une heure, lorsqu'il entendit frapper à la porte, et vit entrer Napoléon, qui lui dit avec la même gaîté : Eh bien! madame vous a-t-elle tout raconté? vous a-t-elle ouvert son cœur? Y a-t-il grand regret à avoir de ce mariage pour le bonheur de la femme qu'on m'a confiée? Écrivez tout ce que vous avez appris à l'empereur François sans ménagement et sans réticence. — Il emmena ensuite M. de Metternich pour l'entretenir des graves sujets qui naturellement devaient remplir les entretiens de Napoléon et d'un personnage destiné à devenir bientôt le premier ministre de la cour de Vienne. Malheureusement au milieu de tout ce déploiement de grâces, Napoléon, lorsqu'on arrivait aux affaires sérieuses, lorsqu'il parlait de telle puissance ou de telle autre, de l'avenir et de ses projets, laissait échapper des saillies d'audace, de rancune, d'orgueil, d'ambition, qui épouvantaient celui que pourtant il voulait rassurer. Ainsi ce lion un moment endormi sous la main qui le flattait, se réveillait tout à coup en frémissant, si quelque image inattendue avait excité ses instincts redoutables.

Les relations étaient plus difficiles avec la Russie, qui était blessée de la précipitation que Napoléon

Avril 1810.

Relations avec la Russie, et premiers

Avril 1810.

Symptômes de refroidissement à l'égard de cette puissance.

avait mise à rompre le mariage un moment projeté avec la grande-duchesse Anne, qui de plus était inquiète de la manière dont il se comporterait envers elle lorsqu'il croirait pouvoir compter sur l'Autriche, et troublée du refus qu'il avait fait de signer la convention relative à la Pologne. Quant au mariage presque aussitôt rompu que proposé, Napoléon avait chargé M. de Caulaincourt de dire à Saint-Pétersbourg, que les hésitations de la cour de Russie, mais surtout l'extrême jeunesse de la princesse russe l'avaient contraint d'accepter l'archiduchesse d'Autriche, qui réunissait toutes les conditions d'âge, de santé, de naissance, de bonne éducation désirables, qu'il en était résulté déjà, et qu'il en résulterait encore des rapports plus affectueux entre les cours de Vienne et de Paris, mais aucun changement dans le système des alliances politiques, que ce système restait le même, qu'il reposait toujours fondé sur l'intime union des deux empires d'Orient et d'Occident; que Napoléon souhaitait les succès des Russes sur les Turcs, et la conclusion de la paix qui devait assurer à l'empereur Alexandre la rive gauche du Danube, c'est-à-dire la Moldavie et la Valachie, conformément aux stipulations secrètes de Tilsit; que, relativement à la Pologne, il était toujours prêt à signer l'engagement de ne favoriser aucune tentative qui tendrait au rétablissement de l'ancien royaume de Pologne, se contentant à cet égard du grand-duché de Varsovie récemment agrandi, mais qu'il ne pouvait prendre l'engagement général, absolu, et trop présomptueux, de ne jamais rétablir la Pologne. — Ceci, disait Napoléon, ne dépend ni de l'empereur Alexandre ni de moi, quelque puissants que nous soyons, mais de Dieu, plus puissant que nous deux. Je puis m'engager à ne pas provoquer, à ne pas seconder les desseins de Dieu, je ne puis promettre de les enchaîner! — Modestie rare, qui lui venait fort en aide cette fois, et dont il usait habilement pour combattre les raisonnements de ses adversaires! Mais comme s'il n'avait jamais pu s'empêcher de faire sentir la pointe de son épée au milieu même des démonstrations les plus amicales, il ajoutait que, tout en désirant beaucoup la continuation de son intimité avec la Russie, il verrait cependant avec peine qu'elle voulût outre-passer la ligne du Danube et demander aux Turcs tout ou partie de la Bulgarie, qu'en retour des concessions faites au czar, en retour de la Finlande récemment adjointe à son territoire, de la Moldavie et de la Valachie qui devaient lui échoir prochainement, il espérait et voulait une persévérante continuation de rigueurs à l'égard de l'Angleterre, la clôture absolue des ports russes, en un mot le fidèle concours qu'on lui avait promis une première fois à Tilsit, une seconde fois à Erfurt, et qu'il avait payé des plus grands sacrifices. Tout cela était dit avec un mélange de courtoisie, d'amitié, de hauteur, qui n'aurait point blessé sans doute une puissance entièrement satisfaite, mais qui ne suffisait pas pour ranimer l'amitié d'un allié déjà sensiblement refroidi.

M. de Romanzoff à Saint-Pétersbourg, M. de Kourakin à Paris, écoutèrent ces explications avec une apparence de grande satisfaction, car Alexan-

Avril 1810

Soin de l'empereur Alexandre à cacher

dre, avec un orgueil très-bien entendu, s'il ressentait des déplaisirs ne les voulait pas manifester en ce moment, de peur qu'on ne les attribuât au dépit d'un mariage manqué, mariage du reste qu'il avait peu désiré, et dont il n'avait écouté la proposition que pour être plus sûr d'acquérir la rive gauche du Danube. Aussi pour mieux remplir ses intentions M. de Kourakin, atteint de la goutte le jour de la cérémonie nuptiale, s'était-il fait porter tout couvert d'or, de pierreries et de dentelles, à la chapelle du Louvre, montrant au milieu de douleurs aiguës une joie visible, ne tarissant pas de louanges sur le maintien et la beauté de la nouvelle Impératrice, jusqu'à embarrasser M. de Metternich lui-même, qui ne sachant plus que répondre aux compliments réitérés du diplomate russe, lui dit : Oui, elle est bien belle, mais elle n'est pas jolie [1].

Toujours ardent à la besogne, Napoléon s'occupa ensuite de terminer les diverses affaires qu'il avait avec l'Allemagne, dans l'intention fort sage de l'évacuer. Par le dernier traité de paix il avait conservé les deux Tyrol, l'allemand et l'italien, qu'on avait achevé de soumettre pendant les négociations d'Altenbourg; il avait acquis Salzbourg et quelques districts sur la droite de l'Inn. Il lui restait de ses conquêtes antérieures la principauté de Bayreuth dans le haut Palatinat, Hanau et Fulde en Franconie, Erfurt et plusieurs autres enclaves en Saxe, Magdebourg en Westphalie, enfin le Hanovre dans le nord de l'Allemagne. Il résolut de distribuer sur-le-champ ces divers territoires, et, après avoir exigé

[1] Rapport du duc de Rovigo à l'Empereur.

une partie de leur valeur en argent ou en dotations au profit de ses généraux, de retirer successivement ses troupes, sauf celles qui seraient nécessaires pour garder le nouveau royaume de Westphalie. Quoiqu'il fût regrettable de demeurer en Westphalie, en présence des haines allemandes, et des inquiétudes européennes qu'il aurait fallu s'attacher à calmer le plus tôt possible, c'était déjà cependant un utile changement, après avoir disposé de tous les territoires qui restaient à donner, de ramener cent ou deux cent mille hommes en deçà du Rhin, et de ne laisser de troupes françaises qu'auprès d'une royauté française, ou sur le littoral des villes anséatiques, que celles-ci n'étaient ni capables ni empressées de fermer au commerce britannique.

Avril 1810.

Napoléon, comme il était naturel, transmit à la Bavière tout ce qu'il avait acquis sur l'Inn et dans la haute Autriche. Il n'en pouvait faire un usage plus convenable et mieux entendu. Il lui abandonna l'Inviertel, Salzbourg, le Tyrol allemand, et une partie du Tyrol italien. Mais il réserva au royaume d'Italie la partie du Tyrol italien qui était nécessaire à la bonne délimitation de ce royaume. Il accorda en outre à la Bavière la principauté de Ratisbonne, qu'il enleva au prince primat (lequel devait, ainsi qu'on va le voir, être doté autrement), enfin la principauté de Bayreuth, jadis conquise sur la Prusse. Il y avait là de quoi dédommager largement la Bavière de ses efforts et de ses dépenses pendant la dernière guerre. Napoléon pouvait même, sans diminuer beaucoup la valeur de ce dédommagement, lui demander encore d'abandonner 150,000 âmes de

Territoires concédés à la Bavière, au Wurtemberg et à Baden.

population au Wurtemberg, qui en céderait 25,000 à Baden et 15,000 à Darmstadt. Moyennant ces divers échanges, les territoires de ces alliés devaient être suffisamment agrandis et plus convenablement limités. Ulm devait échoir au Wurtemberg, tandis que Ratisbonne et Bayreuth seraient transférés à la Bavière.

Napoléon exigea, bien entendu, que pour prix de ces concessions de territoire on ne lui demandât rien pour les consommations de ses armées pendant leur séjour dans les pays de la Bavière, du Wurtemberg, de Baden. C'était le maréchal Davout, dont l'esprit d'ordre et la probité offraient toutes garanties, qui était chargé de diriger l'évacuation. Ce maréchal avait fait successivement passer les troupes françaises de Vienne à Salzbourg, de Salzbourg à Ulm, d'Ulm en Westphalie, et ce qu'elles avaient consommé pendant cette marche rétrograde de plusieurs mois, se trouvait acquitté. Napoléon exigea de la Bavière qu'elle ratifiât les donations accordées aux officiers français de tous grades, dans les provinces cédées, à moins qu'elle ne préférât les racheter à des taux déterminés. Il voulut en outre qu'elle versât une somme de 30 millions, payable en bons à longue échéance, afin de dédommager le trésor extraordinaire des charges que cette campagne avait fait peser sur lui. Même à ces conditions le lot de la Bavière était fort beau, et de beaucoup supérieur à ses sacrifices. Napoléon recommanda à la Bavière, en lui assurant e nouveau le Tyrol, de donner à ce pays une constitution qui pût le satisfaire, de même qu'en cédant à Baden diverses parties du Palatinat, il exigea des traitements convenables pour les catholiques, car il est remarquable que chez lui, lorsque les passions n'égaraient plus le conquérant, l'homme d'État sage et humain reparaissait sur-le-champ.

Nos alliés de l'Allemagne méridionale étant satisfaits et leurs territoires évacués, Napoléon s'occupa du centre et du nord de cette contrée. Il fallait fixer le sort du prince primat, ancien électeur et archevêque de Mayence, devenu chancelier et président de la Confédération du Rhin, et dont la dotation reposait partie sur la principauté de Ratisbonne qui avait été récemment accordée à la Bavière, partie sur l'octroi de navigation du Rhin qui offrait un revenu variable pour le présent, et sujet à bien des vicissitudes pour l'avenir. Napoléon qui voulait bien traiter ce prince dévoué à ses volontés, disposa en sa faveur des principautés de Fulde et de Hanau restées entre ses mains, à condition qu'il céderait quelques portions de territoire aux duchés de Hanau et de Hesse-Darmstadt, Ratisbonne à la Bavière, et l'octroi du Rhin au trésor extraordinaire. Cet octroi devait concourir à former la dotation des principautés d'Essling, de Wagram, d'Eckmühl, attribuées aux maréchaux Massena, Berthier, Davout, en récompense de leurs services dans la dernière guerre.

Napoléon trouva dans cette disposition un nouvel avantage, ce fut celui d'assurer l'avenir du prince Eugène, resté sans dotation princière par suite du mariage avec Marie-Louise. Il n'y avait plus en effet d'espérance d'adoption en faveur du vice-roi depuis que tout faisait présager que Napoléon aurait des enfants. De plus la séparation du royaume d'Italie d'avec l'Empire français n'entrait pas dans les vues de Napoléon, et tout au plus admettait-il que l'héritier direct de l'Empire fût passagèrement vice-roi d'Italie, sous la suzeraineté de l'Empereur, pendant qu'il ne serait qu'héritier présomptif. Dans toutes ces suppositions le prince Eugène, doté pour sa vie de la vice-royauté d'Italie, n'avait rien à transmettre à sa descendance. Ce prince doux et soumis, tout en commettant des fautes à Sacile, avait cependant acquis de véritables titres militaires pendant la dernière campagne; il était cher à Napoléon, qui voulait d'autant moins le maltraiter qu'il venait déjà de lui causer une vive peine en répudiant sa mère l'impératrice Joséphine. La princesse Auguste de Bavière, devenue épouse du vice-roi, princesse digne de son rang et douée d'une remarquable force de caractère, aborda résolûment Napoléon, lui rappela les devoirs qu'il avait contractés envers elle, en allant la chercher sur l'un des plus vieux trônes de l'Europe, pour la donner à un époux sans naissance princière et sans patrimoine, et lui fit sentir combien il lui devait de ne pas la laisser, au milieu de ce perpétuel remaniement des couronnes, sans dotation pour ses enfants. Napoléon, touché des remontrances de la princesse, du chagrin secret du prince Eugène, leur accorda la réversibilité de la nouvelle dotation qu'il venait de créer en faveur du prince primat, sous le titre de principauté de Francfort. A cette belle dotation se trouvait jointe une charge importante, celle de président de la Confédération du Rhin, à la condition, bien entendu, que tout cet édifice durât, supposition qu'il faut toujours admettre quand on rapporte les faits de cette époque pour apprécier les choses à leur juste valeur. Du reste la faible santé du prince primat ne devait pas condamner la famille du prince Eugène à une longue attente.

Dans le désir qu'il éprouvait de hâter la distribution et l'évacuation des territoires allemands, Napoléon s'occupa ensuite de régler avec le roi Jérôme diverses contestations territoriales et financières encore pendantes, et fort désagréables pour les deux frères. Le roi Jérôme n'avait point satisfait Napoléon pendant la guerre qui venait de finir, non pas que lorsqu'il avait paru au feu il s'y fût montré faible, loin de là; mais il était entré tard en campagne, il avait dans son administration plus accordé aux dépenses de luxe qu'aux dépenses d'utilité; il ne gouvernait pas son royaume de manière à plaire aux Allemands, et il avait laissé susciter aux donataires français qui avaient reçu des dotations territoriales en Westphalie, des contrariétés que, dans son zèle pour le sort de ses soldats, Napoléon n'entendait pas souffrir. Pourtant ne voyant parmi ses frères que le roi Jérôme qui fût vraiment militaire, l'ayant toujours trouvé soumis et dévoué, il continuait à être indulgent à son égard, tout en le traitant quelquefois, comme les autres membres de sa famille, avec une extrême dureté.

Il résolut de lui céder définitivement Magdebourg, et de plus le Hanovre, qui formait en Allemagne un vaste et beau territoire resté en suspens. Ce n'était pas ajouter beaucoup à la difficulté de la paix avec

Avril 1810

Arrangements territoriaux et financiers avec le roi Jérôme

l'Angleterre, car si depuis plusieurs années cette puissance s'était habituée à considérer les îles Ioniennes, Malte, le Cap, et plusieurs autres conquêtes, comme des propriétés anglaises, bien qu'aucun traité général ne les lui eût définitivement attribuées, elle semblait avoir contracté aussi une sorte d'habitude d'esprit à l'égard du Hanovre, et ne plus le regarder comme anglais. La famille royale, il est vrai, y tenait toujours comme à son patrimoine personnel ; mais on eût dit que la nation envisageait cette perte comme un soulagement. Pour prix de cette cession, le roi Jérôme dut prendre pour toute la durée de la guerre l'engagement de solder une armée de 18,500 hommes de troupes françaises, destinées à résider en Westphalie. Il dut en outre payer en bons portant intérêt, et remboursables en quelques années, les contributions extraordinaires de guerre non acquittées par le Hanovre, et reconnaître toutes les donations faites sur ce pays aux militaires français, lesquelles montaient à près de onze millions de revenu. Moyennant ces conditions, le roi Jérôme fut déclaré souverain de la Hesse, de la Westphalie, du Hanovre, eut Cassel pour capitale, Magdebourg pour citadelle, et devint après le roi de Prusse le premier des souverains germaniques.

Ces arrangements terminés, il ne restait en notre possession que la ville d'Erfurt avec quelques enclaves destinées au roi de Saxe, grand-duc de Varsovie, après quoi l'état de l'Allemagne devait être définitivement constitué pour une durée de temps qui serait celle de l'Empire français lui-même.

Dans les arrangements qui précèdent l'entretien

d'un corps de troupes françaises formait, comme on vient de le voir, le prix assigné à la cession du Hanovre. Cette condition n'était pas d'accord avec la pensée que Napoléon avait conçue d'évacuer l'Allemagne, pour y apaiser les haines nationales, mais deux motifs l'empêchaient en ce moment de persister entièrement dans ce sage dessein : c'étaient l'état de la Prusse d'abord, et ensuite l'exécution des décrets de Berlin et de Milan, qui constituaient ce qu'on appelle le blocus continental. La Prusse s'était conduite en puissance à la fois malheureuse et inconséquente, car rien ne rend plus inconséquent que l'agitation du malheur. Tout en protestant de sa soumission aux dures conditions souscrites à Tilsit, tout en affectant une grande résignation, tout en montrant un extrême empressement à réprimer la révolte du partisan Schill, elle avait au fond du cœur complétement partagé les sentiments du patriotique insurgé qu'elle faisait poursuivre, et un moment nourri et laissé voir l'espérance d'être délivrée du joug qui pesait sur l'Allemagne. Rien n'était plus naturel, et, ajoutons, plus légitime, car il faut savoir approuver partout la haine de l'étranger, même quand on est cet étranger détesté. Malheureusement pour elle, la Prusse avait joint à ces sentiments bien naturels d'assez graves imprudences. Elle avait recruté ses régiments, acheté des chevaux, opéré certains rassemblements de troupes, sous prétexte de préparer le contingent promis à la France. Un pareil prétexte ne pouvait tromper un esprit aussi pénétrant que celui de Napoléon, et de plus il en avait coûté beaucoup aux finances

Avril 1810

arrêtées pour obliger la Prusse à solder ses dettes envers la France.

prussiennes. Il était résulté de cette conduite de la Prusse, outre de fâcheux symptômes de ses dispositions secrètes, un grand retard dans l'acquittement des contributions qu'elle nous devait encore, car, à peine la guerre de 1809 commencée, elle avait laissé protester 22 millions de lettres de change souscrites au profit du trésor extraordinaire. Napoléon n'avait rien témoigné d'abord, mais après la paix de Vienne il avait réclamé avec la vigueur qui lui était ordinaire, et avec un ton tellement péremptoire, qu'il était devenu impossible de désobéir. Bien que la cour de Prusse s'obstinât à demeurer à Kœnigsberg par tristesse et par calcul, elle n'en était pas moins sous la main de Napoléon, et si elle ne payait pas tout, il fallait au moins qu'elle payât quelque chose. — Vous avez encore manqué l'occasion, lui disait Napoléon, de vous relever, en montrant à propos votre bonne foi à la France. Si vous aviez su prévoir que la dernière levée de boucliers de l'Autriche ne pouvait la conduire qu'à des défaites, et à de nouvelles pertes de territoire, vous auriez dû, sans augmenter vos troupes, sans accroître vos dépenses, vous unir à moi, me donner le contingent de quinze mille hommes que vous étiez engagée à me fournir, faire honneur à votre signature, payer vos 22 millions de lettres de change, et me prouver que vous reveniez franchement à la politique qui aurait toujours dû être la vôtre, celle de l'alliance française. Probablement alors je vous aurais tenue quitte du reste de vos contributions, et je vous aurais relevée, agrandie, replacée bien près du degré de grandeur d'où vous êtes descendue.

Peut-être Magdebourg, peut-être le Hanovre auraient récompensé ce retour à de meilleurs sentiments. Mais au lieu de me seconder vous m'avez menacé, au lieu de dépenser pour me payer, vous avez dépensé pour armer contre moi : je suis victorieux, il faut expier vos fautes, non par de nouvelles pertes de territoire, mais par l'acquittement au moins de vos engagements. Vous m'obligez, en différant de vous acquitter, à laisser des garnisons dans les places de l'Oder, et pour soutenir ces garnisons de l'Oder à entretenir des troupes sur l'Elbe. Cette occupation m'expose à des dépenses, et, ce que je regrette bien plus, à des démonstrations militaires au sein de l'Allemagne, qui contrarient mes vues politiques. Vous empêchez donc le calme de renaître dans les esprits, et vous me causez ainsi autant de dommage moral que de dommage matériel. Il faut que cet état de choses finisse, finisse d'ici à un an, ou je me payerai de mes mains, je prendrai une de vos provinces, la Silésie peut-être, et je la donnerai à qui me payera. —

Tel était le langage tenu sérieusement à la Prusse, et que Napoléon accompagna de comptes détaillés dont il demandait l'acquittement. La Prusse, même depuis la réduction de sa dette, était restée débitrice de 86 millions. Napoléon exigea qu'elle les fournît à raison de 4 millions par mois, ce qui, en un an, devait produire 48 millions. Restaient 38 millions, dont Napoléon entendait être payé au moyen d'un emprunt de pareille somme qui devait être contracté en Hollande. Il se chargeait pour la Prusse de faire remplir cet emprunt par les Hollandais, en em-

Avril 1810.

Occupation militaire des places de Glogau, Custrin, Stettin, Dantzig, et motifs de cette occupation.

ployant divers moyens à sa disposition. La Prusse épouvantée avait promis tout ce qu'il avait voulu, mais toujours avec l'arrière-pensée d'éluder l'exécution de ses engagements.

Napoléon sentant bien que s'il abandonnait les places de l'Oder, Glogau, Custrin, Stettin, retenues à titre de gages, sa créance ne lui serait point payée, résolut de continuer à les occuper par des garnisons composées de troupes françaises et polonaises. Les troupes polonaises aguerries à notre école étaient devenues excellentes, et elles avaient toujours été dévouées. Quoique appartenant nominalement au roi de Saxe, grand-duc de Varsovie, elles se trouvaient en réalité à la disposition de la France. Les places de Glogau, Custrin, Stettin reçurent chacune un régiment saxon-polonais. L'artillerie et le génie de ces places furent composés avec des troupes françaises, et comme ces armes ne formaient pas le cinquième de l'effectif, les garnisons ne semblaient pas être françaises. Napoléon fit davantage pour Stettin, qui avait plus d'importance, et qui touchait à la mer Baltique; il y ajouta un régiment d'infanterie emprunté au corps du maréchal Davout. Dantzig était devenue une sorte de ville anséatique, dotée d'une indépendance fictive, et destinée par les traités, quand la guerre maritime l'exigerait, à recevoir garnison française. Sous le prétexte, très-spécieux, et assez fondé, que les Anglais pourraient être tentés d'occuper une ville précieuse par son port, par sa situation sur la Vistule, par son étendue, il y établit une garnison semblable à celles de l'Oder, mais plus forte. Outre le général Rapp qui en fut nommé gouverneur, Napoléon y plaça deux régiments polonais, deux régiments français, l'un d'infanterie, l'autre de cavalerie, plus les troupes d'artillerie et de génie qui furent également françaises comme à Stettin, Custrin et Glogau. Ce fut donc en réalité une force française, qui, sous une apparence polonaise, occupa ces places importantes, au moyen desquelles Napoléon était maître en pleine paix de l'Oder et de la Vistule.

Ces occupations militaires étaient sans doute en contradiction avec le système d'apaisement, qui constituait pour le moment la politique de Napoléon; mais elles étaient un moyen de contenir la Prusse, d'en exiger le payement de ce qu'elle nous devait, et elles préparaient une base d'opération formidable contre la Russie, si jamais la guerre recommençait avec cette puissance, de manière que, tout en projetant la paix, Napoléon ne pouvait s'empêcher de prévoir et de préparer la guerre. Au surplus les dettes de la Prusse, la présence menaçante des Anglais dans la Baltique, la nécessité d'occuper le littoral de cette mer pour veiller à l'exécution des lois du blocus, expliquaient suffisamment la présence des troupes françaises, et empêchaient que le bien produit par l'évacuation du reste de l'Allemagne, ne fût entièrement perdu.

Il fallait d'ailleurs, non-seulement appuyer les garnisons laissées sur la Vistule et sur l'Oder, mais obliger les villes anséatiques à renoncer au commerce britannique, et y contraindre la Hollande elle-même, qui ne se prêtait pas plus au blocus continental que si elle avait été régie par un prince allemand, ou par un prince anglais. Lors même que les gouverne-

Avril 1810.

ments étaient de bonne foi, les peuples n'entrant pas facilement dans les vues qui avaient inspiré l'idée du blocus continental, se livraient à une contrebande qu'on avait la plus grande peine à empêcher, tout en y apportant une extrême rigueur. Ce qui se passait en Hollande, devenue une monarchie française, et où cependant le commerce anglais était fort peu gêné, prouvait assez la difficulté de l'entreprise. Napoléon était décidé à mettre la main à l'exécution du blocus continental, maintenant surtout qu'il avait du loisir et des troupes disponibles, et à faire en personne ce genre de guerre, certainement l'un des plus efficaces qu'il pût employer contre l'Angleterre. Toutes les puissances liées par traité à cette partie de sa politique, ne pouvaient donc pas raisonnablement s'opposer à ce qu'il eût des troupes à Hambourg, Brême, Embden, comme il en avait déjà à Stettin et à Dantzig.

Habile répartition des troupes françaises, dans le triple intérêt de l'économie, du blocus continental, et de la guerre d'Espagne.

La plus large part possible ayant été faite à la politique d'évacuation, Napoléon distribua ses troupes avec une profonde habileté, dans les vues diverses de soulager l'Allemagne, d'appuyer ses garnisons de la Vistule et de l'Oder, d'occuper les côtes de la Baltique, de la mer du Nord et de la Hollande, de recommencer les rassemblements du camp de Boulogne, d'expédier des renforts considérables en Espagne, et enfin d'obtenir les économies dont ses finances avaient un urgent besoin. Il avait renvoyé à Laybach l'armée de Dalmatie, qui était venue de Zara à Vienne sous la conduite du maréchal Marmont, et il décida qu'elle serait entretenue par les provinces illyriennes, qui devaient produire annuellement environ 12 ou 13 millions, sans compter une somme de 6 à 7 millions en domaines aliénables. Il avait renvoyé l'armée d'Italie dans les plaines du Frioul, de la Vénétie et de la Lombardie, où elle avait toujours été entretenue par le trésor français, moyennant un subside annuel de 30 millions fourni par l'Italie, porté tous les ans en recettes au budget de l'Empire, et ne représentant du reste qu'une partie de la dépense. Il avait successivement fait refluer vers l'Espagne tous les renforts qui avaient été d'abord dirigés sur le Danube, pendant les négociations qui devaient mettre fin à la guerre d'Autriche. Il restait les trois corps des maréchaux Davout, Masséna, Oudinot, qui constituaient la force de la grande armée à Ratisbonne, Essling et Wagram. Ramenés successivement de la basse Autriche en Bavière, en Souabe, ils avaient vécu pendant le trajet sur les provinces destinées aux monarques alliés, où leur écot se trouvait payé d'avance en beaux territoires cédés à ces monarques. Napoléon adopta définitivement la distribution suivante. Le corps du maréchal Oudinot, qui se composait d'une division de vieux régiments, sous le brave général Saint-Hilaire tué à Essling, et de deux divisions de quatrièmes bataillons, fut dissous et réparti sur les côtes de France. Les régiments de la division Saint-Hilaire furent partagés entre Cherbourg, Saint-Malo, Brest, afin de menacer l'Angleterre. Les deux divisions de quatrièmes bataillons, qui appartenaient à des régiments faisant la guerre en Espagne, furent placés sur les côtes de Rochefort à Bordeaux pour se porter sur les Pyrénées, si le supplément de cent mille hommes qu'on venait d'y envoyer ne suffisait pas. Le corps du maréchal Masséna, composé des vieilles divisions Molitor, Legrand, Boudet, Carra Saint-Cyr, plus vaillantes que nombreuses, passa de Souabe en Franconie, et descendit le Rhin pour occuper le camp de Boulogne, le Brabant et les frontières de la Hollande. De ces quatre divisions la principale fut placée à Embden, pour former liaison avec les villes anséatiques.

C'était le corps du maréchal Davout, le plus beau, le plus solide, le plus fortement organisé, qui devait fournir les troupes d'occupation pour le nord de l'Allemagne. Napoléon avait eu plusieurs raisons pour se déterminer à ce choix. Il voulait en faisant toujours vivre ce corps dans les contrées septentrionales, lui conserver son tempérament vigoureux, ses mœurs guerrières, et lui inspirer presque l'oubli du sol natal. De plus, les troupes dont il se composait, sages et probes comme leur chef, convenaient à un genre de service qui exposait ceux qui en étaient chargés à une dangereuse corruption, car les contrebandiers pour violer le blocus ne ménageaient pas les sacrifices. Enfin s'il devenait indispensable un jour de donner encore un coup de bélier au grand empire du Nord, l'invincible troisième corps serait la tête du bélier, car, il faut malheureusement le répéter, Napoléon au milieu de projets de paix sincères, nourrissait cependant, par prévoyance soit de lui-même soit des autres, des pensées de guerre qui devaient faire avorter tôt ou tard ses résolutions les plus pacifiques.

Les trois divisions Morand, Friant, Gudin, bien que leur organisation fût à peu près parfaite, subirent encore quelques remaniements. On les compléta avec un des régiments de la division Saint-Hilaire, et on les porta toutes à cinq régiments d'infanterie de quatre bataillons chacun, sans compter les troupes d'artillerie qui servaient plus de quatre-vingts bouches à feu. Il leur fut adjoint la division de cuirassiers du général Bruyère, la division de cavalerie légère du général Jacquinot, et un vaste parc de siège. La dépense de ce superbe corps d'armée fut répartie entre le royaume de Westphalie, les villes anséatiques et les places retenues en gage. Le général Gudin dut garder le Hanovre, le général Morand les villes anséatiques, le général Friant Magdebourg et l'Elbe. Le maréchal Davout, résidant à Hambourg, devait, pendant que ses collègues iraient jouir du repos de la paix, s'occuper sous le rude climat du Nord de l'éducation des troupes, et de la rigoureuse application des lois du blocus.

Les divisions de grosse cavalerie qui avaient habituellement servi auprès du maréchal Davout, rentrèrent en France, à l'exception de la division Bruyère, laissée dans le Nord. Les cuirassiers Espagne, devenus cuirassiers de Padoue, furent mis sur le pied de paix, et cantonnés en Normandie, où abondaient les fourrages. Les carabiniers et les cuirassiers, anciennement Saint-Germain, furent répandus en Lorraine, en Alsace. Les hommes hors de service rentrèrent dans leurs foyers avec des récompenses. Les jeunes soldats, dont l'éducation était à peine achevée, furent reconduits au dépôt, pour être bientôt dirigés dans des cadres de marche vers la Péninsule. Les régiments de cavalerie furent

Avril 1810.

Mesures pour diminuer la dépense des nombreuses troupes que Napoléon garde sur pied.

Avril 1810.

ainsi ramenés de l'effectif moyen de 1,000 cavaliers, auquel Napoléon avait voulu les porter, à celui d'environ 600. On suspendit les marchés pour les remontes, et ceux que des engagements pris ne permettaient pas de rompre, servirent à fournir des chevaux à l'Espagne. Les chevaux d'artillerie, toujours si coûteux à nourrir, furent envoyés, partie en Illyrie où ils vivaient aux dépens d'une province conquise, partie en Alsace et Lorraine où l'on avait le projet de les confier aux paysans (essai que Napoléon, en quête d'économies, venait d'imaginer), partie en Espagne où il fallait traîner de vastes parcs de siége afin de prendre les places. Enfin les états-majors inutiles furent dissous, et on ne conserva entier que celui du corps de Davout, seul maintenu, comme on vient de le dire, sur le pied de guerre.

Renforts destinés à l'Espagne.

Napoléon, pour procurer un peu de repos à la population de l'Empire, et lui faire sentir les douceurs de la paix, avait résolu de ne pas lever de conscription en 1810. Il comptait y trouver une double économie, par la réduction de l'effectif, et par la suppression pour cette année des dépenses de premier équipement. Il avait projeté, indépendamment de la garde qu'il voulait diriger tout entière vers les Pyrénées, d'envoyer en Espagne un renfort de cent mille hommes, suivi bientôt d'une réserve de trente mille. Les levées de l'année précédente et de l'année actuelle pouvaient suffire à ce double envoi. On a vu que les demi-brigades provisoires, formées de quatrièmes et de cinquièmes bataillons, acheminées d'abord vers la Souabe, la Franconie et la Flandre, et reportées ensuite vers l'Espagne, avaient été dirigées définitivement sur les Pyrénées. Napoléon les remplit de tout ce qui était disponible dans les dépôts, afin que les cadres arrivassent bien complets dans la Péninsule. Il prit dans la grosse cavalerie les hommes qui n'avaient pas fait campagne pour accroître le 13e de cuirassiers qui servait en Aragon. Il prit en outre tous ceux qui étaient disponibles dans les dépôts de la cavalerie légère pour recruter les douze régiments de chasseurs et de hussards restés en Espagne. Il avait pendant la campagne d'Autriche distrait des vingt-quatre régiments composant l'arme des dragons, les troisièmes et quatrièmes escadrons, afin de les conduire en formations provisoires sur le Danube. La paix conclue, il les renvoya vers les Pyrénées, en versant dans leurs cadres tous les conscrits des dernières levées qui étaient propres à servir dans cette arme. De cette manière tous les dragons furent rendus à l'Espagne.

Par ces divers moyens, dans l'emploi desquels il excellait, Napoléon, tout en conservant au nord un fort noyau d'armée, en enveloppant les villes anséatiques et la Hollande d'un réseau de troupes d'observation, avait allégé autant que possible la dépense de ses armements, et acheminé sur la Péninsule toutes ses forces disponibles. C'était, selon lui, à l'Espagne à payer la guerre dont elle était le théâtre et la cause. Napoléon avait conçu de cette guerre, de tout ce qu'elle lui coûtait, une humeur qui retombait non-seulement sur le pays, mais sur son frère lui-même. Joseph, toujours humilié de l'état de sujétion dans lequel il vivait, mécontent des généraux français, de leur arrogance envers lui, de leurs excès envers les Espagnols, affectant de croire, ou croyant même que si on le laissait conduire à son gré la pacification de l'Espagne, il ferait plus par la persuasion que Napoléon par la force brutale, avait fini par devenir suspect à celui-ci, et par s'attirer de vertes réprimandes. Napoléon, irrité de dépenses immenses qui n'empêchaient pas nos armées de manquer de tout, écrivit à Joseph et lui fit écrire par ses ministres les lettres les plus dures et les plus péremptoires. — « A l'impossible, disait-il, nul n'est tenu. Le revenu entier de la France ne suffirait pas aux dépenses de l'armée d'Espagne si je n'y mettais un terme. Mon empire s'épuise d'hommes et d'argent, et il y a urgence à m'arrêter. La dernière guerre d'Autriche m'a coûté plus qu'elle ne m'a rapporté; l'expédition de Walcheren a fait sortir de mon trésor des sommes considérables, et si je persiste mes finances auront bientôt succombé. Il faut donc qu'en Espagne la guerre nourrisse la guerre, et que le roi fournisse aux principales dépenses du génie, de l'artillerie, des remontes, des hôpitaux et de la nourriture des troupes. Tout ce que je puis faire, c'est d'envoyer pour la solde un supplément de deux millions par mois. Je ne puis rien au delà. L'Espagne est très-riche et peut payer les dépenses qu'elle coûte. Le roi trouve bien à doter à Madrid des favoris auxquels il ne doit rien, qu'il songe à nourrir mes soldats auxquels il doit sa couronne. S'il ne le peut pas, je m'emparerai de l'administration des provinces espagnoles, je les ferai administrer par mes généraux, et je saurai bien en tirer les ressources nécessaires, comme j'ai su le faire dans tous les pays conquis où mes troupes ont séjourné. Qu'on se conduise d'après ces données, car ma volonté, ajoutait-il, est irrévocable, et elle est irrévocable, parce qu'elle est fondée sur des nécessités invincibles[1]. »

Napoléon avait raison de s'inquiéter de ses finances, car pour conserver bien organisées et bien entretenues les armées nombreuses qui lui servaient à contenir l'Europe de la Vistule au Tage, du détroit de Calais aux bords de la Save, il lui fallait autant d'argent qu'il lui fallait d'hommes, et en persévérant dans sa marche actuelle, il s'exposait à épuiser son trésor autant que sa population. En effet, d'après le produit des impôts existants, qu'on ne pouvait augmenter sans les rendre onéreux, il était obligé de se renfermer dans un chiffre de 740 millions de dépenses, lequel avec 40 millions consacrés au service départemental, et 120 de frais de perception, composait approximativement un total de 900 millions, ainsi que nous l'avons dit plusieurs fois. Tous les ans il dépassait ce total de 30 à 40 millions quand il ne faisait pas la guerre, de 80 ou 100 quand il la faisait. La dernière campagne d'Autriche avait même coûté fort au delà de cette somme, et c'était toujours le trésor de l'armée (qualifié désormais du titre de *trésor extraordinaire*) qui avait dû y suffire. Or, quoique considérable, ce trésor se trouvait déjà fort amoindri, car il était la caisse où Napoléon puisait tantôt pour récompenser ses soldats, tantôt pour achever les grands monuments de la capitale et les canaux.

Avril 1810.

État des finances de l'Empire en 1810.

[1] Je ne fais ici qu'analyser une suite de lettres, dont le langage est beaucoup plus énergique que celui que j'emploie pour les résumer.

tantôt pour secourir les villes obérées ou les populations souffrantes. Ce trésor, comme il a été dit précédemment, était réduit à 292 millions, au moment de la guerre d'Autriche. Cette guerre l'avait accru de 170 millions [1], la vente des laines d'Espagne de 10 autres millions, une cession du trésor sur le mont Napoléon de 10 encore, ce qui l'avait reporté à 482 millions. Napoléon lui avait emprunté 84 millions pour la guerre d'Autriche, 28 pour le Louvre et divers monuments, 12 pour dotations, 4 pour quelques dépenses extraordinaires de la couronne, ce qui le ramenait à 354 millions.

Il faut ajouter que cette somme n'était pas entièrement liquide, car elle comprenait beaucoup de créances sur les États vaincus, notamment une créance de 86 millions sur la Prusse, que Napoléon, ainsi qu'on l'a vu, avait beaucoup de peine à se faire payer. Les 84 millions empruntés à ce trésor pour la campagne d'Autriche ne représentaient pas tout l'excédant de dépense que cette guerre avait coûté, il s'en fallait, car sur les lieux mêmes les troupes avaient fait des consommations considérables non portées en compte, et le budget de l'État, dans lequel 350 millions étaient consacrés aux frais ordinaires de la guerre, avait dû fournir en outre un excédant de 46 millions, ce qui composait un total de 480 millions pour la campagne, sans les consommations locales.

Il fallait donc ménager ce trésor extraordinaire qui avait reçu des cinq guerres dont il était le pro-

[1] Partie en contributions levées sur le pays, partie en une contribution de guerre stipulée par le traité de paix.

duit 805 millions, et qui était déjà réduit à 354 par les dépenses de ces mêmes guerres. Aussi Napoléon avait-il la résolution bien prise de ne pas y puiser tous les ans. En 1810 comme en 1809, il avait présenté au Corps législatif, assemblée fort obscurément, un budget limité provisoirement à 740 millions de dépenses générales, à 40 millions de dépenses départementales mentionnées pour mémoire, à 120 millions connus, mais non mentionnés, de frais de perception, formant le total de 900 millions de dépenses prévues, et toujours dépassées, même sous un maître absolu et fort ordonné dans ses comptes. Napoléon savait bien qu'avec les armées qu'il entretenait en Illyrie, en Italie, en Allemagne, en Hollande, en Espagne, quoiqu'une partie de ces armées vécussent aux dépens des pays occupés, la somme de 350 millions, accordée aux deux ministères de la guerre, serait certainement insuffisante. Il se doutait qu'un excédant de 30 ou 40 millions, peut-être 50, viendrait troubler l'équilibre fictif de ses revenus et de ses dépenses de paix, et il avait préparé plus d'une ressource pour y faire face, sans toucher au trésor extraordinaire. Ces ressources se composaient d'abord des biens des grandes familles espagnoles poursuivies comme coupables de haute trahison, et possédant près de 200 millions de patrimoine, et ensuite des nombreuses saisies qu'il exécutait ou sollicitait contre les faux neutres qui s'étaient introduits dans tous les ports soit de l'Empire, soit des pays alliés. Ces saisies pouvaient également s'élever à plusieurs centaines de millions. Napoléon se flattait donc, en observant un ordre sévère dans ses dépenses, de

Avril 1810.

Napoléon, pour contraindre l'Angleterre à la paix, veut diriger en personne la guerre d'Espagne et amener le blocus continental au dernier degré de rigueur.

pouvoir suffire aux vastes armements que la situation de l'Europe pacifiée mais non résignée, que la guerre d'Espagne mieux conduite mais non terminée, l'obligeaient à maintenir.

On peut, d'après ce qui précède, se former déjà une idée des projets que Napoléon avait conçus pour achever enfin sa longue lutte avec l'Europe. Tandis que ses troupes, tout en évacuant l'Allemagne, tenaient cependant le nord du continent en respect, et en gardaient les côtes contre le commerce britannique, il voulait porter vers la Péninsule les jeunes recrues que la guerre d'Autriche ne réclamait plus, et qui, versées dans les vieux cadres de l'armée d'Espagne, devaient les compléter et les rajeunir. Il venait d'y joindre sa propre garde qu'il avait mise en route dès le printemps de 1810, après lui avoir donné quelques mois de repos, et il se proposait de se transporter lui-même au sein de la Péninsule, d'y réunir 100 mille hommes dans sa main, d'y pousser les Anglais à la mer, et en leur faisant essuyer un grand désastre, de faire pencher la balance dans le parlement britannique en faveur du parti qui voulait la paix.

Moyens de rendre efficace le blocus continental.

A ce moyen énergique d'un grand échec infligé à l'armée anglaise, Napoléon, pour obtenir la paix, projetait d'en ajouter un autre non moins efficace, c'était de rendre sérieux enfin le blocus continental, qui n'avait été exécuté avec rigueur que dans les ports de la vieille France, qui ne l'avait presque pas été dans ceux de la France nouvelle, comme la Belgique, et nullement dans les États parents ou alliés comme la Hollande, le Hanovre, les villes anséatiques, le

Danemark. Son ardeur pour ce genre de guerre n'était pas moindre que pour celui qu'il faisait si bien sur les champs de bataille. Ce n'étaient pas seulement les tissus de coton ou les divers produits de la métallurgie qu'il s'agissait d'écarter du continent, si on voulait porter un grand préjudice aux Anglais, c'étaient surtout leurs marchandises coloniales, telles que le sucre, le café, le coton, les teintures, les bois, etc., qui constituaient la monnaie dont on payait dans les Indes occidentales et orientales les produits manufacturés de Manchester et de Birmingham. Non-seulement leurs colonies, mais les colonies françaises et hollandaises qu'ils avaient successivement conquises, mais les colonies espagnoles qu'ils avaient réussi à s'ouvrir depuis la guerre d'Espagne, ne les payaient qu'en denrées coloniales, qu'ils étaient réduits à vendre ensuite en Europe pour réaliser le prix de leurs opérations industrielles et commerciales. Ils avaient imaginé pour parvenir à introduire ces denrées sur le continent, divers moyens fort ingénieux. Ainsi, outre le grand dépôt de Londres, où tous les neutres étaient obligés de venir toucher pour prendre une partie de leur cargaison, ils avaient établi d'autres dépôts aux Açores, à Malte, à Héligoland, où se trouvaient accumulées des masses énormes de marchandises, et où les contrebandiers allaient puiser la matière de leur trafic clandestin. A Héligoland, par exemple, ils avaient créé un établissement singulier, et qui prouve où en était venu, dans ce temps de violences commerciales, l'art du commerce interlope. Héligoland est un îlot situé dans la mer du Nord, vis-à-vis l'embou-

Avril 1810.

Ruses employées par les Anglais pour introduire leurs produits sur le continent.

chure de l'Elbe, divisé en partie basse, où les navires pouvaient aborder, et en partie haute, avec laquelle on ne pouvait communiquer que par un escalier en bois de deux cents marches, qu'il était facile de rompre en quelques instants. Six cents Anglais, pourvus d'une nombreuse artillerie, défendaient cette partie haute, ainsi que les vastes magasins qu'on y avait construits, et qui contenaient pour trois ou quatre cents millions de marchandises. Une flottille anglaise croisant sans cesse autour de la partie basse en défendait les approches. C'est là que les contrebandiers venaient puiser les marchandises qu'ils parvenaient à introduire sur le continent malgré les lois de Napoléon. Les fermiers qui cultivaient les terres le long des côtes, étaient les premiers entrepositaires de ces marchandises; c'était chez eux qu'on allait les prendre pendant la nuit pour les répandre ensuite en tous lieux, et ce genre de fraude était établi non-seulement dans les villes anséatiques, mais encore dans toute la Hollande, malgré ses liens avec la France. La population de ces divers pays secondait avec empressement les contrebandiers, et se joignait à eux pour assaillir les douaniers, les désarmer, les égorger ou les séduire.

Indépendamment de ces contrebandiers clandestins, il y avait les faux neutres pratiquant l'interlope presque ouvertement, et introduisant en abondance les produits interdits dans les ports français ou alliés.

Pour comprendre le rôle de ces faux neutres, il faut se rappeler les décrets anglais et français, si souvent cités dans cette histoire, et composant alors la législation maritime. Les Anglais par un premier acte de violence avaient, en 1806, déclaré bloqués tous les ports de France, depuis Brest jusqu'aux bouches de l'Elbe, bien qu'ils n'eussent pas, conformément aux règles du droit des gens, une force effective pour en fermer l'entrée. Napoléon en vertu de ses décrets de Berlin, avait immédiatement répondu à ce blocus fictif par le blocus général des îles Britanniques, avait défendu de communiquer avec elles par lettres ou par bâtiments, et interdit l'accès de ses ports à tout navire non-seulement anglais, mais ayant touché au sol et aux colonies de l'Angleterre. A ce décret, l'Angleterre avait répliqué par ses fameux ordres du conseil de 1807, d'après lesquels aucun bâtiment neutre ne pouvait circuler sur les mers, quelles que fussent son origine et sa destination, s'il ne venait toucher à Londres, à Malte ou dans certains lieux de la domination britannique, pour y faire vérifier sa cargaison, payer des droits énormes, et prendre licence de naviguer. C'est à cet acte extraordinaire de souveraineté sur les mers que Napoléon avait répondu en novembre 1807, par son décret de Milan, qui déclarait dénationalisés et de bonne prise, partout où l'on pourrait les atteindre, les bâtiments qui se seraient soumis à cette odieuse législation.

C'est entre ces deux tyrannies que se débattaient les malheureux navigateurs neutres, obligés d'aller prendre à Londres la licence de naviguer, et exposés pour l'avoir prise à être capturés par les Français. On ne peut rien dire pour la justification de ces deux tyrannies, tout au plus peut-on alléguer pour excuser la seconde qu'elle avait été provoquée par la première. Les Anglais poussaient l'exigence à ce point que tout le monde dans la Méditerranée devait passer à Malte, et dans l'Océan à Londres, pour payer la licence sans laquelle on ne pouvait naviguer, ou pour charger des marchandises anglaises. Par exemple, les Hollandais qui, pour leurs salaisons, venaient chercher du sel sur les côtes de France, étaient obligés d'aller payer à Londres la permission d'emporter cette matière première de leur principale industrie.

Les Américains révoltés de cette double violation du droit des neutres, qu'ils imputaient surtout aux Anglais comme provocateurs, avaient rendu un acte, dit *loi d'embargo*, par lequel ils avaient défendu à leurs bâtiments de naviguer entre la France et l'Angleterre, de venir même en Europe. Ils leur avaient prescrit de se consacrer exclusivement au trafic des rivages américains, et avaient même résolu d'employer leur propre coton en devenant eux-mêmes manufacturiers. En retour, ils avaient déclaré saisissable tout bâtiment anglais ou français qui oserait toucher aux côtes d'Amérique, après l'abstention des rivages anglais et français qu'ils avaient eu le courage de s'imposer à eux-mêmes.

Cependant les armateurs américains, moins fiers que leur gouvernement, avaient pour la plupart enfreint ces lois plus honorables que bien calculées. Ainsi, comme l'embargo n'atteignait que ceux qui étaient rentrés dans les ports, la plupart étaient restés en aventuriers sur les mers, pensant bien que de telles mesures ne dureraient pas plus d'une ou deux années, et vivaient en allant de ports en ports pour le compte des maisons qui les avaient expédiés. Presque tous se rendaient en Angleterre, y chargeaient les denrées coloniales dont regorgeaient les magasins de Londres, les transportaient quelquefois pour leur compte, plus souvent pour le compte des négociants anglais, hollandais, anséates, danois ou russes, prenaient des licences, se faisaient de plus convoyer par les flottes britanniques, entraient à Cronstadt, Riga, Dantzig, Copenhague, Hambourg, Amsterdam, s'introduisaient même à Anvers, au Havre, à Bordeaux, se présentaient dans tous ces ports comme neutres puisqu'ils étaient Américains, affirmaient n'avoir pas communiqué avec l'Angleterre, étaient crus facilement en Russie, en Prusse, à Hambourg, en Hollande, où l'on ne demandait qu'à être trompé, un peu plus difficilement à Anvers, au Havre, à Bordeaux, mais là même trouvaient souvent le moyen de mettre en défaut la vigilance de l'administration impériale, presque toujours impuissante, après les plus minutieuses recherches, à constater les communications avec l'Angleterre et les actes de soumission à ses lois.

Dans la Méditerranée les Grecs, qui alors commençaient leur fortune commerciale sous le pavillon ottoman, allaient chercher à Malte des sucres, des cafés, des cotons anglais, et les portaient à Trieste, à Venise, à Naples, à Livourne, à Gênes, à Marseille, en se donnant pour neutres, puisqu'ils étaient Ottomans, et il y avait à leur égard aussi bien qu'à l'égard des Américains grande peine à démontrer la fraude.

La France avait un intérêt capital à empêcher ce vaste commerce interlope. Si en effet les Anglais ne

Avril 1810.

Grand intérêt de la France à empêcher

Avril 1810.

le trafic
des
faux neutres.

pouvaient plus vendre en Europe ces denrées coloniales, qui étaient ou le produit de leurs nombreuses colonies, ou le prix dont on avait payé leurs produits manufacturés dans les colonies des autres nations, leur immense négoce était arrêté tout court. L'énorme quantité de papier fondée sur ces valeurs, et déposée à la banque d'Angleterre par la voie de l'escompte, était protestée en plus ou moins grande partie; le crédit de la banque se trouvait atteint, et ses billets, qui formaient (depuis la suppression des payements en argent) l'unique ou la principale monnaie de l'Angleterre, étaient frappés d'un discrédit immédiat. Déjà ils perdaient 20 pour cent par rapport à l'argent; le change anglais qui était fort bas, car la livre sterling qui vaut ordinairement 25 francs se vendait à peine 17 francs sur le continent, devait baisser davantage, et il pouvait arriver bientôt que le billet de banque perdant 30 pour cent, la livre sterling tombât à 15 et 14 francs sur le continent, et que dans ce cas toutes les affaires de l'État et des particuliers devinssent presque impossibles. Comment faire alors pour se procurer au dehors tant de produits dont le luxe anglais ne voulait pas se passer même en temps de guerre? comment surtout payer l'entretien des armées anglaises dans la Péninsule, lesquelles ne pouvaient obtenir chez leurs alliés le pain, la viande, le vin que contre de l'or ou de l'argent? Si on songe en outre qu'en Angleterre deux partis politiques, dont les forces ordinairement inégales se balançaient pourtant quelquefois dans certaines questions, voulaient l'un la guerre, l'autre la paix, on comprendra qu'ajouter à de grands échecs militaires une nouvelle dépréciation des valeurs commerciales, c'était donner des armes au parti de la paix, et approcher du terme où la mer et le continent étant pacifiés à la fois, l'œuvre de Napoléon serait enfin accomplie.

Quelque violents que fussent les moyens que Napoléon était réduit à employer, l'importance du but à atteindre était si grande, qu'on ne peut s'empêcher d'excuser ce qu'il fit pour arriver à ses fins. On se convaincra même que son principal tort fut bientôt de n'avoir pas été assez persévérant dans ses vues. Sentant tout d'abord la difficulté de discerner si les prétendus neutres avaient, oui ou non, consenti à subir les lois anglaises, il prit une décision radicale qui coupait court à la difficulté. Il ne voulut plus qu'on reçût ni Ottomans, ni Américains dans les ports français ou alliés, et se fonda pour en agir ainsi sur des raisons très-soutenables. Pour les Ottomans, peu surveillés par leur gouvernement, et surtout ne touchant qu'aux ports français ou presque français, comme ceux de Marseille, de Gênes, de Livourne, de Naples, de Venise, de Trieste, il décida qu'on les recevrait provisoirement, que leurs papiers seraient envoyés à Paris, vus par le directeur des douanes et par lui-même, et qu'on ne les exempterait de la confiscation (peine infligée à toute fraude) qu'après cet examen rigoureux. L'inconvénient de maltraiter ces Grecs prétendus Ottomans n'était pas grand, car la Porte s'intéressait peu à eux, et de plus on ne se souciait pas beaucoup d'elle.

Quant aux Américains, la difficulté d'en agir rigoureusement avec eux était plus grave. Ils venaient

Avril 1810.

Napoléon se décide à arrêter les Grecs et les Américains, qui se sont faits les intermédiaires du commerce britannique.

Efforts de Napoléon pour obtenir

non-seulement en France, mais en Hollande, en Allemagne, en Prusse, en Russie, pays où il ne suffisait pas pour être obéi d'intimer un ordre, mais où il fallait présenter des raisons plausibles, appuyées sur une grande influence. Ces Américains appartenaient de plus à un gouvernement puissant, qu'il importait de ménager, car il y avait chance en le ménageant de l'amener prochainement à déclarer la guerre à la Grande-Bretagne. Napoléon défendit de recevoir les Américains dans les ports français ou quasi français, et insista pour qu'on refusât de les recevoir en Prusse et en Russie, en alléguant la raison très-fondée qu'ils ne pouvaient être que de faux Américains. Certains d'entre eux en effet usurpaient la qualité qu'ils prenaient; les autres étaient des expatriés qui, ayant renoncé à leur pays pour plus ou moins longtemps, et ayant adopté pour unique patrie les entrepôts britanniques, n'avaient plus droit à l'appui de leur gouvernement. On pouvait donc leur contester la protection du pavillon américain, et se dire qu'en les arrêtant on arrêtait le commerce anglais lui-même, et qu'on le réduisait à la contrebande nocturne qui se faisait en détail le long des côtes mal surveillées.

Napoléon alla même plus loin à leur égard, et ne se bornant pas à leur fermer l'entrée des ports du continent, il ordonna leur saisie dans les ports français ou dépendants de la France, et la réclama énergiquement en Prusse, en Danemark, en Russie. Pour exécuter cette mesure chez lui il alléguait une raison dont il se montrait plus touché qu'il ne l'était véritablement, c'était la saisie ordonnée en Amérique contre les bâtiments français qui avaient violé en touchant aux ports de l'Union la loi de l'embargo. Il y en avait en effet trois ou quatre, qui, ayant eu la hardiesse de s'aventurer sur l'océan Atlantique, avaient violé, sciemment ou non, la loi américaine, et avaient été saisis; il y en avait trois ou quatre, disons-nous, contre des centaines de vaisseaux américains entrés dans les ports de France, et frappés de séquestre. — C'est bien du dommage, disait le ministre américain chargé de défendre à Paris ses compatriotes, et avouant du reste leurs torts, c'est bien du dommage pour un imperceptible dommage causé aux Français. — L'étendue du dommage n'est rien, répondait Napoléon, l'honneur du pavillon est tout. Vous avez mis la main sur des bâtiments français, couverts de mes couleurs, et un seul atteint suffirait pour que j'arrêtasse toute la marine américaine, si je la tenais. — C'était là une raison d'apparat, et Napoléon n'était pas si courroucé qu'il affectait de l'être. Il cherchait un prétexte spécieux pour saisir en Hollande, en France, en Italie, la masse des bâtiments américains qui faisaient la fraude pour les Anglais, et qui se trouvaient à sa portée. Il en avait effectivement séquestré un nombre considérable, et il y avait dans leurs riches cargaisons de quoi fournir à son trésor des ressources presque égales à celles que lui procuraient les contributions de guerre imposées aux vaincus. Du reste, sentant parfaitement l'intérêt qu'il avait à se rapprocher des Américains pour les brouiller avec les Anglais, il ouvrit une négociation avec le général Armstrong, représentant à Paris le gouvernement de l'Union, et n'hésita pas à reconnaître en termes formels que ses décrets de Berlin et de Milan étaient une violence, mais une violence appelée par la violence. Il soutint qu'il n'avait pas eu d'autre moyen de répondre à l'insolente prétention britannique de lever un octroi sur les mers, et déclara qu'il était prêt cependant à renoncer à ses décrets en faveur des Américains, à une condition, c'est que ceux-ci résisteraient à la tyrannie britannique, et qu'ils obligeraient le cabinet anglais à rapporter les fameux ordres du conseil, ou bien lui déclareraient la guerre. A cette condition, disait-il, il était tout prêt à restituer aux Américains le droit entier des neutres.

Cette saisie des Américains n'était pas difficile à exécuter en France; elle ne l'était pas même dans les villes anséatiques, aux bouches de l'Elbe et du Weser, où les troupes françaises se trouvaient campées; mais elle l'était en Hollande, où le roi Louis résistait aux volontés de son frère, et où l'on avait vu s'abattre un grand nombre de navires fraudeurs; elle l'était dans le Danemark qui servait volontiers d'entrepôt aux marchandises prohibées, et les répandait sur le continent par la frontière du Holstein, dans les ports de la Prusse, qui n'avait pas grand intérêt ni grand goût à tourmenter ses populations pour assurer le triomphe de Napoléon sur l'Angleterre, et enfin dans les ports de la Russie, qui, ayant un extrême besoin du commerce britannique pour vendre ses produits agricoles, unique fortune de ses grands seigneurs, se dédommageait de la clôture des mers en faisant sous le pavillon américain une partie du trafic dont elle avait promis à Tilsit et à Erfurt de se priver complétement.

Qu'il essuyât des résistances en Danemark, en Prusse, en Russie, Napoléon l'admettait, avec dépit, il est vrai, avec colère même, et en se plaignant de ces résistances avec une vivacité peu conforme à sa politique actuellement conciliatrice ; mais qu'en Hollande, pays conquis par les armes de la France, donné en royaume à l'un de ses frères, il trouvât une mauvaise volonté plus prononcée qu'en aucune partie du littoral européen, il ne pouvait le supporter, et à chaque instant il menaçait d'un coup de foudre les téméraires qui osaient ainsi le braver. On devine au simple énoncé de ses griefs, le motif qui, dans la récente distribution de ses troupes, l'avait porté à placer une partie des anciennes divisions Masséna autour des frontières de Hollande. Voyant qu'il ne pouvait parvenir à empêcher les Hollandais de se livrer à la contrebande, il avait d'abord rendu un décret pour interdire toute communication commerciale avec eux. C'était les frapper de mort, car à moitié séparés de l'Angleterre par l'état de guerre, s'ils étaient encore séparés du continent par nos lois, ils allaient être condamnés à mourir de faim. Le roi Louis s'était alors jeté aux pieds de son frère, et, en promettant de changer de conduite, avait obtenu que le décret fût rapporté. Bientôt ses promesses étaient devenues vaines, et les Américains, malgré nos réclamations, avaient été admis dans tous les ports de la Hollande. A ce nouvel acte de désobéissance Napoléon, ne se contenant plus, avait rétabli le décret de séparation, et annoncé tout haut le projet de réunir la Hollande à la France.

Depuis quelque temps en effet cette pensée com-

Avril 1810.

Résistances que Napoléon rencontre en Hollande, relativement à la saisie des Américains.

Menaces de Napoléon contre la Hollande, et voyage du roi Louis à Paris, pour aplanir les difficultés survenues.

mençait à le préoccuper. S'apercevant qu'il ne pouvait tirer de la Hollande, même sous la royauté d'un frère, ni un concours efficace de forces navales, ni un concours sincère de restrictions commerciales, il se préparait, quoiqu'on pût en penser, à la réunir à l'Empire. Le langage triste et amer du roi Louis n'était pas de nature à le faire changer d'avis. Pourtant sa famille, un reste d'affection, l'Europe l'arrêtaient encore. Un personnage dont il avait fort remarqué le mérite, qui lui en était très-reconnaissant sans être moins attaché à sa patrie, l'amiral Verhuel, s'efforçait de prévenir un éclat fâcheux et pressait les deux frères de se voir. Napoléon n'en avait guère le désir, craignant de se laisser fléchir quand il se trouverait en présence de son frère; et le roi Louis ne s'en souciait pas davantage, craignant de tomber à Paris sous une main trop puissante, craignant aussi de rencontrer la reine Hortense, son épouse, de laquelle il vivait éloigné. Toutefois sur les instances de l'amiral Verhuel, qui avait fait pour chacun des deux frères les pas que l'autre ne voulait pas faire, le roi Louis avait quitté la Haye, et venait d'arriver à Paris afin d'y régler un différend d'où pouvaient sortir les plus graves événements de l'époque. On était en pourparlers au moment dont nous traçons le tableau, et pour premier acte de soumission le roi Louis avait consenti à laisser arrêter les Américains qui s'étaient introduits dans les ports de Hollande.

Napoléon s'était occupé ensuite de l'exécution de ses décrets dans les autres États du Nord. Admettre les faux neutres pour les séquestrer ensuite, plaisait fort à son esprit rusé, et peu scrupuleux dans le choix des moyens, surtout à l'égard de fraudeurs effrontés, qui violaient à la fois les lois de leur pays et celles des pays qui consentaient à les admettre. Il les avait fait saisir par ses propres agents dans les villes anséatiques, et conseillait au Danemark ainsi qu'à la Prusse de les laisser entrer, pour les arrêter ensuite, certain qu'on serait de n'arrêter que des Anglais sous le faux nom d'Américains. Le Danemark, la Prusse se défendaient timidement, en alléguant que si beaucoup d'Américains étaient des fraudeurs, d'autres pouvaient ne pas l'être, et qu'on surveillait très-activement leurs papiers pour s'assurer s'ils avaient touché aux ports britanniques. Mais Napoléon niait qu'on pût établir une distinction entre eux, car le moins coupable n'avait pu naviguer sans violer au moins la loi américaine qui défendait de venir en Europe. On balbutiait d'assez mauvaises raisons en réponse; on promettait d'obtempérer à ses lois, sauf à s'en écarter beaucoup dans l'exécution, et à frauder soi-même pour protéger les fraudeurs. Le Danemark était peu excusable, car l'Angleterre l'avait traité en ennemie implacable, et la France au contraire en amie sûre et fidèle; en outre, il s'agissait de ses droits les plus précieux, car aucun État n'était aussi intéressé à résister au régime que les Anglais voulaient établir sur les mers. Mais la Prusse qui était vaincue et opprimée, qui n'avait pas d'intérêt dans les questions maritimes, était fort excusable de ne pas se prêter volontiers au triomphe des combinaisons politiques de son vainqueur, et de ne pas aimer à y contribuer par de cruels sacrifices. Néanmoins elle ne refusait pas ab-

Avril 1810.

Difficultés avec la Prusse et avec le Danemark relativement à la saisie des Américains.

solument de se conformer aux desirs de Napoléon, mais elle éludait les explications, et en fait elle admettait les Américains sans les arrêter. Napoléon, qui lisait lui-même la correspondance de ses consuls, et soutenait la querelle en personne, avait proposé à la Prusse une combinaison digne des fraudeurs auxquels il faisait la guerre. On annonçait dans le moment de nombreux convois qui, sous le pavillon menteur des Américains, devaient entrer dans les ports de la vieille Prusse, notamment à Colberg, où nous n'avions pas un soldat. — Laissez-les entrer, avait dit Napoléon, arrêtez-les après; vous me livrerez les cargaisons, et je les prendrai en déduction de la dette prussienne. — Il était sur le point de réussir dans cette étrange négociation.

De tout ce littoral du Nord, il ne restait d'ouvert aux prétendus Américains que la Poméranie suédoise, que Napoléon venait de rendre à la Suède, à la suite d'une révolution soudaine, mais facile à prévoir sous un roi dont les extravagances continuelles compromettaient à la fois la dignité et la sûreté de son pays.

On a vu la folle direction que Gustave IV avait donnée à ses forces pendant la triste guerre de Finlande. Acharné contre le Danemark au lieu de s'occuper de la Russie, à laquelle il aurait pu disputer longtemps la Finlande, il avait porté une partie notable de ses forces vers la Norvége pour l'envahir, et vers le Sund pour menacer Copenhague. Les Suédois, exaspérés de se voir enlever la Finlande par un emploi malheureux de leurs braves troupes, s'étaient révoltés contre un roi en démence. C'est dans l'armée de Norvège qu'avait éclaté la révolte. Conduite par un officier remuant et hardi, cette armée s'était portée sur Stockholm. De fidèles serviteurs du roi Gustave IV s'efforçant de l'éclairer, l'avaient supplié vainement de faire à la nation justement soulevée des sacrifices nécessaires. Il était alors tombé dans une sorte de frénésie, s'était jeté sur l'épée d'un aide de camp, on ne sait dans quel but, avait été enfin désarmé, et gardé à vue comme un malade atteint de folie furieuse. Dans cette extrémité les États assemblés extraordinairement l'avaient déclaré incapable de régner, et avaient appelé au trône son oncle, le duc de Sudermanie, prince doux et sage, qui pendant la minorité du roi détrôné avait déjà gouverné le royaume avec beaucoup de prudence. C'est pour prévenir de plus grands malheurs que le nouveau monarque venait de conclure la paix avec la Russie et la France.

La paix avec la Russie avait coûté à la Suède la Finlande; la paix avec la France lui avait valu au contraire la restitution de la Poméranie et du port de Stralsund, pris par les Français en 1807, et occupé par eux jusqu'en 1810. Mais Napoléon avait accordé cette restitution à la condition d'une interdiction absolue des ports suédois aux Anglais, surtout de celui de Stralsund, le plus important de tous, puisqu'il était placé sur le continent allemand, et pouvait à lui seul rendre nul le vaste appareil du blocus continental. Malheureusement, après la perte de la Finlande, il n'y avait pas de plus dur sacrifice pour les Suédois que celui du commerce britannique. À cette époque presque tous les peuples de

Avril 1810.

la Baltique, riches en produits agricoles, en matières navales, telles que fers, bois, chanvres, goudrons, ne pouvaient se passer ou de l'Angleterre ou de la France, et jamais de toutes les deux à la fois. Être brouillés avec la France leur laissait l'accès de l'Angleterre, et de plus les rendait les instruments d'une profitable contrebande. Mais être brouillés avec l'Angleterre leur fermait les ports britanniques sans leur ouvrir les ports de France qui étaient étroitement bloqués, de manière que la brouille avec l'Angleterre équivalait à la rupture avec les deux puissances. Les Suédois, après avoir promis à Napoléon de rompre avec les Anglais, leur avaient effectivement fermé le grand entrepôt de Gothembourg, si commodément situé pour la contrebande. Mais ils leur avaient immédiatement permis de transférer cet entrepôt dans les îles voisines de Gothembourg, et à l'exemple de tous les petits riverains de la Baltique ils se tiraient d'embarras à l'égard de la France avec force promesses toujours violées.

Napoléon, exactement informé par ses consuls, fut très-mécontent d'apprendre qu'on le trompait en Suède comme ailleurs, rappela les motifs qui lui avaient fait déclarer la guerre à Gustave IV et conclure la paix avec le duc de Sudermanie, et annonça qu'il allait réoccuper la Poméranie suédoise, recommencer même la guerre contre la Suède, quoi qu'on pût en penser dans les cabinets du Nord, si les prescriptions à l'égard du commerce britannique n'étaient pas rigoureusement observées.

Démêlés avec la Russie.

Parmi ces cabinets du Nord un seul, celui de Russie, avouait à moitié sa résistance. Ce cabinet, dissimulant le déplaisir qu'il avait ressenti des procédés de Napoléon dans la question du mariage, et du refus que celui-ci avait fait de se lier à l'égard de la Pologne, dissimulant aussi les ombrages que pouvait lui inspirer la récente intimité de la France avec l'Autriche, avait une raison de tout supporter dans le moment, c'était le désir de terminer la guerre avec les Turcs, afin de leur arracher la Moldavie et la Valachie. Un tel motif valait bien en effet qu'on souffrît sans se plaindre beaucoup de désagréments. D'ailleurs l'idée d'une nouvelle guerre avec la France ne souriait alors à aucun homme sensé en Russie. Néanmoins quoique résolu à beaucoup endurer, Alexandre conservait outre sa fierté personnelle, la fierté d'un grand empire.

Offensé de la domination que Napoléon prétendait exercer sur toutes les côtes du Nord, depuis Amsterdam, Brême, Hambourg jusqu'à Riga, et même jusqu'à Saint-Pétersbourg, Alexandre s'y résignait toutefois, en considération du but qu'il poursuivait en Orient ; mais il voulait que dans ses propres États Napoléon y mît quelque réserve ; il le voulait par un sentiment de dignité qui était fort avouable, et par un intérêt agricole et commercial qui l'était un peu moins. En conséquence il opposa au cabinet français la raison alléguée en ce moment par tous les autres États, raison qui ne valait rien tant qu'existait la loi américaine de l'embargo, c'est que les Américains n'étaient pas tous des fraudeurs, que parmi eux il y en avait de sincères pratiquant un commerce légitime, qu'il n'admettrait que ceux-là, qu'il arrêterait avec soin tous les autres, et que, privé de com-

Avril 1810.

au sujet de la saisie des vaisseaux américains.

Motifs que fait valoir la Russie pour ne pas arrêter indistinctement tous les bâtiments américains.

Avril 1810.

merce avec l'Angleterre, il voulait absolument conserver celui de l'Amérique. L'argumentation était mauvaise, car la loi de l'embargo constituait en état de fraude tout Américain naviguant en Europe, et de plus on savait avec certitude que les Anglais ne laissaient pas passer un seul navire sans qu'il payât leur octroi de navigation, ou chargeât des marchandises anglaises.

Origine des *licences*, et arguments qu'elles fournissent à tous ceux qui ne veulent pas se soumettre au blocus continental.

Malheureusement Napoléon, par le désir immodéré de cumuler tous les avantages à la fois, venait, en permettant par les *licences* certaines communications avec la Grande-Bretagne, de fournir contre lui des arguments très-plausibles à tous ceux que froissait le blocus continental. Voici comment il avait été amené à ces exceptions à son propre système, qui le plaçaient dans un état de contradiction avec lui-même extrêmement embarrassant.

Les Anglais avaient eu besoin de blé vers la fin de 1809, et à toutes les époques des matières navales du Nord. Ils avaient donc permis à tous les bâtiments, même ennemis, de leur apporter des blés, des bois, des chanvres, des goudrons, se gardant de leur faire payer un octroi qui serait retombé sur eux-mêmes, puisqu'il aurait fait renchérir les matières dont ils voulaient se pourvoir. Par suite de cette tolérance intéressée on avait vu sur les quais de la Tamise des bâtiments belges, hollandais, anséates, danois, russes, tous en état de guerre avec la Grande-Bretagne. Napoléon s'apercevant du besoin que les Anglais éprouvaient des matières qu'ils laissaient introduire d'une manière si exceptionnelle, avait imaginé d'en profiter pour leur faire accepter des produits français, et avait accordé le libre passage aux bâtiments qui en portant du bois, du chanvre, des blés, formeraient en même temps une partie de leur cargaison avec des soieries, des draps, des vins, des eaux-de-vie, des fromages, etc. Il permettait d'apporter en retour certaines matières déterminées, non pas des tissus de Manchester ou des quincailleries de Birmingham, non pas des cafés ou des sucres, mais quelques objets dont nos manufactures manquaient, tels que des indigos, des cochemiles, des huiles de poisson, du bois des Iles, des cuirs, etc. De même qu'on avait vu des vaisseaux français en Angleterre, on avait vu en revanche des vaisseaux anglais en France, naviguant les uns et les autres avec des passe-ports appelés *licences*, mentant dans les deux pays sur leur origine, et servant singulièrement à propager la fraude. Les Français en effet obligés de porter avec du blé des soieries, les confiaient à l'entrée de la Tamise à des contrebandiers qui se chargeaient de leur introduction clandestine. Les Anglais à leur tour, obligés pour sortir librement de chez eux d'exporter des tissus de coton non admis en France, les livraient près de nos côtes aux contrebandiers qui se chargeaient de les introduire, et ne se présentaient dans nos ports qu'avec les matières permises. C'était un trafic qui corrompait le commerce en l'habituant au mensonge et même au crime de faux, car il y avait à Londres des fabricateurs de papiers de bord falsifiés, exerçant leur industrie publiquement. C'étaient du reste de grands inconvénients pour de médiocres avantages, car en France le commerce par *licences* ne s'était pas élevé à plus de 20 millions, exportations et importations comprises, de l'année 1809 à l'année 1810. Mais le plus grand danger de ce commerce, c'était de placer la France dans un état de contradiction avec elle-même vraiment insoutenable, surtout devant ceux auxquels elle demandait l'observation rigoureuse des lois du blocus continental.

— Vous exigez, lui disait la Russie, que j'interdise à mes sujets toute communication avec l'Angleterre, que je les prive de vendre leurs céréales et leurs matières navales dont ils ne peuvent trouver l'emploi qu'auprès des négociants anglais, que je les condamne à ne pas recevoir en échange des sucres, des cafés, des tissus, dont ils ont indispensablement besoin, et vous, vous n'hésitez pas à porter vos soieries, vos draps, vos vins en Angleterre, et à en rapporter les sucres, les cafés, si sévèrement exclus par vos lois de tout le reste du continent. Ne soyez donc pas si rigoureux pour les autres en étant si faciles pour vous-mêmes, surtout lorsque les autres n'ont qu'un intérêt presque nul, et que vous avez au contraire un intérêt immense à ce que le système de rigueur soit universellement admis et pratiqué ! —

Cet argument avait une valeur que Napoléon s'efforçait en vain de méconnaître, et il le repoussait avec courroux, ne pouvant pas le combattre avec de bonnes raisons. — Tout ce qu'on dit de mes licences est faux, répondait-il à la Russie; je n'introduis pas moi-même des sucres et des cafés en France, mais les Anglais ayant besoin de nos blés, j'en profite pour les obliger à recevoir quelques soieries, quelques draps, quelques vins, et je me paye avec des matières indispensables à l'industrie française, surtout avec des guinées qui sortent de la Tamise par les smogleurs, et dont la sortie contribue à ruiner le change de l'Angleterre. —

Cette réponse ne manquait pas de vérité, mais ce qu'elle en contenait suffisait pour prouver combien était insignifiant ce commerce par licences, à la fois corrupteur et inconséquent, produisant peu de bénéfices, beaucoup d'immoralités, et fournissant d'embarrassantes raisons aux adversaires nombreux du blocus continental.

Toutefois, Napoléon en persistant dans son système, en surveillant lui-même les côtes de France et des pays alliés, en lisant chaque jour les états d'entrée et de sortie des navires, en exigeant l'introduction des douanes et des troupes françaises en Hollande, en chargeant le maréchal Davout du soin de garder Brême, Hambourg et Lubeck, en se préparant à réoccuper la Poméranie suédoise, en forçant la Prusse à fermer Colberg et Kœnigsberg, en pressant la Russie, sans toutefois la pousser à bout, de fermer Riga et Saint-Pétersbourg, était près d'obtenir de grands résultats. Sans doute il pouvait rester quelques issues à demi ouvertes aux produits de l'industrie britannique; mais ces produits, obligés de remonter aux extrémités du nord sur des vaisseaux, pour redescendre ensuite au midi sur des chariots russes, devaient arriver aux lieux de consommation, chargés de tels frais, que le débit en serait impossible. Le blocus continental, ainsi pratiqué, s'il était maintenu avec persévérance, mais

Avril 1810.

Résultats obtenus du blocus continental, malgré quelques infractions inévitables.

Avril 1810.

Attention
donnée
aux affaires
ecclésiasti-
ques
au milieu
des autres
soins dont
Napoléon est
chargé.

aussi sans provoquer une guerre avec le Nord, ne pouvait manquer, ainsi qu'on le verra bientôt, d'amener la Grande-Bretagne à un état de détresse insoutenable.

Tandis qu'il cherchait à contraindre les Anglais à la paix par un grand revers dans la Péninsule, et par un système ruineux de gênes commerciales, Napoléon s'occupait en même temps et avec une activité égale des affaires intérieures de l'Empire. Il s'était enfin emparé de la grande affaire des cultes, qui n'était pas la moindre de celles que lui avait attirées la fougue impétueuse de son caractère.

Etat
du clergé
en France
en 1810.

Le Pape transporté à Savone y était prisonnier, et se refusait obstinément à remplir les fonctions de la chaire apostolique. Il n'y avait pas schisme, comme dans les derniers temps de la révolution, où le clergé divisé, divisant les fidèles, se vengeait en troublant l'État des persécutions qu'on lui avait fait essuyer. Le clergé à cette époque était uni, tranquille, soumis, célébrait partout le culte de la même manière, ignorait ou feignait d'ignorer la bulle d'excommunication lancée contre Napoléon, blâmait assez généralement le Pape d'avoir recouru à cette extrémité, et de s'être ainsi exposé, ou à révéler la faiblesse de ses armes spirituelles, ou à ébranler un gouvernement que, malgré ses fautes, on regardait comme nécessaire encore au salut de tous. Cependant, ceux mêmes qui pensaient de la sorte désapprouvaient fortement l'enlèvement du Pape, déploraient sa prison, désiraient la fin d'un état de choses affligeant pour les bons catholiques, et pouvant tôt ou tard dégénérer en schisme. On souhaitait presque unanimement que le Pape s'entendît avec l'Empereur, qu'il en obtînt un établissement convenable pour le chef de l'Église, sans espérer, sans désirer même qu'il pût obtenir le rétablissement de la puissance temporelle, regardée alors comme irrévocablement détruite. Chose singulière! sous la pression d'un gouvernement tout-puissant, l'Église, oubliant en ce moment à quel point la puissance temporelle des pontifes était nécessaire à l'indépendance de leur puissance spirituelle, l'Église, depuis si exigeante, penchait à admettre que le Pape devait renoncer à ses États, et se contenter d'un établissement considérable, qui, quelque magnifique qu'on l'imaginât, ne pouvait être, après tout, que celui des anciens patriarches résidant auprès des empereurs de Constantinople.

Tel était l'avis de la grande majorité du clergé. Mais une minorité ardente, celle qui avait repoussé le concordat, partageant toutes les haines des anciens royalistes, traçait de désolantes peintures des souffrances du Pape, répandait activement la bulle d'excommunication, et provoquait ouvertement au schisme. Elle soutenait que prendre le domaine de saint Pierre c'était attaquer la foi, que le Pape prisonnier devait se refuser à tout acte pontifical, que le clergé catholique privé de communication avec son chef devait bientôt se refuser lui-même à administrer les sacrements. En un mot, de même qu'autrefois les parlements pour vaincre la royauté prétendaient arrêter le cours de la justice, ces prêtres pour embarrasser Napoléon voulaient aller jusqu'à suspendre l'exercice du culte.

Le jour même de son mariage, Napoléon venait

Avril 1810.

Imprudente démonstration de treize cardinaux à l'occasion du mariage de Napoléon.

d'avoir un exemple des obstacles que pouvaient lui créer des prêtres mécontents ligués avec les anciens royalistes. Il avait, comme nous l'avons dit ailleurs, appelé à Paris la plupart des dignitaires du gouvernement pontifical, et il avait déjà réuni auprès de lui vingt-huit cardinaux de toutes nations, qui assistaient presque tous les dimanches à la messe de sa chapelle, bien qu'il fût excommunié. Le jour de son mariage, treize cardinaux sur vingt-huit manquèrent à la cérémonie. Le motif qu'on n'osait pas donner, mais qu'on désirait faire comprendre au public, c'est que sans le Pape, Napoléon n'avait pas pu divorcer, et que dès lors le premier mariage subsistant, le second n'était pas régulier. Le motif était sans fondement, puisqu'il n'y avait pas eu divorce (lequel en effet étant repoussé par l'Église n'aurait pu être prononcé que par le Pape), mais annulation du mariage avec Joséphine, prononcée par la juridiction de l'ordinaire, après que tous les degrés de la juridiction ecclésiastique avaient été épuisés. Quoique faux, le motif, indiqué plutôt qu'allégué, ne tendait à rien moins qu'à faire passer pour une concubine la princesse auguste que la cour d'Autriche avait donnée en mariage à Napoléon, en croyant la donner d'une manière régulière, et pour un enfant adultérin l'héritier de l'Empire, que la France alors attendait avec impatience!

Peines infligées à ces cardinaux.

Napoléon, dont l'œil saisissait tout, s'était aperçu pendant la cérémonie nuptiale que *les robes rouges*, comme il les appelait, n'étaient pas toutes présentes. — Comptez-les, avait-il dit à un prélat de sa chapelle; et ayant obtenu la certitude que treize manquaient sur vingt-huit, il s'était écrié à demi-voix, avec une violence dont il n'était pas maître : — Les sots ! ils sont toujours les mêmes ! ostensiblement soumis, secrètement factieux !... mais ils vont voir ce qu'il en coûte de jouer avec ma puissance !... — A peine sorti de la cérémonie, il avait mandé auprès de lui le ministre de la police, et avait ordonné d'arrêter les treize cardinaux, de les dépouiller de la pourpre (d'où ils furent depuis désignés sous le nom de cardinaux noirs), de les disperser dans différentes provinces, de les y garder à vue, et de séquestrer non-seulement leurs revenus ecclésiastiques, mais leurs biens personnels.

On ne pouvait répondre par plus de violence à une plus imprudente et plus condamnable opposition. Dans le nombre des treize cardinaux se trouvait le cardinal Oppizoni, que Napoléon, malgré beaucoup de nuages répandus sur la vie privée de ce prince de l'Église, avait nommé archevêque de Bologne, cardinal, et sénateur. Il le fit appeler chez le vice-roi d'Italie, et menacer des plus sévères châtiments s'il ne donnait immédiatement sa démission de toutes ses dignités ecclésiastiques. Le prélat ingrat, frappé de terreur, avait remis la démission demandée en versant des torrents de larmes, et avait sur-le-champ quitté Paris pour la retraite, moitié exil, moitié prison, qui lui était assignée.

Le lendemain de ces déplorables violences, les secrets instigateurs qui les avaient provoquées se réjouissaient fort de l'accusation d'adultère lancée contre un mariage d'où devait naître l'héritier de l'Empire, des excès de pouvoir dont cette accusa-

Avril 1810.

Chagrin du clergé sage à l'aspect des fautes de certains ecclésiastiques, et du châtiment

tion avait été la cause, et s'applaudissaient de semer ainsi une infinité de maux sur les pas d'un gouvernement détesté, dont malheureusement la sagesse n'égalait plus la gloire. Le clergé, que l'esprit de parti n'aveuglait point, déplorait à la fois la faute et le châtiment, et appelait de tous ses vœux la fin d'un état de choses qui pouvait entraîner les conséquences les plus graves. Mais il était difficile d'amener l'Empereur à se modérer, le Pape à se résigner, seul moyen pourtant de négocier un accord entre les deux puissances spirituelle et temporelle!

Le Pape à Savone, quoique entouré d'une extrême surveillance, cachée sous de grands égards, communiquait avec la portion remuante des catholiques, et comprenant aussi bien qu'eux la tactique du moment, se refusait avec constance à tous les actes du pontificat. Il ne voulait ni instituer les nouveaux évêques nommés par Napoléon, ce qui laissait déjà vingt-sept sièges vacants, ni continuer aux évêques la faculté de distribuer certaines dispenses, notamment pour les mariages. Il interrompait ainsi autant qu'il était en lui l'exercice du culte en France, ce qui pouvait tourner ou contre le culte lui-même, ou contre le gouvernement, suivant que les populations prendraient parti pour le Pape ou pour l'Empereur. Pie VII, vivant dans le palais épiscopal de Savone, y disant tous les jours la messe, et y donnant la bénédiction à des fidèles souvent venus de loin pour la recevoir, accueillait les autorités poliment mais avec tristesse, et répondait, quand on lui demandait de se prêter aux fonctions les plus indispensables du pontificat, qu'il n'était pas libre, surtout qu'il n'avait pas de conseils, puisque les cardinaux étaient ou prisonniers, ou réunis à Paris autour du trône impérial, et que dans cet isolement il ne pouvait faire aucun acte qui fût valable, qui fût même exempt d'erreur, n'ayant auprès de lui aucune des lumières de l'Église.

Napoléon, informé de ce que faisait et disait le Pape par les rapports d'ailleurs bienveillants et conciliateurs du préfet de Montenotte, M. de Chabrol, ne restait pas en arrière de finesse, et disait que lui non plus n'était pas pressé, qu'en attendant que le Pape devînt raisonnable, il continuerait à administrer l'Église par certains moyens, provisoires il est vrai, mais suffisants pour un temps même assez long. Il avait donc prescrit le silence sur les affaires ecclésiastiques, et s'était abstenu depuis une année de prendre un parti, non pas seulement par calcul, mais aussi par impossibilité de suffire à tout, car les affaires se multipliaient incessamment sous sa main, même depuis que la guerre d'Autriche était finie. Cependant, il désirait mettre un terme à la querelle avec le Pape, voulant étendre à l'Église la paix qu'il venait de donner à l'Europe.

Le Pape, qui, tout en priant avec ferveur sentait le poids de ses fers, qui voyait tous les jours se résoudre une foule d'importantes questions, se succéder des traités, des divorces, des mariages, et qui ne trouvait jamais dans la bouche du préfet, avec de grands respects, que des conseils sans espérance d'arrangement, finissait par s'impatienter, presque par s'emporter. — On songe à tout, disait-il, excepté à Dieu ! On s'occupe de toutes les affaires, excepté de celles de l'Église. Elles ont pourtant leur importance même temporelle, et on le sentira si jamais la chaîne des prospérités vient à s'interrompre. On veut me pousser à bout ! eh bien, j'userai de nouvelles armes, je ferai un nouvel éclat, j'aurai recours aux moyens que Dieu a mis en mes mains pour sauver son Église !... — Et sans s'expliquer davantage l'infortuné pontife, passant comme les caractères doux et vifs de la patience à l'exaltation, donnait à entendre, en termes menaçants, qu'il provoquerait un schisme par un appel solennel aux consciences, et replacerait le gouvernement impérial dans les embarras où s'étaient trouvés les gouvernements révolutionnaires, car le schisme est toujours bien voisin de la guerre civile. Après ces menaces il retombait dans son abattement et sa douceur, se répandait en longs entretiens avec le préfet, et lui demandait sans cesse comment il se faisait que ce général Bonaparte, qu'il avait tant aimé, dont il avait tant favorisé l'élévation, pour lequel il avait bravé tant d'opposition afin de venir le sacrer à Paris, pouvait le payer de tant d'ingratitude, et opprimer, abaisser, ébranler l'Église, après l'avoir si habilement, si courageusement rétablie par l'acte glorieux du concordat?... Et il se montrait confondu d'étonnement, de douleur, à l'aspect de si étranges contradictions. — M. de Chabrol le consolait, le calmait, et lui faisait espérer que tout s'arrangerait, sans lui dire précisément à quelle condition, mais en lui laissant deviner que ce serait au prix de sa puissance temporelle. A cela le Pape ne répondait rien, affectant de n'être soucieux que des intérêts de la puissance spirituelle.

Il fallait pourtant en finir, et arriver à un arrangement quelconque. Napoléon le sentait bien, car les moyens provisoires employés pour gouverner l'Église sans la participation de son chef, étaient fort insuffisants, fort contestés, fort contrariés, surtout dans leur application. Vingt-sept sièges étaient devenus vacants dans l'Empire, depuis la querelle avec Rome : or chacun sait que sans son évêque ou un représentant de son évêque tout diocèse est arrêté dans sa marche, que le clergé n'est plus gouverné, que certains actes de la vie civile sont suspendus, parce que chez les catholiques la vie civile s'accomplit sous les yeux, avec la consécration de la religion. Ce qui est plus grave peut-être que la privation d'un évêque, c'est l'existence d'un évêque non accepté des fidèles, parce qu'il veut commander et n'est pas obéi, et qu'au lieu d'être en attente l'Église est en révolte. Et c'était là en effet le péril dans les vingt-sept diocèses vacants, car Napoléon, qui n'était pas homme à laisser chômer sa prérogative, avait eu hâte de les pourvoir de nouveaux titulaires. Il avait proposé au Pape de conférer aux prélats nommés l'institution canonique, en consentant que dans les bulles d'institution le pontife ne fît pas mention du souverain temporel dont il confirmait les actes. Napoléon pouvait avoir cette modestie sans danger pour son autorité; mais il ne voulait pas, et avec raison, qu'on employât une forme dont le Pape fait usage pour les sièges à l'égard desquels il réunit le double pouvoir de nom-

Avril 1810.

Napoléon prend enfin le parti de mettre un terme aux difficultés avec le Saint-Siège.

Embarras qui le forcent à prendre ce parti.

Vacance de vingt-sept sièges, et difficulté d'y organiser une administration provisoire.

mer et d'instituer, forme qualifiée *de proprio motu*. C'était justement celle que le Pape avait employée, notamment pour M. de Pradt, transféré du siége de Poitiers à celui de Malines. Napoléon avait rejeté ces bulles qui étaient non pas l'omission, mais la négation de son autorité, et avait voulu que les vingt-sept prélats nommés par lui, quoique non institués, s'emparassent du gouvernement de leurs diocèses. Pour leur en fournir le moyen il avait eu recours à un expédient indiqué par les anciens usages de l'Église, et il leur avait fait attribuer la qualité de *vicaires capitulaires*.

Lorsque en effet un siége devient vacant par la mort de son pasteur, le chapitre du diocèse élit sous le titre de vicaire capitulaire un administrateur provisoire du siége, qui remplit les fonctions de l'épiscopat jusqu'à l'installation du nouveau titulaire, mais qui se borne toutefois à remplir les fonctions indispensables et ne jouit d'aucun des honneurs de l'épiscopat. Jadis les évêques nommés étaient quelquefois élus vicaires capitulaires, et entraient ainsi en possession immédiate de leurs siéges. Napoléon ne pouvant pas obtenir l'envoi des bulles telles qu'il les désirait, avait voulu que les sujets nommés par lui fussent investis de la qualité de vicaires capitulaires, mais il avait rencontré presque partout les plus vives résistances. Les chapitres avaient en général élu leur administrateur provisoire avant la nomination par l'Empereur des nouveaux évêques. Ils alléguaient donc l'élection déjà faite pour n'en pas faire une seconde, ou bien quand ils étaient plus hardis, ils osaient soutenir que cette façon de procéder n'était qu'une manière détournée d'annuler l'institution canonique appartenant au Pape, et niaient que les règles de l'Église permissent de déférer aux évêques nommés la qualité de vicaires capitulaires.

Vraie ou non, la doctrine leur convenait, car ils s'étaient bientôt aperçus qu'en se prêtant à l'administration provisoire des églises, ils ôtaient au Pape le moyen le plus sûr d'arrêter Napoléon dans sa marche. Mais le moyen était dangereux, car arrêter un homme comme Napoléon n'était pas facile, et, pour y parvenir, interrompre le culte lui-même n'était pas très-pieux. Vainement quelques prêtres éclairés se rappelant que Henri VIII avait pu, pour des motifs honteux, faire sortir de l'Église catholique l'une des plus grandes nations du globe, se disaient que Napoléon, bien autrement puissant que Henri VIII, appuyé sur des motifs bien autrement avouables, pourrait causer à la foi de plus grands maux que le monarque anglais, surtout dans un siècle indifférent, beaucoup plus à craindre qu'un siècle hostile. Mais les instigateurs de l'opposition cléricale, aveuglés par leurs passions, s'inquiétaient peu du danger de la religion, et avaient porté à Paris même le théâtre de cette guerre périlleuse. Ce qui s'était passé dans ce siège important offrait le tableau le plus frappant de l'état de l'Église française à cette époque, et des rapports de Napoléon avec elle.

L'archevêché de Paris étant devenu vacant, Napoléon y avait nommé le cardinal Fesch, son oncle. Celui-ci à peine nommé se conduisant au sein du clergé comme les frères de Napoléon dans leurs royaumes, avait songé non pas à payer sa dette de reconnaissance, mais à se populariser. Le cardinal Fesch, ainsi que nous l'avons dit ailleurs, de fournisseur d'armée devenu tout à coup catholique fervent, prélat austère, avait voulu se rendre l'idole du clergé, comme Louis des Hollandais, Joseph des Espagnols, Murat des Napolitains, et, se montrant soumis en présence de son terrible neveu, ne manquait jamais hors de sa présence de gémir hypocritement sur les maux de l'Église, jurait de braver le martyre plutôt que de se soumettre à la tyrannie, et affectait de dédaigner une parenté dont il était plus orgueilleux et dont le clergé faisait plus de cas que de ses équivoques vertus. Napoléon, indigné de tant d'orgueil et d'ingratitude, le traitait durement, surtout quand il venait étaler devant lui un savoir théologique de fraîche date, et lui demandait où il avait appris ce qu'il savait, si c'était en spéculant sur le pain des soldats! — Amenez-moi, lui disait-il, l'abbé Émery ou bien M. Duvoisin; ceux-là savent ce qu'ils disent, et valent la peine d'être écoutés. — L'abbé Émery, savant prêtre, plein d'une ferveur qui n'excluait pas les lumières, ayant refusé tous les diocèses pour demeurer supérieur du séminaire de Saint-Sulpice, était le chef adoré d'un établissement qui avait fourni des prêtres et des prélats à presque toute la France. Il était royaliste secret, et ennemi de Napoléon, qui le savait sans trop s'en émouvoir. M. Duvoisin, évêque de Nantes, était un prélat fidèle à ses devoirs, profondément instruit, et doué d'une grande sagesse. Il croyait qu'au lieu de miner le pouvoir du grand Empereur, on devait au contraire le modérer, le diriger et le ramener à l'Église. Napoléon voulait entendre M. Émery, mais ne déférait qu'à l'avis de M. Duvoisin, et quant à son oncle, n'écoutait pas plus ses discours qu'il ne suivait ses conseils.

Après avoir nommé archevêque de Paris le cardinal Fesch, déjà archevêque de Lyon, il avait voulu que son oncle se saisît du siége, et le gouvernât comme titulaire définitif. Le cardinal avait résisté, d'abord pour ne point déplaire au clergé, secondement pour rester en même temps archevêque de Lyon et archevêque de Paris, c'est-à-dire pourvu des deux plus grands siéges de l'Empire. Ce cumul de deux siéges n'était pas sans exemple, mais le Pape consulté s'y était refusé comme à un abus emprunté mal à propos aux temps anciens, avait exigé que le cardinal optât entre Lyon et Paris, et du reste ne voulait pas plus l'instituer que les autres nouveaux titulaires.

Le cardinal tenant à conserver le siége de Lyon, dont il était à la fois titulaire *nommé* et *institué*, persistait à s'appeler cardinal archevêque de Lyon, simple administrateur du diocèse de Paris. Pour rendre plus visible la situation qu'il avait prise, il n'habitait point l'archevêché de Paris, mais un hôtel qu'il possédait rue du Mont-Blanc. Napoléon avait d'abord supporté cette conduite équivoque pendant qu'il laissait languir les affaires de l'Église. Mais arrivé au moment de s'en occuper sérieusement, et s'étant par hasard transporté à Notre-Dame pour faire on ne sait quelle visite des lieux, il n'y avait point rencontré le cardinal Fesch. Cette circonstance lui avait fait sentir vivement l'in-

Avril 1810.

Forcé d'opter, le cardinal Fesch se prononce pour l'archevêché de Lyon, et renonce à l'archevêché de Paris.

Nomination du cardinal Maury à l'archevêché de Paris.

convenance de la position prise par son oncle, et il avait dit que lorsqu'il honorait de sa visite le clergé de la métropole, il voulait trouver l'archevêque de Paris au pied des tours de Notre-Dame. — Après cette apostrophe, transmise par le ministre des cultes, il lui avait fait demander son option immédiate entre les deux siéges. Obligé de choisir, le cardinal oncle avait jugé plus sûr, plus conforme à sa politique ordinaire, de se prononcer pour le clergé orthodoxe, et avait opté pour Lyon, siége dont il était canoniquement investi. Aussitôt un cri s'était élevé dans toutes les sacristies de France en faveur du prélat si désintéressé, si fidèle à l'Église, qui faisait pour elle de si nobles sacrifices, et on avait partout exalté son courage et son abnégation. Napoléon avait répliqué par un choix éclatant, et qui devait exciter au plus haut degré la jalousie de son oncle, il avait nommé le cardinal Maury archevêque de Paris.

Cet illustre défenseur de l'Église, qui dans l'Assemblée constituante avait déployé tant d'éloquence, d'esprit et de courage, qui, par ses saillies, son sang-froid, avait défendu le clergé comme un gentilhomme formé à l'école de Voltaire aurait pu défendre l'aristocratie, retiré depuis à Rome où il avait vécu quinze années dans l'exil et la consolation des beaux livres, avait enfin accepté avec empressement l'occasion de rentrer dans sa patrie, et parce qu'il s'était montré reconnaissant envers Napoléon auquel il devait son retour, il avait perdu en un jour le fruit de la plus glorieuse lutte, et d'idole du clergé et des royalistes était devenu l'objet de leur dédain, presque de leur haine. Ce personnage avait quelques-uns des défauts qui suivent parfois le talent, même la piété, il aimait la table, les propos familiers, ne s'était pas corrigé de ces défauts en Italie, et fournissait ainsi aux hypocrites médiocrités de l'Église des prétextes pour le dénigrer. Aussi malgré son esprit et sa gloire n'avait-il pas grande influence sur le clergé. Le cardinal Fesch en particulier nourrissait contre lui la plus ardente jalousie, et Napoléon, qui n'avait pas été fâché de causer à son oncle le double chagrin de nommer au siége de Paris, et d'y nommer un personnage célèbre, n'avait guère réussi à lui opposer un contre-poids, car tous les talents du cardinal Maury ne pouvaient lutter d'influence avec l'hypocrisie, le pédantisme, l'ingratitude, et la parenté elle-même du cardinal Fesch.

Avril 1810.

Cette nomination à peine signée, Napoléon avait exigé que le cardinal Maury fût investi de l'administration du diocèse, ce que le chapitre n'avait pas osé refuser, mais ce qui était devenu l'occasion de tracasseries continuelles, et vraiment dégradantes pour le cardinal, pour son clergé, pour l'autorité impériale. On laissait bien le cardinal Maury administrer le diocèse, et présider aux cérémonies ordinaires, mais si, dans certaines solennités, il faisait, suivant un privilége de sa dignité, porter la croix devant lui, une partie du chapitre s'enfuyait de l'autel, laissant là les clercs inférieurs et les fidèles stupéfaits. Le soir on se réjouissait dans les cercles dévots et royalistes des échecs essuyés par l'ancien défenseur de l'Église et de l'aristocratie, devenu l'élu de la faveur impériale.

Difficultés qu'on suscite au cardinal Maury dans l'administration du diocèse de Paris.

Le cardinal Maury s'était hâté d'écrire au Pape pour faire appel à son ancien attachement, et en obtenir, à défaut de bulles, l'entrée en possession provisoire du diocèse de Paris. On attendait la réponse du pontife, sans espérer qu'elle fût favorable.

On voit quelles difficultés de tout genre suscitait cette administration provisoire des diocèses, mais Napoléon ne s'en inquiétait guère, dans la croyance où il était de conclure un arrangement prochain avec le Pape. Afin de le vaincre par des résolutions déjà prises, sur lesquelles personne ne pût se flatter de revenir, il s'était hâté de convertir en statut organique la réunion des États romains. Déjà il avait prononcé la réunion des duchés de Parme et de Plaisance sous le titre de département du Taro, et celle de la Toscane sous les titres de départements de l'Arno, de l'Ombrone et de la Méditerranée. Cette fois il réunit la province romaine sous les titres de départements de Trasimène et du Tibre. Dans le sénatus-consulte, l'un des plus célèbres du temps et des plus remarqués, il déclara Rome la seconde ville de l'Empire; il statua que l'héritier du trône, dont on annonçait la naissance comme si on avait eu le secret de la nature, porterait le titre de roi de Rome, et serait sacré successivement à Notre-Dame et à Saint-Pierre. Il décida en outre qu'un prince du sang tiendrait toujours une cour à Rome, que les Papes résideraient auprès des empereurs, siégeraient alternativement à Rome et à Paris, jouiraient d'une riche dotation, prêteraient serment à l'Empire, et auraient autour d'eux les tribunaux de la pénitencerie, de la daterie, le sacré collége, tous les établissements en un mot de la chancellerie romaine, lesquels devaient être transportés à Paris et devenir dépenses impériales. A la suite de ces décisions, Napoléon ordonna immédiatement des travaux à l'archevêché de Paris, au Panthéon, à Saint-Denis, pour y recevoir le gouvernement pontifical et le pontife lui-même. Il projeta également des travaux à Avignon, pour que le Pape, vivant habituellement à Paris auprès de lui, pût néanmoins se montrer aussi dans les diverses et antiques résidences de la papauté.

On se croit placé sous l'illusion d'un songe lorsqu'on entend raconter ces choses, que l'Église elle-même était loin alors de considérer comme impossibles! Mais Napoléon pensait qu'après quelques jours d'étonnement on s'habituerait à cet état nouveau, que le Pape résidant auprès de lui deviendrait plus traitable, que les cardinaux vivant en France prendraient un peu d'esprit français, et qu'enfin devant ce prodigieux spectacle, qui rappelait d'une manière si frappante l'ancien empire d'Occident, les contemporains ébahis laisseraient échapper de leur bouche vaincue le titre si envié d'Empereur d'Occident, titre auquel Napoléon a tout sacrifié, tout, jusqu'à son empire même!

Dans la persuasion où il s'entretenait complaisamment, Napoléon n'avait qu'un souci, c'était de se hâter, pour que l'arrangement avec le Pape, qu'il regardait comme prochain, embrassât tout ce qui pouvait toucher au régime de l'Église. Il s'occupa en effet de régler sur-le-champ l'établissement ecclésiastique qu'il faudrait laisser à Rome, de disloquer l'ancien, de reconstituer le nouveau, de manière que le Pape trouvant tout consommé quand on arriverait à des pourparlers, fût obligé d'accepter comme irrévocablement accomplis les changements qui lui déplairaient le plus.

Il existait dans la province romaine trente diocèses pour une population de 800 mille habitants, dont plusieurs sous le nom de *siéges suburbicaires* fournissaient des titres et des dotations aux principaux membres du sacré collége. Il existait en outre une innombrable quantité de couvents et de cures richement pourvus, et absorbant le revenu de biens considérables. Sans hésiter Napoléon abolit tous les siéges de l'État romain, à l'exception de trois qui furent dotés chacun de 30 mille francs de revenu, supprima les couvents d'hommes et de femmes, en allouant des pensions viagères aux membres des ordres supprimés, fit demander le serment à tous les curés, ordonna l'exil en Corse de ceux qui le refuseraient, et arrêta une nouvelle circonscription des cures, moins divisée et plus économique. Il ordonna également la suppression des ordres religieux en Toscane, dans Parme et Plaisance, ne laissa subsister que quelques couvents de femmes et quelques ordres voués à la bienfaisance, fit séquestrer tous les biens ecclésiastiques montant à Rome à 250 millions, en consacra 100 à la dette romaine, aux hospices, aux nouveaux siéges, aux cures conservées, et disposa des 150 restants au profit du domaine de l'État, auquel il les déclara réunis.

Ces décrets, rendus avec une incroyable promptitude, furent immédiatement expédiés à Rome pour être mis tout de suite à exécution. Trois colonnes d'infanterie furent dirigées d'Ancône, de Bologne, de Pérouse, sur Rome, pour apporter au général Miollis un renfort de neuf à dix mille hommes, en cas qu'il en eût besoin contre une population fort influencée par les moines. Ce général reçut l'ordre, au premier mouvement, de ne pas traiter les Romains avec plus de ménagements que des Espagnols. — Grâce à la paix, écrivait Napoléon, j'ai du temps, j'ai des troupes disponibles, et il faut en profiter pour terminer toutes les affaires en suspens. D'ailleurs dans deux mois je traiterai avec le Pape, et il faudra bien, ou qu'il résiste, ce qui lui est impossible, ou qu'il s'arrange, ce qui le forcera d'accepter comme accomplis les changements que j'ai apportés à l'État de l'Église. —

Le projet de Napoléon était d'envoyer à Savone quelques cardinaux et quelques évêques, pour faire sentir au Pape qu'il était temps de s'entendre, car les intérêts les plus sacrés souffraient de ces longues dissensions; pour lui dire qu'après tout on ne touchait en rien aux dogmes de la religion, qu'on ne s'en prenait qu'à l'État temporel du Pape, et qu'un Pape vraiment attaché à la foi ne pouvait en compromettre le sort pour des intérêts purement temporels; que la France et l'Europe voyaient clairement ce dont il s'agissait; que l'on ne pouvait méconnaître dans Napoléon l'homme providentiel qui après avoir relevé l'Église, ne cessait de la protéger tous les jours, et d'étendre son action soit par la création de nouvelles cures, soit par l'établissement de l'influence religieuse dans l'é-

Avril 1810.

Députation de cardinaux et d'évêques à Savone, pour faire accepter au Pape les nouveaux arrangements décrétés par Napoléon.

Avril 1810.

Langage que doivent tenir au Pape les députés qu'on lui envoie.

ducation; que dans sa lutte avec le Pape, on voyait non une querelle de religion mais une querelle d'État; que Napoléon voulant constituer l'Italie, avait comme tous les empereurs rencontré les Papes pour adversaires, et qu'en politique prévoyant il avait voulu, dans la personne de Pie VII, se débarrasser non du pontife mais du souverain temporel; que ce n'était pas en France apparemment que son ambition rencontrerait des improbateurs, que là même où elle pourrait en trouver, le Pape serait blâmé de sacrifier la foi à sa souveraineté princière; qu'il ferait donc mieux, avant que Napoléon fût amené peut-être à jouer le rôle de Henri VIII, d'accepter d'être le chef de l'Église, aux mêmes conditions que ses prédécesseurs l'avaient été sous les empereurs d'Occident, de sacrifier sa puissance temporelle désormais perdue à sa puissance spirituelle qui n'était pas menacée, et de ne pas s'exposer par une obstination folle à voir retrancher les deux tiers au moins du territoire européen de la communion romaine. — Telles étaient les raisons que Napoléon voulait faire parvenir au Saint-Père, et elles paraissaient d'autant plus plausibles, que la plus grande partie du clergé européen, placé comme tous les hommes sous l'impression du présent, qui agit sur les esprits avec la puissance des effets physiques, les jugeait soutenables et même concluantes. Napoléon choisit les cardinaux Spina et Caselli, qu'on supposait agréables au Pape, pour aller le visiter, l'entretenir, et lui faire une première ouverture s'ils le trouvaient bien disposé. Si le Pape au contraire se montrait inabordable, Napoléon songeait à un autre moyen fort ordinaire dans l'ancien

Projet d'un concile.

empire d'Occident, c'était de convoquer un concile, et d'y réunir l'Église chrétienne, dont il avait la presque totalité sous son autorité ou sous son influence, et qu'il se flattait de diriger à son gré. Il donnerait ainsi la paix à l'Église, comme il l'avait donnée à l'Europe, en traçant les conditions de cette paix avec la pointe de son épée.

Tels étaient en ce moment les efforts de Napoléon pour imprimer une plus grande activité à la guerre d'Espagne et au blocus continental, pour obtenir au moyen de l'une et de l'autre la paix maritime, complément si désiré de la paix continentale, pour apaiser les querelles religieuses, pour terminer sous tous les rapports l'organisation de son vaste empire, et s'asseoir enfin, la couronne de Charlemagne en tête, sur le trône de l'Occident pacifié.

Au milieu de ces travaux si divers son frère Louis était arrivé à Paris, et la grave question de la Hollande, laquelle fut bientôt pour l'Europe la goutte d'eau qui fait déborder le vase, commença à s'agiter. Le roi Louis arrivait en France avec des dispositions fâcheuses, que rien de ce qu'il allait y trouver n'était propre à dissiper. Ce prince singulier, doué d'un esprit distingué mais plus actif que juste, aimant le bien mais s'en faisant une fausse idée, libéral par rêverie, despote par tempérament, brave mais point militaire, simple et en même temps dévoré du désir de régner, se défiant de lui-même et plein pourtant de l'amour-propre le plus irritable, renfermant dans son âme l'ardeur naturelle des Bonaparte, et employant cette ardeur à se tourmenter sans cesse, se croyant voué au malheur, se plaisant à supposer

Avril 1810.

Suite des affaires de Hollande.

Arrivée du roi Louis à Paris.

Caractère personnel du roi Louis.

que sa famille entière était conjurée contre lui, confirmé dans ces idées désolantes par une santé des plus mauvaises, appelé enfin à régner sur un pays qui, par son ciel et sa prospérité présente, n'était pas fait pour le distraire, devait tôt ou tard être amené à un éclat, et devenir pour l'Empire l'occasion des plus fatales résolutions. Du reste, le pays dont il était roi se trouvait dans une situation aussi triste que lui-même. Mais les malheurs de la Hollande étaient antérieurs à la révolution française, à l'Empire et au blocus continental.

Les Hollandais, placés aux confins de la mer et de la terre, sur quelques plages de sable dont ils avaient éloigné les eaux avec un art admirable, et sur lesquelles ils avaient fait naître de gras pâturages, étaient devenus tour à tour pêcheurs, cultivateurs, éleveurs de bétail, et commerçants. Faisant saler le poisson qu'ils pêchaient sur leurs côtes, le laitage qu'ils recueillaient de leur bétail, allant offrir en tous lieux ces précieux aliments au moyen de leurs vaisseaux, ils s'étaient mis en rapport avec les contrées les plus diverses, et bientôt s'étaient constitués les commissionnaires de toutes les nations, transmettant aux unes les produits des autres, allant chercher au Nord les bois, les fers, les blés, les chanvres, pour les fournir au Midi, d'où ils rapportaient les vins, les huiles, les soies, les draps, et enfin depuis que la navigation avait embrassé toutes les mers, allant verser dans les Indes les industries de l'Europe, et reverser en Europe les épices de l'Inde. Ils étaient devenus ainsi les premiers navigateurs, et en même temps les plus adroits, les plus riches négociants du globe. Braves et sachant défendre leur prospérité sur terre et sur mer, républicains, libres, divisés, éloquents, mais capables de contenir leurs passions, aimant les arts, les pratiquant avec une originalité due à leur sol et à leurs mœurs, ils avaient donné tous les spectacles, ceux de la guerre, de la liberté, de la civilisation; et après avoir secoué le joug de l'Espagne, empêché la domination de la France de s'étendre sur l'Europe, lutté d'influence avec Louis XIV qui les avait humiliés, et qu'ils avaient humilié à leur tour, ils avaient fini par donner pour rois à l'Angleterre des princes dont ils n'avaient daigné faire chez eux que des stathouders.

Mais tout passe, la jeunesse, la gloire, la fortune, la puissance, chez les peuples comme chez les individus. Les poissons salés, les fromages, première origine de l'immense négoce des Hollandais, ne pouvaient en être un fondement durable. La plus grande de leurs industries c'était de porter aux uns l'industrie des autres, et Cromwell, qui s'en était aperçu, leur avait causé un dommage mortel, en introduisant dans le monde, par son acte de navigation, le principe qu'on ne doit porter chez autrui que ce qu'on a produit soi-même. Le principe ayant bientôt été adopté partout, les Hollandais, qui ne se présentaient dans les ports du globe qu'avec des produits étrangers, avaient vu décliner rapidement leur prospérité commerciale. Tandis que l'Angleterre leur était ainsi fermée, la cherté des commissions dans leurs ports faisait passer aux villes de Brême, de Hambourg, moins exigeantes et heureusement situées sur le Weser et l'Elbe, le négoce de l'Allemagne. Enfin les guerres du dix-huitième siècle se passant entre le grand Frédéric et ses puissants voisins sans que la Hollande eût aucun rôle à y jouer, son importance en avait été fort diminuée, et elle avait vu déchoir ainsi sa puissance politique après sa puissance commerciale.

Mais si tout passe, rien ne passe vite. Il était resté aux Hollandais, comme à ces anciens riches dont la fortune ne décroît pas sans les laisser encore fort opulents, d'abondantes sources de prospérité. Ils conservaient de nombreuses colonies, un grand commerce de denrées coloniales, et d'immenses capitaux, fruit de l'économie. Ils faisaient, par exemple, un commerce tout particulier sur les sucres et les cafés. Quiconque avait à en vendre, et ne pouvait s'en procurer le débit immédiat, était assuré de trouver dans les vastes entrepôts de Rotterdam et d'Amsterdam un marché où on les payait comptant, et où l'on savait attendre le jour du renchérissement pour les revendre avec avantage. Les Hollandais étaient ainsi devenus les plus grands spéculateurs de denrées coloniales du monde entier. Ils s'étaient mis de plus à manipuler les matières qu'ils avaient en si grande quantité sous la main, et ils s'étaient faits raffineurs de sucre et préparateurs de tabac très-habiles. Enfin regorgeant de capitaux lentement économisés et supérieurs aux besoins de leur commerce, ils prêtaient à tous les gouvernements, et les emprunts avaient fini par être la principale de leurs industries.

Par ces divers moyens ils avaient réussi à se maintenir dans une grande opulence, jusqu'à l'époque de la révolution française, qui les avait trouvés partagés entre une haute bourgeoisie, toute dévouée au stathoudérat et aux Anglais dont elle avait les mœurs, pleine aussi contre la France de préjugés qui remontaient au temps de Louis XIV, et une bourgeoisie inférieure qui détestait les stathouders, aimait peu les Anglais, et penchait pour les Français, surtout depuis que ceux-ci avaient échappé en 1789 au double joug de la royauté et de l'Église.

Avril 1810.

Mais la faveur dont les Français jouissaient auprès de la démocratie hollandaise avait été de courte durée, et elle s'était totalement évanouie quand on les avait vus passer si vite d'une liberté sanguinaire au despotisme d'un soldat, et surtout quand la Hollande était devenue leur sujette. Toutes les industries du pays avaient presque succombé à la fois. La navigation s'était trouvée à peu près interdite par la guerre maritime. Les immenses magasins d'Amsterdam et de Rotterdam ne pouvant s'approvisionner que par les Anglais, et les communications avec les Anglais n'étant possibles que par la contrebande, les spéculations sur les denrées coloniales et la raffinerie avaient été frappées du même coup. Le trafic des tabacs avait éprouvé un dommage non moins grand par l'établissement de la régie française, qui s'attribuait la fabrication et la vente exclusives des tabacs. La pêche, déjà ruinée par les Anglais, avait manqué de sel pour la salaison de ses produits, depuis que le sel était obligé d'aller payer à Londres un octroi de navigation. Et si, malgré tant d'entraves, quelques bâtiments neutres, ou soi-disant neutres,

État commercial et politique de la Hollande depuis sa soumission à la France.

apportaient en Hollande les produits des colonies hollandaises, les corsaires français embusqués à l'entrée des passes de l'Escaut, de la Meuse et du Zuyderzée, les arrêtaient, et privaient le peuple affamé d'Amsterdam ou de Rotterdam de gagner un reste de salaire sur le déchargement, le transport et la manipulation des rares marchandises échappées au blocus britannique. Enfin l'industrie des emprunts avait également souffert par suite de la détresse universelle. L'Espagne avait fait banqueroute. L'Autriche ne servait qu'avec beaucoup de peine les intérêts de sa dette; l'Angleterre y suffisait avec un papier déprécié. La Prusse payait difficilement; la Russie exactement, mais non sans dommage pour ses créanciers. Il n'y avait pas un Hollandais qui ne perdît 50 pour 100 des capitaux placés sur les gouvernements étrangers.

Les finances de l'État, non moins obérées que celles des particuliers, et obérées pour le service de la France, présentaient 110 millions de ressources par rapport à 155 millions de dépenses, dans lesquelles la dette seule figurait pour 80. Afin de se procurer ces 110 millions de ressources, pourtant si insuffisantes, il avait fallu recourir aux impôts les plus durs et les plus vexatoires. Aussi les travaux des chantiers étaient-ils abandonnés, les ouvriers et les matelots en fuite vers l'Angleterre, les officiers de marine dans l'indigence. En présence d'un tel état de choses, on conçoit comment avaient pu se réveiller tout à coup ces vieilles haines, qui, depuis Louis XIV, représentaient les Français comme politiques inconséquents et légers, catholiques intolérants, marins malheureux, dont l'alliance ne pouvait exposer qu'à des défaites, voisins incommodes, aussi envahissants sur terre que les Anglais sur mer, et méritant une défiance au moins égale.

Avril 1810.

A peine arrivé en Hollande, le roi Louis avait fait comme tous les frères de Napoléon récemment élevés au trône, il avait voulu régner pour lui et pour ses peuples, et non pour la France et pour Napoléon; il s'était appliqué à donner le moins possible de soldats et de vaisseaux, et surtout à supporter le moins possible aussi de restrictions commerciales. C'était naturel, et Murat à Naples, Jérôme à Cassel, Joseph à Madrid, Louis à Amsterdam, disaient avec un certain fondement à Napoléon : Si vous nous avez faits rois, c'est sans doute pour que nous vous fassions honneur, pour que nous rendions nos peuples heureux, pour que nous fondions des dynasties durables, car autrement vous seriez engagé, afin de nous soutenir, dans des guerres ruineuses et sans terme. — Sans doute, répondait Napoléon, dans des lettres dont nous reproduisons le sens mais non l'amertume, je vous ai faits rois pour que vous régniez dans l'intérêt de vos peuples, mais aussi pour que vous compreniez l'intérêt de ces peuples comme il doit être compris, pour qu'élevés par le sang de mes soldats, non par vos services, vous soyez les alliés fidèles de la France et non ses ennemis. — *Tout par la France et pour la France*, leur répétait-il sans cesse. Vous avez tous un intérêt suprême à vaincre la domination anglaise, car vous perdriez, vous Murat la Sicile, vous Joseph l'Amérique, vous Louis les Indes, si la France ne l'empor-

Prétentions du roi Louis en montant sur le trône de Hollande.

Contestation de Napoléon avec tous ses frères.

tait pas sur l'Angleterre dans cette lutte décisive. Vous y perdriez en outre la liberté de naviguer et l'honneur de votre pavillon! Il faut donc entendre l'intérêt de vos peuples dans le sens de ma politique, le leur faire entendre de même, vous populariser non par votre condescendance à leurs faiblesses, mais par votre économie, votre sobriété, votre application au travail, votre courage à la guerre, par vos vertus enfin, et aussi par vos ménagements pour le parti français, qui en tout pays est le parti de la démocratie, et qu'il faudrait partout chercher à s'attacher. Mais pressés de vous entourer de grands seigneurs qui détestent la France, les Bonaparte, et moi surtout, vous avez éloigné le parti qui seul pouvait nous aimer, et qui, grâce à vos maladresses, nous hait maintenant à l'égal de tous les autres! Aussi n'y a-t-il pas un de vous qui se soutiendrait un jour, une heure, si je perdais une bataille! —

Napoléon aurait eu raison sans doute, s'il n'avait exigé des peuples alliés, confiés à ses frères, que des sacrifices modérés, proportionnés à leur force, et calculés exclusivement dans l'intérêt évident de la politique commune; mais quand, pour une ambition de monarchie universelle, il les condamnait à une guerre éternelle, à la privation indéfinie de tout commerce, à une conscription de terre et de mer dont ils n'avaient pas l'habitude et qu'ils auraient difficilement supportée pour eux-mêmes, à des dépenses écrasantes, il demandait l'impossible, et ayant raison contre les faiblesses de ses frères, il leur donnait raison contre sa politique. Il n'est déjà que trop difficile en tout temps, en tous lieux, d'obtenir de peuples alliés les efforts nécessaires à la cause qui leur est commune! Mais défigurer cette cause par une ambition sans frein, imposer des sacrifices sans bornes, charger des royautés étrangères, désagréables au moins quand elles ne sont pas odieuses, d'exiger ces sacrifices, c'était aggraver au delà de toute mesure la difficulté ordinaire des alliances, c'était convertir les amitiés nationales les plus naturelles en haines ardentes, c'était enfin se préparer de cruels mécomptes, dont on allait avoir le triste prélude dans les querelles de Napoléon et de son frère Louis, à l'occasion de la Hollande.

Les griefs de Napoléon contre son frère Louis étaient les suivants. Il se plaignait de ce que la Hollande ne lui était d'aucune utilité ni pour la guerre maritime, ni pour la répression de la contrebande; qu'elle lui rendait beaucoup moins de services sous la royauté de son frère que sous la république et sous le grand pensionnaire Schimmelpenninck. Il rappelait qu'à cette dernière époque elle entretenait à Boulogne une flottille de 30 chaloupes canonnières et de 150 bateaux canonniers, une escadre de ligne au Texel, et une armée sur les côtes; tandis qu'aujourd'hui n'ayant point de flotte au Texel, elle avait à peine 70 bateaux canonniers dans l'Escaut oriental, et tout au plus quelques mille soldats insuffisants pour garder son propre littoral. Il se plaignait de ce que la Hollande était pour le commerce anglais un vaste port, ouvert comme en pleine paix; de ce que les Américains étaient reçus malgré ses ordres formels, sous le prétexte mensonger d'être des neutres; de ce qu'il régnait dans toutes

Avril 1810.

les classes un esprit hostile à la France aussi peu dissimulé qu'à Londres même; de ce qu'on avait développé imprudemment cet esprit en favorisant le parti aristocratique, en éloignant de soi le parti libéral, en rétablissant l'ancienne noblesse, en y ajoutant la nouvelle, en chargeant le trésor de dépenses onéreuses pour la formation d'une garde royale, inutile en Hollande, pour une création de maréchaux tout aussi inutile, pour l'institution de dotations sans motifs dans un pays où personne n'avait remporté de victoire.

Réparations que Napoléon exige de la Hollande, sous peine, si elle refuse, de réunion à la France.

S'appuyant sur ces griefs, Napoléon dissimulait peu la disposition où il était de réunir la Hollande à l'Empire, à moins qu'on ne lui donnât pleine satisfaction. Or il déclarait ne pouvoir être satisfait qu'à la condition qu'on entretînt, outre une flottille considérable dans les deux Escaut, une escadre de ligne au Texel, et 25 mille hommes de troupes de terre sur le littoral; qu'on supprimât la garde royale, les maréchaux, les dotations nobiliaires, et qu'à ces économies on en ajoutât une qu'il regardait comme indispensable, la réduction de la dette au tiers du capital existant, car cette dette étant de 80 millions sur un budget de 150, rendait tout service public impossible. Mais ce n'était pas tout : il demandait encore qu'on admît un système de répression énergique contre la contrebande, que pour assurer l'action des corsaires français on déférât le jugement des prises à son propre tribunal, qu'on lui livrât enfin pour en disposer à son profit tous les vaisseaux américains entrés dans les ports de la Hollande. Sans s'expliquer clairement, Napoléon ajoutait que la récente expédition des Anglais dans l'île de Walcheren révélait dans le tracé des frontières de la France et de la Hollande des défectuosités qui exigeraient certaines rectifications vers les deux Escaut, et peut-être vers le Rhin lui-même.

Le roi Louis répondait aux griefs de son frère, complètement sur quelques points, très-incomplétement sur quelques autres. Il soutenait que sa flottille n'était pas moindre qu'au temps dont Napoléon rappelait le souvenir; que la plus grande partie de cette flottille gardait l'Escaut oriental, qu'il était indispensable de surveiller si on ne voulait pas que les troupes françaises stationnées dans l'Escaut occidental fussent tournées, et que le reste occupait les nombreux golfes de la Hollande. Il ne faisait aucune réponse satisfaisante relativement au désarmement de la flotte du Texel. Quant à l'armée de ligne, il prétendait avoir plus que le chiffre exigé de 25,000 hommes, car outre 3 mille envoyés en Espagne, outre plusieurs mille enfermés dans les places fortes, et plusieurs autres mille atteints des fièvres de Walcheren, il lui en restait environ 15 mille employés à garder l'immense ligne de côtes qui s'étend des bouches de l'Escaut à celles de l'Ems. Il n'alléguait rien qui fût même spécieux pour justifier la dépense d'une garde royale, d'une nomination de maréchaux, et de quelques autres créations du même genre. Quant au rétablissement de l'ancienne noblesse, et à la création de la nouvelle, il répondait que toute l'ancienne aristocratie s'étant rattachée à son gouvernement, il avait dû la récompenser en lui rendant ses titres, qu'il avait imaginé la nouvelle pour

Avril 1810.

Réponse du roi Louis aux griefs de Napoléon.

se ménager quelques créatures qui lui fussent personnellement dévouées, que les dotations accordées entraînaient une trop faible aliénation du domaine public pour en tenir compte; que s'il s'était éloigné de ce qu'on appelait le parti français, et rapproché du parti prétendu anglais, c'était simplement parce qu'il avait cherché à rallier à lui tout ce qu'il y avait de plus considérable dans le pays.

Le roi Louis aurait pu ajouter qu'il n'avait pas agi autrement que ses frères à Cassel, à Naples, à Madrid, et son oncle le cardinal Fesch dans le clergé, pas autrement que Napoléon lui-même en France. Mais de ces contestations il ressortait évidemment que ce que Napoléon voulait faire lui-même, il n'entendait pas le laisser faire à ses frères, parce qu'à la vérité il le faisait mieux, plus grandement, à sa manière enfin, parce que après tout il s'appelait lion, voulait et pouvait être le maître.

Que les raisons de l'un ou l'autre frère fussent bonnes ou mauvaises, peu importait: il s'agissait de savoir si l'on obéirait, oui ou non, aux volontés formellement exprimées du plus fort des deux. Le roi Louis se résignait bien à concéder, ou du moins à promettre, outre le maintien de la flottille, l'équipement d'une escadre de ligne au Texel, la répression rigoureuse de la contrebande, l'exclusion des Américains des ports hollandais, un retour de faveur pour les démocrates bataves, sauf à tenir ces promesses comme il pourrait. Mais réduire la dette au tiers, rapporter des décrets déjà exécutés relativement à la noblesse, retirer des titres conférés, révoquer des maréchaux déjà nommés, abandonner les droits de la souveraineté hollandaise jusqu'à renvoyer le jugement des prises à Paris, livrer enfin au séquestre les Américains entrés dans ses ports sous la foi de son autorité, lui semblait une suite d'humiliations pires que la mort, et il faut reconnaître qu'il avait raison. Pourtant Napoléon insistait avec de grandes menaces, et l'infortuné roi de Hollande, déjà porté aux pensées sombres, s'exaltait peu à peu jusqu'au point de ne voir dans son frère qu'un tyran, dans tous ses proches que des parents égoïstes agenouillés devant le chef de leur famille, et dans sa femme qu'une épouse infidèle complice de tous les maux qu'on lui faisait essuyer. Les éloges des Hollandais qui connaissaient sa résistance, l'excitaient encore, et il roulait dans sa tête fiévreuse les projets les plus extrêmes. Quelquefois il ne songeait à rien moins qu'à lever l'étendard de la révolte contre son propre frère[1], à plonger la Hollande sous les eaux en rompant les digues, et à se jeter en un mot dans les bras des Anglais, sans le secours desquels toute résistance à Napoléon eût été évidemment impossible. Il était même, en quittant son royaume, convenu secrètement avec le ministre de la guerre, M. de Krayenhoff, de préparer les moyens de résister à la France, si on voulait lui forcer la main à Paris, et il avait donné l'ordre aux commandants des places frontières du Brabant, telles que Bois-le-Duc, Breda, Berg-op-Zoom, d'en refuser l'entrée aux troupes françaises, si elles se présentaient pour les occuper.

En arrivant à Paris le roi Louis n'avait voulu rési-

[1] C'est lui-même qui le raconte dans le tome III, p. 156 et 157 de ses *Documents historiques sur le gouvernement de la Hollande*.

der ni chez la reine sa femme, ni aux Tuileries, ni même chez aucun des membres de sa famille, et il avait manifesté l'intention de descendre simplement à l'hôtel de la légation hollandaise. Cependant comme on lui démontra que cette conduite ajouterait fort à l'irritation de Napoléon, il consentit à recevoir l'hospitalité chez sa mère, qui occupait un vaste hôtel du faubourg Saint-Germain. A peine arrivé, son premier acte fut de demander sa séparation d'avec sa femme, et de réclamer un conseil de famille pour en décider. On lui fit entendre raison à cet égard, et il fut convenu que les deux époux vivraient éloignés l'un de l'autre, sans l'éclat fâcheux d'une séparation. Ces questions de famille écartées, on s'entretint des graves affaires de la Hollande.

La famille du roi Louis, sa mère, ses sœurs surtout, occupées les unes et les autres de calmer sa sombre défiance, et de le rapprocher de Napoléon, veillaient à ce que les questions difficiles qui l'appelaient à Paris ne fussent pas traitées directement entre les deux frères. Louis était triste, agité, opiniâtre; Napoléon vif, impérieux par caractère, et devenu tellement absolu par habitude de commander, qu'on n'osait déjà plus lui résister. Un violent éclat était donc à craindre si on les mettait tous deux en présence. Aussi avait-on disposé les choses de manière que Napoléon vît son frère en famille, lui parlât peu d'affaires, et que tout se traitât entre M. Roell, ministre des affaires étrangères de Hollande, homme éclairé, excellent patriote quoique orangiste, et le duc de Cadore (M. de Champagny), ministre des affaires étrangères de France, homme aussi doux que sage.

Un personnage considérable dont ces événements allaient interrompre la carrière, et dont l'habileté, avons-nous dit, était sans cesse compromise par la manie de se mêler de tout, M. Fouché, ministre de la police, rencontrant ici une occasion de s'immiscer dans les démêlés intérieurs de la famille impériale, et dans les plus graves affaires d'État, fréquenta beaucoup la demeure de l'impératrice mère pour y voir le roi Louis, et pour devenir son intermédiaire auprès de Napoléon. Mais il n'avait pas grande chance de se faire accepter comme tel, car le roi Louis se défiant même des hommes les plus dignes de confiance, n'inclinait guère à s'ouvrir à M. Fouché, et Napoléon, quoique au-dessus de la défiance, encourageait peu l'activité officieuse d'un ministre qu'on voyait à tout instant intervenir dans les affaires où on ne l'appelait pas.

Toutefois le roi Louis par besoin d'avoir un appui, et Napoléon par une sorte de laisser aller que le dédain amène presque aussi souvent que l'estime, avaient fini par accepter ce négociateur si obstiné à s'offrir. M. Fouché devint avec M. de Champagny l'intermédiaire quotidien de cette longue négociation, traitée tantôt de vive voix, tantôt par lettres, bien que les personnages qui s'y trouvaient mêlés fussent tous à Paris[1].

Napoléon fut comme de coutume très-net dans

---

[1] Ces lettres sont nombreuses, surtout celles du roi Louis et de Napoléon. Elles ont été conservées, et c'est d'après leur infaillible témoignage que je trace ce récit.

l'expression de ses volontés, et manifesta tout de suite la résolution d'exiger de la Hollande trois choses surtout : la répression énergique de la contrebande, la coopération sérieuse à la guerre maritime, et la réduction de la dette. Il ajouta, ce qui devenait alarmant, que d'après sa conviction jamais il n'obtiendrait ni ces trois choses, ni d'autres fort importantes, de son frère; que celui-ci n'oserait jamais se brouiller avec le commerce hollandais, seul moyen d'empêcher la contrebande, ni se brouiller avec les capitalistes, seul moyen de réduire la dette et de faire face aux dépenses de la flotte; qu'il promettrait tout, puis rentré en Hollande recommencerait comme par le passé; qu'il faudrait alors reprendre ces pénibles explications, pour aboutir tôt ou tard au même résultat; que mieux vaudrait en finir sur-le-champ, et réunir la Hollande à la France; que, puisque son frère parlait toujours des ennuis du trône, des charmes de la retraite, il ferait bien de céder à ses goûts, et de choisir dès à présent cette retraite que l'empereur des Français était assez puissant, assez riche pour lui procurer belle, opulente et douce; que relativement au sort de la Hollande il pouvait être tranquille, que Napoléon se chargerait bien de la faire revivre en l'administrant, de la tirer tout armée et toute pavoisée de ses eaux aujourd'hui languissantes, de lui donner une existence entièrement nouvelle en l'affiliant à la France, et de lui assurer ainsi un rôle glorieux pendant la guerre, immensément prospère pendant la paix; que par toutes ces raisons, il vaudrait mieux traiter tout de suite de la réunion elle-même, seule solution qui fût simple, sérieuse, et non exposée à de pénibles retours.

L'expression ferme et tranquille de ces volontés, transmise au roi Louis, le plongea dans une véritable consternation. Bien qu'il répétât sans cesse que le trône le fatiguait, et qu'il n'aspirait qu'à en descendre honorablement, il avait le désir ardent d'y rester. Il y tenait non-seulement par l'ambition fort naturelle de régner, mais par un sentiment d'amour-propre fort naturel aussi, c'était de n'en pas descendre comme un préfet destitué, après épreuve faite de son incapacité ou de son infidélité envers la France. Se regardant toujours comme un être sacrifié, comme seul malheureux au sein de la plus heureuse famille de l'univers, il voyait dans ce projet de le détrôner un affreux complément de destinée ; il y voyait surtout une condamnation flétrissante prononcée par son frère, juge que le monde devait croire aussi juste que bien informé. Cette humiliation lui était insupportable, et il n'était point d'extrémité qu'il ne fût prêt à braver plutôt que de la subir.

Aussi dans le premier moment, déplorant d'être venu à Paris s'y engager dans une sorte de guet-apens, il voulait repartir soudainement pour la Hollande, et y déclarer la guerre à son frère en appelant les Anglais à son secours. Mais il se croyait fort surveillé, beaucoup plus qu'il ne l'était véritablement, et désespérait de pouvoir arriver aux frontières de l'Empire sans tomber dans les mains d'un frère irrité, que sa fuite aurait éclairé sur ses projets de résistance. Il revint donc à d'autres idées, et, se jetant en quelque sorte aux pieds de Napoléon, il se déclara prêt à faire tout ce que celui-ci exigerait, à céder sur tous les points contestés, pourvu qu'on lui laissât son trône, promettant, si son frère consentait à le mettre à une nouvelle épreuve, de lui donner toute espèce de satisfactions.

Napoléon répondait que Louis ne tiendrait pas sa parole, qu'après avoir fait les plus belles promesses et les plus sincères, il retomberait, une fois rentré à Amsterdam, dans les mains des fraudeurs et des capitalistes hollandais, et n'aurait la force de remplir aucun de ses engagements. Ému néanmoins en voyant son frère si malheureux, sensible aux prières de sa mère et de ses sœurs qui toutes sollicitaient pour Louis, rendant justice à l'honnêteté de celui-ci, malgré quelques pensées coupables qu'il discernait bien, Napoléon se relâcha de ses vues absolues, et se montra disposé, moyennant des conditions qui remettraient tout le pouvoir en ses mains et rendraient la royauté de Louis presque nominale au moins pendant la guerre, à le renvoyer à Amsterdam pour y régner quelque temps encore.

Un certain rapprochement étant résulté des dernières explications, les relations devinrent un peu moins indirectes entre les deux frères, et ils se virent. Napoléon reçut Louis aux Tuileries, lui expliqua ses desseins, lui répéta que le premier de ses vœux, parce que c'était le premier de ses besoins, c'était d'arracher la paix à l'Angleterre; que sans cette paix il n'avait rien fait, que son établissement et celui de sa famille restaient en suspens, et la grandeur de la France en question; mais que pour arracher la paix à l'Angleterre il n'y avait pas d'allié plus utile, plus nécessaire que la Hollande; qu'il se reprochait tous les jours d'avoir cette contrée à sa disposition et de ne pas savoir s'en servir; que ne voulant plus mériter ce reproche il était résolu à en tirer toutes les ressources qu'elle contenait, ou par les mains de son frère ou directement par les siennes, que ce motif seul le portait quelquefois à la pensée de la réunion, mais que l'ambition d'agrandir un empire déjà trop vaste n'y entrait pour rien. Développant ce thème avec sa vigueur d'esprit accoutumée, et même avec bonne foi, car dans le moment il était bien plus occupé à vaincre l'Angleterre qu'à s'agrandir, il dit dans un de ses entretiens à Louis : Tenez, j'attache tant d'importance à la paix maritime et si peu à la Hollande, que si les Anglais voulaient ouvrir une négociation, et traiter sérieusement avec moi, je ne songerais ni à réunir votre territoire, ni à vous imposer des gênes dont je reconnais la dureté; je laisserais la Hollande tranquille, indépendante et intacte. — Puis, comme entraîné par son sujet, Napoléon ajouta : Ce sont les Anglais qui m'ont obligé à m'agrandir sans cesse. Sans eux, je n'aurais pas réuni Naples, l'Espagne, le Portugal à mon empire. Mais j'ai voulu lutter et étendre mes côtes pour accroître mes moyens. S'ils continuent, ils m'obligeront à joindre la Hollande à mes rivages, puis les villes anséatiques elles-mêmes, enfin la Poméranie et peut-être même Dantzig. Voilà ce qu'il faut qu'ils sachent bien, et voilà ce que vous devriez vous attacher à leur faire comprendre. Vous en avez la possibilité, car vous avez à Amsterdam des négociants qui sont associés des maisons anglaises : eh bien, profitez-en pour apprendre aux Anglais de quoi ils sont menacés; informez-les qu'il ne s'agit de rien moins que de la réunion de la Hollande, ce qui pour l'Angleterre sera un immense dommage, et ajoutez que s'ils veulent ouvrir une négociation et faire la paix, ils sauveront votre indépendance et s'épargneront un grave danger. — Là-dessus Napoléon imagina, séance tenante, d'ouvrir une négociation avec l'Angleterre, fondée sur l'imminence même de la réunion de la Hollande. Le continent était pacifié, devaient dire les Hollandais; Napoléon venait de prendre définitivement place parmi les princes légitimes en épousant une archiduchesse d'Autriche; il avait couvert de ses troupes tous les rivages du Nord; il allait reformer le camp de Boulogne, porter en Espagne une masse de forces écrasante, probablement jeter les Anglais à la mer, resserrer le blocus continental jusqu'à le rendre impénétrable, peut-être conquérir la Sicile, et par une suite naturelle de son plan occuper la Hollande, la réunir même à l'Empire français, pour s'emparer plus complétement des ressources qu'elle contenait. Avertis de ces périls par la franche déclaration qu'il leur en avait faite, les Hollandais avaient demandé quelques jours pour aller à Londres s'en ouvrir avec le cabinet britannique, et le supplier de mettre fin à une lutte qui désolait le monde, de mettre surtout par la paix des bornes à une puissance qui grandissait en proportion même des efforts qu'on faisait pour la restreindre. — Après avoir conçu l'idée de ce discours, Napoléon forma le projet de renvoyer sur-le-champ M. Roell à Amsterdam, d'y convoquer les ministres, de leur adjoindre quelques membres du Corps législatif hollandais, de les faire délibérer tous ensemble sur la situation, et puis d'expédier en leur nom un homme sûr à Londres pour avertir de ce qui se passait le cabinet britannique, et le supplier d'épargner à l'Europe le malheur de la réunion de la Hollande à la France.

Louis, ébloui par le projet de son frère, voulut le mettre à exécution sans aucune perte de temps. Il n'était pas possible de tenir ces détails cachés au duc d'Otrante, devenu par son obstination à s'y mêler le confident de toute l'affaire hollandaise, et on fut obligé de les lui confier. Aussitôt l'esprit de ce ministre prenant feu comme celui de Napoléon, il imagina de contribuer lui aussi à la paix, en y travaillant pour son propre compte, et en y forçant même un peu Napoléon s'il le fallait. Tout fier de l'initiative récente qu'il avait prise en armant les gardes nationales lors de l'expédition de Walcheren, flatté des bruits qui avaient couru à cette époque et qui le représentaient comme un génie audacieux, dont la puissance personnelle s'était maintenue même à côté de Napoléon, il croyait qu'il ajouterait beaucoup à son importance si, la paix générale survenant, on pouvait lui attribuer une part de cet immense bienfait, objet des vœux du monde entier.

Depuis quelque temps M. Fouché s'était fait le protecteur de M. Ouvrard, lui avait permis de sortir de Vincennes pour arranger ses affaires financières, et avait la faiblesse de l'écouter sur tous les sujets. Il écoutait non-seulement M. Ouvrard, mais certains écrivains royalistes, qui alors lui adressaient des plans[1], en offrant de se dévouer au grand homme appelé par la Providence à changer la face de l'univers. Il fallait, disaient-ils, profiter de l'occasion du mariage avec Marie-Louise pour conclure une paix qui embrasserait la mer et la terre, le nouveau monde et l'ancien, qui, en laissant la dynastie napoléonienne sur les trônes qu'elle occupait, ferait la part de la maison de Bourbon elle-même, de la branche qui avait régné en Espagne comme de celle qui avait régné en France, pacifierait ainsi les nations, les dynasties, les partis, et permettrait aux habiles inventeurs de cette combinaison de se rattacher au pouvoir réparateur qui aurait donné satisfaction à tous les intérêts, même à ceux des Bourbons.

Pour arriver à ces merveilles il fallait partager la Péninsule, en laisser la plus grande partie à Joseph, rendre le reste à Ferdinand VII, qu'on aurait soin de marier à une princesse Bonaparte; il fallait en outre consentir à la séparation déjà opérée des colonies espagnoles, leur accorder définitivement l'indépendance qu'elles allaient conquérir elles-mêmes si on la leur refusait, mais la leur accorder sous forme monarchique, en leur donnant pour roi (le croirait-on?) Louis XVIII, alors héritier légitime de la couronne de France aux yeux des royalistes, et bien heureux, on n'en doutait pas, de sortir de sa

[1] Ces plans existent, et j'en ai vu le manuscrit dans les Archives secrètes de la secrétairerie d'État.

retraite pour monter sur le trône du nouveau monde.

Voilà quelles étaient les inventions des financiers et des écrivains oisifs que M. Fouché écoutait. Nous ne citerions pas ces puérilités si elles n'avaient eu d'assez graves conséquences.

Tout plein de ces inspirations, et impatient de contribuer à la paix, M. Fouché avait déjà envoyé un agent secret à Londres pour sonder le cabinet britannique, et l'avait envoyé sans en rien dire à Napoléon. Dès qu'il eut entendu parler du nouveau projet, il se hâta d'y mettre la main, et chercha lui-même l'intermédiaire de la négociation secrète qu'il s'agissait d'ouvrir. M. de Labouchère, chef respectable de la première maison de banque de Hollande, associé et gendre de M. Baring, qui était de son côté chef de la première maison de banque d'Angleterre, se trouvait alors à Paris pour affaires de finance. M. Ouvrard, qui lui avait vendu des piastres lors de ses grandes spéculations avec l'Espagne, et s'était même servi de son entremise pour en réaliser quelques millions en Amérique, l'avait mis en rapport avec le duc d'Otrante, et celui-ci l'avait accueilli avec les égards dus à un banquier riche, habile et probe. À peine eut-on parlé de la négociation à entamer avec l'Angleterre, que M. Fouché pensa à M. de Labouchère, et le proposa. M. de Labouchère fut accepté comme parfaitement choisi, et comme très-propre à une communication de ce genre, car il fallait un agent non officiel qui n'attirât pas l'attention, et qui eût cependant assez de poids pour être accueilli et écouté avec attention.

On fit donc partir M. Roeil et M. de Labouchère

pour Amsterdam, et en attendant on suspendit toutes les résolutions dont la Hollande pouvait être l'objet. Louis aurait désiré profiter de l'occasion pour retourner dans son royaume; mais Napoléon, qui ne voulait pas le laisser partir tant qu'il n'y aurait rien de convenu sur les affaires de Hollande, le retint à Paris, et l'obligea d'y attendre les premières réponses de M. de Labouchère.

On avait eu quelques difficultés à s'entendre sur les formes à suivre dans cette négociation, sur l'autorité au nom de laquelle on se présenterait à Londres, et sur l'étendue qu'on donnerait aux ouvertures pacifiques qu'on allait essayer. Après de plus mûres réflexions il avait paru difficile de réunir les ministres hollandais et les membres du Corps législatif sans ébruiter toute l'affaire, et peu convenable aussi de présenter les principaux membres du gouvernement hollandais parlant de la suppression de leur patrie comme d'une mesure inévitable et presque naturelle, si l'Angleterre ne se hâtait de la prévenir par des sacrifices. On avait donc jugé plus expédient d'envoyer M. de Labouchère, non pas au nom du roi Louis, qui ne pouvait guère entrer en rapports directs avec les Anglais, mais au nom de deux ou trois des principaux ministres, tels que MM. Rœll, Vander Heim, Mollerus, qui se disaient initiés par leur roi à tous les secrets du cabinet français. Il était impossible qu'un homme tel que M. de Labouchère ne fût pas écouté, quand il viendrait de leur part déclarer que le mariage de Napoléon changeant sa position, on pouvait obtenir de lui la paix, si on la désirait sincèrement, et empêcher ainsi de nouveaux envahissements, malheureux pour l'Europe, et très-regrettables pour l'Angleterre elle-même. M. de Labouchère, sans articuler aucune condition, était autorisé à déclarer que si l'Angleterre se montrait disposée à quelques sacrifices, la France de son côté se hâterait d'en accorder qui seraient de nature à satisfaire la dignité et l'intérêt des deux pays.

Avril 1810.

Tout ayant été définitivement convenu, M. de Labouchère s'embarqua clandestinement à Brielle, en usant des moyens dont se servaient les Anglais et les Hollandais pour communiquer entre eux, arriva bientôt à Yarmouth, et se rendit immédiatement à Londres. Nous venons de dire que M. de Labouchère était tout à la fois associé et gendre de M. Baring ; il faut ajouter que M. Baring, le plus influent des membres de la Compagnie des Indes, s'était lié d'une étroite amitié avec le marquis de Wellesley, ancien gouverneur des Indes et frère de sir Arthur Wellesley qui commandait les armées anglaises en Espagne. M. de Labouchère n'avait donc qu'à se montrer pour être accueilli, écouté et cru. Quant au fond de la mission elle-même, le succès dépendait et de la nature des offres qu'il serait chargé de faire, et de la situation dans laquelle se trouvait alors le cabinet britannique. Cette situation était en ce moment assez difficile.

Départ de M. de Labouchère, et son arrivée en Angleterre.

Après la retraite des lords Grenville et Grey, continuateurs de l'alliance opérée entre M. Fox et M. Pitt, retraite qui avait eu pour cause la question des catholiques, les exagérateurs de la politique de M. Pitt leur avaient succédé, sous la présidence du

Composition et situation du cabinet britannique au moment des ouvertures pacifiques

Avril 1810.

dont la Hollande est l'occasion.

vieux duc de Portland, et tout en se maintenant ils avaient subi de nombreux échecs. D'abord lord Castlereagh et M. Canning, le premier ferme, appliqué, habile, mais point éloquent, le second au contraire ayant en talents oratoires toute la supériorité qu'avait le premier dans le maniement des affaires, s'étaient jalousés, desservis, offensés, et retirés du cabinet pour se battre en duel. Ils n'y étaient pas rentrés. Depuis, lord Chatham avait succombé à la suite de l'expédition de Walcheren, et le duc de Portland était mort. Deux personnages avaient hérité de l'influence dans le cabinet, M. de Perceval et le marquis de Wellesley. M. de Perceval

M. de Perceval et le marquis de Wellesley.

était un avocat habile, doué d'une certaine éloquence, d'un caractère inflexible, et imbu des plus aveugles préjugés du parti tory. Le marquis de Wellesley, au contraire, appelé à remplacer M. Canning au Foreign-Office, joignait à l'esprit le plus éclairé, le plus libre de préjugés, un rare talent de s'exprimer simplement et élégamment. Il avait moins d'empire sur le parti tory que M. de Perceval parce qu'il avait moins de passion, mais il jouissait d'une considération immense que la gloire de son frère augmentait chaque jour.

La position des ministres anglais, bien que la majorité leur fût acquise dans le parlement, n'était pas parfaitement solide. Ils avaient éprouvé une alternative de succès et de revers. Quoique la victoire de Talavera fût une victoire douteuse et qu'elle eût été suivie d'une retraite en Estrémadure, elle avait eu néanmoins pour les Anglais deux avantages, d'abord celui de tenir l'armée française éloignée du

Portugal, et secondement celui de leur permettre de se maintenir dans la Péninsule en face de toute la puissance de Napoléon. C'était en revanche un grand revers pour eux que d'avoir, avec quarante mille soldats, échoué devant Anvers, en y sacrifiant quinze mille hommes, les uns morts, les autres atteints de fièvres presque incurables. Aussi la situation des ministres restait-elle incertaine, comme le jugement du pays sur leur politique. L'opposition, ayant à sa tête deux personnages éminents, lord Grenville et lord Grey, plus la faveur très-avouée du prince de Galles, que la santé chancelante du roi pouvait à tout moment porter au trône ou à la régence, soutenait que la guerre était continuée au delà de toute raison, que chaque année de prolongation avait fait grandir le colosse dont on poursuivait la destruction, qu'on y avait perdu sinon le Portugal, du moins l'Espagne et Naples, qu'en continuant on y perdrait tous les rivages du Nord jusqu'aux bouches de l'Oder, que la guerre de la Péninsule en particulier était bien dangereuse, car si Napoléon allait avec cent mille hommes se jeter sur l'armée anglaise, il ne reviendrait pas un soldat de cette armée, que la seule force capable de défendre le territoire serait ainsi détruite; que tous les jours on perdait quelque nouvel allié, que récemment on avait perdu la Suède, et qu'on était menacé bientôt de perdre l'Amérique; que les finances se chargeaient d'un fardeau énorme, que le papier-monnaie s'avilissait chaque jour davantage, que le change suivait le sort du papier; qu'on approchait du moment où les relations avec le dehors seraient

Avril 1810.

Opinion pour et contre la guerre en Angleterre.

ruineuses, que persister, uniquement pour n'en avoir pas le démenti, dans une pareille politique, n'était ni sage, ni prudent. — Telle était la substance des discours quotidiens des lords Grenville et Grey, et il faut reconnaître que pour tous ceux qui ne prévoyaient pas alors les égarements auxquels Napoléon serait bientôt entraîné, il y avait bien des raisons d'incliner vers la paix. Pourtant, sauf les millions qu'il en coûtait tous les ans pour soutenir cette longue lutte, sauf les hommes en petit nombre qui périssaient dans l'armée de lord Wellington, laquelle n'était pas très-considérable et se recrutait par des volontaires, la population britannique sentait peu l'état de guerre, et s'y était pour ainsi dire habituée. Elle ne souffrait pas beaucoup encore dans son commerce, car si elle avait perdu des débouchés sur le continent, elle en avait trouvé de considérables dans les colonies espagnoles qui venaient de s'ouvrir à ses produits. Elle n'était menacée de sérieux dommages que dans le cas où Napoléon parviendrait à fermer rigoureusement aux denrées coloniales les avenues du continent. Jusque-là, malgré le désavantage du change, elle entretenait au dehors d'immenses relations; ses manufactures avaient reçu un développement prodigieux; le peuple espagnol lui était devenu cher; elle commençait à n'avoir plus d'inquiétude pour ses troupes en les voyant se maintenir si bien dans la Péninsule, et enfin, sauf quelques plaintes poussées de temps en temps plutôt contre les gênes que contre l'élévation de l'*income-tax*, elle approuvait de son silence la politique du gouvernement, sans trouver néanmoins que l'opposition eût tort de demander la paix. Le moindre événement pouvait ainsi la faire pencher dans un sens ou dans un autre.

Il en était autrement des ministres, et parmi eux notamment M. de Perceval s'était opiniâtré à poursuivre la guerre avec l'aveugle fureur d'un tory. Le marquis de Wellesley, au contraire, plein de lumières et de modération, n'apportait aucun entêtement dans la politique du cabinet, et bien que la continuation de la guerre procurât beaucoup de gloire à sa famille, elle lui faisait courir tant de dangers et en faisait tant courir aussi à l'Angleterre, qu'il ne cessait d'en avoir grand souci. Il aurait donc incliné à la paix, si on lui eût apporté une offre sérieuse de négocier, et surtout un arrangement acceptable relativement à l'Espagne. Mais agiter l'opinion publique pour des pourparlers insignifiants, détourner les esprits du courant qu'ils suivaient paisiblement pour les jeter dans un courant opposé sans être certain d'atteindre un résultat utile, les détourner de la guerre pour les pousser vers la paix sans être assuré de la leur donner, lui semblait une grave imprudence qu'il était décidé à ne pas commettre. Il s'était déjà conduit conformément à ces idées envers l'agent secret récemment envoyé par M. Fouché, et lui avait fait une réponse évasive comme la mission dont cet agent était chargé. Ancien officier dans l'armée de Condé, ayant quelques relations en Angleterre, l'envoyé du duc d'Otrante s'était fait présenter par lord Yarmouth, qu'il connaissait. Le marquis de Wellesley l'avait reçu poliment, et lui avait répondu que l'An-

Avril 1810.

Le marquis de Wellesley penche pour la paix, mais craint d'agiter l'opinion publique par une négociation qui ne serait pas sérieuse.

Avril 1810.

gleterre, sans avoir le parti pris d'une guerre éternelle, écouterait des paroles de paix quand elles seraient portées par des agents ostensibles, suffisamment accrédités, et chargés de propositions conciliables avec l'honneur des deux nations.

Accueil obligeant fait à M. de Labouchère, mais réponse insignifiante à ses communications, jugées trop vagues pour qu'on puisse les examiner sérieusement.

M. Baring ayant annoncé l'arrivée de M. de Labouchère comme porteur de communications importantes, lord Wellesley se hâta de le recevoir, l'accueillit avec beaucoup d'égards, et l'écouta avec grande attention. Mais après l'avoir entendu il montra une extrême réserve, et se renferma dans des assurances générales et vagues de dispositions pacifiques, répétant que si la France inclinait sincèrement à la paix, l'Angleterre de son côté s'y prêterait volontiers. Mais il exprima les plus grands doutes sur les sentiments véritables du cabinet français, et donna pour raison de ses doutes l'obscurité même de cette mission, entièrement secrète dans sa forme, extrêmement vague dans ses propositions, et laissant toutes choses dans une profonde incertitude. Il ne dissimula point qu'il avait déjà reçu une ouverture de la même nature, apportée il est vrai par un personnage beaucoup moins respectable que M. de Labouchère, mais exactement pareille pour le fond et la forme, car elle n'énonçait que des dispositions pacifiques sans en offrir aucune preuve tant soit peu significative. Le marquis de Wellesley répéta que toute mission clandestine, toute proposition incertaine, qui ne donnerait pas l'espoir fondé d'arriver à un arrangement honorable pour l'Angleterre, n'obtiendrait aucun accueil. Quant à la Hollande et au danger de la voir bientôt réunie à la France, le marquis de Wellesley s'en montra médiocrement affecté. Tandis que Napoléon trouvait la Hollande trop anglaise, le ministre britannique la trouvait trop française, lui en voulait d'avoir si peu secondé les Anglais pendant l'expédition de Walcheren, et semblait croire qu'entre son état actuel et la réunion à la France la différence n'était pas grande. Quant aux gênes commerciales dont on menaçait l'Angleterre, il ne s'en faisait pas une idée bien claire, n'en prévoyait pas l'étendue, et, en tout cas, répétait qu'on s'attendait depuis longtemps à tous les actes de tyrannie imaginables le long du littoral européen, et qu'on s'y était résigné d'avance.

Ces explications, incertaines comme les ouvertures dont M. de Labouchère était chargé, étaient accompagnées de témoignages affectueux pour lui et de l'assurance réitérée pour le gouvernement français, que si un personnage quelconque porteur de pouvoirs ostensibles et de propositions acceptables se présentait à Londres, il serait sûr d'être accueilli et admis à négocier.

Le marquis de Wellesley, si discret avec M. de Labouchère, s'ouvrit davantage avec M. Baring, et lui dit la vérité presque tout entière. Lui et ses collègues, affirmait-il, ne s'étaient pas fait de la guerre éternelle un système; ils se souciaient peu de rétablir les Bourbons de France sur le trône de Louis XIV, et ils étaient prêts à traiter avec Napoléon, mais ils se défiaient de la sincérité de ce dernier; ils croyaient à un piége de sa part, au désir d'agiter l'opinion publique en Angleterre par une négociation simulée, et ils étaient décidés à ne pas se prêter à ce calcul. Par tous ces motifs ils ne voulaient admettre qu'une négociation officielle et solennelle. Résolus en outre à ne pas abandonner l'Espagne à Joseph, la Sicile à Murat, et à ne jamais se dessaisir de Malte, ils voulaient préalablement que tout négociateur fût muni de pouvoirs tels qu'on pût sur ces points essentiels espérer un accord.

Devinant ce qu'on ne lui avouait pas, M. Baring, qui était fort sagace, fit part de ses observations personnelles à M. de Labouchère, et lui dit que l'Angleterre s'était résignée à la guerre, qu'elle s'y était même habituée, qu'elle n'en souffrait pas encore assez pour céder; qu'avec une grande inquiétude sur le sort de son armée elle avait pourtant fini par se rassurer en voyant cette armée se maintenir au milieu de la Péninsule, qu'il faudrait pour la décider à la paix un revers, actuellement peu probable; que, pour le moment, elle ne consentirait point à céder l'Espagne à un prince de la maison Bonaparte; qu'il fallait être bien fixé à cet égard et ne nourrir aucune illusion. Parlant en toute liberté et cherchant les diverses combinaisons imaginables, M. Baring présenta comme possible, non comme certain, et uniquement comme émanant de lui seul, un arrangement qui, en laissant Malte à l'Angleterre, attribuerait Naples à Murat, la Sicile aux Bourbons de Naples, et rendrait l'Espagne à Ferdinand, sauf l'abandon à la France, pour frais de la guerre, des provinces de la Péninsule jusqu'à l'Èbre.

Bien convaincu qu'un plus long séjour à Londres

ne lui procurerait aucune lumière nouvelle. M. de Labouchère repartit pour la Hollande, y arriva par les voies qu'il avait déjà suivies, et fit parvenir au roi Louis à Paris le résultat de sa démarche, restée absolument secrète pour tout le monde. Il devenait évident après ces communications que l'Espagne était le véritable obstacle à un rapprochement, et qu'ayant déjà obscurci la gloire de Napoléon, ayant fort épuisé ses finances et ses armées, elle serait dans toute négociation ultérieure un empêchement insurmontable à la paix, à moins qu'on ne parvînt à obtenir sur les Anglais un triomphe décisif dans la Péninsule.

Malheureusement Napoléon s'était habitué à la guerre d'Espagne, comme l'Angleterre à la guerre maritime qu'elle soutenait contre tout l'univers. Il s'y résignait comme à l'un de ces maux graves qu'on supporte grâce à une forte constitution, dont on souffre dans certains moments, dont on se distrait dans d'autres, et avec lesquels on vit, en cherchant à se faire illusion sur leur gravité. Dès qu'il eut la réponse de M. de Labouchère, il cessa de croire qu'on pût ébranler les résolutions de l'Angleterre en la menaçant de réunir la Hollande à la France, et il prit le parti de traiter à part, et de terminer tout de suite l'affaire de ses démêlés avec son frère. Cependant, ne voulant pas laisser tomber entièrement les relations indirectes commencées par M. de Labouchère, il dicta une note à remettre, dont le sens était le suivant : — Si l'Angleterre, disait-il, était habituée à la guerre et en souffrait peu, la France y était habituée tout autant, et en souffrait

Avril 1810.

par M. de Labouchère, et fait adresser quelques réflexions indirectes au marquis de Wellesley.

moins encore. La France était victorieuse, riche, prospère, condamnée, il est vrai, à payer cher le sucre et le café, mais non pas condamnée à s'en passer. En effet elle était fort dédommagée par les nouveaux sucres que la chimie moderne avait inventés. La cherté des produits manufacturés avait procuré à ses fabriques un essor immense, et une souffrance passagère était ainsi devenue le gage assuré d'un progrès inouï. Naples, l'Espagne, le Levant, lui apportaient pour ses manufactures des cotons en suffisante quantité, et si la mer était fermée à ses vaisseaux, le continent entier offrait un vaste débouché à ses soieries, à ses draps, à ses mousselines, à ses toiles peintes. Elle pouvait par conséquent supporter longtemps encore une pareille situation. Quant à l'Espagne, la guerre y avait duré deux ans et demi, parce que Napoléon, obligé de marcher encore une fois à Vienne, n'avait pas pu s'en occuper suffisamment. Mais il en avait fini avec l'Autriche, et il préparait aux Espagnols, aux Portugais et aux Anglais de cruelles surprises. A considérer les choses dans leur ensemble, il n'était donc pas fâché d'une interruption de relations maritimes qui développait les manufactures françaises, et de la continuation d'une guerre qui, en attirant les Anglais sur le continent, allait lui fournir l'occasion ardemment désirée de les joindre corps à corps. Si, dans de telles occurrences, il songeait à la paix, c'est que, marié avec une archiduchesse, tendant à se rapprocher de la vieille Europe, il inclinait à terminer la lutte de l'ancien ordre de choses contre le nouveau. Quant aux royaumes créés par lui, il ne fallait pas attendre qu'il en sacrifiât aucun. Jamais il ne détrônerait ses frères Joseph, Murat, Louis, Jérôme. Mais le sort du Portugal et de la Sicile était en suspens : ces deux pays, le Hanovre, les villes anséatiques, les colonies espagnoles, pouvaient offrir la matière de larges compensations. D'ailleurs s'il était difficile de s'entendre sur ces divers points, il était au moins possible d'imprimer tout de suite un caractère plus humain à la guerre. Les Anglais avaient rendu les ordres du conseil, auxquels Napoléon avait répondu par les décrets de Berlin et de Milan, et on avait ainsi converti la mer en un théâtre de violences. L'Angleterre plus que la France avait intérêt à mettre un terme à cet état de choses, car la guerre avec l'Amérique pouvait en résulter pour elle. Si elle pensait ainsi, elle n'avait qu'à se désister de ses lois de blocus; la France, de son côté, se désisterait des siennes; la Hollande, les villes anséatiques resteraient alors indépendantes et libres; les mers seraient rouvertes aux neutres, la guerre perdrait son caractère acerbe, et il était possible que ce premier retour à des procédés plus modérés fût suivi bientôt d'un entier rapprochement entre les deux nations dont la lutte divisait, agitait, tourmentait le monde. —

Telles étaient les considérations que M. de Labouchère fut chargé de présenter à M. Baring, M. Baring au marquis de Wellesley, en suivant, pour les faire parvenir, les voies que l'un et l'autre jugeraient convenables. M. de Labouchère était autorisé ou à correspondre, ou, s'il le croyait nécessaire, à faire à Londres un nouveau voyage.

Il fallait en revenir à la Hollande, et prendre un

Avril 1810.

Napoléon, ne pouvant traiter avec l'Angleterre à l'occasion de la Hollande, songe à terminer ses démêlés avec celle-ci.

parti à son égard, car la négociation dont elle avait suggéré l'idée, remise indéfiniment, ne pouvait pas fournir le moyen de résoudre par la paix les différends qui étaient survenus. Napoléon voulait une solution immédiate pour opérer sur-le-champ la clôture complète des rivages de la mer du Nord, et, bien qu'il persistât à regarder la réunion de la Hollande à la France comme le moyen le plus sûr d'arriver à ce résultat, cependant en voyant le chagrin de son frère, en écoutant les instances de sa mère et de ses sœurs, il était disposé à se désister d'une partie de ses exigences. Il avait déjà, par affection pour la reine Hortense et pour l'impératrice Joséphine, assuré le sort du fils aîné de Louis, et transféré à cet enfant le beau duché de Berg, devenu vacant par l'avénement de Murat au trône de Naples. Louis, loin d'y voir une preuve d'affection, s'était persuadé au contraire qu'on avait voulu l'offenser en lui ôtant l'éducation de son fils, qui, devenu souverain mineur d'une principauté dépendante de l'Empire, passait sous la tutelle du chef commun de la famille impériale, c'est-à-dire de Napoléon lui-même. Malgré ces folles interprétations, Napoléon, touché de l'état de son frère, consentit à entendre parler d'un arrangement autre que la réunion, arrangement qui, en changeant la frontière, en attribuant à l'autorité française la garde des côtes de la Hollande, en obligeant celle-ci à certains armements, pût produire quelques-uns des grands résultats qu'il avait en vue.

Conditions que Napoléon exige de Louis en lui laissant

Jusqu'ici la France ayant eu la Belgique sans la Hollande, la frontière avait quitté les bords du Rhin au-dessous de Wesel, passé la Meuse entre Grave et

Venloo, laissé en dehors le Brabant septentrional, et rejoint l'Escaut au-dessous d'Anvers, en attribuant par conséquent à la Hollande non-seulement le Wahal, mais la Meuse et l'Escaut oriental lui-même, qui lui avaient toujours appartenu. Napoléon voulait, tout en laissant la Hollande à son frère, rectifier la frontière, prendre le Wahal pour ligne de séparation (on sait que c'est le nom du bras principal du Rhin une fois que ce fleuve est entré en Hollande); adopter ensuite le Hollands Diep et le Krammer pour limite extrême, ce qui faisait passer sous la souveraineté de la France la Zélande, les îles de Tholen et de Schouwen, le Brabant septentrional, une partie de la Gueldre, l'île de Bommel, les importantes places de Berg-op-Zoom, Breda, Gertruidenberg, Bois-le-Duc, Gorcum, Nimègue, c'est-à-dire un cinquième de la population de la Hollande, à peu près 400 mille âmes sur 2 millions, et des positions plus importantes encore que les peuples qu'on faisait sujets de l'Empire.

Indépendamment de ce changement de frontières, Napoléon voulait que jusqu'à la fin de la guerre maritime le commerce hollandais se fît avec des licences délivrées par lui, que toutes les embouchures de la Hollande fussent gardées par une armée de dix-huit mille hommes, dont six mille Français et douze mille Hollandais commandés par un général français, que toute prise fût jugée à Paris, qu'une escadre de 9 vaisseaux et 6 frégates se trouvât sous voiles au Texel le 1ᵉʳ juillet de l'année courante (1810), que toutes les cargaisons américaines introduites en Hollande fussent livrées au fisc français, que les mesures imprudentes décrétées à l'égard de la noblesse fussent immédiatement rapportées, qu'il n'y eût plus de maréchaux, et que l'armée de terre ne fût jamais au-dessous de vingt-cinq mille hommes présents sous les armes.

Parmi ces conditions, au moins aussi douloureuses que la privation du trône, il y en avait plusieurs qui affectaient plus particulièrement l'infortuné frère de Napoléon, bien puni aujourd'hui d'être devenu roi pour quelques années : c'était d'abord la perte des territoires à la gauche du Wahal, qui allait désoler le patriotisme des Hollandais, et fort appauvrir leurs finances déjà si obérées; c'était la juridiction des prises attribuée à l'autorité française, qui entraînait une sorte de déplacement de souveraineté, et enfin le commandement de l'armée hollandaise déféré à un général français, qui était à la fois un déplacement de souveraineté, et une cruelle humiliation. Louis priait, suppliait qu'on ne lui rendît pas son trône à des conditions si dures, et, dans son chagrin, revenant à l'idée d'une résistance désespérée, il avait envoyé sous main aux ministres Krayenhoff et Mollerus l'avis de fortifier Amsterdam et les parties de la Hollande les plus susceptibles d'être défendues. Il avait renouvelé aussi l'ordre de refuser aux Français l'entrée des places fortes hollandaises.

Mais pendant les agitations de ce malheureux prince, les troupes de l'ancien corps de Masséna, commandées par le maréchal Oudinot, avaient descendu le Rhin, et envahi le Brabant sous prétexte de garder le pays contre les Anglais. Le général Maison s'étant présenté aux portes de Berg-op-Zoom les avait trouvées fermées, et, ayant insisté pour qu'on les lui ouvrît, avait amené le gouverneur à lui montrer la lettre du roi qui prescrivait d'en refuser l'entrée aux Français. Craignant d'outre-passer les intentions du gouvernement en allant jusqu'à une collision, le général Maison s'était arrêté sous le canon de la place pour attendre de nouveaux ordres. En même temps des avis venus d'Amsterdam annonçaient qu'on remuait de la terre autour de cette ville, qu'on y construisait des redoutes, et qu'on les armait d'artillerie.

Ces faits, dès qu'il les connut, remplirent Napoléon de colère. Il envoya coup sur coup le duc d'Otrante et le duc de Feltre chez son frère, pour demander qu'on lui ouvrît toutes les portes de la Hollande, déclarant que si on hésitait à le faire il allait les forcer. Il rendit Louis et ses ministres responsables du sang qui coulerait, et exigea même qu'on lui livrât les ministres qui avaient donné de tels ordres[1].

[1] Nous citons ici une dépêche de Napoléon qui prouve son état d'exaspération, mais dont il ne faut pas prendre toutes les expressions au pied de la lettre, car dans ses colères, sincères à un certain degré et au delà calculées, il menaçait de plus de mal qu'il n'en voulait faire.

« *Au ministre de la police.*

» Paris, le 3 mars 1810.

» Je vous prie de lire cette lettre (*lettre de M. de Larochefoucauld annonçant l'intention des habitants d'Amsterdam de se défendre contre les Français*) et de vous rendre chez le roi de Hollande, auquel vous en donnerez connaissance. Ce prince est-il devenu tout à fait fou? S'il n'y avait que la lettre de M. Larochefoucauld j'en rirais, et je me contenterais de trouver la chose absurde; mais je n'en puis dire autant après la réponse du ministre hollandais. Vous lui direz qu'il a voulu perdre son royaume, et que je ne ferai jamais d'arrangements qui feraient croire à ces gens-là qu'ils m'ont imposé. Vous lui demanderez si c'est par son

Avril 1810.

Soumission du roi Louis.

Les ducs d'Otrante et de Feltre (ce dernier inspirait une assez grande confiance à Louis) peignirent en de tels traits l'irritation de Napoléon, que le malheureux roi de Hollande épouvanté céda sur tous les points, donna l'ordre de recevoir les troupes françaises dans ses places, et consentit à la destitution des deux ministres accusés de pousser à la résistance. « Sire, écrivit-il à son frère, j'expé-
» die cette nuit un courrier portant la destitution
» du ministre Mollerus et du ministre de la guerre
» de Krayenhoff; ce sont les seuls qui ont été cause
» des préparatifs et de la note dont Votre Majesté a
» parlé. Si elle veut la destitution de quelque autre,
» je suis prêt à obéir à sa volonté dès que je la
» connaîtrai. »

Brisé par le chagrin et la souffrance, le roi Louis adressa encore à son frère la lettre suivante, qui révèle bien quelle était la situation des choses à cette époque. « Il n'y a point eu, écrivait-il, d'empire
» d'Occident jusqu'ici... Il va y en avoir un bientôt
» vraisemblablement... Alors, sire, Votre Majesté
» sera bien sûre que je ne pourrai plus me tromper
» et l'indisposer. » (Louis faisait ici allusion à l'état de vassalité bien définie qui en résulterait, et qui rendrait à chacun l'obéissance facile.) « Veuillez con-

---

ordre que ses ministres ont agi, ou si c'est de leur chef, et vous lui déclarerez que si c'est de leur chef, je les ferai arrêter et leur ferai couper la tête à tous. S'ils ont agi par ordre du roi, que dois-je penser de ce prince? et comment après cela peut-il vouloir commander mes troupes, puisqu'il parjure ses serments? Vous appellerez MM. Roell et Verhuel, afin qu'ils soient présents à ce que vous direz au roi. Vous aurez soin de ne pas vous dessaisir de ces pièces, et de vous rendre chez moi à l'issue de cette conférence. »

» sidérer que j'étais sans expérience, dans un pays
» difficile, vivant au jour le jour. Permettez-moi,
» puisque je suis au moment de perdre tout à fait
» votre amitié et votre soutien, de vous conjurer
» de tout oublier. Je vous promets de suivre fidèle-
» ment tous les engagements que vous m'impose-
» rez. Je vous donne ma parole d'honneur de les
» suivre fidèlement et loyalement dès que je m'y
» serai engagé... »

La soumission de Louis étant complète, il ne pouvait plus y avoir de difficulté sur l'arrangement des affaires de Hollande. Ligne du Wahal jusqu'au Krammer, c'est-à-dire ligne du Rhin dans sa plus grande extension possible; occupation des côtes par une armée partie hollandaise, partie française, commandée par un général français; jugement des prises transporté à Paris; saisie et abandon à la France de tous les bâtiments américains; armement d'une flotte de 9 vaisseaux et 6 frégates au 1ᵉʳ juillet; abolition de la dignité de maréchal et de certaines institutions nobiliaires; enfin éloignement des ministres qui avaient encouragé le roi dans la politique antifrançaise, tout fut admis et renfermé dans un traité, par lequel Napoléon s'engagea, de son côté, à maintenir l'intégrité de la Hollande, du moins l'intégrité de ce qui en restait. On n'avait épargné au roi Louis que la réduction de la dette publique au tiers. Seulement, pour le ménager aux yeux des Hollandais, on eut soin de consigner dans un procès-verbal diplomatique, destiné à rester secret, ce qui était relatif au commandement de l'armée par un général français, à la saisie des bâti-

Avril 1810.

Traité par lequel Napoléon enlève le Brabant septentrional à la Hollande, exige d'elle certains armements, et une soumission complète au nouveau régime commercial.

ments américains, à l'abolition de certaines dignités, au renvoi de certains ministres. Il fut ajouté à ce procès-verbal une condition singulière, c'est que le roi Louis n'aurait plus d'ambassadeurs ni à Vienne ni à Saint-Pétersbourg. Napoléon, se défiant des relations que ses frères pourraient nouer dans ces capitales, au fond ennemies, avait imposé la même condition à Murat sous prétexte d'économie.

Ces sacrifices une fois consentis, Napoléon écrivit à Louis une lettre qui indique parfaitement sa vraie pensée.

AU ROI DE HOLLANDE.

« Paris, le 13 mars 1810.

» Toutes les raisons politiques voulaient que je » réunisse la Hollande à la France; la mauvaise » conduite des hommes qui appartiennent à l'admi- » nistration m'en faisait une loi; mais je vois que » cela vous fait tant de peine, que, pour la première » fois, je fais plier ma politique au désir de vous » être agréable. Toutefois, partez bien de l'idée » qu'il faut que les principes de votre administra- » tion changent, et qu'au premier sujet de plainte » que vous me donnerez, je ferai ce que je ne fais » pas aujourd'hui. Ces plaintes sont de deux natures, » et ont pour objet, ou la continuation des relations » de la Hollande avec l'Angleterre, ou des discours » et édits réacteurs, contraires à ce que je dois » attendre de vous. Il faut à l'avenir que toute » votre conduite tende à inculquer dans l'esprit des » Hollandais l'amitié de la France, et non à leur » présenter des tableaux propres à exciter leur ini- » mitié, et à fomenter leur haine nationale. Je

» n'aurais pas même pris le Brabant, et j'aurais
» augmenté la Hollande de plusieurs millions d'habi-
» tants, si vous aviez tenu la conduite que j'avais
» droit d'attendre de mon frère et d'un prince fran-
» çais. Mais le passé est sans remède. Que ce qui
» est arrivé vous serve pour l'avenir. Ne croyez pas
» qu'on me trompe, et n'en voulez à personne. Je
» lis moi-même toutes les pièces, et probablement
» vous supposez que je connais la force des idées et
» des phrases.

» Vous m'avez écrit pour l'île de Java. C'est une
» question bien prématurée, et dans l'état de puis-
» sance où sont les Anglais sur mer, il faut, avant
» de se livrer à des entreprises, augmenter ses
» forces. Je compte que vous pourrez bientôt m'ai-
» der, et que votre escadre pourra concourir avec
» les miennes. »

Après l'accord dont nous venons d'exposer les conditions il y eut entre les deux frères une sorte de rapprochement. Napoléon aimait Louis dont il avait soigné la jeunesse, et en était aimé quand de sombres visions ne troublaient pas l'esprit défiant de son frère. Ils passèrent ensemble tout le temps des fêtes du mariage, puis Louis partit en avril pour aller expliquer aux Hollandais les derniers arrangements, et leur faire comprendre qu'il avait été placé entre les sacrifices auxquels il s'était résigné et la perte totale de l'indépendance nationale, que dès lors il n'avait pas dû hésiter. Pour eux, autant et plus que pour lui, il avait bien fait, car tant qu'il restait à la Hollande le principe de son existence, elle pouvait conserver l'espoir d'être dédommagée un jour de ses pertes ac-

Avril 1810.

tuelles. D'ailleurs, la plupart des conditions stipulées, sauf celles qui concernaient les frontières, ne devaient avoir de durée que jusqu'à la paix. Relativement aux pertes territoriales, Louis avait supplié son frère de le dédommager en Allemagne, et Napoléon n'avait pas refusé, laissant toujours entrevoir que la Hollande serait récompensée selon sa conduite. Pour que l'apparence de la réconciliation fût plus complète, Napoléon exigea que la reine Hortense conduisît son fils aîné, le grand-duc de Berg, en Hollande, et y passât quelque temps auprès de son mari. Sa présence, quoique momentanée, devait tendre à persuader au public que toutes les difficultés étaient aplanies. Plus tard, quand elle s'éloignerait de nouveau, ce qui ne tarda pas en effet, sa santé fort affaiblie serait l'explication de son absence.

Ordres pour l'entrée en possession des provinces hollandaises cédées à la France, et pour l'occupation militaire des côtes bataves.

Louis partit donc de Paris pour la Haye, ainsi qu'il en avait le vif désir. Napoléon, de son côté, se hâta de donner les ordres que comportait le nouvel arrangement. Il prescrivit au maréchal Oudinot d'occuper le Brabant septentrional, et la Zélande jusqu'au Wahal, de prendre possession définitive de ces provinces, et d'y enlever sur-le-champ, avec l'aide d'un détachement de douaniers, toutes les marchandises anglaises et les denrées coloniales qu'il serait possible de saisir. La Hollande en étant devenue l'entrepôt, et les provinces frontières surtout qu'on venait d'acquérir servant à les introduire en France, il y avait chance d'en trouver une grande quantité.

Napoléon ordonna ensuite au maréchal Oudinot de passer le Wahal et de pénétrer avec trois régiments d'infanterie et deux régiments de cavalerie dans le nord de la Hollande laissé à Louis, tandis que le général Molitor, concentrant sa division vers l'Ost-Frise, serait prêt à y entrer par l'est, si les événements l'exigeaient. Le maréchal Oudinot devait avoir son quartier général à Utrecht, être rejoint par une légion de douaniers français, et occuper sur-le-champ les passes navigables. Il lui était recommandé de requérir la livraison des cargaisons américaines, et de les acheminer par les eaux intérieures sur Anvers, où allaient être établis l'entrepôt et le marché des marchandises saisies. Outre l'effet que Napoléon par ces mesures espérait produire en Angleterre sur le crédit, et par le crédit sur l'opinion publique, il comptait obtenir une large addition au domaine extraordinaire, et joindre ainsi les avantages financiers aux avantages politiques.

Au milieu de ces occupations diverses, Napoléon avait atteint la fin d'avril (1810), époque la plus favorable pour les opérations militaires en Espagne, et c'était le moment pour lui de partir, s'il persistait à diriger en personne la campagne décisive qu'il voulait faire cette année dans la Péninsule. Malgré le désir qu'il en avait, désir tellement réel qu'il avait envoyé au delà des Pyrénées presque toute sa garde, une foule de raisons le retenaient au sein de l'Empire. Marié le 2 avril, il n'était pas convenable qu'il quittât sitôt sa jeune épouse pour aller commander des armées. Le blocus continental, dont il se promettait de grands résultats s'il réussissait à le rendre rigoureux, ne pouvait le devenir qu'à la

Avril 1810.

Malgré son désir de partir pour l'Espagne, Napoléon, retenu par divers motifs, est obligé de se faire remplacer à la tête de ses armées.

condition d'y veiller lui-même. Les démêlés avec son frère Louis, provisoirement terminés, exigeaient une vigilance et une fermeté soutenues, pour empêcher que les eaux de la Hollande ne fussent bientôt rouvertes au commerce britannique. Le système commercial, très-compliqué depuis les licences, réclamait nécessairement de nouveaux règlements dont Napoléon était fort occupé, et dont il n'eût confié la rédaction à personne, car c'était par le commerce autant que par les armes qu'il se flattait de vaincre l'Angleterre. Enfin, bien qu'il espérât peu de la négociation confiée à M. de Labouchère, pourtant il n'en désespérait pas assez pour l'abandonner entièrement en s'éloignant de Paris. On venait, en effet, de voir arriver à Morlaix un commissaire britannique pour l'échange des prisonniers, et ce commissaire apportait des instructions qui révélaient un notable changement de dispositions dans le cabinet de Londres. On pouvait croire que les dernières ouvertures n'avaient pas dû être étrangères à ce changement.

C'étaient là bien des raisons pour retenir Napoléon à Paris, sans compter que cette funeste guerre d'Espagne, qu'il voulait seul, malgré tous, il voulait que tous la fissent, excepté lui; non pas qu'il craignît un coup de poignard ou de fusil, comme l'en menaçaient beaucoup de rapports de police, mais parce qu'il ne voyait pas dans la Péninsule, ainsi qu'en Prusse, en Pologne, en Autriche, le moyen de tout terminer par une savante manœuvre ou par une grande bataille, parce qu'il y apercevait au contraire une série interminable de petits combats livrés à la suite d'un ennemi insaisissable, des siéges plutôt que des batailles, une guerre méthodique comportant plus de patience que de génie, et facile à diriger de loin aussi bien que de près. Les Anglais seuls pouvaient offrir l'occasion d'opérations importantes; mais parmi les maréchaux il y en avait un, qui, joignant à une rare énergie les hautes lumières d'un général en chef, et s'étant couvert d'une nouvelle gloire dans la dernière campagne, semblait propre à une pareille tâche, c'était le maréchal Masséna. Napoléon fixa son choix sur lui pour l'opposer aux Anglais. D'ailleurs, cette campagne allait s'ouvrir par le siége des places qui séparent l'Espagne du Portugal, et plusieurs mois devaient s'écouler avant le commencement des opérations offensives. Napoléon serait donc toujours le maître de se porter plus tard sur les lieux, s'il le jugeait nécessaire. Il obligea le vieux guerrier, fatigué, souffrant, mais reconnaissant des magnifiques récompenses qui venaient de lui être prodiguées, de partir pour le Portugal, afin d'aller diriger les opérations contre l'armée anglaise. Il lui composa le meilleur état-major qu'on pût alors réunir, mit sous ses ordres le savant Reynier, le brave Junot, l'intrépide Ney; il lui donna pour commander sa cavalerie le premier officier de cette arme alors vivant, le général Montbrun. Outre ces brillants lieutenants, il lui promit quatre-vingt mille hommes, et le fit partir à peine remis de ses fatigues, en le comblant de caresses, en le suivant de ses vœux et de ses plus légitimes espérances. Qui pouvait supposer, en effet, que Masséna, le premier de nos généraux après Napoléon, avec une superbe armée, ne viendrait pas à bout d'une poignée d'Anglais, inférieurs en nombre à nos soldats, inférieurs même en qualités militaires, quoique égaux en bravoure? On verra bientôt ce qu'en décida la destinée.

Après avoir arrêté ces dispositions, Napoléon imagina de faire un voyage en Belgique, en profitant du printemps, qui était fort beau cette année, pour montrer sa jeune femme aux populations impatientes de la voir, pour agir par sa présence sur les Belges, qu'il importait de rattacher à l'Empire français en les flattant, pour aller reconnaître de ses yeux le théâtre de la dernière expédition anglaise, pour ordonner des ouvrages qui rendissent impossible une expédition du même genre, pour revoir les grands travaux d'Anvers, pour inspecter la flotte de l'Escaut, pour observer de plus près la nouvelle marche de son frère, et se rapprocher plutôt que s'éloigner de la négociation avec l'Angleterre. On ordonna les apprêts de ce voyage de manière à y consacrer la fin d'avril et toute la durée du mois de mai.

La négociation avec l'Angleterre venait de prendre en ce moment une direction singulière, et à laquelle on se refuserait à croire, si des documents incontestables n'en fournissaient la preuve authentique [1].

[1] Je raconte ces affaires si compliquées de la Hollande, de la négociation avec l'Angleterre, de l'intervention de M. Fouché dans cette négociation, d'après des documents authentiques, qui me permettront, je l'espère, d'éclaircir des événements restés jusqu'ici fort obscurs. Ces documents sont les lettres de Napoléon, du roi Louis, du ministre Champagny, de M. de Labouchère, de M. Fouché, et enfin les interroga-

Napoléon avait indiqué avec beaucoup de réserve le sens dans lequel M. de Labouchère était autorisé à continuer les ouvertures commencées auprès du cabinet britannique. Il avait montré combien de temps la France pouvait encore soutenir la guerre sans en souffrir, signalé fortement les points sur lesquels elle ne transigerait pas, et laissé entrevoir sur quels points elle serait disposée à des sacrifices. Dans l'état des esprits en Angleterre, ces indications ne fournissaient pas de grands moyens de continuer la négociation, encore moins de la faire réussir. M. Fouché, avec raison, le pensait ainsi ; il avait le bon sens de vouloir la paix, et de la trouver fort acceptable aux conditions qu'on jugeait admissibles à Londres. Mais au bon sens de la désirer, il joignait la folie de vouloir la faire lui-même, sinon malgré Napoléon, du moins à son insu, se promettant, après l'avoir secrètement préparée, de venir la lui offrir toute faite, et de l'entraîner par le prestige de ce grand résultat à peu près obtenu. C'était une entreprise insensée sous tout gouvernement, plus insensée encore sous un maître aussi absolu, aussi vigilant que Napoléon, et qui n'est explicable de la part d'un homme habile comme M. Fouché que par cette passion de se mêler de tout, accrue chez lui avec l'âge, avec l'importance acquise, et, il faut le dire aussi pour son excuse, avec l'évidence des périls de l'Empire. M. Fouché était secondé ou poussé dans cette voie par les auteurs de projets

foires qu'on fit subir depuis à tous les personnages compromis dans la négociation. J'ai lu et relu tous ces originaux, et je n'avance pas un fait sans en avoir eu sous les yeux la preuve matérielle.

dont il s'était entouré, et dont nous avons déjà fait connaître quelques idées, comme de restituer une portion de la Péninsule aux Bourbons d'Espagne, comme d'attribuer les colonies espagnoles aux Bourbons de France, etc... A ces idées ils en avaient ajouté quelques autres. Si par exemple Napoléon ne voulait pas dépouiller son frère Joseph, et rendre l'Espagne même morcelée à Ferdinand, ils avaient imaginé de donner à Ferdinand les colonies espagnoles, sauf à réserver aux Bourbons de France un dédommagement certes bien étrange, car ce dédommagement n'était pas moins que l'Amérique du Nord, les États-Unis eux-mêmes! Or voici l'origine de cette conception fabuleuse. Les États-Unis, par leur loi d'embargo, s'étaient brouillés tout à la fois avec la France et avec l'Angleterre; c'étaient des républicains ingrats envers la France et odieux à l'Angleterre, que Louis XVI avait eu le tort d'affranchir, et que Napoléon, réparateur de toutes les fautes de la révolution, devait replacer sous une autorité monarchique et européenne. Il n'était pas possible que l'Angleterre ne tressaillît pas de joie en voyant les États-Unis restreints dans leur territoire, contenus dans leur essor, punis de leur révolte!

M. Fouché avait trop de bon sens pour croire à de pareilles chimères, mais il trouvait Napoléon beaucoup trop absolu dans ses conditions, et pensait qu'il fallait donner à M. de Labouchère des instructions toutes différentes de celles qu'on lui avait adressées jusqu'ici, sans quoi la négociation allait être rompue dès le début, et la paix rester impossible.

Pressé par M. Ouvrard, qu'il avait eu le tort d'initier à une affaire aussi grave, il consentit à le laisser partir pour Amsterdam, afin de voir M. de Labouchère, et de diriger la correspondance de ce dernier avec Londres, de manière à continuer la négociation, non de manière à la rompre. M. Fouché était persuadé qu'à la longue, en insistant avec douceur et patience, et la guerre d'Espagne n'offrant pas de meilleurs résultats, on amènerait Napoléon à faire le sacrifice de la royauté de Joseph dont il était fort désenchanté, peut-être de la royauté de Louis dont il était plus désenchanté encore, et que si on avait eu soin, en même temps, de ménager les Anglais de façon à ne pas rompre, on finirait par rencontrer le point où un rapprochement avec eux serait possible, où la paix deviendrait négociable, mais tout cela, selon lui, il fallait le préparer sans Napoléon, quoiqu'on ne pût pas, bien entendu, le conclure sans lui.

M. Ouvrard partit donc, tout plein non-seulement des idées de M. Fouché, mais, ce qui était bien pis, des siennes, tout enchanté d'être mêlé à une si grande affaire, et se flattant de recouvrer par un service signalé la faveur de Napoléon depuis longtemps perdue. À peine arrivé à Amsterdam, il parla au nom de M. Fouché dont il avait en main plusieurs lettres, fut considéré par M. de Labouchère comme le représentant direct et accrédité de ce ministre, et par suite comme le représentant de Napoléon lui-même. Dès lors M. de Labouchère se trouva encouragé par ce qu'il entendit et par ce qu'il lut, à envoyer à Londres de nouvelles commu-

Avril 1810.

Communications établies avec l'Angleterre par suite de la négociation clandestine entreprise par M. Fouché.

nications d'une nature beaucoup plus satisfaisante pour la politique britannique que celles qu'on avait adressées jusque-là. M. Ouvrard en effet lui avait dit que sur la Sicile, l'Espagne, les colonies espagnoles, le Portugal, la Hollande, Napoléon ne serait point absolu dans ses volontés, qu'il ne fallait point le dépeindre ainsi à Londres, qu'il voulait la paix, la voulait sincèrement, qu'on se trompait en Angleterre sur ses dispositions, qu'il y avait d'ailleurs en ce moment un point commun entre lui et le cabinet britannique, et que c'était le désir de punir les Américains de leur conduite. M. Ouvrard toucha à tous ces sujets d'une manière plus ou moins précise, écrivit plusieurs notes, pressant sans cesse M. de Labouchère de les transmettre à Londres. M. Fouché, ayant l'imprudence de seconder cette extravagante négociation, eut recours à un moyen étrange, et tel que la police peut les imaginer, pour donner crédit à M. de Labouchère auprès du gouvernement britannique. Un inconnu, qui se faisait appeler baron de Kolli, et qui paraissait appartenir à la police anglaise, s'était présenté à Valençay pour ménager au prince Ferdinand des moyens d'évasion. On l'avait arrêté, et on avait cru faire ainsi une capture importante, qui devait contrarier fort le cabinet britannique, dont les menées allaient être publiquement dévoilées. M. Fouché autorisa M. de Labouchère à écrire au marquis de Wellesley que, s'il le désirait, ce personnage lui serait rendu. Ce devait être à la fois une preuve de bonne volonté envers le cabinet britannique, et une manière d'accréditer puissamment M. de Labouchère.

Les communications étaient alors rares et difficiles avec l'Angleterre, non-seulement à cause de l'imperfection des routes, mais à cause de la guerre. Il fallait douze et quinze jours pour envoyer une lettre d'Amsterdam à Londres et avoir la réponse, en sorte que cette singulière négociation pouvait durer encore assez longtemps sans qu'on fût amené à des éclaircissements décisifs. En attendant, M. Ouvrard écrivant à M. Fouché lui peignait la négociation comme faisant des progrès qu'elle ne faisait pas, et M. Fouché, trompant à son tour M. Ouvrard, lui représentait Napoléon comme instruit et satisfait de ces pourparlers, ce qui était absolument faux, car M. Fouché différant tant qu'il pouvait un aveu difficile, se réservait d'informer Napoléon lorsque l'œuvre serait assez avancée pour être avouée.

Pendant ce temps, l'Empereur était parti de Paris avec une cour brillante, composée de l'Impératrice, du roi et de la reine de Westphalie, de la reine de Naples, du prince Eugène, du grand-duc de Wurtzbourg oncle de Marie-Louise, du prince de Schwarzenberg ambassadeur de la cour d'Autriche, de M. de Metternich premier ministre de cette cour, et de la plupart des ministres français. Napoléon se proposait de visiter Anvers, Flessingue, la Zélande, le Brabant, provinces nouvellement cédées à l'Empire, puis de revenir en Picardie, et de rentrer par la Normandie à Paris.

Les peuples, ennuyés de la monotonie de leur vie, s'empressent toujours d'accourir au-devant des princes qui passent, quels qu'ils soient, et souvent les applaudissent à la veille même d'une catastrophe. Quand Napoléon paraissait quelque part, le sentiment de la curiosité, celui de l'admiration, suffisaient pour attirer la foule, et, dans un moment où il venait de compléter sa prodigieuse destinée par son mariage avec une archiduchesse, l'empressement et l'enthousiasme devaient être plus grands. Partout, en effet, où il parut, les transports furent vifs et unanimes. D'ailleurs sa présence annonçait toujours la continuation ou le commencement d'immenses travaux, et on applaudissait en lui non-seulement le grand homme, mais le bienfaiteur.

Parti de Compiègne le 27 avril, il arriva dans la journée à Saint-Quentin. Cette ville lui devait, outre le rétablissement de l'industrie des linons, les beaux travaux du canal de Saint-Quentin, repris et achevés depuis le Consulat. On avait illuminé le souterrain qui réunit les eaux de la Seine à celles de l'Escaut, et Napoléon le traversa avec toute sa cour dans des barques élégamment décorées, et pour ainsi dire en plein jour. Il accorda, chemin faisant, à M. Gayant, l'ingénieur qui avait dirigé ces beaux travaux, une forte pension avec un grade dans la Légion d'honneur, et partit ensuite pour Cambrai et le château de Laeken. Il ne devait visiter Bruxelles qu'au retour.

Le 30 avril il s'embarqua sur le vaste canal qui de Bruxelles va rejoindre le Ruppel, et par le Ruppel l'Escaut lui-même. Tous les canots de la grande flotte de l'Escaut, pavoisés de mille couleurs, manœuvrés par les équipages des vaisseaux, étaient venus le chercher, et le transportèrent sur les eaux soumises de la Belgique avec la vitesse des vents.

Le ministre de la marine Decrès, l'amiral Missiessy, celui qui avait montré tant de sang-froid pendant l'expédition de Walcheren, commandaient la flottille impériale. Bientôt on arriva en vue de l'escadre d'Anvers, créée par Napoléon, et récemment soustraite à la torche des Anglais. Tous les vaisseaux, frégates, corvettes, chaloupes canonnières, bordaient la haie : Marie-Louise passa sous le feu inoffensif de mille pièces de canon, qui portaient à tous ses sens émus le témoignage de la puissance de son époux.

Mai 1810.

La cour impériale fit son entrée à Anvers au milieu des populations belges accourues à sa rencontre, et oubliant leurs sentiments hostiles en présence d'un si grand spectacle. Napoléon avait beaucoup à faire à Anvers, et il s'y arrêta plusieurs jours. La paix continentale lui permettait de se livrer à ses projets pour la marine de l'Empire et des États alliés : il allait disposer cette année d'une quarantaine de vaisseaux, dont 9 au Texel, promis au 1ᵉʳ juillet, 10 actuellement sous voiles à Anvers, 2 à Cherbourg, 3 à Lorient, 17 à Toulon, 1 à Venise, total 42. Il comptait en avoir 74 en 1811, 100 ou 110 en 1812, capables, en y ajoutant la quantité de frégates et de corvettes nécessaire, d'embarquer au besoin 150 mille hommes pour toutes les destinations.

Napoléon à Anvers.

Vastes projets maritimes.

Afin d'atteindre à ce nombre, il lui fallait en avoir neuf de plus à Anvers, dans l'espace d'une année. Il était indispensable pour cela d'augmenter les bassins, et d'attirer les bois et les ouvriers dans ce port de prédilection. Napoléon donna les ordres qui convenaient, et fit lancer en sa présence un vaisseau

Grand établissement d'Anvers.

Mai 1810.

de 80, qui entra majestueusement dans l'Escaut sous les yeux de l'Impératrice, et au milieu des bénédictions du clergé de Malines, convié à cette fête navale. Napoléon avait auprès de lui le prince Eugène, auquel il désirait montrer tout ce qu'il faisait dans les lagunes de la Flandre, pour l'exciter à en faire autant dans les lagunes de l'Adriatique. — Quand on a la terre, on peut avoir la mer, répétait-il volontiers, pourvu qu'on le veuille et qu'on y mette le temps. — Le temps!... justement ce qu'on se procure par la sagesse seule, et ce dont Napoléon devait bientôt se priver lui-même!

Entrevue de Napoléon avec son frère Louis aux frontières de la Hollande.

Son frère Louis était venu le voir, et, quoique moins agité, paraissait toujours profondément triste, triste de sa propre tristesse et de celle de son peuple, que tant d'afflictions avaient frappé à la fois. Napoléon tâcha de le ranimer en lui montrant ce qu'il avait exécuté à Anvers, ce qu'il se proposait d'y exécuter encore, lui recommanda instamment d'avoir sa flotte prête au Texel au 1er juillet, lui développa ses vastes projets maritimes, lui annonça que ses troupes allaient être amenées sur les côtes, que sous peu de temps il y aurait aux bouches de l'Escaut, à Brest, à Toulon, de vastes expéditions prêtes à porter des armées entières, que Masséna marcherait sur Lisbonne avec 80 mille hommes, que dans deux mois on presserait vivement les Anglais sur tous les points, et que cette guerre, dont ils semblaient s'être fait une habitude, on la leur rendrait bientôt insupportable, surtout si par le blocus rigoureusement observé on les atteignait fortement dans leurs intérêts mercantiles.

À ce sujet, Napoléon entretint son frère Louis de la négociation Labouchère. Par un singulier hasard, il venait de rencontrer et d'apercevoir en route M. Ouvrard, qui se rendait en toute hâte d'Amsterdam à Paris, pour la suite des étranges communications engagées entre la Hollande et l'Angleterre. Napoléon, avec son ordinaire promptitude d'esprit, avait entrevu que M. Ouvrard, jouissant de la faveur de M. le duc d'Otrante, fort lié d'affaires avec M. de Labouchère, était venu se mêler de ce qui ne le regardait pas, chercher à surprendre quelque secret de la négociation, peut-être donner des conseils dont on n'avait pas besoin, peut-être aussi asseoir quelque spéculation sur des probabilités de paix. Plein de singuliers pressentiments, il fit défendre à M. de Labouchère toute relation avec M. Ouvrard, lui fit même demander toutes les lettres échangées entre Amsterdam et Londres, et ajouta l'ordre de les lui envoyer pendant son voyage partout où il se trouverait. Louis repartit pour Amsterdam sans avoir voulu assister à aucune fête, surtout dans un moment où Napoléon allait entrer sur le territoire récemment enlevé à la Hollande.

Napoléon, après avoir employé cinq jours à prescrire les travaux nécessaires, et surtout les nouvelles défenses qui devaient rendre Anvers imprenable, ordonna à la flotte de descendre sur Flessingue, et pour lui en laisser le temps il alla visiter les nouveaux territoires acquis entre la Meuse et le Wahal, ainsi que les places de Berg-op-Zoom, Breda, Bois-le-Duc et Gertruidenberg.

À Breda, il reçut, avec les autorités civiles et

militaires, le clergé protestant et catholique. Dans ces territoires nouvellement acquis à l'Empire, les catholiques se trouvaient affranchis de la domination protestante, et cependant ils étaient loin de se montrer satisfaits. Tandis que le principal ministre protestant était venu avec le grand costume de son état, le vicaire apostolique, au contraire, s'était présenté en simple habit noir, comme s'il eût craint, en pareille occasion, de revêtir des habits de fête. Napoléon, à la simple attitude des assistants, avait deviné tous leurs sentiments, et, prenant chaque jour davantage la fâcheuse habitude de ne plus se contenir, il se livra à un mouvement de colère, en partie sincère, en partie calculé. Feignant d'abord de ne point apercevoir le vicaire apostolique, il écouta avec bienveillance le ministre protestant, qui, le haranguant avec beaucoup de simplicité et de modestie, lui adressa quelques paroles de résignation, les seules convenables dans la bouche de citoyens qui venaient d'être arrachés à leur ancienne patrie pour être attachés à une nouvelle patrie, grande mais étrangère. « Sire, dit le représentant du clergé protestant, vous voyez en nous les ministres d'une communion chrétienne, qui a pour coutume invariable d'adorer dans tout ce qui se passe la main de la Providence, et de rendre à César ce qui est à César. —

Vous avez raison, répondit sur-le-champ Napoléon, et vous vous en trouverez bien, car je veux protéger tous les cultes. Mais pourquoi, monsieur, êtes-vous revêtu du grand costume de votre ministère? — Sire, cela est dans l'ordre. — C'est donc l'usage du pays? reprit Napoléon. — Se retournant alors vers le clergé catholique : Et vous, messieurs, leur dit-il, pourquoi n'êtes-vous pas ici en habits sacerdotaux? Êtes-vous des procureurs, des notaires, ou des médecins? Et vous, monsieur, s'adressant au représentant de l'Église romaine, quelle est votre qualité? — Sire, vicaire apostolique. — Qui vous a nommé? — Le pape. — Il n'en a pas le droit. Moi seul, dans mon empire, je désigne les évêques chargés d'administrer l'Église. Rendez à César ce qui est à César. Ce n'est pas le pape qui est César, c'est moi. Ce n'est pas au pape que Dieu a remis le sceptre et l'épée, c'est à moi. Vous catholiques, longtemps placés sous la domination des protestants, vous avez été affranchis par mon frère, qui a rendu tous les cultes égaux; vous allez me devoir une égalité plus complète encore, et vous commencez par me manquer de respect! Vous vous plaigniez d'être opprimés par les protestants! il paraît par votre conduite que vous l'aviez mérité, et qu'il fallait faire peser sur vous une autorité forte. Cette autorité ne vous manquera pas, soyez-en sûrs. J'ai ici la preuve en main que vous ne voulez pas obéir à l'autorité civile, que vous refusez de prier pour le souverain. J'ai déjà fait arrêter deux prêtres indociles, et ils resteront en prison. Imitez les protestants, qui, tout en étant fidèles à leur foi, sont citoyens soumis aux lois et sujets fidèles. Ah! vous ne voulez pas prier pour moi, reprit Napoléon avec un accent de colère croissant. Est-ce parce qu'un prêtre romain m'a excommunié? Mais qui lui en avait donné le droit? Qui peut ici-bas délier les sujets de leur serment d'obéissance au souverain institué par les lois? Personne, vous devez

Mai 1810.

le savoir, si vous connaissez votre religion. Ignorez-vous que ce sont vos coupables prétentions qui ont poussé Luther et Calvin à séparer de Rome une partie du monde catholique? S'il eût été nécessaire, et si je n'avais pas trouvé dans la religion de Bossuet les moyens d'assurer l'indépendance du pouvoir civil, j'aurais, moi aussi, affranchi la France de l'autorité romaine, et quarante millions d'hommes m'auraient suivi. Je ne l'ai pas voulu, parce que j'ai cru les vrais principes du culte catholique conciliables avec les principes de l'autorité civile. Mais renoncez à me mettre dans un couvent, à me raser la tête, comme à Louis le Débonnaire, et soumettez-vous, car je suis César! sinon je vous bannirai de mon empire, et je vous disperserai comme les juifs sur la surface de la terre... — En prononçant ces dernières paroles, la voix de Napoléon était retentissante, et son regard étincelant. Les malheureux prêtres qui avaient provoqué cet éclat étaient tremblants. — Vous êtes, ajouta-t-il, du diocèse de Malines; allez vous présenter à votre évêque; prêtez serment entre ses mains, obéissez au concordat, et je verrai alors ce que j'aurai à ordonner de vous. —

Cette scène calculée pour faire effet, en fit beaucoup. Les paroles de Napoléon, recueillies à l'instant même, et répétées avec la permission de la police dans la plupart des journaux du pays produisirent une grande impression.

Embrassant tout dans son activité, Napoléon passa rapidement à d'autres objets. Il visita Berg-op-Zoom, Breda, Gertruidenberg, Bois-le-Duc, prit partout des résolutions utiles, et dictées par sa connaissance profonde de la guerre et de l'administration. En voyant ces contrées si fertiles en lin et en chanvre, il décréta qu'un million serait accordé à l'inventeur de la machine à filer le lin. Il trouva aussi dans ces provinces des manufactures où l'on produisait à très-bas prix du drap commun, très-bon pour les troupes, et il décida qu'il en serait fait un emploi considérable. Arrivé au bord du Wahal, qui présente une si puissante frontière et un si beau moyen de communication intérieure, il sentit se rallumer en lui toutes les ardeurs de son ambition pour la France, et il imagina un règlement pour assurer exclusivement aux bateliers français la navigation du Rhin. Il décida que *tout* bâtiment non français entrant dans le Rhin devrait rompre charge à Nimègue s'il venait de Hollande, à Mayence s'il venait de l'Allemagne par le Mein, pour livrer sa cargaison à des bâtiments français, lesquels pourraient seuls naviguer sur ce grand fleuve. Napoléon traitait ainsi les eaux fluviales comme les Anglais traitaient les eaux de l'Océan. Jaloux d'avoir des bois de construction pour Anvers, il ordonna que tout bois de cette espèce naviguant ou flottant sur le Rhin, serait obligé de venir en Belgique, au lieu d'aller en Hollande, où les Hollandais, grâce à leurs vastes capitaux, avaient coutume de les attirer. Il rendit en même temps divers règlements pour faire venir de Brest où l'on construisait peu, faute de bois, les ouvriers oisifs, et les employer à Anvers.

Mai 1810.

Règlements pour assurer aux Français la navigation du Rhin.

Après avoir visité les places de la frontière et s'être transporté successivement dans les îles de Tholen, de Schouwen, de Sud et Nord-Beveland, de Wal-

Napoléon à Flessingue.

cheren enfin, il décida, à cause des funestes fièvres de ces contrées, qu'on n'y garderait que les postes indispensables, en ayant soin de les bien choisir et de leur procurer toute la force défensive dont ils seraient susceptibles. Il prescrivit à Flessingue d'immenses travaux pour mettre la garnison à l'abri du feu des vaisseaux, et accabler de projectiles destructeurs l'escadre ennemie qui voudrait franchir la grande passe. A la vue des ruines de Flessingue, il se montra plus juste envers le malheureux général Monnet, qui avait récemment succombé en défendant la place, et donna les ordres les mieux entendus pour que rien de ce qui s'était passé ne pût se renouveler à l'avenir. D'après l'observation souvent faite que les hommes d'âge mûr et acclimatés prenaient moins la fièvre que les hommes jeunes et nouvellement arrivés, il décréta une organisation en vertu de laquelle la garde de ces îles devait être réservée aux bataillons de vétérans et aux bataillons coloniaux. Il voulut qu'une nombreuse flottille de chaloupes canonnières fût toujours jointe à la flotte, et que les bassins de Flessingue fussent disposés pour recevoir vingt grands vaisseaux de ligne. Tandis qu'il prescrivait ces choses, sa cour donnait et recevait des fêtes, et s'occupait de la partie frivole du voyage, dont il se réservait la partie utile.

Son séjour s'étant prolongé jusqu'au 12 mai dans ces parages, il remonta l'Escaut, ne fit cette fois que traverser Anvers, vint montrer son épouse à Bruxelles, redescendit ensuite à Gand et à Bruges, pour arrêter les travaux nécessaires sur la gauche de l'Escaut, et de là se rendit à Ostende, d'où une armée anglaise aurait pu en débarquant marcher droit sur Anvers. Napoléon y décida les ouvrages qui pouvaient assurer à cette place une force suffisante, puis partit pour Dunkerque, où il prescrivit quelques réparations, châtia la paresse de quelques officiers du génie trouvés en faute, visita le camp de Boulogne, théâtre abandonné de ses premiers projets, y passa des revues pour inspirer de l'inquiétude aux Anglais, accorda deux jours à Lille, et enfin se transporta au Havre, où il s'occupa attentivement de la défense de ce port considérable. Le 1ᵉʳ juin au soir il était de retour à Saint-Cloud, satisfait de ce qu'il avait vu et ordonné, de l'accueil fait partout à l'Impératrice, et des espérances que la nation semblait placer sur la tête de cette jeune souveraine.

Pourtant malgré les nombreux sujets de satisfaction que lui avait procurés ce voyage, il revenait avec une profonde irritation, et c'était le duc d'Otrante qui en était principalement l'objet. Le roi Louis, en effet, comme le lui avait prescrit Napoléon, avait demandé à M. de Labouchère tous les papiers relatifs aux communications avec l'Angleterre, et celui-ci croyant de bonne foi qu'en continuant à l'instigation de M. Ouvrard les ouvertures commencées, il agissait d'après les ordres du duc d'Otrante, et par conséquent de l'Empereur lui-même, avait livré sans dissimulation tout ce qu'il avait écrit à Londres, et tout ce qu'on lui avait répondu. Napoléon, lisant en route ces papiers transmis par son frère, y acquit la certitude qu'on avait continué à négocier à son insu, et sur des bases qui étaient loin de lui convenir. Ces papiers n'appre-

Juin 1810.

Découverte pendant le voyage de Belgique de la négociation clandestine entreprise par M. Fouché avec l'Angleterre.

naient pas tout ce qui s'était passé, car il y manquait la correspondance de M. Ouvrard avec M. Fouché, mais tels quels, ils suffisaient pour prouver à Napoléon qu'on avait négocié sans son ordre, et d'après d'autres indications que les siennes. Il se doutait, sans en être bien assuré, que M. Fouché avait pris une grande part à ces singulières menées, et il voulut s'en éclaircir sur-le-champ.

Le lendemain même de son arrivée, c'est-à-dire le 2 juin, il convoqua les ministres à Saint-Cloud. M. Fouché était présent. Sans aucun préambule, Napoléon lui demanda compte des allées et venues de M. Ouvrard en Hollande, des pourparlers avec l'Angleterre continués, à ce qu'il paraissait, en dehors de l'action du gouvernement. Il lui demanda en outre, et coup sur coup, s'il savait quelque chose de cet étrange mystère, s'il avait ou non envoyé M. Ouvrard à Amsterdam, s'il était ou non complice de ces manœuvres inqualifiables... M. Fouché, qui s'était réservé de parler plus tard à l'Empereur de ce qu'il avait osé tenter, surpris par cette soudaine révélation à laquelle il ne s'attendait pas, pressé à brûle-pourpoint de questions embarrassantes, balbutia quelques excuses pour M. Ouvrard, et dit que c'était un intrigant qui se mêlait de tout, et aux démarches duquel il fallait ne pas prendre garde. Napoléon ne se paya point de ces raisons. — Ce ne sont pas là, dit-il, des intrigues insignifiantes qu'il faille mépriser; c'est la plus inouïe des forfaitures que de se permettre de négocier avec un pays ennemi, à l'insu de son propre souverain, à des conditions que ce souverain ignore, et que probablement il

Juin 1810.

Violentes interpellations adressées à M. Fouché dans un conseil des ministres.

n'admettrait pas. C'est une forfaiture que sous le plus faible des gouvernements on ne devrait pas tolérer. — Napoléon ajouta qu'il regardait ce qui venait de se passer comme tellement grave, qu'il voulait qu'on arrêtât M. Ouvrard sur-le-champ. M. Fouché, craignant qu'une telle arrestation ne fît tout découvrir, essaya en vain de calmer la colère de Napoléon, mais ne réussit qu'à l'accroître en aggravant ses soupçons, et en les attirant sur sa propre tête. Napoléon, qui avait résolu d'avance l'arrestation de M. Ouvrard, se garda bien d'en charger M. Fouché, de peur que celui-ci ne le fît évader, et, sortant du conseil à l'instant même, il donna cette mission à son aide de camp Savary, devenu duc de Rovigo, et investi de toute sa confiance. Le duc de Rovigo lui avait servi souvent, comme on peut s'en souvenir, pour des expéditions de ce genre. En deux ou trois heures M. Ouvrard fut adroitement arrêté, et tous ses papiers furent saisis. Au premier examen on reconnut qu'en effet la négociation avait été poussée encore plus loin qu'on ne l'avait cru d'abord, et que M. Fouché avait été au moins pour moitié dans la singulière intrigue qu'on venait de découvrir.

Napoléon avait été fort mécontent de l'esprit remuant de ce ministre, qui déjà, dans diverses occasions, avait pris une initiative déplaisante ou dépassé le but assigné, ainsi qu'on avait pu le remarquer dans la première tentative de divorce, dans l'extension excessive donnée à l'armement des gardes nationales, et enfin dans cette récente négociation avec l'Angleterre. Napoléon y voyait à la fois un esprit d'entreprise des plus téméraires, et une ambition de

Juin 1810.

Arrestation de M. Ouvrard, agent de M. Fouché.

Découverte complète de ce qui s'est passé entre M. Fouché, M. Ouvrard et M. de Labouchère, relativement aux négociations avec l'Angleterre.

se faire valoir qui, dans certaines occasions, pouvait devenir infiniment dangereuse. Il apercevait notamment dans cette impatience de conclure la paix presque malgré lui, une censure indirecte de sa politique, et le désir d'acquérir des mérites à ses dépens. Il faut ajouter qu'il commençait à concevoir un vague mécontentement contre tous ses anciens coopérateurs, car tous, et surtout les plus distingués, semblaient, chacun à leur manière, improuver manifestement ce qu'il faisait. M. de Talleyrand par ses sarcasmes, le sage Cambacérès par son silence, M. Fouché par le mouvement qu'il se donnait pour amener la paix, étaient comme autant de désapprobateurs, plus ou moins avoués, de la politique ambitieuse et indéfiniment guerroyante de l'Empire. Napoléon avait plus d'une fois fait tomber le poids de son humeur sur M. de Talleyrand. Au silence de l'archichancelier Cambacérès, il répondait par un silence quelquefois sévère, et fâcheux surtout pour lui-même, car il se privait ainsi de conseils précieux. Quant à M. Fouché, qu'une grande considération ne protégeait pas, et qu'une faute récente lui livrait sans défense, il était décidé cette fois à ne pas le ménager.

La correspondance trouvée chez M. Ouvrard ne laissait plus de doute sur la part que le duc d'Otrante avait prise à la seconde négociation Labouchère. Le lendemain, 3 juin, était un dimanche. Tous les grands dignitaires étaient venus entendre la messe à Saint-Cloud, et assister au lever de l'Empereur. Après la messe, Napoléon fit appeler dans son cabinet les grands dignitaires et les ministres, excepté M. Fouché, et s'adressant à eux : Que penseriez-vous, leur

dit-il, d'un ministre qui, abusant de sa position, aurait à l'insu du souverain ouvert des communications avec l'étranger, entamé des négociations diplomatiques sur des bases imaginées par lui seul, et compromis ainsi la politique de l'État ? Quelle peine y a-t-il dans nos codes pour une pareille forfaiture?...
— En achevant ces paroles, Napoléon, regardant attentivement chacun des assistants, semblait provoquer une réponse qui lui facilitât le sacrifice du duc d'Otrante, car, même au milieu de sa toute-puissance, c'était quelque chose que de frapper ce personnage. Les complaisants, cherchant dans ses yeux la réponse qui pouvait lui convenir, se récriaient que c'était là un crime abominable. M. de Talleyrand, qui cette fois n'était pas l'objet de la colère impériale, souriait nonchalamment ; l'archi-chancelier, devinant qu'il s'agissait de M. Fouché, et persistant dans son rôle ordinaire de conciliateur, même envers un ennemi déclaré, répondit que la faute était fort grave sans doute, et mériterait en effet un sévère châtiment, à moins cependant que l'auteur de cette faute n'eût été égaré par un excès de zèle. — Excès de zèle, reprit Napoléon, bien étrange et bien dangereux, que celui qui conduit à prendre une telle initiative!... Et il raconta alors avec véhémence tout ce qu'il savait de la conduite de M. Fouché. Il finit en annonçant la résolution irrévocable de le destituer. Puis il demanda aux assistants de le conseiller dans le choix d'un successeur.

Ici commença pour tous un grand embarras. D'abord le choix était difficile à faire, tant le ministère de la police avait acquis d'importance par suite de l'immense arbitraire dévolu alors au pouvoir, tant aussi M. Fouché avait su accroître cette importance et se la rendre propre! Tout le monde en outre craignait de ne pas rencontrer le choix qui était dans la pensée de Napoléon, et de contribuer même indirectement à la destitution d'un ministre qu'on redoutait jusque dans sa disgrâce. Aussi chacun répétait-il à l'envi qu'il fallait bien y penser avant de trouver le remplaçant d'un homme tel que M. Fouché. M. de Talleyrand seul, qui assistait à cette scène en silence, et avec une légère expression d'ironie sur son impassible visage, M. de Talleyrand, se penchant vers son voisin, dit assez haut pour être entendu : Sans doute, M. Fouché a eu grand tort, et moi je lui donnerais un remplaçant, mais un seul, c'est M. Fouché lui-même. — Importuné de cette réunion qui ne lui procurait pas de grandes lumières, et qui lui avait valu une sorte de raillerie de la part de l'un des assistants, Napoléon sortit brusquement, emmenant avec lui l'archichancelier. Belle ressource, lui dit-il, que de consulter ces messieurs! Vous voyez quels utiles avis on en peut tirer... Mais vous n'allez pas croire apparemment que j'aie songé à les consulter sans avoir pris mon parti. Mon choix est fait, et le duc de Rovigo sera ministre de la police. — Napoléon avait déjà, soit à l'armée, soit dans l'intérieur, éprouvé la dextérité et l'audace du duc de Rovigo, connaissait son dévouement, savait bien qu'il n'imiterait pas M. Fouché, et que par exemple il ne s'attribuerait pas exclusivement les actes de douceur, en rejetant sur le chef du gouvernement les actes de rigueur. De plus, le duc de Rovigo devait inspirer une grande frayeur, et Napoléon n'en était pas fâché. Pourtant ce choix inquiéta l'archichancelier. Tout en rendant justice au duc de Rovigo, tout en reconnaissant que chez lui la réalité valait mieux que l'apparence, il objecta l'effet qu'allait produire cette police militaire, et indiqua, sans l'oser dire ouvertement, que l'opinion publique commençant à s'éloigner, ce n'était pas avec un ministre de la police en uniforme et en bottes qu'on pourrait la ramener. — A ces observations, Napoléon répondit : Tant mieux ! le duc de Rovigo est fin, résolu, et pas méchant. On en aura peur, et par cela même il lui sera plus facile d'être doux qu'à un autre. — Il n'y avait pas à répliquer, et il faut reconnaître que parmi les choix que Napoléon fit à cette époque pour remplacer successivement les personnages considérables des premiers temps de l'Empire, celui dont il s'agit, tout effrayant qu'il paraissait, fut de beaucoup le meilleur, car le duc de Rovigo était intelligent, délié, hardi, peu scrupuleux il est vrai, mais dénué de méchanceté, et au moins par dévouement capable de dire la vérité à son maître. Il ne manqua pas en effet de la lui dire quelquefois avec une sorte de familiarité soldatesque. Malheureusement la vérité, quelque forme qu'on emploie pour la faire arriver aux oreilles des souverains, quand leur esprit s'y refuse est un bruit inutile et importun fait à une porte qui ne veut pas s'ouvrir.

Le mouvement des choses venait donc d'emporter en moins de trois ans les deux ministres les plus importants dans la politique, celui des affaires

Juin 1810.

Efforts de M. de Bassano pour faire arriver au ministère de la police un autre candidat que le duc de Rovigo.

étrangères et celui de la police, M. de Talleyrand et M. Fouché. La place de ministre des affaires étrangères, bien que remplie avec modestie, prudence, discrétion, par M. de Cadore, semblait vacante depuis que M. de Talleyrand l'avait quittée. Un personnage poli et d'extérieur avantageux, M. de Bassano, dévoué à l'Empereur, désirant le bien servir, mais cherchant à gagner sa confiance en étant sur toutes choses de son avis plus que lui-même, et tandis que M. de Talleyrand donnait quelquefois à sa maison le ton de la raillerie, donnant à la sienne celui de l'enthousiasme, aspirait au ministère des affaires étrangères, et pour s'en ménager les voies aurait voulu porter au ministère de la police un ami tout personnel. Cet ami était M. de Sémonville, esprit cynique, hardi dans le propos, souple dans la conduite, ayant d'un ministre de la police les doctrines peu scrupuleuses, mais non la sûreté de jugement, le tact, la vigilance et le courage. M. de Bassano avait contribué à la chute de M. Fouché en se faisant l'écho de plus d'un bruit fâcheux, et il préparait l'avénement de M. de Sémonville en vantant outre mesure quelques services secondaires rendus par ce personnage dans la négociation du mariage. Mais s'il y avait auprès de Napoléon, comme auprès de tous les hommes supérieurs, quelques accès ouverts à la médiocrité complaisante, il y avait cependant peu de chances d'agir avec de petits artifices sur son esprit puissant, surtout quand il était question d'un choix aussi important à ses yeux que celui d'un ministre de la police. En effet, tandis que M. de Bassano avait mandé

M. de Sémonville à Saint-Cloud, le tenant tout prêt en cas que Napoléon se laissât gagner, on entendit appeler plusieurs fois et avec précipitation le duc de Rovigo pour qu'il se rendît dans le cabinet de l'Empereur. Les antichambres étaient remplies de curieux venus à Saint-Cloud avec l'espoir d'assister à quelque révolution dans les hauts emplois. Le duc de Rovigo, attendu quelques instants, arriva enfin, et fut fort surpris de ce que lui annonça Napoléon. — Allons, lui dit-il sans préparation, vous êtes ministre de la police, prêtez serment, et courez vous mettre à l'œuvre. — Le nouveau ministre balbutia quelques excuses modestes que Napoléon n'écouta point, prêta serment, et traversa ensuite les appartements impériaux, retentissants du bruit que M. le duc de Rovigo était nommé ministre de la police, et M. le duc d'Otrante disgracié. Cette nouvelle produisit un effet fâcheux, tant à cause de celui qui sortait du ministère, que de celui qui venait d'y entrer. M. Fouché, après avoir été fort utile jadis, par sa connaissance des hommes, par son indulgence pour les partis, par son adresse à les calmer et à les corrompre, avait sans doute beaucoup diminué le mérite de ses services par son indiscrète activité, mais instinctivement le public regrettait en lui l'un des hommes qui avaient conseillé Napoléon dans ses belles années. Le public ressentait pour M. Fouché les regrets qu'il avait éprouvés pour M. de Talleyrand et pour Joséphine elle-même; il regrettait en eux les témoins, les acteurs d'un temps qui avait été excellent, et qu'on pouvait craindre de ne pas voir égalé par les temps qui allaient suivre.

Napoléon, tout en disgraciant M. Fouché, voulut cependant lui donner un dédommagement, et il le nomma gouverneur des États romains, où son tact, son expérience des révolutions pouvaient en effet être employés avec avantage. Il fit précéder cette résolution de deux lettres, l'une publique et pleine de témoignages consolants, l'autre secrète et plus sévère. Voici la seconde, que nous citons parce qu'elle est plus conforme à la vérité des choses.

« Saint-Cloud, le 3 juin 1810.

» Monsieur le duc d'Otrante, j'ai reçu votre let-
» tre du 2 juin. Je connais tous les services que vous
» m'avez rendus, et je crois à votre attachement à
» ma personne et à votre zèle pour mon service.
» Cependant il m'est impossible, sans me manquer
» à moi-même, de vous laisser le portefeuille. La
» place de ministre de la police exige une entière et
» absolue confiance, et cette confiance ne peut plus
» exister, puisque déjà dans des circonstances im-
» portantes vous avez compromis ma tranquillité et
» celle de l'État, ce que n'excuse pas, à mes yeux,
» même la légitimité des motifs.

» Une négociation a été ouverte avec l'Angleterre,
» des conférences ont eu lieu avec lord Wellesley.
» Ce ministre a su que c'était de votre part qu'on
» parlait, il a dû croire que c'était de la mienne;
» de là un bouleversement total dans toutes mes
» relations politiques, et, si je le souffrais, une ta-
» che pour mon caractère que je ne puis ni ne veux
» souffrir.

» La singulière manière que vous avez de consi-

» dérer les devoirs du ministre de la police ne cadre
» pas avec le bien de l'État. Quoique je ne me défie
» pas de votre attachement et de votre fidélité, je
» suis cependant obligé à une surveillance perpé-
» tuelle qui me fatigue, et à laquelle je ne puis pas
» être tenu. Cette surveillance est nécessitée par
» nombre de choses que vous faites de votre chef
» sans savoir si elles cadrent avec ma volonté, avec
» mes projets, et si elles ne contrarient pas ma po-
» litique générale.

» J'ai voulu vous faire connaître moi-même ce
» qui me portait à vous ôter le portefeuille de la
» police. Je ne puis pas espérer que vous changiez
» de manière de faire, puisque depuis plusieurs an-
» nées des exemples éclatants et des témoignages
» réitérés de mon mécontentement ne vous ont pas
» changé, et que, satisfait de la pureté de vos in-
» tentions, vous n'avez pas voulu comprendre qu'on
» pouvait faire beaucoup de mal en ayant l'inten-
» tion de faire beaucoup de bien.

» Du reste, ma confiance dans vos talents et dans
» votre fidélité est entière, et je désire trouver des
» occasions de vous le prouver, et de les utiliser pour
» mon service. »

M. Fouché, en quittant le ministère, eut soin d'en brûler tous les papiers, et mit une véritable malice à ne livrer à son successeur aucun des nombreux fils composant la trame assez subtile de la police. Le duc de Rovigo, introduit tout à coup dans ce département sans en connaître les détours, sans en connaître surtout les agents secrets, que M. Fouché ne lui avait pas indiqués, fut d'abord surpris, et presque épouvanté de sa nouvelle situation. Il ne tarda pas à se calmer et à discerner ce qui au premier aspect lui avait paru confus et inextricable. Il vit peu à peu revenir auprès de lui ces agents mystérieux dont un ministre de la police a besoin pour être informé, moins utiles qu'on ne le suppose généralement, utiles pourtant, servant à proportion, non de leur esprit mais de l'esprit du ministre qui les emploie, espèce d'animaux timides et affamés, comme tous ceux qui vivent dans l'ombre, fuyant à la moindre épouvante, mais revenant bien vite, attirés par la faim, vers la main qui prend soin de les nourrir. En peu de temps ils mirent le duc de Rovigo au fait de toutes les menées secrètes, plus souvent puériles que dangereuses, sur lesquelles il faut veiller sans trop s'en préoccuper, et ce ministre parvint ainsi à se mettre assez vite au courant de ses fonctions. Il commença même à faire un peu moins peur, sans jamais toutefois acquérir l'autorité de M. Fouché, dont on croyait les yeux perçants toujours ouverts sur soi-même.

De toutes les trames dont le duc de Rovigo devait rechercher le secret, il n'y en avait aucune dont Napoléon fût plus curieux de pénétrer le fond que de la singulière négociation poursuivie à son insu. Napoléon voulait absolument savoir quel rôle M. Fouché, M. Ouvrard, M. de Labouchère lui-même, avaient joué dans cette intrigue diplomatique. M. Ouvrard fut interrogé souvent, et tenu au secret le plus rigoureux. M. de Labouchère fut mandé à Paris avec ordre d'apporter les papiers qu'il pouvait avoir encore en sa possession. En comparant ces papiers, conformes du reste à ceux qui avaient été trouvés chez M. Ouvrard, en questionnant M. de Labouchère, on réussit bientôt à démêler la vérité telle que nous l'avons exposée; on reconnut que M. de Labouchère s'était conduit avec discrétion, convenance, sincérité, qu'il ne s'était mêlé de ces ouvertures que parce qu'il avait cru obéir aux volontés du gouvernement, que même, par une sorte de réserve qui lui était naturelle, il s'était toujours tenu en deçà de ce qu'on lui disait, et qu'il s'était borné le plus souvent à transmettre les notes envoyées par M. Ouvrard; que M. Ouvrard, pour rentrer en rapport avec le gouvernement, M. Fouché, pour amener la paix, avaient repris une négociation à demi abandonnée, et avaient de beaucoup dépassé les premières instructions de Napoléon, en le montrant comme disposé à sacrifier ce qu'il ne voulait abandonner à aucun prix. Ce qui blessait particulièrement Napoléon en tout ceci, c'était l'idée peut-être inspirée à l'Angleterre qu'il voulait la tromper par de doubles menées, surtout qu'il était prêt à transiger sur les royaumes donnés à ses frères, et spécialement sur celui d'Espagne. Il faisait donc fouiller tous les replis de cette affaire, voulant savoir au juste l'étendue du mal. Une circonstance nouvelle contribua notamment à l'alarmer beaucoup, et le décida à convertir la disgrâce à demi dissimulée de M. Fouché, en une disgrâce publique et éclatante. On avait découvert qu'indépendamment des communications qui avaient été établies par M. de Labouchère, il y en avait eu d'autres fort antérieures à ces dernières, et qui supposaient une bien plus grande audace, car il ne s'agissait pas

Juin 1810.

Nouvelles révélations sur la conduite de M. Fouché, et son exil dans sa sénatorerie.

d'une négociation reprise et continuée un peu au delà de son terme, mais d'une négociation spontanément entamée par M. Fouché, et sans l'entraînement d'une affaire déjà commencée. Dès le mois de novembre, en effet, M. Fouché avait fait choix, comme nous l'avons dit, d'un intermédiaire appelé Fagan, ancien officier dans un régiment irlandais, assez bien apparenté en Angleterre, et ami de lord Yarmouth, qui l'avait introduit auprès du marquis de Wellesley. On était fondé à croire qu'il y avait eu en cette occasion quelques communications écrites. Cette dernière circonstance frappa vivement Napoléon, mit son imagination en travail, et sur-le-champ il expédia l'ordre à M. Fouché de livrer tous les papiers existants dans ses mains, lui faisant entrevoir les plus graves conséquences s'il mettait la moindre réserve dans la production des pièces demandées.

L'envoyé dont il s'agit avait rapporté de Londres des papiers peu nombreux et peu importants; M. Fouché les avait brûlés parce qu'ils n'offraient aucun intérêt, et que d'ailleurs la prudence conseillait de détruire les traces les plus insignifiantes d'une initiative aussi téméraire. M. Fouché, qu'on était allé chercher brusquement à son château de Ferrières, ayant déclaré qu'il avait eu peu de choses à brûler, et qu'en tout cas il avait tout brûlé, Napoléon s'abandonna aux plus violents emportements de colère, car il craignait qu'il n'y eût de redoutables mystères dans la dissimulation obstinée de M. Fouché. Il lui retira le gouvernement de Rome, et l'exila dans sa sénatorerie, qui était celle d'Aix en Provence [1].

[1] Il est peu de sujets sur lesquels les auteurs de mémoires aient débité

Du reste, il était facile d'éclaircir les doutes alarmants qu'on avait conçus. L'agent, cause de tant d'inquiétudes, se trouvait à Paris. On le fit venir : il répondit simplement, franchement sur tous les points, déclara avoir vu le marquis de Wellesley, et livra même la seule pièce qu'il en eût reçue. C'était une note de six lignes, répétant ce thème ordinaire des ministres anglais à la tribune, qu'ils étaient disposés à traiter quand on ouvrirait une négociation sincère, sérieuse, comprenant tous les alliés de l'Angleterre, et notamment l'Espagne.

Tout examiné, ce qui subsistait de cette grande affaire, c'était une étrange hardiesse de M. Fouché, mais rien de bien grave quant aux conséquences possibles et probables. Le danger n'était point, après tout, qu'on crût à Londres Napoléon trop accommodant; s'il y en avait un, c'était bien plutôt qu'on le

plus de fables que sur celui-ci. On a prétendu notamment que M. Fouché fut disgracié pour avoir refusé de rendre les lettres de Napoléon, et des lettres fort compromettantes. Il n'y a rien de vrai dans cette assertion. Les lettres de Napoléon à M. Fouché étaient peu nombreuses, et pas plus compromettantes que celles qu'il écrivait à tous ses agents, et dans lesquelles, se livrant à son impétuosité naturelle, il disait souvent : *Je ferai couper la tête à tel ou tel*, sans songer à le faire. Il se souciait d'ailleurs fort peu de ce qu'il avait écrit, et ne songeait guère à en rougir, étant déjà si peu embarrassé de ce qu'il avait fait, même de la mort du duc d'Enghien. La vérité est qu'il s'était fort échauffé l'esprit sur l'envoi de M. Fagan à Londres, et qu'il croyait avoir été plus compromis qu'il ne l'était véritablement. Ses ordres et sa correspondance prouvent que la seconde et la plus éclatante disgrâce de M. Fouché fut motivée par le refus de livrer des pièces que celui-ci n'avait plus, relativement à la mission de M. Fagan. Mais le public aimant les mystères, surtout les mystères sinistres, crut, et beaucoup d'écrivains aussi puérils que le public répétèrent, qu'il y avait là d'affreuses lettres, dont Napoléon voulait obtenir la restitution, et dont le refus provoqua un nouvel éclat de sa part. Il n'en est rien, et il n'y a de vrai dans toutes ces suppositions que ce que nous venons de rapporter.

Juin 1810.

crût trop difficile, et qu'on abusât peut-être des propositions puériles d'agir en commun contre l'Amérique, dans un moment où l'Amérique semblait flotter entre la France et l'Angleterre. Napoléon ne supposait pas alors que ce dernier résultat serait le seul un peu sérieux qu'il eût à redouter d'une intrigue plus ridicule que dangereuse. Éclairé bientôt sur cette bizarre aventure, et appréciant le mal à sa juste valeur, il se calma, sans revenir toutefois sur la disgrâce de M. Fouché, qui demeura privé de toute fonction, et condamné à l'exil dans sa sénatorerie. Craignant néanmoins d'être accusé de sacrifier légèrement ses anciens serviteurs, il fit réunir les pièces de cette affaire, et voulut qu'on les communiquât à quelques-uns des ministres et des grands dignitaires qui avaient été témoins des explosions de sa colère contre le duc d'Otrante. Il faut qu'on voie, dit-il, que lorsque je sévis contre d'anciens serviteurs, ce n'est pas gratuitement et sans motifs. —

Il résulte de la dernière tentative de négociation que la paix est impossible à cause de l'Espagne, et qu'il ne reste qu'à redoubler de vigueur dans la conduite de la guerre.

De cette tentative de négociation il ressortait évidemment que sans le sacrifice de l'Espagne, que Napoléon ne voulait pas faire, la paix était impossible, et qu'il ne restait qu'à continuer la guerre avec vigueur, et à resserrer le plus possible le blocus continental. Dès lors la Hollande, dont le concours au blocus était indispensable, méritait un redoublement d'attention.

L'attention de Napoléon reportée sur la Hollande.

Si le roi Louis eût été un esprit sensé et maniable, il eût pris son parti de ce qui venait de lui arriver, et puisqu'il s'était résigné, pour sauver l'indépendance de la Hollande, à sacrifier une partie de son territoire, il eût tâché, après s'être résigné lui-même, de faire entrer la résignation dans le cœur de ses sujets. Au fond les Hollandais les plus sages ne souhaitaient pas autre chose. Ils étaient convaincus que puisqu'on se trouvait sous la main de Napoléon, il fallait songer à le satisfaire, que Napoléon n'était pas, après tout, un ennemi pour eux, qu'il était un allié exigeant, leur imposant des conditions cruelles, mais calculées dans l'intérêt de la cause commune. Malheureusement Louis avait le cœur ulcéré. Adouci un moment à Paris par les discours de sa famille, il retrouva, revenu à Amsterdam, tous les sentiments de défiance, d'irritation, qui remplissaient ordinairement son âme, sentiments encore accrus par les sacrifices qu'on lui avait arrachés. Il lui semblait, en rentrant dans sa capitale, lire sur le visage de tous ses sujets le reproche d'avoir abandonné les plus belles provinces du royaume, et pour n'être pas en arrière d'eux, il se hâta de paraître plus irrité qu'eux. Il arriva suivi de la reine, qui laissait voir autant de contrainte que lui, et ne montra à ses sujets attentifs, observant son visage avec une curiosité inquiète, qu'un front chargé d'ennui, ne tint que le langage d'un opprimé qui en pensait encore plus qu'il n'en disait. Ce n'était ni le moyen de plaire à Paris, ni le moyen de produire à Amsterdam la résignation qui seule aurait pu prévenir de plus grands éclats. Par malheur les actes du roi furent encore plus imprudents que son attitude et son langage.

Il commença par écrire les lettres les plus affectueuses aux deux ministres dont à Paris il avait fait si facilement le sacrifice, MM. Mollerus et de Krayenhoff, par donner des titres nobiliaires aux personnages qui venaient de perdre la qualité de maréchaux, dédommagement convenable peut-être, mais contraire à la politique qu'il avait promis de suivre, par destituer le bourgmestre Vander Poll, qui n'avait pas voulu se prêter à l'armement de la ville d'Amsterdam. A ces actes, il en ajouta enfin un beaucoup plus grave. Ayant pris en aversion l'ambassadeur de France, M. de Larochefoucauld, qu'il regardait comme un surveillant incommode placé auprès de lui pour observer sa conduite, il voulut profiter de ce que cet ambassadeur était absent pour recevoir le corps diplomatique, et ne se trouver en présence que de M. Sérurier, simple chargé d'affaires. M. Sérurier était un homme prudent et réservé, se bornant à exécuter avec ponctualité, mais avec égard, les ordres de sa cour. Il méritait qu'on le traitât au moins avec politesse. Le roi passa devant lui sans lui adresser ni un mot, ni un regard, et à ses côtés même combla de prévenances le ministre de Russie. Cette scène avait été très-remarquée; elle produisit dans Amsterdam une extrême anxiété, et dut être rapportée à Paris par l'agent français, qui ne pouvait pas taire à son gouvernement des faits devenus l'objet de l'attention générale.

A ces difficultés, naissant du caractère personnel du roi, se joignirent bientôt celles qui naissaient des choses elles-mêmes. Le dernier traité imposait aux Hollandais les plus durs sacrifices. D'abord, il fallait livrer les cargaisons américaines introduites en Hollande sous le pavillon des États-Unis, et saisies à la demande du gouvernement français. Or, la plupart étaient, ou la propriété de maisons hollandaises qui faisaient pour leur compte le commerce interlope, ou la propriété de maisons anglaises associées à des négociants hollandais. Toutes ces maisons résistaient, alléguant, les unes que ces cargaisons se composaient de marchandises hollandaises venues sous pavillon américain des colonies de la Hollande; les autres qu'elles ne comprenaient que des marchandises vraiment tirées d'Amérique par l'intermédiaire des Américains. En place de ces cargaisons, le roi essaya de livrer des prises faites par nos corsaires et leur appartenant. Or, la livraison des cargaisons américaines était l'un des articles du traité auxquels Napoléon tenait le plus, soit pour attaquer la source principale de la contrebande, soit pour enrichir son trésor extraordinaire aux dépens des fraudeurs. On échangea donc sur ce sujet les communications les plus vives et les plus aigres.

L'établissement des douanes françaises le long des côtes de la Hollande n'était pas moins difficile. Il était venu de Boulogne, Dunkerque, Anvers, Clèves, Cologne, Mayence, des légions de douaniers français, ne parlant pas le hollandais, habitués à une rigueur de surveillance extrême, et apportant dans l'exercice de leurs fonctions une sorte de point d'honneur militaire qui les rendait brusques et peu corruptibles. C'est pour les gouvernements qui ont leurs frontières à défendre la meilleure espèce de douaniers, mais la pire pour les commerçants. Il fallait que les Hollandais souffrissent sur leurs côtes et dans leurs ports la présence de ces agents étrangers, et subissent leur visite minutieuse, qui était insupportable pour un peuple presque exclusivement navigateur, et habitué de tout temps à une grande liberté de commerce. Et encore s'il n'avait fallu les supporter qu'à la frontière extérieure, la gêne quoique grande eût été moins pénible. Mais la configuration de la Hollande rendait leur présence nécessaire au cœur même du pays. La Hollande, en effet, est non-seulement traversée dans tous les sens par une multitude de rivières et de canaux, mais elle est pénétrée en quelque sorte par une vaste mer qu'on appelle le Zuyderzée, et qui met en rapport toutes les parties du pays entre elles, au moyen d'une navigation intérieure des plus actives et des plus commodes. Si cette mer, dans laquelle on entre par les passes du Helder et par quelques autres plus élevées au nord, n'avait offert qu'une issue, on aurait pu, en gardant cette issue, laisser au dedans une liberté entière de communications fluviales et maritimes. Mais comme il n'en était pas ainsi, on avait été forcé de hérisser de douanes l'intérieur du Zuyderzée, et la Frise, l'Over-Yssel, la Gueldre, ne pouvaient porter leurs denrées à la Nort-Hollande, pour en rapporter les produits exotiques, qu'à travers une surveillance intolérable. Faire décharger par exemple jusqu'à des bateaux de tourbe, pour s'assurer qu'ils ne cachaient point de contrebande, était ou inexécutable ou révoltant. Ajoutez que pour donner aux mesures employées la force d'une sanction pénale, il avait fallu former des commissions composées de douaniers et de militaires français, qui devaient juger sommairement et sur place les délits et les délinquants. A cet empiétement sur sa souveraineté, Louis n'y avait pas tenu, et avait ordonné l'élargissement de tous les individus arrêtés pour cause de contrebande.

Indépendamment de ces difficultés, l'occupation militaire en présentait une plus grave que toutes les autres, et qui croissait à mesure que les postes français s'approchaient d'Amsterdam. Le maréchal Oudinot, commandant des forces combinées qui devaient garder les avenues de la Hollande, avait son quartier général à Utrecht. Il avait placé des postes d'Utrecht aux bouches de la Meuse, et, en remontant les côtes de la Nort-Hollande, des bouches de la Meuse jusqu'à la hauteur de la Haye. Mais il fallait remonter encore plus haut si on voulait fermer aux pavillons contrebandiers le Zuyderzée et l'entrée d'Amsterdam. Or, c'est ce que le roi Louis, inspiré ou par lui-même, ou par les partisans secrets d'une révolte, ne voulait pas souffrir. Que les troupes françaises fussent à Utrecht, même à la Haye, il s'y résignait, parce qu'une défense désespérée était à la rigueur possible, en inondant le reste du pays, et en appelant les flottes anglaises. Il serait resté en effet cette péninsule si riche de la Nort-Hollande, toute dominée par les eaux, s'élevant depuis les écluses de Katwyck jusqu'au Texel, entre l'Océan du Nord d'un côté, la mer de Harlem et le Zuyderzée de l'autre, couverte de pâturages verdoyants, de jardins fleuris, de villes opulentes, telles que Leyde, Harlem, Amsterdam. En coupant cette vaste langue de terre à Leyde, en couvrant d'eaux ses abords, on s'y serait rendu invincible, et on aurait pu longtemps disputer à Napoléon l'indépendance batave, comme on l'avait deux siècles auparavant disputée

Juin 1810.

à Louis XIV. Mais il fallait, pour que la chose fût possible, ne pas laisser monter les troupes françaises au-dessus de Leyde.

Il y avait pour le roi Louis une autre raison d'en agir ainsi, c'était de ne pas subir au milieu de la capitale du royaume la présence de soldats étrangers, et de n'avoir pas l'apparence d'un roi préfet. Aussi ne cessa-t-il d'insister auprès du maréchal Oudinot pour que les troupes françaises ne s'élevassent pas plus haut que Leyde, alléguant pour s'y opposer que son honneur, sa dignité ne lui permettaient pas de supporter dans sa résidence royale des troupes qui, bien qu'amies, étaient pourtant étrangères. Enfin, une avant-garde s'étant présentée devant Harlem, l'entrée de cette ville fut fermée aux Français, et l'aigle impériale fut obligée de rétrograder.

Inexécution de l'engagement pris relativement à l'armement de la flotte du Texel.

A tous ces faits plus ou moins contraires au traité, se joignait l'inexécution patente d'un article auquel Napoléon tenait infiniment, c'était l'armement de la flotte du Texel. On avait réuni quelques bâtiments sous l'amiral de Winter, mais ils comptaient à peine 200 hommes d'équipage au lieu de 7 à 800, et cette condition, la plus facile à remplir, la plus propre à calmer Napoléon, la plus utile quelque parti que l'on prît, même celui de la résistance, cette condition, faute de moyens financiers, n'était pas exécutée. Tous ceux qui revenaient du Texel rapportaient que les armements annoncés y étaient dérisoires.

Ces nombreuses contestations étaient naturellement connues du public, envenimées par ceux qui voulaient qu'on se jetât dans les bras des Anglais, déplorées par les esprits sages qui en prévoyaient les conséquences prochaines, et considérées par les masses souffrantes comme autant de preuves de la tyrannie insupportable qu'on prétendait exercer sur elles. Animé comme le dernier des ouvriers qui se réunissaient tous les jours sur les quais vides et déserts d'Amsterdam, Louis, au lieu de calmer les esprits, les excitait au contraire par son attitude et son langage, disait tout haut qu'il ne souffrirait pas l'occupation militaire de la capitale, et prenait ainsi des engagements d'amour-propre sur lesquels il lui serait bien difficile de revenir. Il désespérait même les Hollandais sages, qui craignaient de voir leur patrie disparaître au milieu de ce conflit.

Juin 1810.

Les choses en étaient arrivées à ce point que la moindre circonstance pouvait amener une explosion. Un jour de dimanche, en effet, l'un des domestiques de l'ambassade de France se trouvant sur une place publique en livrée, fut reconnu, maltraité en paroles, puis battu, et ne put être arraché qu'avec peine aux mains de la populace ameutée.

Un outrage fait à la livrée de l'ambassade française amène la crise depuis longtemps prévue.

En tout autre temps un tel incident eût été de peu d'importance; mais dans le moment il devait inévitablement amener une crise. Bien que les faits que nous venons d'exposer eussent été rapportés sans aucune exagération par le maréchal Oudinot et par M. Sérurier, Napoléon en les apprenant ne se contint plus. Son chargé d'affaires presque offensé, ses aigles repoussées de Harlem, la livrée de son ambassadeur outragée, lui semblaient des affronts qu'il ne pouvait plus tolérer, surtout les conditions essentielles du traité étant mal exécutées, ou ne l'étant point du

Ordre d'entrer à Amsterdam.

tout. Il fit donner ses passe-ports à M. Verhuel qui était ambassadeur de Hollande à Paris, et quoiqu'il l'aimât beaucoup, il le fit inviter à user de ces passe-ports sans délai. Il défendit à M. de Larochefoucauld de retourner à son poste, et à M. Sérurier de reparaître à la cour du roi Louis. Il demanda qu'on lui livrât sur-le-champ les coupables de l'offense faite à la livrée de l'ambassadeur; il voulut que le bourgmestre d'Amsterdam fût immédiatement réinstallé dans sa charge, qu'on ouvrît aux troupes françaises les portes non-seulement de Harlem, mais d'Amsterdam, que le maréchal Oudinot entrât dans ces villes tambour battant, enseignes déployées, que les cargaisons américaines fussent livrées sans exception, que les douaniers français fussent reçus partout, et qu'on s'expliquât sur l'armement de la flotte promis pour le 1er juillet. Il annonça enfin que si une seule des conditions du traité restait inexécutée, il allait terminer ce qu'il appelait une comédie ridicule, et prendre possession de la Hollande, comme il l'avait fait de la Toscane et des États romains. A la menace il ajouta des actes. Les troupes de la division Molitor qui étaient à Embden, reçurent ordre d'entrer en Hollande par le nord, celles qui étaient dans le Brabant d'y entrer par le sud; les unes et les autres durent aller renforcer le maréchal Oudinot.

Ces foudroyantes nouvelles, si faciles à prévoir, arrivèrent coup sur coup à Amsterdam, et y furent interprétées de la manière la plus alarmante par l'amiral Verhuel, qui avait quitté Paris sur l'injonction qu'il avait reçue, et qui connaissait parfaitement les intentions de Napoléon. Il fit sentir à tous les hommes placés à la tête des affaires qu'il n'y avait plus à balancer, et qu'il fallait prendre ou le parti de la résistance, qui serait probablement désastreux, ou celui de la soumission absolue, qui pouvait seul mettre fin au péril. Le roi Louis eut recours à une grande consultation ; il y appela non-seulement ses ministres présents, mais ses ministres passés, et en outre les principaux personnages de l'armée et de la marine. Excepté quelques insensés dépourvus de toute raison, ou quelques intéressés voués à l'Angleterre par les plus tristes motifs, tous les hommes amis de leur pays se prononcèrent dans le même sens. Tout en détestant le joug de Napoléon, ils jugèrent que celui de l'Angleterre, pour lequel ils seraient forcés d'opter inévitablement, serait bien plus redoutable encore. Outre qu'il faudrait sur les mers se sacrifier pour la cause de l'Angleterre qui n'était pas celle de la Hollande, on ne pourrait disputer à Napoléon que la moindre partie du territoire ; la plus grande lui serait forcément abandonnée après d'affreux ravages ; la plus petite ne serait sauvée de ses mains qu'en la noyant, et en livrant aux Anglais les chantiers, les arsenaux et les flottes. Il n'y avait pas un homme ayant conservé quelque sens et quelque patriotisme qui pût se prononcer pour une telle résolution, à l'exception de deux ou trois fanatiques égarés par une haine aveugle. Les hommes sages, en presque totalité, laissèrent voir par leur visage et par leurs discours qu'ils regardaient la résistance comme à la fois impossible et coupable, de manière que le roi Louis se trouva bientôt abandonné par

Juin 1810.

Grande consultation entre les principaux personnages hollandais provoquée par le roi Louis.

L'avis de se soumettre prévaut généralement.

ceux mêmes auxquels il avait cru se dévouer. D'ailleurs si le peuple qui nous attribuait sa misère, si quelques grandes familles liées d'intérêt et de sentiment à l'Angleterre, avaient contribué à former une opinion publique toute contraire aux Français, la bourgeoisie, jadis portée vers eux par ses inclinations politiques, s'en étant détachée depuis par ses souffrances commerciales, commençait à s'apercevoir du danger qui menaçait la Hollande, voyait bien qu'il faudrait, si l'on continuait, la jeter ruinée et ravagée aux pieds de l'aristocratie anglaise, et se prononçait à son tour contre les imprudences du gouvernement. Le roi Louis, engagé par ses déclarations publiques à ne pas souffrir les Français à Amsterdam, et en même temps délaissé par les sujets mêmes dont il avait trop chaudement épousé les passions, ne savait à quel parti s'arrêter, et sentait son esprit se troubler et s'égarer.

Dans cette cruelle situation il eut encore la pensée, comme il l'avait quelquefois, mais toujours passagèrement, de se soumettre aux volontés de son frère, et de renoncer à une lutte évidemment impossible. Il manda auprès de lui le chargé d'affaires de France, M. Sérurier, qu'il avait si mal reçu quelques jours auparavant, lui fit cette fois le meilleur accueil, réclama ses conseils en promettant de les suivre très-exactement, offrit de déférer aux tribunaux les gens qui avaient insulté la livrée de l'ambassadeur, de réinstaller le bourgmestre d'Amsterdam, peu empressé du reste de reprendre ses fonctions, de livrer les cargaisons américaines, de subir les douaniers français, de hâter l'armement de la flotte, tout cela pourtant à une condition, c'est qu'on ne l'obligerait pas à recevoir les Français dans sa capitale. C'était pour lui, disait-il, une humiliation à laquelle il ne pouvait se résigner. Ce malheureux prince avait tant répété qu'il ne souffrirait pas qu'on mît des troupes étrangères dans sa résidence, qu'il ne croyait plus pouvoir revenir sur cet engagement sans se couvrir de honte. Il faut ajouter que, dans sa profonde et incurable défiance, il était persuadé que Napoléon avait résolu de le déposer, et qu'une fois les Français admis dans Amsterdam, il serait prochainement détrôné sans avoir au moins le triste honneur d'abdiquer. Il insista donc pour obtenir un délai à l'entrée des troupes françaises.

Mais les ordres de Napoléon étaient si positifs, que ni le maréchal Oudinot, ni M. Sérurier, n'osèrent différer une mesure qu'il avait impérieusement prescrite. M. Sérurier conjura le roi de ne point s'alarmer de la présence des soldats français qui étaient ses compatriotes, qui l'avaient élevé au trône, qui respecteraient toujours en lui le frère de leur empereur, qui de plus avaient l'ordre de se comporter comme il convenait envers une royauté amie, alliée et proche parente. Mais il ne pouvait modifier les instructions militaires que le maréchal avait reçues, et il fut obligé de laisser approcher les troupes françaises, en se dépêchant de mander à Paris ce qui se passait à Amsterdam.

Placé entre les Hollandais qui ne voulaient pas d'une résistance ruineuse pour leur pays, et les soldats français qui s'avançaient toujours vers Amsterdam, ne voyant plus pour sauver sa dignité

Juin 1810.

L'entrée des troupes françaises dans Amsterdam n'ayant pu

d'autre ressource que de renoncer au trône, le roi résolut d'en descendre volontairement, seule manière de le quitter qui lui parût n'être pas déshonorante. Il assembla ses ministres, leur annonça en grand secret sa détermination, leur dit qu'il allait abdiquer en faveur de son fils et confier la régence à la reine; qu'une femme, une mère, chère à Napoléon, résignée à faire tout ce qu'il exigerait, le désarmerait par sa faiblesse même, et pourrait céder à toutes ses volontés, sans être déshonorée. Ses ministres écoutèrent en silence ses déclarations, lui exprimèrent quelques regrets de se voir privés d'un roi si dévoué à la Hollande, mais n'insistèrent pas, comprenant bien qu'au point où en étaient arrivées les choses la royauté d'un enfant, sous la tutelle d'une femme, était la dernière forme sous laquelle on pût essayer de prolonger encore l'indépendance de la Hollande. Sur les vives instances du roi, on promit de garder le secret le plus absolu, afin qu'il eût le temps d'abdiquer, et de se retirer en liberté où il le désirerait. Cette précaution, inspirée par l'ordinaire défiance de Louis, était superflue, car ni M. Sérurier, ni le maréchal Oudinot, ne pouvant l'empêcher d'abdiquer, n'auraient songé à mettre la main sur sa personne.

Quarante-huit heures seulement furent consacrées aux préparatifs de cette abdication. Le chargé d'affaires de France, le général en chef ne surent rien. Il fut convenu que le roi partirait sans suite, et sous un déguisement qui ne permettrait pas de le reconnaître; que l'acte d'abdication serait porté immédiatement au Corps législatif, que les ministres formés en conseil de régence gouverneraient au nom du jeune roi jusqu'au retour de la reine qui n'était restée que peu de jours en Hollande, et qu'on appellerait cette princesse à Amsterdam, pour la charger de la régence et de l'éducation de l'héritier du trône. Tous les actes furent signés dans la nuit du 2 au 3 juillet 1810, et aussitôt après les avoir signés, Louis, montant en voiture, se mit en route, sans que ses ministres, qui savaient tout, connussent la retraite dans laquelle il avait le projet de se renfermer. Le 3 juillet au matin la ville d'Amsterdam, surprise et inquiète, l'ambassade française et l'armée française profondément étonnées, apprirent en même temps cette résolution extrême du frère de Napoléon.

Juillet 1810.

Les ministres allèrent complimenter le jeune enfant devenu roi, et confié momentanément aux soins d'une gouvernante respectable. Ils se rendirent ensuite au Corps législatif pour lui faire part de l'événement qui s'était accompli. Dans le courant de l'après-midi, l'armée française, arrivée déjà aux portes d'Amsterdam, fut reçue par l'ancien bourgmestre Vander Poll, qui avait été réintégré, et par les autorités militaires hollandaises. L'accueil fut presque amical. Le bas peuple ne fit aucune tentative de résistance. La masse des habitants, regrettant le prince qui s'était dévoué sans beaucoup de prudence à ses intérêts, pensa qu'il fallait maintenant mettre tout son espoir en Napoléon, et chercher dans la réunion au plus vaste empire de l'univers le dédommagement de l'indépendance qu'on venait de perdre et des souffrances qui allaient résulter du système continental rigoureusement appliqué. On at-

Reconnaissance du titre du jeune roi.

Juillet 1810.

Au moment même où l'abdication avait lieu à Amsterdam, la réunion de la Hollande à l'Empire était résolue à Paris.

tendit donc avec une sorte de calme, et avec une curiosité fort intéressée, les résolutions qui seraient arrêtées à Paris.

M. Sérurier avait expédié sur-le-champ un employé de la légation française pour porter à Napoléon la nouvelle de l'étrange abdication de Louis. Mais le jour même où cet employé arrivait à Paris, c'est-à-dire le 6 juillet, on avait déjà présenté à Napoléon, d'après ses ordres, un rapport destiné à motiver la réunion de la Hollande à l'Empire [1]. Son parti était donc pris même avant l'abdication de son frère. Cependant, tout décidé qu'il était, Napoléon sentit, au moment de passer du simple projet à l'exécution, la gravité de l'acte qu'il était sur le point de commettre. En effet, le lendemain du traité de Vienne et du mariage avec Marie-Louise, il avait dirigé toutes ses pensées vers la paix, et avait distribué ses forces de manière à évacuer l'Allemagne et à rassurer les puissances continentales : quelle manière de rendre la sécurité à l'Europe alarmée, que de se saisir en trois mois, d'abord du Brabant et de la Zélande, puis de toute la Hollande, d'ad-

[1] Ce rapport existe aux archives des affaires étrangères, avec la date du 6 juillet, jour même où M. de Caraman, porteur de la nouvelle de l'abdication, arrivait à Paris. Il avait donc été ordonné, et avait dû être rédigé avant que l'on connût l'abdication de Louis. Une phrase de ce rapport, d'ailleurs, prouve qu'il est antérieur à la connaissance de l'abdication ; elle dit que S. M. I. est résolue *à rappeler auprès d'Elle le prince auguste qu'Elle avait pris dans sa famille pour le donner à la Hollande*. Il est donc certain que, décidé par ce qui se passait, Napoléon allait réunir la Hollande à la France, lorsque son frère prit la résolution d'abdiquer. Le fait n'a pas grande importance, assurément ; il faut cependant le constater dans l'intérêt de la vérité, qu'on doit chercher avant tout en histoire, indépendamment de toutes les conclusions qu'on peut en tirer.

joindre ainsi deux millions d'âmes à l'Empire, de porter ses frontières de l'Escaut au Wahal, du Wahal à l'Ems! Cet esprit incessant de conquête, tant reproché à la France, n'allait-il pas de nouveau éclater de la manière la plus alarmante? Et l'Angleterre, qui tenait en ses mains la dernière, la plus désirable paix, celle des mers, n'allait-elle pas devenir plus irréconciliable que jamais, lorsqu'il faudrait lui faire supporter, outre l'annexion d'Anvers et de Flessingue à la France, celle d'Helwoet-Sluys, de Rotterdam, d'Amsterdam et du Helder? Napoléon sentait bien ces difficultés, mais, tressaillant de plaisir à l'idée d'adjoindre de pareils territoires, de pareils golfes, de pareils ports à la France, de fermer surtout au commerce britannique d'aussi larges issues, se regardant d'ailleurs comme absous d'une telle usurpation par la situation forcée dans laquelle le plaçait l'abdication de son frère, il passa outre, et prononça la réunion à l'Empire. Averti le 6 au soir, il ne prit que deux jours pour régler les conditions de cette réunion, et la décréta le 9 juillet 1810.

Juillet 1810.

Décret qui ordonne la réunion de la Hollande à l'Empire.

Le motif donné au public français et européen, c'est que la Hollande se trouvant sans roi, la nécessité de la soustraire aux Anglais obligeait Napoléon à la faire passer sous la vigilante et vigoureuse administration de l'Empire; que réunie la Hollande procurerait à la cause commune des forces navales importantes, et une vaste prolongation de côtes rigoureusement interdites au commerce britannique. Le motif donné aux Hollandais en particulier, c'est que placés actuellement entre la mer fermée par les Anglais, et le continent fermé par les Français, ils

Motifs donnés à la Hollande et à l'Europe pour expliquer cette réunion.

auraient été bientôt exposés à mourir de misère, et condamnés en tout cas à l'impuissance sous le poids d'une dette énorme; que réunis au contraire au plus grand empire du monde ils auraient au moins le continent ouvert pendant la guerre, et pendant la paix la mer et la terre ouvertes à la fois; que leur commerce serait plus étendu qu'il ne l'avait été à l'époque de leur plus brillante prospérité; que leur marine, maintenant anéantie, adjointe désormais à celle de la France, verrait renaître les jours glorieux où dirigée par Tromp et Ruyter elle disputait la domination des mers à la Grande-Bretagne; que ses citoyens, devenus égaux à ceux de la France, assis à titre égal dans ses conseils, retrouveraient dans une nouvelle et puissante patrie le dédommagement de la patrie perdue.

D'après ces motifs, qui étaient spécieux, et que le temps aurait rendus vrais en partie, si cet état de choses avait duré, Napoléon décréta, avec une audace de langage surprenante, que la *Hollande était réunie à la France*. Il décida en outre qu'Amsterdam serait la troisième ville de l'Empire. Rome venait quatre mois auparavant d'être déclarée la seconde. Il établit qu'à l'avenir la Hollande aurait six membres au sénat de l'Empire, six députés au conseil d'État, vingt-cinq au Corps législatif, deux conseillers à la cour de cassation. C'était un puissant appât offert à toutes les ambitions. Il confirma les officiers de terre et de mer dans leur grade, adjoignit la garde royale hollandaise à la garde impériale française, et ordonna que les régiments de ligne hollandais prendraient rang dans l'armée française à la suite des régiments de ligne déjà existants, et par ordre de numéros. Rien ne pouvait plus flatter l'armée hollandaise qu'une telle affiliation!

Juillet 1810.

Le territoire fut partagé en neuf départements, deux pour la partie déjà réunie, sous le titre de départements des Bouches-de-l'Escaut et des Bouches-du-Rhin, et sept pour la Hollande elle-même, sous le titre de départements du Zuyderzée, des Bouches-de-la-Meuse, de l'Yssel-Supérieur, des Bouches-de-l'Yssel, de la Frise, de l'Ems occidental et de l'Ems oriental. Les taxes actuellement perçues furent maintenues jusqu'au 1ᵉʳ janvier 1811. A cette époque, les impôts français, beaucoup moins onéreux que les impôts hollandais, devaient être établis dans le territoire des neuf nouveaux départements.

Partage de la Hollande en départements.

Les finances étaient, avec le commerce, ce qui souffrait le plus de l'isolement dans lequel avait vécu la Hollande. Il fallait évidemment prendre un parti à l'égard de la dette. Dans un budget de 155 millions environ de dépenses, et de 110 millions de revenus, la dette seule, comme nous l'avons dit, était inscrite pour une somme de 80 millions. Il y avait impossibilité de continuer un tel état de choses, et ce qui le prouvait, c'est qu'en fait les intérêts de la dette n'avaient pu être payés ni en 1809, ni en 1808. Les divers services publics ne s'exécutaient qu'au moyen de lettres de change du trésor, qui s'escomptaient avec une perte considérable, et qui étaient une anticipation sur les revenus. C'est ainsi qu'on avait été amené à laisser tomber la marine hollandaise, et que trois mille matelots, pour vivre, s'étaient décidés à émigrer en Angleterre.

Napoléon, pensant que ce premier moment de

Réduction

perturbation était le plus convenable pour une opération douloureuse, et assimilant la situation de la Hollande à celle de la France après la révolution, prononça par l'acte même de la réunion la réduction de la dette publique au tiers. Mais il ordonna l'acquittement immédiat de l'arriéré des années 1809 et 1808, mesure qui, pour beaucoup de petits rentiers très-souffrants, était un précieux soulagement, et les dédommageait un peu d'une réduction de titre déjà fort prévue. Napoléon espérait qu'en rayant du grand-livre hollandais les créances appartenant à divers princes étrangers, ennemis de la France, tels que les princes de Hesse et d'Orange, une somme de 20 millions assurerait le service annuel de la dette après sa réduction au tiers; que par la suppression de beaucoup de services désormais inutiles, comme ceux des affaires étrangères, de la liste civile, etc., une somme de 14 millions suffirait pour les diverses administrations, qu'on pourrait alors consacrer 20 millions à l'armée, 26 à la marine, ce qui composerait un total de 80 millions de dépenses, et serait pour la Hollande accablée d'impôts un important dégrèvement. La marine avait toujours été pour les Hollandais un objet de prédilection. Napoléon, en se ménageant les moyens de la rétablir, et en ordonnant sur-le-champ des travaux dans les chantiers, se flattait de réveiller dans les ports une activité qui réjouirait les esprits, et leur ferait concevoir un heureux augure de la réunion.

Restait à s'occuper du commerce hollandais. L'abolition de la ligne de douanes entre la Hollande et la France devait être pour ce commerce un grand bienfait. Néanmoins il était impossible de la prononcer avant que les douanes françaises eussent pris possession du littoral si découpé, si accidenté de la Hollande. Napoléon décida que la ligne des douanes subsisterait jusqu'au 1ᵉʳ janvier 1811, époque fixée pour la fusion complète des intérêts des deux pays. Il y avait toutefois une satisfaction immédiate à donner au commerce hollandais, qui devait en même temps plaire beaucoup aux consommateurs français, c'était de laisser écouler dans l'intérieur de l'Empire la quantité considérable de sucres, cafés, cotons, indigos, qui s'était successivement amassée à Amsterdam et à Rotterdam. La dispersion de ces immenses accumulations, en procurant un important avantage au commerce hollandais, devait rendre à l'avenir la surveillance plus aisée. Cependant en Hollande, à cause de la facilité des introductions, le prix des denrées coloniales ne s'élevait pas au quart de ce qu'il était en France. Autoriser l'introduction de ces denrées sans rien payer, c'eût été procurer aux négociants hollandais un bénéfice exorbitant, sur lequel ils n'avaient jamais dû compter, et causer un grave dommage aux négociants français, qui avaient fait leurs approvisionnements à des prix fort supérieurs. Napoléon y pourvut en permettant la libre introduction des denrées coloniales de Hollande en France moyennant un droit de 50 pour cent, qui laissait encore des bénéfices inespérés aux Hollandais, rendait l'inégalité de prix moins dangereuse pour les commerçants français, et devait assurer au trésor une abondante recette. A cette mesure, il ajouta diverses dispositions pour l'établissement des

Juillet 1810.

en Hollande des douanes françaises.

douanes sur les côtes, depuis Flessingue jusqu'au Texel, ordonna la saisie tant de fois demandée des cargaisons américaines séquestrées, ainsi que leur translation à Anvers, promit enfin d'accorder aux Hollandais, par de larges licences, un commerce aussi étendu que pouvait le comporter l'état du monde.

Telles furent les mesures générales qui accompagnèrent le décret du 9 juillet. Il y en eut quelques autres encore destinées à diminuer pour les Hollandais les désagréments inévitables de la réunion. Afin qu'Amsterdam ne fût pas immédiatement privée d'une cour, Napoléon voulut que dans cette ville, comme à Turin, à Florence, à Rome, résidât un personnage considérable, chargé de déployer une grande représentation, et d'exercer l'autorité impériale avec une sorte d'éclat. N'ayant aucun prince de sa famille sous la main, aucun d'eux d'ailleurs ne pouvant remplacer décemment le roi Louis, et suffire aux détails financiers et administratifs de la réunion, Napoléon choisit pour l'envoyer à Amsterdam l'architrésorier Lebrun, esprit doux, conciliant, très-expert en matières de finances, sachant quelquefois insinuer la vérité à son maître sous la forme d'une plaisanterie aimable et fine. Napoléon ne pouvait pas faire choix d'un représentant mieux adapté au caractère hollandais. L'architrésorier répugnait fort à se charger de cette difficile mission; mais Napoléon sans tenir compte de ses répugnances l'expédia sur-le-champ, en lui attribuant des émoluments considérables et des pouvoirs très-étendus. Il lui adjoignit M. Daru pour prendre possession des propriétés du domaine, des arsenaux et des magasins, M. d'Hauterive pour se saisir des archives des affaires étrangères, M. de Las Cases pour recueillir les cartes et plans dont il avait besoin afin d'arrêter ses projets maritimes, et l'habile ingénieur M. de Ponthon pour inspecter les rades, golfes et ports, depuis Flessingue jusqu'à Embden. Il espérait en quinze jours avoir reçu tous les rapports demandés, et pouvoir donner les ordres nécessaires, tant pour l'établissement rigoureux du blocus continental que pour la défense du nouveau territoire acquis à l'Empire, et pour le rétablissement de la marine hollandaise. Enfin il fit partir tout de suite le général Lauriston, son aide de camp, afin de s'emparer du prince royal et de l'amener à Paris. Il n'imaginait pas qu'on osât lui résister en opposant un fantôme de royauté hollandaise à son décret de réunion. En tout cas il allait y pourvoir en se saisissant du prince, et en le rendant à sa mère qui était chargée de le garder et de l'élever. Ce jeune prince devait porter le titre de grand-duc de Berg en dédommagement de la couronne de Hollande qui venait de lui être ravie.

Le général Lauriston, parti en hâte pour Amsterdam, y arriva le 13 juillet, trouva tout le monde attentif, curieux, et résigné d'avance à une réunion trop prévue pour causer une grande émotion. On lui remit le prince royal, qui avait été gardé avec respect, mais avec la conviction qu'il ne régnerait point. L'architrésorier Lebrun arriva le lendemain, 14 juillet, et fut accueilli avec beaucoup de convenance. On avait convoqué la garde royale, la garde nationale, et les autorités civiles pour le recevoir

Août 1810.

Envoi du général Lauriston pour aller chercher le prince royal.

aux portes de la ville. La garde royale, satisfaite de devenir garde impériale, poussa quelques cris de *Vive l'Empereur!* La foule demeura paisible. Les fonctionnaires aspirant à conserver leurs emplois, saluèrent le nouveau maître comme ils font en tout temps et en tout pays. Le lendemain ils prêtèrent serment, et ce fut l'un des nouveaux ministres hollandais qui rappela au prince Lebrun, toujours un peu distrait, qu'il avait oublié d'ordonner des prières dans les églises pour l'Empereur. Le spirituel architrésorier l'avoua lui-même à Napoléon, en lui faisant remarquer avec malice qu'il n'était pas en Hollande le plus empressé de ses sujets.

Les Hollandais sont calmes, solides, réservés, et à une droiture véritable mêlent beaucoup de finesse et de calcul. En général, ils ne voulaient pas se brouiller avec le maître inévitable que la destinée venait de donner à la Hollande comme à beaucoup d'autres pays, et en outre ils sentaient que la réunion pouvait avoir ses avantages. L'existence isolée, agitée, qu'ils avaient eue sous le roi Louis, plus Hollandais que les Hollandais eux-mêmes, n'était plus possible. Placés entre les Anglais et les Français, condamnés à être tyrannisés par les uns ou par les autres, ils se résignaient à appartenir aux Français par l'espérance de devenir au retour de la paix les commissionnaires du plus vaste empire du monde. C'est là surtout ce que se disaient les hommes sensés. Leur cœur souffrait, mais leur raison n'était pas révoltée. Les porteurs de rentes étaient, il est vrai, affligés de la perte des deux tiers de leur revenu; mais en général on s'intéresse peu à ces petits capitalistes, point assez riches pour attirer les regards, point assez peuplé pour intéresser la multitude. Le gros commerce plus influent était satisfait de l'écoulement accordé aux denrées coloniales. Le peuple d'Amsterdam et de Rotterdam, habitué à dominer, à se faire craindre, avait été favorablement disposé par l'ouverture immédiate des chantiers. L'amiral de Winter, voulant épargner à son pays de nouvelles fautes, et fort aimé des gens de mer, s'était attaché à leur inspirer confiance dans les intentions de Napoléon, et à leur promettre la prochaine restauration de la marine hollandaise. Toutes les classes trouvaient donc dans ce qui s'était passé certains motifs de consolation. Restait à savoir comment on prendrait plus tard les logements de troupes, la conscription, l'inscription maritime, la clôture prolongée des mers, les incommodités enfin d'une domination étrangère, qui donnait ses ordres de loin, et dans une autre langue que la langue nationale!

Août 1810.

À peine en possession des premiers rapports envoyés par ses agents, Napoléon arrêta ses projets relativement à la marine. Rotterdam et Amsterdam étaient les deux grands ports de la Hollande, les deux grands centres de population ouvrière; mais c'étaient des ports de construction et non d'armement. Les bâtiments construits à Rotterdam allaient par des canaux intérieurs à Helwoet-Sluys; ceux qui se construisaient à Amsterdam se rendaient par le Zuyderzée au Helder, exactement comme ceux qui sortaient des chantiers d'Anvers descendaient à Flessingue, pour y être armés et y prendre leur position

Travaux de Napoléon pour le rétablissement de la marine hollandaise.

militaire. Napoléon décida qu'il aurait trois flottes vers les embouchures des Pays-Bas, celle de Flessingue construite à Anvers, celle d'Helwoet-Sluys à Rotterdam, celle du Helder à Amsterdam. Il ordonna qu'on mît sur-le-champ des vaisseaux et des frégates en construction, soit à Rotterdam, soit à Amsterdam, qu'on radoubât les bâtiments qui pouvaient encore tenir la mer, et qu'on eût tout de suite 5 vaisseaux sous voile à Helwoet-Sluys, 8 au Helder, avec un nombre proportionné de frégates et de corvettes. L'année suivante les constructions et les mises à la mer devaient être doublées. Napoléon fit lever des matelots, et bien qu'il y en eût un certain nombre d'expatriés en Angleterre, il put espérer, en payant bien, d'en avoir assez pour les armements projetés. Les matières navales ne manquaient pas, et celles qui n'étaient pas en Hollande même se trouvaient en Suisse; elles y consistaient en bois coupés et non expédiés faute d'argent. Les fonds ne pouvaient pas plus manquer que les matières, puisque le droit de 50 pour cent sur les marchandises à introduire, et la vente des cargaisons américaines allaient remplir les caisses des départements hollandais. En attendant ces rentrées, Napoléon avait à sa disposition les billets de la caisse d'amortissement qui avaient cours partout, et qui étaient acceptés comme de très-bonnes valeurs. Il en fit prêter pour une somme de 20 millions au trésor de Hollande, et en revanche il abandonna à la caisse d'amortissement un magasin de girofles qui valait 10 millions, plus 10 millions de biens-fonds choisis parmi les meilleurs domaines nationaux des nouveaux départements. Ces vingt millions de bons de la caisse d'amortissement, pris volontiers par les capitalistes hollandais qui en connaissaient le mérite, firent l'office d'argent comptant, et permirent de tout mettre en mouvement dans les ports et les chantiers de la Hollande.

La réunion s'opéra donc avec plus de facilité qu'on ne l'aurait d'abord supposé, et l'action du blocus continental put s'étendre sans obstacle jusqu'aux bouches de l'Ems. Quant au roi Louis, qui s'était pour ainsi dire enfui après avoir abdiqué, on apprit qu'il était arrivé aux bains de Tœplitz. Napoléon fit ordonner à ses agents diplomatiques de le traiter avec les plus grands égards, d'attribuer dans leur langage tout ce qui s'était passé à sa mauvaise santé, et de mettre à sa disposition les fonds dont il aurait besoin. Ainsi pour le moment toutes les difficultés de cette réunion s'aplanissaient, mais que de pas faits en six mois! Napoléon, après la paix, après son mariage, ne songeait qu'à apaiser l'Europe, à calmer les inquiétudes des cabinets, à évacuer l'Allemagne, à rentrer chez lui, à renfermer ses entreprises dans la guerre vigoureuse qu'il voulait diriger contre les Anglais militairement et commercialement; et déjà, par le désir de fermer ses côtes plus exactement, de mieux tracer sa frontière, d'y comprendre tantôt l'embouchure des fleuves qu'il disait français, tantôt les golfes qui semblaient propres à recevoir ses nombreuses flottes, il s'était laissé entraîner à étendre son territoire de l'Escaut au Wahal, du Wahal à la Meuse, de la Meuse au Helder, du Helder à l'Ems! Où s'arrêter dans cette voie? et que dire aux puissances européennes pour justifier à leurs yeux de si dangereux envahissements?

Napoléon, à la vérité, ne s'inquiétait guère des explications qu'il aurait à leur fournir. Avec une mobilité d'esprit qui tenait à la vivacité même de ses sensations, il avait presque oublié son désir récent de rassurer l'Europe, à force de se préoccuper du blocus continental et de la réorganisation de la marine européenne. Aussi c'est à peine s'il daigna présenter quelques considérations insignifiantes aux divers cabinets pour leur expliquer cette vaste addition au territoire de l'Empire. Il fit dire par M. de Caulaincourt à la Russie, avec une sorte de négligence, que la Hollande, par suite de la réunion, n'avait pas réellement changé de maître, car elle appartenait à la France sous le roi Louis tout autant qu'aujourd'hui; qu'au surplus il n'avait pas pu agir autrement, son frère ayant par l'effet de sa mauvaise santé pris le parti d'abdiquer le trône; qu'il n'y avait en Hollande que des lagunes, des ports, des chantiers, étrangers au continent, ne pouvant nuire qu'à l'Angleterre, et n'offrant de points offensifs que contre elle seule; que le blocus continental ne commencerait véritablement qu'à partir de la réunion, que les forces navales des alliés en seraient augmentées, et que la paix générale, objet des vœux de tous, en serait plus promptement obtenue.

Napoléon ne fit pas de discours aussi longs à l'Autriche, et n'adressa presque pas un mot aux autres États. Les cabinets auxquels il daigna parler ne répondirent rien, car il n'y avait plus rien à dire : ils observaient, pensaient, et se taisaient, attendant en silence l'événement imprévu qui leur permettrait de manifester les sentiments intérieurs dont ils avaient le cœur plein. Il faut remarquer toutefois que l'Autriche, fort sensible du côté de Trieste, était indifférente du côté d'Amsterdam, et que la Russie ne trouvait pas que le Helder fût encore assez près de Riga pour prendre fait et cause en faveur de la Hollande.

M. de Metternich quitta Paris à cette époque pour aller définitivement se mettre à la tête du cabinet autrichien. Comme on peut se le rappeler, il était venu en France après le mariage de Marie-Louise, avec une mission secrète de l'empereur François. Sous prétexte de servir de guide à la jeune impératrice dans les premiers instants de son établissement à Paris, il devait observer Napoléon de près pour voir si le mariage calmerait le conquérant, ou s'il n'amènerait qu'un ajournement momentané de ses projets sur l'Europe, si en un mot on pouvait compter sur un repos durable ou seulement sur une trêve passagère. M. de Metternich, en se mettant en route, écrivit à son empereur que tout bien examiné c'était à la seconde de ces suppositions qu'il fallait croire.

En attendant les conséquences de sa politique envahissante qu'il aimait à se dissimuler, Napoléon, exclusivement dévoué en ce moment à l'œuvre importante du blocus continental, ne songeait qu'à profiter des territoires nouvellement acquis, pour rendre ce blocus tout à fait efficace. Malgré la surveillance la plus rigoureuse, malgré les peines sévères prononcées contre quiconque exerçait la contrebande, une certaine quantité de denrées coloniales ou de produits manufacturés anglais pénétrait toujours sur le continent. Moyennant 40 ou 50 pour cent payés aux contrebandiers on réussissait encore, quoique moins souvent, à introduire des marchandises prohibées. Mais l'introduction s'opérant à ce prix, la perte pour le négociant anglais restait considérable ; l'avilissement des valeurs accumulées dans les entrepôts britanniques devait faire des progrès rapides, et les manufacturiers du continent qui cherchaient à filer, à tisser le coton, à extraire le sucre du raisin ou de la betterave, la soude du sel marin, ou les teintures de diverses combinaisons chimiques, devaient trouver dans une différence de prix, qui était souvent de 50, 60 et même 80 pour cent, un encouragement suffisant pour leurs efforts. Aussi les manufactures du continent, surtout celles de la France, étaient-elles en grande activité. Il est vrai que le consommateur supportait la cherté de leur fabrication ; mais il y était résigné comme à une condition de la guerre, et on atteignait par ce moyen un double but, celui de créer l'industrie française, et celui de déprécier les valeurs sur lesquelles reposait le crédit de l'Angleterre.

Pourtant, outre le déplaisir de supporter une prime de 50 ou 60 pour cent au profit des fraudeurs de toutes les nations, il y avait à cet état de choses l'inconvénient grave de faire payer les produits aux consommateurs français plus cher qu'à tous les autres. Ainsi, à mesure que l'on s'éloignait de Paris, le sucre, le café, le coton, l'indigo baissaient de prix. Ces marchandises étaient moins chères à Anvers qu'à Paris, à Amsterdam qu'à Anvers, à Hambourg qu'à Amsterdam. La cause de ce phénomène commercial tenait tout simplement à ce qu'en s'éloignant du centre de l'administration française la vigilance devenait moindre, ou moins efficace. Sans doute l'occupation de la Hollande, la présence du maréchal Davout avec ses troupes sur le littoral de la mer du Nord, allaient diminuer beaucoup cette différence, en rendant la surveillance plus égale; mais on ne pouvait pas se flatter d'arriver à niveler les prix.

Ce double inconvénient de payer une prime énorme aux contrebandiers, et de la payer plus grande en France qu'ailleurs, de manière que les Français souffraient d'avoir une administration plus parfaite, mettait l'esprit de Napoléon à une sorte de torture. Le spectacle de ce qui venait de se passer en Hollande lui suggéra tout à coup une solution propre à le satisfaire. N'ayant pas voulu que les Hollandais fussent privés du bienfait de la réunion, il avait permis que les marchandises coloniales par eux accumulées pénétrassent en France, mais à la condition d'un droit de 50 pour cent, afin de ne pas trop récompenser leur longue insubordination, et de ne pas trop nuire au commerce français déjà approvisionné à des prix fort élevés des denrées qu'il s'agissait d'introduire. Cette combinaison avait contenté les Hollandais et procuré d'importants bénéfices au trésor.

Napoléon, en parcourant les états de douanes qui révélaient ces faits, fut saisi comme d'un trait de lumière. Il tenait jusqu'à deux conseils de commerce par semaine, et dans ces conseils on l'impor-

Août 1810.

tunait sans cesse de cette objection, qu'après tout la contrebande forçait ses frontières quoi qu'il fît, et qu'elle percevait sur les marchandises frauduleusement introduites une prime très-forte, et plus forte sur les consommateurs français que sur tous les autres. — Eh bien! dit-il un jour, j'ai trouvé une combinaison au moyen de laquelle je déjouerai les calculs des Anglais et des fraudeurs. Je vais permettre l'introduction des denrées coloniales à un droit très-considérable, celui de 50 pour cent, par exemple; je conserverai ainsi entre les entrepôts de Londres et les marchés du continent l'obstacle qui maintient ces denrées à si bas prix sur la place de Londres, et à un prix si élevé sur les places de Hambourg, d'Amsterdam et de Paris, obstacle dont une différence de 50 pour cent exprime toute l'importance. Loin de me relâcher de ma surveillance, je la rendrai toujours plus rigoureuse, et je ne permettrai les importations que moyennant l'acquittement de ce droit, de manière que les Anglais, tout en vendant leurs denrées coloniales comme ils parviennent encore à le faire aujourd'hui, ne pourront pas les vendre plus cher, puisque les conditions resteront égales, puisqu'ils seront obligés de supporter les mêmes frais de transport, les mêmes commissions, la même prime d'introduction. La seule différence qu'il y aura, c'est qu'ils payeront cette prime d'introduction à mes douaniers au lieu de la payer aux contrebandiers; et en perpétuant pour eux l'avilissement de leurs denrées, je conserverai pour mes manufacturiers les hauts prix qui leur servent d'encouragement. Enfin mon trésor percevra tous les profits de la contre-

L'interdiction des produits coloniaux convertie en une taxe de 50 pour cent de leur valeur.

bande, et j'obligerai ainsi les Anglais à supporter les frais du rétablissement de ma marine. —

Napoléon se fit apporter des renseignements recueillis dans les diverses places de l'Europe, et, après de nombreuses comparaisons, il reconnut en effet que le droit de 50 pour cent maintiendrait à Londres les prix avilis qui ruinaient les Anglais, sur le continent les prix élevés qui protégeaient les manufactures françaises, et de plus que la cherté qu'il continuerait d'imposer aux consommateurs du continent, à raison de l'état de guerre, serait égale pour ceux de Paris, d'Amsterdam, de Hambourg, de Suisse, en un mot que les filateurs de Mulhouse ne payeraient pas le coton plus cher que ceux de Zurich. Enfin il espérait de ce nouveau tarif des recettes dont ses finances appauvries devaient retirer un profit important. Cette dernière considération le touchait dans le moment autant que toutes les autres.

Résolu de frapper sur toutes les denrées coloniales le droit que nous venons d'indiquer, mais ne voulant pas donner par cette combinaison un démenti à son système de blocus continental, Napoléon maintint dans toute sa rigueur théorique la défense de communiquer avec les Anglais, de recevoir soit leurs produits manufacturés, soit leurs denrées coloniales, et il décida, comme par le passé, que toute marchandise de ces deux espèces rencontrée avec preuve de son origine, serait immédiatement saisie et confisquée. Mais il y avait pour les denrées coloniales d'autres origines qu'alors on appelait *origines permises*, c'étaient, par exemple, les ventes provenant des prises de nos corsaires ou des cor-

Août 1810.

saires alliés, les cargaisons apportées par des bâtiments à licences, ou par des neutres vraiment neutres. Napoléon décréta que les denrées coloniales provenant de ces diverses sources circuleraient librement avec des certificats d'origine, et en payant 50 pour cent. Toutefois elles n'auraient pas suffi à l'approvisionnement du continent, ni fourni d'abondantes perceptions au trésor, mais il fut entendu qu'on ne serait pas rigoureux sur la recherche des provenances[1], qu'on tiendrait pour valables les certificats d'origine fabriqués à Londres, ou délivrés par des consuls corrompus (et malheureusement il y en avait alors plus d'un de cette espèce); qu'on laisserait introduire et circuler toutes les denrées coloniales moyennant le droit de 50 pour cent, qui serait exigé soit à leur entrée sur le continent, soit à tout passage de frontière. La perception d'un droit si élevé devant être difficile avant la vente des denrées, il fut convenu qu'on pourrait payer ou en argent, ou en lettres de change, ou en nature, c'est-à-dire, en livrant dans ce dernier cas la moitié en poids de la denrée elle-même.

Visites pour constater l'existence des denrées coloniales, et saisie de toutes celles qui n'ont pas payé la taxe.

Ce principe une fois posé, toute denrée coloniale devait avoir payé le droit dans quelque endroit qu'on la rencontrât, et si elle ne pouvait pas prouver qu'elle l'avait acquitté, elle était déclarée introduite en fraude et confisquée. En conséquence Napoléon ajouta à son système cette disposition, qu'on exécuterait simultanément dans tous les lieux où il aurait

[1] Cette tolérance, dans laquelle consistait toute la combinaison, fut formellement autorisée par la correspondance des douanes, laquelle existe encore aujourd'hui dans les archives de cette administration.

le moyen de se faire obéir, des visites soudaines, pour constater l'existence des denrées coloniales, pour leur faire payer le droit si elles étaient sincèrement déclarées, ou les confisquer si leur existence était dissimulée. De la sorte on espérait les saisir presque partout en même temps, et en prendre pour le trésor de Napoléon, ou pour celui des États alliés, la moitié en cas de déclaration, le tout en cas de dissimulation. On comprend ce que pouvait produire une telle mesure appliquée à presque tout le continent à la fois, et ce qu'elle devait causer de terreur aux nombreux complices du commerce britannique. Ce n'était pas seulement en Hollande que se trouvaient de vastes entrepôts de denrées coloniales provenant des infiltrations du commerce interlope, c'était à Brême, à Hambourg, dans le Holstein, en Poméranie, en Prusse, à Dantzig, dans les grandes villes commerciales d'Allemagne telles que Leipzig, Francfort, Augsbourg, dans la Suisse devenue une sorte de succursale anglaise, enfin dans toute l'Italie, à Venise, à Gênes, à Livourne, à Naples. Des visites dans ces nombreux réceptacles de la contrebande ne pouvaient manquer de soumettre au droit ou à la confiscation des valeurs considérables.

Pourtant, si Napoléon consentait à laisser introduire les denrées coloniales appartenant à l'Angleterre, telles que sucre, café, cacao, coton, indigo, cochenille, bois de teinture, tabac, cuirs, à des conditions aussi onéreuses pour le commerce britannique qu'avantageuses pour le trésor de France, il voulait faire essuyer autre chose qu'un avilissement de prix aux produits manufacturés qui venaient, non du commerce des Anglais, mais de leurs fabriques. Il voulait, par exemple, faire aux toiles de coton de Manchester, à la quincaillerie de Birmingham, une guerre de destruction, et il décida que les produits manufacturés anglais, faciles à reconnaître, seraient, quel que fût le lieu où on les découvrirait, quel qu'en fût le propriétaire, confisqués et brûlés publiquement.

Ce système fut établi par un décret du 5 août, et à peine ce décret rendu, Napoléon expédia des courriers pour tous les États de la Confédération du Rhin, pour l'Italie, la Suisse, l'Autriche, le Danemark, la Suède, la Prusse et la Russie elle-même. Napoléon, par ses pressantes argumentations, imposait ce système aux uns, le préconisait auprès des autres, leur disait à tous qu'en forçant avec l'épée des douaniers les dépôts de marchandises coloniales, on trouverait ou à frapper d'un droit de 50 pour cent, ou à confisquer les immenses quantités de denrées coloniales frauduleusement introduites par les Anglais, à en prendre ainsi pour soi la moitié ou le tout, qu'on aurait de la sorte le triple avantage de s'enrichir aux dépens de l'ennemi, de porter un coup funeste à son commerce, et de rendre à l'avenir la fraude presque impossible par la dispersion de ces vastes amas intérieurs, qui auraient toujours été très-difficiles à surveiller.

Napoléon se hâta de prêcher d'exemple, et fit sur-le-champ procéder aux saisies. Mais ce n'était pas précisément dans l'intérieur de l'Empire qu'elles pouvaient être le plus fructueuses, car les douanes françaises n'avaient pas laissé entrer beaucoup de denrées prohibées. Les dépôts clandestins étaient surtout venus s'établir sur la frontière. Napoléon eut l'audace de déclarer que tout dépôt établi à quatre journées des frontières françaises l'avait été dans l'intention évidente de nuire à la France, constituait dès lors un délit commis contre elle, et qu'il se considérait comme autorisé à le punir en y faisant des visites. En conséquence il ordonna aux généraux qui occupaient le nord de l'Espagne d'exécuter des fouilles dans tous les lieux suspects. Il prescrivit au prince Eugène d'envoyer à l'improviste six mille Italiens dans le canton du Tessin, pour y saisir un dépôt qui versait des denrées dans toute l'Italie. Quant à la partie de la Suisse qui regardait la France, c'est-à-dire à Berne, à Zurich surtout, Napoléon ne voulut pas employer des troupes françaises ; il se borna à y dépêcher un directeur de nos douanes chargé de diriger les troupes suisses dans leurs recherches. A Francfort il fit opérer la saisie par les soldats du maréchal Davout qui s'y trouvaient de passage. A Stuttgard, à Baden, à Munich, à Dresde, à Leipzig, on avait consenti à l'adoption du décret du 5 août, et on le mit immédiatement à exécution. A Brême, à Hambourg, à Lubeck, Napoléon, sans tenir compte des autorités de ces villes, découvrit des dépôts immenses et s'en empara. Il agit de même à Stettin, à Custrin, villes prussiennes, à Dantzig, ville polonaise, toutes contenant, comme on doit s'en souvenir, des garnisons françaises. Il fut annoncé à la Prusse, qui du reste avait consenti au décret du 5 août, que les marchandises saisies sur son territoire seraient vendues, et comptées en déduction de sa dette.

Août 1810.

Immenses saisies exécutées en France et dans tous les pays placés sous l'influence de Napoléon.

Le Danemark, qui, bien que fidèle à la cause des neutres, avait cependant laissé introduire beaucoup de contrebande dans le Holstein, sous le prétexte d'y vendre les prises de ses corsaires, avait adhéré au décret du 5 août. Mais Napoléon, se défiant un peu de l'exécution de ses lois là où il ne commandait pas directement, imagina une combinaison digne de la fiscalité la plus subtile. Outre qu'il était rempli de denrées coloniales, le Holstein, qui bordait le territoire des villes anséatiques, avait une frontière difficile à garder. Napoléon aima mieux vider sur-le-champ cet amas de contrebande, en lui donnant pour deux mois la faculté d'écouler en Allemagne tout ce qu'il contenait, à la condition de payer le droit si avantageux de 50 pour cent. Le dépôt se trouva ainsi supprimé, et la perception du droit assurée sur des quantités considérables.

Napoléon réitéra à la Suède la déclaration menaçante et sérieuse, on n'en pouvait douter, de rompre la paix récemment conclue, et d'occuper encore une fois la Poméranie suédoise, si on laissait à Stralsund se former un nouvel entrepôt de marchandises prohibées.

Tous les États, comme on le voit, la Russie exceptée, se soumirent au décret du 5 août. La Russie cependant ne s'opposa point à ce qui se faisait presque partout; elle se contenta de dire que le nouveau tarif, bon peut-être ailleurs, ne convenait pas chez elle; qu'elle ne l'adopterait donc point, mais que, fidèle à l'alliance, et engagée directement dans la guerre contre la Grande-Bretagne, elle ne cesserait pas d'opposer au commerce britannique les obstacles qu'elle avait elle-même intérêt à multiplier. En même temps elle exprima une certaine inquiétude de voir les troupes françaises s'étendre successivement le long des mers du Nord, jusqu'à porter une tête de colonne à Dantzig. Du reste, elle ne présenta ces remarques qu'avec une extrême mesure, et avec les ménagements d'une puissance qui était en état d'observation, et non d'hostilité. Ainsi, excepté la Russie qui fit ces timides réserves, excepté l'Autriche qui n'avait plus de ports, tous les gouvernements, la Prusse comprise, adhérèrent au système violent mais lucratif de Napoléon; et si tous n'exécutaient pas le décret du 5 août comme lui, car tous n'avaient pas son intérêt à le faire, sa volonté, ses douaniers exacts et probes, ils trouvèrent et saisirent néanmoins des masses énormes de marchandises. Nos douaniers parvinrent à opérer de nombreuses captures dans le nord de l'Espagne, en Italie, à Livourne, à Gênes, à Venise, et particulièrement dans le Tessin. Les Suisses, troublés dans leur fraude, élevèrent quelques réclamations, mais Napoléon leur répondit qu'il ne souffrirait pas qu'un pays pacifié par lui, rendu par lui au repos et à l'indépendance, devînt le complice de ses ennemis et l'écueil de sa puissance. A Francfort, à Brême, à Hambourg, à Stettin, à Dantzig, les quantités imposées ou confisquées furent considérables. On avait accordé aux douaniers et aux soldats le cinquième des prises, et c'était assez pour leur inspirer autant de joie que de zèle.

Le trésor, indépendamment de ses recettes en argent, qu'on évaluait à près de cent cinquante mil-

Août 1810.

Recettes considérables.

Août 1810.

Ventes aux enchères et au profit du trésor de toutes les marchandises saisies.

lions pour cette année, ressource alors très-importante, le trésor se trouva tout à coup propriétaire de quantités immenses de marchandises, qui provenaient ou des acquittements du droit en nature, ou des confiscations. Celles qui provenaient de la Hollande furent expédiées par les canaux sur Anvers; celles qui avaient été saisies dans le nord de l'Allemagne furent emmagasinées sous des tentes, dans les bastions de Magdebourg. Napoléon destinait les voitures d'artillerie rentrant en France à porter ces marchandises à Strasbourg, à Mayence, à Cologne. Une vente aux enchères, où accoururent tous les marchands de denrées coloniales de l'Empire, fut commencée à Anvers, et continuée pendant plusieurs semaines aux prix les plus avantageux. On devait en exécuter de semblables à Mayence, à Strasbourg, à Milan, à Venise. Tandis qu'on saisissait ainsi sur le continent tout entier les sucres, les cafés, les cotons, les indigos, et que le trésor français, devenu le principal détenteur de ces précieuses marchandises, les vendait aux enchères, on brûlait publiquement les tissus anglais partout où on les découvrait. La quantité de ces tissus était considérable, particulièrement en Allemagne, et leur destruction par le feu causa au commerce interlope une véritable terreur. Aussi le contre-coup de ces mesures fut-il grand en Angleterre. Une circonstance accidentelle contribua même à le rendre plus rude encore. Les vents contraires avaient longtemps retenu des multitudes de bâtiments anglais à l'entrée de la Baltique. Il s'en était accumulé en vue de la Suède et du Danemark plus de six ou sept cents qui mouillaient où ils pouvaient, sous la protection des flottes britanniques. La nouvelle de ces rigueurs venant les surprendre au même instant, ils essayèrent de rebrousser chemin presque tous à la fois, bien que Napoléon, pour les attirer, eût diminué la surveillance à l'entrée des ports, et les uns tombèrent dans les mains de nos corsaires, les autres vinrent augmenter la masse de marchandises invendues qui tourmentait l'Angleterre, et lui faisait éprouver la misère au milieu de l'abondance. Voulant réduire le commerce britannique aux dernières extrémités, Napoléon prépara très en secret aux embouchures de l'Elbe et du Weser une petite expédition navale, qui devait prendre deux ou trois mille hommes à bord, se porter rapidement à Héligoland, et enlever ce repaire de contrebandiers rempli en ce moment de richesses.

Insatiable de succès pour l'industrie de la France comme pour ses armées, et en administration comme en guerre ne gardant aucune mesure dans l'emploi des moyens, Napoléon s'attacha à combattre d'autres rivaux encore que les Anglais. Les Suisses lui avaient déplu, parce qu'ils étaient grands contrebandiers, et parce qu'après les Anglais ils étaient les plus redoutables concurrents de nos manufactures. Ils filaient et tissaient le coton moins bien que les Français, mais plus économiquement, par suite du bas prix de la main-d'œuvre dans leurs montagnes, et des combinaisons frauduleuses par lesquelles ils se procuraient la matière première à très-bon marché. Aussi vendaient-ils leurs tissus comme anglais en Allemagne et en Italie. Napoléon défendit au prince Eugène de recevoir ces tissus, lui écrivant que l'Italie pouvait bien faire quelques sacrifices pour la France, qui en avait tant fait pour elle, et qu'il ne la ménagerait pas plus que la Hollande, si elle se conduisait de même. Il lui imposa une autre gêne. L'Italie exportait une quantité considérable de soies brutes, qui se rendaient par le nord de l'Allemagne en Angleterre, où on les fabriquait pour les expédier ensuite dans toutes les Amériques. Napoléon éleva d'un tiers le droit de sortie sur les soies brutes lorsqu'elles passaient par la Suisse et le Tyrol, afin de les enlever à l'Angleterre et de les attirer en France par Chambéry et Nice. Il voulait par ce moyen que Lyon devînt le plus grand marché de soie de l'univers, et que les Lyonnais pussent joindre à leur habileté sans rivale le choix des plus belles matières premières.

Dans son désir de tout régler à sa volonté, Napoléon compléta son système de licences en le généralisant, et en l'appliquant au commerce tout entier. Il n'y avait eu dans l'origine que certains bâtiments qui naviguassent en vertu de licences. Désormais tout bâtiment qui naviguerait dans l'Océan ou la Méditerranée dut, pour n'être pas saisissable par nos corsaires, prendre une licence stipulant le lieu d'où il partait, celui où il toucherait, et la nature de sa cargaison soit au départ, soit au retour. Il lui était permis, en dissimulant sa nationalité, de se rendre même en Angleterre, malgré les décrets de Berlin et de Milan, pourvu qu'il emportât des produits nationaux, et ne rapportât que certaines marchandises déterminées. Les bâtiments expédiés de France ou des pays alliés pouvaient charger à la sortie des grains, des toiles, des soieries, du drap, des objets du luxe parisien, des vins surtout, et introduire au retour des matières navales, des cotons d'Amérique, des indigos, des cochenilles, des bois de teinture, des riz, des tabacs. Les sucres et les cafés étaient soigneusement exclus. Dans la Méditerranée en particulier les bâtiments français pouvaient emporter des grains, des huiles, des vins, des draps, des verreries, des savons et autres produits français, et rapporter des marchandises d'une origine certaine, comme des cotons dits du Levant, des cafés de Moka, et diverses drogueries. L'ensemble du commerce se trouva ainsi déterminé par décret, c'est-à-dire rendu presque impossible. Tout l'art du monde, en effet, ne pouvait pas faire qu'en ne voulant pas prendre les produits de l'Angleterre nous pussions l'obliger à prendre les nôtres. Toutefois le résultat que Napoléon avait réellement obtenu, c'était d'avoir, par des moyens d'une singulière violence mais d'une grande efficacité, porté un rude coup au crédit britannique, en avilissant toutes les denrées qui servaient de nantissement au papier de la banque d'Angleterre. En persévérant dans cette voie sans se détourner du but, il était impossible de prévoir où s'arrêterait l'effet de ces redoutables mesures[1].

---

[1] C'est après avoir lu toute la correspondance des douanes, du ministre de l'intérieur, des ministres des finances et du trésor, enfin de nos consuls à l'étranger, que je suis parvenu à tracer ce tableau des combinaisons et des effets du blocus continental. Je crois donc pouvoir affirmer la parfaite exactitude de tous les détails dans lesquels je suis entré, et qui m'ont semblé utiles à la connaissance des temps dont je raconte l'histoire.

Tandis que Napoléon faisait au commerce anglais cette guerre si active et si ruineuse, il lui préparait un autre danger, celui d'une rupture avec l'Amérique. Tout en saisissant les bâtiments américains sous prétexte que quelques navires français avaient été saisis en Amérique en vertu de la loi d'embargo, il n'avait pas cessé de correspondre avec le gouvernement de l'Union, et de lui déclarer qu'il était tout prêt à lever pour lui seul les décrets de Berlin et de Milan, si l'Amérique faisait respecter sa neutralité par l'Angleterre. Il avait en outre singulièrement flatté l'ambition de ce gouvernement en lui déclarant que la France ne s'opposerait pas à ce qu'il prît la Floride, que l'Espagne évidemment était incapable de conserver, et à ce que les colonies espagnoles devinssent libres. Conséquent avec ses déclarations, Napoléon annonça par un décret qu'au 1ᵉʳ novembre suivant (1810) les Américains ne seraient plus passibles des décrets de Berlin et de Milan, qu'ainsi ils pourraient entrer dans les ports de France, s'ils avaient, ou obtenu des Anglais la révocation des ordres du conseil, ou refusé de s'y soumettre, et pris des mesures pour s'y soustraire.

Rien n'était mieux calculé qu'une telle politique, car les Américains, lorsque la France leur rendait le droit des neutres, ne pouvaient pas se dispenser de l'exiger de l'Angleterre, même au prix d'une guerre. Les choses, en effet, semblaient prendre cette marche. On a vu que les Américains, ayant également à se plaindre des deux nations belligérantes, avaient défendu à tout citoyen de l'Union de naviguer dans les mers d'Europe, et à tout Français et Anglais d'entrer en Amérique, à moins d'y être forcé par la tempête. A cet acte, trop rigoureux pour eux-mêmes, et qui les punissait des fautes d'autrui, ils venaient de substituer une autre mesure, c'était d'interdire à leurs nationaux les relations avec la France et avec l'Angleterre seulement, et de déclarer en même temps qu'ils étaient décidés à lever cet interdit à l'égard de celle des deux puissances qui renoncerait à son système de violence contre les neutres. L'Angleterre cherchant, elle aussi, à caresser les Américains, venait de révoquer ses ordres du conseil par rapport à eux, et les avait dispensés de relâcher dans la Tamise pour y payer tribut; mais elle avait substitué à cet octroi de navigation son fameux système de blocus sur le papier, et déclaré que les neutres pourraient se rendre partout, excepté dans les ports de l'Empire français, qui restaient bloqués depuis Embden jusqu'en Espagne, depuis Marseille jusqu'à Orbitello, depuis Trieste et Venise jusqu'à Pesaro.

Les Américains disaient avec raison, qu'en cessant d'exiger d'eux la relâche dans la Tamise et le payement du tribut, on était loin de leur avoir concédé ce qu'on leur devait, qu'en principe on n'avait rien fait si on leur interdisait par un blocus fictif et général de toucher à de vastes contrées, qui ne pouvaient être ni assiégées, ni bloquées. En vain l'Angleterre leur répondait-elle que la révocation pour eux seuls des ordres du conseil était déjà une immense concession, que Napoléon leur faisait de belles promesses, mais qu'il n'en tiendrait aucune, qu'il avait au contraire manifesté récemment et secrètement au cabinet de Londres les dispositions les plus hostiles à leur égard (allusion aux ridicules propositions transmises sous le couvert du duc d'Otrante), les Américains n'écoutaient point ces réponses. Nanti du décret de Napoléon, qui déclarait les relations commerciales pleinement rétablies avec les Américains au 1er novembre, si ceux-ci faisaient respecter leur pavillon, le président de l'Union annonça, par une proclamation, que, si au 2 février suivant (1811) l'Angleterre n'avait pas révoqué toutes ses mesures, même celle du blocus fictif, l'interdit commercial serait levé pour la France, et maintenu contre l'Angleterre, avec toute la rigueur qu'il dépendrait des Américains d'y apporter. De l'interdiction des relations commerciales avec l'Angleterre à la guerre contre cette puissance, il n'y avait qu'un pas, car il était probable que les Anglais ne laisseraient pas entrer les vaisseaux américains dans les ports français, qu'ils les captureraient en chemin, et que dès lors, quelque disposée que l'Amérique fût à la paix, elle ne pourrait pas souffrir que ses vaisseaux fussent détournés de leur route, et peut-être pris en pleine mer, sans venger son honneur outragé, sa sûreté compromise.

Tels furent les moyens que Napoléon employa pendant le cours de l'année 1810 pour ruiner le commerce britannique, tandis que ses généraux étaient occupés dans la Péninsule à pousser les armées anglaises à la mer. Ces moyens, qui révélaient à la fois l'étendue de son génie, la profondeur de ses calculs, et l'emportement de ses passions, pouvaient mener au but, mais ils pouvaient aussi mener bien au delà! Il fallait prendre garde, en effet, que, pour disputer à l'Angleterre l'accès du continent, ce qui avait conduit tantôt à s'emparer de la Hollande, tantôt à opprimer les États de la mer du Nord et de la Baltique, on ne lui procurât autant d'alliés secrets qu'on se donnait à soi de coopérateurs apparents du blocus; il fallait prendre garde que, pour soutenir cette guerre de douanes, on ne se mît bientôt sur les bras une guerre d'un tout autre genre, avec ceux qui refuseraient de se soumettre eux-mêmes à toutes les privations qu'on voulait imposer à l'Angleterre. Il importait donc de ne pas prolonger un état de gêne odieux à tout le monde, et dès lors de se vouer exclusivement à une seule guerre, celle d'Espagne, de lui consacrer tous ses moyens, afin de porter à la Grande-Bretagne le coup décisif, qui, joint à ses souffrances commerciales, l'obligerait probablement à signer la paix, et à souscrire à la transformation de l'Europe. C'était par conséquent en Espagne qu'allait se décider, et que se décidait effectivement, comme on va le voir, le sort de l'Empire, car il fallait de ce côté frapper fortement et frapper vite, si on ne voulait pas prolonger au delà de la patience de tous une situation qui, avant d'être insupportable pour l'Angleterre, pourrait bien le devenir pour les alliés contraints de la France, peut-être pour ses amis les plus sincères, peut-être même pour elle!

FIN DU LIVRE TRENTE-HUITIÈME.

LIVRE TRENTE-NEUVIÈME.

TORRÉS-VÉDRAS.

Vicissitudes de la guerre d'Espagne pendant la fin de l'année 1809. — Retraite des Anglais après la bataille de Talavera et leur longue inaction en Estrémadure. — Déconsidération de la junte centrale et réunion des cortès espagnoles résolue pour le commencement de 1810. — Événements dans la Catalogne et l'Aragon. — Habiles manœuvres du général Saint-Cyr en Catalogne pour couvrir le siége de Girone. — Longue et héroïque défense de cette place par les Espagnols. — Disgrâce du général Saint-Cyr et son remplacement par le maréchal Augereau. — Conduite du général Suchet en Aragon depuis la prise de Saragosse. — Combats d'Alcanitz, de Maria, de Belchite. — Occupation définitive de l'Aragon et habile administration du général Suchet dans cette province. — Développement inquiétant des bandes de guérillas dans toute l'Espagne, et particulièrement dans le nord. — Au lieu de s'en tenir à ce genre de guerre, les Espagnols veulent recommencer les grandes opérations, malgré le conseil des Anglais, et s'avancent sur Madrid. — Bataille d'Ocaña livrée le 19 novembre, et dispersion de la dernière armée espagnole. — Épouvante et désordre à Séville. — Projet de la junte de se retirer à Cadix. — Commencements de l'année 1810. — Plans des Français pour cette campagne. — Emploi des nombreux renforts envoyés par Napoléon. — Situation de Joseph à Madrid. — Sa cour. — Son système politique et militaire opposé à celui de Napoléon. — Joseph veut profiter de la victoire d'Ocaña pour envahir l'Andalousie, dans l'espérance de trouver de grandes ressources dans cette province. — Malgré sa détermination de réunir toutes ses forces contre les Anglais, Napoléon consent à l'expédition d'Andalousie, dans la pensée de reporter ensuite ses troupes de l'Andalousie vers le Portugal. — Marche de Joseph sur la Sierra-Morena. — Entrée à Baylen, Cordoue, Séville, Grenade et Malaga. — La faute de ne s'être pas porté tout de suite sur Cadix permet à la junte et aux troupes espagnoles de s'y retirer. — Commencement du siége de Cadix. — Le 1ᵉʳ corps est destiné à ce siége; le 5ᵉ corps est envoyé en Estrémadure, le 4ᵉ à Grenade. — Fâcheuse dissémination des troupes françaises. — Pendant l'expédition d'Andalousie, Napoléon convertit les provinces de l'Èbre en gouvernements militaires, avec l'arrière-pensée de les réunir à l'Empire. — Désespoir de Joseph, et envoi à Paris de deux de ses ministres pour réclamer contre la réunion projetée. — Après de longs retards, on commence enfin les opérations de la campagne de 1810. — Tandis que le général Suchet assiège les places de l'Aragon, et

TORRES-VÉDRAS.   201

que le maréchal Soult assiège Cadix et Badajoz, le maréchal Masséna doit prendre Ciudad-Rodrigo et Alméida, et marcher ensuite sur Lisbonne à la tête de 80 mille hommes. — Siège de Lérida. — Le maréchal Masséna, ayant accepté malgré lui le commandement de l'armée de Portugal, arrive de sa personne à Salamanque en mai 1810. — Triste état dans lequel il trouve les troupes destinées à agir en Portugal. — Mauvais esprit de ses lieutenants. — L'armée, qui devait être de 80 mille hommes, se réduit tout au plus à 50 mille au moment de l'entrée en campagne. — Efforts du maréchal Masséna pour suppléer à tout ce qui lui manque. — Siège et prise de Ciudad-Rodrigo et d'Alméida en juillet 1810. — Après la conquête de ces deux forteresses, le maréchal Masséna se prépare à envahir le Portugal par la vallée du Mondego. — Difficultés qu'il rencontre pour se procurer des vivres, des munitions, des moyens de transport. — Passage de la frontière le 15 septembre. — Sir Arthur Wellesley devenu lord Wellington. — Ses vues politiques et militaires sur la Péninsule. — Choix d'une position inexpugnable en avant de Lisbonne, pour résister à toutes les forces que Napoléon peut envoyer en Espagne. — Lord Wellington se prépare à s'y retirer en détruisant toutes les ressources du pays sur les pas des Français. — Retraite de l'armée anglaise sur Coïmbre. — Le maréchal Masséna poursuit les Anglais dans la vallée du Mondego. — Difficultés de sa marche. — Les Anglais s'arrêtent sur la Sierra-d'Alcoba. — Bataille de Busaco livrée le 26 septembre. — Les Français n'ayant pu forcer la position de Busaco parviennent à la tourner. — Retraite précipitée des Anglais sur Lisbonne. — Poursuite énergique de la part des Français. — Les Anglais entrent dans les lignes de Torrès-Védras les 9 et 10 octobre. — Description de ces lignes fameuses. — Le maréchal Masséna après en avoir fait une exacte reconnaissance désespère de les forcer. — Il se décide à les bloquer jusqu'à l'arrivée de nouveaux renforts. — En attendant il prend une solide position sur le Tage, entre Santarem et Abrantes, et s'applique à construire un équipage de pont afin de manœuvrer sur les deux rives du fleuve, et de vivre aux dépens de la riche province d'Alentejo. — Envoi du général Foy à Paris pour faire connaître à Napoléon les événements de la campagne, et pour solliciter à la fois des instructions et des secours. — État de l'armée anglaise dans les lignes de Torrès-Védras. — Démêlés de lord Wellington avec le gouvernement portugais; ses difficultés avec le cabinet britannique. — État des esprits en Angleterre. — Inquiétudes conçues sur le sort de l'armée anglaise, et tendances à la paix, surtout depuis les souffrances du blocus continental. — Avénement du prince de Galles à la régence. — Disposition de ce prince à l'égard des partis qui divisent le parlement. — Le plus léger incident peut faire pencher la balance en faveur de l'opposition, et amener la paix. — Voyage du général Foy à travers la Péninsule. — Son arrivée à Paris, et sa présentation à l'Empereur.

Nov. 1809.

Après la bataille de Talavera et la perte du pont de l'Arzobispo, les Anglais et les Espagnols s'étaient

Situation des armées anglaise et

Nov. 1809.

espagnole après la bataille de Talavera.

Nécessité pour elles de se retirer en Estrémadure.

repliés précipitamment du Tage sur la Guadiana. Bien qu'indécise, cette bataille ayant amené la réunion des forces françaises autour de Madrid, avait pour eux les effets d'une bataille perdue, car elle ne leur laissait d'autre ressource que de s'enfoncer en toute hâte dans le midi de la Péninsule, en abandonnant leurs blessés, leurs malades, et même une partie de leur matériel. Les Espagnols s'étaient réfugiés en Andalousie derrière la Sierra-Morena. Sir Arthur Wellesley était venu prendre position au fond de l'Estrémadure, dans les environs de Badajoz. Là se plaignant, suivant son usage, de la faible coopération des Espagnols, surtout de leur négligence à lui procurer des vivres, comme s'ils avaient dû pourvoir aux besoins de ses troupes quand ils ne savaient pas nourrir les leurs, établi du reste dans un pays fertile en céréales et riche en bétail, avec une retraite assurée en Portugal, résolu à ne plus s'aventurer légèrement dans l'intérieur de la Péninsule depuis qu'il appréciait le danger auquel il avait échappé miraculeusement, sir Arthur Wellesley alléguait pour motiver son inaction les chaleurs accablantes de cette année, et conseillait aux Espagnols d'éviter les grandes batailles, de prendre une bonne position sur la Sierra-Morena, d'y bien défendre l'Andalousie, d'y attendre les effets du temps, toujours contraire à l'envahisseur sous un climat comme celui de l'Espagne, d'apprendre enfin à se gouverner, à s'administrer, à discipliner leurs armées.

Ces conseils fort sensés, mais plus faciles à donner qu'à suivre, et exprimés dans un langage qui n'était pas propre à les faire accueillir, ne pouvaient être d'une grande utilité aux Espagnols, jetés par amour pour la royauté dans une révolution presque aussi violente que celle dans laquelle l'amour de la liberté avait précipité les Français vingt ans auparavant, apportant à tout ce qu'ils faisaient l'ardeur naturelle aux peuples méridionaux, et ayant à vaincre la double difficulté de se gouverner et de se défendre contre une formidable invasion. Des peuples moins passionnés, moins inexpérimentés que les Espagnols, auraient pu en pareille situation se montrer aussi malhabiles, et difficilement aussi fermes. Au surplus, n'acceptant pas pour eux-mêmes les reproches offensants de sir Arthur Wellesley, ils les renvoyaient à la junte centrale qui avait remplacé la régence d'Aranjuez, et à laquelle c'était la coutume alors de s'en prendre de tout ce qui arrivait, non pas de bien et de mal, mais de mal seulement.

Si les Anglais étaient mécontents, s'ils avaient plus de besoins qu'on ne pouvait en satisfaire, s'ils étaient immobiles par un effet du calcul ou des chaleurs, si des troupes indisciplinées conduites par des moines ne pouvaient tenir tête aux vieilles bandes de Napoléon, la faute en était, disait-on, au mauvais esprit, à l'incapacité de la junte centrale. Cette malheureuse junte avait pour lui donner des leçons, indépendamment de tous les partis qui pensaient autrement qu'elle, les juntes provinciales, jalouses comme toujours de l'autorité supérieure. La junte provinciale de Séville, importunée de voir la junte centrale gouverner chez elle, la junte provinciale de Valence, fière de sa prétendue invincibilité, la junte provinciale de Badajoz se faisant l'écho des Anglais retirés sur son territoire, lui prodiguaient les outrages de tout genre, et la sommaient chaque jour de convoquer les cortès, qui étaient le nouveau remède duquel on espérait dans le moment la guérison de tous les maux.

Rien n'eût été si facile que d'obéir à ce vœu, et la junte centrale, fatiguée de son triste et périlleux rôle, se serait hâtée de résigner son autorité entre les mains des cortès, si on eût été unanime sur l'opportunité de leur convocation. Mais il n'en était rien. Quoique l'Espagne n'eût pas commencé sa révolution comme la France en 1789 par une explosion de libéralisme, qu'elle l'eût commencée au contraire par une explosion de royalisme, elle en était bientôt arrivée au même point, et elle agitait toutes les questions que les Français traitaient jadis dans l'Assemblée constituante. Il y avait un parti d'hommes éclairés qui voulaient qu'on profitât de l'absence de la royauté pour opérer les changements que le temps commandait, et lui rendre, quand elle reviendrait, l'Espagne réformée et rajeunie; qui croyaient en avoir, outre le droit naturel à toute nation, le droit acquis par leur dévouement à la dynastie, et qui, au point de vue de la défense nationale, regardaient comme habile en réformant eux-mêmes les abus, d'ôter à Napoléon le seul prétexte dont il avait pu colorer sa conduite, celui d'avoir envahi l'Espagne pour la régénérer. Ce n'était pas spécialement chez la bourgeoisie que se rencontrait cette manière de penser, c'était chez elle sans doute, mais aussi parmi beaucoup de membres de l'aristocratie espagnole, et parmi des hommes instruits dispersés dans toutes les classes, mais réunis par les circonstances en un seul parti que les événements rendaient puissant. L'opinion opposée se trouvait répandue également dans diverses classes; elle se rencontrait dans la portion peu éclairée de la noblesse, dans le clergé, dans la magistrature, dans l'armée, dans une portion aussi de la bourgeoisie espagnole, et même chez quelques hommes instruits que la révolution française avait remplis d'épouvante. Tandis que les uns, penchant pour une réforme complète de la monarchie, demandaient qu'on rassemblât les cortès, seul instrument possible pour une révolution sociale les autres qui ne voulaient pas de révolution, demandaient que, loin de s'engager davantage dans le régime des assemblées, on en revînt au plus vite à celui d'une régence royale, par lequel on avait commencé à Aranjuez, et que l'on composerait de cinq ou six personnages considérables choisis parmi les généraux, les membres du haut clergé et les anciens ministres de la monarchie. A la tête de ce dernier parti figuraient les Palafox, défenseurs de Saragosse, le duc de l'Infantado, le général Gregorio de la Cuesta, un personnage singulier, le comte de Montijo, noble vivant au milieu du peuple dont il aimait à fomenter les passions, le marquis de La Romana, commandant les armées du nord de l'Espagne, enfin l'ancien ministre Florida-Blanca. A la tête du parti contraire se trouvaient le célèbre M. de Jovellanos, et beaucoup d'hommes tels que MM. de Toreno, Arguelès et autres, moins connus à cette époque qu'ils ne le furent depuis, et s'essayant alors à donner à leur pays un gouvernement digne d'une nation civilisée.

Après une longue lutte entre les deux partis contraires, une circonstance imprévue amena le dénoûment. On avait découvert une sorte de complot des grands personnages, chefs du parti opposé à toute révolution, pour dissoudre la junte centrale, s'emparer du pouvoir, et gouverner monarchiquement, et sans réforme. Ils avaient voulu s'assurer l'appui des Anglais, et avaient fait une ouverture à Henri Wellesley, ambassadeur d'Angleterre et frère d'Arthur Wellesley, général de l'armée britannique. L'ambassadeur, quoique l'Angleterre ne fût pas favorable à la junte centrale et au système d'une réforme générale, avait loyalement averti les principaux membres de cette junte. Le complot fut ainsi déjoué, mais la junte centrale sentant l'impossibilité de se maintenir plus longtemps, voulut être remplacée par les vrais représentants de la nation, et décréta que les cortès seraient convoquées pour le commencement de 1810, se réservant de fixer plus tard le mode, le lieu et l'instant précis de leur convocation, d'après les circonstances de la guerre. Reconnaissant en même temps le besoin d'une autorité plus concentrée, elle institua une commission exécutive de six membres, à laquelle furent déférées toutes les mesures de gouvernement, tandis qu'elle ne s'attribua à elle-même que les matières législatives. Au nombre des membres de cette commission exécutive se trouva le marquis de La Romana, personnage remuant, promettant toujours de grandes choses et n'en ayant jamais accompli qu'une seule, celle de s'échapper du Danemark avec sa division. Il avait été transféré de la Vieille-Castille en Andalousie pour y réorganiser les troupes de cette partie de la Péninsule.

Nov. 1809.

Les armées espagnoles étaient divisées à cette époque en armée de gauche, comprenant les troupes qui disputaient la Vieille-Castille, le royaume de Léon, les Asturies et la Galice au général Kellermann, au général Bonnet, au maréchal Ney; en armée du centre, comprenant les troupes qui gardaient l'Estrémadure, la Manche, l'Andalousie, qui avaient perdu les batailles de Medellin, de Ciudad-Real, d'Almonacid, et croyaient avoir gagné celle de Talavera, parce que les Anglais avaient bien défendu leur position; enfin en armée de droite, comprenant les troupes qui, sous les généraux Reding et Blake, avaient essayé pendant toute l'année 1809 d'arracher la Catalogne au général Saint-Cyr, et l'Aragon au général Suchet.

Distribution des armées espagnoles en armées de gauche, du centre et de droite.

La prétention de la nouvelle commission exécutive était de créer une vaste armée du centre, pour revenir sur la Manche, et reconquérir Madrid sur le roi Joseph, qui ayant réuni sous sa main les corps des maréchaux Victor, Mortier, Soult, des généraux Sébastiani et Dessoles, pouvait faire agir ensemble 80 mille hommes des premières troupes du monde. En vain sir Arthur Wellesley conseillait-il de ne plus livrer de grandes batailles, tant qu'on ne pourrait pas opposer aux Français des forces mieux organisées, les nouveaux chefs du gouvernement espagnol ne tenaient pas grand compte de ses avis, et se donnaient beaucoup de mouvement pour l'organisation de cette nouvelle armée du centre. Ils

Efforts du gouvernement espagnol pour réorganiser l'armée du centre, et tenter de nouveau le sort des armes sur la route de Madrid.

Nov. 1809.

avaient rassemblé pour la former les troupes qui sous Gregorio de la Cuesta s'étaient battues à Talavera, celles qui sous Vénégas avaient perdu la bataille d'Almonacid, et qui constituaient en ce moment les armées de l'Estrémadure et de la Manche. On y avait ajouté un détachement de Valenciens, et pour en composer le matériel on avait employé tout ce qu'on recevait journellement de la main des Anglais. On se flattait de former ainsi une armée de 50 à 60 mille hommes, pourvue d'une belle cavalerie, et d'une artillerie qui était la meilleure d'Espagne. L'orgueilleux Gregorio de la Cuesta devait d'abord commander cette armée; mais la junte ne l'aimait guère, et, sur quelques offres de démission qu'il avait faites, suivant son usage de toujours menacer de sa retraite, on l'avait pris au mot, et on lui avait donné pour successeur le général Eguia, dont le seul mérite était de n'avoir pas perdu les dernières batailles. On se proposait, les chaleurs passées, d'agir offensivement contre les troupes que Joseph avait rassemblées autour de Madrid, et en attendant on pressait les armées de gauche et de droite d'agir sur les derrières des Français, pour amener ceux-ci à reporter leurs forces au nord, et à se dégarnir vers Madrid.

Événements de la Catalogne à la fin de l'année 1809.

Pendant ce temps, en effet, il se passait des événements assez graves en Catalogne et en Aragon d'un côté, en Vieille-Castille de l'autre. En Catalogne, le général Saint-Cyr avait lutté toute l'année 1809 contre les Catalans et contre les troupes du général Reding, qu'il avait fini par rejeter dans Tarragone. Il s'était ensuite reporté sur Barcelone, pour y mettre quelque ordre, y verser des vivres, et en extraire les prisonniers faits dans les quatre batailles qu'il avait gagnées sur les armées de Catalogne. Il avait conduit ces prisonniers jusqu'à la frontière, et commencé ensuite le siége de Girone, que Napoléon lui avait assigné un peu légèrement, comme une tâche facile, et qui devait être le couronnement de ses glorieux services. Le général Verdier fut chargé de diriger les travaux d'attaque, et le général Saint-Cyr se réserva la mission de les couvrir. On ne savait pas encore assez, même après la prise de Saragosse, que les siéges étaient en Espagne de grandes opérations de guerre, bien plus difficiles que les batailles, et que le plus habile chef, avec une parfaite unité de commandement, suffirait à peine pour triompher des forteresses espagnoles. Des siéges immortels et terribles devaient bientôt nous l'apprendre.

Le général Saint-Cyr laissant au général Verdier toutes les forces dont il put se priver, et n'emmenant avec lui que douze mille hommes, surprit adroitement la fertile plaine de Vich, s'y procura pour lui et le général Verdier des vivres assez considérables, puis s'établit dans une position où il était en mesure d'arrêter les armées qu'on ne pouvait pas manquer d'envoyer au secours de Girone.

La grosse artillerie, longtemps attendue, étant enfin arrivée, le général Verdier commença les travaux d'approche. La ville de Girone, située au bord du Ter, au pied de hauteurs fortifiées, entourée d'ouvrages réguliers, remplie d'une population fanatique, dans laquelle les femmes elles-mêmes jouaient un rôle actif sous le titre de compagnie de Sainte-Barbe, défendue par une garnison de sept mille hommes et par un commandant héroïque, don Alvarez de Castro, s'était promis de s'immortaliser par sa résistance, et on va voir qu'elle tint parole. D'ailleurs le long intervalle de temps employé à préparer l'attaque, par suite de la difficulté des transports, lui avait permis de pourvoir complétement à sa défense.

Le général Sanson, officier habile, chargé de diriger les opérations du génie, ayant décidé qu'il fallait commencer par la conquête des hauteurs, on ouvrit la tranchée devant le fort de Montjouich, et après de longs cheminements on parvint à faire brèche. Malheureusement le siége n'étant pas conduit avec la précision convenable, on laissa s'écouler plusieurs jours entre le moment où l'assaut était devenu possible et celui où il fut donné, de manière que l'ennemi put tout disposer pour une résistance énergique. Nos troupes, arrêtées par la vaillance des assiégés, et surtout par les obstacles élevés derrière la brèche, furent repoussées, ce qui excita dans la population de la ville une exaltation extraordinaire.

Après cette épreuve, le point d'attaque contre le fort de Montjouich paraissant mal choisi, on le changea, et des travaux d'approche furent entrepris contre un autre bastion. On devine ce que devaient coûter de temps, de sang, d'efforts inutiles, ces changements dans la direction du siége. En présence de ce qui se passait le zèle de nos soldats n'avait pas dû s'accroître, ni le fanatisme des habitants s'attiédir. Enfin la brèche étant de nouveau praticable, et les Espagnols sentant cette fois l'impossibilité de nous disputer le fort de Montjouich, l'évacuèrent pendant la nuit. Ce fort devint ainsi notre conquête, mais après un nombre de jours qui égalait déjà la durée des plus grands sièges.

Fatigués du temps employé aux opérations préliminaires, nos soldats entreprirent l'attaque de la place elle-même, en descendant sur les bords du Ter, et en venant s'établir sous le feu plongeant des hauteurs restées au pouvoir de l'ennemi. Un nouveau siége fut entrepris contre l'enceinte de la ville, et la brèche étant devenue accessible, on résolut de livrer l'assaut. Don Alvarez de Castro, à la tête de sa garnison, ayant derrière lui tous les habitants, hommes et femmes, avait juré de mourir plutôt que de se rendre, et d'opposer aux Français, à défaut des murailles renversées par leur canon, des monceaux de cadavres. L'assaut, en effet, fut donné avec la plus grande vigueur, repoussé et recommencé avec acharnement sous le feu de la place et des hauteurs, au bruit des cloches et des cris d'une population fanatique. Plusieurs fois nos braves soldats parvinrent à gravir le sommet de la muraille, et toujours ils y trouvèrent une foule d'hommes furieux se pressant devant eux, et leur opposant des masses impénétrables. Des femmes, des prêtres, des enfants se montraient avec les soldats sur cette brèche inondée de sang, couverte de feux, et il fallut enfin céder au noble délire du patriotisme espagnol. C'était le second assaut qui ne nous avait pas réussi pendant ce siége. Jamais rien de pareil ne nous était arrivé depuis Saint-Jean-d'Acre, et ne devait nous arriver même dans les siéges d'Espagne. Nous dûmes renoncer aux attaques de vive force, et recourir au blocus, qui, du reste, semblait suffisant, car le typhus, la famine, dévoraient l'héroïque population de Girone et emportaient ses derniers défenseurs. Son gouverneur lui-même était atteint dès lors d'une maladie mortelle.

Empêcher le ravitaillement était dorénavant l'unique condition du succès, et ce soin regardait le général Saint-Cyr. Ce général venait de s'attirer une disgrâce, facile à prévoir, en relevant avec trop peu d'égards ce qu'il y avait d'irréflexion dans les ordres envoyés de Paris. Il avait été remplacé par l'un des vieux compagnons d'armes de Napoléon, par le maréchal Augereau, resté sans emploi depuis Eylau, et sollicitant vivement sa rentrée au service. Mais le maréchal, après avoir désiré ardemment cette nomination, ne s'était guère pressé de remplir ses devoirs, et il avait fallu que le général Saint-Cyr continuât dans les conjonctures les plus difficiles de commander une armée qui avait cessé de lui appartenir, et qu'il n'avait plus sous ses ordres que pour quelques jours.

En ce moment le général Blake, sachant que Girone était menacée de succomber par la famine, avait réuni tous les débris des armées de Catalogne et d'Aragon, et s'était avancé avec un convoi de mille bêtes de somme pour ravitailler la place. Accouru au plus vite, le général Saint-Cyr se plaça sur la route de Barcelone pour tenir tête aux Catalans dans la partie la plus accessible et la plus menacée de la ligne du blocus. Le général Verdier resta chargé de défendre les bords du Ter et les approches immédiates de l'enceinte. On demeura trois jours entiers les uns devant les autres, et plongés dans un brouillard épais, à travers lequel on entendait la voix des hommes sans les apercevoir. Mais tandis que le général Saint-Cyr contenait cet ennemi invisible, la division Lecchi, du corps de siége, se laissa surprendre, et le général espagnol put faire entrer dans Girone, outre le convoi de vivres, un renfort de quatre mille hommes, secours plus dangereux qu'utile, car les assiégés ne manquaient pas de bras mais de subsistances.

Le malheureux Alvarez de Castro, dont cette opération n'avait point augmenté les ressources, ayant fait parvenir au général Blake un avis secret pour réclamer de nouveaux secours, celui-ci s'efforça encore une fois d'introduire un convoi dans la place, quel que pût être le péril, car la Catalogne entière demandait qu'on sauvât Girone à tout prix. Il s'approcha, en effet, avec d'immenses approvisionnements par des routes détournées et difficiles. Mais cette fois le général Saint-Cyr ne s'en fiant qu'à lui-même, prit les meilleures dispositions, et cacha ses forces de manière à laisser arriver le convoi et les troupes qui l'accompagnaient jusqu'aux portes mêmes de Girone. Tout à coup ses colonnes, adroitement cachées, arrêtèrent en tête, prirent en flanc et en queue le convoi ainsi que son escorte, enlevèrent plusieurs milliers de bêtes de somme richement chargées, et firent en outre quelques milliers de prisonniers. Les pauvres assiégés virent, du haut de leurs murs, passer au camp des assiégeants les vivres dont ils avaient un urgent besoin, et bientôt,

Nov. 1809.

Le général Saint-Cyr remplacé en Catalogne par le maréchal Augereau.

décimés par la fièvre, le typhus, la famine, privés de leur commandant qui était près d'expirer, ils furent obligés de se rendre le 11 décembre, après plus de six mois de siége, laissant dans l'histoire un souvenir immortel. Le général Saint-Cyr, parti après avoir repoussé le corps de Blake, n'eut pas l'honneur de recevoir cette reddition, bien qu'il en eût tout le mérite. Il fut même mis aux arrêts pour être parti trop tôt, et le maréchal Augereau, qui n'était arrivé que pour assister à l'ouverture des portes, obtint de Napoléon les plus grandes félicitations. Ainsi le gouvernement impérial se comportait déjà comme ces gouvernements affaiblis et aveuglés, préférant les favoris qui les flattent aux bons serviteurs qui les importunent par l'indépendance de leurs avis.

Événements en Aragon pendant la fin de l'année 1809.

Tels avaient été les événements en Catalogne pendant la fin de 1809. Cette grande province, désolée mais non soumise par la prise de Girone, ne devait rien tenter d'important pendant l'hiver de 1809 à 1810. En Aragon, les événements avaient eu aussi leur gravité. Après la reddition de Saragosse, le 5ᵉ corps, sous le maréchal Mortier, s'était porté sur le Tage, et le 3ᵉ, épuisé par le terrible siége de Saragosse, était resté en Aragon. Heureusement ce corps venait de recevoir un chef sage, habile et ferme, c'était le général Suchet. Ce général, excellant à la fois dans la direction des opérations militaires et dans l'administration des armées, double mérite assez rare chez les lieutenants de Napoléon, plus habitués à obéir qu'à commander, savait au même degré se faire aimer du soldat et estimer des peuples, malgré les souffrances inévitables d'une guerre affreuse. Son corps était composé de trois vieux régiments d'infanterie, les 14ᵉ, 44ᵉ de ligne et 5ᵉ léger, de quatre nouveaux, les 114ᵉ, 115ᵉ, 116ᵉ, 117ᵉ de ligne, de trois régiments d'infanterie polonaise, du 13ᵉ de cuirassiers (seul corps de cette arme qui se trouvât en Espagne), de quelque cavalerie légère, enfin d'une belle artillerie. Il s'empara fortement de ces troupes, et s'efforça de faire rentrer dans leur cœur le sentiment du devoir, ainsi que la résignation à une guerre que le siége de Saragosse leur avait rendue odieuse. Après leur avoir procuré quelque repos, il les ramena droit à l'ennemi. Le général Blake, qui, comme on vient de le voir, commandait toutes les armées de droite (suivant la dénomination espagnole), ayant formé le projet de profiter du départ du 5ᵉ corps pour se jeter sur l'Aragon et reconquérir Saragosse, le général Suchet ne voulut point attendre son attaque, et alla à sa rencontre vers Alcanitz. Mais le général français put bientôt s'apercevoir que la fatigue, le dégoût, une organisation insuffisante avaient produit sur ses troupes des effets plus fâcheux qu'il ne le supposait d'abord, et, après une conduite assez molle de leur part, il fut obligé de les reporter en arrière. Par bonheur le général Blake, ne profitant pas de ce premier avantage, lui laissa le temps de concentrer ses forces à Saragosse, d'y recruter ses régiments avec quelques nouveaux soldats tirés de la Navarre, de les réorganiser, de les vêtir avec les ressources du pays, de les soulager de leurs souffrances, de les ranimer, de leur rendre enfin de l'assurance et de l'ardeur à combattre. Lorsque le général Suchet les eut ainsi remplis d'un esprit tout

Nov. 1809

Combats livrés par le général Blake pour enlever l'Aragon au général Suchet.

Nov. 1809.

nouveau, il attendit à Maria l'armée de Blake, qui arrivait confiante et renforcée, accepta la bataille dans une position défensive bien choisie, et puis après avoir laissé s'épuiser la première ardeur des Espagnols, passant de la défense à l'attaque, il les culbuta dans d'affreux ravins, et leur causa une perte considérable. Sûr désormais de ses troupes, il suivit l'armée espagnole à Belchite, la trouva de nouveau en bataille et disposée à résister, l'assaillit vigoureusement, lui enleva toute son artillerie et plusieurs milliers de prisonniers.

Établissement définitif des Français en Aragon.

A partir de ce jour le général Blake dut renoncer à disputer les campagnes de l'Aragon au général Suchet, et celui-ci n'eut plus affaire qu'aux guérillas et aux places fortes. C'était à lui et au maréchal Augereau à prendre Lerida, Mequinenza, Tortose, Tarragone, avant de songer à pénétrer dans le royaume de Valence. Mais le siége de Girone peut donner une idée de ce que devaient être des siéges dans ces contrées.

Habile administration du général Suchet, et pacification des esprits dans la province où il commande.

Le général Suchet, maître de Saragosse et des fertiles campagnes d'Aragon, s'était dès lors appliqué à calmer le pays, à y faire renaître un peu d'ordre, à en éloigner les guérillas, à en tirer les ressources nécessaires à l'armée avec le moindre dommage possible pour les habitants, et à préparer enfin l'immense matériel de siége qui était indispensable pour la conquête des places. Sachant par de nombreuses expériences que dans un pays riche la charge d'une armée conquérante, lourde sans doute, ne saurait pourtant être ruineuse, si pour se procurer le nécessaire on emploie, au lieu de la main dévastatrice du soldat, la main discrète d'une administration intelligente et probe, il convoqua les anciens membres du gouvernement de la province, et entre autres l'archevêque de Saragosse, leur exposa les besoins de son armée, le désir qu'il avait de ménager les habitants en la faisant vivre, la volonté bien arrêtée chez lui de les rendre heureux autant que possible, s'ils secondaient ses intentions bienfaisantes. Ils reconnurent à son langage persuasif, à son visage doux et intelligent, l'homme honnête et habile, qui, chargé de les soumettre, ne voulait pas les opprimer, et ils prirent la résolution de l'aider de tous leurs moyens. Saragosse, par son héroïque résistance, croyait avoir payé sa dette à l'indépendance de l'Espagne, et l'avait payée en effet. D'ailleurs tous les caractères passionnés et implacables avaient été ou détruits, ou dispersés, et le reste de la population demandait un repos chèrement acheté. Ces dispositions vinrent à propos seconder les intentions du général Suchet, et en peu de mois Saragosse sembla renaître de ses cendres. Le général rétablit les anciens impôts, les anciens percepteurs, les anciennes autorités, ordonna, d'accord avec les membres de l'administration provinciale, que tous les revenus fussent versés dans la caisse de la province, en abandonna une grande partie pour les besoins du pays, et prit le surplus pour les besoins de son armée, en faisant la promesse, qu'il tint scrupuleusement, de respecter les personnes et les propriétés. Tout en ne laissant manquer ses soldats de rien, il eut l'art de faire à propos certaines dépenses de nature à flatter l'esprit du pays.

Nov. 1809.

Au lieu de vendre l'argenterie de l'église de Notre-Dame del Pilar, objet de la vénération générale, il la rendit; il consacra quelques fonds au rétablissement du canal d'Aragon, latéral à l'Èbre, ainsi qu'à la réparation des édifices les plus endommagés par la guerre : pendant ce temps il faisait réunir, réparer la grosse artillerie, tant celle qu'on avait apportée que celle qu'on avait trouvée en Espagne, et préparait ainsi tous les moyens d'assiéger les importantes places de Lerida et de Mequinenza, qu'il fallait prendre nécessairement avant que l'armée de Catalogne pût seulement s'approcher de Tortose et de Tarragone.

Développement effrayant des guérillas.

Il n'y avait qu'un obstacle à la pacification complète de l'Aragon, c'étaient les guérillas. Tandis que la junte centrale d'Espagne, dont tout à l'heure on a lu la triste histoire, s'efforçait, de Séville où elle résidait, d'organiser des armées régulières toujours vaincues, il se formait spontanément des troupes irrégulières, que personne n'avait créées, ne songeait à nourrir ni à diriger, qui, sorties pour ainsi dire du sol, conduites par l'instinct, agissant d'après les circonstances du moment, ne manquaient de rien parce qu'elles se nourrissaient elles-mêmes de leurs propres mains, réduisaient au contraire les Français à manquer de tout, paraissaient à l'improviste là où on les attendait le moins, se dispersaient si l'ennemi était en force, reparaissaient si elles le trouvaient disséminé pour la garde des postes ou l'escorte des convois, renonçaient à le vaincre en masse, mais le détruisaient homme à homme, et comme l'humanité n'était pas la qualité de la nation espagnole, ni le devoir d'un peuple perfidement envahi, ne se faisaient faute d'égorger jusqu'au dernier les blessés, les malades et leurs escortes. A la longue, un tel système d'hostilités, infatigablement soutenu, suffirait à détruire les plus nombreuses, les plus vaillantes armées, car elles ne sont pas toujours réunies en masses, elles ne le sont même que rarement, et une partie notable de leur effectif est constamment sur leur ligne d'opération employée à chercher des vivres, à escorter des munitions, à convoyer des malades, des blessés, des recrues. Une armée dont on détruit les détachements est un arbre dont on coupe les racines, et qui est destiné, après avoir langui quelque temps, à bientôt sécher et mourir.

Les guérillas, qui nous avaient déjà beaucoup incommodés, s'étaient multipliées à l'infini depuis la destruction des troupes régulières de l'Espagne, et on voyait venir le moment où bientôt il ne resterait plus dans le pays qu'une armée organisée, celle des Anglais, et des milliers de bandes impossibles à compter, à désigner même par des noms, sans qu'on pût dire qui contribuait le plus à la défense de la Péninsule, ou de l'armée anglaise qui livrait des batailles, ou de ces milliers de coureurs qui n'en livraient pas, mais qui nous enlevaient les fruits de la victoire et rendaient désastreux les résultats des défaites.

Tantôt un officier, resté sans service après la dispersion des armées, tantôt un moine inquiet, un curé voulant défendre son village, un fermier troublé dans ses terres, un étudiant quittant volontiers ses études ou un pâtre ses troupeaux pour embrasser une vie nouvelle, un contrebandier privé de son état, les uns poussés par le patriotisme, les autres par la religion, par l'esprit d'aventure, par la cupidité, recueillaient çà et là quelques paysans, surtout quelques déserteurs des armées battues, quelques prisonniers échappés des mains des Français, prenaient courage s'ils avaient du succès, ou allaient se réunir à d'autres qui avaient acquis du renom, s'établissaient à demeure dans certaines provinces, y dominaient les habitants par la communauté des sentiments ou par la terreur, obtenaient d'eux des renseignements sûrs, des vivres, des asiles, les empêchaient de se soumettre, faisaient des exemples terribles de quiconque passait pour ami des Français, se transportaient d'une province dans une autre s'ils étaient poursuivis ou s'ils avaient une opération à combiner, tourmentaient ainsi leurs vainqueurs, ne leur laissaient aucun repos, les rendaient aussi malheureux, aussi troublés, aussi dénués que les vaincus mêmes. Tandis que le centre de l'Aragon avait été soumis par les armes et la politique du général Suchet, tout le pourtour de cette belle province s'était couvert en quelques mois de bandes hardies et quelquefois nombreuses. Un officier sorti de Lerida, le nommé Renovalès, s'était établi dans la vallée de Jaca, au sud des Pyrénées, dans un couvent presque inabordable, et très-vénéré de ces contrées, celui de Saint-Jean de la Peña. Au sein de la Navarre, un jeune étudiant dont le nom devait bientôt devenir célèbre par ses œuvres et celles de son oncle, Mina, alors âgé de dix-neuf ans, s'était mis à la tête de quelques centaines d'hommes et interceptait complétement la route de

Pampelune à Saragosse, qui était la grande route de l'armée d'Aragon. Au midi de la province, un ancien officier, Villacampa, ayant réuni autour de lui les débris des régiments de Soria et de la Princesse, avec un certain nombre de paysans fanatiques, dominait les environs de Calatayud. Il donnait la main au colonel Ramon-Gayan, lequel avec environ trois mille hommes était posté dans les montagnes de Montalvan, au couvent célèbre de Notre-Dame del Aguila. Tous deux étaient en relation avec un partisan non moins fameux, l'Empecinado, qui infestait la route de Saragosse à Madrid par Calatayud, Siguenza, Guadalaxara. Enfin Garcia Navarro, à la tête de deux mille cinq cents insurgés, s'appuyant sur Tortose vers le bas Èbre, terminait en quelque sorte la ligne d'investissement tracée autour de la province d'Aragon, qui, fort paisible au centre, était troublée ainsi sur toute sa circonférence.

Nov. 1809.

Le général Suchet, après avoir dispersé l'armée régulière du général Blake et rétabli l'ordre dans l'administration de la province, s'était mis à faire la guerre aux bandes. Il avait confié au général Harispe le soin de poursuivre Mina. Ce général, après une poursuite acharnée, avait fini par prendre le jeune guérillas, et, sans le fusiller, comme on lui en avait expédié l'ordre de Paris, l'avait envoyé en France, où ce prisonnier devait être enfermé à Vincennes. Mais à peine Mina avait-il été pris, qu'un oncle de ce jeune homme, jaloux de la gloire de son neveu, avait recueilli les débris de sa bande, et commencé à se montrer en Navarre. Le général Suchet avait dirigé une expédition sur Jaca, et fait enlever à

Guerre heureuse que le général Suchet fait aux bandes de guérillas.

Nov. 1809.

Affreux
ravages
causés par
les guérillas
en Biscaye,
en Castille,
dans
les Asturies.

Renovalès le couvent de Saint-Jean de la Peña. Sans purger tout à fait les Pyrénées, on était parvenu ainsi à dégager la grande route de la Navarre. Au midi de la province, le colonel Henriod avait battu et dispersé pour quelque temps la bande de l'intrépide et infatigable Villacampa, et lui avait enlevé Origuela. Un autre détachement français avait surpris le couvent de Notre-Dame del Aguila, et dispersé la bande de Ramon-Gayan. Par ces heureux coups de main, les routes de Valence et de Madrid étaient devenues libres, et on pouvait se promettre que les places de Lerida, de Mequinenza une fois prises, et après elles celles de Tortose et Tarragone, la province d'Aragon, peut-être celle de Catalogne, seraient pacifiées.

Mais ce progrès, dû autant à l'habileté administrative qu'à l'habileté militaire du général Suchet, on était loin de l'espérer dans la Biscaye, dans les deux Castilles et le royaume de Léon. Les généraux Thouvenot en Biscaye, Bonnet dans les Asturies, Kellermann en Vieille-Castille, s'épuisaient vainement à courir après les bandes et n'y savaient plus que faire. Il est vrai que le pays se prêtait beaucoup aux courses vagabondes des guérillas, et que d'autres circonstances locales les favorisaient également. Ainsi, indépendamment de la nature des lieux, très-difficile en Biscaye, dans les Asturies, aux environs de Burgos et de Soria, il y avait dans les souffrances seules du pays des causes incessantes de soulèvement. De Bayonne à Burgos, de Burgos à Ségovie, ou de Burgos à Somo-Sierra, suivant qu'on prenait la route de droite ou celle de gauche pour se rendre à Madrid, le passage continuel des armées ruinait la contrée, et l'aurait poussée à la révolte, même contre un gouvernement qu'elle eût aimé. Outre qu'il fallait satisfaire à l'avidité des bandes, il fallait suffire aux contributions en vivres ou en argent exigées pour les troupes françaises en marche. Des généraux qui n'avaient pas la sagesse du général Suchet, et ne songeaient qu'à nourrir à la hâte les troupes de passage, ramassaient où ils pouvaient des grains, du bétail, du fourrage, souvent enlevaient les récoltes sur pied ou les donnaient à manger en herbe aux chevaux, ne s'inquiétant ni du lendemain, ni de l'égale répartition des charges, mais prenant ce dont ils avaient besoin au premier endroit venu, l'arrachant même à la misère de populations déjà ruinées. Si par surcroît de malheur, au lieu d'un militaire humain, celui qui commandait était un officier endurci par vingt ans de guerre, aigri par la souffrance, irrité par les crimes commis contre nos soldats, il fusillait des infortunés qui n'avaient fait aucun mal, qui tout au plus avaient cherché à défendre le pain de leurs enfants, et les fusillait en représailles des assassinats commis par les guérillas. Puis, après nos détachements, venaient les bandes qui pendaient à des arbres nos soldats ramassés sur les routes, et souvent à côté d'eux pendaient de pauvres Espagnols accusés d'avoir favorisé les Français. On avait fréquemment trouvé à côté des victimes, des écriteaux expliquant par d'atroces raisons d'atroces assassinats. Aussi, dans ces malheureuses provinces, maltraitées par les Espagnols autant que par les Français, régnait-il un sombre désespoir, et comme

Nov. 1809.

en définitive c'était à notre présence qu'on attribuait tout le mal, on s'en prenait à nous seuls, et des excès de nos soldats, et des crimes des Espagnols.

Les bandes, dans ces contrées, étaient innombrables. El Pastor dans le Guipuscoa, Campillo à Santander, Porlier dans les Asturies, Longa entre l'Aragon et la Castille, Merino autour de Burgos, le Capuchino et le curé Tapia dans les plaines de Castille, el Amor à la Rioja, Duran dans les montagnes de Soria, don Camillo Gomez dans les environs d'Avila, don Julian Sanchez (brave militaire que la mort de son père, de sa mère et de sa sœur, avait arraché de ses champs et rempli de fureur), don Julian Sanchez aux environs de Salamanque, et une infinité d'autres qu'il serait trop long de nommer, couraient les montagnes à pied, les plaines à cheval, tantôt se réunissaient pour de grandes expéditions, tantôt se séparaient pour se soustraire à nos poursuites, ou quelquefois même, comme Porlier dans les Asturies, s'embarquaient à bord des vaisseaux anglais quand ils étaient serrés de trop près, pour aller descendre sur d'autres rivages. Leurs crimes étaient épouvantables, et leurs ravages désastreux. Indépendamment des blessés, des malades, qu'ils égorgeaient sans pitié, des dépêches qu'ils enlevaient et qui révélaient nos plans aux Anglais, indépendamment de l'obscurité qu'ils entretenaient autour de nous, du retard souvent fatal qu'ils apportaient dans la transmission des ordres, indépendamment des sommes qu'ils enlevaient, de l'inquiétude continuelle dans laquelle ils faisaient vivre tant les agents français que les agents espagnols

Dommages causés à l'armée par les guérillas.

entrés à notre service, ils empêchaient toute espèce d'approvisionnement en capturant les chevaux, les mulets, les conducteurs, ils rendaient impossible enfin le recrutement de nos armées en obligeant les bataillons ou les escadrons de marche à s'arrêter dans le nord, et à s'y épuiser en courses stériles avant d'avoir pu rejoindre les régiments qu'ils étaient destinés à compléter.

Napoléon, suivant son usage, envoyait en bataillons ou en escadrons provisoires de marche les nouveaux soldats qui devaient recruter les corps. C'étaient des conscrits à peine adolescents, conduits par des officiers de rebut, incapables de s'occuper utilement de leurs hommes, surtout de les commander dans le danger, et ne mettant pas, d'ailleurs, grand intérêt à leur conservation. Ces détachements n'étaient pas plus tôt arrivés à Pampelune, Tolosa, Vittoria, Burgos, Valladolid, qu'on s'en emparait pour les besoins locaux. On employait à courir après d'infatigables guérillas ces conscrits, nullement rompus aux fatigues, peu formés aux combats, inférieurs individuellement aux bandits qu'ils avaient à poursuivre, et on les condamnait ainsi à faire de cette guerre un apprentissage mortel. La plupart après quinze jours allaient pourrir dans des hôpitaux, qui n'étaient autre chose que des couvents ou de vastes églises, dépourvus de linge, de médicaments et même de lits, infectés de gales hideuses, de fièvres dévorantes, présentant, en un mot, le spectacle le plus révoltant. Aussi de tant d'hommes destinés aux armées agissantes, n'en parvenait-il pas le quart jusqu'à elles. La destruction des chevaux n'était pas moindre que celle des hommes, et on avait vu des troupes de trois cents cavaliers réduites en quelques jours à quatre-vingts ou cent hommes montés. A peine arrivait-on à ces premières stations de l'armée d'Espagne, qu'on y respirait un air empesté, et qu'on y était atteint d'un profond découragement. Soldats et officiers s'y regardaient comme sacrifiés d'avance à une mort inutile et sans gloire. La certitude ou presque certitude de n'y être jamais sous les yeux de Napoléon n'ajoutait pas peu à ce sentiment de répulsion et de désespoir.

Pour détruire les bandes causes de tant de maux, les généraux commandant les diverses stations, livrés chacun à leur imagination, proposaient des moyens ou ridicules ou odieux, tels que d'abattre les bois à une certaine distance des routes, de couper les jarrets des mulets et des chevaux du pays[1] afin d'en priver les guérillas, de brûler ou de décimer les villages qui avaient des jeunes gens dans les bandes. Le plus sensé d'entre eux, le général Kellermann, ne sachant plus à quel procédé recourir, adressait de Valladolid les réflexions suivantes au major général Berthier :

« La force dont je dispose est évidemment insuffi-
» sante, puisque, indépendamment des corps enne-
» mis auxquels il faut faire face, il faut aussi se
» garder contre les essaims nombreux de brigands
» et les fortes bandes organisées qui infestent le
» pays, et qui, par leur mobilité, et surtout la fa-

[1] Je parle ici d'après la correspondance authentique des généraux et du ministre de la guerre, et je n'ajoute rien aux tristes couleurs de ce tableau.

» veur des habitants, échappent à toutes les pour-
» suites, et reviennent derrière vous un quart
» d'heure après votre passage. C'est le système de
» chicane qui paraît avoir été adopté par les in-
» surgés.

» Permettez-moi, prince, de vous déclarer fran-
» chement mon opinion. Ce n'est point une affaire
» ordinaire que la guerre d'Espagne; on n'y a point,
» sans doute, de revers, d'échecs désastreux à
» craindre, mais cette nation opiniâtre mine l'ar-
» mée avec sa résistance de détail. C'est en vain
» qu'on abat d'un côté les têtes de l'hydre, elles
» renaissent de l'autre, et, sans une révolution dans
» les esprits, vous ne parviendrez de longtemps à
» soumettre cette vaste péninsule ; elle absorbera
» la population et les trésors de la France. Elle veut
» gagner du temps, et nous lasser par sa constance.
» Nous n'obtiendrons sa soumission que par lassi-
» tude et par l'anéantissement de la moitié de la
» population. Tel est l'esprit qui anime cette nation,
» qu'on ne peut même s'y créer quelques partisans.
» En vain use-t-on avec elle de modération, de jus-
» tice, à peine cela vous vaut-il quelque considéra-
» tion, quelques épithètes moins dures; mais dans
» un moment difficile un gouverneur ou chef quel-
» conque ne trouverait pas dix hommes qui osassent
» s'armer pour sa défense.

» Il faut donc du monde : l'Empereur s'ennuie
» peut-être d'en envoyer, mais il en faut pour en
» finir, ou se contenter de s'affermir dans une moitié
» de l'Espagne pour faire ensuite la conquête de
» l'autre. Cependant les ressources diminuent, les

» moyens de l'agriculture se détruisent, l'argent
» s'épuise ou disparaît; l'on ne sait où donner de la
» tête pour pourvoir à la solde, à l'entretien des
» troupes, aux besoins des hôpitaux, enfin au détail
» immense de ce qui est nécessaire à une armée à
» qui il faut tout. La misère et les privations aug-
» mentent les maladies et affaiblissent continuelle-
» ment l'armée, tandis que d'un autre côté les
» bandes courent en tout sens, enlèvent chaque jour
» de petits partis ou des hommes isolés qui se hasar-
» dent en campagne avec une imprudence extrême,
» malgré les défenses les plus positives et les plus
» réitérées.

» Quand je m'enfonce dans ces réflexions, je m'y
» perds, et j'en reviens à dire qu'il faut la tête et le
» bras d'Hercule. Lui seul, par la force et l'adresse,
» peut terminer cette grande affaire, si elle peut
» être terminée. » (*Lettre du général Kellermann au prince de Neufchâtel, extraite du dépôt de la guerre.*)

Cela signifiait qu'il fallait, outre des forces immenses, la présence même de Napoléon pour terminer cette odieuse guerre. Bien que le tableau tracé par le général Kellermann fût loin d'être exagéré, et que la haine de la nation espagnole pour nous fût aussi ardente qu'il la dépeignait, toutefois les difficultés n'étaient pas également grandes dans toutes les provinces. Avec du temps, avec de la persévérance, en détruisant d'abord les armées régulières, en s'attachant surtout à expulser les Anglais, et après avoir ôté ainsi aux Espagnols toute espérance sérieuse de résistance, en s'appliquant à bien administrer le pays, en se résignant à des dépenses considérables pour lui alléger le fardeau de la guerre, ce qui supposait un énorme emploi d'hommes et d'argent, il était possible de réussir. La paix générale survenant ensuite, l'œuvre de Louis XIV pouvait se trouver une seconde fois accomplie, dans des circonstances au moins aussi difficiles que celles qu'avait rencontrées Philippe V, mais la première condition était d'appliquer exclusivement à cette œuvre toutes les ressources de la France et tout le génie de Napoléon.

Nov. 1809.

Les provinces du nord, comme nous venons de le dire, étaient les plus difficiles à soumettre, par la nature des lieux et par l'exaspération de la population. Outre les bandes, il y avait une armée régulière à vaincre, c'était celle du duc del Parque, dite armée de gauche, et que le marquis de La Rómana avait commandée. Cette armée se composait des troupes réunies de la Galice, des Asturies et de Léon, que le maréchal Soult avait négligées pour s'enfoncer en Portugal, que le maréchal Ney avait repoussées mais point détruites, et auxquelles il avait été forcé de livrer la Vieille-Castille pour se porter sur le Tage, lorsqu'on lui avait ordonné de se joindre aux autres maréchaux sur les derrières de l'armée britannique. Le maréchal Ney, après la journée de Talavera, s'était rendu à Paris pour s'expliquer avec Napoléon sur tous les sujets de contestation qui l'avaient brouillé avec le maréchal Soult. Son corps (qui était le sixième), réduit par les fatigues, par les maladies de l'automne, à 9 mille combattants, était à la fin d'octobre 1809 en présence du duc del Parque, qui en avait près de 30 mille. Celui-ci, rece-

Opérations des armées régulières espagnoles à la fin de 1809.

Nov. 1809.

Combat de Tamamès livré par le 6ᵉ corps à l'armée dite de gauche.

vant de la junte l'avis réitéré qu'on allait reprendre l'offensive, marcher même sur Madrid avec l'armée du centre réorganisée, s'avança jusqu'à Tamamès, route de Ciudad-Rodrigo à Salamanque, pour essayer de concourir en quelque chose aux vues ambitieuses du gouvernement de Séville. (Voir la carte n° 43.) Profitant de l'exemple des Anglais, il se posta avec prudence et quelque habileté sur une suite de rochers d'accès très-difficile, et du haut desquels une infanterie tirant bien pouvait arrêter les troupes les plus vaillantes, si elles n'étaient pas conduites avec beaucoup de précaution. Le général Marchand, tout plein de l'esprit audacieux de son chef, habitué à ne pas compter les Espagnols, s'avança sur Tamamès le 18 octobre, et n'hésita pas à attaquer la position de l'ennemi. Il l'assaillit en trois colonnes et au pas de charge. Quelques pièces de canon, couvertes par de la cavalerie, se trouvaient en avant des hauteurs occupées par les Espagnols. Nos cavaliers en un clin d'œil enlevèrent cette artillerie après avoir sabré les canonniers, tandis qu'un de nos bataillons d'infanterie porté en avant, recevait la cavalerie espagnole sur ses baïonnettes, et la dispersait à coups de fusil. Mais après ce facile succès il fallait forcer la position elle-même. Deux régiments à notre gauche, le 6ᵉ léger et le 69ᵉ de ligne, ayant voulu gravir les hauteurs sous le feu de quinze mille hommes que leur situation rassurait, essuyèrent en un instant une perte considérable, et furent ramenés en arrière par le général Marchand, qui craignait de perdre trop de monde dans cette attaque téméraire. Toute notre ligne suivit ce mouvement rétrograde, et l'intrépide 6ᵉ corps pour la première fois s'arrêta devant les Espagnols. Le feu était tel que nous ne pûmes conserver l'artillerie conquise sur l'ennemi, tous les chevaux qui la traînaient ayant été tués.

C'était là un échec insignifiant, mais très-propre à exalter les Espagnols, et à les encourager dans leur projet de campagne offensive. Il ne pouvait du reste rien nous arriver de plus heureux que de les voir venir à nous en grandes masses, car minés par les combats de détail, nous n'avions que des succès dans les actions générales. Le gouvernement central résidant à Séville, déjà fort disposé, malgré les conseils de sir Arthur Wellesley, à porter encore une fois l'armée du centre en avant, n'hésita plus après le combat de Tamamès à ordonner la marche sur Madrid, que souhaitaient ardemment beaucoup de personnages confinés en Andalousie depuis leur sortie de la capitale. La junte centrale trouvant même le général Eguia trop timide, l'avait remplacé par don Juan de Areizaga, jeune officier qui s'était distingué au combat d'Alcanitz contre les troupes du général Suchet. Ce nouveau chef, qui avait quelque activité et quelque énergie, attribuant aux officiers seuls les revers des armées espagnoles, en réforma quelques-uns, et leur substitua des sujets plus jeunes et plus habitués aux grands périls de la guerre actuelle. On applaudit fort à son esprit réformateur, et on se flatta de rentrer bientôt à Madrid malgré les méprisantes remontrances de sir Arthur Wellesley. On dit qu'on se passerait bien des Anglais puisqu'ils ne voulaient point agir, et on

Nov. 1809.

L'armée du centre reprend l'offensive malgré les conseils de lord Wellington.

Nov. 1809.

poussa la confiance jusqu'à discuter dans le sein du gouvernement central les mesures qu'on prendrait une fois arrivé à Madrid.

Marche de l'armée du centre à travers la Manche pour se porter sur Madrid.

Don Juan de Areizaga ayant réuni sur la Sierra-Morena les troupes de l'Estrémadure, autrefois conduites par Gregorio de la Cuesta, celles de la Manche commandées par Vénégas, plus un détachement de Valenciens, traversa la Manche dans le courant de novembre, et vint border le Tage au-dessus d'Aranjuez, aux environs de Tarancon. (Voir la carte n° 43.) Il comptait sous ses ordres cinquante et quelques mille fantassins, un peu plus habitués que les autres soldats de l'Espagne à se tenir en ligne, quatre-vingts bouches à feu bien servies, et sept à huit mille bons cavaliers. Du reste la confiance ordinaire aux Espagnols animait cette armée dite du centre. On apprit avec joie à Madrid que les Espagnols approchaient, et on s'apprêta à les bien recevoir.

Dispositions du maréchal Soult, devenu major général de Joseph, pour recevoir l'armée du centre.

Le maréchal Soult, devenu major général de l'armée d'Espagne depuis le départ du maréchal Jourdan, chargé par conséquent de régler le mouvement des divers corps, eut d'abord quelque peine à démêler les intentions du général espagnol, qui étaient assez difficiles à discerner. L'ennemi pouvait venir par la route d'Estrémadure débouchant de Truxillo sur Almaraz et le pont de l'Arzobispo, par la route de la Manche débouchant de Madrilejos sur Ocaña et Aranjuez, enfin par la route de Valence débouchant de Tarancon sur Fuenteduena et Villarejo. Le maréchal ayant une grande partie de ses troupes derrière le haut Tage, vers Aranjuez, était en mesure de faire face à l'ennemi dans toutes les directions, et n'avait pas à se presser de prendre un parti. La disposition de ses forces était la suivante. Le 6ᵉ corps, sous le général Marchand, était retourné en Vieille-Castille, où, comme on vient de le voir, il avait eu affaire au duc del Parque au combat de Tamames. Le 2ᵉ, qu'avait commandé directement le maréchal Soult, et qui était maintenant sous les ordres du général Heudelet, se trouvait à Oropesa, derrière les ponts d'Almaraz et de l'Arzobispo, observant la route d'Estrémadure. Le 5ᵉ, sous le maréchal Mortier, était à Talavera prêt à appuyer le 2ᵉ. Le 4ᵉ, autrefois commandé par le maréchal Lefebvre, maintenant par le général Sébastiani, était reparti entre Tolède et Ocaña. Le 1ᵉʳ, toujours commandé par le maréchal Victor, se trouvait en avant d'Aranjuez, au delà du Tage, gardant les plaines de la Manche jusqu'à Madrilejos. La division Dessoles, la garde royale de Joseph, occupaient Madrid. Avec les 2ᵉ, 3ᵉ, 4ᵉ et 1ᵉʳ corps le maréchal Soult pouvait réunir au moins 60,000 hommes de troupes excellentes, et c'était deux fois plus qu'il n'en fallait pour disperser toutes les armées régulières de l'Espagne. Dans l'impossibilité de deviner les plans d'un ennemi qui n'en avait guère, le maréchal Soult fit des dispositions convenables pour parer à tous les cas possibles. Il reporta le 2ᵉ corps (général Heudelet) d'Oropesa à Talavera, avec ordre d'avoir l'œil toujours fixé sur la route d'Estrémadure, par où seraient venus les Anglais s'ils avaient dû venir. Il ramena le 5ᵉ (maréchal Mortier) de Talavera à Tolède, et concentra le 4ᵉ (général Sébastiani) entre Aranjuez et Ocaña. Le 1ᵉʳ, qui était au delà d'Aranjuez au

Nov. 1809.

Concentration de l'armée française entre Aranjuez et Ocaña.

milieu de la Manche, fut reployé sur le Tage. Dans cette situation on pouvait en deux marches réunir trois corps sur quatre pour les faire agir vers le même point. On était donc prêt pour tous les cas.

Vers le 15 novembre, l'ennemi ayant tout à fait quitté la route de Séville pour celle de Valence et paru se diriger contre notre gauche, le maréchal Soult porta le 1ᵉʳ corps vers Santa-Cruz de la Sarza, et fit faire un premier mouvement au général Sébastiani dans le même sens. Pourtant don Juan de Areizaga après quelques incertitudes craignit d'être coupé de la route de Séville et rejeté sur Valence, ce qui eût découvert l'Andalousie; il changea donc de direction, et marchant par sa gauche se reporta sur notre droite vers Ocaña et vis-à-vis Aranjuez. Le maréchal Soult, suivant avec attention les mouvements de l'ennemi, ramena le 4ᵉ (général Sébastiani) de gauche à droite, et lui ordonna de passer le Tage près d'Aranjuez, au pont dit de la Reyna. Il attira le 5ᵉ (maréchal Mortier) de Tolède sur Aranjuez. Voulant assurer l'unité du commandement, il plaça les 4ᵉ et 5ᵉ corps sous l'autorité supérieure du maréchal Mortier, et leur enjoignit de déboucher dans la journée sur Ocaña. Il prescrivit au maréchal Victor, avec le 1ᵉʳ corps, de passer le Tage entre Villareja et Fuenteduena, sur la gauche des corps de Sébastiani et Mortier, mouvement un peu décousu, et qui pouvait rendre inutile le maréchal Victor, mais qui n'avait aucun danger devant un ennemi que l'un de nos corps d'armée, même réduit à lui seul, n'avait pas à craindre. Le maréchal Soult partit lui-même de Madrid avec le roi Joseph, la garde espagnole de ce prince, et le reste de la division Dessoles.

Le 18, dans l'après-midi, le général Sébastiani s'approcha du Tage avec les dragons de Milhaud, dont trois régiments seulement, les 5ᵉ, 16ᵉ, 20ᵉ, étaient actuellement sous sa main; les deux autres avaient été envoyés en reconnaissance. Le général passa le fleuve au pont de la Reyna avec sa cavalerie, laissant en arrière son infanterie, qui était encore en marche. Quand on quitte les bords du Tage en suivant la route de la Manche, on gravit par des pentes assez rapides le bord d'un vaste plateau, qui d'Ocaña s'étend presque sans interruption jusqu'à la Sierra-Morena, et compose ce qu'on appelle le plateau de la Manche. Le général Sébastiani, parvenu au bord extrême de ce plateau, aperçut la cavalerie espagnole qui couvrait le gros de l'armée d'Areizaga en marche de Santa-Cruz sur Ocaña. Cette troupe présentait une masse d'environ 4,000 cavaliers, bien montés, bien équipés, et faisant bonne contenance. N'ayant pas plus de 8 à 900 dragons, le général Sébastiani se trouvait dans une disproportion de forces embarrassante. Heureusement que le maréchal Mortier, arrivé dans le moment à Aranjuez, s'était pressé de venir à son secours, et de lui envoyer le 10ᵉ de chasseurs avec les lanciers polonais. Le général Sébastiani eut alors à sa disposition environ 1,500 chevaux.

Le général Pâris, qui commandait le 10ᵉ de chasseurs et les lanciers polonais, déboucha immédiatement sur le plateau, et opéra par notre gauche un mouvement offensif sur la cavalerie espagnole, afin de la prendre en flanc. Jusque-là cette cavalerie

Nov. 1809

Première rencontre aux environs d'Ocaña le 18 novembre au soir.

avait montré de la fermeté, mais, en se voyant menacée sur sa droite, elle voulut replier une partie de sa ligne en arrière pour faire face à cette attaque de flanc. Le général Milhaud, saisissant l'à-propos, la chargea de front avec ses dragons, tandis que le général Pàris la chargeait en flanc avec le 10ᵉ de chasseurs et les Polonais. En un instant toute cette masse, d'abord si imposante, fut culbutée. Les lanciers polonais détruisirent un régiment presque tout entier. Quatre ou cinq cents cavaliers furent tués, blessés ou pris. Il nous resta environ cinq cents beaux chevaux pour remonter notre cavalerie. Malheureusement le général Pàris reçut une blessure mortelle en chargeant de sa personne avec la plus grande bravoure. Ce brillant fait d'armes était d'un bon augure pour la journée du lendemain, dont on apercevait déjà les préparatifs. On distinguait, en effet, derrière le rideau actuellement déchiré de la cavalerie espagnole, le gros de l'armée d'Areizaga qui se portait de Santa-Cruz sur Ocaña pour y livrer bataille.

Le lendemain 19 novembre le maréchal Mortier, commandant en chef les 4ᵉ et 5ᵉ corps actuellement réunis, fit ses dispositions pour la journée. Le général Sébastiani eut, comme la veille, la conduite de la cavalerie. Le général Leval dut commander les Polonais et les Allemands du 4ᵉ corps, le général Girard la 1ʳᵉ division du 5ᵉ, la seule en ligne; la seconde était encore à Tolède. Le général Dessoles dut avoir sous ses ordres, outre la partie de sa division qui était présente, les régiments français du 4ᵉ corps. La garde royale se tenait en réserve en arrière. Ces troupes offraient environ un total de 23 à 24 mille combattants, très-suffisant pour culbuter les 50 ou 55,000 hommes du général Areizaga.

La petite ville d'Ocaña, autour de laquelle s'était concentrée l'armée espagnole, est placée au bord du plateau élevé, étendu et presque uni de la Manche. Un ravin qui de ce plateau vient tomber dans le Tage, court autour de la ville, et y présente une défense naturelle dont les Espagnols s'étaient couverts. Ce ravin commençait vers notre gauche en formant un pli de terrain presque insensible, puis courait devant notre centre, et allait vers notre droite finir dans le Tage, en formant une cavité successivement plus profonde et plus abrupte. C'était au delà de cet obstacle qu'il fallait qu'on allât chercher et vaincre l'armée espagnole. Le maréchal Mortier, avec beaucoup de jugement, pensa qu'il convenait d'aborder les Espagnols par notre gauche et par leur droite, là où le ravin à peine naissant était facile à franchir. Il confia la tête de l'attaque au général Leval, qui menait avec lui, comme on vient de le voir, les Polonais et les Allemands. Il le fit appuyer par les excellents régiments du général Girard. Il plaça le général Dessoles vers le centre, avec mission de tirailler par-dessus le ravin, et d'occuper ainsi les Espagnols sur leur front. Toute la cavalerie dut suivre le mouvement de la gauche pour franchir le ravin à son origine, et fondre sur l'armée espagnole lorsque notre infanterie l'aurait rompue. La bataille, d'après toutes les apparences, allait reproduire le combat de la veille, et on peut le dire, sous l'inspiration du terrain, qui dictait la même manœuvre.

Le maréchal Soult, arrivé avec le roi Joseph au moment où s'exécutaient ces mouvements, n'eut qu'à confirmer les ordres donnés par le maréchal Mortier.

A onze heures du matin le général Leval, abordant bravement la droite de l'armée ennemie, traversa le ravin à sa naissance, et se présenta en colonne serrée par bataillons. Le général Areizaga, devinant l'intention des Français, porta sur sa droite toute son artillerie avec ses meilleures troupes. Cette artillerie bien servie couvrit de projectiles les Allemands et les Polonais, qui n'en furent point ébranlés. Pourtant l'infanterie espagnole s'étant approchée du pli de terrain qu'il fallait franchir, et faisant des feux bien nourris de mousqueterie, produisit un certain flottement dans les rangs de nos alliés. Le général Leval fut blessé gravement, deux de ses aides de camp furent tués; plusieurs de ses pièces furent démontées. Le maréchal Mortier ordonna alors au général Girard d'entrer immédiatement en action, en passant par les intervalles de notre première ligne. Ce dernier formant aussitôt en colonne les 34°, 40° et 64° régiments d'infanterie, pendant qu'il opposait le 88° à la cavalerie espagnole qui menaçait son flanc gauche, franchit le ravin, passa ensuite à travers les intervalles laissés entre les Polonais et les Allemands, opéra ce passage de lignes avec un aplomb remarquable, sous le feu de l'artillerie ennemie, et aborda les Espagnols résolûment. Devant cette attaque, exécutée avec autant de précision que de vigueur, les Espagnols commencèrent à céder le terrain en rétrogradant sur Ocaña. Les régiments du

3ᵉ corps, appuyés de ceux du 4ᵉ qui s'étaient ralliés à leur suite, poursuivirent leur attaque, et bientôt on vit se manifester quelque désordre dans la masse de l'armée ennemie. Au même moment le général Dessoles, qui jusque-là s'était contenté de canonner par-dessus le ravin, dont la profondeur en cette partie offrait un obstacle embarrassant, n'hésita plus à le franchir dès que les Espagnols parurent ébranlés. Il y descendit, le remonta, et déboucha brusquement sur Ocaña, dont il parvint à s'emparer. Sur ces entrefaites notre cavalerie, placée à l'aile opposée, fondit au galop sur la cavalerie espagnole, qui couvrait les bagages vers la route de Santa-Cruz à Ocaña, la culbuta, et se précipita ensuite au milieu des masses rompues et fuyantes de l'infanterie. Ce ne fut bientôt qu'une horrible confusion. Les Espagnols cette fois ayant essayé de tenir ferme, purent être joints, enveloppés et pris. En quelques instants, il en tomba quatre ou cinq mille sous le sabre ou la baïonnette de nos soldats. Quarante-six bouches à feu, 32 drapeaux, 15,000 prisonniers, restèrent en notre pouvoir. On ramassa, en outre, beaucoup de bagages, et au moins 2,500 ou 3,000 chevaux de selle et de trait.

Trois heures avaient suffi à cette action, conduite avec autant de sagesse que de vigueur. L'armée espagnole pouvait être considérée comme détruite, car elle avait perdu au moins 20 mille hommes sur 50 mille, et on n'était pas au terme des résultats qu'on devait se promettre de cette journée. Le lendemain, en effet, on poursuivit à outrance les débris de l'armée espagnole. Les paysans de la Man-

Nov. 1809

Importants résultats de la victoire d'Ocaña.

che, qui étaient moins animés que d'autres contre nous, et qui n'avaient pas envie de voir la guerre s'établir chez eux, révélaient eux-mêmes à notre cavalerie les routes suivies par les fuyards. On ramassa encore 5 à 6 mille prisonniers, ce qui porta à 25 ou 26 mille le nombre des soldats perdus par don Juan de Areizaga. En quelques jours tout fut dispersé, et il ne rentra dans la Sierra-Morena que des bandes désorganisées, presque sans artillerie et sans cavalerie. Outre l'effet moral, qui devait être grand, l'armée française avait acquis une quantité considérable de bagages, et plusieurs milliers d'excellents chevaux dont elle avait un extrême besoin. On fit défiler à travers Madrid environ 20,000 prisonniers, qu'on dirigea immédiatement sur la France. Il ne manquait à ce triomphe que d'avoir été remporté sur les Anglais.

L'agitation fut naturellement très-vive à Séville, et amena un nouveau déchaînement contre la junte centrale. Le projet de lui substituer une régence royale se reproduisit en cette occasion plus hardiment que jamais. Toutefois le marquis de La Romana, qui autrefois voulait détrôner la junte centrale, maintenant qu'il avait reçu d'elle la principale part du pouvoir exécutif, se hâta de réprimer les adversaires les plus remuants de cette junte, et fit arrêter le comte de Montijo et Francisco Palafox. Par malheur les mauvaises nouvelles se succédaient de la manière la plus alarmante. On apprenait dans le moment que Girone s'était rendue, que le général Kellermann, joint au général Marchand, avait vengé l'échec de Tamamès, et repoussé le duc del Parque au combat d'Alba de Tormès, que la paix avait été signée entre l'Autriche et la France, que Napoléon était revenu à Paris victorieux, et qu'il dirigeait à marches forcées des troupes nombreuses sur la Péninsule; que les Anglais enfin, blâmant plus que jamais l'imprudence de la dernière campagne, s'enfonçaient dans le Portugal pour y chercher leur sûreté dans la distance. Sous tant de coups répétés, la junte, ne voyant plus d'asile sûr qu'au fond même de la Péninsule, derrière les lagunes qui couvrent Cadix, décida qu'elle se réunirait dans l'île de Léon au commencement de 1810, afin d'y préparer la convocation et la réunion des cortès pour le 1ᵉʳ mars.

Dec. 1809.

Ainsi, malgré les immenses difficultés inhérentes à la guerre d'Espagne, malgré toutes les traverses de cette année 1809, pendant laquelle on avait fait un si triste emploi des admirables troupes accumulées dans la Péninsule, on peut dire que la campagne se terminait avantageusement et même avec éclat. Il était donc permis d'espérer, si toutefois on savait tirer parti en 1810 des forces préparées par Napoléon, si lui-même surtout apportait aux affaires d'Espagne l'application suffisante, sans se laisser détourner de son but par d'autres entreprises, il était permis d'espérer, disons-nous, une fin heureuse, peut-être même assez prochaine, de cette longue et cruelle guerre.

Conséquences de la campagne de 1809; espérances pour 1810.

Mais, comme il arrive ordinairement, et presque toujours, l'embarras, le chagrin, ne régnaient pas seulement chez les vaincus: il y avait aussi bien des misères, bien des ennuis, bien des angoisses à Ma-

Situation de Joseph à Madrid.

La cour

drid, dans la cour du roi actuellement victorieux. Joseph n'avait pas en Espagne moins de soucis et de sujets de contestation avec son puissant frère que Louis en Hollande, et s'il n'en était pas autant agité, c'est qu'avec moins d'énergie de sentiment, il avait aussi plus de sens et de prudence. On a déjà vu qu'il n'était pas sans prétentions militaires, que de plus il se croyait habile à captiver les cœurs, prudent et sage dans l'art de gouverner, qu'il était persuadé, si on le laissait agir à son gré, de venir plus facilement à bout des Espagnols avec des séductions que son frère avec la foudre; que par un penchant commun à tous les rois devenus rois par la grâce de Napoléon, il avait épousé la cause de ses nouveaux sujets, surtout contre les armées françaises chargées de les lui soumettre; qu'il se plaignait sans cesse des mauvais traitements des Français contre les Espagnols, et que Napoléon, après s'être moqué de son génie militaire et de son art de séduire les peuples, considérant moins gaiement cette partie de sa politique, s'emportait vivement quand il voyait les Espagnols plus chers à Joseph que les soldats français qui versaient leur sang pour faire de lui un roi d'Espagne. Il se livrait à des éclats singuliers, qui rapportés sans ménagement à Madrid, produisaient entre les deux cours une irritation des plus fâcheuses, et surtout des moins décentes. Les Anglais avaient, en effet, recueilli de la main des guérillas plus d'une lettre interceptée sur des courriers français[1], et ils ne manquaient pas dans leurs

---

[1] On possède en Angleterre une partie de la correspondance privée de Joseph, particulièrement avec la reine son épouse, qui était restée

journaux d'étaler le triste spectacle des divisions de la famille impériale.

Naturellement, le roi Joseph avait voulu se créer une cour à Madrid, comme ses frères à Amsterdam, à Cassel, à Naples. Quelques Français complaisants, militaires ou administrateurs médiocres, quelques Espagnols partisans de la royauté nouvelle, mais rougissant aux yeux de leurs compatriotes d'un parti qu'ils avaient pourtant adopté de bonne foi, composaient cette cour, à laquelle Joseph accordait toute sa confiance, montrait volontiers son esprit, distribuait les seules faveurs dont il disposait, et qui en retour admirait son sens supérieur, sa bonté rare, son art de traiter avec les hommes, le trouvait différent sans doute de son glorieux frère, mais quoique différent pas aussi inférieur qu'on se plaisait à le dire en France. Ces flatteurs de Joseph aimaient bien à répéter que Napoléon était entouré de flatteurs qui exagéraient son mérite aux dépens de celui de ses frères; que, sans contredit, il avait un génie militaire qu'on ne pouvait méconnaître, mais aucune mesure, aucune prudence, qu'il ne

à Paris, et lui racontait avec le plus grand détail tout ce qui l'intéressait, en cherchant du reste à le calmer plutôt qu'à l'irriter. Il existe aussi à nos archives la correspondance autographe de Joseph avec Napoléon, celle de l'ambassadeur de France M. de Laforest, celle d'un chef de la police française en Espagne, homme spirituel et modéré, M. de Lagarde, celle enfin du général Belliard, gouverneur de Madrid, et c'est dans ces documents authentiques, souvent contradictoires, mais faciles à mettre d'accord quand on sait démêler la vérité à travers les passions contemporaines, que je puise les détails rapportés ici, et dont je garantis la rigoureuse exactitude. Suivant ma coutume, j'adoucis les couleurs pour être plus vrai, car les couleurs du temps sont toujours exagérées, et je ne veux fonder mes récits que sur la partie incontestable des documents que j'emploie.

savait tout faire que par la force et avec une précipitation désordonnée; que peut-être un jour viendrait où il perdrait lui et sa famille; que Joseph au contraire, plus doux, plus politique, tout aussi agréable à la France quoique moins odieux à l'Europe, vaudrait peut-être mieux pour achever l'œuvre impériale. Quelques-uns de ces flatteurs de Madrid, si bons juges des flatteurs de Paris, avaient eu l'imprudence, pendant la campagne de Wagram, de calculer les chances qui menaçaient la tête de Napoléon, et, en vantant même sa bravoure personnelle, de dire que sans doute ce serait un bien douloureux accident que la mort d'un si grand homme, un deuil profond pour quiconque aimait le génie et la gloire, mais que ce malheur ne serait cependant pas pour l'Empire aussi grand qu'on l'imaginait; que la paix en deviendrait aussi facile qu'elle était difficile aujourd'hui; que l'on pourrait rendre à l'Europe des pays témérairement réunis à la France, satisfaire l'Angleterre, laisser retourner le pape à Rome, soulager les populations épuisées de fatigue, remettre l'abondance dans les finances, rendre l'armée française meilleure qu'elle n'était en ne gardant que les hommes voués par habitude et par goût au métier des armes, renvoyer les autres à leurs foyers, replacer la famille impériale elle-même sous une autorité plus douce et plus conciliante que celle de Napoléon, donner enfin à la France, à l'Europe, un repos ardemment désiré, une stabilité qui manquait au bien-être de tout le monde. Ces choses, qui n'étaient pas sans vérité, les familiers de Joseph avaient l'imprudence de les dire devant des généraux qui les répétaient à Napoléon par haine de la cour d'Espagne, devant l'ambassadeur de France qui les transmettait par devoir, devant une police qui les rapportait par métier, et on conçoit l'irritation qui devait en résulter à Paris.

Déc. 1809.

Joseph, dans sa détresse, aurait bien voulu payer ses complaisants de leur admiration, mais il ne pouvait pas beaucoup en leur faveur. Il n'avait pour tout revenu que l'octroi de Madrid, car aucune des provinces occupées par nos troupes ne lui envoyait d'argent. La seule province bien administrée, l'Aragon, nourrissait à peine l'armée; mais la Catalogne, la Navarre, les Asturies, la Vieille-Castille, affreusement ravagées, étaient dans l'impossibilité de suffire à d'autres charges que celle qu'on acquittait en nature, pour nourrir les troupes de passage. Joseph ne touchait guère, en comptant l'octroi de Madrid et quelques recettes de la province environnante, qu'un million par mois, tandis qu'il lui en aurait fallu au moins trois pour les plus indispensables besoins de sa maison, de sa garde, et des fonctionnaires qui recevaient ses ordres. Il ne lui était resté qu'une ressource, c'était une création de rescriptions sur les domaines nationaux, espèce d'assignats servant à acheter des biens qu'on avait saisis sur les moines et sur les familles proscrites. (Napoléon toutefois s'était réservé les biens des dix premières maisons d'Espagne.) Cette ressource, qui nominalement s'élevait à une centaine de millions, se réduisait à trente ou quarante, par suite de la dépréciation du papier. Joseph achevait de l'épuiser après avoir absorbé le

Extrême détresse financière de Joseph.

prix des laines saisies à Burgos, dont une partie seulement lui était revenue. Il avait sur cette somme distribué quelques largesses à ses favoris, y avait ajouté quelques titres de noblesse, quelques décorations, et enfin quelques grades dans sa garde, car il avait lui aussi créé une garde, laquelle lui coûtait beaucoup, et était composée de prisonniers espagnols, qui acceptaient du service pour n'être pas conduits en France, et désertaient ensuite emportant les beaux habits qu'on leur avait faits.

Pour justifier ces actes, Joseph disait qu'il fallait bien qu'un roi eût quelque chose à donner, qu'il pût récompenser les Français attachés à son sort et l'ayant suivi de Paris à Naples, de Naples à Madrid, qu'il pût aussi dédommager les Espagnols qui s'étaient séparés de leurs compatriotes pour se vouer à lui; qu'il était bien obligé encore de former un noyau d'armée espagnole, car l'Espagne ne pouvait pas toujours être gardée par des Français. Ce dire était fort soutenable.

Joseph avait cependant quelques autres faiblesses à se reprocher. Assez froidement accueilli par les troupes françaises qui ne voyaient en lui ni un ami ni un général, plus froidement encore par ses sujets de Madrid qui ne voyaient pas en lui leur prince légitime, il vivait au fond de son palais, ou au Pardo, maison royale dans laquelle il faisait beaucoup de dépense, pour avoir comme Philippe V son Saint-Ildephonse. Il passait là une grande partie de son temps entouré des amis complaisants dont nous avons rapporté les discours, et il y avait rencontré aussi une princesse des Ursins, dans une personne belle et spirituelle, qui était du très-petit nombre des dames espagnoles qui osaient se montrer à sa cour.

Il n'y avait donc pas fort à reprendre dans la conduite de Joseph, sinon quelques faiblesses comme il s'en trouve dans toute cour ancienne ou nouvelle; mais Napoléon, impitoyable pour des travers qu'il voulait bien se pardonner à lui-même, et non à ses frères, qui n'avaient pas comme lui la brillante excuse du génie et de la gloire, Napoléon, irrité par une multitude de rapports malveillants, par l'idée surtout que, dans tel membre de sa famille, des courtisans maladroits cherchaient peut-être un successeur à l'empire, ne ménageait pas plus la cour de Madrid qu'il n'avait ménagé celle d'Amsterdam, et même moins, car à tous les sujets d'humeur que nous venons de rapporter s'ajoutaient sans cesse les chagrins poignants de la guerre d'Espagne. Il disait à la femme de Joseph, retenue à Paris pour raison de santé, au maréchal Jourdan rappelé en France, à tous les généraux qui allaient et venaient, à M. Rœderer qui avait souvent servi de médiateur entre les deux frères, il disait que Joseph n'avait aucune idée de la guerre, qu'il n'en avait ni le génie ni le caractère, que sans les Français, au nombre non pas de trois cent mille, mais de quatre cent mille (nombre qui allait bientôt devenir nécessaire), Joseph ne resterait pas huit jours en Espagne; que les prétendues séductions de son caractère le ramèneraient sous peu de temps à Bayonne comme en 1808; qu'en contrefaisant l'empereur dans un conseil d'État, au milieu de quelques médiocres personnages qui savaient peu d'administration et parlaient tant bien que mal de quelques affaires administratives, on n'était pas un politique, pas plus qu'on n'était un général en suivant l'armée et en laissant faire un chef d'état-major, ou, ce qui était pis, en ne le laissant pas faire ; que la douceur pouvait avoir son prix, mais après que la force aurait prévalu ; que jusque-là il fallait se rendre redoutable, fusiller sans pitié les bandits qui égorgeaient nos soldats, s'occuper de nourrir les Français avant de songer à ménager les Espagnols ; que sans doute c'était là une manière de régner fort pénible, fort cruelle pour un caractère aussi doux que celui de Joseph, mais qu'après tout lui, Napoléon, ne l'avait pas forcé à devenir roi d'Espagne, qu'il le lui avait offert mais pas imposé, et qu'après l'avoir acceptée il fallait bien porter cette couronne quelque pesante qu'elle fût ; que quant aux embarras financiers, ils n'étaient imputables qu'à l'incapacité de Joseph et de ses ministres ; que l'Espagne avait déjà coûté deux ou trois cents millions au trésor impérial, et qu'on ne pouvait pas pour elle ruiner la France ; que l'Espagne était riche, qu'elle contenait d'immenses ressources, que si lui, Napoléon, pouvait y aller, il se chargerait bien d'y faire vivre ses armées, et d'y trouver encore le surplus nécessaire pour les services civils ; qu'il allait envoyer 120 mille hommes de renfort pour finir cette fâcheuse guerre, mais qu'à la dépense de les équiper, de les armer, de les instruire, il ne pouvait pas ajouter celle de les nourrir ; que tout au plus pourrait-il fournir deux millions par mois pour la solde (nous avons déjà rapporté et expliqué en la rapportant cette résolution de Napoléon), mais qu'au delà il ne ferait rien, car à l'impossible nul n'était tenu; que lorsqu'on était aussi gêné que son frère disait l'être, on ne devait pas avoir des favoris, des favorites, prodiguer à des complaisants sans utilité les ressources dont on avait si peu; que quant à une garde, c'était une création inutile et même dangereuse, qui absorberait en pure perte un argent nécessaire à d'autres usages, qu'elle déserterait tout entière à la première occasion; que prendre des prisonniers d'Ocaña, comme on l'avait fait, pour les convertir en gardes du roi, était un scandale et une duperie; que c'étaient des ennemis qu'on réchauffait dans son propre sein; qu'il fallait pour beaucoup d'années se contenter de soldats français; qu'on chercherait en vain dans la création d'une armée espagnole une indépendance de la France, impossible dans l'état présent des choses; que cette indépendance avec quatre cent mille Français en Espagne était le comble du ridicule; qu'il fallait se résigner ou à n'être pas roi, ou à l'être par Napoléon, à son gré, d'après ses vues et ses volontés; qu'on serait bien heureux qu'il pût y aller passer quelque temps (la cour de Joseph le craignait, et laissait voir ses craintes à cet égard); que par sa présence il mettrait ordre à tout, et réparerait bien des fautes; mais qu'à défaut de sa présence il fallait y supporter sa volonté; que du reste si on ne voulait pas administrer et gouverner autrement qu'on le faisait, il aurait recours au moyen le plus simple, ce serait de convertir en gouvernements militaires les provinces occupées par les armées françaises, sauf à rendre ces provinces au roi à la paix, mais qu'alors même il faudrait peut-être que la France trouvât un dédommagement de ses efforts, de ses dépenses, dédommagement que la nature des choses indiquait assez clairement si jamais on y avait recours, et que ce seraient les provinces comprises entre les Pyrénées et l'Èbre.

Ces propos reportés à Joseph, et ceux-ci sans exagération, car il était impossible d'exagérer les paroles de Napoléon, vu qu'il allait toujours à l'extrémité de ses pensées, ces propos jetaient le malheureux roi dans la désolation. Il se trouvait déjà, disait-il, bien assez à plaindre, réduit qu'il était à endurer mille inconvenances de la part des généraux français, mais que s'il fallait encore avoir chez lui des gouvernements militaires, et de plus annoncer à son peuple le démembrement de la monarchie, alors ce serait non pas quatre cent mille hommes mais un million qu'il faudrait pour contenir les Espagnols!... Ce million même n'y suffirait pas, et la France tout entière, passât-elle les Pyrénées, ne réussirait que lorsque chaque Français aurait tué un Espagnol pour prendre sa place dans la Péninsule. Lui destiner un tel rôle c'était vouloir le faire régner sur des cadavres, et mieux valait le détrôner tout de suite que le faire régner à ce prix. —

La querelle de Napoléon avec Joseph est la même que celle qu'il s'est attirée avec tous ses frères devenus rois.

On peut remarquer que sous des formes différentes la querelle de Louis avec Napoléon se reproduisait en Espagne, et que Napoléon ne gagnait pas beaucoup à employer des frères comme instruments de sa domination, car malgré eux ils devenaient les représentants des intérêts qu'il voulait immoler à ses inflexibles desseins. Dans son frère Louis il avait vu se cabrer l'esprit mercantile et indépendant des Hollandais; dans Joseph il voyait se dresser une partie des souffrances de la malheureuse Espagne. Il était à craindre que dans l'un comme dans l'autre pays, la force des choses méconnue ne se soulevât bientôt avec une énergie vengeresse, dont les frères de Napoléon n'étaient, sans qu'ils s'en doutassent, sans qu'il s'en doutât lui-même, que les précurseurs fort adoucis.

Janv. 1810.

Quoi qu'il en soit, Joseph en ce moment consolé par la victoire d'Ocaña et par la prise de Girone des chagrins de cette année, recevant de ses émissaires en Andalousie l'assurance que le midi de l'Espagne fatigué de l'agitation des partis ne demandait qu'à le voir pour se donner à lui, se flattait de toucher au terme de ses peines, et Napoléon, attendant un résultat décisif des grands moyens réunis pour 1810, se flattait de son côté de toucher au terme de ses sacrifices. L'espérance tempérait le désespoir de l'un, l'impérieuse colère de l'autre, et ils ne songeaient tous deux qu'à rendre aussi fructueuse que possible la campagne qui allait s'ouvrir.

Joseph et Napoléon se consolent de leurs peines actuelles par les espérances qu'ils ont conçues de la campagne de 1810.

Joseph voulait commencer cette campagne par une expédition en Andalousie. Ses ministres, Espagnols rattachés à la nouvelle dynastie, et gens de quelque mérite, tels que MM. O'Farill, d'Azanza, d'Urquijo, pensant comme lui qu'il valait mieux la douceur que la force, qu'on avait besoin en Espagne de peu de Français et de beaucoup de millions, qu'il fallait y parler très-peu de Napoléon, beaucoup de Joseph, et jamais de démembrements de territoire, croyaient avoir trouvé dans une conquête de l'An-

Joseph veut commencer la campagne de 1810 par une expédition en Andalousie.

Janv. 1810.

Raisons de cette expédition.

dalousie une occasion de faire prévaloir leurs vues. Écoutant des Espagnols établis à Séville qui leur peignaient l'Andalousie comme fatiguée du gouvernement de la junte, et prête à se rendre à la nouvelle royauté, ils se figuraient qu'on y arriverait sans résistance, que la force ayant peu de part à la conquête y conserverait peu d'empire, que Joseph par son art de gagner les cœurs serait le seul conquérant de cette belle province, qu'il en aurait la gloire et aussi le profit; que Grenade, Valence feraient bientôt comme Séville, et Cadix comme toutes trois; qu'il aurait ainsi presque tout le midi de l'Espagne sous son autorité directe; qu'il pourrait s'y procurer des ressources financières, que dans ces ressources et dans l'éloignement il trouverait une certaine indépendance de son frère; qu'en un mot il ne commencerait à être roi d'Espagne qu'en Andalousie, et que là serait le triomphe de son système, de sa personne, de sa royauté. Joseph, auquel il avait été aisé de persuader ces choses, demandait avec instance à Paris la permission de faire la conquête de l'Andalousie. Le maréchal Soult y voyant les mêmes facilités, surtout depuis que les Anglais semblaient s'enfoncer en Portugal, désirant ce succès pour effacer le souvenir d'Oporto, appuyait auprès de Napoléon l'idée d'une expédition en Andalousie, et pour y encourager davantage Joseph se conduisait à son égard en lieutenant soumis et dévoué.

Napoléon, justement préoccupé de la pensée de concentrer toutes

Napoléon hésitait pourtant, ce qui n'était pas sa coutume lorsqu'il s'agissait de résolutions militaires. Il était sensible aux avantages de posséder sur-le-champ l'Andalousie, et peut-être par l'entraînement de l'exemple les royaumes de Valence, de Murcie, de Grenade, ce qui lui aurait soumis d'un seul coup tout le midi de la Péninsule. Mais son grand sens militaire le portait à penser que le premier, le plus capital ennemi en Espagne c'étaient les Anglais; qu'il fallait avant toute autre chose s'attacher à les vaincre pour les forcer à se rembarquer; qu'eux expulsés de la Péninsule, il serait facile de se rabattre du Portugal où il aurait fallu les poursuivre, sur l'Andalousie où les Espagnols restés seuls seraient sans force, et même sans courage pour résister; que s'ils essayaient de se défendre quelques jours encore, cette défense ne serait pas de longue durée, car l'expulsion des Anglais amènerait inévitablement la paix générale, et la paix générale conclue, les passions des Espagnols seraient un feu sans aliment destiné bientôt à s'éteindre. Marcher tout de suite et avant tout aux Anglais, était donc, selon lui, le plan le plus politique et le plus militaire à la fois; et c'est, en effet, dans ces vues qu'il avait préparé une masse accablante de forces pour se jeter tout d'abord sur lord Wellington. Malheureusement il se laissa détourner de ce projet salutaire par l'assurance qu'on envahirait la Manche et l'Andalousie sans coup férir, que ce serait dès lors une marche sans obstacle qui procurerait les richesses de Grenade et de Séville, et en outre le port de Cadix, qui ôterait ainsi aux Anglais la ressource de s'établir dans ce grand port, car il y avait à craindre, si on les chassait du Portugal avant de posséder l'Andalousie, qu'ils ne s'embarquassent à Lisbonne pour revenir à Cadix, ce qui eût été un fâcheux incident. Il se laissa vaincre surtout par la raison que les troupes qu'il acheminait vers la Péninsule, et qui devaient envahir le Portugal, n'y étaient pas rendues encore, qu'elles n'y seraient pas en état d'agir avant le mois d'avril ou de mai, qu'alors l'expédition d'Andalousie, pour laquelle on ne demandait que quinze jours, serait finie, et que les forces qu'on y aurait employées, ramenées du côté de Badajoz, se trouveraient toutes portées vers le Portugal, et pourraient seconder par la gauche du Tage celles qu'on y ferait descendre par la droite. Napoléon, ne prévoyant point alors combien serait grande la consommation des hommes lorsqu'on s'étendrait dans cette contrée dévorante, et ne considérant l'expédition d'Andalousie que comme un emploi momentané des belles troupes qu'il avait autour de Madrid, emploi qui permettrait de les reporter immédiatement de Séville vers Lisbonne, consentit à l'expédition d'Andalousie, sans se douter des conséquences de cette fatale résolution. Ainsi qu'on l'a vu précédemment, il avait préparé environ 120 mille hommes de renfort pour l'Espagne, et il songeait à élever ce renfort à 150 mille. Ces 150 mille hommes, tous en marche, avaient été fournis de la manière suivante.

D'abord on avait jeté dans les dépôts qui étaient cantonnés le long des côtes de Bretagne et des Pyrénées, et dont les régiments appartenaient les uns à l'armée de Portugal, les autres aux armées d'Espagne, les 36 mille conscrits levés quelques jours avant la paix de Vienne pour les besoins de la Péninsule. Ces dépôts avaient pu fournir sur-le-champ en conscrits des précédentes classes déjà instruits, 25 mille hommes d'infanterie, que les 36 mille conscrits avaient remplacés immédiatement. Napoléon avait formé de ces 25 mille recrues deux belles divisions, l'une sous le général Loison, vieil officier plein de vigueur qui avait fait la campagne d'Oporto, l'autre sous le général Reynier, officier distingué de l'armée du Rhin, peu employé depuis les événements d'Égypte, et plus savant qu'heureux à la guerre.

Ces deux divisions, envoyées en toute hâte, avaient servi d'abord à relever une foule de détachements retenus dans les provinces du Nord et enlevés ainsi aux corps qu'ils étaient destinés à recruter. L'une des deux, celle du général Reynier, avait été dissoute, et les bataillons dont elle était composée expédiés à leurs régiments. L'autre, toute formée de bataillons du 6ᵉ corps, avait été donnée à ce corps pour lui composer une troisième division, sous les ordres du général Loison. Napoléon se proposait de porter le 6ᵉ corps à 30 mille hommes et d'en faire, sous le maréchal Ney, un élément principal de la grande armée de Portugal, qu'il voulait opposer aux Anglais. Aussi, après avoir entendu le maréchal Ney, l'avait-il obligé à partir de Paris, lui disant qu'il n'avait pas de meilleur emploi à faire de son énergie que de le renvoyer en Espagne pour y servir contre les Anglais. Le maréchal était en effet venu se remettre à la tête du 6ᵉ corps renforcé, et avait établi son quartier général à Salamanque.

A ce premier envoi exécuté d'urgence, Napoléon en avait ajouté un autre. Il avait antérieurement réuni en Souabe, sous les ordres du général Junot, un certain nombre de troisièmes et quatrièmes bataillons des régiments servant en Espagne, afin de composer une réserve en vue de la guerre d'Autriche. Il venait depuis la paix de les acheminer de nouveau vers les Pyrénées après les avoir recrutés en route, les uns pour rejoindre en Espagne leurs régiments respectifs quand le voisinage des campements le permettrait, les autres pour former sous Junot un second corps de trente mille hommes, destiné à faire partie de l'armée de Portugal. Il restait une troisième ressource dans les dépôts d'infanterie stationnés sur l'Elbe et sur le Rhin, et contenant une foule de jeunes gens déjà instruits et n'ayant plus d'emploi dans le Nord. Des cadres détachés de ces dépôts devaient les conduire en Espagne, et après les y avoir déposés revenir au Nord, leur séjour habituel. Ces diverses combinaisons pouvaient procurer environ 80 mille hommes d'infanterie. Les dragons, dont les troisièmes et quatrièmes escadrons, au nombre de quarante-huit, allaient retourner en Espagne d'où ils avaient été éloignés un moment, devaient fournir 9 à 10 mille cavaliers. Les dépôts de douze régiments de cavalerie légère, consacrés à l'Espagne, devaient de leur côté en fournir 5 à 6 mille. Les troupes du train, du génie et de l'artillerie portaient à plus de 100 mille hommes le renfort total. Quinze à dix-huit mille hommes de la garde déjà partis, sept à huit mille tirés du Piémont, où résidaient les dépôts de l'armée de Catalogne, complétaient les 125 mille hommes dont la réunion était projetée. Restaient enfin deux belles divisions, celles qui, dans la dernière campagne d'Autriche, avaient servi sous le maréchal Oudinot, à côté de l'héroïque division

Saint-Hilaire, et appris la guerre à Essling et à Wagram. Elles étaient composées de quatrièmes bataillons. Ceux qui appartenaient à des régiments stationnés dans le Nord, en avaient été détachés pour retourner à leurs corps. Ceux qui appartenaient à des régiments servant en Espagne, avaient été acheminés vers l'ouest de la France, où ils se reposaient sous le général Drouet (comte d'Erlon), prêts à former une nouvelle réserve à la suite de la grande armée de Portugal. C'est ainsi que Napoléon entendait se procurer le renfort de 150 mille hommes qu'il voulait envoyer dans la Péninsule en 1810, et qui complétait la masse de plus de 400 mille hommes dévoués à cette guerre dévorante.

Janv. 1810.

Napoléon en permettant l'expédition d'Andalousie, que Joseph devait exécuter avec 70 mille vieux soldats réunis sous Madrid, avait pensé que 30 mille au moins de ces soldats pourraient se détacher, l'expédition terminée, et se porter vers l'Alentejo; que ces 30 mille hommes se dirigeant sur Lisbonne par la gauche du Tage, tandis que Masséna y marcherait par la droite avec les 60 mille hommes de Ney et de Junot, avec les 15 mille de la garde, avec les 10,000 cavaliers de Montbrun, sans parler de la réserve de Drouet, il serait impossible aux Anglais de résister à une masse aussi accablante de forces, et que leur embarquement devenu inévitable, la campagne de 1810 serait peut-être la dernière de la guerre d'Espagne. Avant d'avoir appris par une cruelle expérience ce que devenaient les armées sous le climat de la Péninsule, on pouvait concevoir ces espérances même avec la grande clairvoyance de Napoléon!

Pensée de Napoléon en permettant l'expédition d'Andalousie.

En conséquence, sans se détourner de son objet essentiel, qui était toujours l'expulsion des Anglais, Napoléon permit l'expédition d'Andalousie, laquelle ne devait être à ses yeux que l'emploi utile des troupes concentrées autour de Madrid, pendant que se réuniraient en Castille les éléments de la grande armée de Portugal destinée à marcher sur Lisbonne sous la conduite de l'illustre Masséna.

Instructions données par Napoléon à Joseph pour l'expédition d'Andalousie.

En consentant à l'expédition d'Andalousie, Napoléon prescrivit à Joseph les précautions à observer dans cette opération. Il lui ordonna de marcher avec trois corps, le 4e sous le général Sébastiani, le 5e sous le maréchal Mortier, le 1er sous le maréchal Victor, la division Dessoles restant en réserve. Quant au 2e, qui avait successivement passé des mains du maréchal Soult à celles du général Heudelet, et tout récemment à celles du général Reynier, il lui enjoignit de le laisser sur le Tage, vis-à-vis Alcantara, afin d'observer les Anglais, dont on ne pouvait guère discerner les projets d'après leur mouvement rétrograde en Portugal. Napoléon lui recommanda d'emmener du gros canon, afin de n'être pas arrêté devant Séville, comme le maréchal Moncey l'avait été devant Valence par le défaut d'artillerie de siége. Avec les trois corps qu'il emmenait, avec les anciennes divisions de dragons, Joseph allait avoir environ 60 mille hommes, sans compter la réserve du général Dessoles qui devait garder ses derrières, sans compter le corps d'observation du général Reynier qui devait veiller sur sa droite, ce qui faisait un total de 80 mille hommes au moins. C'était beaucoup plus qu'il n'en fallait dans l'état des forces des Espagnols pour envahir l'Estrémadure, l'Andalousie, les royaumes de Grenade et de Murcie. Garder ces provinces était une autre tâche, à laquelle on ne pensait pas encore dans le moment.

Ces instructions expédiées, Napoléon enjoignit au général Suchet d'employer à prendre Lerida et Méquinenza le temps que Joseph emploierait à conquérir l'Andalousie. Le général Suchet, aidé dans cette tâche par le maréchal Augereau, pourrait à son tour aider celui-ci à prendre Tortose et Tarragone, et marcher ensuite sur Valence, où s'achèverait la conquête du midi commencée par Joseph. Le maréchal Ney en Vieille-Castille devait pendant le même temps organiser son corps, donner la chasse aux insurgés de Léon, étendre la main vers le général Bonnet dans les Asturies, préparer les siéges de Ciudad-Rodrigo et d'Alméida par lesquels devait débuter la campagne de Portugal, et attendre ainsi dans une sorte d'activité peu fatigante que tous les éléments de l'armée de Portugal fussent complétement réunis.

Quand Joseph eut reçu cette autorisation de faire l'expédition d'Andalousie il en éprouva une véritable joie, surtout devant agir hors de la présence de Napoléon, et avec le conseil seulement du maréchal Soult qui lui servait de major général, et qui alors se montrait à son égard plein de la plus grande déférence. Le maréchal n'était pas moins joyeux de marcher en Andalousie, où, en l'absence des Anglais, l'on n'avait que des batailles d'Ocaña à craindre, c'est-à-dire à espérer.

Joseph fit des apprêts somptueux, et fort semblables à ceux de Louis XIV marchant vers la Flandre avec sa cour. Il avait avec lui quatre ministres, douze conseillers d'État, ses courtisans d'habitude, et un nombre infini de domestiques. Afin de se procurer l'argent nécessaire à cette fastueuse représentation, il avait escompté à tout prix des rescriptions sur les domaines nationaux, et des lettres de change sur Bordeaux, dont les laines et les denrées coloniales saisies en Espagne étaient le gage. Il partit en janvier et arriva le 15 de ce mois aux défilés de la Sierra-Morena. (Voir la carte n° 43.) Le maréchal Soult, qui dirigeait les opérations, avait acheminé le 4ᵉ corps (général Sébastiani) par la route de Valence sur San-Clemente et Villa-Maurique, afin de tourner par la gauche le défilé principal de Despeña-Perros aboutissant à Baylen. Il avait fait marcher le 5ᵉ corps (maréchal Mortier) par la grande route de Séville sur le défilé même de Despeña-Perros, et le 1ᵉʳ (maréchal Victor) par Almaden, afin de tourner ce défilé par la droite, en descendant sur le Guadalquivir entre Baylen et Cordoue. Il planait une sorte de terreur superstitieuse sur ces défilés de la Sierra-Morena, depuis les malheurs du général Dupont. Les Espagnols ne pouvaient pas s'empêcher de s'y fier, et les Français de les craindre. Cependant les mines qu'on disait y avoir été préparées par les Espagnols, les débris de l'armée battue à Ocaña qu'on y avait réunis confusément, n'étaient pas capables de tenir une heure devant les admirables troupes qui accompagnaient Joseph.

Bien que l'autorité de Joseph fût fort incertaine sur les corps qui n'étaient pas placés immédiatement auprès de lui, le maréchal Soult, se servant de son nom, écrivit au général Suchet pour lui faire abandonner l'idée du siége de Lérida, et pour l'engager à marcher sur Valence afin de couvrir la gauche de l'armée d'Andalousie. Adressant un ordre du même genre au maréchal Ney, il lui recommanda de commencer tout de suite le siége de Ciudad-Rodrigo, pour attirer les Anglais vers le nord du Portugal, et dégager la droite de cette armée d'Andalousie, qu'on protégeait de toutes les manières comme si elle avait couru aux plus graves dangers.

Ces précautions prises, on s'avança sur la Sierra-Morena avec l'intention d'attaquer le 19 ou le 20 janvier 1810. Le général Areizaga commandait toujours l'armée espagnole à moitié détruite à Ocaña et dispersée dans les nombreux replis de la Sierra-Morena. Le général de La Romana chargé de réorganiser cette armée avait beaucoup promis et presque rien fait. Elle était à peine de 25 mille hommes, démoralisés, dépourvus de tout, et rangés en trois divisions à peu près en face des trois passages d'Almaden, de Despeña-Perros et de Villa-Maurique. Une division détachée de la Vieille-Castille sous le duc d'Albuquerque, avait passé le Tage aux environs d'Alcantara, et se portait sur Séville pour couvrir cette capitale.

Le 18 janvier le maréchal Victor marcha d'Almaden sur la Sierra-Morena par une route peu propre à l'artillerie, et s'avança le 20 à travers les montagnes, de manière à déboucher sur Cordoue, et à tourner ainsi le défilé de Despeña-Perros. Il ne trouva devant lui que des troupes en fuite, courant

Janv. 1810.

Passage sans difficulté du défilé de Despeña-Perros.

précipitamment sur Cordoue et ne tenant sur aucun point. Le 20, le maréchal Mortier aborda de front le principal défilé, celui de Despeña-Perros, qui débouchait sur la Caroline et Baylen, lieux témoins de si funestes événements. A peine fut-il aperçu que les Espagnols, faisant sauter quelques mines qui ne rendirent la route impraticable nulle part, s'enfuirent de hauteurs en hauteurs, tirant de loin et sans effet. On arriva en les suivant sur la Caroline et Baylen, où l'on entra après avoir ramassé quelques pièces de canon et un millier de prisonniers. Au même moment le général Sébastiani, débouchant de Villa-Maurique sur le col de San-Estevan, y rencontra un peu plus de résistance, mais grâce à cette même résistance put obtenir des résultats plus importants, car il prit 3 mille hommes, des drapeaux et du canon. Le 20 janvier au soir toute l'armée française se trouvait réunie sur le Guadalquivir, de Baeza à Andujar, d'Andujar à Cordoue, et ces redoutables défilés, entourés d'un si affreux prestige, n'étaient plus qu'un fantôme évanoui.

Après avoir forcé les défilés de la Sierra-Morena, l'armée française marche sur Séville.

Les troupes qui sous le général Areizaga avaient si mal défendu les défilés de San-Estevan et de Despeña-Perros, s'étaient retirées en toute hâte sur Jaen, pour couvrir Grenade. Les autres, celles qui d'Almaden s'étaient repliées sur Cordoue, avaient opéré leur retraite non pas vers Séville, de laquelle les Espagnols attendaient peu de résistance, mais vers Cadix, où ils espéraient trouver un asile assuré, derrière les lagunes de l'île de Léon et sous le canon des flottes anglaises. L'armée française suivit en partie cette double direction. Le 4ᵉ corps, formant notre gauche sous le général Sébastiani, poursuivit vers Jaen les deux divisions qui se retiraient dans le royaume de Grenade, afin de leur enlever ce royaume et le port de Malaga. Le 5ᵉ corps (maréchal Mortier) formant notre centre, arrivé sur le Guadalquivir tourna à droite, et vint rejoindre le 1ᵉʳ corps, qui, sous le maréchal Victor, était descendu sur Cordoue. (Voir la carte n° 43.) De Cordoue ils se dirigèrent sur Séville, d'où partaient une foule d'avis, qui tous appelaient l'armée française avec promesse d'une reddition immédiate. On marcha sur Carmona et on s'arrêta dans cette petite cité, peu distante de Séville. Joseph, qui ne tenait pas à prendre des villes d'assaut, voulut séjourner à Carmona afin d'attendre l'effet des relations secrètes que MM. O'Farill, d'Azanza et Urquijo avaient essayé de nouer avec l'intérieur de Séville.

Pendant qu'on attendait ce résultat pacifique, il y aurait eu mieux à faire que de rester inactifs à Carmona, c'eût été de laisser Séville à droite, et de courir directement sur Cadix, pour intercepter les troupes, le matériel, et surtout les membres du gouvernement qui allaient s'y réfugier. La possession de Cadix, en effet, importait bien plus que celle de Séville, car on était toujours sûr de renverser les murs de Séville avec du canon, mais on ne l'était pas de franchir les lagunes qui séparent Cadix de la côte ferme d'Espagne, et il n'y avait qu'une surprise, qu'une apparition soudaine de nos troupes, qui pût nous livrer cette ville importante, si toutefois il y avait chance quelconque d'en brusquer la conquête.

Janv. 1810.

Question de savoir si on doit se porter sur Cadix.

Le maréchal Soult s'y oppose, et veut qu'on marche sur Séville.

Joseph proposa de diriger un détachement sur Cadix afin d'intercepter tout ce qui s'y rendait, et de marcher avec le 1ᵉʳ corps seulement sur Séville. Il eût mieux valu assurément se porter en masse sur Cadix, que se diviser, et arriver divisés devant les deux points principaux de la province, mais telle quelle cette proposition était préférable à celle de ne rien envoyer à Cadix. Elle fut appuyée par plusieurs généraux, et combattue par le maréchal Soult. La crainte de trouver comme à Valence des portes bien fermées, ou comme à Saragosse un siége formidable, le préoccupait tellement qu'il s'opposa de toutes ses forces à la proposition de Joseph[1]. Il objecta qu'on s'était déjà affaibli par l'envoi du général Sébastiani devant Grenade, qu'il ne fallait pas s'affaiblir encore en envoyant un détachement sur Cadix, que Séville prise, Cadix tomberait de lui-même (ce que le résultat ne devait pas justifier), et il dit à Joseph : Répondez-moi de Séville, et je vous réponds de Cadix. — L'autorité du maréchal détourna Joseph de sa première idée, et au lieu de tendre un bras vers Cadix, afin d'intercepter au moins tout ce qui s'y rendait, et d'étendre l'autre sur Séville pour s'emparer de la capitale, on ne songea qu'à Séville seule, et on y marcha de suite avec les corps réunis des maréchaux Mortier et Victor. On va voir qu'il ne fallait pas quarante mille hommes pour y entrer. La réserve sous le général Dessoles fut laissée aux

[1] Je rapporte ici le récit du maréchal Jourdan dans ses mémoires manuscrits. Le maréchal s'appuie sur le témoignage de plusieurs généraux qui étaient présents, et sur une lettre fort précise du roi Joseph, qui expose lui-même avec détail les circonstances du conseil de guerre tenu à Carmona.

défilés de Despeña-Perros, entre le Val de Peñas, la Caroline et Baylen.

Janv. 1810

L'approche des Français avait fait éclater dans Séville une agitation extraordinaire. La junte centrale prévoyant ce qui allait arriver, avait décidé par décret de se transporter à Cadix, et laissé à la commission exécutive le soin de défendre Séville, soin qui regardait exclusivement cette commission. En voyant partir l'un après l'autre les membres de la junte centrale, on prétendit qu'ils abandonnaient au moment du péril la nouvelle capitale de la monarchie, on outragea et maltraita plusieurs d'entre eux, puis on fit ce qu'on avait annoncé plusieurs fois, et ce qui était fort dans les mœurs du pays, on s'insurgea, en proclamant la junte de Séville junte de défense, et en tirant de prison le comte de Montijo et don Francisco Palafox, pour disputer aux Français la capitale de l'Andalousie. On adjoignit les généraux La Romana et Eguia à la junte provinciale, et en déchaînant un peuple furieux dans les rues, en sonnant le tocsin, en traînant tumultueusement des canons sur une sorte d'épaulement en terre qu'on avait élevé autour de Séville, on crut faire beaucoup pour sa défense. Il faut dire pour l'excuse de ceux qui agissaient de la sorte qu'on n'avait guère le moyen de faire davantage. L'esprit de la population n'était pas celui de Saragosse, lorsque cette ville héroïque jura de périr, et périt en effet presque tout entière pour résister aux Français. L'énergie de Séville s'était épuisée en dissensions intestines. Tous les partis avaient successivement dégoûté la population d'eux-mêmes, et

État de Séville lorsque les Français paraissent sous ses murs.

inspiré presque le désir de voir arriver le roi Joseph, dont on représentait le caractère comme doux et bienveillant. Une portion assez notable du peuple était à la vérité en grande effervescence, et demandait à tout prix la tête de ceux qu'elle appelait les traîtres, nom que la multitude donne volontiers aux hommes qu'elle n'aime pas, et sur qui elle veut se venger de sa peur; mais nul ne s'offrait pour la diriger, et le clergé intimidé, craignant que les Français ne punissent sur ses biens, même sur la personne de plusieurs de ses membres, la résistance qu'ils rencontreraient, ne poussait nullement à une défense telle que celle de Saragosse ou de Girone.

Pendant ces stériles agitations, les Français s'étaient avancés jusqu'aux portes de Séville, par la route de Carmona. Le duc d'Albuquerque, arrivé avec une division assez considérable de l'armée de la Vieille-Castille, avait tourné autour de Séville sans y entrer, ne voyant pas d'avantage à s'y enfermer, et avait gagné la route de Cadix par Utrera, à l'exemple des troupes qui s'étaient retirées de Cordoue devant le corps du maréchal Victor. Les unes et les autres se hâtaient d'atteindre le bas Guadalquivir pour chercher asile dans l'île de Léon. Le 29, le corps du maréchal Victor parut en vue de Séville. Toutes les cloches sonnaient; le peuple accumulé sur les remparts, sur les toits des maisons, poussait des cris furieux; un certain nombre de pièces de canon étaient braquées derrière l'épaulement en terre qu'on avait élevé autour de la ville. Mais ce n'était pas avec de pareils moyens qu'on pouvait arrêter les Français. Le maréchal Victor fit sommer la place, et annonça que si on ne lui en ouvrait pas les portes, il allait attaquer sur-le-champ, et passer au fil de l'épée tout ce qui résisterait. Ces menaces, jointes aux correspondances secrètes avec l'intérieur de la ville, amenèrent des pourparlers pendant lesquels la plupart des principaux personnages, le marquis de La Romana en tête, s'échappèrent de Séville. La junte alors (celle de la province), consentit à livrer la capitale de l'Andalousie, et le 1ᵉʳ février les portes en furent ouvertes à l'armée de Joseph, qui fit son entrée tambour battant, enseignes déployées.

La ville était presque déserte. Les classes élevées avaient fui ou à Cadix, ou dans les provinces voisines, ou en Portugal. Les moines avaient également cherché à se soustraire au vainqueur, et le peuple, dans un premier mouvement d'effroi, s'était répandu dans les campagnes environnantes. Mais les Français ne commirent aucun désordre, et, se bornant à prendre des vivres pour leurs besoins, respectèrent les personnes et les propriétés. Joseph, se hâtant de faire ici l'application de son système, promit un pardon absolu à tous ceux qui rentreraient, caressa le clergé fort disposé à revenir, et en quelques jours ramena le peuple, dont la colère avait passé avec la peur, et qui s'ennuyait de supporter la faim et le froid dans les champs voisins. On trouva à Séville des vivres, des munitions, de l'artillerie, et surtout des valeurs assez considérables, soit en tabac, soit en produits des mines d'Almaden. C'étaient tout autant de ressources dont on avait grand besoin, et dont on se hâta de faire usage.

Maintenant restait à savoir si, comme l'avait affirme le maréchal Soult, la conquête de Séville serait le gage infaillible de la reddition de Cadix. Le mouvement de nos divers corps d'armée allait bientôt nous l'apprendre.

Le 5ᵉ corps, dirigé sur l'Estrémadure, avait dispersé en route quelques détachements conduits par le marquis de La Romana, et fait des prises d'une certaine importance, en bagages ou en argent, sur les nombreux fuyards qui allaient chercher un abri derrière les fortes murailles de Badajoz. Arrivé aux portes de Badajoz il avait sommé la place, dont les fortifications considérables et bien entretenues étaient occupées par une puissante garnison, dont les approvisionnements étaient abondants et faciles à renouveler, dont la population accrue des nombreux Espagnols qui s'étaient réfugiés dans ses murs avec ce qu'ils possédaient de plus précieux, demandait à n'être pas livrée aux Français. Le gouverneur avait répondu au nom du marquis de La Romana que la place entendait se défendre, et qu'elle opposerait la résistance qu'on devait attendre de sa force naturelle et de l'énergie de ceux qui y commandaient. Le maréchal Mortier, n'ayant rien de ce qui était nécessaire pour un siége, avait pris une forte position sur la Guadiana, et s'était mis en rapport avec le 2ᵉ corps (général Reynier), posté d'abord sur le Tage, et avancé maintenant jusqu'à Truxillo.

De son côté le général Sébastiani avec le 4ᵉ corps, chassant devant lui les débris d'Areizaga, était successivement entré dans Jaen, dans Grenade, et avait ensuite paru devant Malaga, où le peuple en furie annonçait une violente résistance. Mais une avant-garde de cavalerie et d'infanterie légères ayant brusquement assailli Malaga, avait comprimé les fureurs de la populace, et amené la prompte reddition de cet important port de mer. Le 4ᵉ corps pouvait se promettre de faire dans le royaume de Grenade un établissement assez paisible.

Malheureusement, sur le point le plus important, celui de Cadix, les choses étaient loin de prendre une tournure aussi favorable. Les ministres du roi Joseph avaient écrit à plusieurs membres du gouvernement et à divers généraux, qui à Séville même avaient paru disposés à se rendre, fatigués qu'ils étaient d'une guerre dévastatrice et de dissensions civiles interminables. Mais ces derniers, contenus maintenant par tout ce qui les entourait, ne répondaient que d'une manière vague et peu satisfaisante. Quant aux habitants de Cadix, fort confiants dans la force naturelle de leur ville et dans l'appui des troupes anglaises qui leur était assuré, ils pouvaient désormais donner carrière à leurs passions, opposer aux sommations des Français des bravades outrageantes, s'agiter, se diviser, s'égorger entre eux, et tout cela presque impunément.

Une junte locale insurrectionnelle s'y était formée et s'était emparée de la défense de la place. Flattée de voir Cadix devenir le siége du gouvernement, cette junte n'avait pas aussi maltraité la junte centrale que l'avaient fait les habitants de Séville. Elle lui avait fourni ce qui était nécessaire pour siéger, et avait très-bien accueilli tous les grands personnages civils et militaires qui avaient cherché un refuge dans ses murs. A ces nombreux et importants réfugiés politiques s'étaient joints le duc d'Albuquerque avec sa division, et les troupes qui d'Almaden s'étaient retirées sur Cordoue, et de Cordoue sur l'île de Léon. Sans livrer le grand arsenal de la Caraque aux Anglais, sans même ouvrir la rade intérieure à leur flotte, la junte de Cadix leur avait ouvert la rade extérieure, et avait consenti à recevoir dans l'enceinte de la place quatre mille de leurs soldats. Ayant déjà dix-huit mille Espagnols en armes soit dans la ville, soit dans l'île de Léon, de plus le gouvernement et les cortès dont la réunion devait être prochaine, elle ne craignait pas d'être exposée à une domination incommode de la part des Anglais, ni surtout à voir passer dans leurs mains les richesses de la marine espagnole.

Ce n'était pas avec de telles ressources que Cadix pouvait songer à se rendre. Les passions les plus violentes y fermentaient, et tout le mouvement politique qui avait été interrompu à Séville par l'arrivée des Français, allait se continuer à Cadix avec une violence plus grande, et à l'abri d'obstacles naturels et militaires presque impossibles à vaincre.

Le premier résultat de ce mouvement, continué et accéléré, devait être et fut la dissolution de la junte centrale, qui, persuadée elle-même de l'impossibilité de conserver plus longtemps le pouvoir, se hâta de le résigner. Aux applaudissements universels des habitants et des réfugiés de Cadix elle convoqua immédiatement les cortès, arrêta la forme de cette convocation, et nomma une régence royale chargée d'exercer le pouvoir exécutif. Cette régence fut composée de cinq membres, l'évêque d'Orense, esprit médiocre et fanatique, le général Castaños, personnage adroit et sage, mais plus habile à éluder les difficultés qu'à les résoudre, le conseiller d'État Saavedra, ancien fonctionnaire fort expert en fait d'administration espagnole, un marin de renom, don Antonio Escaño, et un Espagnol des colonies d'Amérique, don Miguel de Lardizabal, appelé à représenter dans le gouvernement les provinces transatlantiques. Après ces deux actes, la junte se sépara, et, ne lui sachant aucun gré de son désintéressement, les furieux qui la poursuivaient accablèrent ses membres des plus mauvais traitements. On alla jusqu'à en arrêter plusieurs pour visiter leurs bagages et voir s'ils n'emportaient pas les fonds de l'État, outrage fort immérité, car ils passaient généralement pour de très-honnêtes gens.

Fév. 1810.

À peine la nouvelle régence avait-elle été instituée, qu'elle s'empara du pouvoir, fit tant bien que mal, avec la junte de Cadix, le départ entre les attributions locales et les attributions gouvernementales, et laissa voir assez clairement le désir de retarder la convocation des cortès. Mais le peuple de Cadix voulait la réunion prochaine de cette assemblée, les réfugiés la désiraient aussi, et afin de la rendre plus certaine, on établit que, pour les provinces empêchées par les armées françaises, les élections se feraient à Cadix même, par l'intervention des réfugiés. Les cortès si désirées devaient être réunies au mois de mars.

C'est dans cette situation que le 1ᵉʳ corps, sous la conduite du maréchal Victor, arriva devant le canal de Santi-Petri, trois ou quatre jours après l'entrée

Impossibilité de s'emparer de Cadix autrement que

272   LIVRE XXXIX.

Fév. 1810.

par un grand siége.

des Français à Séville. S'il eût paru devant Cadix avec des forces imposantes, quand le gouvernement, les armées, les esprits les plus ardents se trouvaient encore à Séville, peut-être il eût réussi à surprendre la place et à en décider la reddition. Mais depuis que les membres de tous les pouvoirs, depuis que des troupes nombreuses et les têtes les plus exaltées de l'Espagne avaient eu le temps de se rassembler à Cadix, depuis que les Anglais étaient accourus, il y aurait eu folie à espérer la reddition. Aussi malgré quelques menées secrètes, les réponses publiques furent-elles hautaines et même outrageantes, et il fallut se décider à faire les préparatifs d'un siége long et difficile.

Description de Cadix et de l'île de Léon.

Tout le monde connaît le site de cette grande place maritime, centre de l'antique puissance navale de l'Espagne, et assise aux bouches du Guadalquivir comme Venise l'est aux bouches du Pô et de la Brenta. (Voir la carte n° 52.) Une espèce de rocher peu élevé, dominant la mer de quelques centaines de pieds, terminé en plateau dans tous les sens, couvert de nombreuses et riches habitations, forme la ville même de Cadix, et puis par une langue de terre plate et sablonneuse se rattache aux vastes lagunes qui bordent la côte méridionale d'Espagne. L'espace de mer compris entre Cadix et ces lagunes forme la rade intérieure. Au milieu de ces lagunes, les unes cultivées, les autres couvertes de salines, s'élève le célèbre arsenal de la Caraque, communiquant avec la rade par plusieurs grandes passes. Tout autour de ces lagunes un canal large, profond, aussi difficile à franchir qu'une rivière, s'étendant de Puerto-Real au fort de Santi-Petri, sépare de la terre ferme cet ensemble d'établissements, excepté le corps même de la Caraque, et trace la limite derrière laquelle se trouve ce qu'on appelle l'île de Léon. Or pour enlever cette île et la ville de Cadix elle-même, il fallait passer de vive force le canal de Santi-Petri, devant une armée ennemie et malgré les nombreuses flottilles des Espagnols et des Anglais, puis s'avancer à travers les lagunes en franchissant une multitude de fossés tous faciles à défendre, conquérir l'un après l'autre les bâtiments de la Caraque situés au delà du canal, et enfin cheminer sur la langue de terre qui conduit au rocher de Cadix, en prenant au moyen d'une attaque régulière les fortifications dont elle est couverte.

Il est vrai que de quelques points saillants du rivage, comme celui du Trocadéro situé à droite et en dehors du canal de Santi-Petri, on pouvait envoyer des projectiles incendiaires sur Cadix, et peut-être s'épargner une attaque directe et régulière. Mais c'était une opération très-difficile, très-douteuse, et qui en exigeait préalablement bien d'autres. Ainsi il fallait d'abord s'emparer du Trocadéro pour rétablir le fort de Matagorda, d'où il était possible de tirer sur Cadix, puis établir le long du canal de Santi-Petri une suite de petits camps retranchés, afin de former l'investissement de l'île de Léon. L'artillerie nécessaire pour armer ces divers ouvrages, il fallait la faire venir de Séville, et même la fondre en partie dans l'arsenal de cette ville, parce que celle qui s'y trouvait n'était pas d'un assez fort calibre. Les mortiers à grande por-

Fév. 1810.

Difficultés du siège de Cadix.

tée n'existaient pas à Séville, et on était réduit à les créer. Enfin on ne pouvait se dispenser de construire une flottille, soit pour franchir le canal de Santi-Petri, soit pour traverser la rade intérieure au moment de l'attaque décisive, soit aussi pour tenir à distance les flottilles ennemies qui ne manqueraient pas de venir contrarier les travaux des assiégeants et de canonner leurs ouvrages. On avait à Puerto-Real, à Puerto-Santa-Maria, à la Caraque elle-même (dans la partie en deçà du canal), les éléments d'une flottille, bien que les Espagnols à notre approche eussent fait passer tous leurs bâtiments de la rade intérieure que nous pouvions atteindre avec nos projectiles, dans la rade extérieure qui échappait entièrement à nos feux. Indépendamment du matériel de cette flottille, nous avions dans les marins de la garde un personnel tout organisé pour la manœuvrer. Mais il fallait bien du temps pour réunir ces moyens d'attaque si divers, et une considération frappait tous les esprits, maintenant qu'on était répandu dans cette immense contrée qui de Murcie s'étend à Grenade, de Grenade à Cadix, de Cadix à Séville, de Séville à Badajoz, c'est que notre belle armée, deux fois plus considérable au moins qu'il ne fallait pour envahir le midi de l'Espagne, suffirait difficilement pour le garder. Le maréchal Victor avec 20 mille hommes avait à peine de quoi former l'investissement de l'île de Léon et de quoi contenir la garnison de cette île, plus nombreuse mais heureusement moins vaillante que le 1er corps; et s'il avait assez de troupes pour préparer le siége, il n'en pouvait pas avoir assez pour

Fév. 1810.

Dissémination de l'armée française entre Grenade, Cadix, Séville et Badajoz.

l'exécuter. Le 5ᵉ corps, sous le maréchal Mortier, obligé de fournir une garnison à Séville et un corps d'observation devant Badajoz, devait rencontrer de grandes difficultés dans l'accomplissement de cette double tâche. Le général Sébastiani avec le 4ᵉ corps, obligé de tenir Malaga, d'occuper Grenade, de faire face aux insurgés de Murcie qui s'appuyaient sur les Valenciens, n'avait pas un soldat de trop. La division Dessoles, qu'on avait postée aux gorges de la Sierra-Morena, afin de protéger la ligne de communication, y devait être employée tout entière, car elle avait à garder, outre les défilés de la Sierra-Morena, Jaen qui commande la route de Grenade, et les plaines de la Manche qu'il faut traverser pour se rendre à Madrid. Mais il fallait aussi à Madrid, où l'on n'avait laissé que quelques Espagnols et des malades, une garnison française. La division Dessoles, chargée de la fournir, allait donc se trouver partagée entre ces deux tâches, en restant probablement insuffisante pour les remplir toutes deux. Enfin le 2ᵉ corps, sous le général Reynier, établi sur le Tage, entre Almaraz, Truxillo, Alcantara, ne pouvait sans imprudence être retiré de ce poste, car c'est par là que les Anglais avaient passé l'année précédente pour se rendre d'Abrantès à Talavera. Tout au plus pourrait-on, en laissant ce corps sur le Tage, le porter plus avant en Portugal, si une armée française s'avançait sur Lisbonne, et le joindre même à elle; mais alors le cours entier du Tage, de Madrid à Alcantara, resterait livré aux innombrables coureurs de Salamanque, d'Avila, de Plasencia, de l'Estrémadure. Voilà donc cette nombreuse et belle armée, la plus vaillante de toutes celles de l'Empire, n'ayant de rivale que le corps du maréchal Davout en Hanovre, qui, au nombre de 80 mille hommes environ, était déjà dispersée entre les provinces de Grenade, de l'Andalousie, de l'Estrémadure, au point de n'être en force nulle part, et de ne pouvoir certainement prêter aucun secours à l'armée qui en Portugal allait agir contre les Anglais! L'espérance d'en pouvoir reporter une partie vers Lisbonne, qui avait décidé Napoléon à consentir à l'expédition d'Andalousie, devait par conséquent s'évanouir bientôt, et faire place à la crainte de la voir même insuffisante pour la garde de l'Andalousie.

Déjà en effet la garnison de Cadix s'agitait, et montrait des têtes de colonnes au point de faire craindre de subites apparitions sur la terre ferme. Les populations à moitié sauvages des montagnes de Ronda, accrues des contrebandiers de Gibraltar, parcouraient et ravageaient la campagne. Les corps réfugiés dans Badajoz, réunis à un fort détachement anglais, prouvaient par leurs mouvements que nulle part les Espagnols ne voulaient rester oisifs.

La nouvelle régence gouvernant l'insurrection du milieu des lagunes de Cadix, avait chargé le marquis de La Romana de prendre le commandement des troupes de l'Estrémadure campées autour de Badajoz. Cette même régence avait appelé le général Blake de la Catalogne, où elle l'avait remplacé par le général O'Donnell, et l'avait mis à la tête de l'armée du centre, dont les débris s'étaient réfugiés dans le royaume de Murcie à la suite du général Areizaga. Blake devait les rallier, et, de concert avec la garnison de Cadix, diriger des expéditions sur Grenade, sur Séville, partout enfin où il pourrait, afin de soutenir les guérillas de Ronda. Il faut ajouter que la double diversion ordonnée sur nos ailes, et consistant à pousser le maréchal Ney sur Ciudad-Rodrigo, le général Suchet sur Valence, n'avait point réussi.

Mars 1810.

L'ordre irréfléchi donné au maréchal Ney, d'aller attaquer l'importante place de Ciudad-Rodrigo sans artillerie de siége, et dans le voisinage des Anglais qui s'étaient reportés vers le nord du Portugal, n'avait pu amener qu'une vaine bravade. Le maréchal Ney avait dû se borner à envoyer contre les murs de la place quelques boulets avec son artillerie de campagne, et à sommer ensuite le gouverneur, qui avait fait à sa sommation la réponse que méritait une pareille tentative. Il était revenu à Salamanque. Le général Suchet, croyant que l'ordre de marcher sur Valence était concerté avec Napoléon, et devait prévaloir sur celui d'assiéger Lerida, Mequinenza, Tortose, s'était avancé en deux colonnes, l'une le long de la mer, l'autre par les montagnes de Teruel, et après leur jonction opérée à Murviedro, s'était montré devant Valence. Il s'était même emparé du faubourg du Grao, et avait lancé des boulets dans la ville, que plus d'un avis présentait comme disposée à se rendre. Mais les Valenciens, pour toute réponse, avaient arrêté, persécuté les habitants supposés douteux, ou portés à la paix, notamment l'archevêque de Valence, et avaient opposé une résistance que, sans grosse artillerie, on ne pouvait vaincre. Le général Suchet avait dû se retirer en toute hâte

Vaines tentatives du maréchal Ney sur Ciudad-Rodrigo, et du général Suchet sur Valence.

Mars 1810.

vers l'Aragon. C'était la seconde armée française (en comptant celle du maréchal Moncey), qui, après s'être montrée devant Valence, était obligée de rétrograder sans avoir pu forcer les portes de cette orgueilleuse ville. L'exaltation des Valenciens en devait être singulièrement augmentée.

Voyage de Joseph en Andalousie. Ses illusions sur son établissement dans cette province.

Toutefois on n'avait rien à craindre en Andalousie, avec l'armée qu'on y avait réunie, et le mal, bien grand il est vrai, se réduisait à paralyser 80 mille vieux soldats. Pour le moment on dominait tout à fait de Murcie à Grenade, de Grenade à Cordoue, de Cordoue à Séville. Ces importantes cités étaient soumises et payaient l'impôt. Joseph se promenait en roi de l'une à l'autre, et, la curiosité attirant autour de lui une certaine affluence, la fatigue de la guerre lui procurant quelques adhésions, il faisait un voyage que ses courtisans disaient triomphal, que les hommes sensés considéraient comme peu significatif. Il faut reconnaître cependant que la mobile et inconséquente populace des villes, tout en détestant les Français, applaudissait ce roi français de manière à lui faire illusion. Aussi ses flatteurs ne manquaient-ils pas de répéter qu'on avait bien raison de penser qu'il obtiendrait plus avec sa grâce personnelle et sa bonté que Napoléon avec ses terribles soldats, et que si on le laissait faire il aurait bientôt subjugué l'Espagne, oubliant, lorsqu'ils parlaient ainsi, qu'ils avaient autour d'eux 80 mille de ces terribles soldats pour les protéger, et pour ménager au roi Joseph le moyen d'essayer ses charmes sur le peuple de l'Andalousie. Joseph était donc satisfait, et le maréchal Soult se flattait d'avoir beaucoup ajoute à la somme des titres dont il croyait avoir besoin devant le sévère tribunal de Napoléon.

Mars 1810.

Mais tandis qu'ils s'applaudissaient l'un et l'autre d'avoir exécuté cette expédition d'Andalousie, un coup de foudre parti de Paris venait changer les joies de Joseph en amères tristesses. L'expédition d'Andalousie avait rempli en Espagne les premiers mois de 1810, et c'était le moment même des plus graves démêlés avec la Hollande. Napoléon n'avait pas seulement des contestations avec le roi Louis, il en avait avec le roi Jérôme pour le Hanovre, et pour l'exécution des conditions financières attachées à la cession de ce pays. Fatigué de rencontrer auprès de ses frères des difficultés incessantes, ne sachant pas reconnaître qu'ils n'étaient en réalité que les agents passifs de la résistance des choses, il se livrait à leur égard aux plus vives colères, et s'en prenait à eux non-seulement de leurs fautes mais des siennes, car, après tout, les obstacles contre lesquels il se heurtait à chaque pas, qui les avait créés, sinon lui, en voulant partout tenter l'impossible? Dans ces dispositions irritables, recevant une multitude de rapports sur la cour de Joseph, sur le langage qu'on y tenait, sur le système qu'on cherchait à y faire prévaloir, sur quelques largesses accordées à certains favoris, il prit des mesures fort dures, et qui n'étaient pas de nature à faciliter la tâche de Joseph en Espagne. D'abord il trouva très-mauvais qu'on eût détourné le général Suchet du siége de Lerida, pour le porter sans grosse artillerie sur Valence, ce qui avait exposé l'armée française à paraître deux fois en vain devant les murs de cette ville. Il blâma

Nouvelles imprévues qui viennent surprendre Joseph en Andalousie.

Mars 1810.

Joseph, il blâma le général lui-même, et lui défendit dorénavant d'obéir à aucune autre autorité qu'à celle de Paris. Il désapprouva également l'imprudente pointe ordonnée au maréchal Ney sur Ciudad-Rodrigo, et cette fois encore attribua la faute à l'état-major de Madrid qui avait prescrit ce mouvement. Mais c'était là le moins fâcheux.

Voir donner de l'argent, quelque peu que ce fût, à des favoris, quand les ressources manquaient partout, lui avait déplu au delà de toute expression. Puisqu'on trouve, disait-il, de quoi donner à des oisifs, à des intrigants, on doit pouvoir nourrir les soldats qui prodiguent leur sang au roi Joseph; et puisqu'on ne veut pas pourvoir à leurs besoins, je vais y pourvoir moi-même. — Cela dit, il convertit en gouvernements militaires la Catalogne, l'Aragon, la Navarre, la Biscaye, qui comprenaient les quatre provinces à la gauche de l'Èbre. Il établit que, dans ces gouvernements, les généraux commandants exerceraient l'autorité, tant civile que militaire, qu'ils percevraient tous les revenus pour le compte de la caisse de l'armée, et n'auraient avec l'autorité de Madrid que des relations de déférence apparente, mais aucune relation d'obéissance ou de comptabilité. C'était à lui seul que les chefs de corps, Augereau, Suchet, Reille, Thouvenot, devaient rendre compte de leurs actes, et de lui seul qu'ils devaient recevoir leurs instructions. Après avoir ainsi pris possession militaire des territoires situés à la gauche de l'Èbre, Napoléon écrivit en secret à chacun des généraux pour leur communiquer sa véritable pensée, qui était de réunir la rive gauche de l'Èbre à la France, afin

Napoléon convertit en gouvernements militaires les provinces de l'Èbre avec la pensée de les réunir plus tard à la France.

de s'indemniser des sacrifices qu'il faisait pour assurer la couronne d'Espagne sur la tête de son frère. Toutefois ne voulant pas annoncer encore ce projet, il leur recommanda la plus grande discrétion; mais, dans le cas où on leur enverrait de Madrid des ordres contraires à ceux de Paris, il les autorisa à déclarer qu'ils avaient reçu défense d'obéir au gouvernement espagnol, et injonction de n'obéir qu'au gouvernement français. Une pareille résolution était fort grave, non-seulement pour l'Espagne, mais pour l'Europe. Il semblait, en effet, que Napoléon, insatiable dans la paix comme dans la guerre, quand il ne conquérait point par son épée, voulait conquérir par ses décrets. Il venait de réunir à l'Empire la Toscane, les États romains, la Hollande. Il songeait en ce moment, sans en parler, à faire de même pour le Valais et les villes anséatiques. Ajouter encore à ces acquisitions le revers des Pyrénées jusqu'à l'Èbre, c'était dire au monde que rien ne pouvait échapper à son avidité, et que toute terre sur laquelle se portait son terrible regard était une terre perdue pour son possesseur, ce possesseur fût-il même un frère! Prétendre que la gauche de l'Èbre devait devenir l'indemnité des dépenses de la France en Espagne, était une étrange dérision! Sans doute, si Napoléon avait laissé Ferdinand sur le trône, qu'il l'eût aidé par exemple à conquérir le Portugal sur les Anglais, et qu'il lui eût demandé la rive gauche de l'Èbre en dédommagement, on aurait pu le concevoir, sauf les justes ombrages de l'Espagne et de l'Europe! mais imposer à l'Espagne une dynastie malgré elle, forcer presque cette dynastie à régner (car Joseph n'était guère moins contraint que les Espagnols), et puis demander à l'une et à l'autre de payer ce bienfait d'un démembrement de territoire, était une véritable folie d'ambition ! c'était ajouter aux causes nombreuses qui excitaient la haine des Espagnols contre nous une cause plus puissante que toutes les autres, celle de voir cette péninsule si chère à leur cœur, envahie, morcelée par un ambitieux voisin, qui, après les avoir privés de leur dynastie, les privait en outre d'une partie de leur territoire. C'était enfin réduire au désespoir et rejeter à jamais dans les rangs de l'insurrection tous ceux que l'espérance d'un meilleur régime, le besoin vivement senti d'une régénération politique, avaient rattachés un moment à la nouvelle dynastie.

Le secret ordonné aux généraux relativement à la réunion des quatre provinces n'était pas longtemps possible. L'établissement des gouvernements militaires dans ces provinces aurait suffi seul, à défaut de toute indiscrétion, pour révéler la véritable pensée de Napoléon, et personne, en effet, ne s'y trompa, comme on le verra bientôt. Du reste, Napoléon ne s'en tint pas à cette mesure. Il en prit d'autres qui limitèrent aux portes mêmes de Madrid l'autorité royale de Joseph. En dehors des commandements ci-dessus mentionnés, il divisa les armées agissantes en trois, une du midi, une du centre, une du Portugal. Il plaça à la tête de l'armée du midi le maréchal Soult, dont, après réflexion, il avait renoncé à rechercher la conduite à Oporto, et lui confia les 4e, 1er et 5e corps, qui occupaient Grenade, l'Andalousie, l'Estrémadure. Il composa l'ar-

mée du centre de la seule division Dessoles, y ajouta
les dépôts généralement établis à Madrid, et la
confia à Joseph. Enfin celle du Portugal dut se
trouver formée, ainsi qu'on l'a vu, de toutes les
troupes réunies ou à réunir dans le nord, pour
marcher sur Lisbonne, sous les ordres du maréchal Masséna. Chacun des généraux commandant
ces armées agissantes, ayant l'autorité qui appartient à tout chef d'une force armée sur le terrain
où il opère, ne devait obéir qu'au ministère français, c'est-à-dire à Napoléon lui-même, qui avait
déjà pris le titre de commandant suprême des armées d'Espagne, et avait nommé le prince Berthier
son major général. Ainsi Joseph n'avait rien à ordonner aux gouverneurs généraux des provinces de
l'Èbre, rien aux chefs des trois armées agissantes;
seulement, comme chef de l'armée du centre, il
avait à l'égard de celle-ci le droit de donner des ordres; mais elle était la moins nombreuse, n'avait
qu'une tâche insignifiante, et se composait de 20 à
25 mille hommes, sains ou malades, dont 12 mille
au plus en état d'agir. On ne pouvait rendre son
autorité ni plus restreinte, ni plus nominale, et ce
n'était pas assurément une manière de le relever
aux yeux des Espagnols. De plus, les prescriptions
relatives aux finances furent aussi sévères que les
prescriptions relatives à la hiérarchie militaire. Les
revenus recueillis dans les provinces de l'Èbre furent alloués aux armées qui les occupaient. Les armées agissantes durent se nourrir sur le pays où
elles faisaient la guerre, et comme il était possible
qu'elles ne trouvassent pas assez de numéraire pour

leur solde, Napoléon consentit à envoyer en Espagne deux millions par mois seulement. Dès lors Joseph, déjà réduit sous le rapport du commandement aux troupes stationnées autour de Madrid, allait être réduit pour les revenus à ce qui se percevait à Madrid même, c'est-à-dire à l'octroi de cette capitale, et la haine que lui portaient les Espagnols, non à cause de lui, mais de l'invasion étrangère dont il était le représentant, allait se convertir en un sentiment plus redoutable encore, celui du mépris.

Joseph reçut ces nouvelles à Séville, et en fut accablé. Que dire, en présence de tels actes, à ses sujets tant soumis que rebelles, tant ralliés que tendant à se rallier? Indépendamment de son autorité rabaissée et exposée à l'arrogance des généraux, le démembrement du territoire devait inspirer à tous les Espagnols sincères un vrai désespoir. Déjà ils voyaient les colonies leur échapper, mais à cette perte ajouter celle des Pyrénées et des provinces à la gauche de l'Èbre, c'était subir toutes les calamités à la fois. D'ailleurs le prétendu secret avait percé dans les provinces insurgées comme dans les provinces soumises; les ennemis triomphaient de ce démembrement prochain qui justifiait leur haine, et les amis en étaient consternés, car il ôtait toute excuse à leur soumission. La régénération de la monarchie, se fût-elle réalisée, n'était rien au prix du démembrement du territoire; et d'ailleurs cette régénération, tant promise, se bornait jusqu'à présent au ravage du pays, et à l'effusion du sang. MM. O'Farill, Urquijo, d'Azanza, d'Almenara, qui avaient accompagné Joseph à Séville, étaient en proie à un profond chagrin. Ainsi, comme on le voit, Joseph n'était pas beaucoup plus heureux que Charles IV confiné à Marseille, que Ferdinand VII prisonnier à Valençay, que tant d'autres rois vaincus et détrônés, les uns privés d'une partie, les autres de la totalité de leurs États.

Avril 1810.

Frappé d'un coup si rude, Joseph n'avait plus aucun goût de demeurer à Séville, car sa présence, lorsqu'elle était précédée ou suivie de pareils actes, ne pouvait plus avoir sur ses nouveaux sujets l'effet qu'il en avait attendu. Il se trouvait en outre sans autorité en Andalousie, le maréchal Soult étant devenu général en chef de l'armée du midi, et il lui fallait aussi se rapprocher de la France, afin de traiter avec son frère, et de lui exposer les conséquences probables des dernières mesures prises à Paris. Il partit donc avec ses ministres, laissant le maréchal Soult maître absolu de l'Andalousie, et charmé d'être débarrassé d'une royauté nominale qui ne pouvait plus que gêner sa royauté réelle. Ainsi quatre-vingt mille hommes, les meilleurs qu'il y eût en Espagne, venaient d'être paralysés pour faire non pas Joseph, mais le maréchal Soult, roi de l'Andalousie !

Joseph quitte subitement l'Andalousie, afin de se rapprocher de Paris, et de pouvoir négocier avec son frère.

Joseph parcourut rapidement et sans éclat cette Andalousie où il faisait naguère des promenades triomphales, et en traversant les défilés de la Sierra-Morena où était cantonnée la division Dessoles, la seule force active qui lui restât, il la rapprocha de Madrid, car avec les blessés, les malades, les dépôts, avec les soldats des équipages et du parc général, avec les Espagnols qu'il avait eu l'imprudence de recruter parmi les prisonniers d'Ocaña, il avait à peine de quoi garder la capitale et ses environs les moins éloignés. Il laissa quelque infanterie aux défilés de la Sierra-Morena, un ou deux régiments de dragons pour battre la Manche, et concentra autour de Madrid le peu de forces sur lesquelles il pût compter.

Aussitôt rentré dans sa capitale, où, quoique vainqueur de l'Andalousie, il apportait le chagrin le plus amer, il reçut de Séville les plus étranges communications. Le maréchal Soult, ne se jugeant pas assez riche en troupes avec les trois corps qu'on lui avait confiés, et qui comprenaient ce qu'il y avait de meilleur en Espagne, prétendait que tout ce qui se trouvait dans l'arrondissement du midi relevait de lui, et en conséquence il enjoignait à la brigade qui était entre la Manche et l'Andalousie de se rapprocher de lui pour recevoir ses ordres. Le général Lahoussaye, à qui ces injonctions étaient adressées, répondit qu'il dépendait de l'état-major de Madrid, et qu'il ne pouvait sans l'autorisation de celui-ci quitter le poste qu'il occupait. Le maréchal Soult répliqua en accompagnant ses ordres de menaces sévères s'il n'était pas obéi. Joseph maintint ce qu'il avait ordonné, et défendit au général Lahoussaye d'obéir au maréchal Soult. Tandis qu'il avait une pareille querelle avec le maréchal Soult, il essuya un nouveau désagrément non moins pénible que tous les autres. Les généraux qui stationnaient dans le royaume de Léon et dans la Vieille-Castille, où n'étaient pas encore établis des gouvernements militaires, mettaient en pratique le principe posé par Napoléon, que chaque armée devait vivre sur la province qu'elle occupait, et levaient des contributions sans employer l'intermédiaire des agents financiers de Joseph, sans même tenir aucun compte de son autorité. Ces coups répétés humilièrent Joseph au dernier point. Ayant déjà songé à quitter Madrid pour retourner à Naples, il était prêt à abdiquer, même sans compensation, la lourde couronne d'Espagne. Soutenu toutefois par ses ministres et par quelques hommes de sa confiance, qui n'auraient pas voulu voir disparaître le roi auquel ils s'étaient attachés, il chargea sa femme qui était à Paris, et deux de ses ministres, MM. d'Azanza et d'Hervas qui allaient s'y rendre, de négocier avec son frère, pour lui faire comprendre que la perte des provinces de l'Èbre l'exposait à la haine des Espagnols, la réduction de son autorité à leur mépris, qu'il valait mieux dès lors le retirer de la Péninsule que de l'y laisser à de telles conditions.

Napoléon reçut sans dureté mais avec un peu de dédain les ministres espagnols, qualifia de la manière la plus méprisante la politique de Joseph, qui s'imaginait, disait-il, qu'avec de l'argent sans soldats on réduirait une nation implacable, à laquelle on ne pouvait songer à tendre la main qu'après l'avoir terrassée. Il se montra inflexible sur l'article des finances; il déclara qu'il lui était impossible de suffire aux charges de la guerre, que si on ne payait pas les troupes il serait obligé de les rappeler, que Joseph ne sachant ou ne voulant pas tirer de l'Espagne l'argent qui s'y trouvait, il fallait bien qu'il le fît lui-même par la main de ses généraux; que d'ailleurs il les surveillerait de près, et les obligerait à verser

Avril 1810.

Envoi à Paris de MM. d'Azanza et d'Hervas.

Réponse de Napoléon aux représentations de Joseph.

dans les caisses de Joseph tout ce qui dépasserait les besoins de leurs armées; qu'au surplus il restait à Joseph, pour y percevoir des contributions, la Nouvelle-Castille, la Manche, Tolède, provinces à peu près soumises; qu'en fait de subsides envoyés de France, il ne pouvait rien ajouter aux deux millions qu'il avait promis pour fournir la portion de la solde payable en argent; que tout au plus consentirait-il à ce que l'armée du centre, confiée à Joseph, prît sa part de ces deux millions; que quant aux divers commandements, il ne pouvait en changer la distribution; qu'il fallait deux grandes armées, celle du midi et celle du Portugal, pour concourir à l'expulsion des Anglais, que lui seul était capable de les diriger, et que laissant entre deux une armée au centre, il avait concédé tout ce qui était possible en la confiant à Joseph, qui en disposerait comme il l'entendrait; qu'en définitive les généraux commandant les armées actives n'avaient d'autorité qu'en ce qui concernait les opérations militaires et l'entretien de leurs armées, que pour tout le reste ils étaient simplement les hôtes du roi d'Espagne, et lui devaient respect comme roi et comme frère de l'Empereur; qu'il allait réprimander vertement ceux qui lui avaient manqué (le maréchal Soult notamment), mais que le commandement militaire devait demeurer absolu et non partagé.

Relativement aux provinces de l'Èbre où il avait institué des gouvernements, Napoléon ne dissimula pas son projet de les réunir plus tard à la France, afin de s'indemniser de ses dépenses; toutefois il ajouta qu'il ne les réunirait pas sans compensation, que le

Portugal adjoint un jour à l'Espagne pouvait en fournir une fort belle, mais qu'avant de le donner il fallait le conquérir, que pour cela il fallait en chasser les Anglais, et après les avoir chassés leur arracher la paix, ce qui n'était pas aisé. Pour le présent il reconnut la difficulté de rien statuer, le danger d'annoncer quelque chose, et la convenance de l'ajournement et du silence. Après avoir répété ces discours en plus d'une occasion, Napoléon retint auprès de lui les ministres de son frère, et parut vouloir remettre sa décision sur les points difficiles jusqu'après les événements de la campagne de 1810, qui peut-être, en terminant la guerre dans l'année, ferait cesser les perplexités de Joseph, et trancherait heureusement les questions soulevées. Les ministres espagnols restèrent donc à Paris afin de négocier et de saisir toutes les occasions d'agir sur l'inflexible volonté de Napoléon.

Avril 1810.

Pour le moment Napoléon leur promit d'ajouter quelques troupes à l'armée du centre, réprimanda le maréchal Soult sur sa manière de traiter le roi, repoussa la prétention de ce maréchal d'attirer à lui la brigade de la Manche, et s'occupa de décider définitivement la marche des opérations pour 1810. C'était un vrai malheur de ne s'être pas jeté tout de suite sur les Anglais, dès le mois de février ou de mars, avec ce qu'on avait de forces, car dans le midi de l'Espagne la saison des opérations militaires pouvait commencer de très-bonne heure. Sans attendre en effet les troupes du général Junot, seulement avec les divisions Reynier et Loison, dont l'une avait servi à recruter les anciens corps, dont

Plan de campagne pour 1810.

Le temps perdu pour l'expédition

Avril 1840.

d'Andalousie ayant empêché d'agir avant l'été, on remet la campagne active à l'automne, et Napoléon se décide à employer l'été à prendre les places.

l'autre avait été employée à compléter le 6ᵉ (maréchal Ney), avec ce qui était arrivé de la garde, et les 80 mille vieux soldats que l'on avait réunis sur le Tage après la bataille de Talavera, il eût été possible avant les chaleurs de marcher contre les Anglais, et de les pousser vivement sur Lisbonne. Mais les 80 mille vieux soldats campés autour de Madrid ayant été dispersés entre Baylen, Grenade, Séville, Cadix, Badajoz, il fallait, pour que l'armée de Portugal devînt suffisante, attendre que toutes les troupes en marche vers les Pyrénées y fussent arrivées. Dès lors ce n'était plus une campagne de printemps mais d'automne qu'on pouvait faire contre les Anglais, car pendant l'été, surtout dans le midi de la Péninsule, les chaleurs rendaient les opérations presque impossibles. Restait donc à employer fructueusement les mois de mai, juin, juillet, août. Napoléon se voyant réduit, par la faute commise en Andalousie, à une guerre plus lente, imagina de la rendre méthodique, en assiégeant les places avant de commencer une nouvelle invasion du Portugal. Déjà il était convenu que le général Suchet assiégerait Lerida et Mequinenza, que le maréchal Augereau assiégerait Tortose et Tarragone, avant de marcher de nouveau sur Valence. Napoléon décida que le maréchal Soult, tout en essayant de prendre Cadix, essayerait aussi d'enlever Badajoz, sur la frontière du Portugal; que le maréchal Masséna de son côté, pendant que son armée achèverait de se former, exécuterait les siéges de Ciudad-Rodrigo et d'Alméida, qui étaient les clefs du Portugal du côté de la Castille, et que ces points d'appui une fois assurés, on prendrait l'offensive dans le courant du mois de septembre, en marchant tous ensemble sur Lisbonne, le maréchal Masséna par la droite du Tage, le maréchal Soult par la gauche. D'après ce nouveau plan, tout l'été devait être consacré à faire des siéges. Les ordres furent donnés pour qu'on l'employât de la sorte, et avec la plus grande activité possible.

Avril 1810.

Le général Suchet avait en effet, dès le mois d'avril, entrepris la tâche qui lui était assignée. Ayant promptement réparé la faute qu'on lui avait fait commettre en l'attirant sur Valence, il s'était porté devant Lerida pour en commencer le siége. Le 10 avril il avait établi son quartier général à Monzon, sur la Cinca, point où il avait réuni à l'avance le matériel de siége, tel que grosse artillerie, fascines, gabions, outils de toute sorte. Son corps, complété à l'effectif de trente et quelques mille hommes par l'arrivée des derniers renforts, ne pouvait pas fournir plus de 23 à 24 mille combattants. Il en avait laissé environ dix mille à la garde de l'Aragon, et avec 13 ou 14 mille il s'était acheminé sur Lerida, dont il avait formé l'investissement sur les deux rives de la Sègre. Ces forces suffisaient à la rigueur pour l'attaque de la place, mais on avait lieu de craindre qu'elles ne fussent insuffisantes s'il fallait couvrir le siége contre les tentatives très-vraisemblables du dehors. A la vérité Napoléon avait ordonné aux deux armées de Catalogne et d'Aragon, commandées par le maréchal Augereau et le général Suchet, de profiter de leur voisinage pour se secourir mutuellement. Le maréchal Augereau devait couvrir les siéges de Lerida et de Mequinenza pendant que le

Le général Suchet se porte sur Lerida pour en faire le siége.

général Suchet les exécuterait, et le général Suchet à son tour devait couvrir ceux de Tortose et de Tarragone, pendant que le maréchal Augereau y consacrerait ses forces. Malheureusement l'armée de Catalogne, partagée entre mille soins divers, tantôt occupée de couvrir la frontière française que les bandes venaient insulter chaque jour, tantôt obligée de courir à Barcelone pour protéger cette ville ou la nourrir, tantôt enfin appelée à Hostalrich dont l'investissement était entrepris, ne réussissait souvent qu'à manquer ces buts divers, pour les vouloir tous atteindre. Il eût fallu l'esprit à la fois le plus ingénieux et le plus actif pour satisfaire à tant de devoirs, et le vieil Augereau, successeur du général Saint-Cyr, n'était pas cet esprit rare. Dans le moment il se trouvait devant Hostalrich et non aux environs de Lerida. Le général Suchet arriva donc seul devant cette dernière place, et ne s'en émut point, car en sachant se partager à propos entre les opérations du siége et l'expulsion de l'armée qui viendrait le troubler, il se flattait de venir à bout de la double tâche qui lui était confiée.

La place de Lerida est célèbre dans l'histoire, et depuis César jusqu'au grand Condé elle a joué un rôle important dans les guerres de tous les siècles. Le grand Condé, comme chacun le sait, ne réussit point à la prendre; le duc d'Orléans y réussit dans la guerre de la Succession, et on pouvait échouer dans cette entreprise sans qu'il y eût rien d'extraordinaire. La place est sur la droite de la Sègre, rivière qui court perpendiculairement vers l'Èbre, et lui porte les eaux d'une moitié au moins de la chaîne des Pyrénées. (Voir la carte n° 52.) La ville, situé au pied d'un rocher que surmonte un château fort, bâtie entre ce rocher et la Sègre, est protégée par les eaux de cette rivière sur une partie de son front, et de tous les côtés par les feux plongeants du château. Le rocher qui porte ce château taillé presque à pic de toute part n'est abordable que vers le sud-ouest, par une pente adoucie qui se continue au delà de la ville; mais vers son extrémité cette pente se relève brusquement, et présente divers saillants sur lesquels ont été construits le fort de Garden, et les redoutes de San Fernando et du Pilar, en sorte que le côté accessible du château est lui-même défendu par de bons ouvrages. Il fallait donc prendre la ville sous les feux du château, et après la ville le château lui-même, en forçant les ouvrages qui en défendaient l'approche, à moins toutefois que par une attaque bien entendue on ne dirigeât le siège de manière à entraîner la chute de la ville et du château à peu près en même temps. Une bonne conduite des opérations pouvait il est vrai amener ce double résultat presque le même jour!

Avril 1810.

La ville renfermait 18 mille âmes d'une population fanatique, plus une garnison de 7 à 8 mille hommes commandée par un chef jeune et énergique, Garcia Conde, qui s'était distingué au siège de Girone. Elle ne manquait ni de vivres ni de munitions, même pour un long siége.

L'habile officier du génie Haxo résolut de commencer par attaquer la ville, en l'abordant par le nord-est, c'est-à-dire entre la rivière et le château, et par son côté le plus peuplé, de façon à mettre le

Plan d'attaque imaginé par le colonel Haxo, et adopté

Avril 1810.

par le général Suchet.

courage des habitants à une rude épreuve. Il est vrai qu'on était ainsi exposé à tous les feux du château, mais la nature du terrain y rendait le travail des tranchées facile, et en s'approchant rapidement ces feux devaient devenir si plongeants qu'on aurait beaucoup moins à les craindre. De plus on avait l'avantage, en attaquant de ce côté, de n'avoir pas derrière soi le fort de Garden, qui est placé sur le revers opposé.

Tentative du général O'Donnell pour faire lever le siége de Lerida.

Pendant qu'on se disposait à ouvrir la tranchée, une lettre interceptée apprit au général Suchet que le général espagnol O'Donnell arrivait avec les troupes de Catalogne et d'Aragon pour faire lever le siége. Le général Suchet ne se hâta pas d'aller à sa rencontre, ne voulant s'éloigner de Lerida ni trop tôt ni à trop grande distance; mais il avait des ponts sur la Sègre, et il pouvait en quelques heures passer la rivière, et porter la masse de ses forces au-devant de l'ennemi, en laissant devant la place une arrière-garde suffisante pour contenir la garnison.

Le 22 avril en effet on sut que le général O'Donnell s'approchait, et n'était plus qu'à une marche. Il venait de Catalogne par la gauche de la Sègre, pendant que la ville et les troupes assiégeantes se trouvaient sur la droite. Le général Suchet fit ses dispositions de manière à tenir tête à l'ennemi du dehors et à celui du dedans. Le général Harispe demeura au pont de la ville sur la Sègre, par lequel la garnison aurait pu communiquer avec l'armée de secours. Il devait contenir à la fois la garnison et le corps d'O'Donnell. Le général Musnier, placé un peu plus haut sur la Sègre, à Alcoletge, était en mesure de passer la rivière sur-le-champ, et de tomber dans le flanc de l'ennemi qui se présenterait devant le pont gardé par le général Harispe.

Le 23 avril, à la pointe du jour, le général O'Donnell parut à l'extrémité de la plaine de Margalef, qui s'étend à la gauche de la Sègre, et entra tout de suite en action. Il était précédé d'une avant-garde d'infanterie et de cavalerie légères, et marchait en deux colonnes, fortes ensemble de 9 à 10 mille hommes, l'une à droite, l'autre à gauche de la route. C'étaient les meilleures troupes de la Catalogne et de l'Aragon. A peine le général Harispe fut-il éveillé par le feu des avant-postes qu'il monta à cheval avec le 4ᵉ de hussards, se fit suivre par deux compagnies légères des 115ᵉ et 117ᵉ de ligne, et n'hésitant pas à la vue de l'avant-garde ennemie, la chargea à toute bride, et la culbuta au loin dans la plaine. Ce premier avantage lui donnait le temps de revenir vers la ville pour contenir la garnison, qui, réunie tout entière, commençait à déboucher par le pont de la Sègre, et au milieu des cris de joie des habitants. Le général Harispe avec le 117ᵉ et son brave chef, le colonel Robert, aborda cette garnison à la baïonnette, la refoula sur le pont et la contraignit de rentrer dans la place.

Ces deux actions rapides avaient donné à la division Musnier le temps de passer la Sègre à Alcoletge, qui est, avons-nous dit, un peu au-dessus de Lerida, et de se transporter sur le champ de bataille. Le général Musnier, au lieu de descendre le long de la Sègre, afin de rejoindre le général Harispe, et de faire front avec lui sur la grande route que suivait l'ennemi, tomba diagonalement et par

Avril 1810.

Combat de Margalef.

la ligne la plus courte dans le flanc des deux divisions espagnoles, à travers la plaine de Margalef. Son infanterie était précédée par le 13ᵉ de cuirassiers, seul régiment de grosse cavalerie servant en Espagne, fort de douze cents chevaux, et commandé par un excellent officier, le colonel d'Aigremont. A peine arrivés à portée de l'ennemi, les cuirassiers se mirent en bataille, ayant du canon sur leurs ailes et menaçant le flanc de l'armée espagnole. Après un feu d'artillerie assez vif, la cavalerie ennemie se portant en avant pour couvrir son infanterie, les cuirassiers la chargèrent au galop et la culbutèrent. Les gardes wallones se formèrent aussitôt en carré pour protéger à leur tour leur cavalerie. Mais les cuirassiers continuant la charge, les enfoncèrent, et renversèrent ensuite tout ce qui voulut imiter l'exemple des gardes wallones. En quelques instants ils firent mettre bas les armes à près de six mille hommes. Le reste se précipita à toutes jambes vers les routes de la Catalogne. On prit en grande quantité du canon, des drapeaux, des bagages.

Après ce brillant succès on n'avait plus à craindre que le siège fût troublé. Le général Suchet voulant savoir si ce combat qui devait priver la garnison de tout secours, l'aurait ébranlée, étala ses prisonniers dans la plaine, en offrant au gouverneur d'envoyer un officier pour en faire le dénombrement, et le somma de se rendre. Le gouverneur répondit fièrement que la garnison n'avait jamais compté pour se défendre sur un secours étranger. Il fallut donc entreprendre le siège.

On ouvrit la tranchée le 29 avril. Les travaux en

furent difficiles, non à cause de la dureté du sol, mais des eaux de la Sègre qui se répandaient dans les environs, du printemps qui était pluvieux, et de l'artillerie du château qui était fort incommode. On pratiqua des barrages dans certains canaux, pour détourner les eaux de nos tranchées, et on se défila le mieux qu'on put des feux du château. Tandis qu'on cheminait, le colonel Haxo, estimant qu'il serait d'un grand avantage de prendre le fort de Garden, qui était la vraie clef du château, fit attaquer les deux redoutes de San-Fernando et du Pilar. On réussit dans l'attaque de l'une et on échoua dans celle de l'autre, ce qui obligea de renoncer aux deux, du moins pour le moment.

Pendant ce temps on avait continué les travaux d'approche en se dirigeant sur deux bastions, ceux du Carmen et de la Madeleine, et on avait repoussé une forte sortie de la garnison. Les 6 et 7 mai, toutes les batteries étant construites et armées, les unes pour écrêter les parapets et faire taire l'artillerie de la place, les autres pour envoyer des feux courbes sur le château, on commença la canonnade. Notre artillerie la soutint d'abord très-vivement, mais elle eut beaucoup à souffrir de celle du château : elle eut plusieurs pièces démontées, et fut obligée de suspendre son feu pour disposer des batteries nouvelles et modifier la direction des anciennes. On en établit une sur la gauche de la Sègre, afin de battre le pont de la ville, et de tirer à ricochet sur les bastions attaqués. Ces nouveaux travaux absorbèrent du 8 au 12 mai. Le 12 on recommença le feu, cette fois avec un succès complet; on éteignit celui de la place;

quant à celui du château, on l'avait rendu moins dangereux en se rapprochant davantage. Enfin on put battre en brèche et pratiquer une large ouverture dans l'enceinte, de façon à rendre l'assaut praticable.

Jusqu'ici la pensée du général Suchet et du colonel Haxo avait été de faire tomber ensemble la ville et le château, en dirigeant le siége de maniere à refouler la population tout entière dans le château, où elle ne pourrait vivre plus de quelques jours. Pour assurer ce résultat, il fallait être en possession du fort de Garden, ou au moins des ouvrages extérieurs dans lesquels la population aurait pu trouver un asile.

Le 12 mai au soir le général Suchet fit attaquer les redoutes du Pilar et de San-Fernando ainsi qu'un ouvrage à cornes qui les reliait au Garden, par trois colonnes d'élite, à la tête desquelles étaient les généraux Vergès et Buget, et l'officier du génie Plagniol. La redoute du Pilar fut enlevée. L'ouvrage à cornes fut enlevé aussi, partie par escalade, partie par une attaque directe sur l'une des entrées, dont le sergent Maury ouvrit la barrière à coups de hache. La redoute de San-Fernando fut également emportée à l'escalade. Nous perdîmes dans ces diverses actions une centaine d'hommes, et l'ennemi en perdit trois ou quatre cents. Quoique le fort même du Garden ne fût pas en notre pouvoir, le but était atteint, car les terrains environnants ne pouvaient plus servir de refuge à la population de la ville.

Cette prévoyante disposition ayant ainsi obtenu un plein succès, le général en chef et le colonel Haxo voulurent donner l'assaut au corps de la place le jour même du 13 mai. Les brèches étaient tout à

taient praticables aux bastions du Carmen et de la Madeleine, et il n'y avait plus qu'à les enlever. Deux colonnes étaient destinées à monter simultanément à l'assaut : l'une, à gauche, le long de la rivière, devait assaillir le bastion du Carmen, tandis que le général Harispe forçant le pont de la Sègre essayerait de prendre à revers les défenseurs de ce bastion; l'autre, à droite, devait assaillir le bastion de la Madeleine, tandis qu'une compagnie de mineurs irait abattre à coups de hache une porte située dans le voisinage, afin d'y introduire l'armée. Le général en chef et le colonel Haxo, à la tête des réserves, se tenaient dans les tranchées, prêts à se porter où besoin serait. Le général Habert et le colonel Rouelle, de service ce jour-là aux tranchées, commandaient les colonnes d'assaut.

Mai 1810.

A la chute du jour quatre bombes ayant donné le signal, les deux colonnes fondirent des tranchées sur les brèches, et les gravirent malgré un feu épouvantable de front et de flanc. Arrivées sur le rempart, elles furent un moment ébranlées; mais le général Habert les ramena en avant l'épée à la main, et elles entrèrent dans la ville, qu'elles trouvèrent barricadée en arrière des bastions qu'on venait d'emporter. Les attaques secondaires étaient destinées à pourvoir à cette difficulté. Le lieutenant de mineurs Romphleur, après un combat corps à corps, fit ouvrir la porte située près du bastion de la Madeleine, et introduisit les colonnes qui attendaient en dehors. Ces colonnes s'avancèrent dans la grande rue, qui était barrée; le capitaine du génie Vallentin, avec le sergent de sapeurs Baptiste, sauta malgré un feu

Assaut et prise de Lerida

des plus vifs sur la principale barricade et l'abattit. On fit ainsi tomber l'un après l'autre les obstacles élevés en arrière du bastion de la Madeleine. Du côté du bastion du Carmen, le succès fut égal. Le général Harispe enleva le pont de la Sègre, et de toutes parts nos colonnes pénétrant alors dans la ville, poussèrent pêle-mêle la garnison avec la population vers les rampes qui conduisaient au château. Bientôt cette population épouvantée se précipita à la suite de la garnison dans le château même, et chercha refuge jusque dans ses fossés. Toute la nuit le général Suchet fit accabler d'obus, de bombes, de grenades, cette étroite enceinte remplie d'hommes, de femmes, d'enfants, qui poussaient des cris affreux, scène terrible qu'il était impossible d'éviter, car la fin immédiate du siège dépendait du désespoir auquel on réduirait ces malheureux habitants accumulés dans le château.

Quelque dévoués en effet que fussent le commandant et la garnison, il leur était impossible d'abriter, de nourrir cette population, et de la laisser mourir sous leurs yeux au milieu des éclats des bombes et des obus. Le 14 mai à midi, le gouverneur Garcia Conde arbora le drapeau blanc et rendit sa garnison prisonnière de guerre, après avoir fait toute la résistance qu'il lui était possible d'opposer aux Français.

Ce beau siège, qui nous avait coûté un mois d'investissement, quinze jours de tranchée ouverte, et 700 morts ou blessés, nous procura, outre la place la plus importante de l'Aragon, 7 mille prisonniers, 133 bouches à feu, un million de cartouches, une grande quantité de poudre et de fusils, et des magasins très-bien approvisionnés. L'ennemi avait perdu environ 1,200 hommes. Cette conquête produisit une vive sensation dans cette partie de l'Espagne, et diminua beaucoup la confiance que les habitants avaient prise dans leurs murailles depuis la résistance de Girone.

Mai 1810.

Napoléon, bientôt mécontent du maréchal Augereau, venait de le remplacer par le maréchal Macdonald, qui était très-solide sur un champ de bataille, mais peu propre à une guerre de chicanes, où il fallait être jeune, actif, fertile en expédients. Voulant laisser au général Suchet la conduite de cette guerre de siéges, dans laquelle il paraissait exceller, Napoléon lui adjoignit une moitié de l'armée de Catalogne, avec une moitié du territoire de cette province longue et étroite, et lui donna la mission difficile, quand il aurait achevé de prendre les places de l'Aragon, de conquérir aussi celles de la Catalogne, notamment Tarragone et Tortose, situées l'une sur le rivage de la mer, l'autre aux bouches de l'Èbre. (Voir la carte n° 43.) Le maréchal Macdonald devait concentrer son action entre Barcelone, Hostalrich, Girone et la frontière, en se portant toutefois sur les points où il pourrait seconder les grands siéges dont le général Suchet était désormais chargé.

Napoléon confie au général Suchet la suite des siéges de l'Aragon et de la Catalogne.

Pendant que ces événements se passaient en Aragon, Napoléon avait enfin obligé le maréchal Masséna de quitter Paris pour se rendre à Salamanque. Nous avons déjà fait connaître les motifs qui, en l'empêchant de venir se placer lui-même à la tête de ses armées d'Espagne, l'avaient décidé à déférer le principal commandement au maréchal Masséna.

Départ du maréchal Masséna pour se mettre à la tête de l'armée de Portugal.

302 LIVRE XXXIX.

Mai 1810.

Le maréchal Soult, essayé deux fois contre les Anglais, dans l'affaire de la Corogne et en Portugal, n'avait pas, au jugement de Napoléon, montré assez de vigueur pour leur être opposé de nouveau. Le maréchal Ney possédait, au contraire, l'énergie d'action nécessaire pour lutter contre de tels ennemis, mais il n'avait jamais commandé en chef, et devant un capitaine aussi avisé que lord Wellington, il fallait un général consommé, joignant à une grande énergie de caractère cette habitude du commandement qui élargit l'esprit, et forme l'âme à toutes les anxiétés d'une responsabilité supérieure. Dans tout l'Empire, il n'y avait que le maréchal Masséna qui avec son esprit naturel et prompt, son coup d'œil exercé, son âme de fer, fût propre à un tel rôle. Le maréchal Masséna, avec Ney et Junot pour lieutenants, si Ney voulait consentir à être le second, et si Junot oubliait qu'il avait commandé en chef en Portugal, devait surmonter tous les obstacles. Malheureusement le maréchal Masséna, éprouvé par vingt années de guerres, se ressentait déjà de ses longues fatigues. Doué d'un sens politique égal à ses talents militaires, il n'avait pas besoin de la sanglante et glorieuse leçon d'Essling pour apercevoir que la limite de la prudence était partout dépassée sous le règne actuel, et qu'on marchait à grands pas vers une catastrophe. Ayant fait tous les genres de guerre, en Calabre, en Italie, en Allemagne et en Pologne, il n'augurait rien de bon de celle qu'on s'obstinait à soutenir en Espagne, et il n'éprouvait nullement le désir d'aller compromettre sa haute renommée sur un théâtre où semblaient se rencontrer à la fois

Sa répugnance à se charger de ce commandement; efforts de Napoléon pour l'y décider.

toutes les difficultés que Napoléon avait suscitées contre sa fortune. Aussi montra-t-il une grande répugnance à se charger de la campagne de Portugal, et, obligé de donner ses motifs à Napoléon, il allégua, outre les difficultés de l'opération, outre l'insuffisance de moyens qu'il soupçonnait sans la connaître encore, sa santé déjà fort ébranlée, son moral peut-être affaibli avec sa santé, et l'inconvénient de commander à des lieutenants qui se regardaient comme ses égaux, et n'avaient l'habitude d'obéir qu'à Napoléon seul. Les démêlés entre le maréchal Ney et le maréchal Soult, dont le bruit était venu jusqu'à Paris, l'avaient peu encouragé à accepter le commandement qui lui était offert. Napoléon avec cette familiarité séduisante et dominatrice qu'il savait prendre à l'égard de ses anciens compagnons d'armes, avait caressé le vieux soldat, lui avait rappelé sa gloire, sa vigueur proverbiale, lui avait dit ce qu'on aime à entendre répéter même sans le croire, qu'il ne s'était jamais montré plus jeune, plus vigoureux que dans la dernière campagne, que l'armée était pleine de son nom, que personne n'aurait assez peu d'esprit parmi ses lieutenants pour s'estimer son égal; que si avec d'autres que lui ils avaient marchandé l'obéissance, aucun d'eux n'oserait la refuser à sa supériorité, à son âge, à la confiance impériale dont il serait manifestement investi; que s'ils étaient maréchaux et ducs, il était prince, il était Masséna; qu'au surplus on saurait y pourvoir, et soumettre les mauvaises volontés en les brisant; que quant à sa santé le climat du Portugal était le plus salutaire qu'il pût désirer pour la remettre;

Mai 1810.

que du repos il en avait pris et en prendrait encore, car on avait trois ou quatre mois à employer à des siéges avant de commencer les opérations offensives; que quant aux moyens on les lui fournirait en abondance, qu'il n'aurait pas moins de 80 mille hommes sous ses ordres, avec un immense matériel; que c'était bien plus qu'il ne fallait contre 30 mille Anglais, si bien secondés qu'ils fussent par le climat et par l'insurrection portugaise; que c'était un dernier coup de collier à donner, et qu'en lui confiant cette opération, on lui réservait la dernière gloire qui restât peut-être à conquérir, car la paix s'ensuivrait probablement, et le nom de Masséna prononcé l'un des premiers au début des guerres du siècle, serait encore le dernier qui retentirait aux oreilles de la génération présente; qu'il serait à la fois le plus glorieux des soldats de la France et le plus populaire, en allant conquérir cette paix maritime, la seule désirée, parce qu'elle était la seule qu'on n'eût pas encore obtenue. — Toutes ces réflexions accompagnées de mille propos familiers et caressants, avaient entraîné sans le persuader le vieux Masséna, qui d'ailleurs nommé prince d'Essling depuis quelques mois, comblé d'honneurs et de richesses, ne pouvait rien refuser au plus généreux des maîtres. Il s'était donc soumis avec la tristesse d'un esprit pénétrant qui, par gratitude, par obéissance, pouvait se rendre, mais non se faire illusion.

Masséna ayant accepté de gré ou de force le commandement de l'armée de Portugal, s'était rendu à Salamanque, où son arrivée avait été accueillie avec effroi par les insurgés, avec confiance par les soldats, avec quelque déplaisir par ses deux principaux lieutenants, Junot et Ney. Junot avait été général en chef en Portugal, presque roi, et y rentrer en lieutenant coûtait beaucoup à son orgueil. Le maréchal Ney qui avait servi malgré lui sous le maréchal Soult auquel il se croyait supérieur, servait avec moins de dépit sous le maréchal Masséna, réputé le premier homme de l'armée française; mais il avait espéré l'honneur d'être opposé seul aux Anglais, et il éprouvait une pénible déception en se voyant appelé à commander en second. Toutefois, il ne témoigna pas tout le déplaisir qu'il ressentait, soit respect d'un grand nom, soit aussi crainte des sévérités de Napoléon qu'il avait failli encourir l'année précédente. Mais les sentiments dissimulés ne tardent pas à reparaître, surtout chez les âmes ardentes que les terribles secousses de la guerre excitent fortement. Ney et Junot devaient en fournir bientôt la preuve.

Par surcroît de malheur, Masséna, s'il avait la vigueur du commandement, n'en avait pas la dignité. Simple, dépourvu d'extérieur, ne cherchant pas à montrer son esprit qui était pourtant remarquable, négligent même lorsqu'il avait encore toute l'activité de la jeunesse, déjà très-dégoûté de la guerre, sacrifiant beaucoup à ses plaisirs, il n'avait pas cette hauteur d'attitude, naturelle ou étudiée, qui impose aux hommes, qui est l'un des talents du commandement, que Napoléon lui-même négligeait quelquefois de se donner, mais qui était suppléée chez lui par le prestige d'un génie prodigieux, d'une gloire éblouissante, d'une fortune sans égale. Masséna arrivant à son quartier général avec trop peu d'appareil,

Mai 1810.

L'armée qui lui est destinée.

Mai 1810.

accueillant ses lieutenants déjà mécontents avec une simplicité amicale mais peu empressée, suivi d'un entourage fâcheux, et notamment d'une courtisane, se plaignant indiscrètement de sa fatigue, ne captiva ni l'affection, ni le respect de ceux qui devaient le seconder. Masséna a vieilli, fut le propos qu'on entendit répéter tout de suite autour du maréchal Ney à Salamanque, autour du général Junot à Zamora. Soit qu'en effet Ney et Junot eussent jugé Masséna vieilli, soit que leurs flatteurs (car les états-majors n'en contiennent pas moins que les cours) eussent deviné que le dire était une manière de leur plaire, ce propos désobligeant se trouva presque aussitôt dans toutes les bouches. Ney et Junot affichèrent de plus, à cause de leur importance personnelle, la prétention de n'être pas des lieutenants ordinaires, et de n'être pas astreints à la commune obéissance.

Mauvais accueil que Masséna reçoit de ses lieutenants.

À les entendre, Masséna devait se borner à diriger l'ensemble des opérations, et laisser à chacun d'eux dans son corps le rôle de général en chef. Ces discours et ces prétentions ne pouvaient pas rester ignorés du maréchal Masséna, car s'il y a des flatteurs qui inventent des propos, il y en a d'autres qui les rapportent. — Ils trouvent que je suis vieilli! s'écria-t-il avec humeur; je leur ferai voir que ma volonté du moins n'a pas vieilli, et que je sais me faire obéir par ceux qui sont placés sous mes ordres. — C'était commencer une campagne difficile sous de fâcheux auspices, et c'était de la part des futurs lieutenants de Masséna une conduite condamnable, surtout de la part du général Junot, qui n'avait ni le mérite ni le grade du maréchal Ney.

dont l'orgueil par conséquent était moins excusable, et qui, tout jeune encore, ayant été placé sous les ordres du maréchal Masséna, devait être habitué à lui obéir. Un troisième lieutenant, le général Reynier, dont le corps devait rejoindre l'armée de Portugal, se conduisit mieux du moins dans le commencement. Élevé à l'armée du Rhin, habitué à la discipline, peu gâté par la fortune, il accueillit l'arrivée de son général en chef avec le respect d'un officier modeste et grave, et le lui témoigna par une correspondance pleine d'exactitude et de déférence [1].

Ces difficultés de personnes n'étaient ni les moindres ni les plus sérieuses parmi celles que Masséna allait rencontrer. Napoléon avait bien préparé plusieurs corps dont la réunion pouvait présenter une force imposante, mais ils n'étaient pas encore organisés en armée. Il n'y avait ni état-major général,

[1] On est souvent exposé, lorsqu'on veut entrer dans de pareilles particularités, à ne donner que des détails imaginaires. Heureusement on peut ici rendre avec exactitude les scènes qui se sont passées entre le général en chef et ses lieutenants, parce qu'indépendamment de la correspondance de plusieurs officiers, il y a celle de l'intendant général de la police de Portugal, dont j'ai déjà parlé, lequel était un homme spirituel, bienveillant, étranger à tous les partis qui divisaient l'armée, très-intéressé au succès de l'expédition, n'en voulant qu'à ceux qui le compromettaient, et mettant un prix infini à dire la vérité à Napoléon, sous les yeux duquel sa correspondance était placée directement par le duc de Rovigo. Cette correspondance très-détaillée peint toutes les phases de la campagne avec une vérité frappante, et une sincérité qui saisit à la première lecture. Grâce à cette correspondance, j'ai pu reproduire certaines particularités précieuses, sans prêter à l'histoire des couleurs de fantaisie, comme on est exposé à en employer lorsqu'on veut faire agir ou parler avec trop de détail des personnages qui ne sont plus, et qui ont emporté dans la tombe le souvenir de ce qui s'est fait ou dit en leur présence.

ni intendance militaire, ni hôpitaux, ni moyens de transport, ni parc général d'artillerie, ni surtout artillerie de siége. Pour réunir le matériel nécessaire on aurait eu besoin d'argent comptant, parce que si en prenant impitoyablement sur les lieux le bien des habitants, on trouve du blé, du vin, du bétail, on n'y trouve pas des canons, des mortiers, des affûts, des outils, des caissons; mais, comme on l'a vu, Napoléon ne voulait plus envoyer de fonds en Espagne, afin d'obliger ses généraux à s'en procurer. Fatigué en outre de cette guerre qui consumait secrètement les forces de son empire et commençait à rebuter son esprit, il n'y donnait plus l'attention suffisante. Il faisait lire la correspondance par le major général Berthier, répondait par l'intermédiaire de ce confident laborieux, et sa volonté, qui, exprimée de sa bouche sur les lieux mêmes, avec la véhémence qui naît de la vue des choses, aurait à peine suffi pour vaincre les difficultés propres à l'Espagne, sa volonté formée sur des analyses de correspondance, transmise par des intermédiaires, n'était plus qu'un son répercuté, et affaibli par de lointains échos. Aussi ne s'exécutait-elle que rarement, et en très-faible partie.

C'est le triste résultat de cet état de choses que Masséna trouva partout en arrivant à Salamanque. On avait bien reçu quelques portions de matériel envoyées de France depuis la paix avec l'Autriche, quelques mulets, quelques chevaux, quelques caissons, mais chaque corps s'en emparait s'il pouvait les saisir au passage, et les usait pour ses besoins journaliers avant l'entrée en campagne. De plus, le temps avait été affreux dans les Castilles encore plus qu'en Aragon, et de Salamanque à Ciudad-Rodrigo, douze chevaux attelés à une pièce de vingt-quatre lui faisaient à peine parcourir deux lieues par jour. Qu'on joigne à ces difficultés la présence de bandes plus nombreuses et plus audacieuses que jamais, interceptant les convois s'ils n'étaient pas gardés par des forces considérables, et l'on sera encore loin d'avoir une idée exacte des obstacles que le maréchal Masséna avait à surmonter. L'urgence des besoins de l'armée y avait fait naître des abus que les chefs, par fatigue ou complicité, avaient fini par ne plus réprimer. Les soldats et quelquefois les officiers prenaient le bétail ou le blé du paysan, non pour s'en nourrir, ce qui est toujours une excuse chez l'homme de guerre, mais pour le revendre et se procurer un peu d'argent. Ils se livraient aussi à la contrebande des denrées coloniales, en laissant passer des troupes de mulets chargés de ces denrées, moyennant un tribut, et ils allaient même jusqu'à vendre aux prisonniers espagnols leur liberté, en les laissant s'échapper à prix d'argent. Bien que peu sévère, Masséna fut profondément affligé de voir abaissée à ce point la discipline de l'armée française, dans cette contrée si funeste pour elle. Il n'y a qu'une chose qu'il retrouva sans altération sur le visage basané de ses vieux compagnons d'armes, c'était une assurance martiale que jamais le malheur n'avait ébranlée, et que l'Europe entière réunie un jour sous les murs de Paris ne devait point faire fléchir.

Indépendamment de cette situation générale de l'armée, chaque corps avait ses misères particuliè-

340 LIVRE XXXIX.

Mai 1810.

res. Il n'y avait en Vieille-Castille, pouvant agir immédiatement, que le 6ᵉ corps (maréchal Ney) et le 8ᵉ (général Junot); encore ce dernier avait-il été obligé de s'étendre jusqu'à Léon, c'est-à-dire à une distance de trente ou quarante lieues. Le 2ᵉ (général Reynier) était demeuré sur le Tage, de l'autre côté des montagnes du Guadarrama, et ne devait se joindre à l'armée de Portugal qu'après les siéges que cette armée allait exécuter. Or la force de ces corps n'était pas ce que Napoléon avait espéré et promis. Le corps du maréchal Ney qui aurait dû être de 30 mille hommes après l'adjonction de la division Loison, n'en comptait que 25 ou 26 mille, tant la seule entrée en Espagne réduisait l'effectif des troupes. A la vérité il était composé, sauf les nouveaux venus amenés par le général Loison, de soldats admirables, rompus aux fatigues, ayant figuré à Elchingen, à Iéna, à Friedland, ainsi qu'à toutes les grandes journées de la guerre d'Espagne, prêts à tout entreprendre, enthousiastes de leur chef, mais n'obéissant volontiers qu'à lui. Le 8ᵉ, qui avait dû être d'abord de 40 mille hommes, puis de 30, après bien des détachements envoyés aux autres corps, ne s'élevait guère à plus de 20 ou 24 mille hommes. Tout récemment on l'avait diminué d'une division pour veiller aux communications, mesure qui avait beaucoup ajouté au dépit du général Junot. Quant à ce corps, il était entièrement formé de conscrits, ce qui était une grande cause de faiblesse non pour le combat, mais pour la résistance aux fatigues. Les troisièmes et quatrièmes escadrons de dragons, arrivés en partie, et réunis après un travail d'assemblage à

Force des corps très inférieure à ce que Napoléon avait promis au maréchal Masséna.

leurs premiers et seconds escadrons, fournissaient au général Montbrun une réserve de 4,000 cavaliers excellents, ce qui portait à 51 ou 52 mille hommes l'armée du maréchal Masséna immédiatement disponible. Elle devait s'augmenter, il est vrai, du 2ᵉ corps destiné à rejoindre plus tard. Après tout ce qu'il avait souffert en Portugal sous le maréchal Soult, et plus récemment sur le Tage, le 2ᵉ corps comptait au plus 15 mille hommes, privés de solde depuis plusieurs mois, presque nus, mais aussi solides, aussi aguerris que ceux du maréchal Ney, et prêts, quoique mécontents, à tout ce qu'il y avait de plus difficile en fait d'opérations de guerre. En appelant le général Reynier auprès de lui le général en chef pouvait donc réunir tout au plus 66,000 hommes, mais les maladies de l'été, les siéges qu'on allait entreprendre, les garnisons qu'on serait obligé de laisser dans les places conquises, devaient réduire ce nombre de 15 ou 16 mille hommes, et ramener l'armée de Portugal à une force totale de 50 mille combattants. La garde impériale était bien arrivée à Burgos, mais Napoléon voulant se la réserver pour le cas où il viendrait lui-même en Espagne, avait défendu de la déplacer, à moins d'un besoin pressant. Restait le corps du général Drouet, composé des deux anciennes divisions Oudinot, évalué d'abord à 18 mille hommes, en comprenant seulement 15 mille, et occupé encore à se refaire sur les côtes de Bretagne. Masséna ne pouvait donc compter que sur les corps de Ney et de Junot pour le moment, sur celui de Reynier quand il franchirait la frontière du Portugal, mais dans aucun cas ne devait réunir au delà de

50 mille hommes, puisque l'arrivée des troupes de Reynier ne serait que la compensation à peine suffisante des pertes résultant des siéges, des garnisons et de la saison. A l'aspect de tout ce qu'il venait de découvrir sur les lieux mêmes, infériorité de nombre, défaut de matériel, mauvais esprit des chefs, destruction de la discipline, Masséna entrevit de grands malheurs, et écrivit à Napoléon des lettres tristes mais profondément sensées, telles enfin qu'il appartenait de les écrire à l'un des hommes de guerre les plus clairvoyants et les plus expérimentés de ce siècle. Il dit la vérité sans l'affaiblir ni l'exagérer, et réclama tout ce qui lui manquait, n'affirmant pas même le succès si on lui envoyait ce qu'il demandait, tant il regardait comme difficile de faire la guerre, non pas contre les Portugais et les Anglais réunis, mais contre le sol, le climat, la stérilité du Portugal. Vieux, fatigué, dépourvu d'illusions, il se mit cependant à l'œuvre avec plus d'application qu'il n'en avait montré à aucune époque de sa vie.

On lui avait donné un intendant de son choix, l'ordonnateur en chef Lambert, un officier d'artillerie accompli, le général Éblé, un bon officier du génie, le général Lazowski, et enfin un chef d'état-major qui lui était dévoué, et qui avait du sens, de l'exactitude, du courage, le général Fririon. Aidé de ces collaborateurs et du général Thiébault, gouverneur de Salamanque, il s'appliqua à créer ce qui n'existait pas, à réparer ce qui était délabré. Pour y parvenir il commença par faire verser dans la caisse centrale de l'armée les contributions que chaque corps avait frappées pour son usage sur les provinces qu'il occupait. Les chefs de corps ne cédèrent pas sans résistance, mais Masséna l'exigea et l'obtint. Il pressa l'arrivée de quelques fonds de Paris, afin d'acquitter la solde arriérée, puis avec les ressources qu'il s'était procurées il entreprit de créer à Salamanque des magasins généraux. Il attira vers lui les mulets achetés dans le midi de la France pour les besoins de l'armée de Portugal; il fit monter sur affûts de siége toute la grosse artillerie qu'il parvint à réunir, en accéléra le transport vers Ciudad-Rodrigo, et y adjoignit les outils, les munitions dont il put charger les routes. Ciudad-Rodrigo, placé à trois ou quatre marches de Salamanque, était situé dans une vaste plaine, aride, déserte, large de vingt ou trente lieues, et où il fallait tout porter avec soi. On y trouvait à peine du vert pour les chevaux. Masséna y envoya ce qu'il put pour faire subsister les troupes qui allaient s'y rassembler. Ces troupes étaient celles du maréchal Ney. Masséna leur ordonna de s'approcher de la place, d'y construire des fours, des baraques pour les vivres et les munitions, d'y former en un mot l'établissement nécessaire à un siége. Comme il se pouvait que les Anglais, qui, depuis notre entrée en Andalousie, avaient quitté l'Estrémadure espagnole pour se rendre dans le nord du Portugal, fussent tentés d'interrompre nos opérations, il enjoignit au général Junot de quitter Léon et Benavente, et de se porter entre Ledesma et Zamora, afin de pouvoir se concentrer sur la droite du maréchal Ney, s'il en était besoin. Grâce à ces ordres, dont il suivait l'exécution avec une vigilance qui ne lui était

Mai 1810.

pas ordinaire, Masséna commença à réunir à Salamanque le matériel d'une armée considérable, et à concentrer autour de Ciudad-Rodrigo une partie de ce qu'exigeait un grand siége. Malheureusement la route entre Salamanque et Ciudad-Rodrigo, défoncée par des charrois nombreux, était en outre infestée par les guérillas, qui osaient s'y montrer malgré la présence incessante de nos troupes, et parvenaient souvent à y produire des troubles fâcheux. Aussi le maréchal Masséna ne manqua-t-il pas d'écrire à Paris pour demander la prompte arrivée du corps du général Drouet, affirmant qu'après son départ pour le Portugal toutes ses communications seraient interceptées, si des forces nombreuses n'étaient chargées de les couvrir.

Question qui s'éleva entre Masséna et ses lieutenants au sujet du plan de campagne.

Tandis qu'on allait ainsi commencer par le siége de Ciudad-Rodrigo la nouvelle campagne de Portugal, une première question s'éleva entre le maréchal Masséna et ses lieutenants. Les Anglais étaient campés à Viseu, à trois marches de la frontière. On variait beaucoup sur leur nombre, qu'on portait depuis 20 jusqu'à 40 mille hommes, parce qu'on confondait les Anglais avec les Portugais, mais personne n'attribuait aux Anglais eux-mêmes plus de 24 mille hommes. Ce voisinage faisait fermenter l'ardent courage de Ney. Il trouvait bien long, bien fastidieux d'exécuter deux siéges comme ceux de Ciudad-Rodrigo et d'Alméida, d'épuiser ainsi contre des murailles la noble ardeur de ses soldats, pour un résultat d'ailleurs assez médiocre, celui de prendre des places qui seraient, il est vrai, une incommodité de moins sur la route de Portugal, mais qui

Ney voudrait qu'au lieu de faire des siéges on allât attaquer les Anglais à Viseu.

ne seraient pas d'un grand secours dans la guerre de partisans dont on était menacé sur les derrières. Il pensait, au contraire, qu'en se portant directement contre les Anglais, en allant les assaillir à l'improviste avec le 6ᵉ et le 8ᵉ corps, avec la cavalerie de Montbrun, c'est-à-dire avec 50 mille hommes environ, on avait grande chance de les battre, et, les Anglais battus, de voir probablement toutes les places tomber d'elles-mêmes. On aurait ainsi dès les premiers moments presque atteint le but de la guerre.

Le maréchal Ney proposa cette manière d'opérer au général en chef, la soutint avec la chaleur qui lui était naturelle, et en même temps écrivit au général Junot pour la lui suggérer, et pour que, réunis dans le même avis, ils fissent à eux deux une sorte de violence à Masséna. Les lettres de Ney à Junot étaient si instantes, contenaient des propositions tellement contraires à la soumission d'un lieutenant, que l'on pouvait considérer la violation de la discipline comme déjà flagrante. Il n'y manquait que le scandale, car heureusement ces lettres étaient secrètes. Le fougueux Junot joignit ses instances à celles de Ney, dont il partageait l'impatience ; mais il n'obtint rien de la fermeté du général en chef. Celui-ci, par une singularité de situation, était réduit à résister à ses lieutenants, en partageant leur avis, car il aimait mieux les batailles que les siéges, ayant le génie des unes et très-peu la patience des autres. Mais les ordres de Napoléon étaient formels. Ils lui enjoignaient, avant toute opération offensive, de conquérir les places de Ciudad-Rodrigo et d'Alméida, autrefois construites l'une contre l'autre, aujourd'hui

Mai 1810.

Masséna le préférerait mais il s'y oppose par suite des ordres de l'Empereur

dirigées toutes deux contre nous; de ne pas s'avancer en Portugal avant la fin des grandes chaleurs, et la réunion d'un convoi de vivres qui pût nourrir l'armée pendant quinze ou vingt jours. Devant des instructions si précises, il n'y avait pas à hésiter, quelque opinion qu'on eût conçue, et il fallait suivre la volonté d'un maître dont le pouvoir était absolu, et les lumières sans égales. Masséna répondit à ses lieutenants en leur communiquant les instructions reçues de Paris, et ceux-ci, loin d'avoir la bonne foi d'attribuer à Napoléon le plan qui allait prévaloir, répandirent dans les deux corps d'armée que c'était Masséna qui au lieu d'une campagne active et décisive préférait des siéges ennuyeux et meurtriers, qu'évidemment il avait vieilli, et n'était plus le même homme. Ces propos colportés de toutes parts furent un premier scandale que Masséna dédaigna, mais ne put apprendre sans un vif ressentiment.

Pourtant les uns et les autres avaient tort de n'exécuter les ordres de Napoléon que contraints et forcés. Sans doute si le général anglais avait été disposé à les attendre à Viseu, ils n'auraient pas dû hésiter à aller l'y chercher, car c'était un immense résultat que de le battre dès l'ouverture de la campagne. D'ailleurs quelques jours de vivres sur le dos des soldats auraient suffi pour une opération à si petite distance. Mais le général anglais n'était pas homme à se conduire au gré de ses adversaires. Il ne les aurait pas attendus à Viseu; il se serait retiré à notre approche, comme il le fit bientôt, se serait fait suivre par nos braves soldats haletants de soif et mourants de faim, et puis se serait, ou jeté derrière les ouvrages de Lisbonne, ou arrêté sur un terrain bien choisi sur lequel il nous eût été impossible de le battre, et d'où il nous aurait fallu revenir sans un morceau de pain, en trouvant deux places ennemies sur nos derrières. Le plan de différer jusqu'à ce que tout le matériel fût réuni, jusqu'à ce qu'on pût avec des vivres suivre l'ennemi partout où il irait, d'attendre ainsi la fin des grandes chaleurs, et de se débarrasser dans l'intervalle de deux places fort dangereuses à laisser derrière soi, était évidemment le plus sage, le mieux calculé, le plus digne, en tout point, de la haute sagacité de Napoléon. Bien que dans cette guerre il se trompât quelquefois, faute de voir les choses d'assez près, il avait ici pleinement raison contre ses lieutenants.

Les desseins du général anglais étaient au surplus la plus complète justification de ses vues. Sir Arthur Wellesley avait acquis sur le gouvernement, et même sur le public britanniques, un grand crédit par ses dernières opérations. Depuis la retraite précipitée, et qui aurait pu être si désastreuse, du général Moore, les Anglais frémissaient sans cesse à l'idée de voir leurs soldats précipités dans la mer, et ne les laissaient qu'en tremblant sur le sol de la Péninsule. Cependant en voyant leur nouveau général Arthur Wellesley, loin d'être expulsé de la Péninsule, expulser au contraire le maréchal Soult du Portugal, puis oser venir par le Tage jusqu'à Talavera pour livrer bataille aux portes de Madrid, se retirer ensuite assez paisiblement en Estrémadure devant les armées françaises réunies, ils avaient commencé à prendre confiance, et avaient accumulé sur la tête d'Arthur Wellesley ces honneurs inouïs, qui dans notre siècle ont autant honoré ce général que la nation qui lui témoignait une si juste reconnaissance. Ils venaient de lui décerner le titre de lord Wellington, des récompenses pécuniaires considérables, et pour lui rendre tout plus facile, d'envoyer son frère, Henry Wellesley, auprès de la junte centrale de Séville en qualité d'ambassadeur de la Grande-Bretagne. Son autre frère, le marquis de Wellesley, était, comme on l'a vu, secrétaire d'État des affaires étrangères. On ne pouvait donc être ni plus considéré ni plus fortement appuyé qu'il ne l'était en Angleterre. Pourtant les services déjà rendus à son pays, la grande réputation qu'il commençait à acquérir, ne le garantissaient ni des attaques de l'opposition qui voulait la paix, ni des objections du gouvernement qui ne cessait de craindre un désastre. Aussi le gouvernement britannique entretenait-il aux bouches du Tage, et à grands frais, une immense flotte de transport, afin d'être toujours en mesure de recueillir l'armée si elle était battue. La paix de la France avec l'Autriche redoublait ses appréhensions, car il se disait qu'il n'était pas possible que Napoléon ne dirigeât pas bientôt vers la Péninsule sa meilleure armée et son meilleur général, c'est-à-dire lui-même, et à cette idée l'Angleterre tout entière frémissait d'effroi pour lord Wellington et pour l'armée qu'il commandait.

Dans ce redoublement d'inquiétudes produit par la paix avec l'Autriche, le public anglais tourmentait le cabinet, et le cabinet tourmentait lord Wellington par l'expression de terreurs continuelles. On le suppliait d'être prudent, et loin de lui prodiguer les moyens en proportion du danger, on les lui fournissait avec une certaine parcimonie, de peur de le trop encourager à rester dans la Péninsule. Lord Wellington sentait vivement ces contrariétés, car les âmes faites pour surmonter les grands périls n'ont souvent de l'insensibilité que les dehors; elles se dominent sans éprouver moins que d'autres les angoisses des situations difficiles. L'intrépide général souffrait, mais n'était pas encore assez puissant pour oser témoigner ce qu'il sentait, soit au cabinet, soit au Parlement britanniques. Il endurait ses ennuis, et répondait avec ménagement à ses chefs, quand il eût été souvent tenté d'en agir autrement. Avec une rare pénétration, il avait jugé la marche des choses dans la Péninsule mieux que Napoléon lui-même, non qu'il eût un esprit égal, il s'en fallait, mais parce qu'il se trouvait sur les lieux, et qu'il n'était égaré par aucune des illusions que Napoléon, engagé dans une mauvaise voie, prenait plaisir à se faire à lui-même. Il avait apprécié la force de résistance que les haines nationales, le climat et les distances opposaient aux Français, l'épuisement de leurs forces quand ils arrivaient au fond de la Péninsule, le décousu de leurs opérations sous la direction de généraux divisés, l'invraisemblance de l'arrivée de Napoléon sur un théâtre de guerre aussi lointain, enfin le désaccord de celui-ci avec Joseph, désaccord qui prouvait que le système excessif de Napoléon commençait à dépasser même le zèle de ses propres frères, et il se disait, avec une conviction que rien

Mai 1810.

Lord Wellington persuadé que Napoléon n'enverra jamais en Espagne les forces nécessaires pour l'expulser de la Péninsule, et qu'on pourra, en se conduisant avec prudence, éterniser une guerre ruineuse pour l'Empire français.

Mai 1810

Lord Wellington fait choix d'une position inexpugnable pour le cas d'une retraite obligée, et commence à faire élever près de Lisbonne les lignes de Torres-Vedras.

n'avait pu ébranler, que ce vaste échafaudage de grandeur était miné de toutes parts, que sans doute Napoléon pourrait s'emparer de la plus grande partie de la Péninsule, mais qu'il n'en pourrait pas conquérir certains points extrêmes, tels que Gibraltar, Cadix, Lisbonne, protégés par l'éloignement et par la mer, que si l'Angleterre de ces points extrêmes continuait à exciter et à soutenir par des secours la haine des Portugais et des Espagnols, on verrait renaître sans cesse cette lutte qui épuisait les forces de l'Empire, que l'Europe tôt ou tard se révolterait contre le joug de Napoléon, et que celui-ci n'aurait plus à lui opposer que des armées à moitié détruites par une guerre interminable et atroce. Cette opinion, qui honore au plus haut point le jugement militaire et politique de lord Wellington, était devenue chez lui une idée invariable, et il y persévérait avec une sûreté d'esprit et une opiniâtreté de caractère dignes d'être admirées[1]. Mais dans ce plan de conduite tout dépendait de la résistance qu'on pourrait opposer aux Français, lorsqu'on aurait été acculé, comme il fallait s'y attendre, aux extrémités de la Péninsule, et lord Wellington avait cherché avec une grande attention, et discerné avec une rare justesse de coup d'œil, une position presque inexpugnable, d'où il se flattait de braver tous les efforts des armées françaises. Cette position, qu'il a rendue immortelle, était celle de

[1] La pensée du duc de Wellington à l'égard de la guerre de la Péninsule est parfaitement connue depuis la publication de sa correspondance. On la trouve consignée à toutes les pages de cette correspondance, et elle fait le plus grand honneur à sa sagacité et à la sûreté de son esprit.

Torrès-Védras près de Lisbonne. (Voir la carte n° 53.) Il avait remarqué en effet, entre le Tage et la mer, une péninsule large de six à sept lieues, longue de douze ou quinze, facile à intercepter par une ligne de travaux presque invincible, et derrière laquelle Lisbonne, la grande rade de cette capitale, la flotte d'embarquement, les vivres et les munitions de l'armée seraient hors de toute atteinte. Une fois cette position choisie, il avait tracé lui-même à ses ingénieurs, en leur laissant le soin des détails, l'ensemble des ouvrages qu'il voulait faire élever. N'ayant découvert son plan à personne, n'ayant point à craindre la publicité des journaux de Lisbonne, alors absolument nulle, il avait, sans qu'on le sût en Europe, réuni plusieurs milliers de paysans portugais, qui gagnaient leur vie en construisant sous la direction des ingénieurs anglais les célèbres lignes de Torrès-Védras. A peine le savait-on dans l'armée anglaise, et on y confondait ces travaux avec quelques ouvrages défensifs qu'il était naturel d'exécuter autour de Lisbonne. Plus de six cents bouches à feu soit portugaises, soit anglaises, se préparaient pour armer les nombreuses redoutes qui s'élevaient en travers de la péninsule du Tage.

Lord Wellington avait ensuite tâché de proportionner ses forces à ce plan si profondément combiné. En 1810, l'armée anglaise servant directement sous ses ordres était d'environ trente mille hommes; il y avait en outre quelques mille soldats anglais tenant garnison, les uns à Gibraltar, les autres à Cadix. Les trente mille placés directement sous la main de lord Wellington étaient presque tous présents sous les armes, grâce à leur arrivée par mer, à la lenteur de leurs mouvements, à l'abondance dont ils jouissaient, et enfin à la maturité de leur âge, car la plupart étaient de vieux soldats ayant fait la guerre en Flandre, en Égypte, en Danemark, en Espagne. Mais le général anglais avait singulièrement ajouté à l'étendue de ses forces par l'organisation de l'armée portugaise. C'est le maréchal Béresford qui avait été chargé de cette organisation. On lui avait donné d'abord beaucoup d'officiers anglais, plus un matériel considérable, et des fonds pour la solde que l'Angleterre acquittait sous forme d'un subside au Portugal. Le soldat portugais, plein de haine contre les Français, sobre, agile, brave, et de plus équipé, nourri, instruit comme les Anglais eux-mêmes, les égalait presque lorsqu'il se battait à leurs côtés, et valait dans tous les cas beaucoup plus que le soldat espagnol, non qu'il lui fût supérieur par nature, mais parce qu'il avait une discipline qui manquait à ce dernier. L'armée portugaise payée pour fournir 30 mille hommes, en fournissait en réalité 20 mille. On y avait ajouté une milice assez bien équipée, et en état de rendre de bons services, parce qu'on avait introduit dans ses rangs tous les officiers portugais dont les Anglais avaient pris la place dans l'armée de ligne. Elle ne présentait pas moins de 30 mille hommes. Enfin une sorte de levée en masse, convoquée par les hidalgos dans les provinces envahies, animée de passions furieuses, était une dernière ressource dont on pouvait tirer parti en la jetant sur les derrières des Français. Lord Wellington avait donc à sa disposition, sans compter la levée en masse, environ 80 mille hommes, Anglais ou Portugais, soldats réguliers ou miliciens, dont cinquante mille au moins très-capables de se battre en ligne, et trente mille très-bons à employer dans une position défensive. Sept ou huit mille mulets espagnols, bien payés, portaient à sa suite tout ce dont il avait besoin. Ces forces coûtaient à l'Angleterre au moins cent cinquante millions de francs par an, qu'on peut bien évaluer à trois cents de notre époque.

Mai 1810.

Le gouvernement portugais, composé d'un régent réfugié au Brésil et d'une régence collective résidant à Lisbonne, subventionné par l'Angleterre, ne vivant que par sa protection, contrariait souvent lord Wellington, mais se soumettait bien vite dès que le général anglais agitait son redoutable sourcil. Lord Wellington était donc le maître de cette partie de la Péninsule, et y pouvait diriger la guerre comme il l'entendait. Il donnait aux Espagnols des conseils qu'ils ne suivaient pas, mais il ne les comptait guère que comme l'un des obstacles naturels opposés aux Français par le sol de la Péninsule, et dirigeait ses opérations indépendamment de tout concours de leur part.

Dès que les Français avaient envahi l'Andalousie, lord Wellington s'était hâté de quitter l'Estrémadure, ne voulant plus être compromis dans des opérations communes avec les Espagnols, et il s'était retiré en Portugal dans le désir de se consacrer exclusivement à la défense de ce pays, ce qui le replaçait dans le texte précis de ses instructions, et suffisait pour l'accomplissement de ses vues, car peu

Plan de lord Wellington pour la campagne de cette année.

importait que les Anglais fussent en Espagne ou en Portugal, c'était assez de leur présence sur un point quelconque de la Péninsule, pour y soutenir l'espérance des insurgés et y perpétuer la guerre. Dans cette pensée de se borner actuellement à la défense du Portugal, il avait pris la position la mieux appropriée à l'objet qu'il se proposait.

Les Français pouvaient envahir le Portugal, ou par le nord, en débouchant de la Galice sur Oporto, ou par l'est, en se portant de Salamanque sur Coimbre, ou par le midi, en se dirigeant de Badajoz sur Elvas, afin de pénétrer par l'Alentejo. (Voir la carte n° 43.) Leurs rassemblements autour de Salamanque, tout près de Ciudad-Rodrigo, indiquaient que Ciudad-Rodrigo allait devenir leur base d'opération, que dès lors ils allaient agir par l'est. Les troupes du maréchal Mortier réunies autour de Badajoz auraient pu faire naître des doutes, si elles avaient été plus nombreuses et plus actives. Mais la force des corps réunis à Salamanque, et l'activité déployée devant Ciudad-Rodrigo, ne laissaient aucun doute sur la direction véritable des Français, et prouvaient qu'ils allaient marcher par la route de Salamanque à Coimbre, en suivant la vallée du Mondego, route sur laquelle les Espagnols avaient construit Ciudad-Rodrigo, et les Portugais Alméida pour se résister les uns aux autres.

En conséquence lord Wellington avec le gros de ses forces, c'est-à-dire avec 20 mille Anglais et 15 mille Portugais, s'était établi à Viseu, à l'entrée de la vallée du Mondego. Ne comptant pas entièrement sur l'inactivité des Français du côté du midi, entre

Badajoz et Elvas, il y avait placé son meilleur lieutenant, le général Hill, avec 6 mille Anglais et 10 mille Portugais. Entre deux, sur le double versant de l'Estrella (voir la carte n° 53), qui est la continuation de la chaîne du Guadarrama, et qui, se prolongeant de l'est à l'ouest, sépare les grandes vallées du Douro et du Tage, il avait dispersé quelques milices pour servir de liaison entre ses deux corps principaux. Une route intérieure dont il avait exigé impérieusement la construction de la part des Portugais, et qui allait du nord au midi, dans la direction de Coïmbre à Abrantès, lui permettait de se concentrer rapidement lorsqu'il rétrograderait sur Lisbonne. Ne supposant pas que le commencement des opérations actives dût être prochain, il avait laissé sa cavalerie sur le Tage. Son projet était de surveiller de sa position de Visen les mouvements des Français, de ne pas les attendre s'ils venaient lui livrer bataille, de rétrograder devant eux jusqu'à ce qu'il eût rencontré une forte position, et que par la longueur du trajet il les eût épuisés de fatigue, de les combattre alors après avoir mis toutes les chances de son côté, mais jusque-là de ne rien hasarder pour sauver les places espagnoles ou portugaises, ou pour épargner aux provinces de ses alliés les ravages de l'ennemi. Tout subordonner au succès de la guerre, était sa résolution inébranlable. Il avait même rendu des ordonnances cruelles, enjoignant aux Portugais sous peine de mort de le suivre quand il se retirerait, de tout détruire en se retirant, et annonçant qu'il brûlerait lui-même tout ce qu'ils n'auraient pas détruit. La régence portugaise ayant élevé quelques objections contre ce système de guerre si ruineux pour le Portugal, il avait répondu qu'il fallait choisir entre l'obéissance à ses ordres ou le départ de son armée, que si on ne faisait pas ce qu'il voulait, il se rembarquerait, et abandonnerait le pays aux Français, qui ne le traiteraient pas mieux que lui. La régence s'était tue en maudissant cet allié presque autant qu'un ennemi.

Le plan qui consistait pour les Français à prendre Ciudad-Rodrigo, puis Alméida, à y créer de grands magasins, à n'en partir qu'avec des vivres portés à dos de mulet, était donc le seul praticable, puisque de son côté lord Wellington était résolu à ne pas accepter la bataille qu'on voulait lui livrer, et à se retirer en nous laissant mourir de faim à sa suite. Ce qui eût même rendu ce plan plus sage encore, c'eût été de n'entreprendre le siége de Ciudad-Rodrigo qu'après avoir réuni tous les moyens nécessaires, non-seulement en vivres, mais en outils, en grosse artillerie, en munitions. Cependant il était difficile de retarder le siége plus longtemps, sans se mettre dans l'impossibilité de commencer la campagne offensive à la fin de l'été; par ce motif le maréchal Masséna vers les premiers jours de juin autorisa le maréchal Ney à investir la place, et rapprocha de lui le corps de Junot pour le cas où les Anglais seraient tentés de troubler nos opérations. Mais avec son tact exercé, le maréchal Masséna avait parfaitement discerné le système défensif de son adversaire, et, justement parce que nous devions le désirer, pensait bien que lord Wellington ne viendrait pas nous livrer bataille sur notre propre terrain, là même où nous avions le moyen de vivre. Aussi, bien qu'il prît ses précautions contre l'apparition des Anglais, il n'y croyait guère, et pendant que le maréchal Ney allait entreprendre le siège de Ciudad-Rodrigo, il resta de sa personne à Salamanque pour préparer les magasins de l'armée, et envoyer aux troupes assiégeantes l'artillerie, les munitions, les outils dont elles avaient indispensablement besoin.

Vers le commencement de juin, le maréchal Ney investit Ciudad-Rodrigo. Cette place est située sur l'Agueda, petite rivière qui descend de la Sierra de Gata (laquelle fait partie de la Sierra de l'Estrella) pour se jeter dans le Douro. (Voir la carte n° 52.) Cette petite rivière était alors très-grossie par la pluie. La ville est construite sur une hauteur taillée presque à pic du côté de l'Agueda qui la baigne au sud, et suffisamment défendue de ce côté par l'escarpement du lit de la rivière. A l'est et au nord elle domine également le terrain environnant, mais s'y rattache par une pente assez douce, ce qui la rend naturellement accessible vers ces deux côtés. Aussi était-ce à l'est et au nord que l'art avait jadis multiplié les défenses. A une ancienne enceinte du moyen âge, consistant en un gros mur flanqué de tours carrées, on avait joint dans les temps modernes une enceinte bastionnée, à fronts inégaux, avec terrassement et fossé revêtu des deux côtés. Au sud-est se trouvait un faubourg, celui de San-Francisco, flanqué de gros couvents qu'on avait retranchés en les liant par des ouvrages. Au nord-ouest se rencontrait un autre gros couvent, celui de Santa-Cruz, bien défendu, et pouvant résister au canon. La place avait un excellent gouverneur, vieux mais plein de savoir et d'énergie, le général Herrasti. Averti par les préparatifs des Français, il avait pris toutes ses précautions de longue main. Il avait mis à couvert sous des blindages, les vivres, les munitions dont la place était abondamment pourvue, et revêtu de terre plusieurs édifices afin de les garantir de la bombe. Il comptait 4,000 hommes de garnison, plus une population fanatique de six mille âmes, accrue des riches propriétaires du pays, qui, ayant cherché asile dans la place pour eux et pour leurs biens transportables, avaient fourni un beau bataillon de milice de 800 hommes. Son artillerie était nombreuse et bien servie, et le brave partisan don Julian s'était réuni à lui avec quelques centaines d'hommes à cheval, dans l'intention de le seconder de son mieux. Tout était donc disposé à Ciudad-Rodrigo pour une longue et vigoureuse résistance.

Le général Lazowski, commandant du génie, n'était point encore arrivé, et le général de l'artillerie Éblé étant retenu à Salamanque afin de préparer le gros matériel, le maréchal Ney se servit des officiers du génie et d'artillerie de son corps, pour commencer le siége. Après s'être consulté avec eux, il discerna très-bien le vrai point d'attaque, et choisit le côté nord pour commencer les travaux, c'est-à-dire le côté où il n'y avait que des défenses artificielles qu'on pouvait abattre avec du canon. Au midi la place, comme nous venons de le dire, était inabordable à cause de l'escarpement de l'Agueda; mais il y avait de ce côté un pont de pierre sur la rivière, et un faubourg non défendu, qu'on appelait le faubourg de Puente. Ney jeta sur l'Agueda, un peu au-dessus de la ville, deux ponts de chevalets pour le service de l'armée, porta sur l'autre rive, outre sa cavalerie, une brigade d'infanterie, et fit enlever le faubourg de Puente et le pont de pierre, de manière à rendre l'investissement complet, et les communications avec les Anglais impossibles.

Après ces opérations préliminaires, le maréchal fit commencer les travaux d'approche. Au nord de la place se trouvait un large plateau, nommé le Teso, à bonne portée de canon. (Voir la carte n° 52.) De ce terrain élevé on pouvait voir les deux enceintes, la nouvelle qui était bastionnée, et l'ancienne qui était flanquée par de grosses tours, et il était possible de faire brèche dans l'une et l'autre, même à une assez grande distance. On espérait ainsi abréger beaucoup les travaux du siége, et, la brèche devenue praticable, emporter la place par une de ces attaques audacieuses dont les soldats de Ney étaient plus que tous autres capables de donner l'exemple.

Les assiégeants attaquant par le nord, sur le terrain élevé du Teso, avaient la droite au couvent de Santa-Cruz, la gauche au couvent de San-Francisco, et au faubourg de ce nom. Dans la nuit du 15 au 16 juin, sans s'inquiéter du clair de lune, on ouvrit la tranchée à 500 mètres de la place, sur un développement de 1,300. Le maréchal Ney, pour détourner l'attention de l'ennemi, avait ordonné une fausse attaque vers le pont de pierre de l'Agueda, et au couvent de San-Francisco. Grâce à cette double diversion, le clair de lune nous fut peu nuisible, et l'ennemi ne s'aperçut des travaux que lorsque

Juin 1810.

Ouverture de la tranchée.

nos soldats eurent assez creusé la terre pour se mettre à couvert. Pourtant nous eûmes 80 hommes hors de combat, dont 10 morts et 70 blessés. Les jours suivants on continua les cheminements avec activité, étendant la tranchée à droite vers le couvent de Santa-Cruz, et à gauche vers le couvent et le faubourg de San-Francisco. L'ennemi chercha à interrompre nos travaux par des sorties répétées, mais ces sorties n'avaient pas grand succès contre les soldats du 6º corps. Toutes les fois qu'il parut devant nos tranchées il fut repoussé à la baïonnette, et rejeté avec grande perte dans la place.

La pluie qui avait duré tout le mois de mai, et qui se renouvela encore dans la première quinzaine du mois de juin, nous causa plus de dommage que les sorties de l'ennemi. Même sur le sol élevé du Teso elle rendit quelquefois nos tranchées inhabitables, et il fallut, sous le feu des Espagnols, creuser des canaux pour les dessécher. L'état des routes ayant ralenti l'arrivée du gros canon, nos soldats étaient exposés à travailler sans la protection de l'artillerie. Le maréchal Ney y suppléa en formant pour la durée du siége six compagnies des meilleurs tireurs de son armée, et en les distribuant en avant des tranchées dans de gros trous qu'on avait creusés pour les mettre à l'abri. Ces trous avaient été disposés de manière à pouvoir contenir trois hommes avec des vivres et des cartouches pour vingt-quatre heures. De cet abri nos tirailleurs faisaient un tel feu sur les canonniers ennemis, qu'ils diminuèrent beaucoup pour nous l'inconvénient de travailler devant une artillerie qui n'était pas contrebattue.

Les travaux de tranchée ayant été poussés assez loin, et les emplacements pour les batteries étant prêts, on commença à y placer l'artillerie, dont une partie était arrivée, c'était celle de 12 et de 16; quant à celle de 24, elle se trouvait encore en arrière. Pourtant à ce point d'avancement des travaux, le maréchal Ney et les officiers du génie attachés à son corps furent d'avis d'enlever le couvent de Santa-Cruz, qui par sa position gênait beaucoup la droite de notre attaque. En conséquence, dans la nuit du 21 au 22 juin, trois cents grenadiers, formés en deux colonnes, furent lancés sur le couvent. L'une, dirigée par le capitaine du génie Maltzen, et vingt sapeurs armés de sacs à poudre, devait essayer de pénétrer par une porte de derrière, tandis qu'avec l'autre le capitaine d'infanterie François attaquerait de front. A la nuit, ces deux colonnes s'avancèrent hardiment. Le capitaine Maltzen fit sauter une première porte, puis une seconde, au moyen des sacs à poudre, et vint donner la main au capitaine François, qui avait abordé le couvent directement. Tous deux ayant franchi les murs extérieurs, poursuivirent les Espagnols, qui, voyant les portes forcées, s'étaient enfuis dans les parties les plus reculées et les plus élevées du bâtiment. Marchant à la tête de leurs soldats sous un feu meurtrier, le capitaine Maltzen et le capitaine François reçurent l'un et l'autre des blessures mortelles. Mais leurs soldats, loin de se rebuter, continuèrent à disputer ce couvent, un bâtiment après l'autre, aux Espagnols furieux. Le capitaine du génie Treussart vint lui-même, sous une grêle de balles, placer au pied de l'un des murs un

Juin 1810.

Attaque du couvent de Santa-Cruz.

Après des efforts héroïques, on ne peut en conquérir que la moitié.

baril de poudre, qui produisit une horrible explosion sans ouvrir de brèche. N'ayant plus d'autre ressource, le brave capitaine Treussart tenta de mettre le feu. Une scène épouvantable s'ensuivit. Une partie des Espagnols périrent au milieu des flammes. Les autres éteignirent l'incendie, et se maintinrent sur quelques points de ces décombres fumants. Nous avions ainsi une moitié du couvent, les Espagnols une autre moitié. Mais il était évident que la constance de nos soldats ne pouvait pas contre de gros murs suppléer au canon. On ajourna donc l'achèvement de cette conquête jusqu'au moment où l'on serait en mesure de faire brèche.

Sur ces entrefaites, le général en chef était arrivé au camp des assiégeants le 24 juin au soir. Après avoir vu et approuvé les travaux, il pressa vivement l'établissement des batteries, afin qu'on pût sur-le-champ essayer d'ouvrir la brèche. Le lendemain, 25, on commença la canonnade. Quarante-six bouches à feu, les unes tirant de droite et de gauche pour ricocher les défenses de la place, les autres tirant de front pour abattre le mur d'enceinte, causèrent d'assez grands dégâts aux ouvrages de l'ennemi. On vit sauter plusieurs dépôts de munitions, l'incendie éclater dans quelques maisons, et la crête des deux enceintes s'abattre dans les fossés. Néanmoins l'artillerie de la place répondit à la nôtre, et nous causa même quelque dommage. Nous eûmes plusieurs pièces démontées, et bon nombre d'artilleurs hors de combat. Le feu fut continué le 26, et ce même jour on voulut se débarrasser du couvent de Santa-Cruz, qui, bien que conquis en partie, incommodait toujours la droite de nos tranchées. On essaya donc de l'enlever définitivement. Trois cents grenadiers s'y jetèrent par une ouverture qu'avaient pratiquée nos sapeurs du génie, et en expulsèrent les Espagnols, qui furent forcés enfin de se retirer dans l'enceinte de la ville. A gauche on chercha à en faire autant au couvent de San-Francisco, mais ce couvent, lié au faubourg du même nom, composait un ensemble d'ouvrages qui ne permettait pas qu'on en brusquât l'attaque. Il fallut y renoncer.

<small>Juin 1810.

Conquête définitive du couvent de Santa-Cruz.</small>

Pendant ce temps notre feu n'avait pas cessé : le maréchal Masséna ne le trouvant pas assez nourri, et se plaignant des officiers du 6ᵉ corps, ordonna impérieusement au général Éblé de prendre le commandement direct de l'artillerie. Ce fut un nouveau déplaisir pour le maréchal Ney, qui prenait grand soin à compter tous ceux qu'il endurait, inévitables ou non. Le général Éblé apporta quelques changements à la disposition des batteries, réussit à rendre notre feu plus destructeur, et le 28, grâce à ses efforts, les deux enceintes qu'on avait pu battre de loin, par suite de la position dominante du Teso, ne présentèrent plus que des décombres qui remplissaient le fossé. A en juger du point où l'on se trouvait, les deux brèches étaient praticables. Le maréchal Masséna voulut immédiatement donner l'assaut, car l'encombrement des troupes sur ce terrain ingrat les exposait à des maladies, et les Anglais, malgré l'invraisemblance d'une opération offensive de leur part, avaient passé la Coa, petite rivière parallèle à l'Agueda, et menaçaient de s'approcher. On somma le général Herrasti, en lui disant qu'il avait

<small>La brèche semblant praticable.</small>

assez fait pour son honneur, qu'il ne pouvait avoir la prétention d'arrêter sur une brèche la bravoure de l'armée de Portugal, et que s'il persistait il exposerait sa garnison à être passée au fil de l'épée.

Les troupes de la garnison commençaient en effet à se décourager, mais les moines continuaient à exciter le peuple, et les réfugiés du pays, qui avaient apporté dans la ville ce qu'ils possédaient de plus précieux, ne voulaient pas qu'on se rendît. Une circonstance favorisait leur intention de résister. La brèche ayant été ouverte de loin, avant que les Français eussent conduit leurs travaux d'approche jusqu'au bord du fossé, la contrescarpe (on appelle ainsi le mur du fossé opposé à la place) était intacte. Dès lors la brèche, praticable du côté de la ville, ne l'était pas du côté de la campagne, car on ne pouvait se jeter dans le fossé pour monter à l'assaut qu'en se précipitant de la hauteur d'un mur. La défense pouvait donc, d'après les règles de l'art, se prolonger encore. Le général Herrasti qui tenait, non par fanatisme mais par honneur militaire, à remplir son devoir dans toute son étendue, fit valoir cette raison pour repousser la sommation du maréchal Masséna, et expédia à lord Wellington un émissaire pour le supplier de venir à son secours.

Cette résistance inattendue causa au maréchal Masséna le plus vif déplaisir. On assembla l'état-major du maréchal Ney et celui du maréchal Masséna, on disputa comme d'usage sur la cause du mal, on le rejeta les uns sur les autres. Les officiers du 6ᵉ corps dirent pour s'excuser qu'on avait voulu aller trop vite, et qu'ayant essayé de faire brèche

---

Juin 1840.

Masséna fait sommer le gouverneur de Ciudad-Rodrigo.

Le général Herrasti résiste à la sommation de Masséna, parce que les Français n'ont pas encore détruit la contrescarpe.

avant d'avoir abattu la contrescarpe, on se trouvait n'avoir pas gagné beaucoup de temps. Ils avaient raison, mais il n'en était pas moins vrai qu'il fallait reprendre les travaux d'approche, et les diriger du Teso sur la crête du glacis et sur le bord du fossé.

Le général en chef, impatienté, choisit dans le 8ᵉ corps un officier de grand mérite, le colonel Valazé, qui s'était déjà distingué au siége d'Astorga, et le chargea de diriger la suite des travaux, afin d'arriver le plus tôt possible à ce bord si désiré du fossé. On parlait de douze jours; le maréchal Masséna demandait avec instance qu'on tâchât d'en finir en sept ou huit, car les vivres manquaient, et le 6ᵉ corps avait été mis à la demi-ration.

A peu près à cette époque du siége on eut une fausse alerte, qui retarda la concentration du 8ᵉ corps sur la droite du 6ᵉ, concentration que le voisinage des Anglais rendait chaque jour plus désirable. On était venu dire qu'un détachement de troupes anglaises débarqué à la Corogne attaquait Astorga, et le général Junot s'était vu obligé d'allonger sa droite afin de secourir cette place, qui fermait les avenues du royaume de Léon aux insurgés de la Galice. Heureusement cette nouvelle se trouva fort exagérée. C'étaient les Galiciens, dont quelques-uns portaient des habits rouges fournis par les Anglais, qui menaçaient Astorga. On les eut bientôt reconnus et repoussés, et le 8ᵉ corps enfin put se porter sur la droite du 6ᵉ, à San-Felices el Chico.

Du reste cette concentration, dictée par la prudence, était moins urgente qu'elle n'avait paru l'être. Lord Wellington s'était bien avancé jusqu'aux

Juillet 1810.

malgré la résistance des Espagnols, refuse de secourir Ciudad-Rodrigo.

bords de la Coa, mais il ne voulait pas combattre. Vainement les émissaires du général Herrasti étaient-ils venus le presser de secourir Ciudad-Rodrigo, vainement le marquis de La Romana était-il venu de Badajoz pour le supplier d'interrompre les opérations des Français, il avait répondu qu'on ne pouvait sauver la forteresse espagnole sans livrer bataille, et qu'il était bien résolu à ne pas risquer le sort de l'armée anglaise pour conserver une place à peu près perdue. Cette dure réponse, quoique appuyée sur des motifs très-sensés, désespéra les Espagnols, et les remplit de colère contre ce qu'ils appelaient le froid égoïsme des Anglais.

Les nouveaux travaux ordonnés par le maréchal Masséna étaient presque achevés, mais ils avaient coûté les dix ou douze jours d'abord demandés, et malgré tous les efforts du colonel Valazé on n'avait pas pu parvenir avant le 5 ou le 6 juillet sur le bord du fossé. Quoique le général Simon eût enlevé à la baïonnette, et avec une rare bravoure, le faubourg et le couvent de San-Francisco, pour dégager la gauche de nos tranchées, la place n'en avait point paru ébranlée, et il avait fallu arriver par des zigzags continus, et sous un feu qui ne se ralentissait pas, jusqu'à la contrescarpe. Enfin, dans la nuit du 6 au 7 juillet on entra en galerie couverte pour aller joindre la contrescarpe. Le 8 on y appliqua une mine de 400 kilogrammes de poudre, et on renversa la maçonnerie dans le fossé. Malheureusement le colonel Valazé, atteint d'une grenade à la tête pendant qu'il dirigeait les travaux, fut réputé mort quelques heures. Mais le travail n'en souffrit point, et bientôt la brèche se trouva praticable des deux côtés du fossé, c'est-à-dire à la descente et à la montée.

Le 9 juillet au matin, le général en chef disposa tout pour l'assaut. Il avait ordonné que l'artillerie se préparât à une dernière journée de feu, afin d'aplanir encore les brèches et de bouleverser l'artillerie de la place. Dès quatre heures du matin nos batteries, qu'on avait portées au nombre de douze, vomirent sur la malheureuse ville de Ciudad-Rodrigo une grêle de boulets, de bombes et d'obus. L'ennemi répondit d'abord avec quelque vivacité, mais bientôt son artillerie, battue par des feux de front et de ricochet, fut obligée de se taire. Les deux brèches, labourées en tous sens par nos projectiles, ne présentèrent plus que des talus de décombres accessibles à l'agilité de nos soldats. Entre trois et quatre heures de l'après-midi, le génie ayant déclaré les brèches parfaitement praticables, Masséna ordonna l'assaut. Le maréchal Ney forma deux colonnes d'élite, sous les généraux Simon et Loison, et les plaça, musique en tête, dans les tranchées, prêtes à déboucher au premier signal. Suivant l'usage, il demanda quelques hommes de bonne volonté pour aller sous le feu de l'ennemi, et en face des deux armées, faire l'épreuve des brèches. Dans ces moments solennels, surtout parmi les troupes chez lesquelles le sentiment de l'honneur est vif, le courage est porté à son comble. Il fallait trois hommes, il s'en offrit une centaine. Ney envoya sur la brèche les nommés Thirion, caporal de grenadiers, Bombois, carabinier, Billeret, chasseur. Ces trois braves gens gravirent au pas de course la brèche de la première enceinte, puis celle de la seconde, et, arrivés au sommet, firent feu au cri de vive l'Empereur! Ils revinrent, sans avoir été atteints, au milieu des acclamations de l'armée. Ney donna alors le signal. Les deux colonnes s'élancèrent jusqu'au pied de la première brèche, et tandis qu'elles s'apprêtaient à la franchir, le drapeau blanc, indice de la reddition, parut sur la seconde. Un vieillard en cheveux blancs, le général Herrasti, se présenta pour traiter. Il s'aboucha avec le maréchal Ney sur les ruines mêmes de ses murailles, et y discuta avec lui les conditions de la capitulation. Ney lui serra la main comme à un brave homme, lui accorda les honneurs dus à une belle défense, et décida que les officiers espagnols garderaient leur épée, et les soldats leur sac. Ces conditions arrêtées, nos troupes entrèrent dans la place. Le général Loison, avec ses colonnes d'assaut, y pénétra par la brèche. Le reste du 6ᵉ corps fut introduit par les portes de la ville livrées immédiatement à nos troupes.

Il était temps que cette longue résistance fût vaincue, car nos soldats commençaient à manquer du nécessaire. On trouva dans Ciudad-Rodrigo bien moins de ressources qu'on ne l'avait espéré. Pourtant on y recueillit des farines, du biscuit, des viandes salées, des liquides, en un mot de quoi nourrir l'armée pendant plusieurs jours. On y prit cent et quelques bouches à feu, beaucoup de cartouches, de poudre et de fusils anglais. On y fit 3,500 prisonniers. La garnison avait perdu près de 500 hommes. Le siége ne nous en avait pas coûté moins de

1,200, dont 200 morts et 1,000 blessés, quelques-uns très-grièvement, comme le sont presque toujours les hommes atteints dans les siéges. Malheureusement les chaleurs ayant immédiatement succédé aux pluies, nous avaient valu un grand nombre de malades. On en comptait déjà trois à quatre mille.

Ce premier acte de la campagne de Portugal s'était bien passé. Les troupes, malgré l'esprit indocile des chefs, malgré l'indiscipline produite par la misère, avaient montré leur vigueur accoutumée. On pouvait tout attendre d'elles en présence de l'ennemi. Le colonel Valazé avait réparé les premières fautes commises dans la direction des travaux, et si l'on n'avait pas plus tôt surmonté la résistance des Espagnols, c'était justement pour avoir voulu la surmonter trop tôt, car l'histoire de la guerre de siéges prouve que tout travail qu'on veut s'épargner, s'il est nécessaire, reste à exécuter plus tard avec une plus grande perte de temps et d'hommes.

Ciudad-Rodrigo pris, il fallait attaquer Alméida. Mais cette fois le maréchal Masséna était décidé à ne rien brusquer, et à ne pas perdre du temps à force de vouloir en économiser. Ciudad-Rodrigo était tombé le 9 juillet; on ne pouvait pas commencer les opérations offensives avant la fin des chaleurs, c'est-à-dire avant le mois de septembre. On avait donc les mois de juillet et d'août pour assiéger Alméida, et il résolut de retourner de sa personne à Salamanque, afin d'achever la formation de ses magasins, la réunion de ses moyens de transport, et la création d'un parc de grosse artillerie plus complet que celui dont on s'était servi contre Ciudad-Rodrigo. On disait Alméida encore mieux fortifié et mieux armé que Ciudad-Rodrigo, et il ne voulait en entreprendre le siége qu'après avoir réuni tous les moyens de le conduire rapidement.

Avant de quitter Ciudad-Rodrigo il ordonna la réparation des brèches et la mise en état de défense de la place. La ville contenait les habitants les plus riches de la contrée réfugiés dans ses murs. Masséna frappa sur eux une contribution de 500 mille francs, dont il avait un urgent besoin pour payer les dépenses de l'artillerie et du génie, et immédiatement après il retourna à Salamanque, où, en son absence, les choses les plus pressantes avaient fait peu de progrès, non pas que ses agents eussent manqué d'activité, mais parce qu'ils avaient manqué d'autorité pour lever les obstacles. Ses troupes, par suite de la concentration autour de Ciudad-Rodrigo, ayant été remplacées à Léon par celles du général Kellermann, et à Valladolid par celles de la garde, on ne voulait pas lui livrer le produit des contributions perçues au nom de l'armée de Portugal. Il fallut faire acte d'autorité si on voulait assurer la rentrée des fonds qui appartenaient à cette armée, et le maréchal Masséna se vit contraint de forcer la caisse des payeurs pour en tirer les fonds qu'on y avait déposés indûment. Le maréchal Masséna avait de la répugnance à se compromettre dans des affaires de ce genre, depuis les rudes leçons que Napoléon lui avait données en Italie, et cette violation obligée des caisses du payeur fut pour lui une nouvelle cause de dégoût. Il s'y résigna cependant, et grâce à ce qu'il obtint par ce moyen, grâce à un envoi de fonds de Paris, il fit acquitter quelques mois de la solde arriérée, sans pouvoir néanmoins l'acquitter en entier. Le 2ᵉ corps resta encore créancier de trois mois de solde, le 6ᵉ et le 8ᵉ de deux. Masséna parvint ensuite à rassembler des grains, des bœufs, des mulets, surtout des ânes, et put espérer d'entrer en Portugal avec vingt jours de vivres, dont moitié sur le dos des soldats, moitié sur des bêtes de somme, en laissant les places de Ciudad-Rodrigo et d'Alméida approvisionnées pour plusieurs mois. Il réunit en outre une soixantaine de pièces de grosse artillerie, et les achemina de Ciudad-Rodrigo sur Alméida. Les blés étant mûrs, il se procura des faucilles dans le pays, et fit faire la moisson par les 6ᵉ et 8ᵉ corps. Ce genre d'occupation ne déplaisait pas au soldat, et devait lui valoir quelque abondance, car cette année la moisson était en Espagne de la plus grande beauté. Malheureusement il y avait moitié des terres, ou demeurée sans semence, ou dévastée d'avance par la pâture en vert à laquelle on avait eu recours afin de nourrir les chevaux. Cependant ce qui restait devait fournir outre l'alimentation présente, un utile complément pour les magasins.

Juillet 1810.

Pendant ce temps le général en chef avait ordonné qu'on procédât à l'investissement d'Alméida. Le maréchal Ney s'était avancé avec le 6ᵉ corps, suivi du 8ᵉ, pour refouler les Anglais sur la Coa, petite rivière qui, comme l'Agueda, coule de la Sierra de Gata (ou Estrella) dans le Douro, en passant à une portée de canon d'Alméida. (Voir la carte n° 53.) Alméida est sur la droite de la Coa, et par

Le matériel du siége étant prêt, on se porte sur Alméida.

conséquent se trouvait de notre côté. Lord Wellington, persistant dans son immobilité malgré les cris de malédiction des Espagnols, qui étaient irrités au point de ne plus communiquer avec lui, était campé à Alverca, sur le penchant des hauteurs qui forment l'enceinte de la vallée du Mondego, et de là observait froidement ce qui se passait. Il avait seulement une avant-garde de troupes légères sur la droite de la Coa. Cette avant-garde, forte de six mille hommes d'infanterie et d'un millier de chevaux, était sous les ordres du général Crawfurd. Le général en chef enjoignit au maréchal Ney d'éloigner cette avant-garde, et de le prévenir à l'instant même si les Anglais paraissaient disposés à tenir, ce qui n'aurait guère concordé avec leur attitude actuelle. Voyant approcher le moment des opérations offensives, il avait prescrit à Reynier de passer le Tage avec le 2ᵉ corps, et de venir prendre position sur le revers de la grande chaîne, qui, comme nous l'avons dit, s'appelle Guadarrama entre Ségovie et Madrid, Sierra de Gata entre Ciudad-Rodrigo et Alcantara, et Sierra de l'Estrella quand elle a pénétré en Portugal. Il lui ordonna d'avoir ses avant-postes vers Alfayates et Sabugal au débouché des montagnes, tout en restant encore à Coria pour observer la vallée du Tage.

Les chaleurs, les travaux du dernier siége avaient fatigué le 6ᵉ corps, et mis beaucoup de ses soldats à l'hôpital. Par ce motif le maréchal Ney aurait voulu aller chercher la fraîcheur dans la partie montagneuse de la contrée, y attendre en repos la fin des chaleurs, pour agir ensuite vers l'automne contre

Alméida, et Alméida pris, contre l'armée anglaise. Le général en chef, après avoir accordé un repos de quinze ou vingt jours en juillet, voulait qu'Alméida tombât en août pour prendre l'offensive en septembre. Il ordonna donc l'investissement d'Alméida.

Le maréchal Ney exécuta les ordres qu'il avait reçus, et avec une rare énergie comme on va le voir. Il obligea les arrière-gardes anglaises à se replier précipitamment, et les chassa devant lui jusqu'à un fort dit de la Conception, ouvrage régulier établi sur la route de Ciudad-Rodrigo à Alméida, et au sommet d'un plateau qui commandait cette route. Les Anglais avaient miné ce fort, ne voulant ni se priver d'une garnison pour le défendre, ni le livrer à nos troupes. Mais notre cavalerie s'avança si vite qu'ils ne purent faire sauter que deux bastions. L'ouvrage pouvait être facilement réparé; on s'en garda bien, car on ne se souciait pas plus que les Anglais d'y laisser une garnison. Le maréchal Ney avec la cavalerie de Montbrun, et l'infanterie de la division Loison, arriva le 24 juillet devant Alméida, serrant de très-près le général Crawfurd, qui était, avons-nous dit, en avant de la Coa avec cinq à six mille fantassins et un millier de chevaux. Ce général se retirait en une ligne brisée, dont la droite s'appuyait à la Coa, et la gauche à Alméida, sous la protection des feux de la place. Le maréchal Ney, dont l'ardeur bouillonnait à la vue des Anglais, se proposait de couper d'abord les Anglais d'Alméida, et puis de les précipiter dans le ravin profond de la Coa. Il les fit charger sur leur gauche, vers Al-

Juillet 1810.

Beau combat de la Coa livré par le maréchal Ney à l'arrière-garde des Anglais.

méida, par Montbrun avec la cavalerie légère, avec un régiment de dragons et les compagnies de tirailleurs formées pendant le dernier siége. Il fit en même temps aborder vivement leur centre et leur droite par l'infanterie du général Loison. Quoique les Anglais ne fussent pas de grands marcheurs, ils pouvaient néanmoins forcer le pas pendant quelques heures, et ils ne perdirent pas de temps pour se rapprocher de la Coa, en tâchant de se tenir à portée des feux de la place qui les couvrait, et du pont de la Coa qu'ils avaient à franchir. Le maréchal Ney les poursuivit aussi vite qu'ils se retiraient. Montbrun avec sa cavalerie et ses tirailleurs les chargea sous le feu même des canons d'Alméida, et les obligea à s'en éloigner, tandis que Loison, enfonçant leur infanterie, les rejetait sur le pont. S'ils avaient eu moins d'avance, il ne se serait pas échappé un seul homme de ce corps. Néanmoins on leur tua ou prit 7 à 800 soldats, perte très-sensible pour les Anglais qui étaient en petit nombre, et qui avaient la prétention de ne se laisser jamais entamer. Après ce brillant coup de main on investit Alméida, et on commença les établissements nécessaires pour le 6° corps, qui allait être chargé de ce siége comme il l'avait été du précédent. Le général Junot aurait voulu que cet honneur appartînt au 8° corps, mais il eût fallu changer l'ordre de bataille pour qu'il en fût ainsi, et le général en chef s'y refusa.

Le maréchal Ney, sachant qu'on aurait à passer deux mois dans ces cantonnements, y fit construire des baraques pour ses troupes, et puis envoya les soldats à la moisson. Le blé était superbe, le bétail ne manquait pas, et l'armée put séjourner en cet endroit sans essuyer aucune privation. En même temps elle s'étendit au loin, afin de couper les fascines dont on allait avoir grand besoin pour les travaux du siége, surtout à cause de la nature du sol.

Août 1810.

Alméida était un pentagone régulier, parfaitement fortifié, complétement armé, pourvu d'une garnison de 5,000 Portugais, et établi sur un sol de roc, dans lequel il était très-difficile d'ouvrir la tranchée. Il fallait donc, pour se couvrir, beaucoup de sacs à terre, beaucoup de fascines et de gabions. On employa la première quinzaine d'août à moissonner, à se procurer le matériel indispensable, et à attendre la grosse artillerie. Le 15, jour de la Saint-Napoléon, on ouvrit la tranchée. Masséna s'était transporté sur les lieux, et on avait choisi pour point d'attaque le front du sud, ainsi que le bastion de San-Pedro, qui semblait moins défendu que les autres. La nature pierreuse du sol ne permit pas d'abord de s'y enfoncer profondément, et il fallut se couvrir avec des sacs à terre. Les jours suivants on approfondit la tranchée, on la prolongea à droite et à gauche, afin d'occuper des positions d'où il était possible d'établir des feux de ricochet sur le bastion attaqué. Ces travaux coûtèrent des hommes et du temps, car on était mal abrité, et on avait résolu de n'employer l'artillerie que lorsqu'on pourrait déployer tous ses feux à la fois. Afin d'y suppléer on plaça dans des trous, comme à Ciudad-Rodrigo, des tirailleurs qui étaient chargés de tirer

Investissement d'Alméida.

Ouverture de la tranchée le 15 août.

Août 1840.

Effroyable
explosion qui
amène
la reddition
d'Almeida.

sur les canonniers ennemis. Cependant on cheminait lentement, car à tout moment on trouvait la roche vive, et il fallait recourir à la mine pour creuser les tranchées. A peine la première parallèle était-elle ouverte sur toute son étendue, qu'on déboucha en zigzag pour procéder à l'ouverture de la seconde, et on la conduisit très-près du bastion de San-Pedro sans avoir tiré un coup de canon.

Tandis qu'on exécutait les travaux d'approche, on avait construit onze batteries, et on les avait armées de 64 pièces de gros calibre, amenées de Ciudad-Rodrigo et de Salamanque. Le 26 août au matin, l'artillerie étant prête, le maréchal Masséna ordonna d'ouvrir le feu. Les projectiles tombant dans tous les sens sur une petite place, qui, quoique bien fortifiée, pouvait être presque enveloppée par les batteries des assiégeants, y causèrent de grands dommages. L'ennemi répondit avec vigueur, mais sans pouvoir tenir tête à notre artillerie, qui était servie avec autant de précision que de vivacité. Plusieurs édifices se trouvaient en flammes. Vers la nuit une bombe heureusement dirigée, tombant sur le magasin à poudre qui était au centre même de la ville, et dans le château, y détermina une explosion effroyable. Une partie des maisons furent renversées, et près de 500 hommes périrent, soldats ou habitants. Il y eut même des pièces de canon précipitées dans les fossés, et des portions de remparts entr'ouvertes. Nos tranchées avaient été remplies de terre, de cailloux, de débris de tout genre, au point d'exiger d'assez grands travaux pour les déblayer.

Ce fut surtout le lendemain 27, quand il fit jour, que le désastre de la ville parut dans toute son horreur. Les habitants consternés demandaient qu'on ne les exposât pas davantage à ces ravages de la foudre. Les troupes de la garnison, indignées comme les défenseurs de Ciudad-Rodrigo de l'immobilité persévérante des Anglais, disaient qu'on ne devait pas les sacrifier plus longtemps à l'égoïsme d'un allié impitoyable, et parlaient aussi de se rendre. Masséna, jugeant très-bien du désordre qui devait régner dans la place, la fit sommer dans la journée du 27, en écrivant au gouverneur qu'après un accident comme celui qui venait de le frapper, il était impossible qu'il poussât plus loin la résistance. Le gouverneur se mit à parlementer et à disputer sur les conditions. Pendant ce temps, un général portugais, le marquis d'Alorna, qu'on menait avec soi, ainsi que plusieurs autres officiers de la même nation, afin d'essayer de leur influence sur l'armée portugaise, se montra sur le rempart, s'aboucha avec quelques officiers de la garnison, et fut accueilli très-amicalement. Tout prouvait que cette garnison ne voulait plus se défendre. Pourtant le gouverneur ayant encore disputé toute la journée, Masséna fit recommencer le feu, mais n'eut que quelques coups de canon à tirer, car à onze heures du soir la capitulation fut acceptée aux conditions que nous avions dictées.

Août 1810.

Le lendemain 28 août le 6ᵉ corps, qui avait eu la gloire de ce second siége comme du premier, entra dans Alméida, et commença ainsi par deux faits d'armes glorieux l'invasion du Portugal. On trouva près

Résultats de la prise d'Alméida.

de 5 mille hommes dans la place, d'assez grands approvisionnements en vivres, et une belle artillerie. Les 5 mille prisonniers de la garnison se composaient du 24ᵉ régiment de ligne portugais et de miliciens. Masséna était assez embarrassé de ces prisonniers, particulièrement des derniers. Les Anglais avaient cherché à persuader aux habitants du Portugal que les Français avaient la coutume de tuer tout ce qu'ils prenaient. Il pensa que c'était un démenti utile à donner à ces bruits que de renvoyer ces miliciens, paysans pour la plupart, en les chargeant de dire à leurs compatriotes que ceux qui ne se défendraient pas seraient traités avec la même indulgence. Quant au 24ᵉ portugais, sur l'avis du marquis d'Alorna, Masséna lui proposa d'entrer au service de France, à l'exemple d'autres Portugais déjà enrôlés dans l'armée française, et le trouva disposé à accueillir cette proposition. Tous, soldats et officiers, acceptèrent, les uns pour déserter bientôt, les autres par ressentiment contre les Anglais, qui les laissaient battre sans les secourir. Masséna fit ensuite réparer Alméida pour le remettre en état de défense.

La première partie du plan de campagne, celle qui consistait dans la conquête des forteresses de la frontière, était donc heureusement accomplie. On avait une bonne base d'opérations, bonne toutefois si on pouvait approvisionner les places conquises, y créer des hôpitaux, des magasins, et y mettre des forces suffisantes pour couvrir les communications. Seulement on avait trop de Ciudad-Rodrigo et d'Alméida, car c'étaient deux garnisons au lieu d'une à laisser en arrière, c'était double approvisionnement à se procurer, double soin de défense pour un même objet, car les deux places étaient si voisines, que l'une servait au même usage que l'autre. Aussi Masséna voulait-il détruire Alméida, ce qui eût été fort heureux ; mais, ignorant que Napoléon à Paris pensait comme lui à cet égard, et ne l'ayant su que plus tard, il décida la réparation et la mise en état de défense de ce poste, et il commença enfin ses dernières dispositions pour l'entrée en Portugal.

Sept. 1810.

Masséna aurait voulu détruire Alméida, mais il ne l'ose pas, dans l'ignorance où il est des intentions de Napoléon.

On était en septembre, et il se proposait de franchir la frontière du 10 au 15. Napoléon après l'avoir beaucoup félicité de la prise de Ciudad-Rodrigo et de celle d'Alméida, l'avait vivement pressé d'entrer enfin en action, et, une fois en marche, de se jeter à corps perdu sur les Anglais. — Ils ne sont pas plus de 25 mille, lui écrivait-il ; vos soldats doivent, même après les siéges et les maladies de l'été, s'élever au nombre d'environ 60 mille ; et comment vingt-cinq mille Anglais pourraient-ils résister à soixante mille Français commandés par vous ? Hésiter serait un scandale de faiblesse qui n'est pas à craindre d'un général tel que le duc de Rivoli et le prince d'Essling. — Masséna n'avait pas besoin qu'on le pressât d'aborder franchement les Anglais quand il les rencontrerait sur ses pas, mais il voyait avec douleur les illusions que se faisait Napoléon sur la force des deux armées, et avait le vague pressentiment qu'il serait, lui, la première victime de ces illusions, en attendant que Napoléon le devînt à son tour, ce que personne ne prévoyait alors, excepté peut-être le général britannique, seul bien placé en Europe pour en juger sainement.

<small>Sept. 1810.

Forces comparées de lord Wellington et du maréchal Masséna, et infériorité des forces de celui-ci.</small>

Masséna n'avait malheureusement pas tout ce que supposait Napoléon, et les Anglais étaient autrement forts que celui-ci ne l'imaginait. Les trois corps réunis de Reynier, Ney et Junot, qui ne comptaient pas 80,000 hommes, comme on le croyait à Paris, mais 66,000, pouvaient tout au plus en réunir 50,000 en entrant en Portugal. En effet, les siéges avaient coûté au moins 2 mille hommes au corps du maréchal Ney. La saison ayant rapidement passé de pluies continuelles à des chaleurs étouffantes, avait enlevé au corps de Ney, et surtout à celui de Junot qui était composé de jeunes gens, au moins 7 à 8 mille hommes. Il fallait laisser dans les places d'Alméida et de Ciudad-Rodrigo des garnisons qui ne pouvaient pas être moindres de 1,200 hommes dans l'une, de 1,800 dans l'autre, ce qui faisait 3 mille. Il fallait enfin quelques troupes valides sur les derrières, et le général en chef, malgré son désir de ne pas disséminer ses forces, avait résolu, indépendamment des garnisons d'Alméida et de Ciudad-Rodrigo, de laisser au général Gardanne une colonne de trois mille hommes, composée d'un millier de dragons et de deux mille soldats d'infanterie, pour rendre les routes praticables entre les diverses places qui formaient notre base d'opération, pour achever les vastes magasins qu'il importait d'avoir sur nos derrières, pour recueillir enfin les hommes sortant des hôpitaux. Par ces divers motifs, Masséna, dans le moment, ne pouvait partir qu'avec 50 mille hommes tout au plus.

C'était bien peu contre lord Wellington, qui venait de ramener le général Hill sur Abrantès, dès qu'il avait aperçu le mouvement du général Reynier vers la Sierra de Gata, et qui, avec les 20 mille Anglais, les 15 mille Portugais qu'il avait déjà, possédait ainsi un total de 50 mille hommes d'excellente qualité. Contre les positions défensives, qui en Portugal se rencontraient à chaque pas, et que lord Wellington savait si bien choisir et défendre, il nous aurait fallu au moins un tiers de plus pour lutter avec un avantage égal. En se retirant, lord Wellington allait voir son armée augmenter encore par le ralliement des Portugais, par la jonction des Espagnols de Badajoz, par l'arrivée à Lisbonne des renforts de Cadix. Il devait donc avoir sous les murs de Lisbonne, indépendamment des lignes de Torrès-Védras dont l'existence était ignorée des Français, une force d'environ 80 mille hommes. Arrivés devant ces lignes, à quel nombre seraient réduits les 50 mille hommes de Masséna, obligés de tout porter avec eux, ayant eu beaucoup de combats à soutenir, et probablement même quelque grande bataille à livrer? Ce n'était pas faire une supposition bien exagérée que de les croire réduits à 40 mille, mourants de faim devant les 80 mille Anglais, Espagnols, Portugais, de lord Wellington, qui seraient eux bien pourvus de tout, et retranchés dans quelque forte position défensive, avec la mer et les escadres britanniques pour appui. Ce n'est pas tout encore. Masséna devait arriver par la gauche du Tage, qui entre Abrantès et Lisbonne est un vaste fleuve, et se trouver sans moyen de passage en présence des Anglais.

que leur matériel maritime mettrait en possession des deux rives. Il aurait donc fallu que 25 ou 30 mille Français, partant de l'Andalousie avec un équipage de pont qu'on aurait pu faire descendre d'Alcantara, vinssent donner la main à Masséna sous Abrantès, que Masséna lui-même eût 70 mille combattants au lieu de 50, et alors, en déduisant les pertes, il y aurait eu chance de succès contre lord Wellington, sauf toujours la difficulté de vivre, laquelle eût été fort diminuée toutefois par l'occupation des deux rives du Tage, car l'Alentejo présentait des ressources dont les Français venus de Badajoz pouvaient s'emparer avant que les Anglais eussent le temps de les détruire.

Le maréchal Masséna, tout en se résignant à obéir, écrivit de nouveau à Napoléon pour lui dire que ses forces étaient insuffisantes par rapport à celles des Anglais, que les routes étaient épouvantables, qu'il ne trouverait rien pour vivre, qu'à peine parti toutes ses communications seraient interceptées, que c'est à peine s'il serait possible de communiquer de Salamanque à Ciudad-Rodrigo, qu'il ne pourrait rien recevoir, que c'était donc un grand problème de savoir comment il parviendrait à subsister devant les Anglais pourvus de tout, fort accrus en nombre, tandis que lui serait fort réduit, et qu'il n'avait aucune chance de succès si on ne faisait pas arriver promptement sur ses derrières un corps considérable, qui apporterait non-seulement un secours d'hommes, mais des vivres, des munitions de guerre et des chevaux pour les traîner. Ce que Masséna découvrait dans sa prévoyance, ses lieutenants le découvraient comme lui. Ney, Junot, Reynier, sur qui ne pesait pas, il est vrai, la charge difficile de contredire l'Empereur, déclaraient chaque jour que l'entreprise n'était pas sage avec les moyens dont on disposait, qu'il était facile de rédiger des plans à Paris, et de donner loin de la réalité des choses des ordres qui sur les lieux étaient inexécutables, qu'il fallait oser faire de sérieuses représentations à l'Empereur, et refuser de marcher tant qu'il n'aurait pas envoyé ce qui était nécessaire pour réussir. Malheureusement Masséna, qui, nous l'avons déjà dit, venait d'être comblé de faveurs, et qui craignait de passer pour timide aux yeux d'un maître très-exigeant en fait d'énergie, Masséna eut un tort, le seul grave de cette campagne, tort que partagent souvent même les caractères les plus indépendants sous des maîtres non contredits, celui d'accepter une mission déraisonnable, et il se décida à marcher en avant. D'ailleurs il comptait sur la prochaine arrivée du général Drouet avec 20 mille hommes, sur celle du général Gardanne avec 8 ou 9 mille, et même sur le concours probable des troupes d'Andalousie; il comptait sur cette fortune qui depuis vingt ans ne l'avait jamais trahi, et enfin, tout fatigué qu'il était, il sentait dans le fond de son âme la confiance que, s'il pouvait joindre l'ennemi quelque part, il lui ferait éprouver un tel échec, que la guerre serait peut-être terminée en une bataille, et qu'il n'aurait plus que des débris à poursuivre jusqu'aux bords de l'Océan.

Quant à Napoléon, malgré les lettres qu'il reçut, il persista, s'étant accoutumé depuis longtemps à entendre les généraux exagérer les ressources de

Sept. 1810.

Malgré les objections du maréchal Masséna,

Sept. 1810.

Napoléon persiste à ordonner l'expédition de Portugal.

l'ennemi et diminuer les leurs, ne tenant compte dans l'armée anglaise que des Anglais, qu'il évaluait sur de faux rapports à 25 mille hommes tout au plus, considérant comme rien les Espagnols et les Portugais, se figurant dès lors que 50 mille Français viendraient facilement à bout de 25 mille Anglais, ignorant l'existence des lignes de Torrès-Védras, n'imaginant pas tout ce que l'ennemi trouverait de ressources dans la distance, le climat, la stérilité des lieux, ayant enfin contracté l'habitude qui semblerait ne devoir être que celle de la médiocrité, mais qui grâce à la flatterie devient quelquefois celle du génie lui-même, l'habitude de croire à l'accomplissement de tout ce qu'il désirait. Il répondit à toutes les objections qu'il fallait marcher, et ne pas *marchander* les Anglais quand on les rencontrerait. Masséna se décida donc à partir, espérant qu'on lui enverrait ce qu'on lui avait promis, et que la fortune et son grand courage ne lui feraient pas défaut. Il avait fixé le 10 septembre pour le passage de la frontière; il ajourna jusqu'au 16, afin d'être mieux préparé, et de laisser passer les chaleurs, qui étaient encore très-fortes à cette époque. Il s'était flatté de pouvoir amasser six mois de vivres à Ciudad-Rodrigo et Alméida, avec des approvisionnements suffisants pour le cas d'une retraite de l'armée; il s'était promis aussi de transporter avec lui vingt jours de subsistances, ce qui, pour cinquante mille hommes, supposait un million de rations. En ceci comme dans tout le reste, la réalité se trouva bien au-dessous de l'espérance. Le moment du départ venu, il n'avait pu introduire que quatre mois de vivres dans les deux places; il avait dû renoncer à la formation de magasins sur les derrières de l'armée, et n'était parvenu à réunir que pour seize jours de vivres, même après avoir ruiné tous les moyens de transport du pays, depuis Burgos jusqu'à Salamanque. Il est vrai que des marchés passés, des réquisitions ordonnées devaient procurer encore 1,200 mille rations de grains, et qu'il laissait à ses agents à Salamanque le soin de s'entendre avec le général Gardanne pour continuer en son absence l'exécution de ses ordres. De seize jours de vivres qu'il avait réunis, le soldat en portait six dans son sac, et dix devaient suivre sur des mulets, des ânes et des bœufs. Au lieu de 100 bouches à feu, qui n'auraient représenté que deux pièces par mille hommes, il pouvait à peine en atteler 72, par la nécessité où il se trouvait de porter des munitions de guerre pour toute la campagne. Ses chevaux d'artillerie étaient déjà très-fatigués par les deux siéges auxquels on les avait employés, mais deux mille bœufs les aidaient à traîner le gros matériel. Des troupeaux de moutons enlevés à la contrée suivaient chaque corps d'armée; en un mot tout était disposé comme pour la traversée du désert. L'armée, malgré l'humeur chagrine de quelques chefs, voyait approcher avec plaisir le moment où elle allait sortir de sa longue inaction, et aborder enfin les Anglais. Les deux corps de Ney et de Reynier étaient formés de soldats éprouvés. Le corps de Junot seul était jeune, mais instruit, et avait déjà reçu la flamme de l'esprit militaire au contact des deux autres. Il était, en outre, débarrassé de tout ce qui était faible et malingre, ayant laissé aux hôpitaux cinq mille

Sept. 1810.

hommes sur vingt mille. L'infanterie mal vêtue, mais bien chaussée et bien armée, mûre d'âge et d'expérience, respirait la confiance. Les dragons, formant la principale force de la cavalerie, étaient noircis au soleil, rompus à l'exercice du cheval, armés de longs sabres de Tolède, qui causaient à chaque atteinte des blessures mortelles. Si jamais la valeur avait pu vaincre la nature des choses, cette armée était digne de le tenter! Masséna, Ney, Junot, Reynier, s'ils avaient été d'accord, n'auraient pas été au-dessous d'une pareille tâche, et, à la tête de pareils soldats, ils n'étaient pas sans chance de l'accomplir!

Passage de la frontière de Portugal le 16 septembre.

Ses derniers préparatifs achevés, Masséna ébranla son armée le 16 septembre au matin. Avant de monter à cheval, il expédia encore un aide de camp à l'Empereur, pour lui redire tout ce que nous venons de rapporter des difficultés de l'entreprise, et pour demander instamment de prompts secours en hommes et en matériel, puis il se mit immédiatement en route. L'armée déboucha sur trois colonnes au delà des frontières du Portugal. (Voir la carte n° 53.) Le corps de Reynier (le 2ᵉ), amené du versant sud de l'Estrella sur le versant nord, devait joindre l'armée à Celorico, et former la gauche. Ney, avec le 6ᵉ, marchant par la voie directe sur le même point de Celorico, formait le centre. Junot, avec le 8ᵉ corps formant la droite, devait passer par Pinhel, et se tenir un peu en arrière, afin de protéger l'énorme convoi de bœufs, de mulets, d'ânes, dont on était suivi, et qui portait ce dont on avait le plus besoin, du pain et des cartouches.

Difficultés de la marche.

Les premiers pas faits dans ce funeste pays justifirent tout ce qu'on avait craint. On s'était attendu à le trouver aride, car beaucoup de soldats l'avaient déjà traversé, mais on le trouva de plus dévasté par le fer et le feu. Partout les villages étaient déserts, les moulins hors de service, les meules de grain ou de paille en flammes. Tout ce que la population n'avait pas détruit, les Anglais s'étaient chargés de le détruire eux-mêmes. Il ne se présentait pas un guide dont il fût possible de se servir. A peine rencontra-t-on quelques vieillards qui n'avaient pu suivre la population fugitive, et desquels on ne tira pas de grandes informations. On y suppléa avec trois ou quatre officiers portugais attachés à l'armée, et avec quelques hommes du 24ᵉ portugais, les seuls qui n'eussent pas déserté. On s'éclaira comme on put au moyen de ces guides, sur des chemins à peine propres aux plus mauvais charrois de l'agriculture. Toutefois au milieu de ce désert pierreux, desséché par le ciel, incendié par les hommes, s'il ne restait ni blé, ni bétail, il restait des pommes de terre, des haricots, des choux de très-bonne qualité, dont le soldat eut grand plaisir à remplir sa soupe.

Le 17, Masséna ralentit un peu la marche du 6ᵉ corps, qui était le plus alerte, pour donner au 2ᵉ le temps de rejoindre. Il arrêta le gros de l'armée à Juncaïs, sur la route de Viseu. Junot avait suivi péniblement, et était encore en arrière avec la masse des bagages.

Il s'agissait de savoir quelle route on suivrait dans cette vallée du Mondego, qui porte à l'Océan les eaux du versant septentrional de l'Estrella. Le Mondego, descendu du nord de l'Estrella, irait se

Description de la vallée du Mondego. Obstacles qu'elle présente à

Sept. 1810.

une armée qui veut déboucher sur Coimbre.

confondre avec le Douro, si une chaîne secondaire, appelée Sierra de Caramula, ne venait l'arrêter, le détourner vers l'ouest, et le contraindre à se jeter dans l'Océan après avoir traversé Coimbre. Ce fleuve coule donc entre les contre-forts de l'Estrella et les pentes moins abruptes de la Sierra de Caramula, enfermé ainsi dans une espèce de bassin arrondi, jusqu'à ce qu'il en sorte par une ouverture étroite qu'il s'est violemment ouverte un peu avant Coimbre.

Que Masséna passât à droite, qu'il passât à gauche du Mondego, pour se rendre à Coimbre, où il devait trouver d'abondantes ressources et la grande route d'Oporto à Lisbonne, il avait de nombreuses difficultés à vaincre. A gauche il devait rencontrer les contre-forts escarpés de l'Estrella, à droite les fortes ondulations de la Sierra de Caramula, les uns et les autres faciles à défendre, et dans tous les cas, au fond même de la vallée, à son débouché sur Coimbre, une sorte de gorge que les Anglais ne manqueraient pas de fermer. Ayant donc les mêmes obstacles à surmonter de l'un comme de l'autre côté, il préféra la rive droite à la rive gauche, parce que sur les pentes moins abruptes de la Sierra de Caramula il avait chance de trouver plus de culture et plus de ressources pour son armée. Or tout ce qu'on pouvait recueillir de vivres en route était une économie faite sur ceux qu'on portait avec soi. Par ce motif, arrivé à Celorico, Masséna quitta la rive gauche pour la rive droite du Mondego, et se dirigea sur Viseu, petite ville de sept à huit mille âmes, où se tenait un grand marché de bestiaux [1].

[1] Le duc de Wellington, dans sa correspondance si sensée et en géné-

Le 2ᵉ et le 6ᵉ corps arrivèrent le 19 à Viseu, dont toute la population était en fuite, à l'exception seulement de quelques impotents, hommes ou femmes, qui n'avaient pu s'en aller. Quoique les Anglais eussent détruit les fours, les moulins, les greniers, et mis le feu aux meules de grains, pourtant on recueillit beaucoup de légumes, même assez de bétail, et les soldats qui avaient cru ne rien trouver que ce qu'ils apportaient sur leur dos, se montrèrent satisfaits et confiants. Quelques-uns même eurent l'imprudence de jeter sur les routes le biscuit dont leur sac était rempli, se disant qu'ils sauraient bien vivre partout.

La partie de l'armée la plus à plaindre était l'ar-

Sept. 1810.

Arrivée de l'armée à Viseu.

---

tral si impartiale, blâme beaucoup le maréchal Masséna d'avoir adopté la route de Viseu. Il prétend que c'est la plus mauvaise que le maréchal pût choisir, et il n'en donne aucune raison valable. Puisqu'on ne partait point de la Galice, ainsi qu'on l'avait fait sans succès dans la campagne précédente, puisqu'on ne descendait pas jusqu'en Estrémadure, ce qui eût entraîné un long détour pour gagner l'Alentejo, il ne restait à suivre que la vallée du Mondego située au nord de l'Estrella; et, dans la vallée du Mondego, la rive droite comme plus fertile était évidemment préférable, et n'offrait pas plus que la gauche des positions favorables au génie défensif des Anglais. Il est vrai qu'on aurait pu passer par le versant sud de l'Estrella, au lieu de passer par le versant nord; mais on y aurait trouvé la route de Castel-Branco, sur laquelle Junot avait failli périr trois années auparavant. Masséna n'avait donc pas une autre route à suivre que celle de Viseu, et on a droit de s'étonner d'une critique qui est souvent répétée dans la correspondance imprimée du duc de Wellington, sans l'appui d'aucune bonne raison. On peut dire qu'elle n'est pas digne de la justesse et de la justice ordinaire de ses jugements, et on regrette que l'illustre général britannique n'ait pas été plus équitable envers un rival non moins illustre que lui. Il est vrai que les dépêches du noble duc étaient destinées à son gouvernement, dictées pour le moment présent, et que plus tard, jugeant son rival avec l'élévation qui convenait à sa gloire, il rendait une éclatante justice au maréchal Masséna, particulièrement pour cette campagne.

tillerie, et principalement le corps chargé d'escorter les bagages. Les chemins étaient presque impraticables, et trois jours de marche avaient suffi pour épuiser les chevaux, et mettre dans le plus mauvais état le charronnage de l'artillerie. La colonne des convois avait même essuyé une vive alerte. Le colonel Trent, partisan très-hardi, suivi de quelques Anglais et Portugais, avait profité d'un moment où l'escorte était éloignée, pour assaillir la colonne des bagages; mais l'escorte étant revenue sur lui, il avait été obligé de lâcher sa proie. On n'avait perdu que quelques traînards surpris isolément sur la route.

Masséna que rien ne pressait, et qui, tout en désirant joindre les Anglais, aimait mieux les rencontrer dans un pays plus découvert, accorda deux jours à l'armée afin de rallier le 8ᵉ corps, et de faire réparer les charrois de l'artillerie.

Le maréchal Ney, qui n'était pas plus facile pour ses inférieurs que pour ses supérieurs, s'étant brouillé avec le vieux général Loison, Masséna avait composé à celui-ci une division d'avant-garde avec des troupes légères, et il la faisait marcher en tête de l'armée, à côté de la cavalerie de Montbrun. Il leur ordonna à tous deux de se porter en avant, tandis que la masse des troupes se reposerait à Viseu, et les chargea de rétablir les ponts détruits par les Anglais sur les deux petites rivières du Dao et du Criz, qui descendent de la Sierra de Caramula dans le Mondego. Montbrun et Loison employèrent le 22 et le 23 à réparer les ponts et à traverser les rivières sur lesquelles ces ponts étaient jetés, livrant à chaque pas de petits combats d'arrière-garde qui furent tous à leur avantage.

Le 25, le corps de Reynier à gauche, celui de Ney au centre, passèrent la petite rivière du Criz. Junot à droite quitta Viseu. Montbrun et Loison se portèrent sur la rivière de Mortao, la dernière à franchir avant d'être au fond de la vallée du Mondego, et trouvèrent les Anglais plus résistants cette fois; mais ils les obligèrent à se replier et à leur abandonner le lit escarpé de cette petite rivière.

Arrivé à cet endroit, on se trouvait au fond du bassin dans lequel coule le Mondego, et dont il ne sort, avons-nous dit, que par une gorge étroite, pour traverser la ville de Coimbre. C'était là évidemment que les Anglais devaient essayer de nous combattre, car sur l'une et l'autre rive ils avaient des positions également fortes à nous opposer. Si nous passions le Mondego pour nous porter sur la rive gauche, nous rencontrions un contre-fort détaché de l'Estrella, et qui, sous le nom de Sierra de Murcelha, se dressait devant nous comme un obstacle presque insurmontable. En restant sur la rive droite, nous avions en face la Sierra de Caramula, qui, en se recourbant pour fermer le bassin du Mondego, et prenant ici le nom de Sierra d'Alcoba, nous présentait un obstacle moins élevé, mais non moins difficile à vaincre. Deux chemins, presque parallèles, permettaient de franchir cette Sierra d'Alcoba, pour descendre ensuite sur Coimbre et rejoindre la grande route d'Oporto à Lisbonne. Sur l'un comme sur l'autre on voyait des postes nombreux

Sept. 1810.

qui les barraient, et au-dessus, sur des sommets couverts de bruyères, d'oliviers, de pins, on distinguait des troupes qui semblaient aller de notre gauche à notre droite. Les paysans disaient qu'au delà il y avait une plaine. Était-ce un plateau couronnant la chaîne, duquel il fallait descendre ensuite dans la plaine de Coïmbre, ou bien était-ce la plaine de Coïmbre elle-même? Avait-on devant soi l'armée anglaise, voulant disputer le Portugal sur ces hauteurs si bien appropriées à sa manière de combattre, ou seulement deux fortes arrière-gardes n'ayant d'autre désir que celui de disputer le passage, pour retarder notre marche et se donner le temps d'évacuer Coïmbre?

Ney et Reynier, à l'aspect de la position, seraient d'avis d'assaillir l'ennemi sur-le-champ, mais ils attendent Masséna qui n'arrive que dans la soirée.

D'après ce qu'on avait sous les yeux, ces deux suppositions étaient également vraisemblables. Reynier et Ney après s'être communiqué leurs impressions, furent du même avis. Quoi que voulussent faire les Anglais, ils ne paraissaient pas encore bien établis sur le terrain où on les apercevait, et il fallait les assaillir sur-le-champ, pour les refouler brusquement s'ils étaient en retraite, pour les forcer dans leur position avant qu'ils y fussent solidement assis, s'ils voulaient combattre. Ney et Reynier avaient raison. Par malheur Masséna n'était pas encore sur le terrain. Il n'arriva que dans la soirée, soit que la fatigue à laquelle il commençait à être fort sensible eût ralenti sa marche, soit qu'il eût été occupé de faire avancer la queue de son armée, qui était toute composée de charrois très-embarrassants. Ses lieutenants n'ayant pas osé en son absence engager une action générale, avaient attendu sa présence, et lorsqu'il fut rendu sur les lieux, il restait tout au plus le temps d'exécuter une reconnaissance, pour délibérer sur la conduite à tenir le lendemain.

Le général en chef, après avoir reconnu la position de l'ennemi, conçut la même opinion que ses lieutenants, et pensa que les Anglais se préparaient à livrer bataille sur ce terrain. Éviter cette bataille était difficile. Si on s'était porté sur la gauche du Mondego, qu'il aurait fallu, faute de ponts, passer à gué pour aller ensuite gravir la Sierra de Murcelha, on y aurait probablement trouvé les Anglais, qui découvrant tous nos mouvements des hauteurs qu'ils occupaient, n'auraient pas manqué de les suivre, peut-être de se jeter sur nous pendant cette marche de flanc. S'enfoncer dans la gorge même du Mondego, pour la passer en longeant le fleuve, et déboucher au delà sur Coimbre, était impossible, les hauteurs en cet endroit serrant tellement le Mondego qu'il n'y avait aucune route praticable, ni à droite ni à gauche. Il ne restait donc que les deux chemins qu'on avait devant soi, traversant directement l'un et l'autre la Sierra d'Alcoba, à moins qu'on ne cherchât à passer sur la droite, vers le point où cette sierra se rattache à celle de Caramula, dont elle est le prolongement. En cet endroit, en effet, on apercevait un abaissement du terrain qui pouvait donner passage à une armée. Mais les gens du pays, sans doute mal questionnés, affirmaient qu'il n'existait de ce côté aucun chemin praticable aux voitures. On n'avait donc pas le choix, et il fallait ou emporter la position qui nous faisait obstacle, ou nous retirer. Les

Sept. 1810.

Arrivée de Masséna, et délibération sur la question de savoir s'il faut livrer bataille.

opinions furent cependant partagées. Le maréchal Ney qui tout à l'heure était d'avis de combattre, n'était plus de cet avis maintenant. Il dit qu'il aurait fallu assaillir les Anglais sur-le-champ, et avant qu'ils se fussent établis dans leur position, qu'à présent il était trop tard, qu'il valait mieux rétrograder que de perdre une bataille dans ces gorges affreuses, sans savoir comment on se retirerait en ayant à sa suite un ennemi victorieux. A ces raisons il ajouta diverses considérations, désormais intempestives, sur une campagne commencée avec des moyens trop peu proportionnés aux difficultés qu'elle présentait.

Masséna repoussa vivement la proposition de se retirer, qu'il était facile au maréchal Ney de faire parce qu'il n'en devait pas porter la responsabilité. Il dit qu'un tel conseil n'était pas digne du maréchal, et soutint qu'il fallait livrer bataille. Reynier, ordinairement circonspect, opinant cette fois au rebours de son caractère, comme Ney au rebours du sien, appuya l'avis de Masséna. Il affirma qu'après avoir bien étudié la position, il croyait pouvoir l'enlever. Masséna accueillit cette opinion, et la bataille fut résolue pour le lendemain. Reynier s'étant fait fort d'emporter la position, c'était à lui de l'aborder le premier, et il fut convenu qu'il essayerait de très-bonne heure de percer par le chemin de gauche, dit de San-Antonio, tandis que Ney essayerait de percer par celui de droite, dit de Moira (celui-ci aboutissait à la chartreuse de Busaco), que Junot qui était arrivé très-tard dans la soirée, resterait en arrière-garde pour protéger la retraite si on n'avait pas réussi, que Montbrun avec toute sa cavalerie se tiendrait en bataille au pied des hauteurs, pour sabrer les Anglais s'ils cherchaient à en descendre, et que l'artillerie, qu'il était impossible de mener avec soi à l'assaut de ces ravins, serait placée sur plusieurs mamelons, d'où elle pourrait envoyer des boulets à l'ennemi. Masséna devait se tenir de sa personne entre les deux colonnes d'attaque, pour ordonner les dispositions que les événements de la journée rendraient nécessaires.

Les généraux français ne se trompaient point en supposant que lord Wellington était décidé à combattre sur ces hauteurs. Le général anglais en effet, quoique très-prudent, ne voulait pas rentrer dans ses lignes en fugitif, et il était bien résolu lorsqu'il rencontrerait l'une de ces positions contre lesquelles l'impétueuse bravoure des Français semblait devoir échouer, de livrer une bataille défensive, qui lui permettrait de se retirer plus tranquillement, qui raffermirait le moral de ses troupes pour le cas où elles auraient à défendre les lignes de Torrès-Védras, qui même, si elle tournait tout à fait à son avantage, le dispenserait de se replier sur Lisbonne. Dans cette pensée, il avait jugé que la Sierra de Murcelha et celle d'Alcoba, qui viennent, avons-nous dit, se joindre sur le bord du Mondego au-dessus de Coimbre, lui offriraient l'une ou l'autre le champ de bataille désiré. Ignorant laquelle des deux les Français essayeraient d'emporter, il avait placé sur la Sierra de Murcelha le corps du général Hill, qu'il avait récemment appelé à lui, et s'était établi de sa personne avec son corps d'armée principal sur celle d'Alcoba. Ayant aperçu de la position dominante qu'il occupait la marche des Français, et leur réunion sur la rive droite du Mondego, au pied de la Sierra d'Alcoba, il avait attiré à lui dans la journée du 26 le corps du général Hill, lui avait fait passer le Mondego et gravir la Sierra d'Alcoba, ce qui avait donné lieu à ces mouvements remarqués par les Français à travers les pins et les bruyères qui couronnaient les hauteurs.

Distribution de l'armée anglaise sur les hauteurs de Busaco.

Le 26 au soir l'armée anglo-portugaise était donc à peu près réunie tout entière, au nombre d'environ 50 mille hommes, sur le plateau de la Sierra d'Alcoba, depuis les sommets qui dominaient à pic le Mondego jusqu'à la chartreuse de Busaco. Lord Wellington avait placé à l'extrémité même de la sierra, contre le Mondego, le détachement portugais qui servait avec le général Hill. Ensuite, en tirant sur sa gauche et sur notre droite, venait la division Hill (la 2ᵉ), puis la division Leith (la 5ᵉ), celle-ci fermant en partie le chemin principal de San-Antonio que devait attaquer le général Reynier. La division Picton (la 3ᵉ) achevait de fermer ce débouché. Puis venait la division Spencer (la 1ʳᵉ), qui, occupant une position intermédiaire entre le chemin de San-Antonio et celui de Moira, pouvait accourir vers l'un ou vers l'autre. La Sierra d'Alcoba se détournant ici pour se relier à celle de Caramula, formait vers la chartreuse de Busaco une ligne courbe, au centre de laquelle aboutissait le chemin de Moira que devait enlever le maréchal Ney. C'était le général Crawfurd qui avec les troupes légères anglaises et le gros des Portugais, occupait cette dernière position, de manière que le chemin de Moira conduisant à la chartreuse de Busaco était battu à la fois par les feux du général Spencer et par ceux du général Crawfurd. Enfin la division Cole (la 4ᵉ) formait l'extrême gauche de l'armée britannique, vers le point où la Sierra d'Alcoba se reliait à celle de Caramula. Lord Wellington croyant comme le maréchal Masséna qu'au delà ne se trouvait point de route praticable, avait borné sa surveillance de ce côté à l'envoi de quelque cavalerie légère sous le partisan Trent. Au-dessus de la sierra régnait un plateau large de cent ou deux cents toises, fort pierreux, mais sur lequel l'espace ne manquait pas pour se déployer. Lord Wellington avait disposé sur ce plateau de fortes réserves d'infanterie et d'artillerie, afin de fondre à l'improviste sur les troupes assez hardies pour gravir le sommet de la position. Il était donc encore plus fortement établi à Busaco qu'à Talavera, et il attendait, non pas sans anxiété, mais sans trouble, la journée du 27.

Les Français vus de tous côtés et voyant à peine leurs adversaires, s'inquiétaient peu des formidables obstacles accumulés sur leurs pas. Ils étaient environ cinquante mille, comme les Anglais, et se sentant supérieurs à ceux-ci en plaine, ils croyaient pouvoir trouver dans leur audace une compensation aux difficultés de terrain qu'ils auraient à vaincre. Le 27, à la pointe du jour, les corps de Reynier et de Ney étaient formés, l'un en avant de San-Antonio, l'autre en avant de Moira, prêts à gravir la sierra ; l'artillerie prenait position sur quelques mamelons en face de l'ennemi ; la cavalerie et le 8ᵉ corps

Sept. 1810.

étaient en bataille dans la plaine, pour recueillir l'armée si elle était repoussée. Masséna avait pris place au centre de la ligne, sur un tertre élevé, où, bien qu'exposé à toute l'artillerie ennemie, il pouvait à peine discerner les deux points d'attaque, tant le pays, qui était pour les Anglais d'une clarté parfaite, était pour nous obscur et difficile.

Bataille de Busaco, livrée le 27 septembre 1810.

Dès la pointe du jour, Reynier, conformément à ce qu'il avait promis, entra le premier en action. La division Merle marchait en tête, guidée par le capitaine Charlet qui la veille avait fait au milieu des plus grands périls une soigneuse reconnaissance des lieux. Elle était suivie par la brigade Foy de la division Heudelet. Un brouillard épais protégeait nos deux colonnes.

Après avoir suivi quelque temps la route de San-Antonio de Cantaro, qui allait et venait en forme de rampes sur le flanc de la montagne, la division Merle se jette à droite de cette route, et s'efforce de gravir la montagne à travers les arbres et les broussailles qui la couvrent. Les 2ᵉ léger et 36ᵉ de ligne, conduits par le général Sarrut, le 4ᵉ léger par le général Graindorge, s'élèvent péniblement, en s'aidant de tous les gros végétaux dont ces hauteurs sont hérissées, tandis que sur la route continuent de marcher en colonne le 31ᵉ léger de la division Heudelet, et derrière celui-ci les 17ᵉ léger et 70ᵉ de ligne de la même division, formant la brigade Foy. Après une heure d'efforts la division Merle, protégée quelque temps par le brouillard, parvient au sommet, essoufflée, épuisée de fatigue. Aussitôt arrivée sur le bord du plateau, elle se jette sur le 8ᵉ portugais qu'elle culbute, et à qui elle enlève son artillerie. Mais la division Picton est là tout entière, appuyée d'un côté par la division Leith, de l'autre par une forte batterie et par la division Spencer qui de la position intermédiaire qu'elle occupe accourt pour se porter au danger. A peine la division Merle essaye-t-elle de se déployer qu'elle est accueillie en flanc par la mitraille de l'artillerie placée à sa droite, et de front par la mousqueterie de la division Picton tirant à quinze pas. Sous ces décharges meurtrières, le général Merle, le colonel Merle du 2ᵉ léger, le général Graindorge qui marchait à la tête du 4ᵉ léger, et le colonel de ce même régiment, Desgraviers, tombent blessés mortellement. Un grand nombre d'officiers inférieurs et de soldats sont également atteints. Voyant le succès de ses feux, le général Picton qui se sent appuyé de droite et de gauche, porte en avant les 88ᵉ et 45ᵉ régiments, le 8ᵉ portugais rallié, et charge à la baïonnette nos troupes surprises, haletantes encore de leur pénible escalade, et privées de presque tous leurs chefs. Il les oblige à se replier jusqu'à l'extrémité du plateau. A ce même instant le 31ᵉ de la division Heudelet, précédant la brigade Foy, débouche par la route sur la gauche de la division Merle, et se hâte de la soutenir. Mais, assailli, avant qu'il ait pu se former, par la mitraille et la mousqueterie, privé de son colonel Desmeuniers, il est refoulé jusqu'au débouché de la route. Nos soldats, aussi intelligents que braves, loin de se laisser précipiter du haut en bas de la position, s'arrêtent à la naissance de l'escarpement, et font de tous les points qu'ils peuvent occuper un feu de tirailleurs meurtrier pour l'ennemi. Ils donnent ainsi le temps à la brigade Foy d'arriver. Celle-ci ayant suivi la grande route apparaît enfin sur le plateau, accompagnée du 31ᵉ qu'elle a rallié, et ayant à sa droite et à sa gauche les restes de la division Merle reformés par le général Sarrut. Mais en ce moment lord Wellington ayant dirigé la division Leith sur notre gauche, la division Spencer sur notre droite, avec toutes ses réserves d'artillerie, combat avec plus de quinze mille hommes, parfaitement reposés et établis sur un terrain solide, contre sept à huit mille de nos soldats, essoufflés, pouvant à peine se tenir au bord d'un précipice, et totalement dépourvus d'artillerie. Après les avoir criblés de mitraille, lord Wellington les fait aborder à la baïonnette par la masse entière de son infanterie. Nos soldats, assaillis ainsi par des feux épouvantables, poussés sur un terrain en pente par des forces doubles, sont inévitablement culbutés, et se retirent emportant dans leurs bras, outre les généraux que nous avons déjà nommés, le général Foy blessé gravement. Reynier qui suivait l'attaque, avait encore à sa disposition le reste de la division Heudelet; mais, comptant déjà 2,500 hommes hors de combat, il craignait de se trop affaiblir par une obstination imprudente, laquelle d'ailleurs ne pouvait avoir des chances de succès que lorsque le maréchal Ney aurait attiré à lui une partie de l'armée britannique.

L'attaque du maréchal Ney pas plus heureuse.

Pendant ce temps, en effet, le maréchal Ney était entré en ligne, malheureusement un peu tard, ce qui s'expliquait par la distance à parcourir, le village de Moira qui lui servait de point de départ, étant plus éloigné que celui de San-Antonio d'où le général Reynier s'était mis en marche. Les difficultés n'étaient pas moins grandes de son côté, car vers notre droite la sierra formant une courbe pour rejoindre celle de Caramula, on avait à supporter pour la gravir une redoutable convergence de feux. La route tracée sur la crête d'un contre-fort venait déboucher sur le parc de la Chartreuse de Busaco, qui était couvert d'abatis et occupé par la masse entière des troupes portugaises. La division Loison marchait la première, suivie à quelque distance par la division Marchand en colonne serrée. Une troisième division, celle du général Mermet, était tenue en réserve.

Après un combat de tirailleurs assez vif, dans lequel nous avions l'avantage de l'intelligence mais le désavantage des lieux, le maréchal Ney lance ses troupes sur la position. Loison quitte la route avec ses deux brigades, et cherche à escalader le flanc de la sierra, tandis que Marchand continue à suivre la grande route. A ce flanc de la sierra se trouve attaché le village de Sul, bâti le long d'une rampe à mi-côte. Le général Simon s'y précipite audacieusement à la tête du 26ᵉ de ligne et de la légion du Midi. Il en chasse les Portugais, y prend du canon, et en fait un point d'appui pour essayer de s'élever jusqu'au sommet de la montagne. Un peu à droite de la brigade Simon et contre le même escarpement la brigade Ferrey, composée des 32ᵉ léger, 66ᵉ et 82ᵉ de ligne, gravit péniblement la hauteur, sans l'obstacle, mais aussi sans l'appui du village de Sul. Les deux brigades, à force de constance et d'opiniâtreté, s'attachant à chaque rocher, à chaque arbre, parviennent cependant sous le feu meurtrier des Portugais jusqu'au sommet, lorsque tout à coup l'artillerie du général Crawfurd les couvre de mitraille presque à bout portant. Au même instant le général Crawfurd fait croiser la baïonnette à la division légère et à la brigade portugaise de Colman, et culbute nos régiments avant qu'ils aient pu se former et opposer quelque résistance. La brigade Simon s'arrête au village de Sul après avoir perdu son général, resté blessé dans les mains de l'ennemi. La brigade Ferrey, ne trouvant à se cramponner nulle part, est ramenée au pied de la montagne. Dans ce moment la division Marchand, demeurée sur la route, et parvenue au point où la division Loison s'est détournée pour se porter sur le village de Sul, se voit placée au centre d'un demi-cercle de feux partis de toutes les hauteurs. En butte par sa droite à une grêle de balles des troupes portugaises et anglaises du général Crawfurd, elle hésite, et au lieu de s'élancer au pas de course sur la Chartreuse de Busaco, elle se jette à gauche de la route, et vient s'abriter contre un escarpement presque à pic. Là recevant par-dessus sa tête quelques feux de la division Spencer qui revient de combattre Reynier, et en flanc tous les feux du général Crawfurd qu'elle a voulu éviter, elle se trouve dans une impasse, et ne peut ni gravir l'escarpement contre lequel elle est blottie, ni reparaître sur la route qu'elle a quittée et où des milliers de projectiles l'attendent. Le moment d'enlever le parc de la Chartreuse par un élan vigoureux est dès lors passé pour cette division.

Le maréchal Ney ayant déjà perdu 2 mille hommes, parmi lesquels plusieurs colonels et généraux, et raisonnant comme le général Reynier, remet à une nouvelle tentative de son voisin l'effort désespéré qui pourrait tout décider.

Malheureusement il était trop tard pour lancer de nouveau les troupes épuisées de fatigue, et pour essayer d'ébranler un ennemi victorieux, devenu encore plus confiant dans ses forces et dans sa position. Masséna qui, s'il eût commandé une simple division, aurait probablement renouvelé l'attaque, et peut-être triomphé de tous les obstacles par son opiniâtreté sans égale, jugea comme général en chef que c'était assez d'avoir déjà perdu dans une tentative infructueuse 4,500 hommes, morts ou blessés, et sans désespérer de déloger les Anglais, résolut de s'y prendre autrement. Il réunit autour de lui ses lieutenants, auxquels il aurait eu plus d'une observation à adresser sur cette journée. Le général Reynier avait tenu parole et fait ce qu'il avait pu; mais le maréchal Ney avait attaqué tard, et certainement ne s'était pas montré aussi audacieux qu'à Elchingen. Si, en effet, pendant que le général Loison escaladait la hauteur, il eût lancé lui-même la division Marchand sur le parc de la Chartreuse, en la faisant appuyer par sa troisième division qu'il était inutile de laisser en réserve, puisque Junot formait la réserve de toute l'armée, il eût peut-être réussi, et en forçant l'un des deux débouchés il eût aidé Reynier à forcer l'autre. Masséna ne leur adressa aucun reproche, et les écouta avec le sang-froid imperturbable qu'il conservait dans les situations difficiles.

Reynier exposa sa conduite, et elle était irréprochable. Ney déclara qu'il avait agi de son mieux, et récrimina de nouveau contre une expédition tentée sans moyens suffisants, et contre le tort qu'on avait de ne pas dire la vérité à l'Empereur. Il indiqua clairement que le plus sage serait de rebrousser chemin, et d'attendre entre Almeida et Ciudad-Rodrigo de nouveaux renforts. Masséna ne chercha pas à s'exonérer du résultat de la journée en accusant ses lieutenants, ni à exhaler son chagrin en vaines dissertations sur ce qui aurait pu être fait, genre de plaintes dans lequel les âmes faibles trouvent un soulagement; il se contenta de repousser avec hauteur toute idée de marche rétrograde, puis après avoir ordonné à ses lieutenants de rallier leurs troupes au pied de la sierra, de relever leurs blessés et de se tenir prêts à marcher, il se retira pour arrêter ses résolutions. De pareils moments étaient le triomphe de cette âme forte. Masséna se dit qu'après tout les Anglais avaient dû essuyer aussi des pertes considérables, et que sans doute ils n'oseraient pas descendre des hauteurs dans la plaine, où ils rencontreraient outre notre infanterie toujours parfaitement résolue, notre cavalerie et notre artillerie auxquelles ils n'avaient pas eu affaire sur le sommet de la sierra; (et il voyait juste, car les Anglais quoique victorieux craignaient une nouvelle attaque, et n'osaient pas quitter leur position). Il se dit encore que certainement il devait y avoir quelque issue, surtout vers la droite, sur les croupes abaissées par lesquelles la Sierra d'Alcoba se rattachait à la Sierra de Caramula; qu'on avait cru trop légèrement les premiers rapports recueillis sur les lieux, et qu'il n'était pas possible qu'à droite, là où le terrain devenait plus facile, les habitants n'eussent pas établi des communications. Il envoya donc le général Montbrun et un officier d'un rare mérite, le colonel Sainte-Croix, courir avec les dragons vers la droite de l'armée, pour employer la nuit à chercher une communication. Quant à la gauche, il ne songeait pas à y passer, car il aurait fallu franchir le Mondego devant les Anglais, sans savoir si on trouverait des gués, et emporter des positions tout aussi difficiles que celles de Busaco. Ses résolutions prises, il attendit patiemment le résultat des investigations ordonnées.

Sept. 1810

Le général Montbrun et le colonel Sainte-Croix coururent vers les coteaux moins élevés qui rattachaient les deux sierras, s'enfoncèrent dans leurs sinuosités avec cette sagacité que développe l'habitude de la guerre, découvrirent un chemin qui n'était ni plus mauvais ni meilleur que tous ceux du Portugal, et qui de plus était praticable à l'artillerie. Il s'agissait de savoir jusqu'où il les conduirait. Arrivés presque au sommet de ces coteaux, à un point d'où l'on pouvait apercevoir la plaine de Coimbre et la grande route de Lisbonne, ils rencontrèrent un paysan qui leur dit que ce chemin s'étendait jusque dans la plaine, et allait rejoindre la grande route de Coimbre près d'un lieu nommé Sardao. (Voir la carte n° 53.) Ils étaient parvenus en ce moment à un village appelé Boïalva, qui était un peu sur le revers de la sierra, et que le brigadier Trent n'avait pas songé à occuper. Mont-

Heureuse découverte d'un chemin au moyen duquel on peut tourner la position de Busaco.

brun et Sainte-Croix y laissèrent un régiment de dragons avec de l'artillerie, en échelonnèrent trois autres en arrière avec ordre de défendre le village de Boïalva à tout prix, puis descendirent au galop jusqu'à Sardao pour s'assurer que le paysan avait dit vrai, reconnurent l'exactitude de son rapport, et revinrent en toute hâte apporter à Masséna la nouvelle de leur heureuse découverte.

Masséna la reçut le lendemain de la bataille, c'est-à-dire le 28 à midi. Les Anglais contenus par la présence de l'armée française, inquiets de ce qu'elle pouvait tenter, n'avaient pas remué, et semblaient presque aussi paralysés que s'ils n'avaient pas été victorieux. Masséna, sans perdre de temps, ordonna à Junot dont le corps était intact et plus rapproché que les autres de la route de Boïalva, de décamper en silence à la chute du jour, de se porter, guidé par les dragons de Montbrun, sur la route qu'on venait de reconnaître, et d'aller occuper la plaine au delà. Il enjoignit à Ney de suivre Junot, à la colonne des bagages qui était chargée de trois mille blessés mais déchargée des vivres consommés, de suivre Ney, et à Reynier de fermer la marche avec son corps. La moitié des dragons qui n'avaient pas accompagné Montbrun à Boïalva devait former l'extrême arrière-garde.

Dans la soirée du 28 en effet, quand l'obscurité fut complète, on décampa sans bruit. Junot, par la position de son corps, était tout porté sur la route de Boïalva. Il marcha pendant la nuit entière, arriva sans obstacle à Boïalva, où il rencontra les dragons que l'ennemi n'avait pas songé à troubler, et le 29 au point du jour descendit dans la plaine de Coimbre, qui devenait en ce moment une sorte de terre promise, eût-elle été aussi dénuée qu'elle était fertile et riche. Ney eut quelque peine à suivre Junot, car les bagages et les blessés, n'observant pas exactement l'ordre de marche indiqué de peur de rester en arrière, interrompaient à chaque instant l'écoulement des colonnes. Néanmoins dans la journée du 29, le corps de Ney se trouva tout entier au delà de Boïalva, et à la fin de cette journée Reynier s'engagea sur la même route, sans être poursuivi par un piquet anglais. Nos dragons purent ramener à petits pas tous les traînards et tous les blessés, dont il n'y eut pas un seul de perdu.

Ce fut dans cette soirée du 29 que le général anglais s'aperçut enfin du mouvement de l'armée française. Il était resté deux jours immobile dans sa position, se demandant ce que faisait son adversaire, et ne cherchant pas à le découvrir au moyen de reconnaissances bien dirigées. Il ne le devina que lorsque les casques des dragons français remplirent de leur éclat la plaine de Coimbre. Vainqueur le 27 au soir, il était pour ainsi dire vaincu le 29, et tandis qu'on illuminait à Coimbre pour la prétendue victoire de Busaco, il fallut se préparer à fuir cette cité malheureuse, en détruisant tout ce qu'on ne pouvait pas sauver. Lord Wellington s'empressa en effet de décamper, et de traverser Coimbre en toute hâte, forçant les habitants à quitter la ville et à détruire ce qu'ils n'emportaient pas. Montbrun et Sainte-Croix poursuivant à outrance les traînards anglais et portugais en sabrèrent un certain nombre.

Sept. 1810.

Surprise du général anglais en voyant les Français dans la plaine de Coimbre, et sa retraite précipitée de cette ville.

Sept. 1810.

Quel jugement on peut porter sur la conduite de lord Wellington et du maréchal Masséna dans les journées des 27, 28 et 29 septembre.

Telle fut, sous le commandement du maréchal Masséna, cette première rencontre de l'armée française avec l'armée anglaise. On a souvent blâmé ce maréchal d'avoir livré bataille sans chance suffisante de vaincre, et d'avoir ainsi compromis inutilement la vie de beaucoup de ses soldats, et jusqu'à un certain point on a eu raison. Mais on a trop oublié que sans ce combat meurtrier de Busaco, qui retint dans leur position les Anglais intimidés, Masséna n'aurait pas pu exécuter tranquillement le mouvement de flanc sur Boïalva, au moyen duquel il fit tomber la position de son adversaire. Il eût été mieux sans doute de ne pas attendre, pour reconnaître la route de droite, un échec qui obligeait à la trouver à tout prix, de la rechercher à l'avance, car le seul aspect des lieux en indiquait l'existence, et, après l'avoir trouvée, de faire sur Busaco une simple démonstration pour tromper les Anglais, pendant que le gros de l'armée aurait défilé sur Boïalva. On aurait pu ainsi occuper lord Wellington sans grande effusion de sang, le devancer dans la plaine de Coimbre, et l'y rencontrer sur un terrain découvert où toutes les chances étaient pour les Français. Mais pour être juste il faut se garder de ces jugements fondés sur des circonstances qu'on a connues après l'événement, et que le général dont on apprécie la conduite ne connaissait pas, et pouvait difficilement connaître. Quoi qu'il en soit, si Masséna n'obtint pas le résultat qu'il poursuivait le jour de la bataille, il l'obtint le lendemain, et, quant au général anglais, il fut gravement en faute, car établi depuis longtemps sur les lieux, entouré de tous les renseignements du pays, posté sur des hauteurs d'où l'on découvrait la contrée entière, il est surprenant qu'au seul aspect du sol et de la position des villages, il n'ait pas compris que des communications devaient exister entre la vallée du Mondego et la plaine de Coimbre, par la partie abaissée des sierras d'Alcoba et de Caramula. Et comme à la guerre on est souvent puni de ses fautes dans la journée même, il perdit en quelques heures le fruit de ses sages dispositions, et fut obligé d'abandonner le Portugal jusqu'à Lisbonne, mais jusqu'à Lisbonne seulement, ainsi qu'on le verra bientôt par la suite de ce récit.

Lorsque les Français entrèrent dans Coimbre, ils trouvèrent la plus grande partie de la population en fuite, et tous les habitants riches embarqués avec ce qu'ils avaient de plus précieux sur des bâtiments dont on coupait les câbles pour descendre par le Mondego jusqu'à la mer. La plupart des maisons avaient été dévastées par les Anglais et non par les habitants, qui n'avaient pas la moindre envie de ravager leurs propriétés pour affamer les Français. Masséna, désirant leur faire comprendre que c'était duperie à eux de suivre le conseil de lord Wellington, aurait voulu ne rien détruire, afin de les convaincre qu'en conservant leurs villes ils les conservaient pour eux-mêmes bien plus que pour les Français. Il avait donc ordonné à tous les généraux de respecter les propriétés, mais la discipline était difficile à imposer à des soldats affamés, et habitués à voir les Portugais ruiner eux-mêmes leurs propres habitations. Entrant dans des maisons vides ou déjà pillées, trouvant les grains épars, les tonneaux de vin enfoncés, ils ne se faisaient aucun scrupule d'achever un ravage commencé par les propriétaires eux-mêmes, ou par leurs alliés. De plus il faut répéter qu'ils avaient faim, et que beaucoup d'entre eux ayant jeté leur charge de biscuit dans l'espérance de vivre sur le pays, ils tâchaient de réaliser cette espérance aux dépens des lieux qu'ils traversaient. Ils auraient pu très-bien vivre à Coïmbre, car la ville était trop considérable pour qu'en quelques heures les Anglais fussent parvenus à emporter ou à détruire tout ce qu'elle contenait. Il y avait en effet des subsistances dans les maisons et dans les magasins. Malheureusement le général Junot eut le tort de ne pas s'occuper assez de réprimer les désordres, et les magasins furent inutilement gaspillés. D'autres magasins formés par les Anglais sur le bas Mondego, à Montemor, ne furent pas mieux conservés. On y envoya les dragons de Montbrun; mais le défaut de moyens de transport ne permit pas de les utiliser; on consomma ce qu'on put, et on anéantit le reste.

Masséna, s'apercevant qu'avec des précautions on pourrait trouver des denrées alimentaires en Portugal, et surtout intéresser les Portugais à ne pas les détruire, réprimanda vivement ses lieutenants, particulièrement Junot, et par cette réprimande ne les disposa pas mieux en faveur du commandant en chef. Il tâcha néanmoins d'arrêter le ravage, de rassurer les habitants, de les ramener dans Coïmbre. Il parvint effectivement à en apprivoiser un grand nombre, et à les faire rentrer dans leurs maisons abandonnées.

Après avoir remis quelque ordre dans la ville, il

songea à lui confier un dépôt bien précieux, celui de ses blessés ramassés sur le champ de bataille de Busaco. Il en avait environ trois mille transportés sur des mulets et sur des ânes. Il fit disposer un hôpital spacieux, approvisionné de tout ce qui était nécessaire, y plaça une partie des officiers de santé de l'armée, et une garde d'une centaine de marins attachés à l'expédition de Portugal. Cette garde était suffisante pour garantir la sûreté de l'hôpital contre un désordre intérieur, mais point pour défendre la ville elle-même contre une attaque du dehors. Pour parer à un tel danger, il n'aurait pas fallu moins de trois mille hommes. Or Masséna avait déjà perdu plus de quatre mille hommes à Busaco en morts ou blessés, et près d'un millier depuis Alméida, en hommes tombés malades en route. Il ne lui restait donc guère que 45 mille combattants en arrivant à Coïmbre. S'il avait fallu se priver de trois mille encore, et se réduire à 42 mille contre les Anglais qui en s'approchant de Lisbonne allaient s'augmenter d'un tiers au moins, et avec lesquels il se flattait d'avoir bientôt une nouvelle rencontre, c'eût été trop donner au hasard, et il aima mieux s'en remettre pour ses blessés à la foi des habitants, que s'exposer à perdre une bataille par insuffisance de forces.

Il assembla donc les principaux habitants de Coïmbre, leur recommanda ses blessés, promit de payer les soins qu'on aurait pour eux en ménagements envers le pays, et menaça la ville d'un châtiment terrible s'il arrivait quelque malheur aux soldats impotents qu'il confiait à son humanité. Ces dispositions achevées dans le moins de temps possible, c'est-à-dire en trois jours, Masséna continua sa route sur Lisbonne. Il avait formé sous Montbrun une nouvelle avant-garde, composée de toute la cavalerie légère et d'une partie des dragons, et laissé à l'arrière-garde le reste des dragons sous le général Treilhard. Il fit talonner vivement les Anglais par cette avant-garde, renforcée de quelque infanterie légère, afin de leur ôter le temps de tout détruire en se retirant. En effet, en quittant Coimbre pour se porter à Condeixa, on trouva des magasins que les Anglais n'avaient pas détruits et qu'on eut le temps de sauver. Mais Junot eut encore le tort de les laisser gaspiller par ses soldats, ce qui lui attira de nouvelles remontrances du général en chef. On continua la poursuite de l'ennemi par Pombal et Leyria. (Voir la carte n° 53.)

En marchant du nord au sud vers Lisbonne, le long de cette chaîne abaissée qui est, avons-nous dit, le prolongement de l'Estrella, comme l'Estrella n'est elle-même que le prolongement du Guadarrama, et qui en s'abaissant toujours va finir entre la mer et l'embouchure du Tage, on avait trois routes à suivre : la route du Tage, qu'on gagnait en traversant la chaîne des hauteurs entre Pombal et Thomar, et en longeant ensuite le fleuve d'Abrantes à Santarem, de Santarem à Lisbonne; la route du milieu, tracée près de la crête des hauteurs par Pombal, Leyria, Moliano, Candieros, et descendant aussi sur le bord du Tage par Alcoentre et Alenquer; la route enfin du bord de la mer, qui passait par Alcobaça, Obidos et Torrès-Védras. Arrivé à Pombal, le général anglais se débarrassa du corps de Hill, lui confia ce qu'il avait de plus encombrant, et le dirigea sur Thomar, en lui ordonnant de ne pas perdre un instant pour arriver sur le Tage, y embarquer ses plus lourds équipages, et se couvrir de ce fleuve s'il était poursuivi par les Français. Il lui réitéra l'ordre de tout détruire, et plus particulièrement les barques qui auraient pu servir à jeter des ponts sur le Tage. Avec la partie la plus solide de ses troupes, il prit les deux autres routes, les divisions Spencer et Leith marchant sur celle du milieu, les divisions Cole et Picton sur celle de la mer, les unes et les autres se hâtant le plus possible pour échapper aux vives poursuites de notre avant-garde.

Montbrun, en effet, avec le brave Sainte-Croix, qui avait autant d'esprit que de bravoure, était sur les traces des Anglais, et en sabrait tous les soirs quelques-uns. Le 6 octobre ils avaient atteint Leyria, serrant l'ennemi de près, pas assez toutefois pour sauver les approvisionnements que renfermait cette ville. L'armée, marchant à une journée de distance, y arriva le lendemain. Masséna, incertain de la direction suivie par les Anglais, car on les apercevait sur les trois routes à la fois, avait adopté la route du milieu, qui était la plus courte, point la plus mauvaise, et qui, dans le doute, l'éloignait le moins possible de l'ennemi.

Le 8, l'avant-garde, toujours conduite par Sainte-Croix, franchit les hauteurs pour descendre sur le Tage, heurta de nouveau les Anglais, et recueillit à leur suite quelques barils de biscuit et de poudre. Le 9 elle se porta sur Alenquer, y prit une centaine

Oct. 1810.

d'hommes, et en mit hors de combat un nombre égal. Elle envoya une reconnaissance sur l'importante ville de Santarem, qui est en arrière sur le Tage, et où l'on apprit que le général Hill en était parti l'avant-veille. On disait que tout y était détruit. Le lendemain 10, l'avant-garde entra à Villa-Nova, qu'elle trouva bien fournie de toutes sortes d'approvisionnements, et elle poursuivit jusqu'au pied des hauteurs d'Alhandra les arrière-gardes des généraux Crawfurd et Hill, qui disparurent derrière des retranchements d'un aspect imposant.

Arrivée de l'armée devant les lignes de Torrès-Védras, et sa surprise à l'aspect de ces lignes, dont l'existence était ignorée.

Le lendemain 11 l'armée rejoignit successivement et vint prendre position devant Alhandra et Sobral, en face des ouvrages que l'armée anglaise avait occupés la veille. De quelque côté que la vue se portât on découvrait des hauteurs couronnées de redoutes; on en voyait sur le versant qui vient aboutir au Tage, et, en passant sur le versant opposé, on en apercevait également jusqu'à la mer. En route, on avait bien entendu dire que les Anglais avaient exécuté des travaux en avant de Lisbonne, mais on ignorait quels étaient ces travaux, et on était loin de supposer qu'ils fussent de force à nous retenir longtemps. Les très-rares habitants qu'on avait arrêtés en arrivant devant Alhandra, Sobral, Torrès-Védras, parlaient d'une première ligne de redoutes armées de plusieurs centaines de pièces de canon, puis d'une seconde encore plus forte, qu'il faudrait emporter si on était venu à bout de la première, et enfin d'une troisième fort resserrée, laquelle couvrait un port d'embarquement où toute la flotte anglaise était constamment prête à recevoir lord Wellington et ses soldats. Ce fut pour l'armée, qui arrivait pleine d'ardeur et de confiance, nullement démoralisée par Busaco, convaincue au contraire de sa supériorité sur les Anglais, demandant à grands cris qu'ils s'arrêtassent pour se mesurer avec elle, et leur prodiguant mille épithètes injurieuses quand ils se retiraient, ce fut, disons-nous, pour l'armée une pénible surprise que de voir l'ennemi qu'elle poursuivait lui échapper subitement et s'enfermer dans un asile d'un aspect si formidable! Confiante, du reste, en elle-même, dans Masséna, dans la réunion de forces qui ne pouvait manquer de s'opérer devant Lisbonne, elle ne vit dans cet obstacle qu'une difficulté passagere dont elle triompherait bientôt en versant un sang dont elle n'était pas avare. — Nous en viendrons à bout, disaient les soldats, comme nous serions venus à bout de Busaco, si on n'eût pas fait cesser l'attaque. — C'était un admirable esprit que celui de cette armée, si malheureusement sacrifiée à une politique dénuée de toute raison! Mais l'obstacle dont elle parlait si légèrement était plus difficile à vaincre qu'elle ne le supposait.

Oct. 1810.

C'est ici le lieu de faire connaître ces fameuses lignes de Torrès-Védras, dont nous n'avons indiqué plus haut que l'objet, le site, et le nom. Comme il a été déjà dit, c'est vers le mois d'octobre de l'année précédente que lord Wellington avait songé à s'assurer aux extrémités de la Péninsule une position retranchée, autant que possible inexpugnable, dans laquelle il pût résister aux forces accumulées des Français, et attendre la décadence du système impérial, qui, selon lui, était prochaine.

Description des lignes de Torrès-Védras.

Le promontoire formé par l'extrémité abaissée de l'Estrella, s'avançant entre l'Océan et les eaux épanchées du Tage (appelées la mer de la Paille), lui avait semblé le site le mieux adapté à son projet. (Voir la carte n° 53.) D'abord les diverses lignes d'ouvrages par lesquelles il voulait barrer ce promontoire étant à quelques lieues en avant de Lisbonne, et les routes qui les liaient entre elles ne passant point par Lisbonne même, il devait s'y trouver tout à fait indépendant de la population de cette capitale, la plus nombreuse de la Péninsule, la plus agitée, voulant tantôt une chose et tantôt une autre, et rarement ce que voulait le général anglais. Lord Wellington, habitué aux institutions de son pays, ayant la sagesse rare de les aimer quoiqu'il eût souvent à en souffrir, haïssait les agitations populaires par lesquelles la liberté commençait à se produire sur le continent. Homme de sens, allant impitoyablement à son but, n'hésitant jamais à immoler à ses plans les peuples dont il venait défendre l'indépendance, il n'entendait pas qu'un certain jour on l'obligeât à livrer bataille pour mettre fin aux souffrances d'un blocus, ou qu'un autre jour une populace ameutée l'empêchât de lever l'ancre, si la sûreté de son armée lui commandait de s'embarquer. Par ces motifs, il avait voulu être indépendant du peuple de Lisbonne, et n'avoir pas même à s'inquiéter de le faire vivre, bien résolu à nourrir d'abord son armée, puis l'armée portugaise dont il tirait grand parti, et enfin, la population de paysans qu'il avait entraînée à sa suite, et qui lui fournissait d'utiles travailleurs. Cette population, qui dépassait en nombre les deux armées anglaise et portugaise réunies, qu'il avait entièrement ruinée, et dont les bras robustes et patients lui servaient tour à tour à élever des montagnes ou à les abaisser, était devenue l'objet de ses soins les mieux calculés. Au lieu de la laisser accumulée dans les rues de Lisbonne, exposée à la contagion, à la faim, à la révolte, il la tenait en plein air dans ses lignes, où elle était distraite par le travail, nourrie par la marine anglaise, et occupée à construire tous les jours de nouveaux ouvrages sur les pas des Français. Voici quel était le plan de ces ouvrages.

A neuf ou dix lieues en avant de Lisbonne, entre Alhandra sur le Tage, et Torrès-Védras vers l'Océan, il avait songé à créer une première ligne de retranchements, qui devait couper le promontoire à douze lieues au moins de son extrémité dans la mer. Cette première ligne se composait des ouvrages suivants. Sur le versant du Tage, les hauteurs d'Alhandra, d'un côté tombant à pic dans le fleuve, de l'autre remontant jusque vers Sobral, formaient sur un espace de quatre à cinq lieues des escarpements presque inaccessibles, et baignés dans toute leur étendue par la petite rivière d'Arruda. On avait coupé par des barricades armées de canons la route qui passait entre le pied de ces hauteurs et le Tage, et qui conduisait à Lisbonne par le bord du fleuve. De ce point en remontant jusqu'à Sobral on avait escarpé de main d'homme toutes les collines qui n'offraient pas un accès assez difficile. Dans les enfoncements formés par le lit des ravins et présentant des petits cols accessibles, on avait établi tantôt

Oct. 1810.

Première ligne de retranchements depuis Alhandra sur le Tage, jusqu'à Torrès-Védras vers l'Océan.

des redoutes, tantôt des abatis qui fermaient tout à fait les passages. Enfin sur les sommets principaux on avait élevé des forts, armés de grosse artillerie, se flanquant les uns les autres, et commandant au loin les avenues par lesquelles l'ennemi aurait pu se présenter.

A Sobral même, qui formait le point de partage entre les deux versants, se trouvait un plateau, et là le terrain offrant moins de relief, on y avait suppléé par une multitude d'ouvrages de la plus grande force, et on avait même construit sur une éminence qu'on appelle le Monte-Agraça une véritable citadelle, dont il n'aurait été possible de triompher que par un siége en règle. Au delà commençait le versant maritime, sur lequel s'étendait une nouvelle chaîne de hauteurs qui se prolongeait jusqu'à la mer, et qui était baignée par le Zizambro. Cette petite rivière dans ses détours passe à Torrès-Védras, d'où les lignes dont il s'agit ont reçu le nom désormais immortel de lignes de Torrès-Védras. Là, comme du côté d'Alhandra, on avait tantôt escarpé à la pioche le flanc des hauteurs, tantôt fermé les gorges par des abatis ou des redoutes, couronné et lié entre eux les sommets par des forts, et surtout rendu presque impraticable le cours du Zizambro, en construisant dans son lit des barrages qui retenaient les eaux, et entretenaient les marécages en toute saison.

Les ouvrages de fortification étaient les uns ouverts à la gorge (c'était le moindre nombre), les autres fermés. Tous avaient glacis en terre, fossé, escarpes en pierre sèche, magasins en bois pour les vivres et les munitions. Il y en avait qui étaient armés de six bouches à feu ; il y en avait qui en contenaient cinquante, depuis les calibres de 6 et de 8 jusqu'à ceux de 16 et de 24. Ces bouches à feu étaient toutes montées sur affûts de position, de manière à ne pouvoir servir à l'ennemi en cas de mouvement rétrograde d'une ligne sur l'autre. On avait vidé le riche arsenal de Lisbonne pour fournir cette artillerie, et employé tous les bœufs du pays pour la mettre en place. Les garnisons étaient permanentes, et quelques-unes s'élevaient jusqu'à mille hommes. Des routes larges et faciles avaient été pratiquées entre ces divers ouvrages, de manière à y conduire les renforts avec une extrême rapidité. Un système de signaux emprunté à la marine (le télégraphe était alors dans son enfance) pouvait en quelques minutes apporter au centre de la ligne la nouvelle précise de ce qui se passait à ses extrémités. A son entrée même, c'est-à-dire vis-à-vis Sobral, se trouvait une sorte de champ de bataille, préparé à l'avance pour que l'armée anglaise pût accourir tout entière vers la partie la plus accessible, et joindre sa force propre aux mille feux des ouvrages environnants. Naturellement on avait placé les Portugais dans les fortifications, et on leur avait adjoint trois mille canonniers, Portugais aussi, longuement formés à la manœuvre du canon, et tirant juste. L'armée anglaise avec ce qu'il y avait de plus disponible, de plus manœuvrier dans l'armée de ligne portugaise, était destinée à occuper les campements principaux, qu'on avait habilement disposés près des points supposés d'attaque. Tout avait été soigneusement préparé pour qu'elle y fût bien abritée, bien nourrie,

Oct. 1810.

et qu'elle pût y partager son temps entre le repos et les manœuvres.

Le général Hill, qui en se retirant avait suivi le bord du Tage, avait pris position derrière les hauteurs d'Alhandra; le général Crawfurd s'était établi avec la division légère, entre Alhandra et le plateau vis-à-vis Sobral. Le général Picton, qui avait suivi la route de la mer, occupait les bords du Zizambro, et les hauteurs en arrière, jusqu'à Torrès-Védras. Le général Leith gardait l'entrée même de cet immense camp retranché, et avait pour soutien les divisions Spencer, Cole, Campbell, qui avaient opéré leur retraite par la route du milieu, et devaient se présenter en masse si l'ennemi tentait d'assaillir les lignes par leur partie la moins escarpée.

Lord Wellington ayant demandé au marquis de La Romana de laisser Badajoz, dont la défense importait moins que celle des lignes de Torrès-Védras, et de venir le joindre à Lisbonne, celui-ci lui avait amené environ 8 mille Espagnols, excellents pour le rôle défensif auquel on les destinait. Le général anglais avait donc 30 mille Anglais, 30 et quelques mille Portugais, 8 mille Espagnols, ce qui faisait 70 mille hommes de troupes régulières pour défendre ces positions; il avait en outre beaucoup de milices et une nombreuse population de paysans, qui sans doute coûtait à nourrir, mais travaillait sans cesse à de nouveaux ouvrages.

Seconde et troisième ligne de retranchements en arrière.

Il faut ajouter qu'à trois ou quatre lieues en arrière se déployait une seconde ligne d'ouvrages, barrant également le promontoire, du Tage à l'Océan, sur une longueur de sept à huit lieues, dominée par les sommets de Mafra et de Montachique, et accessible en un seul endroit, le défilé de Buccellas, dont on avait fait un vrai coupe-gorge pour quiconque voudrait s'y engager. Enfin, derrière cette seconde et formidable ligne, à l'extrémité même du promontoire, se trouvait un dernier abri, espèce de réduit qui consistait dans un demi-cercle de montagnes escarpées et hérissées de canons, inabordable du côté de la terre, et offrant dans sa concavité tournée vers la mer un mouillage sûr, où toute la flotte anglaise pouvait s'abriter. Ce dernier réduit, en supposant que les deux premières lignes d'ouvrages eussent été emportées, devait tenir encore plusieurs jours, c'est-à-dire le temps nécessaire pour embarquer les troupes et les soustraire à la poursuite d'un ennemi victorieux.

Tel était ce système colossal de lignes défensives, digne de la nation qui l'avait conçu, et de l'ennemi dont il s'agissait d'arrêter la puissance. Des milliers d'ouvriers y travaillaient depuis plus d'un an, sous la conduite des ingénieurs anglais et sous la police de deux régiments de ligne portugais. Presque achevé à l'époque de l'entrée des Anglais, il ne le fut tout à fait que quelques mois après, et il ne compta pas moins de 152 redoutes, et environ 700 bouches à feu en batterie. Il avait fallu abattre cinquante mille oliviers, qui formaient avec la vigne la principale végétation du pays. On avait assez bien payé les paysans qui avaient prêté leurs bras, mais fort mal les propriétaires dont on avait coupé les arbres. Les Anglais pensaient que ce n'était rien que de ravager le Portugal, pourvu que l'on parvînt à le disputer aux Français, et leur protection lui était certainement plus dommageable que ne l'eût été notre invasion. Quant à l'indépendance, nous ne lui en aurions pas laissé moins qu'il n'en avait sous lord Wellington.

Les ouvrages que nous venons de décrire étaient sur la droite du Tage. Sur la gauche il avait été exécuté quelques travaux, mais de peu d'importance, malgré les vives instances de la Régence portugaise. Ici encore s'était révélée dans sa cruelle simplicité la politique militaire du général britannique. Vers l'embouchure du Tage dans l'Océan, la rive gauche se rapproche de la rive droite, et forme en se rapprochant cette entrée du fleuve, si célèbre dans les récits des voyageurs par son aspect pittoresque, par la multitude et la beauté des palais qui la décorent. De la rive gauche on pouvait bombarder Lisbonne, incendier l'église et le palais de Belem, le palais de Queluz, et tous les édifices de cette capitale, renouveler ainsi de main d'homme les horreurs du tremblement de terre du dernier siècle! Mais ce point si vulnérable éveillait médiocrement la sollicitude de lord Wellington. Qu'on jetât des bombes sur la belle ville de Lisbonne, c'était fâcheux sans doute, mais peu grave, selon lui, pour la défense du précieux promontoire de la rive droite, d'où il pouvait tenir en échec la puissance de Napoléon, et provoquer les nations européennes à un soulèvement général. Or, pour défendre la rive gauche il aurait fallu s'affaiblir considérablement sur la rive droite, ce qu'il ne voulait faire à aucun prix. On lui proposait, il est vrai, de construire sur cette rive gauche, entre Aldéa-Gallégo et Sétubal, un camp retranché, où l'on attirerait toutes les populations de l'Alentejo; mais lord Wellington les regardait comme incapables de le défendre, et il craignait, si le camp, comme il n'en doutait pas, était enlevé, qu'il n'en résultât un ébranlement moral parmi les défenseurs des lignes de Torrès-Védras. Il disait encore avec beaucoup de sens que les Français n'avaient pas assez de forces en Andalousie pour opérer une invasion dans l'Alentejo, que s'ils s'y présentaient ce serait pour venir se joindre vers Abrantès à l'armée du maréchal Masséna, et s'acharner avec celui-ci contre les lignes de Torrès-Védras; que Lisbonne ne courait donc aucun danger sérieux de ce côté; que si elle recevait quelques boulets, il n'y savait que faire, qu'il fallait le laisser tranquille, et libre de s'occuper exclusivement d'une tâche déjà bien assez difficile, celle de défendre la rive droite, de laquelle dépendait le salut du Portugal et de l'Europe. Cependant, pour répondre aux criailleries des habitants de la capitale, il avait consenti à élever quelques ouvrages sur les hauteurs d'Almada, vis-à-vis Lisbonne, bien certain du reste qu'ils seraient pris à la première attaque sérieuse. Mais tous les palais de Lisbonne ne valaient pas à ses yeux une seule des redoutes de Torrès-Védras, et militairement il avait raison.

Lord Wellington ainsi appuyé sur trois lignes de retranchements formidables, qu'il défendait avec 70 mille hommes et une nombreuse population de paysans réfugiés, pouvait considérer avec quelque sécurité la brave armée française qu'il avait devant lui, bien que d'après toutes les probabilités elle dût s'accroître considérablement. Aussi, consulté par son gouvernement sur sa situation, au moment même où il prenait position derrière ces lignes, et sur la possibilité de rappeler la flotte de transport, qui coûtait à elle seule plus de 75 millions par an à l'Angleterre, il répondit qu'il se regardait comme en parfaite sûreté à Torrès-Védras, que, si on voulait absolument lui enlever la flotte de transport, on était libre de le faire, qu'il ne se croirait pas perdu par suite d'une telle mesure, mais que ce ne serait pas conforme aux règles de la prudence, car à tout moment l'armée française pouvait être renforcée par des troupes venues de la Vieille-Castille, et par d'autres troupes détachées de l'Andalousie; que si un ordre partait de Paris le maréchal Masséna attaquerait, et qu'en présence d'un pareil général et de pareils soldats, il fallait, malgré toutes les probabilités, se garder de répondre du résultat; qu'on ferait donc bien, quelque coûteuse qu'elle fût, de lui laisser la flotte de transport, bien qu'il espérât n'en pas avoir besoin. Il ajoutait enfin, ce qui honore infiniment son intelligence politique, que probablement le maréchal Masséna serait faiblement secouru du côté de la Castille, et aucunement du côté de l'Andalousie.

Tel était l'obstacle imprévu devant lequel le général en chef Masséna venait de se trouver arrêté avec son armée. Personne ne se doutait de l'existence de cet obstacle avant de l'avoir aperçu, et même après l'avoir vu, il fallut une reconnaissance de plusieurs jours pour en apprécier toute la force. Dès le 12 octobre le corps de Junot était arrivé sur le plateau de Sobral ; le 13 Masséna voulant juger de la situation et des intentions de l'ennemi, fit attaquer par ce corps le village de Sobral, qui était en dehors des lignes, et en quelque sorte aux sources des deux petites rivières de l'Arruda et du Zizambro. Les Anglais disputèrent ce village avec vigueur, mais uniquement pour l'honneur des armes, car il n'était pas dans l'enceinte des retranchements qu'ils avaient un intérêt absolu à défendre. Les troupes de Junot le leur enlevèrent à la baïonnette, et leur tuèrent environ deux cents hommes. La perte fut à peu près égale de notre côté. Mais à peine étions-nous maîtres de Sobral, qu'en voulant déboucher au delà un feu violent parti de tous les forts nous indiqua la ligne des ouvrages ennemis, leur force et leur liaison. On ne pouvait plus conserver de doute sur l'existence d'un vaste camp retranché, embrassant le promontoire entier de Lisbonne de l'un à l'autre versant, de l'embouchure de l'Arruda dans le Tage, à l'embouchure du Zizambro dans l'Océan.

Masséna avant de rien décider fit prendre à ses troupes une position d'attente. Junot resta à Sobral et sur les coteaux environnants, vis-à-vis les avant-postes des Anglais; Reynier s'établit près du Tage à Villa-Nova, Ney en arrière vers Alenquer. (Voir la carte n° 53.) Les Anglais n'étant pas obéis aux portes de Lisbonne comme dans les provinces du nord qu'ils occupaient militairement, et ayant d'ailleurs traversé le pays au pas de course, n'avaient pu ni détruire eux-mêmes, ni faire détruire les ressources de cette province du Portugal, qui était l'une des plus riches de tout le royaume. On pouvait donc y subsister quelques semaines, et se donner le temps de réfléchir avant d'arrêter un parti sur la conduite qu'il convenait de tenir. Masséna se mit donc à reconnaître lui-même la position des Anglais sur l'un et l'autre versant, et employa plusieurs jours à opérer cette reconnaissance de ses propres yeux. Le 16, se trouvant sous l'une des batteries ennemies, qu'il observait avec une lunette appuyée sur un petit mur de jardin, les officiers anglais, qui apercevaient distinctement l'illustre maréchal, éprouvèrent à son aspect un sentiment digne des nations civilisées, quand elles sont réduites au malheur de se faire la guerre. Ils pouvaient en faisant feu de toutes leurs pièces, cribler de boulets l'état-major du général en chef, et probablement l'atteindre lui-même. Ils tirèrent un seul coup pour l'avertir du péril, et avec tant de justesse qu'ils renversèrent le mur qui servait d'appui à sa lunette. Masséna comprit le courtois avertissement, salua la batterie, et remontant à cheval se mit hors de portée. Il en savait assez, après tout ce qu'il avait vu, pour n'avoir plus de doutes sur la valeur des vastes ouvrages élevés devant lui. Quelques paysans ramassés dans les environs, quelques individus attirés hors de Lisbonne par les officiers portugais qui suivaient l'armée, affirmèrent unanimement qu'après cette première ligne de retranchements il en existait une seconde, puis une troisième, les trois armées de 700 bouches à feu, gardées par 70 mille hommes au moins de troupes régulières, sans compter les milices et les paysans réfugiés. Ce n'était donc plus un simple camp retranché dont on pouvait brusquer l'attaque avec de l'audace, c'était une suite d'obstacles naturels, dont l'art avait singulièrement augmenté la difficulté, qui étaient liés en outre par des fortifications fermées la plupart à la gorge, impossibles à enlever dans un moment d'élan, et tout aussi difficiles à surprendre, car tandis que les Anglais, grâce aux routes qu'ils avaient construites, aux signaux qu'ils avaient établis, pouvaient se porter en quelques heures d'un versant à l'autre, et réunir la masse entière de leurs forces sur le point attaqué, les Français rencontraient de leur côté un accident de terrain qui leur interdisait toute manœuvre de ce genre. En effet, sur la partie du promontoire qu'ils occupaient, une montagne élevée, appelée le Monte-Junto, dépourvue de toute route, séparait les deux versants, et ne permettait pas qu'en feignant d'attaquer sur l'un on pût soudainement se transporter sur l'autre. Le versant sur lequel ils se déploieraient, serait forcément celui par lequel ils devraient attaquer, et ils seraient dès lors assurés d'y trouver réunis les 70 mille hommes de l'armée anglaise.

Tout considéré, la position parut inattaquable, au moins pour le moment, et le jugement qu'en porta Masséna prouve que chez lui l'énergie n'excluait pas la prudence. Certes, rien n'aurait mieux convenu à son caractère et à sa situation qu'une tentative audacieuse, dont l'heureuse issue eût terminé la guerre, mais il eut le bon sens de comprendre que cette tentative ne présentait pas assez de chances de réussite pour qu'il dût la faire, tandis que l'insuccès, qui était très-probable, l'exposait

Oct. 1810.

Impossibilité reconnue d'enlever les lignes de Torres-Vedras, à moins de renforts considérables et d'une attaque combinée sur les deux rives du Tage.

à une perte infaillible. Il était loin d'avoir alors les 50 mille hommes avec lesquels il était entré en Portugal. L'attaque de Busaco lui avait coûté 4,500 morts ou blessés; la marche lui avait valu 2 mille malades ou écloppés. Quelques blessés de Busaco, légèrement atteints, avaient, il est vrai, rejoint l'armée; les malades de la marche devaient être bientôt rétablis, au moins en partie, et lorsque les uns et les autres seraient rentrés dans les rangs, il pouvait compter sur environ 45 mille soldats vraiment en état de combattre. C'étaient sans doute des troupes excellentes, capables de tout tenter : que pouvaient-elles cependant contre 70 mille ennemis, qui, en plaine, n'auraient certainement pas tenu devant elles, mais qui, dans des positions défensives, valaient les meilleures troupes du monde? Pour enlever ces lignes, il aurait fallu avoir 90 ou 100 mille hommes, en porter 20 mille sur la rive gauche du Tage, 70 ou 80 mille sur la droite, attaquer non-seulement sur les deux rives, mais sur les deux versants de la rive droite, troubler l'ennemi par la simultanéité de ces attaques, l'obliger au moins à se diviser, prendre, s'il le fallait, par des siéges réguliers quelques-uns des principaux ouvrages, escalader les autres, faire ainsi une trouée en forçant l'entrée de la ligne à coups d'hommes, et, en cas de revers, être assez fort pour ne pas craindre le lendemain. Mais si avec 45 mille hommes, avec la possession d'une seule rive du Tage, Masséna eût attaqué les lignes, et qu'il y eût inutilement sacrifié 40 mille hommes en morts ou blessés, ce qui était inévitable, comment aurait-il pu le lendemain, réduit à 35 mille hommes, se retirer devant un ennemi enhardi par le succès, le poursuivant sans relâche au milieu de populations furieuses, et à travers un pays déjà ravagé, où il ne trouverait ni un jour de repos, ni un morceau de pain? Probablement il n'aurait pas regagné Almeida sans avoir perdu presque toute son armée, et sa campagne, qui devait être une conquête, serait devenue un vrai désastre. Ajoutons que Masséna obligé de tout porter avec lui, vivres et munitions, avait bien encore assez de munitions pour livrer une bataille, mais pas assez pour en livrer deux, et, qu'après ce qu'il aurait consommé devant les lignes, il n'aurait probablement pas eu de quoi se défendre dans sa retraite.

Il n'y avait donc point à hésiter, et il fallait renoncer à attaquer immédiatement les lignes de Torrès-Védras. Mais de ce qu'on ne les attaquait pas immédiatement, il n'en résultait pas qu'on ne les attaquerait pas plus tard, et qu'en attendant on n'aurait rien à faire sur les bords du Tage, entre Abrantès, Santarem et Alhandra. D'abord on obtenait en restant sur place un premier résultat, c'était de tenir les Anglais bloqués, dans des perplexités continuelles que leur gouvernement ne tarderait pas à partager; on en obtenait un second, si on les bloquait longtemps, c'était de les priver de subsistances, non-seulement pour eux mais pour l'immense population de Lisbonne, qui, ne recevant plus rien de l'intérieur du pays, ne pourrait vivre que par la mer, et bientôt à des prix qui rendraient l'alimentation du peuple portugais impossible. Or, quelque dédaigneux que fût lord Wellington des mouvements populaires, il était impossible qu'il résistât à un peuple affamé, demandant ou qu'on le nourrît, ou qu'on laissât entrer les Français; et ce peuple vaincu par la faim ouvrant les portes de Lisbonne du côté de la rive gauche, les lignes de Torrès-Védras devaient bientôt tomber d'elles-mêmes. Il y avait donc bien des chances favorables pour nous en restant devant les lignes anglaises. Mais il fallait d'abord y rester longtemps, et en cherchant à affamer les Anglais, ne pas commencer par mourir de faim nous-mêmes. Il était indispensable pour cela d'occuper les deux rives du Tage, afin de fermer à l'ennemi toutes les sources d'approvisionnement, et de se procurer à soi toutes les subsistances de la fertile province de l'Alentejo, ce qui n'était possible que si un fort détachement de l'armée d'Andalousie, après avoir pris Badajoz, se portait, par la rive gauche du Tage, sur Lisbonne. Il fallait donc auparavant s'établir solidement sur le Tage entre Alhandra, Santarem et Abrantès, se procurer les moyens d'y vivre, jeter un pont sur le fleuve afin de manœuvrer sur les deux rives, faire en même temps connaître sa position à Napoléon, pour qu'il envoyât de la Vieille-Castille tous les renforts dont il pourrait disposer, et pour qu'il ordonnât à l'armée d'Andalousie de se porter sur Lisbonne, attendre ainsi l'effet de ces mesures, et puis, quand les renforts seraient arrivés, tenter avec des forces considérables une attaque furieuse sur les lignes anglaises, si le blocus n'avait pas suffi pour en amener la chute.

Masséna, placé à cinq cents lieues de Paris, à cent

lieues de Salamanque, dans un pays affreux, au milieu de populations féroces, tellement coupé de ses communications qu'il n'avait pas reçu une seule dépêche depuis son départ d'Almeida, incertain de ses moyens de vivre, arrêté devant un obstacle réputé presque insurmontable, au delà duquel il ne pouvait pas aller chercher l'ennemi, et d'où l'ennemi pouvait toujours fondre sur lui avec des forces supérieures, Masséna ne se troubla point, imposa à tout le monde la résolution qui était dans son âme, s'appliqua, malgré ses lieutenants qui parlaient encore de se retirer, à persuader à toute l'armée qu'il fallait savoir prendre patience, rester où l'on était, attendre les renforts qui ne tarderaient pas d'arriver, et, loin de considérer les lignes comme invincibles, préparer au contraire son courage à les affronter, dès qu'on aurait le nombre d'hommes et la quantité de munitions nécessaires pour les assaillir avec chance de succès.

Son premier soin fut de se choisir un champ de bataille, en cas que les Anglais vinssent l'attaquer. Junot à Sobral était toujours exposé à une irruption de l'ennemi. Masséna lui traça sa ligne de retraite vers des coteaux situés en arrière, ceux d'Aveyras, sur lesquels Ney était déjà établi, où Reynier pouvait se porter rapidement, et où l'armée entière, concentrée en quelques heures, serait en mesure de recevoir les Anglais, et de les accabler s'ils osaient prendre l'offensive. Cela fait, il se mit à la recherche des subsistances.

La ville la plus importante sur la partie du Tage qu'on occupait, était celle de Santarem. On l'avait

Oct. 1810.

Soins à recueillir les vivres existants sur les bords du Tage, de Santarem à Abrantès.

trouvée abandonnée et à demi dévastée. Les soldats affamés avaient ajouté aux ravages de l'ennemi. Masséna, afin d'arrêter les dégâts, y envoya l'administrateur en chef de l'armée et le général d'artillerie Éblé. Après quelques recherches on reconnut qu'il restait dans l'intérieur de Santarem des ressources assez considérables, qu'il y en avait dans les villages environnants, et qu'en les recueillant avec soin, en les distribuant avec ordre, on pourrait nourrir l'armée pendant quelque temps. On y établit un hôpital pour deux ou trois mille malades, et on réunit, soit en meubles, soit en linge et literie, de quoi pourvoir cet hôpital de tout ce qui lui était nécessaire. On découvrit encore d'autres denrées dont les Portugais avaient l'habitude de se nourrir, telles que lard, poisson salé, huile, légumes secs, sucre, café, rhum, vins excellents. Au dehors on ramassa un peu de froment, beaucoup de maïs, et dans les îles du Tage du bétail en assez grande quantité. Les petites îles environnantes renfermaient aussi des vivres, que les Anglais n'avaient eu ni le pouvoir ni le temps de faire disparaître. Il n'y avait d'entièrement dévasté que les moulins, et encore leur mécanisme fort simple était plutôt disloqué que détruit. On avait parmi les soldats de l'artillerie et du génie des ouvriers ayant depuis longtemps négligé leur métier, mais prêts à le reprendre pour les besoins de l'armée. Avec leur secours, le général Éblé répara les moulins, et parvint bientôt à moudre les grains qu'on avait trouvés. On fit dès lors des distributions régulières, et Masséna ordonna de former dans chaque corps, avec les excédants de l'approvisionnement quotidien, un approvisionnement de réserve. De Santarem, en remontant vers le Zezère et vers Abrantes, s'étendait une riche plaine, celle de Golgao, dans laquelle le corps de Ney s'était déjà répandu, et où l'on avait la certitude de se procurer de grandes ressources. On commença donc à se rassurer sur les subsistances, et, malgré le pain de maïs dont nos soldats n'avaient pas l'habitude, l'abondance de la viande, du poisson salé, du vin, du sucre, du café, des liqueurs, leur rendait la vie supportable. Ils ne manquaient que de souliers, mais heureusement on trouva du cuir dans Santarem, et tant bien que mal on répara les chaussures. À peine sur cette rive, peuplée de petites villes et de villages, restait-il quelques centaines d'habitants. On vivait de tout ce qu'avaient abandonné les autres.

Masséna aurait voulu que l'administration centrale de l'armée recueillît ces ressources, et les administrât dans l'intérêt commun de l'armée. Mais il y avait contre cette administration un cri général, comme si elle eût été coupable de toutes les privations qu'on endurait. Il fallut donc laisser chaque corps s'administrer lui-même, soit par son général, soit par son chef d'état-major. Chacun dès lors s'arrangea du mieux qu'il put, pour vivre suivant les lieux et les circonstances. Mais ce n'étaient pas les subsistances qui constituaient la plus grande des difficultés du moment. Il fallait avant peu, soit pour bloquer Lisbonne sur les deux rives, soit pour s'ouvrir l'Alentejo, soit pour donner la main à l'armée

Nécessité de jeter un pont sur le Tage.

Oct. 1810.

pour s'ouvrir l'Alentejo, et pour manœuvrer sur les deux rives du fleuve.

d'Andalousie si elle venait, soit enfin pour prendre l'importante ville d'Abrantès, passer le Tage au-dessus ou au-dessous de cette ville. C'était là l'opération capitale qu'on devait se proposer, mais qui sans un équipage de pont était inexécutable. Or pour unique ressource on avait trouvé deux barques dans Santarem, l'ennemi ayant détruit ou emmené toutes les autres. Il en fallait cependant beaucoup, car le Tage, inégal comme la Loire en France, comme tous les cours d'eau qui ne prennent pas leur source dans des montagnes neigeuses, et qui, vivant de pluies, sont tour à tour ou desséchés ou torrentueux, le Tage s'élevait ou s'abaissait alternativement de plusieurs pieds, et il ne fallait pas moins d'une centaine de grosses barques pour en embrasser la largeur. Le Zezère qui vient s'y réunir, et qui nous séparait du gros village de Punhète et de la ville d'Abrantès, méritait aussi qu'on y établît un pont, surtout afin de s'ouvrir la route de Castel-Branco, l'une de celles par lesquelles on pouvait communiquer avec la frontière d'Espagne. On avait besoin de cent vingt barques pour ces deux ponts.

Beaux travaux du général Éblé pour rendre possible l'établissement d'un pont sur le Tage.

Le général Montbrun, malgré son savoir-faire, venait de manquer vingt-cinq grosses barques dans une île, près de Chamusca. Il ne restait donc aucun moyen de s'en procurer dans le pays. Le général Éblé, vieux général d'artillerie, distingué par une haute intelligence autant que par un dévouement et une activité sans bornes, se chargea de construire des barques pourvu qu'on lui donnât des ouvriers. Il existait des forges dans Santarem, du fer qu'on pouvait retirer des démolitions, et même du bois.

Mais on avait peu d'outils. Le général Éblé, après avoir réuni les ouvriers de l'artillerie, fit fabriquer des haches, des scies, des marteaux. Puis il fit démolir des maisons pour avoir des bois, mais ces bois ne pouvaient pas fournir de grosses planches. Ayant découvert une assez belle forêt à quelque distance de Santarem, on y coupa des arbres, qu'on transporta en les fixant par l'une de leurs extrémités sur un avant-train de canon, et en les traînant ainsi jusqu'à la ville. Malheureusement on usait par ce travail fatigant les hommes et les chevaux. On avait de la peine à trouver des ouvriers, parce qu'on ne vivait passablement que dans l'intérieur des corps, où la maraude était régulièrement organisée. Les soldats travaillant pour tout le monde dans les chantiers, et n'ayant pas le temps d'aller à la maraude, étaient exposés à manquer du nécessaire. Aussi venaient-ils peu volontiers aux chantiers de Santarem, ou s'en échappaient dès qu'ils en avaient l'occasion. Les punir légèrement n'eût servi de rien. Les punir sévèrement dans la position où l'on était, personne n'en avait le cœur. Restait à les payer; mais on n'avait point d'argent. Masséna fit une collecte parmi les officiers supérieurs et les employés, qui se cotisèrent pour prêter 20 ou 25 mille francs à la caisse de l'armée. Grâce à ces efforts les constructions commencèrent, et on ne désespéra pas de posséder bientôt les moyens de franchir le Tage.

Tandis qu'on se livrait à ces travaux sous la direction du général Éblé, Masséna voulut s'étendre jusqu'à Punhète et Abrantès, où l'on se flattait de trouver de grandes ressources. Loison et Montbrun, en effet, passèrent le Zezère à force d'audace et d'adresse, y jetèrent un pont de chevalets, et finirent par s'établir sur l'autre bord de cette rivière, malgré de sérieux dangers, car le pont était si fragile et le Zezère si torrentueux, que la communication pouvait à tout moment être interrompue. Pourtant on finit par consolider les chevalets, et en pénétrant dans Punhète on y découvrit des approvisionnements. Bientôt même on pensa qu'il fallait y transférer l'établissement et les chantiers de Santarem, parce que le pont sur le Tage, dont on avait tant de peine à réunir les matériaux, serait plus facile à jeter vis-à-vis de Punhète, le Tage en cet endroit n'ayant pas encore reçu les eaux du Zezère. On décida donc que les chantiers y seraient transportés. Les barques déjà construites pouvaient remonter par eau, et rien de ce qu'on avait fait ne devait être perdu.

Punhète conquis, le général Montbrun poussa des reconnaissances jusqu'aux portes d'Abrantès. Mais le peuple de cette ville, nombreux et fougueux, soutenu par des troupes de l'armée anglo-portugaise, avait élevé des défenses tout autour de ses murs, et il fallait pour en venir à bout une attaque en règle, exécutée avec du gros calibre. Cette attaque d'ailleurs n'avait pas chance de réussir tant que les assiégés pourraient recevoir par la gauche du Tage les secours de lord Wellington. On différa donc cette conquête importante jusqu'au jour où l'on serait en mesure d'agir sur les deux rives du Tage.

Masséna, résolu à bloquer les lignes anglaises jusqu'à l'arrivée

Lorsque le maréchal Masséna eut aperçu la possibilité de s'établir solidement sur ce fleuve, d'y vivre, de le franchir, et d'attendre ainsi en sûreté les résolutions ultérieures de Napoléon, il mit ses soins à rechercher un campement plus sûr, plus tranquille, mieux adapté à ses deux opérations essentielles, qui consistaient, comme on vient de le voir, dans la création d'un équipage de pont et dans la conquête d'Abrantes.

Obligée en ce moment de toucher par sa tête à Sobral, par sa queue à Abrantes, notre armée s'était trop étendue, et se trouvait exposée chaque jour à des combats inutiles et meurtriers. D'ailleurs le terrain qu'elle occupait devant les lignes anglaises avait été déjà dévoré, et il était devenu impossible d'y subsister. Masséna songea donc à se replier à quelques lieues en arrière, et à s'établir le long du Tage, depuis Santarem jusqu'à Thomar, avec une division à Leyria, pour surveiller le revers de l'Estrella, et garder la grande route de Coïmbre, soit contre un retour offensif des Anglais, soit contre les irruptions des insurgés espagnols et portugais qui devenaient fort incommodes, car ils avaient envahi Coïmbre depuis le départ de l'armée, et fait prisonniers, sans toutefois les égorger, les blessés que nous avions laissés dans cette ville. La nouvelle position qu'il s'agissait de prendre entre Santarem et Thomar, en nous plaçant à quelques lieues des lignes anglaises, ne nous empêchait nullement de les bloquer rigoureusement, du moins sur la rive droite du Tage, la seule en notre possession, et en même temps nous procurait un établissement plus paisible et plus assuré. Les petits combats de tous les jours qu'une armée inaguerrie peut souhaiter, mais qui fatiguent inutilement une armée éprouvée, nous étaient épargnés; et, quant à une attaque sérieuse, la seule que nous dussions désirer, elle ne pouvait, à cause de la distance qui allait nous séparer, être tentée sans que l'ennemi démasquât ses intentions, ce qui rendait les surprises impossibles. Enfin cette position nous reportait plus près de Punhète où étaient nos chantiers, et d'Abrantès dont il importait de s'emparer.

En conséquence, le 14 novembre, après un mois de séjour devant les lignes anglaises, Masséna ramena son armée en arrière, et mit beaucoup d'art dans cette opération. Il fallait en effet dérober le mouvement de Junot aux Anglais, avec lesquels il était tous les jours aux prises, sans quoi ils auraient pu se jeter sur lui en masse, et lui faire essuyer un grave échec. Pour les tromper Masséna répandit partout le bruit qu'il allait attaquer les lignes, ce qui réjouit nos soldats, et inquiéta les Anglais au point de les retenir immobiles dans leurs ouvrages. Puis il ordonna à Junot qui était à Sobral sur le plateau central, et à Reynier qui était à Villa-Nova sur le Tage, d'expédier d'avance leurs malades, leurs blessés et la partie embarrassante de leur artillerie. A la nuit le maréchal Masséna fit décamper Junot en toute hâte, en retenant sous les armes Reynier qui avait des troupes plus aguerries, et qui occupait d'ailleurs la large route du Tage, sur laquelle la retraite était facile. Au jour Junot se trouvait hors d'atteinte, et Reynier à son tour commençait à décamper, tandis que les Anglais attachés à la garde de leurs retranchements ne songeaient nullement à nous poursuivre.

Ney avait déjà gagné Thomar. Junot le suivit en passant par Santarem, et le lendemain Reynier suivit Junot en prenant la même route. Au moment de son entrée dans Santarem Reynier eut une fausse alerte. Les Anglais s'apercevant enfin de leur méprise s'étaient mis sur nos traces, préoccupés de l'idée que nous voulions emporter Abrantès d'assaut, et naturellement très-pressés de nous en détourner. Parvenu à Santarem, position dominante sur le Tage, à laquelle on arrive par une route tracée au milieu des marécages du fleuve, et qui peut être tournée parce qu'elle ne se relie pas étroitement à l'Estrella, Reynier se vit poursuivi par des forces considérables, et craignit un instant d'être enveloppé. Il se troubla et demanda du secours à Masséna, qui, dédaignant trop ses terreurs, ne le secourut que fort tard. L'alerte n'eut pas de suite, et même deux régiments anglais qui avaient voulu gagner du terrain sur le flanc de Reynier faillirent être enlevés. La seule conséquence fâcheuse de cette aventure fut que beaucoup de blessés et de malades de l'hôpital de Santarem, émus par les alarmes de Reynier, sortirent précipitamment de leur lit, et que parmi eux quelques-uns moururent dans les rues.

Bientôt on s'assit solidement dans la nouvelle position qu'on était venu prendre. Reynier s'établit sur les hauteurs de Santarem, où il était couvert par des marécages, des escarpements, des abatis, par le cours du Rio-Mayor, et relié avec la chaîne principale de l'Estrella par une brigade de Junot cantonnée de Trèmes à Alcanhède. Il n'était mal partagé que sous le rapport des vivres, mais pour le dédommager on

Nov. 1840.

lui abandonna une portion de la riche plaine de Golgao. Junot campa au centre de cette plaine à Torrès-Novas. Ney plaça son quartier général à Thomar : il avait une division, celle de Loison, à Punhète, deux à Thomar même, et une brigade d'infanterie avec toute sa cavalerie à Leyria, sur le revers de l'Estrella, de manière à occuper la route de Torrès-Védras à Coimbre. Il pouvait ainsi couvrir les chantiers de Punhète, menacer Abrantès, et se porter par un mouvement de gauche à droite sur Leyria, si lord Wellington essayait de nous tourner.

Avantages de la nouvelle position prise par Masséna.

Cette position était inexpugnable, et en même temps adaptée aux divers objets qu'on avait en vue, lesquels consistaient à préparer le passage du Tage, à prendre Abrantès, à bloquer enfin les lignes anglaises, en attendant l'arrivée des renforts demandés à Napoléon. Le maréchal Ney, habituellement mécontent de ce qu'ordonnait le quartier général, aurait voulu que l'armée fût réunie tout entière entre Leyria et Coimbre. Mais s'écarter à ce point de Lisbonne, c'était commencer une sorte de retraite, c'était abandonner les bords du Tage, et renoncer au passage de ce fleuve, ainsi qu'à tout projet sur Abrantès, sans se procurer ni plus de sécurité, ni plus de chances de communiquer avec Alméida. Au contraire en tenant seulement la cavalerie et une brigade d'infanterie à Leyria, on était sûr de regagner la route de Coimbre et d'Alméida quand on le voudrait, sans renoncer à aucun des objets essentiels qu'on devait se proposer. D'ailleurs, en ayant des postes sur le Zezère on se trouvait plus près d'Alméida qu'à Leyria même, car on était en mesure de communiquer avec la frontière espagnole par une route moins infestée par les bandes de Trent, vu qu'elle passait au sud de l'Estrella.

L'armée dans cette nouvelle position parut confiante, assez satisfaite de sa manière de vivre, et pleine de l'espérance de reprendre bientôt sa tâche, lorsque des renforts venus de la Vieille-Castille par la route d'Almeida, ou de l'Andalousie par celle de Badajoz, se seraient joints à elle. En attendant, les préparatifs pour passer le Tage et pour attaquer Abrantès occupaient ses bras et son esprit. Masséna s'était hâté d'employer les moyens nécessaires pour faire arriver à Paris la connaissance de sa situation et de ses besoins. S'il n'eût été que devant une armée espagnole, il n'aurait pas eu fort à s'inquiéter, mais ayant affaire à une armée anglaise, commandée par un sage et habile capitaine, placé à une grande distance de sa base d'opération, condamné à vivre de maraude pendant l'hiver qui s'approchait, campé près d'un fleuve dont il n'avait qu'une rive, tandis que son adversaire les possédait toutes deux, comptant en fait de forces un tiers de moins que l'ennemi, n'ayant de munitions que pour une seule bataille, entouré de tous côtés de partisans qui ne laissaient passer aucun courrier, le moins qui pût lui arriver c'était de manquer le but de la campagne, et de se retirer sans avoir forcé les lignes anglaises, tandis qu'il pouvait à tout moment essuyer un désastre, si à force de vigilance, de fermeté et de discernement dans le choix de ses positions, il ne savait se rendre inattaquable. Il se décida donc à expédier vers Paris un

Nov. 1810.

du général
Foy à Paris
pour faire
connaître à
Napoléon
la situation
de l'armée,
et en obtenir
les secours que
cette situation
exige.

officier intelligent et brave, en le faisant accompagner par un petit corps de troupes, car ce n'était qu'à cette condition qu'on avait chance de rejoindre la frontière espagnole. Il désigna pour cette mission le général Foy, qu'il avait sous ses ordres depuis Zurich, qui était vif, attachant, doué du talent de bien exprimer sa pensée, et décoré d'une blessure reçue à Busaco. Il lui confia le soin d'exposer les opérations de l'armée depuis le départ d'Alméida jusqu'à l'établissement à Santarem. Indépendamment des dépêches qu'il lui remit, il le chargea de tout expliquer verbalement à l'Empereur, et de demander dans un délai très-rapproché des munitions, des vivres, des renforts, soit par Alméida, soit par Badajoz, promettant de finir bientôt la guerre contre les Anglais si ces secours arrivaient à temps, et pronostiquant de grands malheurs si on les lui faisait attendre.

Grandeur
de la question
que le maréchal Masséna
et lord
Wellington
sont chargés
de résoudre.

Les deux hommes de guerre supérieurs que la destinée venait de placer en présence l'un de l'autre aux extrémités du Portugal, ne pouvaient guère tenir une autre conduite que celle qu'ils tenaient en ce moment. L'un ne pouvait pas mieux défendre cette extrémité du Portugal, seule portion qui lui restât du sol de la Péninsule, l'autre ne pouvait pas mieux se préparer à l'attaquer. De ce promontoire extrême allait dépendre le sort des nations européennes, car les Anglais une fois expulsés du Portugal, tout devait tendre en Europe à la paix générale, et au contraire leur situation consolidée en ce pays, Masséna obligé de rebrousser chemin, la fortune de l'Empire commençait à reculer devant la fortune britannique, pour s'abîmer peut-être au milieu d'une catastrophe prochaine. La question était donc d'une immense gravité. Mais elle dépendait moins des deux généraux chargés de la résoudre par les armes, que des deux gouvernements chargés de leur en fournir les moyens. À ces derniers était reportée la solution de cette grande question, qui n'était pas moins que celle de l'empire du monde. On va voir quel concours ces deux généraux reçurent, l'un d'une patrie agitée par les partis, l'autre d'un maître aveuglé par la prospérité.

Nov. 1810.

La solution de cette question dépendant plus des deux gouvernements que des deux généraux.

Quelque sérieux que soient à la guerre les embarras d'un chef d'armée, il faut se garder de croire que son adversaire n'ait pas aussi les siens. Napoléon, qui avait acquis au plus haut point la philosophie de la guerre, comme les hommes qui ont beaucoup vécu finissent par acquérir la philosophie de la vie, Napoléon aimait à dire qu'après une bataille chacun *avait son compte*, et que si les généraux étaient bien convaincus de cette vérité, ils ne se laisseraient pas si facilement décourager par les apparences, ou même par la réalité d'un revers, et qu'en persévérant ils auraient souvent l'occasion de ramener la fortune. Si en effet le maréchal Masséna se trouvait dans une situation grave, lord Wellington de son côté n'était pas dans une situation exempte d'embarras. Tandis que le général français considérait comme difficile d'emporter les lignes de Torrès-Vedras, le général anglais de son côté considérait comme très-difficile de les défendre, si les Français tenaient la conduite la plus naturellement indiquée. Ainsi lord Wellington avait deux dangers à courir : c'était d'abord que les Français ne réunis-

Difficultés de la situation

Nov. 1810.

de lord Wellington.

Ses craintes relativement aux projets des Français

sent leurs forces vers Lisbonne pour l'en accabler, c'était ensuite que le gouvernement britannique, divisé comme devait l'être tout gouvernement libre en présence d'une question si importante, ne le rappelât du Portugal, ou ne prît des mesures qui rendraient sa persévérance impossible. Ces deux dangers également graves, mais point également probables, se présentaient cependant chacun avec assez de vraisemblance pour inquiéter profondément son âme, quelque forte qu'elle fût.

Quant à la concentration des forces des Français devant Lisbonne, qui pouvait résulter à la fois de l'envoi des troupes réunies dans la Castille sous le général Drouet, et du refluement des armées d'Andalousie vers le Portugal, elle était fort à prévoir, et tellement indiquée, qu'il eût fallu être aveugle pour ne pas la craindre. On parlait beaucoup, en effet, de l'arrivée des fameuses divisions d'Essling (celles qui des mains du maréchal Oudinot avaient passé aux mains du général Drouet) et de leur influence probable sur le sort de la guerre; on parlait aussi de l'apparition du 5ᵉ corps sous le maréchal Mortier, qui s'était porté, comme on l'a vu, de Séville sur Badajoz. Relativement aux divisions d'Essling, récemment entrées sur le sol de la Vieille-Castille, lord Wellington, ordinairement bien renseigné, pensait qu'elles n'étaient pas aussi nombreuses qu'on le prétendait, qu'elles auraient beaucoup d'occupation dans le nord de la Péninsule, qu'au surplus elles viendraient renforcer Masséna par la rive droite du Tage, et ne lui apporteraient pas un moyen de plus de passer sur la rive gauche. Quoique l'arrivée de ces deux divisions fût un fait inquiétant, il y en avait un autre bien plus alarmant à redouter, c'était le refluement des troupes de l'Andalousie vers Lisbonne, lesquelles, partiellement ou en masse, pouvaient venir tendre la main au maréchal Masséna par la rive gauche du Tage, lui en assurer dès lors les deux rives, et lui procurer les moyens d'attaquer les lignes de Torrès-Védras avec des forces formidables. C'était là le principal souci du général anglais, qui craignait par-dessus toutes choses que les Français, négligeant les siéges de Cadix et de Badajoz, ne se portassent en masse sur Lisbonne, pour aider le maréchal Masséna à enlever les lignes de Torrès-Védras. Aussi pressait-il vivement la régence espagnole de donner aux Français le plus d'occupation qu'elle pourrait devant Cadix, de couper tous les ponts de la Guadiana afin qu'ils trouvassent de grandes difficultés à franchir cette rivière, et de faire d'Elvas, de Campo-Major, de Badajoz, des forteresses tellement importantes, qu'ils n'osassent pas les négliger pour marcher sur Lisbonne. Et comme lord Wellington doutait fort que ses conseils fussent exactement suivis, il aurait voulu transformer la belle province de l'Alentejo en un désert, comme il avait fait de la province de Coimbre, afin de mettre les Français, s'ils l'envahissaient, dans l'impossibilité d'y vivre. Mais il le demandait sans l'obtenir de la régence de Portugal, qui n'entendait pas, pour affamer les Français, s'affamer elle-même, et qui lui disait souvent avec aigreur qu'au lieu de combattre les Français par la famine, moyen également funeste aux deux partis, il ferait bien

Nov. 1810.

mieux de les combattre par les armes, et de délivrer le Portugal au lieu de le ruiner.

Ces réponses irritaient le général anglais sans ébranler sa sage résolution, qui était toujours de ne pas risquer le sort d'une bataille contre les Français, car il était beaucoup plus sûr de les détruire par la misère que par des actions au moins douteuses s'il prenait l'offensive. Mais ce n'était pas sans peine qu'il persistait dans son plan, quelque bien conçu que ce plan pût paraître. Les vivres coûtaient prodigieusement cher dans Lisbonne, quoique la mer fût ouverte et protégée par le pavillon britannique. Le blé ne manquait pas, le poisson salé non plus, mais la viande était devenue fort rare; les légumes frais avaient disparu, et tous les aliments, quels qu'ils fussent, n'étaient accessibles qu'à l'opulence, à ce point qu'au lieu de payer au peuple de Lisbonne ses journées en argent, il avait fallu les lui payer avec des rations. On avait même été obligé de tarifer le prix des logements pour les malheureux qui avaient reflué des provinces dans la capitale. A ces vives souffrances se joignaient des anxiétés incessantes, car à chaque mouvement des Français on annonçait une attaque, et on en prédisait le succès. Dans l'armée anglaise elle-même, malgré sa rigoureuse discipline, malgré l'estime qu'elle avait pour son chef, il s'élevait plus d'un murmure, même parmi les officiers. Au lieu de marcher et de combattre, ce qui est pour l'homme de guerre la meilleure distraction des souffrances, rester sous toile, exposés sur ce promontoire élevé de Lisbonne à tous les vents de l'Océan et à des pluies continuelles, ne convenait guère

Grande détresse dans l'intérieur de Lisbonne.

Souffrances de l'armée anglaise dans les lignes de Torrès-Vedras.

aux soldats de lord Wellington et aux nombreux réfugiés couchés à terre au milieu des lignes de Torres-Vedras. Beaucoup d'officiers se plaignaient hautement, écrivaient à leurs compatriotes des lettres fâcheuses, et contribuaient à accroître les inquiétudes que l'on avait conçues en Angleterre sur le sort de l'armée britannique.

Déc. 1810.

À Londres, peu de personnes, même parmi les membres du gouvernement, croyaient à la possibilité de se maintenir en Portugal. À tout moment on craignait d'apprendre que l'armée s'était embarquée, et on désirait qu'elle le fît spontanément, au lieu d'attendre qu'elle y fût contrainte par les Français. Aussi le ministère, plus vivement attaqué que jamais, ne cessait-il de recommander la prudence à lord Wellington, et de la lui recommander jusqu'à l'importuner, jusqu'à lui faire redouter un prochain abandon, ou du moins un très-faible concours. Un accident fâcheux arrivé en Angleterre avait tout à coup aggravé la situation du cabinet, et par suite rendu plus difficile encore celle de lord Wellington lui-même. Le roi George III venait d'éprouver une rechute dans sa santé, et d'être une seconde fois atteint d'aliénation mentale. On avait d'abord voulu se faire illusion, se persuader que l'atteinte ne serait que passagère, et gagner un mois avant de proposer au parlement les mesures que réclamait une telle défaillance de l'autorité royale. Le parlement et le public s'y étaient prêtés volontiers par respect pour George III, par éloignement pour le prince de Galles, appelé à exercer l'autorité royale sous le titre de régent. Cependant,

Grandes craintes en Angleterre sur le sort de l'armée anglaise.

Une rechute de George III, atteint d'aliénation mentale, amène le prince de Galles à la régence.

Déc. 1810.

Efforts du ministère pour limiter les pouvoirs du régent.

Efforts de l'opposition pour faire déférer au régent la plénitude de l'autorité royale.

après avoir attendu le plus longtemps possible, il avait fallu s'adresser enfin au parlement, et lui demander de déférer la régence au prince de Galles. Celui-ci était l'ami de tous les chefs de l'opposition, et on ne doutait pas alors qu'il ne leur confiât le pouvoir. Aussi le vieux parti de M. Pitt, resté le parti ministériel à travers toutes les transformations du cabinet britannique, et resté surtout le parti de la guerre, avait tout fait pour limiter les pouvoirs du régent, et l'opposition, au contraire, tout fait pour les étendre. Par une sorte de contradiction qui se rencontre souvent chez les partis, c'était l'opposition qui professait la doctrine la plus monarchique, et le gouvernement celle qui l'était le moins. L'opposition prétendait qu'il n'y avait pas de loi à rendre, car une loi, d'après la constitution anglaise, supposait l'action des trois pouvoirs, et notamment la sanction royale, qui était impossible ici, puisque le roi était incapable d'aucun acte. En conséquence de ces principes, elle voulait qu'on se bornât à présenter une adresse au régent pour qu'il se saisît de l'autorité royale, qui lui revenait de plein droit pendant l'incapacité de son auguste père, et pour qu'en la saisissant il l'exerçât tout entière, car l'autorité royale était une, indivisible, et ne devait, dans aucun cas, subir d'amoindrissement, si on tenait à conserver intact l'équilibre des pouvoirs. Le ministère, au contraire, soutenait qu'il fallait un bill; que la sanction royale serait suppléée par un ordre du parlement enjoignant aux dépositaires du sceau royal de sanctionner le bill; que l'autorité du régent devant être temporaire (on l'espérait du moins), ne pouvait être aussi entière que si elle avait dû être définitive; qu'il serait inconvenant de lui donner la faculté d'intervertir l'état de choses à ce point que le roi, s'il revenait à la santé, trouvât la marche du gouvernement tellement changée qu'il ne pût reprendre la politique de son règne. Cette argumentation était singulièrement sophistique, et prouvait que l'intérêt égarait le ministère dans sa logique, comme l'intérêt avait éclairé l'opposition dans la sienne. Mais la majorité faisant naturellement la loi, on avait déféré par un bill la régence au prince de Galles, et on la lui avait déférée incomplète, avec interdiction de nommer des pairs, de proposer certains bills, de s'occuper de la garde du roi, de choisir les officiers de sa maison. On n'avait pu cependant lui ôter la nomination des ministres, et on s'attendait à le voir appeler au ministère lord Holland, lord Grey, lord Grenville, parents ou anciens collègues de M. Fox. Toutefois le régent, quoiqu'il n'aimât point les ministres actuels, et en particulier M. Perceval, craignant d'opérer en ce moment un changement trop considérable en appelant ses amis de l'opposition, et de prendre une trop grande responsabilité en passant du système de la guerre à celui de la paix. Il voulait savoir, avant de se décider, si l'infirmité du roi serait assez longue pour qu'il valût la peine d'apporter une modification notable à la politique de l'État. Il avait à cet effet consulté les médecins, et fait part de ses doutes aux lords Holland, Grey et Grenville.

Cette crise dans les affaires intérieures de l'Angleterre avait lieu en décembre 1810, à l'époque

Déc. 1810

L'autorité royale déférée au régent avec de certaines limites.

même où le maréchal Masséna et lord Wellington étaient en présence l'un de l'autre devant les lignes de Torrès-Védras. C'est ordinairement l'espérance qui redouble l'ardeur et l'activité des partis. L'opposition anglaise, sentant que d'un succès au parlement, ou même d'un demi-succès dépendrait la conduite du prince régent, multipliait ses attaques contre le cabinet, et il faut reconnaître que les événements donnaient une valeur véritable à ses critiques, qu'ils les auraient même rendues complétement vraies si on s'était conduit en France comme on aurait dû le faire.

Indépendamment des inquiétudes incessantes qu'excitait la guerre et des charges accablantes qui en résultaient, l'opposition anglaise avait à faire valoir les souffrances d'une crise commerciale des plus graves et des plus étranges. Les mesures de Napoléon, jointes à certaines circonstances, en étaient la cause. Les colonies espagnoles ayant refusé de reconnaître l'autorité de Joseph, et profité de l'occasion pour se déclarer indépendantes, avaient ouvert leurs ports au commerce britannique. A cette nouvelle les manufacturiers anglais, se conduisant avec l'aveuglement de l'avidité, qui n'est pas moins grand que celui de l'ambition, avaient fabriqué bien au delà de ce que toutes les Amériques auraient pu consommer, et surtout payer. Ils avaient envoyé des masses immenses de marchandises dans les colonies espagnoles, et une partie de ces marchandises était revenue sans avoir pu être vendue. Celle qui avait trouvé des acheteurs avait été payée en denrées coloniales, qui transportées à Londres avaient ajouté à l'encombrement du marché. Tandis que ces choses se passaient en Amérique, les six à sept cents bâtiments partis de la Tamise pour porter dans la Baltique une portion du trop-plein, ayant été, comme on l'a vu, ramenés pour la plupart en Angleterre, l'avilissement des marchandises coloniales était devenu extrême. De plus, la faculté de déposer leurs denrées à Londres ayant été accordée aux colons espagnols et portugais, même aux colons français dont les possessions avaient été envahies, la masse des marchandises exotiques invendues s'était accrue au point que beaucoup de cargaisons en sucres, cafés, cotons, tabacs, bois, indigos, ne valaient plus les frais de magasin. Le papier émis sur ces valeurs était sans gage, la plupart du temps protesté, et la Banque qui l'avait dans son portefeuille se trouvait dans le plus sérieux embarras. Le billet de banque avait essuyé une nouvelle dépréciation, et le change anglais, déjà si abaissé, était descendu de 16 ou 17 pour cent de perte à plus de 20, de façon que l'Angleterre, obligée cette année de payer à l'étranger plusieurs centaines de millions afin d'entretenir son armée et sa marine, ne savait plus comment s'y prendre pour exécuter ces payements. On venait de voter un secours de 5 à 6 millions sterling au commerce et à l'industrie, faible soulagement dans une situation si fâcheuse. Les uns s'en prenaient à l'imprudence des manufacturiers, les autres à la Banque, et presque tous au gouvernement, qui, par son obstination à continuer la guerre, et surtout par ses ordres du conseil, était l'auteur de tous les maux qu'on déplorait.

Déc. 1810.

On comprend tout ce qu'une opposition près de saisir le pouvoir, et sincère d'ailleurs dans ses critiques, trouvait à dire au milieu de telles circonstances. Voilà, s'écriaient les lords Grenville, Holland, Grey, les députés des communes Tierney, Burdet, Brougham, Huskisson, voilà où nous a conduits une guerre prolongée au delà de toute raison. Pour avoir voulu humilier la France on l'a poussée de grandeurs en grandeurs à la domination de l'Europe, on l'a rendue souveraine d'une partie de l'Allemagne, de l'Italie, de l'Espagne, tout récemment de la Hollande, et, si on continue, qui sait où s'arrêtera l'extension de sa puissance? Nous percevons, ajoutaient ces orateurs, 37 millions sterling d'impôts (925 millions de francs) et nous en dépensons 56 (1,400 millions), ce qui exige 19 millions d'emprunt tous les ans (475 millions de francs). Il est impossible de demander chaque année une telle somme au crédit sans se ruiner, et en même temps on ne peut ajouter ni aux taxes indirectes, les impôts de consommation ayant atteint leur dernière limite, ni aux taxes directes, l'income-tax étant devenu d'un poids accablant. La masse du papier monnaie sans cesse accrue va bientôt rendre les transactions commerciales impossibles au dedans, et les services de la guerre et de la marine impraticables au dehors. Il faut donc mettre un terme à cette guerre ruineuse par une paix honorable, et facile à conclure si on le veut. Les victoires dont on se flatte sont le plus dangereux de tous les leurres, car quoique l'armée britannique se soit bien conduite, elle est dans une situation alarmante pour les bons citoyens. Tandis qu'on donne à son chef des titres, des pensions, d'ailleurs fort mérités, elle a laissé prendre sous ses yeux deux forteresses importantes, Ciudad-Rodrigo et Almeida; elle a repoussé l'ennemi à Busaco, mais pour perdre le lendemain Coimbre et le reste du Portugal! Reléguée maintenant sur une langue de terre où elle ne vit que du pain apporté par mer, exposée à une attaque des Français, qui seraient bien malavisés s'ils ne réunissaient toutes leurs forces pour l'accabler, elle n'existe que par miracle, et peut à tout instant essuyer un désastre! Que deviendrait l'Angleterre si cette armée, notre unique espoir contre l'invasion, finissait par succomber, ou par signer quelque capitulation qui la constituât prisonnière de guerre? Quels sont les avantages politiques, quelles sont les conquêtes territoriales à mettre en balance avec de pareils dangers?... — Tel était le langage quotidien de l'opposition, et il faut dire que si les Anglais, habitués alors à des impôts écrasants, à un papier monnaie déprécié, à des emprunts annuels, se résignaient à ces maux, en considération du développement inouï de leur commerce, ils frémissaient en songeant à la situation de leur armée. L'idée de la voir exposée aux coups de Napoléon les faisait trembler, et sous ce rapport ils sympathisaient complètement avec l'opposition. Chaque jour un vote imprévu pouvait donc amener le prince régent à changer le cabinet, et à substituer la politique de la paix à la politique de la guerre.

Déc. 1810.

Le ministère recevant le contre-coup de toutes ces craintes, de toutes ces agitations, ne cessait d'écrire à Lisbonne les dépêches les plus pénibles pour

Le ministère anglais, effrayé par les critiques

lord Wellington. Son frère lui-même, le marquis de Wellesley, atteint de l'inquiétude générale, se laissait aller à craindre que son frère, par obstination de caractère, par ambition peut-être, ne commît quelque imprudence, et ne compromît l'armée anglaise en restant trop longtemps sur le continent. La correspondance ministérielle avec le général anglais était pleine de ces apprehensions, et pleine aussi de plaintes sur la dépense excessive de cette guerre, dépense qui, indépendamment du subside alloué au gouvernement portugais, n'était pas moindre de 250 millions par an, dont 75 ou 80 pour la flotte de transport. On lui demandait s'il ne lui serait pas possible de suivre l'exemple des généraux français, qui vivaient aux dépens du pays où ils faisaient la guerre, et s'il ne pourrait pas bientôt se passer de cette immense flotte de transport, toujours tenue sous voiles, et qui coûtait si cher; on le suppliait de ne point s'obstiner mal à propos, et de se retirer de la Péninsule plutôt que de faire courir un danger sérieux à cette armée britannique, considérée alors comme le bouclier de l'Angleterre contre une invasion, dont la crainte était fort diminuée sans doute, mais dont le vieux matériel de Boulogne, quoiqu'à moitié pourri, était le fantôme toujours inquiétant.

Ces dépêches inspiraient au chef de l'armée de Portugal un dépit qu'il n'osait pas montrer tout entier, car il n'avait pas acquis encore assez d'ascendant pour se permettre les libertés de langage auxquelles il se livra depuis; mais il en laissait voir une partie, disant qu'il était bien pénible pour lui, malgré sa longue expérience de cette guerre, malgré deux années passées dans la Péninsule à la face des Français, de ne pas inspirer plus de confiance, et de ne pas voir venir un courrier d'Angleterre, pas un officier, pas un curieux, qui ne lui apportât l'expression de ces doutes humiliants; que s'il restait sur le sol du Portugal, c'est parce qu'il croyait pouvoir y demeurer sans péril, du moins d'après tous les calculs de la prudence humaine; que lorsque le danger serait réel, il n'hésiterait pas à se retirer plutôt que de compromettre l'armée britannique et sa propre gloire; que si, malgré cette confiance, il voulait garder la flotte de transport, dont la dépense était si coûteuse, c'est qu'il y aurait vraiment trop de témérité à considérer comme certain ce qui n'était que probable, et à se priver de tout moyen de transport comme s'il n'y avait eu aucune chance d'être expulsé de la Péninsule; qu'il croyait bien entrevoir que Napoléon n'enverrait pas beaucoup plus de forces en Espagne qu'il n'en avait envoyé jusqu'ici, mais qu'enfin ces divisions d'Essling dont on parlait tant pouvaient arriver, que l'Andalousie surtout pouvait détacher une force considérable sur Lisbonne; que si par exemple il venait 15 mille Français de Salamanque sous le général Drouet, 25 mille de Cadix et de Badajoz sous le maréchal Mortier, il aurait bientôt 90 mille hommes à combattre sur les deux rives du Tage, qu'au premier ordre du maréchal Masséna ces 90 mille hommes s'élanceraient comme des furieux sur les lignes de Torrès-Védras, qu'on ne pouvait pas se faire une idée, lorsqu'on ne les avait pas vus, de ce dont ils étaient capables, et que ce serait une grande témérité d'affirmer qu'ils ne viendraient point à bout de la première enceinte; mais que dans ce cas il lui resterait la seconde et la troisième, et que grâce à la triple ligne de ses retranchements il aurait encore le temps de s'embarquer; que c'était la réunion de la flotte et de ces retranchements qui rendait sa sécurité si grande, et ôtait à sa conduite ce caractère d'imprudence qu'on se plaisait à lui prêter trop souvent; que quant à la dépense il lui était impossible de la réduire; que nourrir la guerre par la guerre, chose si facile avec des Français, était une chimère avec des Anglais; que l'armée française n'était pas un ramassis d'hommes pris parmi ce qu'il y avait de pire dans le pays, et domptés par une discipline de fer, mais qu'elle était prise par la loi sur le gros de la nation, le bon et le mauvais mêlés ensemble, et le bon l'emportant de beaucoup; qu'elle allait chercher des vivres à vingt et trente lieues, puis retournait exactement au drapeau sans qu'il y manquât presque un seul homme; que si l'on croyait pouvoir faire avec des Anglais ce que le maréchal Masséna faisait avec des Français, on s'abusait étrangement; qu'après quelques jours de maraude accordés aux soldats anglais pour vivre, il ne reviendrait pas un homme au drapeau; qu'il fallait d'ailleurs qu'on se demandât si le libre pays d'Angleterre souffrirait qu'on traitât la vie de soldats mercenaires comme Napoléon traitait la vie de soldats citoyens, appelés par la loi, et dont il périssait une moitié de misère tous les ans, sans que les journaux de Paris en dissent rien à la nation; qu'il ne pouvait avoir des soldats qu'en les nourrissant, en les payant, en les tenant exactement sous les drapeaux; que s'il quittait la Péninsule, il donnerait le signal de la soumission générale à l'Espagne, peut-être à l'Europe, que la dépense qu'on ne voulait pas faire pour soutenir la guerre à Lisbonne, il faudrait la faire pour la soutenir entre Douvres et Londres; qu'il défendait l'Angleterre de l'invasion à Lisbonne bien plus sûrement qu'entre Londres et Douvres; qu'il fallait, enfin, que l'Angleterre supportât la dépense et l'inquiétude, lorsque lui et son armée supportaient quelque chose de bien pire, c'est-à-dire de formidables combats et d'horribles souffrances.

Telles étaient les difficultés que rencontrait cet habile et ferme général de la part d'un pays libre, où la pensée de la guerre et celle de la paix incessamment opposées l'une à l'autre, avec une force de raisons presque égale, produisaient des tiraillements inévitables dans un ministère qui n'avait plus de chef. Il semble que l'illustre adversaire de lord Wellington, le maréchal Masséna, n'ayant affaire qu'à un homme de génie, à Napoléon, qui n'avait de lutte à soutenir que contre lui-même et en soutenait malheureusement trop peu, aurait dû trouver toute sorte de secours pour la solution d'une question militaire de laquelle dépendait le sort du monde! C'était le cas, en effet, pour Napoléon, instruit de ce qui se passait à Londres et à Lisbonne, c'était le cas de déployer les vastes ressources de son génie administratif afin de réaliser toutes les craintes de lord Wellington, et tous les désirs de son lieutenant,

Déc. 1810

Il dépend de Napoléon instruit de ce qui se passait en Espagne et en Angleterre, de réaliser toutes les craintes du gouvernement britannique.

Masséna! On jugera de ce qu'il fit par le récit contenu au livre suivant.

Déc. 1810.

Voyage du général Foy de Santarem à Paris, et sa présentation à l'Empereur.

Le général Foy, expédié de Santarem pour porter à Paris les demandes de son général en chef, et répondre de vive voix à toutes les questions de l'Empereur, exécuta la traversée la plus périlleuse, mais en même temps la plus heureuse qui se pût imaginer en Espagne. On lui avait donné quatre cents bons marcheurs et bons tireurs, choisis dans plusieurs régiments, en lui indiquant comme la route la plus sûre la vallée du Zezère, qui passe au sud de l'Estrella, et va, par Sobreira-Formosa, Sarzedas, Belmonte, rejoindre Ciudad-Rodrigo. (Voir la carte n° 53.) Le général Loison, des postes duquel il devait partir, dirigea une forte reconnaissance sur Abrantès afin d'en effrayer la garnison et de l'empêcher d'arrêter le détachement du général Foy dès sa première journée. La garnison d'Abrantès épouvantée prit cette petite troupe voyageuse pour l'avant-garde de l'armée française, et en se renfermant dans ses murs lui laissa le passage libre. Le général Foy se hâta de poursuivre sa marche, entre un corps espagnol qui gardait à Villa-Velha les bords du Tage, et les coureurs de Trent et de Silveyra qui rôdaient dans les environs. Il ne rencontra qu'une bande de deux cents hommes de la levée en masse portugaise, appelée l'Ordenanza, lui passa sur le corps, en fut quitte pour la perte de quelques hommes blessés ou fatigués, et après six ou sept jours de hasards et de dangers de tout genre arriva sain et sauf à Ciudad-Rodrigo.

Il y trouva le général Gardanne, que le maréchal

Masséna avait laissé sur les derrières, pour nettoyer les routes, pour réunir les hommes sortis des hôpitaux, pour protéger l'arrivée des convois, et qui, assailli de tous les côtés par les bandes, n'avait pu remplir que la moindre partie de sa tâche. Le général Gardanne avait presque autant consommé de vivres qu'il en avait amassé dans les deux places frontières d'Almeida et de Ciudad-Rodrigo, et sur six mille hommes qu'on espérait tirer des hôpitaux, il en avait réuni à peine deux mille. Le général Foy transmit au général Gardanne l'ordre de partir sur-le-champ par la route que lui-même venait de suivre, lui laissa pour guide un de ses officiers qui avait été du voyage, et lui prescrivit en outre d'emmener sous l'escorte des hommes prêts à rejoindre toutes les munitions qu'il pourrait transporter.

Le général Foy traversa ensuite la Vieille-Castille, désolée par les guérillas dont l'audace s'accroissait chaque jour, trouva les Espagnols pleins de confiance et les Français de découragement en voyant la guerre traîner en longueur malgré les nombreux renforts envoyés cette année, en voyant l'expédition d'Andalousie se réduire à la prise de Séville, celle de Portugal à une marche jusqu'au Tage. Il trouva le général Drouet n'ayant encore réuni qu'une de ses deux divisions à Burgos, et attendant la seconde, enfin le général Dorsenne ayant la plus grande peine avec 15 à 18 mille hommes de la garde à protéger la route de Burgos à Valladolid. Il donna à tout le monde des nouvelles de l'armée de Portugal, dont on ne savait rien, que ce qu'en disaient les Espagnols avec leur jactance accoutumée; il pressa le général Drouet de s'acheminer vers Coimbre et Thomar, et se rendit à Paris, en mettant environ vingt jours pour se transporter des bords du Tage à ceux de la Seine. Il y arriva vers les derniers jours de novembre, et fut immédiatement présenté à l'Empereur.

FIN DU LIVRE TRENTE-NEUVIÈME.

LIVRE QUARANTIÈME.

FUENTES D'OÑORO.

Dispositions d'esprit de Napoléon au moment de l'arrivée du général Foy à Paris. — Accueil qu'il fait à ce général et longues explications avec lui. — Nécessité d'un nouvel envoi de 60 ou 80 mille hommes en Espagne, et impossibilité actuelle de disposer d'un pareil secours. — Causes récentes de cette impossibilité. — Derniers empiétements de Napoléon sur le littoral de la mer du Nord. — Réunion à l'Empire des villes anséatiques, d'une partie du Hanovre et du grand-duché d'Oldenbourg. — Mécontentement de l'empereur Alexandre en apprenant la dépossession de son oncle le grand-duc d'Oldenbourg. — Au lieu de ménager l'empereur Alexandre, Napoléon insiste d'une manière menaçante pour lui faire adopter ses nouveaux règlements en matière de commerce. — Résistance du czar et ses explications avec M. de Caulaincourt. — L'empereur Alexandre ne désire pas la guerre, mais s'y attend, et ordonne quelques ouvrages défensifs sur la Dwina et le Dnieper. — Napoléon informé de ce qui se passe à Saint-Pétersbourg se hâte d'armer lui-même, pendant que la Russie engagée en Orient ne peut répondre à ses armements par des hostilités immédiates. — Première idée d'une grande guerre au nord. — Immenses préparatifs de Napoléon. — Ne voulant distraire aucune partie de ses forces pour les envoyer dans la Péninsule, il se borne à ordonner aux généraux Dorsenne et Drouet, au maréchal Soult de secourir Masséna. — Illusions de Napoléon sur l'efficacité de ce secours. — Retour du général Foy à l'armée de Portugal. — Long séjour de cette armée sur le Tage. — Son industrie et sa sobriété. — Excellent esprit des soldats, découragement des chefs. — Ferme attitude de Masséna. — Le général Gardanne parti de la frontière de Castille avec un corps de troupes pour porter des dépêches à l'armée de Portugal, arrive presque jusqu'à ses avant-postes, et rebrousse chemin sans avoir communiqué avec elle. — Le général Drouet, dont les deux divisions composent le 9ᵉ corps, traverse la province de Beira avec la division Conroux, et arrive à Leyria. — Joie de l'armée à l'apparition du 9ᵉ corps. — Son abattement quand elle apprend que le secours qui lui est parvenu se réduit à sept mille hommes. — Arrivée du général Foy, et communication des instructions dont il est porteur. — Réunion des généraux à Golgao pour conférer sur l'exécution des ordres venus de Paris, et résolution de rester sur le Tage en essayant de passer ce fleuve pour vivre des ressources de l'Alentejo. — Divergence d'avis sur les moyens de passer le Tage. — Admirables efforts du général Éblé pour créer un équipage de pont. — On se décide à attendre pour tenter le passage que l'armée d'Andalousie vienne par la rive gauche donner la main à l'armée de Portugal. — Événements survenus dans le reste de l'Espagne pendant le séjour sur le Tage. — Suite des siéges exécutés par le général Suchet en Aragon et en Catalogne. — Investissement de Tortose à la fin de 1810, et prise de cette place en janvier 1811. — Préparatifs du siége de Tarragone. — Événements en Andalousie. — Éparpillement de l'armée d'Andalousie entre les provinces de Grenade, d'Andalousie et d'Estrémadure. — Embarras du 4ᵉ corps obligé de se partager entre les insurgés de Murcie et les insurgés des montagnes de Ronda. — Efforts du 1ᵉʳ corps pour commencer le siége de Cadix. — Difficultés et préparatifs de ce siége. — Opérations du 5ᵉ corps en Estrémadure. — Le maréchal Soult ne croyant pas pouvoir suffire à sa tâche avec les troupes dont il dispose, demande un secours de 25 mille hommes. — L'ordre de secourir Masséna lui étant arrivé sur ces entrefaites, il s'y refuse absolument. — Au lieu de marcher sur le Tage, il entreprend le siége de Badajoz. — Bataille de la Gevora. — Destruction de l'armée espagnole venue au secours de Badajoz. — Reprise et lenteur des travaux du siége. — Détresse de l'armée de Portugal pendant que l'armée d'Andalousie assiége Badajoz. — Misère extrême du corps de Reynier et indispensable nécessité de battre en retraite. — Masséna, ne pouvant plus s'y refuser, se décide à un mouvement rétrograde sur le Mondego, afin de s'établir à Coïmbre. — Retraite commencée le 4 mars 1811. — Belle marche de l'armée et poursuite des Anglais. — Arrivé à Pombal, Masséna veut s'y arrêter deux jours pour donner à ses malades, à ses blessés, à ses bagages le temps de s'écouler. — Fâcheux différend avec le général Drouet. — Craintes du maréchal Ney pour son corps d'armée, et ses contestations avec Masséna sur ce sujet. — Sa retraite sur Redinha. — Beau combat de Redinha. — Le maréchal Ney évacue précipitamment Condeixa, ce qui oblige l'armée entière à se reporter sur la route de Ponte-Murcelha, et de renoncer à l'établissement à Coïmbre. — Marches et contre-marches pendant la journée de Casal-Novo. — Affaire de Foz d'Arunce. — Retraite sur la sierra de Murcelha. — Un faux mouvement du général Reynier oblige l'armée à rentrer définitivement en Vieille-Castille. — Spectacle que présente l'armée au moment de sa rentrée en Espagne. — Obstination de Masséna à recommencer immédiatement les opérations offensives, et sa résolution de revenir sur le Tage par Alcantara. — Refus d'obéissance du maréchal Ney. — Acte d'autorité du général en chef et renvoi du maréchal Ney sur les derrières de l'armée. — Difficultés qui empêchent Masséna d'exécuter son projet de marcher sur le Tage, et qui l'obligent de disperser son armée en Vieille-Castille pour lui procurer quelque repos. — Affreux dénûment de cette armée. — Vaines promesses du maréchal Bessières devenu commandant en chef des provinces du nord. — Avantageuse situation de lord Wellington depuis la retraite des Français, et triomphe du parti de la guerre dans le parlement britannique. — Lord Wellington laisse une partie de son armée devant Almeida et envoie l'autre à Badajoz pour en faire lever le siége. — Tardive

FUENTES D'OÑORO.

arrivée de ce secours, et prise de Badajoz par le maréchal Soult. — Celui-ci, après la prise de Badajoz, se porte sur Cadix pour appuyer le maréchal Victor. — Beau combat de Barossa livré aux Anglais par le maréchal Victor. — Le maréchal Soult trouve les lignes de Cadix débarrassées des ennemis qui les menaçaient, mais il est bientôt ramené sur Badajoz par l'apparition des Anglais. — A son tour il demande du secours à l'armée de Portugal qu'il n'a pas secourue. — Les Anglais investissent Badajoz. — Cette malheureuse ville, assiégée et prise par les Français, est de nouveau assiégée par les Anglais. — Projet formé par Masséna dans cet intervalle de temps. — Quoique fort mal secondé par l'armée d'Andalousie, il médite de lui rendre un grand service en allant se jeter sur les Anglais qui bloquent Almeida. — Ce projet, retardé par les lenteurs du maréchal Bessières, ne commence à s'exécuter que le 2 mai au lieu du 24 avril. — Par suite de ce retard lord Wellington a le temps de revenir de l'Estrémadure pour se mettre à la tête de son armée. — Bataille de Fuentès d'Oñoro livrée les 3 et 5 mai. — Grande énergie de Masséna dans cette mémorable bataille. — Ne pouvant débloquer Almeida, Masséna le fait sauter. — Héroïque évasion de la garnison d'Almeida. — Masséna rentre en Vieille-Castille. — En Estrémadure, le maréchal Soult ayant voulu venir au secours de Badajoz, livre la bataille d'Albuera, et ne peut réussir à éloigner l'armée anglaise. — Grandes pertes de part et d'autre, et continuation du siège de Badajoz. — Belle défense de la garnison. — Situation difficile des Français en Espagne. — Résumé de leurs opérations en 1810 et en 1811; causes qui ont fait échouer leurs efforts dans ces deux campagnes qui devaient décider du sort de l'Espagne et de l'Europe. — Fautes de Napoléon et de ses lieutenants. — Injuste disgrâce de Masséna.

Déc. 1810.

Le général Foy, si célèbre depuis comme orateur, joignait à beaucoup de bravoure, à beaucoup d'esprit, une imagination vive, souvent mal réglée, mais brillante, et qui éclatait en traits de feu sur un visage ouvert, attrayant, fortement caractérisé. Napoléon aimait l'esprit, bien qu'il s'en défiât. Le général le charma par sa conversation, et à son tour il l'éblouit, car c'était la première fois qu'il l'admettait familièrement auprès de lui. Les nouvelles arrivées par cette voie étaient les seules qu'on eût reçues de l'armée de Portugal, et jusque-là on avait été réduit à en chercher dans les journaux anglais.

Entrevue de Napoléon avec le général Foy.

Le général Foy trouva Napoléon parfaitement convaincu de l'importance de la question qui allait se résoudre sur le Tage, car, sur la situation générale il en savait plus que personne, et il était persuadé que battre les Anglais, ou même les tenir longtemps en échec devant Lisbonne, c'était donner les plus grandes chances à la paix européenne. Mais le général Foy le trouva plein encore d'illusions sur les conditions de la guerre d'Espagne, bien changées depuis 1808, sur l'immense consommation d'hommes qu'elle exigeait, sur la peine qu'on avait à faire vivre les armées dans la Péninsule, sur la difficulté de battre les Anglais; il le trouva très-injuste envers Masséna, aimant mieux s'en prendre à cet illustre lieutenant de n'avoir pas fait l'impossible, qu'à lui-même de l'avoir ordonné. Napoléon avait toujours à la bouche le chiffre faux de 70 mille Français et de 24 mille Anglais, comme s'il eût été un de ces princes paresseux et ignares, qui jugent des choses d'après le dire de ministres courtisans, et sont trop indolents pour chercher la vérité, ou trop peu intelligents pour la comprendre. Napoléon, qui avait ordonné itérativement de livrer bataille, se plaignait maintenant de ce qu'on eût tenté l'attaque de Busaco; lui qui avait voulu qu'on poussât les Anglais l'épée dans les reins, se plaignait maintenant de ce qu'on ne s'était pas arrêté à Coimbre, et malgré sa prodigieuse sagacité, il avait de la peine à se figurer comment, au lieu de 70 mille Français menant tambour battant 24 mille Anglais, nous étions 45 mille braves soldats vivant par miracle devant 70 mille Anglo-Portugais, bien nourris et presque invincibles derrière des retranchements formidables. Cependant, au fond, la difficulté de le convaincre ne venait pas de la difficulté d'éclairer un si admirable esprit, mais de l'impossibilité de lui faire admettre des vérités qui contrariaient ses calculs du moment.

Le général Foy défendit bien son chef, et prouva que dans toutes les occasions les opérations reprochées au maréchal Masséna avaient été commandées par les circonstances. Il soutint qu'une fois arrivé devant Busaco il fallait ou se retirer honteusement en sacrifiant l'honneur des armes, ou combattre; que si on n'avait pas enlevé la position, on avait produit au moins chez les Anglais cette immobilité craintive qui avait permis de les tourner; que s'arrêter à Coïmbre après y avoir paru eût été un aveu d'impuissance tout aussi fâcheux que le refus de combattre à Busaco; que d'ailleurs on ignorait à Coïmbre l'existence des lignes de Torrès-Védras, ce qui était beaucoup plus excusable que de les ignorer à Paris, au centre de toutes les informations; qu'être parvenu devant ces lignes, même pour y rester immobile, n'était pas à regretter, puisqu'on y bloquait les Anglais, puisqu'on les faisait vivre dans des perplexités continuelles; qu'on devait même obtenir bientôt un résultat décisif, si des secours suffisants arrivaient en temps utile par les deux rives du Tage; qu'en un mot si tout était engagé, rien du moins n'était compromis, pourvu qu'averti par l'expérience, on proportionnât les moyens au grand but qu'on avait en vue.

Chaleureux pour les intérêts de son chef, le général Foy se montra, quand il fallut peindre les désolantes réalités de la guerre d'Espagne, aussi vrai que le permettait son désir de plaire, non pas au pouvoir mais au génie. Toutefois il n'était pas nécessaire d'en dire beaucoup à Napoléon pour l'éclairer, et il connut, en quittant le général, une grande partie de la vérité. Ce qu'il fallait faire, il le savait bien, et qui aurait pu le savoir, s'il ne l'avait su?

En effet, quoique la guerre d'Espagne commençât à lui causer autant de fatigues d'esprit qu'elle causait de fatigues de corps à ses soldats, et que par ce motif il déléguât trop au major général Berthier le soin d'en suivre les détails, il n'avait cessé, même avant l'arrivée du général Foy, de donner des ordres qui étaient déjà dans le sens des besoins et des désirs du maréchal Masséna. Il avait recommandé plusieurs fois au général Drouet de hâter son mouvement, de porter sa première division au moins jusqu'à Almeida, d'y réunir tout ce que Masséna avait laissé sur les derrières, tout ce qui était sorti des hôpitaux, et, avec ces forces, de balayer les routes, afin de rouvrir les communications avec l'armée de Portugal. Il avait ordonné aux généraux commandant les provinces du nord, au général Thouvenot, gouverneur de la Biscaye, au général Dorsenne, gouverneur de Burgos, de ne pas retenir la seconde division du général Drouet, et de la diriger immédiatement sur Salamanque. Il avait même, dans la prévision d'une grande perte d'hommes, préparé une division de réserve avec des conscrits tirés des dépôts de l'armée d'Andalousie et de Portugal; il y avait ajouté quelques cavaliers pris dans les dépôts de la cavalerie d'Espagne, et enfin deux bataillons de gardes nationales, les seuls restant de la grande levée de Walcheren, et attachés depuis à la garde impériale. Ces détachements, formant 10 à 12 mille hommes, avaient été envoyés sous le général Caffarelli en Castille, pour y servir sur les derrières jusqu'à ce qu'ils pussent être versés dans leurs corps respectifs, et pour rendre disponibles en attendant les deux divisions du général Drouet. Napoléon avait, en outre, adressé de vifs reproches au maréchal Soult, pour avoir tiré un faible parti des trois corps composant l'armée d'Andalousie, corps qu'il évaluait à 80 mille hommes, comme il évaluait à 70 mille l'armée de Masséna. Il lui reprochait d'avoir conduit mollement le siége de Cadix, qui n'était défendu, disait-il, que par de la canaille, d'avoir laissé le marquis de La Romana se jeter en Portugal sur les flancs de Masséna, au lieu de le fixer en Estrémadure en l'y attaquant sans cesse; d'avoir permis que le 5ᵉ corps s'enfermât tristement dans Séville pendant tout l'été, d'être en définitive depuis dix mois en Andalousie, sans y avoir rien fait que de prendre Séville, dont il avait trouvé les portes ouvertes. Il lui avait enjoint de détacher tout de suite 10 mille hommes vers le Tage, afin de donner la main au maréchal Masséna. Enfin il avait censuré tout aussi vivement le commandant de l'armée du centre, c'est-à-dire son frère Joseph, pour s'être confiné dans Madrid avec une vingtaine de mille hommes, et s'être borné à d'insignifiantes courses contre les guérillas, dans une direction du reste assez mal choisie, car ces courses avaient été

Déc. 1810.

dirigées vers Cuenca et vers Guadalaxara, contre le fameux partisan l'Empecinado, et non vers Tolède et Alcantara, où elles auraient pu être fort utiles à l'armée de Portugal. Pour appuyer ces critiques, il lui avait dit, comme au maréchal Soult, comme au général Drouet, que c'était à Santarem, entre Abrantès et Lisbonne, que se décidait en ce moment le sort de la Péninsule, et probablement de l'Europe!

Nouveaux ordres de Napoléon relativement à l'armée de Portugal, après son entrevue avec le général Foy.

Napoléon avait donc, quoique de loin, entrevu cette situation, et prévu en partie les dispositions qu'elle exigeait. Mais, apprenant enfin la vraie position de Masséna, il résolut de tout faire converger vers lui, tant les troupes disponibles en Vieille-Castille, que celles qu'on avait eu le tort d'engager en Andalousie, et il prépara les ordres les plus formels pour les généraux qui devaient concourir à cette réunion de forces vers le Portugal. Cependant si on pouvait, en sacrifiant beaucoup d'objets secondaires à l'objet principal, accroître singulièrement les moyens de Masséna, et le mettre à même de remplir une partie de sa tâche, n'était-ce pas le cas de faire un suprême effort, et puisqu'on avait commis la faute de s'engager en Espagne, de s'y engager tout à fait pour en sortir plus vite, de détourner encore des bords de l'Elbe ou du Rhin l'une de ces armées qui s'y trouvaient utilement placées sans doute, mais de les en détourner pour les employer plus utilement ailleurs, de marcher avec quatre-vingt mille hommes au secours de Masséna, d'y marcher en personne, d'amener, par ce mouvement irrésistible, Soult, Drouet, Dorsenne, devant

Torres-Védras, et de terminer la lutte européenne par un coup de foudre frappé sur Lisbonne? S'il y avait danger à dégarnir le Nord, ce danger n'eût-il pas disparu avec la paix générale, conquise aux extrémités du Portugal? L'Empire était tranquille: la Hollande, qu'on avait privée de son indépendance, était consternée mais soumise; la jeune Impératrice portait dans son sein l'héritier du grand empire, et, quoiqu'il dût en coûter à son époux de la quitter, on sait bien qu'il était toujours prêt à mettre ses desseins au-dessus de ses affections. Quelle raison pouvait donc empêcher une résolution si indiquée, et si décisive? Malheureusement, pendant que se passaient dans la Péninsule les événements que nous avons racontés, Napoléon venait d'en provoquer de fort graves au nord, et la situation qu'il s'était créée par son ambition exorbitante le tyrannisait plus qu'il ne tyrannisait l'Europe. Ce glorieux despote, comme il arrive souvent, était esclave, esclave de ses propres fautes.

Dec. 1810

Nécessité d'envoyer un secours extraordinaire en Espagne, et causes qui en empêchent.

On a vu qu'après avoir terminé la campagne de Wagram il avait voulu se rattacher l'Autriche, apaiser l'Allemagne, distribuer tous les territoires qui lui restaient afin de pouvoir évacuer les pays au delà du Rhin, consacrer exclusivement ses soins à la guerre d'Espagne, et contraindre l'Angleterre à la paix par le double moyen du blocus continental et d'un grand échec infligé à l'armée de lord Wellington, mais qu'avec ces intentions si pacifiques il avait, pour rendre le blocus continental plus efficace, réuni la Hollande à l'Empire, étendu ses occupations militaires sur les côtes de la mer du Nord jusqu'à la

Nouvelles difficultés que Napoléon s'est créées dans le nord de l'Europe.

frontière du Holstein, imaginé un vaste système de tarification sur les denrées coloniales, fort lucratif pour lui et ses alliés mais extrêmement vexatoire pour les peuples, et qu'enfin il avait prescrit aux uns, recommandé aux autres, la Russie comprise, l'emploi de ce système presque intolérable. Déjà, par une conséquence inévitable, cette politique dont la paix était le but, mais dont les occupations militaires, les usurpations de territoire, les confiscations violentes, les exactions ruineuses, étaient le moyen, cette politique avait réveillé toutes les défiances que Napoléon aurait voulu dissiper. En effet, convertir en départements français non-seulement Rome, Florence, le Valais, mais encore Rotterdam, Amsterdam et Groningue, n'était pas propre à rassurer ceux qui supposaient à Napoléon le projet de soumettre le continent à sa domination universelle. Napoléon ne s'en était pas tenu là; il avait considéré comme fort gênant de n'avoir dans les villes anséatiques qu'une autorité purement militaire, et il avait pensé qu'étendre le territoire de l'Empire, déjà porté à l'Ems par la réunion de la Hollande, jusqu'au Weser et à l'Elbe par la réunion de Brême, de Hambourg et de Lubeck, serait fort utile; qu'il envelopperait ainsi dans la vaste étendue de ses rivages les mers au sein desquelles s'élève l'Angleterre, et que ce front menaçant de Boulogne, si importun pour elle, se trouverait de la sorte prolongé jusqu'à Lubeck. Quelles difficultés pouvait-il y avoir à l'accomplissement d'un tel dessein? Les villes anséatiques étaient sous sa main; le Hanovre, dont il fallait prendre quelques parties, appartenait à son frère Jérôme, qui n'avait pas rempli les conditions auxquelles il lui avait donné ce royaume, soit en ne payant pas exactement les troupes françaises, soit en ne faisant pas pour les donataires français ce qu'il lui avait promis; les territoires de certains princes allemands, ceux d'Arenberg et de Salm notamment, que cette nouvelle délimitation devait englober, étaient autant à sa disposition que ceux d'un sujet français. En laissant à ces princes leurs biens privés, en les dédommageant pour le reste avec des dotations constituées en France, la difficulté était levée à leur égard. Il y avait, il est vrai, le prince d'Oldenbourg, dont le territoire placé entre la Frise et le Hanovre, entre les bouches de l'Ems et celles du Weser, ne pouvait pas être omis, et qui de plus était l'oncle de l'empereur de Russie. Faire de ce prince, très-cher à son neveu, un simple sujet de l'Empire français, devait paraître un procédé bien tranchant. Mais par hasard nous avions encore dans nos mains un fragment de ces nombreux États germaniques, récemment distribués par Napoléon, c'était Erfurt, véritable miette tombée de la table du conquérant. En accordant Erfurt au duc d'Oldenbourg, Napoléon croyait combler la mesure des bons procédés envers la Russie. Restait enfin le grand-duc de Berg, fils bien jeune encore de Louis, dédommagé par le beau duché de Berg de la couronne de Hollande, qui avait été un moment déposée sur son berceau. On avait besoin d'une partie de ce duché pour compléter les nouvelles démarcations, mais c'était là un arrangement de famille, dont il n'y avait pas à s'inquiéter. La chose une fois arrêtée

Déc. 1810.

Réunion à la France des villes anséatiques, du duché d'Oldenbourg, et de divers autres territoires.

dans la pensée de Napoléon fut mise immédiatement à exécution.

Napoléon avait déjà, comme on l'a vu, converti en départements français la Toscane, les États romains, la Hollande. Par un décret suivi d'un sénatus-consulte du 13 décembre 1810, il convertit en trois départements français, dits de l'Ems supérieur, des Bouches-du-Weser, des Bouches-de-l'Elbe, le duché d'Oldenbourg, le territoire des princes de Salm et d'Arenberg, une portion du Hanovre, les territoires de Brême, de Hambourg, de Lubeck, et par la même occasion il s'empara du Valais, qu'il convertit en département français, sous le titre de département du Simplon. Une simple signification fut adressée aux princes dépossédés, et quant au prince d'Oldenbourg, oncle d'Alexandre, on lui annonça que par considération pour l'empereur de Russie, on lui accordait en dédommagement la ville d'Erfurt. Napoléon était bien tenté de réunir aussi les deux principautés de Mecklenbourg, ce qui lui aurait donné une assez grande étendue de côtes sur la Baltique, et aurait placé sous sa main la Poméranie suédoise; pourtant il n'osa point aller jusque-là. Il se contenta de déclarer aux deux princes de Mecklenbourg qu'il voulait bien leur laisser leurs États, mais à condition qu'ils lui seraient aussi utiles dans sa lutte contre l'Angleterre que s'ils étaient annexés à l'Empire, c'est-à-dire qu'ils lui fourniraient des matelots, qu'ils armeraient Rostock et Vismar de manière à n'y pas laisser stationner les Anglais, et qu'enfin ils fermeraient leurs côtes au commerce britannique, aussi bien que pourraient le faire les douaniers français; que si une seule de ces conditions n'était pas remplie, la réunion de leurs États à l'Empire suivrait immédiatement l'infraction constatée, car il n'avait de ménagements à garder envers personne, les Anglais n'en gardant aucun dans leurs mesures maritimes.

Déc. 1810.

Ce n'était pas la Prusse cachant sa haine sous une profonde soumission, et ayant d'ailleurs de bien autres chagrins à dévorer, ce n'étaient pas les princes allemands, les uns détrônés et remplacés par le nouveau roi de Westphalie, les autres liés à l'Empire par la crainte ou par la complicité des agrandissements territoriaux, ce n'était pas l'Autriche enfin, réduite à concentrer son ambition sur la conservation du territoire qui lui restait, que ces mesures pouvaient révolter, bien que tout prince portant une couronne dût trembler à la vue d'une telle manière de procéder! mais la Russie, traitée si légèrement à l'occasion du mariage avec l'Autriche, blessée et alarmée du refus de signer la convention relative à la Pologne, très-exactement avertie de l'augmentation progressive de la garnison de Dantzig, frappée de voir la frontière de France dépasser successivement la Hollande, le Hanovre, le Danemark, atteindre la Suède, et s'approcher ainsi de Memel et de Riga, la Russie vaincue à Austerlitz et à Friedland, mais non pas abattue jusqu'à tout souffrir, devait être fortement préoccupée de ces extensions de territoire, et offensée de la façon expéditive avec laquelle on traitait un parent qui lui tenait de près, et pour lequel plus d'une fois elle avait témoigné le plus vif intérêt,

Les États allemands trop retenus pour réclamer contre les derniers empiétements de Napoléon.

La Russie déjà très-préoccupée de l'extension des frontières françaises vers le Nord est profondément blessée de la dépossession du duc d'Oldenbourg.

notamment à l'époque des arrangements de l'Allemagne en 1803 et en 1806. Les formes auraient dû au moins corriger un peu ce que ces actes avaient d'inquiétant et de blessant; malheureusement les formes furent presque aussi rudes que les actes eux-mêmes.

Déjà Napoléon avait fait demander à Alexandre de ne point recevoir les Américains qui, selon lui, étaient de faux neutres, et d'appliquer aux denrées coloniales le tarif français du 5 août, qui en admettant ces denrées les frappait d'un droit de 50 pour cent. N'étant pas satisfait des réponses reçues de Saint-Pétersbourg, il avait renouvelé ses demandes avec des instances presque menaçantes; il avait fait dire dans un langage plein d'amertume qu'on avait vu aux foires de Leipzig et de Francfort de grandes quantités de marchandises coloniales, qu'en remontant à l'origine de ces marchandises on avait trouvé qu'elles étaient venues en Allemagne sur des chariots russes, qu'évidemment elles étaient le produit d'une contrebande tolérée par la Russie en infraction de l'alliance de Tilsit; que de son côté, il était prêt à remplir toutes les conditions de cette alliance, pourvu cependant qu'on les observât à son égard; que parmi ces conditions il tenait principalement à celles qui tendaient à détruire le commerce britannique, que leur observation était indispensable pour amener l'Angleterre à une paix dont tout le monde avait besoin, la Russie aussi bien que les autres États; que pour lui l'alliance avec la Russie était à ce prix, et non-seulement l'alliance, mais la paix elle-même, qu'il était résolu à ne souffrir nulle part de complicité publique ou cachée avec l'Angleterre, et qu'il recommencerait la guerre avec le continent tout entier plutôt que de le permettre, car c'était l'unique moyen d'obtenir la paix maritime, c'est-à-dire la paix générale.

A ces reproches qu'il envoyait à Saint-Pétersbourg, au lieu des explications qu'il aurait dû adresser pour les dernières usurpations territoriales, Napoléon s'était contenté d'ajouter, en termes du reste assez polis, l'annonce fort brève de la réunion du pays d'Oldenbourg à l'Empire, et du dédommagement d'Erfurt accordé, disait-il, en considération de l'empereur Alexandre.

Déc. 1810.

Tant d'actes inquiétants ou offensants, accompagnés d'un langage si peu fait pour les atténuer, avaient dû profondément affecter l'empereur Alexandre, surtout lorsqu'ils venaient à la suite d'un mariage vivement sollicité d'abord, puis dédaigneusement écarté, à la suite du refus juste, mais péremptoire, de tout engagement rassurant à l'égard du rétablissement de la Pologne, et ils prouvaient qu'avec Napoléon la pente qui conduisait du refroidissement à la guerre était rapide. L'empereur Alexandre n'aurait pas voulu parcourir cette pente aussi vite, et il n'eût pas même demandé mieux que de s'y arrêter tout à fait. D'abord il avait beaucoup de raisons pour éviter la guerre, ou pour la retarder s'il lui était impossible de l'éviter. Bien qu'il eût confiance dans ses forces, dans la puissance des distances, dans le concours que pourraient lui procurer les haines européennes, il n'avait pas le moindre désir de braver encore les dangers qu'il avait courus à Eylau et à Friedland. De plus, il était

Dispositions présentes de l'empereur Alexandre.

Ce prince ne désire point la guerre, veut surtout la différer à cause de sa lutte avec les Turcs, mais est résolu à ne pas faire quelques-uns des sacrifices commerciaux qu'on exige de lui.

l'auteur de la politique d'alliance avec la France, politique qui lui avait valu beaucoup de critiques amères, soit chez lui, soit hors de chez lui, et il lui en coûtait de donner gain de cause à ses censeurs, en revenant si vite de l'alliance à la guerre. Mais s'il devait être réduit à cette extrémité, il désirait ne pas rompre l'alliance avant qu'elle eût produit les fruits qu'il s'en était promis, et qui pouvaient seuls justifier sa conduite aux yeux des juges sévères qu'elle avait rencontrés. La Finlande était acquise, mais les provinces danubiennes ne l'étaient pas, et il voulait les avoir en sa possession avant de s'exposer encore une fois aux redoutables chances d'une rupture avec la France. La campagne de 1810 contre les Turcs s'était bien passée, quoique les progrès des généraux russes eussent été assez lents. Après avoir envahi dans les années précédentes la Moldavie et la Valachie, ils avaient cette année franchi le Danube à Hirschova et Silistrie, enlevé ces deux places, marché sur Routschouk par leur droite, sur Varna par leur gauche, emporté Bajardjik d'assaut, bombardé Varna sans résultat, échoué devant Tschumla où les Turcs avaient un camp considérable, mais pris Routschouk, et gagné aux environs de cette place une victoire importante. Pourtant, quoique se battant avec une maladresse égale à leur bravoure, les Turcs n'avaient pas encore définitivement perdu la ligne du Danube, et il fallait des succès beaucoup plus décisifs pour leur imposer les grands sacrifices de territoire que la Russie exigeait d'eux. Elle prétendait en effet leur arracher non-seulement la Moldavie, mais la Valachie, en adoptant pour limite le lit du vieux Danube qui va de Rassova à Kustendjé, plus la souveraineté de la Servie qu'elle tenait à rendre indépendante, une portion de territoire le long du Caucase, et une somme d'argent représentative des frais de la guerre. Pour obtenir de telles concessions de la Porte, qui était résolue à maintenir l'intégrité de son empire, il fallait au moins une campagne encore, et des plus heureuses.

Par tous ces motifs l'empereur Alexandre ne recherchait pas la guerre avec la France, et surtout, s'il y était réduit, désirait qu'elle fût différée. Mais il y avait des sacrifices qu'il était décidé à ne point accorder, en les refusant toutefois avec des formes qui pussent rendre ses refus supportables, ou du moins en retarder les conséquences. Ces sacrifices auxquels il ne voulait pas se résoudre étaient des sacrifices commerciaux.

Il en avait fait de considérables en déclarant la guerre à l'Angleterre, qui était le principal consommateur des produits naturels de la Russie, et dont l'absence des marchés russes appauvrissait beaucoup les grands propriétaires de l'empire. Mais il s'était résigné à cette guerre parce qu'elle était la condition de l'alliance française, et que cette alliance était la condition des deux grandes conquêtes qu'il poursuivait, la Finlande au nord, les provinces danubiennes au midi. Aller au delà, et après s'être privé de tout commerce avec l'Angleterre, se priver encore du commerce qu'il faisait avec les Américains, était chose à laquelle il désirait se soustraire, afin de ne pas trop irriter ses sujets. Les raisons à donner pour s'en dispenser n'étaient pas des meilleures, car les

Américains étaient presque tous des fraudeurs. Ou ils étaient sortis d'Amérique pendant l'embargo, comme nous l'avons déjà dit, et alors ils étaient des fraudeurs même pour l'autorité américaine ; ou ils étaient sortis depuis la levée de l'embargo, et la plupart (on le savait avec certitude) allaient à la Havane, à Ténériffe, à Londres même, acheter des denrées coloniales qui étaient propriété anglaise, se faisaient ensuite convoyer par le pavillon de l'Angleterre, arrivaient ainsi escortés dans les ports russes, y vendaient les sucres, les cafés, les cotons, les indigos, les bois de teinture dont le continent était si avide, dont il n'entrait plus que de très-faibles quantités depuis la police continentale créée par Napoléon, et rapportaient à Londres les grains, les fers, les chanvres, qui composaient le prix de leurs cargaisons. Les Américains n'étaient pas les seuls faux neutres que la Russie voulût recevoir : les Suédois étaient des intermédiaires non moins commodes pour elle, et encore plus effrontés dans la simulation de leur qualité. Bien que Napoléon eût accordé la paix aux Suédois à condition de rompre toute relation commerciale avec l'Angleterre, ils avaient établi à Gothembourg, au fond du Cattégat, un immense entrepôt, où sous le prétexte de recevoir des neutres, et notamment des Américains, ils recevaient tout simplement les Anglais eux-mêmes, sans même vérifier la nationalité du pavillon, chargeaient ensuite les marchandises qu'ils en avaient reçues sur leurs propres vaisseaux, et allaient sous leur nom les porter dans les ports russes. Il est vrai qu'Alexandre, voulant se renfermer dans la stricte observation des traités, avait institué un tribunal des prises pour condamner les Américains qui trop évidemment ne venaient pas d'Amérique, ou les Suédois qui apportaient trop notoirement des marchandises anglaises. Il en faisait ainsi saisir et confisquer un certain nombre; mais s'il consentait à gêner et à diminuer son commerce, il n'entendait pas le détruire. Les négociants à la longue barbe pouvaient encore échanger les grains, les bois, les chanvres contre des sucres, des cafés, des cotons qu'ils débitaient en Russie, ou que par un vaste roulage, très-profitable aux paysans russes, ils transportaient à Kœnigsberg sur la frontière de la vieille Prusse, à Brody sur la frontière d'Autriche. De ces points le roulage allemand les portait à Leipzig et à Francfort. Le haut prix auquel le blocus continental avait fait monter ces marchandises permettait d'en payer le transport quelque coûteux qu'il fût, et il arrivait qu'une quantité de sucres produite à la Havane, transportée de la Havane en Angleterre et de l'Angleterre en Suède par des vaisseaux anglais, de la Suède en Russie par des vaisseaux américains ou suédois, descendait ensuite de Russie en Allemagne sur des chariots russes !

Quoique ce trafic fût fort peu commode, Alexandre aurait bien consenti à le gêner encore un peu plus, mais jamais à le supprimer. Il y avait un autre intérêt de son commerce dont il était résolu à ne pas faire le sacrifice. Le change baissait d'une manière alarmante, et on pouvait craindre que les relations au dehors ne devinssent tout à fait impossibles, s'il fallait longtemps encore donner une aussi grande quantité de valeurs russes pour se procurer des valeurs allemandes, françaises ou anglaises, afin de payer à Francfort, à Paris, à Londres, ce qu'on y avait acheté. La première cause de la baisse du change était dans le papier-monnaie. Il arrivait en effet au rouble ce qui arrivait à la livre sterling, et il était naturel que les étrangers n'acceptassent le rouble comme la livre sterling qu'au taux réduit du papier. La diminution qui se manifestait dans l'exportation des produits russes par suite de la guerre, était une seconde cause de cette baisse. L'infériorité des Russes sous le rapport manufacturier, laquelle les condamnait à prendre au dehors tous les objets de luxe, était la troisième. On ne pouvait pas faire cesser les deux premières, car il eût fallu substituer l'or et l'argent au papier-monnaie, ou rendre aux exportations de la Russie une facilité que la guerre ne comportait pas. Mais les commerçants russes s'étaient figuré que si l'on prohibait les draps, les soieries, les toiles de coton et autres objets venant de l'étranger, l'industrie russe les produirait, et qu'une des causes de la baisse du change serait dès lors supprimée. Avec le temps, c'était possible ; y compter dans le moment même, était une de ces espérances chimériques qui sont la consolation ordinaire des intérêts souffrants. Une commission de négociants russes, formée auprès du gouvernement, avait élevé de telles réclamations à ce sujet, qu'Alexandre s'était vu forcé de rendre un ukase qui interdisait tous les produits manufacturés anglais, plusieurs produits manufacturés allemands, et quelques produits manufacturés français, réputés faire concurrence à l'industrie russe, tels que les draps et les soieries.

Des peines sévères, assez semblables à celles que Napoléon avait introduites dans son code de douanes, la confiscation et le brûlement, étaient prononcées dans cet ukase.

Telle était la manière dont l'empereur Alexandre prétendait s'acquitter des engagements pris à Tilsit. Voyant Napoléon ne point se gêner dans ses combinaisons commerciales, et tantôt interdire absolument par des peines terribles les produits anglais, tantôt en admettre des quantités considérables au prix d'un impôt fort lucratif, le voyant également repousser du sol français les produits des nations amies, telles que les Suisses ou les Italiens, quand ils faisaient concurrence à l'industrie française, il s'était promis de suivre, lui aussi, ses convenances particulières, en se renfermant dans la lettre matérielle des traités fort étroitement entendue. Ces limites posées, il était décidé à s'y défendre doucement dans la forme, opiniâtrément dans le fond, à tâcher de s'y maintenir sans rupture avec la France, en tout cas à ne s'exposer à la guerre qu'après s'être débarrassé des Turcs, mais à l'accepter plutôt qu'à supprimer les restes de son commerce.

Craignant cependant qu'avec un caractère aussi entier que celui de Napoléon les formes même les plus douces ne pussent pas prévenir une brouille, il résolut de prendre quelques précautions militaires, point menaçantes mais efficaces. Il ne voulut rien faire de trop rapproché des frontières polonaises, qui étaient en quelque sorte des frontières françaises. Abandonnant par ce motif la ligne du Niémen, il choisit sa ligne de défense plus en arrière, c'est-à-dire sur la Dwina et le Dnieper, fleuves qui, naissant l'un près de l'autre, tracent, en courant le premier vers la Baltique, le second vers la mer Noire, une longue ligne transversale du nord-ouest au sud-est, laquelle est la vraie ligne défensive de la Russie à l'intérieur. (Voir la carte n° 54.) Devant un adversaire aussi impétueux que Napoléon il fallait abandonner du champ, et placer au dedans de l'empire le terrain de la résistance. Alexandre s'occupant lui-même des détails militaires en compagnie d'hommes expérimentés, fit ordonner des travaux de fortification à Riga, à Dunabourg, à Vitepsk, à Smolensk, surtout à Bobruisk, place assise sur la Bérésina, au milieu des marécages qui bordent cette rivière. A ces travaux défensifs, qui, selon lui, ne devaient pas être plus provoquants que ceux que Napoléon exécutait à Dantzig, à Modlin, à Torgau, il joignit quelques mesures d'organisation militaire. Il était resté en Finlande, depuis la guerre avec les Suédois, un certain nombre de régiments appartenant à des divisions stationnées ordinairement en Lithuanie. Il fit revenir ces régiments en Lithuanie même, et s'occupa en outre de tenir sur le pied de guerre toutes les divisions placées sur les frontières de Pologne, et demeurées pour la plupart dans les mêmes cantonnements depuis la paix de Tilsit.

Ces mesures prises, Alexandre eut soin d'adapter son langage à sa politique. Il avait à s'expliquer avec M. de Caulaincourt sur l'admission des neutres dans les ports russes, sur l'extension des frontières françaises jusqu'à Hambourg, sur la prise de possession du pays d'Oldenbourg, sur la formation évidente, quoique dissimulée, d'une puissante garnison à Dantzig, et il résolut de s'exprimer sur tous ces sujets avec douceur, et en même temps avec fermeté, de manière à prouver qu'il était bien informé, qu'il ne recherchait pas la guerre, mais qu'il la ferait si on exigeait de lui certains sacrifices qu'il était décidé à refuser, de manière enfin à ne rien brusquer et à n'amener aucune crise prochaine.

Janv. 1811.

Il avait montré quelque froideur à M. de Caulaincourt depuis le mariage manqué et depuis le refus de la convention relative à la Pologne, froideur qui s'adressait au gouvernement français, et qu'avec beaucoup de tact il s'était appliqué à ne pas rendre personnelle à M. de Caulaincourt. Il savait que M. de Caulaincourt, sentant sa position devenir difficile, et désirant rentrer en France pour s'y marier, avait demandé et obtenu son rappel; il ne voulait donc pas renvoyer mécontent un homme qu'il estimait et qu'il aimait; de plus il désirait donner à son langage un caractère amical qui n'était plus dans ses actes. Par ces diverses raisons il affecta de rendre à l'ambassadeur de France toute la faveur dont celui-ci avait joui à Saint-Pétersbourg; il le revit aussi souvent, aussi familièrement qu'autrefois, et multiplia avec lui des entretiens intimes dont voici la substance ordinaire.

Explications de l'empereur Alexandre avec M. de Caulaincourt.

Napoléon, disait Alexandre, était visiblement changé à son égard, et d'allié intime à Tilsit, non moins intime à Erfurt, était devenu un de ces amis indifférents, bien près de devenir des ennemis. Il l'apercevait, et s'en affligeait profondément, car il ne souhaitait pas une rupture, et ferait tout pour l'évi-

Janv. 1811.

Raisons que l'empereur Alexandre donne de sa conduite.

ter. Indépendamment de ce que la guerre présentait de hasardeux contre un aussi grand capitaine que Napoléon, contre une aussi vaillante armée que l'armée française, elle était pour lui une véritable humiliation, car elle contenait la condamnation du système d'alliance que, depuis trois années, lui et M. de Romanzoff soutenaient seuls dans l'Empire. Ce système d'alliance, il y persistait, et ne dissimulait pas qu'il y trouvait son avantage en obtenant la Finlande et les provinces du Danube, ces dernières toutefois restant à acquérir, peut-être un peu par la faute de la France, qui n'avait pas assez secondé la Russie à Constantinople. Mais si la Russie gagnait à ce système, que n'y gagnait pas la France, qui depuis 1807 avait envahi l'Espagne, arraché à l'Autriche l'Illyrie et une partie de la Gallicie, et qui récemment encore venait de convertir en provinces françaises les États romains, la Toscane, le Valais, la Hollande, les villes anséatiques? La Finlande, les provinces danubiennes étaient-elles à comparer à ces vastes royaumes, à ces belles possessions continentales et maritimes? Il pourrait se plaindre de cette manière de maintenir l'équilibre entre les deux empires, et surtout de cette extension de territoire, qui, en portant la France jusqu'à Lubeck, la rendait frontière du Danemark et de la Suède, et presque voisine de la Russie, mais il aimait mieux ne pas le faire, voulant bien convaincre Napoléon qu'il n'avait aucune jalousie contre lui. Pourtant, s'il renonçait à se plaindre de ce défaut d'égalité dans les avantages que chacun tirait de l'alliance, pouvait-il se taire sur l'occupation de ce duché d'Oldenbourg, de si mince importance pour Napoléon, mais si intéressant pour la famille régnante de Russie, et dont on aurait bien pu ne pas s'emparer, puisque, en acquérant si peu, on causait tant de peine à un allié, auquel on devait au moins des égards? L'indemnité d'Erfurt, qu'on offrait, n'était-elle pas dérisoire, et ne semblait-elle pas ajouter la raillerie au dommage causé? Et ce dommage, ajoutait Alexandre, il en aurait pris son parti, se réservant d'indemniser lui-même un oncle qui lui était cher, mais le défaut d'égards envers la Russie le touchait profondément, moins pour lui que pour la nation russe, susceptible et fière comme il convenait à sa grandeur. Les ennemis de l'alliance, si nombreux en Europe, avaient bien assez dit que Napoléon traitait le czar comme un jeune homme sans expérience et sans caractère, dont il avait fait un client engoué et soumis, et dont il se souciait si peu qu'il lui occasionnerait tous les désagréments qu'il plairait à son humeur capricieuse de lui faire essuyer! Fallait-il leur donner si tôt et si complétement raison?

L'occupation d'Oldenbourg, disait Alexandre en insistant sur ce sujet, l'avait touché surtout à cause de l'effet produit à la cour et dans le public, effet déplorable, assurait-il, même en mettant de côté tout vain amour-propre. Quant à l'indemnité d'Erfurt, il ne pouvait l'accepter sans se couvrir de ridicule, et du reste en la refusant il ne demandait rien, car on n'avait rien à lui offrir qui ne fût enlevé à quelque pauvre prince d'Allemagne, fort innocent de tout le mal, et il ne voulait pas qu'on l'accusât de contribuer à l'une de ces dépossessions violentes, qui avaient tant révolté, depuis vingt ans, le sentiment moral de l'Europe. Sans doute il n'avait pas besoin de déclarer que pour le duché d'Oldenbourg il ne ferait point la guerre, mais il voulait bien qu'on sût qu'il était blessé, surtout affligé, et qu'il espérait, sans l'exiger, sans la désigner, une réparation qui satisfît la dignité offensée de la nation russe.

Et tandis qu'il avait tant de raisons de se plaindre, disait encore Alexandre, on venait lui susciter une querelle au sujet des neutres admis dans ses ports, au sujet surtout de l'ukase du 31 décembre! Eh bien, il le déclarait franchement, insister sur un tel point, c'était lui demander la ruine entière du commerce russe, déjà bien réduit par mille entraves, et il ne pouvait y consentir. Tout le monde en Europe ne comprenait pas l'intérêt qu'avaient les nations maritimes à résister aux prétentions de l'Angleterre, et à s'imposer pour un tel motif de cruelles privations, et il n'était pas étonnant qu'on eût de la peine à le comprendre en Russie. Alexandre seul et quelques sujets éclairés de son empire sentaient cet intérêt, mais la masse ne voyait dans le blocus continental qu'une de ces volontés despotiques de la France, qu'il était bien cruel de subir quand on était si loin d'elle, et, en tout cas, assez puissant pour se faire respecter. A quel titre, d'ailleurs, demandait-on les derniers sacrifices exigés par Napoléon? Au nom des traités? La Russie exécutait fidèlement celui de Tilsit. Elle avait promis à Tilsit de se mettre en guerre avec l'Angleterre, dès lors de proscrire son pavillon, et de souscrire aux quatre articles du droit des neutres, et elle l'avait fait. Elle avait déclaré la guerre à l'Angleterre sans un intérêt qui lui fût propre; elle avait fermé tous ses ports au pavillon britannique; elle avait même si soigneusement recherché ce pavillon sous son déguisement américain, que dans le cours de cette année plus de cent navires, se qualifiant américains, avaient été saisis, condamnés et confisqués. Ceux qu'on avait admis ne l'avaient été qu'après un sérieux examen de leurs papiers, fait de concert avec le ministre des États-Unis, M. Adam. Napoléon, il est vrai, prétendait que tous les Américains admis avaient touché le sol de l'Angleterre, ou avaient été convoyés par ses vaisseaux, ce qui prouvait une connivence intéressée avec elle, et ce qui était contraire aux décrets de Berlin et de Milan. Mais ces décrets, qu'il avait plu à Napoléon d'ajouter au droit maritime à titre de représailles, et qui déclaraient dénationalisés tous vaisseaux ayant touché en Angleterre, ayant subi sa visite ou son convoi, ces décrets, après tout, étaient-ils obligatoires pour la Russie? Napoléon s'était-il concerté avec elle pour les rendre? et suffisait-il qu'il décrétât quelque chose à Paris pour qu'à l'instant même on fût tenu de s'y soumettre à Saint-Pétersbourg? Parce que les deux empires étaient alliés, cela voulait-il dire qu'ils fussent confondus sous la main du même maître? Beaucoup d'hommes éclairés, même en France, contestaient l'efficacité des nouvelles mesures, et prétendaient qu'on se faisait à soi autant de mal qu'à l'ennemi. N'était-il pas permis de penser ainsi en Russie, et de se conduire suivant ce que l'on pensait? Napoléon lui-même, quel cas faisait-il de ses propres décrets? Après les avoir rendus, après avoir voulu les imposer non-seulement à la France, mais à tout le continent, ne venait-il pas d'y manquer de la façon la plus étrange en adoptant le système des licences, d'après lequel tout navire pouvait aller dans les ports d'Angleterre, et, moyennant certaines conditions, en revenir chargé de produits britanniques? N'avait-il pas fait davantage par le tarif du 5 août, et n'avait-il pas autorisé des introductions immenses de produits anglais, moyennant un droit de 50 pour cent? Or, en supposant que les Américains admis dans les ports russes fussent tous Anglais, ce qui n'était pas, la Russie ferait-elle une chose plus étrange que celle que faisait la France par ses derniers décrets, et s'il était permis à celle-ci de violer le blocus à condition qu'on exporterait ses vins ou ses soieries, et qu'on lui payerait un impôt énorme, ne pouvait-il pas être permis à celle-là d'admettre des produits, anglais peut-être, mais plus probablement américains, afin de débiter ses bois, ses chanvres, ses fers, ses grains? Quand la France ne savait pas supporter pour une cause qui était la sienne toutes les privations du blocus, les autres nations, pour une cause qui n'était que très-accessoirement la leur, seraient-elles donc seules obligées à des sacrifices, à un dévouement, dont on ne leur donnait pas l'exemple? On ne pouvait exiger une telle soumission que de la part d'esclaves prodiguant leur vie pour défendre un maître qui ne daigne pas même s'exposer à un danger. Or, la Russie n'en était pas là, et entendait n'en être là envers personne. Elle avait pris l'engagement de se mettre en guerre avec l'Angleterre, et cet engagement elle l'avait tenu. Elle avait exclu le pavillon britannique, elle continuerait à l'exclure, et à le rechercher même sous ses divers déguisements, mais elle n'irait pas au delà, et elle continuerait à reconnaître et à admettre des neutres. Quant à l'ukase du 31 décembre, il n'y avait pas un seul mot à dire pour qui voulait considérer le vrai droit public des nations. Chacun était bien autorisé, sans se mettre en hostilité avec une puissance, à repousser tels ou tels produits venant de chez elle, dans le but de favoriser chez soi la création de produits semblables. Ce n'était ni une hostilité, ni même un signe de malveillance, car, tout en professant de l'amitié pour un autre peuple, il était bien permis de préférer le sien. Or la Russie croyait que l'achat trop considérable des produits manufacturés étrangers contribuait à la baisse du change chez elle, baisse devenue alarmante; elle se croyait propre, elle aussi, à fabriquer des tissus de coton, des draps, des soieries, des glaces, et elle voulait le tenter. Elle en avait certes bien le droit! Ce n'était ni par froideur, ni par humeur contre la France qu'elle excluait telle ou telle marchandise française, c'était pour les fabriquer à son tour; et la preuve, c'est que, par le même acte législatif, elle venait d'interdire tous les produits manufacturés anglais, et plusieurs produits allemands. La France elle-même n'avait-elle pas frappé, dans de semblables vues, certaines provenances russes, comme les potasses par exemple? Il n'y a donc pas, répétait Alexandre, un mot de reproche à m'adresser, car je suis rigoureusement fidèle à l'alliance,

Janv. 1811.

J'admets, il est vrai, des Américains dont quelques-uns peuvent être Anglais, malgré ce que je fais pour discerner ces derniers, mais j'ai besoin d'eux, car, sans eux une partie de mes sujets mourraient de faim. Je ne manque en cela qu'aux décrets de Berlin et de Milan, qui ne m'obligent pas, auxquels Napoléon est le premier à manquer, témoin ses licences et son tarif de 50 pour cent, et il doit me laisser en paix pour une conduite qu'il tient lui-même, plus que moi, et moins légitimement que moi, car il devrait se considérer du moins comme astreint à respecter ses propres décrets. Du reste, je le déclare franchement, sur ce point je ne puis pas céder; je ne céderai pas, sachez-le bien, et ne me mettez pas inutilement à la torture, car vous me forceriez à la guerre, et je ne la désire pas. Je veux, au contraire, persévérer dans l'alliance. Cette alliance a du bien, elle a du mal pour moi, mais j'y suis entré, j'y veux rester par dignité d'abord, par intérêt ensuite, car un système ne porte ses fruits qu'en y persévérant jusqu'à maturité. J'ai acquis la Finlande, je le reconnais; j'acquerrai la Moldavie et la Valachie si mes généraux me servent bien, et si mon allié ne me dessert pas à Constantinople; je conviens que ce sont de beaux fruits de l'alliance, moins beaux toutefois que l'Espagne, les États romains, la Toscane, la Westphalie, la Hollande, les villes anséatiques. Néanmoins, sans comparer les avantages, je veux persister dans l'alliance, et en faire sortir la paix avec l'Angleterre, qui consolidera toutes nos acquisitions, et qu'on ne peut en faire sortir que par la persévérance. Quelques barriques de sucre et de café que je prendrais à Londres sans le savoir, ou même en le sachant comme le fait l'empereur Napoléon, ne valent pas un refroidissement, ne sont pas à comparer, comme inconvénients, aux propos que fait tenir déjà, et que fera tenir encore davantage notre mésintelligence. L'espoir de nous désunir causera cent fois plus de satisfaction à l'Angleterre, que ne lui en ferait éprouver l'introduction de tout le sucre, de tout le coton qui encombrent Londres. Restons donc unis, fermement unis, en nous pardonnant les uns aux autres bien des choses inévitables et nécessaires, en nous épargnant surtout des querelles inutiles, qui bientôt seraient ébruitées au grand dommage de l'alliance et de la paix générale. Quant à moi, je sais bien tout ce qui se prépare à Dantzig, je sais tout ce que disent les Polonais, je ne m'en offusque pas; je ne ferai pas un seul pas en avant, et si le canon doit être tiré, je vous le laisserai tirer les premiers. Je prendrai alors Dieu, mon peuple, l'Europe pour juges, et, avec ma nation tout entière, nous mourrons l'épée à la main, plutôt que de subir un joug injuste. Quelque grand que soit le génie de l'empereur Napoléon, quelque vaillants que soient ses soldats, la justice de notre cause, l'énergie du peuple russe, l'immensité des distances, nous assurent des chances dans une guerre qui de notre part ne sera que défensive. Mais laissons là ces tristes pronostics, ajoutait Alexandre en serrant affectueusement la main de M. de Caulaincourt; je vous donne ma parole d'honneur que je ne veux pas la guerre, que je la crains, et qu'elle contrarie toutes mes vues. Si on m'y oblige cependant, je la ferai énergique et désespérée, mais je ne la veux pas, je vous le déclare en souverain, en honnête homme, en ami, qui, à tous ces titres, rougirait de vous tromper. —

Chaque fois qu'Alexandre disait ces choses, et cela lui arrivait souvent, il les disait avec un accent de vérité frappant, avec un mélange de grâce, de douceur et de force[1]; il touchait, il embarrassait M. de Caulaincourt, qui ne savait que répondre à tant de raisons, les unes vraies, les autres au moins plausibles.

Quant à moi, en historien sincère, aimant mon pays plus que chose au monde, mais pas jusqu'à lui sacrifier la vérité, je dois le déclarer, après avoir lu tous les documents, l'empereur Alexandre, d'après mon sentiment, ne voulait pas la guerre. Il la redoutait profondément, et bien qu'il commençât à s'y préparer, par défiance du caractère de Napoléon, il aurait tout fait pour l'éviter, car elle était pour lui, outre un grand danger, la condamnation de sa politique personnelle, un aveu qu'il s'était trompé en adoptant l'alliance française à Tilsit, la renonciation à la Valachie et à la Moldavie (ainsi que l'événement l'a prouvé), enfin une témérité inutile et sans but. Il n'y avait qu'une considération qui pût décider Alexandre à la guerre, c'était l'intérêt de son commerce.

---

[1] J'ai reproduit ici avec une exactitude scrupuleuse les conversations d'Alexandre contenues en cent dépêches, et je dois dire qu'on est frappé, en les lisant, de la connaissance des affaires que ce prince avait acquise à cette époque. Le plus habile des conseillers d'État français ou russes n'aurait pas mieux exposé les raisons que le czar tirait des traités et de la législation pour soutenir la thèse qu'il avait adoptée, et qui était de son point de vue finement et solidement raisonnée.

Gêner ce commerce au delà de la limite qu'il s'était tracée, lui était impossible dans l'état des esprits en Russie. Au point de vue du droit strict il était fondé dans son dire quand il soutenait que les décrets de Berlin et de Milan, au nom desquels on voulait défendre l'admission des Américains qui avaient communiqué avec les Anglais, ne l'obligeaient pas. Au point de vue de l'alliance, et à titre d'amitié, il aurait dû sans doute exclure les Américains convoyés la plupart par les Anglais; mais Napoléon ayant par les licences et par le tarif du 5 août permis l'introduction des denrées coloniales anglaises, nous ne pouvions vraiment pas demander pour notre cause un zèle que nous ne montrions pas nous-mêmes; et il faut ajouter qu'après les procédés dans l'affaire du mariage, après le refus, très-honorable d'ailleurs, de la convention relative à la Pologne, nous n'étions plus fondés à exiger et à espérer un dévouement sans bornes. Il y avait en un mot refroidissement chez l'empereur Alexandre, il n'y avait pas projet de rompre. C'était à nous à décider s'il nous convenait de passer, ce qui n'est que trop facile, du refroidissement à la guerre.

Telles étaient les dispositions de la cour de Russie, à la suite des incorporations territoriales qui avaient porté les frontières françaises jusqu'à Lubeck, et des nouvelles exigences que Napoléon avait manifestées relativement à l'exécution du blocus continental. M. de Caulaincourt, avec une parfaite sincérité, avait tout mandé à Paris, et avait exprimé son sentiment personnel, c'est que le czar ne voulait pas la guerre. Il n'avait tu qu'une chose, parce

Janv. 1811.

Alexandre, et les Polonais font connaître les travaux entrepris sur la Dwina et le Dnieper.

qu'il l'ignorait, c'est le commencement de préparatifs militaires que nous avons mentionné, et qui était la suite des défiances conçues par l'empereur Alexandre. Mais ce qu'il n'avait pu découvrir de Saint-Pétersbourg, ce qu'il n'avait pu recueillir au milieu du silence qui régnait autour de lui, les Polonais du grand-duché, ceux de l'armée surtout, l'avaient bientôt aperçu, et publié avec leur vivacité accoutumée. Appelant la guerre de tous leurs vœux, parce qu'ils en attendaient l'entière restauration de leur patrie, placés aux avant-postes sur les frontières de Russie, ils n'avaient pas tardé à savoir, malgré le soin que la police russe mettait à interdire les communications, qu'on remuait de la terre sur la Dwina et le Dnieper, qu'on exécutait des travaux à Bobruisk, à Vitepsk, à Smolensk, à Dunabourg, même à Riga. Ils avaient appris de plus que quelques troupes revenaient de Finlande en Lithuanie. De la meilleure foi du monde ils avaient pris ces faits pour les signes infaillibles d'une guerre prochaine, ils les avaient grossis et mandés au général Rapp, gouverneur de Dantzig, lequel en avait donné connaissance à Napoléon, comme c'était son devoir. En peu de semaines toute la Pologne avait retenti du bruit d'une rupture certaine entre la France et la Russie, et mille échos avaient porté ce bruit de Pologne en Allemagne. La France seule, dont tous les échos étaient muets, ne l'avait pas reproduit; mais le commerce, par correspondance, en avait reçu et transmis le retentissement.

Forte impression que

Napoléon, en apprenant par M. de Caulaincourt les réponses qu'Alexandre opposait à ses remontrances, et par le général Rapp les faits que les Polonais avaient recueillis, fut fortement ému. Il éprouva et témoigna beaucoup d'humeur contre M. de Caulaincourt, disant que celui-ci ne connaissait pas les questions traitées par l'empereur de Russie, et qu'il s'était montré bien faible dans les discussions qu'il avait eues avec ce prince. Il ordonna de répliquer sur-le-champ que les Américains étaient tous Anglais, car sans cela les Anglais ne les laisseraient point passer ; qu'il ne fallait reconnaître aucun neutre, car il n'y en avait plus ; que les licences dont on faisait un argument contre lui n'avaient pas la moindre importance ; que les Anglais ayant besoin de grains, il leur en envoyait quelque peu, et les condamnait à le payer bien cher, en les obligeant à recevoir des vins ou des soieries ; que quant à l'introduction plus considérable, il est vrai, des denrées coloniales moyennant le droit de 50 pour cent, c'était une introduction ruineuse pour le commerce anglais ; qu'en la permettant on ne faisait que se substituer à la contrebande, qui, avec une prime de 50 pour cent, parvenait toujours, quoi qu'on fît, à introduire des sucres et des cafés ; que du reste il consentait à ce mode d'introduction, et même avait pressé l'empereur Alexandre de l'adopter en Russie, car le trésor russe en tirerait grand profit ; que la guerre aux produits anglais était le plus sûr moyen d'obtenir la paix maritime ; que les combinaisons qu'il proposait étaient les mieux adaptées aux difficultés naturelles de l'entreprise ; que ses alliés devaient s'en rapporter à son expérience, et l'imiter s'ils étaient sincères, et que pour lui il ne les reconnaîtrait pour alliés véritables qu'à cette condition.

Mais Napoléon éprouva un tout autre sentiment que l'irritation ou le désir d'argumenter, en apprenant les travaux sur la Dwina et le Dnieper, et les mouvements de troupes de Finlande en Lithuanie. Avec la promptitude ordinaire de son esprit et de son caractère, il vit sur-le-champ dans ces simples précautions la guerre projetée, déclarée, commencée, et il conçut le désir impétueux de se mettre en mesure. Il avait déjà éprouvé tant de fois, avec l'Angleterre en 1803, avec l'Autriche en 1805 et en 1809, avec la Prusse en 1806, avec la Russie en 1805, qu'un premier refroidissement amenait la défiance, la défiance les préparatifs, et les préparatifs la guerre, que tout plein du souvenir de ce rapide enchaînement de conséquences, il ne douta pas un instant que sous un an, ou sous quelques mois, il n'eût la Russie sur les bras. S'il avait su se rendre justice à lui-même, et s'avouer pour combien son caractère entrait dans cette prompte succession des choses, il aurait pu reconnaître que, même la Russie armant par une défiance bien naturelle, la guerre restait en son pouvoir à lui, avec libre choix de l'avoir ou de ne pas l'avoir, moyennant qu'il sût résister à ses passions, car évidemment la Russie ne la voulait pas, à moins qu'il n'exigeât de cette puissance plus qu'elle n'était disposée à concéder relativement au commerce. Or, ce que Napoléon demandait à la Russie n'était pas indispensable au succès de ses desseins, car en continuant à exiger d'elle l'exécution du blocus continental, tel qu'elle le pratiquait actuellement, en l'exigeant même un peu plus rigoureux, ce qui était possible, en se tenant en paix avec elle, en restant libre dès lors de porter de nouvelles forces dans la Péninsule contre les Anglais, en persévérant dans le système adopté de leur faire éprouver une grande gêne commerciale, et un échec militaire important, il devait aboutir bientôt à la paix maritime, c'est-à-dire générale, et obtenir ainsi la consécration de sa grandeur par le monde entier. Mais habitué à commander en maître, irrité de trouver quelque opposition de la part d'une puissance qu'il avait vaincue, mais point accablée, pensant qu'il fallait lui donner une nouvelle et dernière leçon, se faisant à ce sujet des sophismes assortis à ses passions, comme s'en font même les plus grands esprits, se disant qu'il fallait profiter de ce qu'il était assez jeune encore pour écraser toutes les résistances européennes, pour laisser au futur héritier de l'Empire une domination universelle et définitivement acceptée, commençant surtout avec la mobilité d'un caractère ardent à se dégoûter du plan qui consistait à chercher en Espagne la fin de ses longues luttes, fatigué des obstacles qu'il y rencontrait, des lenteurs qui retardaient sans cesse l'accomplissement de ses desseins, s'en prenant de ces lenteurs non à la nature des choses mais à ses lieutenants, subitement enchanté de l'idée de se charger lui-même de la grande solution en négligeant le midi pour aller frapper au nord l'un de ces terribles coups d'épée qu'il savait frapper si juste, si fort et si loin, et d'en finir ainsi en quelques mois au lieu de se traîner encore pendant des années dans les inextricables difficultés de la guerre de la

Péninsule, entraîné, dominé, aveuglé par une foule de pensées qui vinrent l'assaillir à la fois, il vit tout à coup une nouvelle guerre avec la Russie comme une chose écrite dans le livre des destins, comme le terme de ses grands travaux, et il trouva tout arrêtée en lui la résolution de la faire, sans qu'il pût se rendre compte du jour, de l'heure où cette résolution s'était formée.

Cette idée vivement conçue dans son esprit, il en entreprit la réalisation avec une incroyable promptitude. Sans rechercher si le tort était à lui ou à la Russie, si la cause du conflit prévu était en lui ou en elle, s'il ne dépendrait pas de sa volonté seule, de sa volonté mieux éclairée, de le prévenir, il tint pour certain que la Russie lui ferait la guerre dans un temps assez prochain, qu'elle choisirait pour la lui déclarer le moment où victorieuse des Turcs, leur ayant arraché l'abandon des provinces danubiennes, elle aurait la libre disposition de toutes ses forces, qu'alors elle conclurait la paix avec l'Angleterre, et après avoir obtenu par lui la Finlande, la Moldavie, la Valachie, elle tâcherait d'obtenir par l'Angleterre la Pologne, au grand dommage, à l'éternelle confusion de la France; et de tout cela il tira la conséquence qu'il fallait prendre ses précautions sur-le-champ, et se mettre en mesure avant que la Russie y fût elle-même. Dès ce moment (janvier et février 1811) il commença les préparatifs d'une guerre décisive dans les vastes plaines du Nord. Une fois décidé à ne plus garder aucun ménagement avec la Russie, à la soumettre absolument comme la Prusse et l'Autriche, il avait certainement raison de s'y prendre le plus tôt possible, avant qu'elle fût délivrée de la guerre de Turquie.

La principale difficulté à vaincre dans une grande guerre au Nord, c'était celle des distances. Porter cinq ou six cent mille hommes du Rhin sur le Dnieper, les y porter avec un énorme matériel d'équipages de ponts afin de traverser les principaux fleuves du continent, avec une quantité de vivres extraordinaire non-seulement pour les hommes mais pour les chevaux, afin de subsister dans un pays où les cultures étaient aussi rares que les habitants, et qu'on trouverait probablement dévasté comme Masséna avait trouvé le Portugal; suivre avec ce matériel un peuple au désespoir à travers les plaines sans limites qui s'étendent jusqu'aux mers polaires, était une difficulté prodigieuse, et que l'art militaire n'avait pas encore surmontée, car lorsque les barbares se jetèrent jadis sur l'empire romain, et les Tartares sur la Chine et l'Inde, on vit la barbarie envahir la civilisation, et vivre de la fertilité de celle-ci; mais la civilisation, quelque habile et quelque courageuse qu'elle soit, a une difficulté bien grave à surmonter si elle veut envahir la barbarie pour la refouler, c'est de porter avec elle tout ce qu'elle ne doit pas trouver sur ses pas.

Quoique les embarras de tout genre qu'il avait eus en 1807 fussent déjà un peu effacés de sa mémoire, Napoléon prévoyant d'après les dévastations de lord Wellington en Portugal les moyens désespérés que ses ennemis ne manqueraient pas d'employer, sentait que les distances seraient le principal obstacle que lui opposeraient les hommes et la nature. Pour en triompher il fallait changer sa base d'opération ; il fallait la placer non plus sur le Rhin, mais sur l'Oder, ou sur la Vistule, et même, si l'on pouvait, sur le Niémen, c'est-à-dire à trois ou quatre cents lieues des frontières de France; et déjà, dans sa vaste intelligence, Napoléon avait rapidement arrêté son plan d'opération, car c'est dans ces combinaisons qu'il était extraordinaire et sans égal.

Il avait sur l'Elbe l'importante place de Magdebourg, précieux débris de la couronne du grand Frédéric resté entre ses mains, et à peine donné à son frère Jérôme; il avait sur l'Oder Stettin, Custrin, Glogau, autres débris de la monarchie prussienne, gardés en gage jusqu'à l'acquittement des contributions de guerre dues par la Prusse; il avait de plus sur la Vistule la grande place de Dantzig, cité allemande et slave, prussienne et polonaise, constituée en ville libre sous le protectorat de Napoléon, mais libre comme on pouvait l'être sous un tel protecteur, et occupée déjà par une garnison française. Enfin, entre ces différentes places se trouvait le corps du maréchal Davout, pouvant servir de noyau à la plus belle armée. C'est de tous ces échelons que Napoléon entendait se servir pour faire arriver sans retard, et pourtant sans éclat, un immense matériel de guerre, et avec ce matériel une immense réunion de troupes du Rhin à l'Elbe, de l'Elbe à l'Oder, de l'Oder à la Vistule, de la Vistule au Niémen. Il espérait y réussir en dérobant ses premiers mouvements à l'œil de l'ennemi, puis quand il ne pourrait plus les cacher en alléguant de faux prétextes, puis quand les prétextes eux-mêmes ne vaudraient plus rien en avouant le projet d'une négociation armée, et enfin, au dernier moment, en se portant par une marche rapide de Dantzig à Kœnigsberg, de manière à mettre derrière lui, à sauver de la main des Russes les riches campagnes de la Pologne et de la vieille Prusse, à s'en approprier les ressources, et à économiser de la sorte le plus longtemps possible les provisions qu'il aurait réunies. C'est en se servant ainsi de ces divers échelons que Napoléon voulait porter sa base d'opération à trois ou quatre cents lieues en avant, pour faire que le Rhin fût sur la Vistule ou le Niémen, que Strasbourg et Mayence fussent à Thorn et à Dantzig, peut-être même à Elbing et à Kœnigsberg.

Mais ces mouvements d'hommes et de choses, quelque soin qu'on mît à les cacher, ou du moins à en dissimuler l'intention, frapperaient toujours assez les yeux les moins clairvoyants, pour que la Russie avertie prît aussi ses précautions, et se jetât peut-être la première sur les contrées qu'on voulait occuper avant elle, et cherchât ainsi à rendre plus vaste l'espace ravagé qui nous séparerait d'elle. Dans ce cas, outre le danger de laisser en prise à ses armées les champs les plus fertiles du Nord, il y avait l'inconvénient de rendre la guerre inévitable, car si le grand-duché de Varsovie était envahi par la Russie, l'honneur ne permettait pas de rester en paix. Or, Napoléon, qui regardait une rupture avec cette puissance comme inévitable, ne demandait cependant pas mieux que de la prévenir, car, il faut le redire, ce n'était plus à son goût pour la guerre qu'il obéissait en s'attaquant tantôt aux uns tantôt aux autres, mais à sa passion de domination, et il avait fait ce calcul qu'en commençant ses préparatifs à l'instant même, tandis que la Russie occupée en Orient serait obligée d'ajourner ses représailles, il pourrait être tout prêt, tout armé sur la Vistule, quand elle reviendrait des bords du Danube, qu'alors il serait en mesure de soustraire à ses ravages la Pologne et la vieille Prusse, et peut-être réussirait à l'intimider à tel point qu'il obtiendrait d'elle par une négociation armée, la soumission à ses vues qu'il était résolu à conquérir par la guerre, s'il lui était impossible de l'obtenir autrement. Il poussait même les rêves de sa vaste imagination jusqu'à espérer que grâce à ses immenses moyens, grâce à ses nombreuses populations qu'il croyait faire françaises en les plaçant dans des cadres français, grâce à ses richesses, résultat de son économie et de ses exactions commerciales, il pourrait à la fois continuer la guerre au midi et la préparer au nord, poursuivre d'un côté les Anglais jusqu'aux extrémités de la Péninsule, et amasser de l'autre tant de soldats en Pologne, que la Russie effrayée se soumettrait à ses volontés, ou serait foudroyée! Fatale prétention de tout embrasser qui devait lui devenir funeste, car, quelque grand qu'il fût, il y avait à craindre que ses deux bras ne pussent pas s'étendre à la fois de Cadix à Moscou, ou que s'ils le pouvaient, ils ne fussent plus assez forts pour porter des coups décisifs, surtout quand il faudrait pour atteindre le Volga traverser des champs couverts de ruines, hérissés de glaces, semés de haines!

Telle fut donc la pensée de Napoléon en commenaçant sur-le-champ ses préparatifs, ce fut d'abord, si on devait avoir inévitablement la guerre, de la faire avant que la Russie fût débarrassée de la Turquie, de choisir ensuite pour armer le moment où cette puissance, occupée ailleurs, ne pourrait répondre à un acte menaçant par un acte agressif, de se trouver ainsi sur la Vistule avant elle, et avec de telles forces qu'on pût obtenir même sans guerre le résultat de la guerre.

Janv. 1811.

Dans l'ensemble des mesures à prendre, Dantzig, par sa position sur la Vistule, par son étendue, par ses fortifications, devait être le premier objet de nos soins, car il était appelé à devenir le dépôt aussi vaste que sûr de toutes nos ressources matérielles. Après Dantzig, les places de Thorn et Modlin sur la Vistule, de Stettin, Custrin, Glogau sur l'Oder, de Magdebourg sur l'Elbe, méritaient la plus grande attention. Napoléon avait déjà renforcé la garnison de Dantzig; il donna tout de suite des ordres pour la porter à 15 mille hommes. Il y augmenta les troupes d'artillerie et du génie qui étaient françaises, y joignit un régiment français de cavalerie légère, et y fit envoyer un nouveau renfort d'infanterie polonaise, laquelle était aussi sûre que la nôtre. Cette infanterie, tirée des places de Thorn, Stettin, Custrin, Glogau, y fut remplacée par des régiments du maréchal Davout, de manière que ces mouvements de troupes, exécutés de proche en proche, fussent moins remarqués. Napoléon demanda à son frère Jérôme, au roi de Wurtemberg, au roi de Bavière, de lui fournir chacun un régiment, afin d'avoir à Dantzig des troupes allemandes

Travaux ordonnés par Napoléon à Dantzig, et dans toutes les places du Nord restées en sa possession.

Garnison de Dantzig.

Janv. 1811.

de toute la Confédération. Il compléta à ses frais les approvisionnements des places de Stettin, Custrin, Glogau, Magdebourg. Il exigea du roi de Saxe la reprise des travaux de Thorn sur la Vistule, de Modlin au confluent de la Vistule et du Bug, place importante, qui, on doit s'en souvenir, remplaçait Varsovie, capitale trop difficile à défendre. Le roi de Saxe manquant de ressources financières, Napoléon imagina divers moyens de lui en procurer. Il prit d'abord à la solde de la France les deux nouveaux régiments polonais qu'il venait de lui demander, puis il lui fit ouvrir un emprunt à Paris, au moyen de la maison Laffitte, qui dut adresser les fonds provenant de cet emprunt au trésor saxon comme si elle les avait reçus du public, tandis qu'en réalité elle les recevait du trésor impérial. Napoléon envoya en outre des canons et cinquante mille fusils à Dresde, sous prétexte d'une liquidation existant entre la Saxe et la France, laquelle se soldait, disait-on, en envois de matériel. Il fit partir le général Haxo, enlevé aux siéges de la Catalogne, pour qu'il traçât le plan de nouvelles fortifications, soit à Dantzig, soit à Thorn, les unes et les autres aux frais de la France. Les bois et les fers abondant à Dantzig,

Équipages de ponts préparés à Dantzig.

Napoléon ordonna d'y préparer plusieurs équipages de ponts, portés sur haquets, c'est-à-dire sur chariots, qui devaient être traînés par plusieurs milliers de chevaux, et servir à franchir tous les fleuves, ou, comme disait Napoléon, *à dévorer tous les obstacles*. Il

Convois de munitions expédiés par les canaux.

achemina par les canaux qui unissent la Westphalie avec le Hanovre, le Hanovre avec le Brandebourg, le Brandebourg avec la Poméranie, un immense convoi de bateaux chargés de boulets, de bombes, de poudre et de munitions confectionnées. Un détachement français établi sur ces bateaux devait veiller à leur garde, et quelquefois les traîner dans les passages difficiles. Le général Rapp eut ordre d'acheter, sous prétexte d'approvisionner la garnison de Dantzig, des quantités considérables de blé et d'avoine, et de faire un recensement secret de toutes les céréales qui existaient ordinairement dans cette place, afin de s'en emparer au premier moment. Dantzig étant le grenier du Nord, on pouvait y trouver l'aliment d'une armée de cinq à six cent mille hommes. Sur toutes les choses qui allaient passer par ses mains, le général Rapp, comme le lui écrivait Napoléon, devait *agir et couper sa langue*.

Outre les points d'appui qu'il avait dans le Nord, tels que Dantzig, Thorn, Stettin, Custrin, Napoléon songeait à se créer au milieu de l'Allemagne un dépôt aussi vaste, aussi sûr que celui de Dantzig, mais placé entre l'Oder et le Rhin, et capable d'arrêter un ennemi qui viendrait par la mer. Il avait déjà dans cette position, Magdebourg, place d'une grande force, et à laquelle il y avait peu à faire. Mais Magdebourg était trop haut sur l'Elbe, trop loin de la mer, et n'était pas situé de manière à contenir le Hanovre, le Danemark, la Poméranie. Hambourg avait au contraire tous les avantages de situation qui manquaient à Magdebourg. La nombreuse population de cette ville, si elle offrait quelque danger de rébellion, présentait aussi des ressources immenses en matériel de tout genre, et Napoléon pensait avec raison qu'une armée ne trouve tout ce dont elle a besoin qu'au milieu des populations accumulées, largement pourvues de ce qu'il leur faut pour manger, se loger, se vêtir, se voiturer. Il avait fait aussi la réflexion que Hambourg étant le principal chef-lieu des trois nouveaux départements anséatiques, on y trouverait toujours en douaniers, percepteurs des contributions, gendarmes, marins, soldats sortant des hôpitaux, bataillons de dépôt, dix ou douze mille Français, qui tous ensemble fourniraient une garnison puissante, moyennant qu'on eût laissé dans la place un fonds permanent de troupes du génie et d'artillerie. Hambourg avait de plus l'avantage de pouvoir donner asile à la flottille des côtes, car elle recevait dans ses eaux de fortes corvettes, et jusqu'à des frégates. Napoléon ordonna donc de grands travaux pour embrasser, sinon dans une enceinte continue, au moins dans une suite d'ouvrages bien liés, cette vaste cité anséatique, qui allait devenir la tête de notre établissement militaire au milieu de l'Allemagne et sur la route de Russie.

Aux nombreux appuis placés sur son chemin, Napoléon devait ajouter des moyens de transport extraordinaires, afin de vaincre cette redoutable difficulté des distances, qui allait être, comme on vient de le dire, la principale dans la guerre qu'il préparait. Il avait déjà beaucoup fait pour cette importante partie des services militaires. En effet, dans les guerres du commencement du siècle, les vivres, les munitions, l'artillerie elle-même, étaient confiés à de simples charretiers, ou requis sur les lieux, ou fournis par des compagnies financières, et s'acquittant fort mal de leurs devoirs surtout dans les moments de danger. Napoléon avait le premier confié l'artillerie, les munitions dont l'artillerie a la garde et le transport, à des conducteurs soldats, gouvernés comme les autres soldats par la discipline et l'honneur militaires. Il avait fait de même pour les bagages de l'armée, tels que vivres, outils, ambulances, en instituant des bataillons, dits du train, qui conduisaient des caissons numérotés sous les ordres d'officiers et de sous-officiers. Il y avait de ces bataillons en France, en Italie, en Espagne. Ceux qui se trouvaient dans cette dernière contrée, ayant perdu leurs voitures et leurs chevaux, ne comptaient presque plus que des cadres, et dans cet état ne pouvaient rendre dans la Péninsule aucun service. Napoléon, après avoir réuni dans un petit nombre de ces cadres ce qu'il restait d'hommes et de chevaux, dirigea sur le Rhin les cadres devenus disponibles, en ordonna le recrutement, et, sans dire pour quel motif, prescrivit une nombreuse fabrication de caissons à Plaisance, à Dôle, à Besançon, à Hambourg et à Dantzig. Il ne restait plus à se procurer que les chevaux, qu'il suffirait d'acheter au dernier moment en France, en Suisse, en Italie, où les chevaux de trait abondent. Napoléon avait le projet, indépendamment des vastes magasins placés sur la Vistule et le Niémen, de traîner après lui vingt ou trente jours de vivres pour une armée de quatre cent mille soldats. A aucune époque la guerre n'avait été conçue d'après de telles proportions, et si des causes morales ne venaient déjouer ces prodigieux efforts, la civilisation devait offrir en

1812 le spectacle de la plus grande difficulté qui eût jamais été vaincue par les hommes.

Napoléon, pour faire face à toutes ces dépenses, avait le produit des saisies de denrées coloniales, lesquelles avaient procuré des sommes considérables, surtout dans le Nord. Il avait donc l'argent sur place. Aux soins pour le matériel devaient se joindre les soins pour le personnel de la future armée de Russie. Pour la première fois depuis longtemps il avait laissé passer une année, celle de 1810, sans lever de conscription. Il est vrai que la classe de 1810 avait été levée en 1809, par l'habitude antérieurement contractée de prendre chaque classe un an à l'avance. Mais enfin les yeux de la population s'étaient reposés toute une année du spectacle affligeant des appels, et la conscription de 1811 restait intacte au commencement de 1811, sans avoir été appelée avant l'âge révolu du service. Napoléon résolut de la lever immédiatement, en réservant pour 1812 celle de 1812, si des préparatifs il fallait passer à la guerre même. Il ordonna donc au ministre Clarke (duc de Feltre) de vider les cinquièmes bataillons (qui étaient ceux de dépôt) pour verser dans les quatrièmes bataillons les conscrits déjà formés, et faire place dans les cinquièmes à la conscription qui allait être appelée. Il décida que les superbes régiments du corps du maréchal Davout, destinés à être le noyau de la grande armée, seraient accrus en nombre d'un régiment léger, ce qui devait les porter à seize, recevraient immédiatement leur quatrième bataillon (il n'y en avait que trois au corps), et qu'on leur adjoindrait les régiments hollandais récemment incorporés dans l'armée française, ainsi que les tirailleurs du Pô et les tirailleurs corses. Cette belle infanterie avec quatre régiments de cuirassiers, six régiments de cavalerie légère, et 120 bouches à feu, devait présenter un corps de 80 mille hommes, sans égal en Europe, excepté parmi certaines troupes de l'armée d'Espagne. Napoléon ordonna le recrutement immédiat des cuirassiers, chasseurs, hussards, répandus dans les cantonnements de la Picardie, de la Flandre et de la Lorraine, comprenant plus de vingt régiments, pouvant fournir encore vingt mille cavaliers accomplis, les dignes compagnons de l'infanterie du maréchal Davout. Les rives du Rhin, les côtes de la Manche et de la Hollande contenaient les régiments d'infanterie des fameuses divisions Boudet, Molitor, Carra-Saint-Cyr, Legrand, Saint-Hilaire, qui avaient soutenu les combats d'Essling et d'Aspern. En reportant encore des bataillons de dépôt dans les bataillons de guerre les conscrits déjà formés, on pouvait procurer à ces régiments trois beaux bataillons, et plus tard quatre, si la guerre n'avait lieu qu'en 1812. Ils devaient présenter les éléments d'un second corps aussi puissant que le premier, échelonné un peu au delà du Rhin, et appelé à remplacer sur l'Elbe celui du maréchal Davout, lorsque ce dernier s'avancerait sur l'Oder. Restait l'armée d'Italie, appuyée à droite par celle d'Illyrie, en arrière par celle de Naples. Napoléon avait déjà attiré en Lombardie plusieurs régiments du Frioul, et leur avait substitué dans cette province un nombre égal de régiments d'Illyrie. Il avait attiré aussi

Janv. 1811.

plusieurs régiments de Naples dont Murat pouvait se passer. Ne craignant pas de se dégarnir vers l'Italie, dans l'état de ses relations avec l'Autriche, il se proposait de former entre Milan et Vérone un beau corps de 15 à 18 régiments d'infanterie, de 10 régiments de cavalerie, auquel viendraient s'ajouter les 30 mille Lombards composant l'armée propre du royaume d'Italie. Il était facile de le recruter avec les hommes déjà instruits dans les dépôts, et qui allaient y être remplacés par la conscription de 1811. On pouvait donc avoir en très-peu de temps au débouché des Alpes un troisième corps, qui au premier signal passerait du Tyrol en Bavière, de la Bavière en Saxe, où il rencontrerait toutes préparées et l'attendant les armées saxonne et polonaise.

Plan de rassemblement pour les divers corps dont l'organisation est préparée.

Le projet de Napoléon si la guerre avec la Russie le surprenait dans l'année même, c'est-à-dire en 1811, ce qu'il ne croyait point, était de porter immédiatement sur la Vistule le corps du maréchal Davout, qui était de 80 mille hommes, et dont les avant-postes étaient déjà sur l'Oder, mouvement qui pouvait s'exécuter en un clin d'œil, aussitôt que les Russes inspireraient une inquiétude sérieuse. Ces 80 mille Français devaient trouver 50 mille Saxons et Polonais échelonnés de la Wartha à la Vistule, une garnison de 15 mille hommes à Dantzig, et présenter ainsi à l'ennemi une première masse d'environ 140 mille combattants, très-suffisante pour arrêter les Russes si ceux-ci avaient déployé une activité peu présumable. Vingt mille cuirassiers et chasseurs, les plus vieux cavaliers de l'Europe, devaient suivre sans retard. Le corps formé sur le Rhin, et fort d'au moins soixante mille hommes, serait prêt à peu de jours d'intervalle. Un mois après, l'armée d'Italie, les contingents allemands, la garde impériale, porteraient à plus de trois cent mille hommes les forces de l'Empire contre la Russie. Il est douteux que les Russes, même en sacrifiant la guerre de Turquie, eussent pu, dans cet espace de temps, réunir des moyens aussi étendus.

Janv. 1811.

En supposant donc une surprise peu vraisemblable, c'est-à-dire les hostilités en 1811, Napoléon devait être plus préparé que les Russes. Mais si, comme tout l'annonçait, la guerre était à la fois inévitable et différée, Napoléon ayant le temps d'appeler la conscription de 1812 à la suite de celle de 1811, était en mesure de se procurer des forces bien plus imposantes encore, car il pouvait porter les régiments du maréchal Davout à cinq bataillons de guerre, ceux du Rhin à quatre, ceux d'Italie à cinq, tous ses régiments de cavalerie à onze cents hommes, et verser enfin le surplus des conscriptions de 1811 et de 1812 dans une centaine de cadres de bataillons tirés d'Espagne, en ayant soin de ne prendre que le cadre, et de laisser en Espagne l'effectif tout entier. Grâce à ces divers moyens il pouvait avoir 300 mille Français et 100 mille alliés sur la Vistule, une réserve de 100 mille Français sur l'Elbe, 135 bataillons de dépôt occupés dans l'intérieur de l'Empire à instruire les recrues et à garder les frontières, sans que par toutes ces mesures les forces consacrées à la Péninsule eussent été sensiblement affaiblies, armement formidable, qui devait faire trembler l'Eu-

Étendue des forces sur lesquelles comptait Napoléon.

rope, enivrer d'un fol orgueil le conquérant possesseur de ces multitudes armées, et peut-être même assurer le triomphe de ses gigantesques prétentions, si le lien qui tenait unie cette immense machine de guerre ne venait à se briser par des accidents physiques toujours à craindre, par des causes morales déjà trop faciles à entrevoir.

Napoléon ne s'en tint pas à ces précautions militaires, il donna à sa diplomatie une direction conforme à ses projets, particulièrement en ce qui concernait la Turquie et l'Autriche.

En Turquie, il avait été fidèle aux engagements pris envers l'empereur Alexandre soit à Tilsit, soit à Erfurt, et n'avait jamais rien fait qui pût détourner la Porte d'abandonner à la Russie les provinces danubiennes. Toutefois, par son chargé d'affaires, M. de Latour-Maubourg, il avait fait dire secrètement aux Turcs qu'il ne les croyait pas en état de disputer longtemps la Moldavie et la Valachie à la Russie, qu'il leur conseillait donc de céder ces provinces, mais rien au delà, et que si la Russie poussait ses prétentions plus loin, il était prêt à appuyer leur résistance. En effet, lorsqu'il avait été question, à propos des limites de la Bessarabie et de la Moldavie, de porter la frontière russe jusqu'au vieux Danube, dont le lit se retrouve de Rassova à Kustendjé, il avait conseillé aux Turcs de refuser cette concession, et leur avait même offert un traité de garantie, par lequel la frontière du Danube étant une fois stipulée avec les Russes, il s'engageait à défendre l'indépendance et l'intégrité de l'empire ottoman en deçà de cette frontière.

Mais en donnant ces conseils et ces témoignages

d'intérêt la diplomatie française avait trouvé les Turcs on ne peut pas plus mal disposés pour elle. Depuis les entrevues de Tilsit et d'Erfurt, dont les Anglais avaient communiqué tous les détails à la Porte, en les exagérant beaucoup, les Turcs s'étaient considérés comme absolument livrés par la France à la Russie, et trahis, suivant eux, dans une amitié qui datait de plusieurs siècles. Ils en étaient arrivés à une telle défiance, qu'ils ne voulaient rien croire de ce que leur disait la légation française, réduite alors à un simple chargé d'affaires. Ils étaient non-seulement profondément atteints dans leur plus pressant intérêt, celui des provinces danubiennes, mais offensés dans leur orgueil, parce que Napoléon, soit négligence, soit première ferveur pour l'alliance russe, avait laissé sans réponse la lettre de notification par laquelle le sultan Mahmoud, en succédant au malheureux Sélim, lui avait fait part de son avénement au trône. Les Turcs supportaient donc à peine le représentant de la France à Constantinople, ne lui parlaient que pour se plaindre de ce qu'ils appelaient notre trahison, ne l'écoutaient que pour lui témoigner une méfiance presque outrageante. Au conseil de céder les provinces danubiennes, ils n'avaient répondu qu'avec indignation, déclarant qu'ils n'abandonneraient jamais un pouce de leur territoire, et à l'offre de les appuyer si on exigeait au delà de la ligne du nouveau Danube, ils avaient répondu avec une indifférence qui prouvait qu'ils ne comptaient dans aucun cas sur notre appui.

Napoléon s'était flatté qu'aux premiers soupçons de notre brouille avec la Russie cette situation chan-

Janv. 1811

gerait tout à coup, que l'Angleterre, voulant faire cesser la guerre entre les Turcs et les Russes pour procurer à ces derniers le libre usage de leurs forces, serait amenée elle-même à conseiller au divan l'abandon des provinces danubiennes, qu'à partir de ce moment les Turcs seraient aussi mal disposés pour l'Angleterre qu'ils l'étaient actuellement pour la France, que bientôt même voyant en nous des ennemis des Russes, ils recommenceraient à nous regarder comme des amis, et qu'on réussirait alors à leur faire écouter des propositions d'alliance. Il ordonna donc à M. de Latour-Maubourg, en lui recommandant la plus grande réserve envers la légation russe, de ne rien négliger pour se rapprocher des Turcs, de leur avouer à demi-mot le refroidissement de la France avec la Russie, de leur faire comprendre que la Russie serait bientôt obligée de porter ses forces ailleurs que sur le Danube, qu'ils devaient donc se garder de conclure une paix désavantageuse avec elle, et au contraire continuer la guerre en contractant avec la France une solide alliance. Il chargea M. de Latour-Maubourg de leur expliquer le passé par leurs propres fautes à eux, par la mort de Sélim, le meilleur ami de la France, qu'ils avaient cruellement égorgé, par la faiblesse, la mobilité avec laquelle ils s'étaient abandonnés à l'Angleterre, ce qui avait forcé la France à s'allier à la Russie. Mais c'était là, devait dire M. de Latour-Maubourg, un passé qu'il fallait oublier, un passé désormais évanoui, et ne pouvant avoir aucune fâcheuse conséquence pour les Turcs s'ils revenaient à la France, s'ils s'unissaient franchement

Manière de s'y prendre pour ramener les Turcs.

à elle, car ils sauveraient ainsi les provinces danubiennes, qu'une paix inopportune avec la Russie menaçait de leur faire perdre.

M. de Latour-Maubourg ne devait dire tout cela que peu à peu, une chose étant amenée par l'autre, et lorsque la brouille de la France avec la Russie arrivant successivement à la connaissance du public, les tendances de la France à s'entendre avec la Porte pourraient être présentées à la Russie comme le résultat de sa conduite à elle-même. M. de Latour-Maubourg avait ordre d'être très-prudent, et de se comporter de manière à pouvoir revenir en arrière, s'il s'opérait un rapprochement imprévu avec le cabinet de Saint-Pétersbourg. On devait l'avertir du moment où les relations avec ce cabinet ne laisseraient plus aucune espérance d'accommodement, et où l'on pourrait agir à visage découvert.

À l'égard de l'Autriche, des ouvertures de la même nature durent être faites, et avec tout autant de prudence. À Vienne les embarras étaient moindres qu'à Constantinople. Le mariage avait rapproché les deux cours et les deux peuples; l'accouchement de l'impératrice Marie-Louise qu'on attendait à toute heure, s'il donnait surtout un héritier mâle, rendait le rapprochement encore plus facile et plus complet. Napoléon avait renvoyé M. de Metternich à Vienne avec la lettre la plus amicale pour son beau-père, et avec la renonciation à l'article le plus important du dernier traité, celui qui limitait à 150 mille hommes l'armée autrichienne. C'était une preuve de confiance et un signe de retour des plus marqués. Depuis, M. de Schwarzenberg avait fait certaines in-

insinuations desquelles on pouvait conclure qu'une alliance serait possible. Napoléon, abandonnant l'alliance russe aussi vite qu'il l'avait embrassée à Tilsit, ordonna à M. Otto, dans ses pourparlers avec M. de Metternich, de paraître ne plus comprendre ce que voulait la Russie, de se montrer incommodé, fatigué de l'esprit inconstant, inquiet, ambitieux de cette cour; d'exprimer un vif regret au sujet des provinces danubiennes qu'on s'était engagé à livrer aux Russes, d'ajouter que ce serait bien le cas, maintenant qu'un mariage unissait les deux cours de Schœnbrunn et des Tuileries, qu'un héritier semblait devoir naître de ce mariage, de ne plus sacrifier l'orient de l'Europe à des haines heureusement éteintes entre la France et l'Autriche. Ces ouvertures devaient être faites avec mesure, avec lenteur, par des mots dits sans suite, et qu'on rendrait plus significatifs, lorsque les représentants de l'Autriche à Paris et à Vienne auraient témoigné le désir d'en entendre davantage. Un grand secret, de grands ménagements étaient recommandés à M. Otto envers la légation russe à Vienne.

Il était impossible que tant de mouvements militaires, que tant de revirements diplomatiques fussent longtemps un secret pour la cour de Russie. Il y avait de plus la levée de la conscription de 1811, qui s'exécutant en vertu d'un décret du Sénat, était un acte public destiné à être universellement connu, le jour même où il s'accomplirait. Napoléon cependant était résolu à dissimuler de ces opérations tout ce qu'il en pourrait cacher, et de n'arriver aux aveux qu'à la dernière extrémité, voulant toujours être solidement établi sur la Vistule avant que les Russes eussent pu s'en approcher. En conséquence il régla de la manière suivante le langage de ses agents à l'égard du cabinet de Saint-Pétersbourg. Relativement à la garnison de Dantzig qui allait être augmentée, on devait dire qu'un immense armement anglais dirigé vers le Sund, et portant des troupes de débarquement, exigeait qu'on ne laissât pas une ville comme Dantzig exposée aux entreprises de la Grande-Bretagne, d'ajouter d'ailleurs que les troupes en marche sur cette ville étaient allemandes, que dès lors il n'y avait pas à en prendre ombrage. On devait expliquer de la même façon les envois de matériel par les canaux allemands qui allaient du Rhin à la Vistule. Quant aux fusils, aux canons expédiés en Saxe, on devait alléguer que le roi de Saxe ayant quelques sommes à recevoir de la France, et n'ayant pas un matériel proportionné à ses nouveaux États, on le payait en produits des manufactures françaises, réputées alors les premières de l'Europe pour la fabrication des armes. Quant à la conscription, on devait dire que n'en ayant pas levé en 1810, et la guerre d'Espagne absorbant beaucoup d'hommes, on appelait uniquement pour cette guerre une partie de la classe de 1811. Enfin, lorsque toutes ces explications seraient épuisées, et auraient fini par ne plus rien valoir, M. de Caulaincourt était autorisé à déclarer qu'en effet il était possible que la France armât à double fin, contre les Espagnols et les Anglais d'une part, et contre les Russes de l'autre ; qu'on ne voulait pas sans doute faire la guerre à ces derniers, mais qu'on était plein de défiance à leur égard; qu'on venait d'apprendre qu'il arrivait des troupes de Finlande en Lithuanie, qu'il se construisait des retranchements sur la Dwina et sur le Dnieper, que par conséquent, si le cabinet de Saint-Pétersbourg voulait connaître la vraie cause des armements de la France, il devait la chercher dans les armements de la Russie; que s'il demandait une explication, on en réclamait une à son tour, et que, s'il fallait parler franchement, on supposait d'après les préparatifs de la Russie, d'après sa conduite dans la question des neutres, qu'elle avait le projet de terminer bientôt la guerre de Turquie, puis, le prix de l'alliance avec la France étant recueilli, la Finlande, la Moldavie, la Valachie ayant été ajoutées à l'empire des czars, de conclure la paix avec l'Angleterre, de jouir ainsi de ce qu'elle aurait acquis, en abandonnant l'allié auquel elle en serait redevable; que dans cette hypothèse même, qui n'était pas la pire qu'on pût imaginer, qui n'était pas la trahison, mais l'abandon, car on n'allait pas jusqu'à supposer une déclaration de guerre à la France, il ne fallait pas se faire illusion, le parti de Napoléon était arrêté, et que la paix seule avec l'Angleterre, sans même y ajouter les hostilités contre la France, serait considérée comme une déclaration de guerre, et suivie d'une prise d'armes immédiate.

M. de Caulaincourt avait donc ordre d'opposer question à question, querelle à querelle, mais toujours sans rien précipiter, car Napoléon voulait gagner du temps, afin de pouvoir s'avancer peu à peu sur la Vistule, pendant que la Russie était retenue sur le Danube par le désir et l'espoir de se faire céder les provinces danubiennes.

Telles avaient été les mesures de Napoléon aux premiers signes de mauvais vouloir qui lui étaient venus du côté de la Russie, et qu'il s'était attirés par ses propres actes, en la traitant trop légèrement à l'occasion du projet de mariage avec la grande-duchesse Anne, en refusant de signer la convention relative à la Pologne (seul point sur lequel il eût raison), en poussant ses occupations de territoire vers la Baltique d'une manière alarmante pour les États du Nord, en traitant enfin le duc d'Oldenbourg avec un étrange oubli de tous les égards dus à un proche parent de l'empereur Alexandre. Quoi qu'il en soit des causes de cette situation, les faits étaient irrémédiables, et Napoléon voulant se mettre promptement en mesure à l'égard de la Russie, ne pouvait plus donner à l'Espagne qu'une attention et des ressources partagées. Quant à sa présence, qui à elle seule eût valu bien des bataillons, il ne fallait plus y penser, et ses armées d'Espagne privées de lui en 1809 par la guerre d'Autriche, en 1810 par le mariage avec Marie-Louise et par les affaires de Hollande, allaient l'être en 1811 par les préparatifs de la guerre de Russie. Quant à une force supplémentaire de 60 ou 80 mille hommes, venant tout à coup accabler les Anglais à Torrès-Védras, il ne fallait pas y penser davantage dans l'état des choses, puisqu'il s'agissait de préparer rapidement trois corps d'armée entre le Rhin et la Vistule. Restait donc l'emploi plus ou moins habile des ressources existant dans la Pénin-

Janv. 1811.

Masséna tou-
tes les forces
disponibles en
Espagne.

sule. Napoléon avait déjà, avec quelques cadres tirés du Piémont et de Naples, organisé une division
de réserve pour la Catalogne, afin de hâter les siéges
de Tortose et de Tarragone. Il avait avec des conscrits tirés des dépôts, et destinés à recruter les armées d'Andalousie et de Portugal, organisé une
autre division de réserve pour les provinces de la
Castille. Il ne voulait revenir sur aucune de ces mesures, et il espérait avec ces ressources, avec le
corps du général Drouet, avec l'armée d'Andalousie, fournir au maréchal Masséna des renforts suffisants pour le mettre en état de triompher des
Anglais. En conséquence, complétant, précisant davantage après avoir entendu le général Foy, les ordres qu'il avait déjà donnés, il prescrivit au général
Caffarelli d'accélérer la marche de la division de réserve préparée pour la Castille; il prescrivit au général Thouvenot qui commandait en Biscaye, au général Dorsenne qui avec la garde était établi à Burgos,
au général Kellermann qui s'étendait avec la division Seras et divers détachements de Valladolid à
Léon, de ne retenir aucune des troupes du général
Drouet, et de le laisser passer avec ses deux divisions sans lui faire perdre un instant. Il avait enjoint
à celui-ci de se hâter autant que possible, de réunir
entre Ciudad-Rodrigo et Alméida les dragons que
Masséna avait laissés sur ses derrières, les soldats
sortis des hôpitaux, les vivres et les munitions qu'on
avait dû préparer, d'y joindre une au moins de ses
deux divisions, s'il ne pouvait les mouvoir toutes
les deux, de marcher avec ces forces et un grand
convoi au secours du maréchal Masséna, de réta-

Ordres
au général
Drouet.

blir à tout prix les communications avec lui, mais, en les rétablissant, de ne pas perdre les siennes avec Alméida et Ciudad-Rodrigo, de rendre en un mot à l'armée de Portugal tous les services qui dépendraient de lui, sans se laisser couper de la Vieille-Castille; d'en appeler même au général Dorsenne s'il avait besoin d'être secouru. Napoléon ordonna en même temps au général Dorsenne d'aider le général Drouet, surtout si on avait quelque grand engagement avec les Anglais, mais en ne dispersant pas, en ne fatiguant pas la garde, qui pouvait dans certaines éventualités être appelée à rebrousser chemin vers le Nord.

À ces ordres expédiés en Vieille-Castille, Napoléon en joignit d'autres pour l'Andalousie tout aussi positifs. Il prescrivit au maréchal Soult d'envoyer sur le Tage le 5ᵉ corps, commandé par le maréchal Mortier, et supposé de 15 ou 20 mille hommes, fallût-il pour exécuter ces instructions affaiblir le 4ᵉ corps qui gardait le royaume de Grenade. Le 5ᵉ corps devait se pourvoir d'un petit équipage de siége afin de concourir à l'attaque d'Abrantès, passer sur le ventre des misérables troupes qui sous Mendizabal, O'Donnell et autres, formaient une espèce d'armée d'observation autour de Badajoz, d'Olivença, d'Elvas, et aller ensuite en toute hâte aider le maréchal Masséna à occuper les deux rives du Tage. Napoléon pressa en outre le roi Joseph de se priver des troupes qui ne lui seraient pas indispensables et de les envoyer sur Alcantara. Il accéléra la formation de la division de réserve destinée à la Catalogne, afin de renforcer le maréchal Macdonald, qui devait seconder le général Suchet dans l'exécution des siéges de Tortose et de Tarragone. Il recommanda au général Suchet de hâter ces siéges, afin qu'il pût se porter plus tôt sur Valence, et appuyer le maréchal Soult dans ses opérations vers le Portugal. Enfin Napoléon ordonna à l'amiral Ganteaume de se tenir prêt à embarquer sur ses dix-huit vaisseaux quelques milliers d'hommes qui étaient réunis à Toulon. Par cette espèce de refluement de toutes les forces de la Péninsule vers le Tage, il se flattait de fournir à Masséna un secours matériel et moral tout à la fois, car il faisait dire à tous ceux qui devaient seconder l'armée de Portugal, que rien dans la Péninsule n'égalait en importance ce qui se passait entre Santarem et Lisbonne, que même le sort de l'Europe en dépendait peut-être.

Ces mesures ordonnées, Napoléon, après avoir accordé au général Foy les récompenses que méritaient ses services (il lui avait conféré le grade de général de division), et un repos qu'exigeait sa blessure, le fit repartir pour le Portugal, afin de remettre au maréchal Masséna des instructions, déjà expédiées du reste par plusieurs officiers. Dans ces instructions, Napoléon annonçait au maréchal Masséna tous les secours qui lui étaient destinés, tous les ordres donnés soit au général Drouet, soit au maréchal Soult pour qu'ils apportassent sur le Tage le concours de leurs efforts; il lui traçait la manière de se conduire sur le Tage, lui recommandait de s'assurer des deux rives du fleuve, afin de pouvoir manœuvrer sur l'une et sur l'autre, de jeter non pas un pont, mais deux, comme on avait fait sous

Vienne, afin de n'être pas exposé à perdre ses communications; de tout préparer, en un mot, pour sa jonction avec le 5ᵉ corps, et une fois réuni à Mortier, à Drouet, d'attaquer avec quatre-vingt mille hommes les lignes anglaises, et s'il ne pouvait réussir à les emporter, de rester du moins devant elles, d'y séjourner le plus longtemps possible, d'y épuiser les Anglais, d'affamer la population de Lisbonne, de multiplier enfin pour l'ennemi les pertes d'hommes et d'argent, car tant que cette situation durait, l'anxiété dans laquelle on tenait le gouvernement et le peuple britanniques devait amener tôt ou tard, en y joignant les souffrances commerciales, une révolution dans la politique de l'Angleterre, et dès lors la paix générale, but en ce moment de tous les efforts de la politique française.

Pendant que s'accomplissaient dans le Nord les événements dont on vient de lire le récit, le maréchal Masséna, passant l'hiver de 1810 à 1811 sur les bords du Tage, entre Santarem et Punhete, faisant des efforts inouïs pour y nourrir son armée, et pour y préparer le passage du fleuve, n'avait reçu aucune nouvelle de France depuis le départ du général Foy. Il était donc là depuis à peu près cinq mois, sans communications de son gouvernement, sans secours, sans instructions, et déployant toute la force de son caractère pour soutenir le moral de son armée, non pas chez les soldats qui avaient pris gaiement leur étrange position, mais chez les chefs qui étaient mécontents, divisés, les uns humiliés de ne pas commander, les autres dégoûtés d'une campagne où il n'y avait aucun acte d'éclat à

Janv. 1811.

Manière de vivre des soldats.

Fourrages régulièrement organisés pour se procurer des vivres.

faire, et seulement beaucoup de patience, beaucoup de résignation à déployer.

Les soldats s'étaient créé des habitudes singulières, et qui révélaient la souple et énergique nature de notre nation. N'ayant plus de froment, ils s'étaient accoutumés à vivre de maïs, de légumes, de poisson salé, comme s'ils étaient nés dans les latitudes les plus méridionales de l'Europe. Le mouton, le bœuf, le vin, dont ils ne manquaient pas encore, les dédommageaient de ce régime si nouveau pour eux. Mais c'est au prix des plus grandes fatigues qu'ils parvenaient à se procurer ces aliments, et souvent ils étaient obligés d'aller les chercher à trois ou quatre journées du camp, surtout depuis que les environs étaient épuisés. Ils partaient en troupes sous les ordres de leurs officiers, exploitaient les fermes, fouillaient les bois, où ils trouvaient parfois les paysans retirés avec leur bétail dans des espèces de camps retranchés, leur livraient combat quand ils ne pouvaient agir différemment, puis, après avoir vécu de leur mieux pendant le trajet, rapportaient fidèlement le butin dont l'armée devait vivre. Il y avait dans cette existence un mélange de bonne et de mauvaise fortune, de combats, d'aventures étranges, qui plaisait à leur imagination audacieuse. Qu'il se commît bien des excès dans cette spoliation continuelle du pays, devenue leur unique moyen de subsistance, personne ne l'oserait nier, et personne non plus ne pourrait s'en étonner. Seulement il est permis d'affirmer, d'après le témoignage du général anglais lui-même, que les Français, toujours humains, traitaient les Portugais leurs ennemis, beaucoup mieux que ne faisaient les Anglais leurs alliés. Le maréchal Masséna avait publié les ordres du jour les plus énergiques pour réduire aux moindres ravages possibles cette épouvantable manière de nourrir la guerre par la guerre. Mais que pouvait-il lorsque son gouvernement l'avait mis dans une situation où il lui était impossible de faire vivre son armée autrement? Ce qu'il faut ajouter, c'est que ces soldats, malgré de si longues excursions pour nourrir eux et leurs camarades, revenaient presque tous au camp, et qu'après plusieurs mois d'un pareil genre de vie il en manquait à peine quelques centaines, exemple bien rare, car il est peu d'armées européennes qui n'eussent fondu en entier par suite de telles épreuves! Il s'était formé cependant quelques troupes de maraudeurs allemands, anglais, français (ceux-ci en petit nombre), ayant pris gîte dans les villages abandonnés, et là, dans l'oubli de toute nationalité, de tout devoir, vivant au sein d'une véritable abondance qu'ils s'étaient procurée par leur coupable industrie. Ce qu'il y a de plus singulier, c'est que les Français, les moins nombreux dans ces bandes, avaient pourtant fourni le chef qui les commandait. C'était un sous-officier intelligent et pillard, qui s'était mis à leur tête, et avait réussi à obtenir leur obéissance. Les deux généraux en chef, français et anglais, s'étaient accordés, sans se concerter, pour faire la guerre à ces maraudeurs, et les fusillaient sans pitié quand ils parvenaient à les saisir.

Masséna avait voulu qu'avec le produit de la maraude régularisée chaque corps se ménageât une réserve en biscuit de dix à douze jours, afin de pou-

Janv. 1814.

Soins de chaque corps à se pourvoir lui-même.

Difficulté pour amener les divers corps à s'entre-secourir.

voir subsister s'il fallait se concentrer subitement, soit pour attaquer l'ennemi, soit pour lui résister. Les corps, mécontents de l'administration générale, à laquelle ils s'en prenaient fort injustement de leurs souffrances, l'avaient exclue de toute participation à leur entretien, et s'étaient en effet créé leurs magasins particuliers avec un véritable égoïsme qui ne songeait qu'à soi. L'œil du commandant en chef ne pouvant ainsi pénétrer dans leurs affaires, il était devenu impossible de savoir ce qu'ils possédaient, de les contraindre à s'aider les uns les autres, et surtout de pourvoir les hôpitaux, qui souvent étaient privés du nécessaire. Certain corps, comme celui de Reynier par exemple, placé sur les hauteurs stériles de Santarem, obligé, à cause du voisinage de l'ennemi, d'avoir beaucoup d'hommes sous les armes, et n'en pouvant envoyer que très-peu à la maraude, était réduit fréquemment à la plus extrême pénurie, et se plaignait vivement de son état. On était d'abord convenu, pour égaliser les peines, que Ney avec le 6e corps viendrait le remplacer. Puis celui-ci, au moment de tenir parole, avait imaginé mille prétextes pour s'en dispenser, et s'était borné à envoyer quelques quintaux de grains à ses camarades du 2e corps. Pourtant diverses trouvailles heureuses dans les environs de Santarem, et dans Santarem même au fond des maisons abandonnées, de hardies descentes dans les îles du Tage, avaient rendu au 2e corps le pain et la viande qui allaient lui manquer. En un mot, la faim jusqu'ici ne s'était pas encore fait sentir. On était beaucoup plus à plaindre sous le rapport des vêtements. La chaussure et les habits étaient en lambeaux. Même sous ce rapport, l'industrie des soldats ne leur avait pas fait défaut. Ils avaient réparé leurs souliers avec du cuir ramassé çà et là, et ceux qui n'avaient plus de souliers s'étaient composé des espèces de sandales, comme celles que les montagnards de tous les pays se font avec la peau des animaux dont ils se nourrissent. Ils avaient raccommodé leurs vêtements avec du drap de toutes couleurs, et leurs habits, ou déchirés, ou bizarrement rajustés, attestaient leur noble misère sans rien ôter à leur attitude martiale.

Janv. 1811.

Industrie des soldats.

Les officiers seuls étaient dignes de pitié. Rien en effet n'égalait leur dénûment. N'ayant pour se nourrir que ce qu'ils tenaient de l'affection des soldats, ne pouvant comme ceux-ci rajuster leurs habits de leurs propres mains, ou mettre des peaux de bête à leurs pieds, ils étaient réduits, pour les moindres services, à payer des prix énormes aux rares ouvriers restés à Santarem et dans quelques villages voisins. La réparation d'une paire de bottes coûtait jusqu'à cinquante francs, et pour suffire à ces dépenses ils n'avaient pas même la ressource de la solde, qui était arriérée de plusieurs mois. Ils souffraient donc à la fois du besoin et de l'humiliation de leur position. Toutefois le sentiment du devoir les soutenait, comme la gaieté et l'esprit d'aventure soutenaient la masse des soldats. Masséna leur ayant persuadé à tous qu'ils étaient sur le Tage pour un grand but, que bientôt ils y seraient secourus par des forces considérables, qu'ils pourraient alors précipiter les Anglais à la mer, qu'en attendant il fallait essayer de franchir le fleuve, soit pour recueillir les

Détresse des officiers.

richesses de l'Alentejo, soit pour préparer les opérations futures, ils étaient tout occupés de ce passage du Tage, et en dissertaient sans mesure. Pourrait-on jeter le pont, en trouverait-on les matériaux, réussirait-on à les employer si on parvenait à les réunir, et en tout cas vaudrait-il la peine de tenter cette opération hasardeuse? Serait-il prudent, après l'avoir effectuée, de rester divisés sur les deux rives du Tage, et ne vaudrait-il pas mieux attendre, même le pont étant jeté, qu'un corps français vînt de l'Andalousie donner la main à l'armée de Portugal? telles étaient les questions que tout le monde agitait en sens divers, et avec la hardiesse de raisonnement particulière aux armées françaises, habituées à discuter sur toutes les résolutions qui n'occupent ailleurs que les états-majors.

La création de l'équipage de pont sans outils, sans bois, presque sans ouvriers, était le premier problème que le général Éblé avait entrepris de résoudre, avec une persévérance et une fertilité d'esprit dignes d'admiration. Il lui avait fallu, ainsi qu'on l'a vu, fabriquer des pioches, des haches, des scies, et, après s'être créé ces outils indispensables, aller abattre des bois dans une forêt voisine du camp, charrier au chantier de grands arbres qu'on fixait par une extrémité sur un avant-train de canon, en laissant l'autre extrémité traîner à terre, les amener ainsi près du Tage en épuisant les chevaux de l'artillerie déjà fatigués, déferrés, mal nourris; les scier en planches, les débiter en courbes, les façonner enfin en barques propres à supporter le tablier d'un pont. Heureusement on avait trouvé quelques scieurs de long parmi les Portugais, et avec leur secours on était parvenu à accélérer le sciage des bois. Un emprunt de quelques mille francs fait, comme il a été dit, aux officiers supérieurs et aux employés de l'armée, avait permis de payer ces ouvriers, car on n'avait pu recevoir la somme la plus minime depuis l'entrée en Portugal, et on n'y avait pas trouvé une pièce d'argent, les habitants ayant eu soin d'emporter avant toute autre chose ce qu'ils possédaient en numéraire. Quant aux ouvriers tirés de l'armée, on avait eu la plus grande peine à les décider au travail, faute de pouvoir leur fournir un salaire, et ce salaire d'ailleurs ne pouvant leur procurer aucune jouissance dans un pays désert. Le seul moyen de les retenir était de les bien nourrir, et le général Éblé, quoique Masséna lui eût prêté le secours de son autorité, n'obtenait que très-difficilement des divisions voisines du chantier qu'on nourrît les quelques centaines de soldats qui travaillaient pour tout le monde. Par bonheur l'excellent général Loison, ne se refusant jamais au bien de l'armée, quoi qu'il pût lui en coûter, s'était appliqué de son mieux à pourvoir le chantier des vivres nécessaires. Grâce à ces efforts inouïs d'intelligence et de volonté, le général Éblé avançait dans sa tâche; mais un grand inconvénient en résultait, c'était la ruine des chevaux de l'artillerie et des équipages. On n'avait point de grains à leur fournir, et quant au fourrage il se bornait à un peu de vert, car l'hiver on en trouvait en Portugal. Mais cette nourriture ne leur donnait pas beaucoup de force, et en laissait mourir un grand nombre. Déjà on avait diminué de plus de cent voitures les équipages de l'artillerie, et on allait être obligé de réduire chaque division à moins de deux pièces de canon par mille hommes, proportion la plus restreinte qui se puisse admettre. Ce mal produisait cependant un avantage, bien triste, il est vrai, celui de rendre inutile une certaine quantité de gargousses, qu'on avait converties en cartouches pour suppléer à celles que la maraude consommait chaque jour.

Restait une dernière difficulté à vaincre pour achever la réunion des matériaux de l'équipage de pont, c'était de se procurer des cordages et des moyens d'attache, tels qu'ancres, grappins, etc. Le général Éblé, par un dernier prodige d'industrie, avait réussi à se créer une corderie en employant soit du chanvre, soit de vieilles cordes trouvés à Santarem. Il avait aussi, à défaut d'ancres, forgé des grappins pouvant mordre au fond du fleuve, et si l'on parvenait à lancer les barques à l'eau et surtout à les manœuvrer devant l'ennemi, il était à peu près en mesure de les fixer aux deux bords du rivage.

Mais parviendrait-on à jeter le pont en présence de cet ennemi? Question grave qui en ce moment partageait tous les esprits.

On avait transporté, comme nous l'avons dit, l'atelier de construction de Santarem situé sur le Tage, à Punhète situé sur le Zezère, et occupé en outre par de solides ponts de chevalets les deux rives du Zezère. (Voir la carte n° 53.) On était là à quelque distance de l'embouchure du Zezère dans le Tage, ayant à gauche et assez près de soi Abrantès, où lord Wellington avait envoyé tout le corps de Hill, et à droite, mais beaucoup plus bas, Santarem, où lord Wellington lui-même avait porté ses avant-postes. Pour jeter le pont il fallait d'abord conduire les bateaux du Zezere dans le Tage, et c'était facile, car il n'y avait qu'à les livrer au courant; mais après les avoir amenés jusqu'au Tage, fallait-il le leur faire remonter, pour essayer de passer près d'Abrantès, ou bien fallait-il le leur faire descendre, pour essayer de passer dans les environs de Santarem? Si on faisait remonter les bateaux jusque près d'Abrantès, on avait l'avantage de trouver en cet endroit le Tage mieux encaissé, et moindre aussi de tout le volume du Zezere qu'il n'avait pas encore recueilli; mais on avait devant soi l'ennemi nombreux et bien établi, et de plus on ne pouvait opérer qu'avec une partie de ses forces, le corps de Reynier devant être laissé dans son camp de Santarem, pour tenir tête au gros de l'armée anglaise si elle sortait de ses lignes avec l'intention d'attaquer les nôtres. Au contraire voulait-on descendre jusqu'à Santarem, ce qui se pouvait, car il n'était pas absolument impossible de conduire les bateaux jusque-là sans qu'ils fussent détruits, on avait l'avantage d'opérer avec toute l'armée réunie, mais on trouvait le Tage d'une largeur démesurée, et tour à tour se resserrant ou s'étendant, au point de ne savoir où l'on attacherait le pont, et comment on en rendrait les abords praticables. Il y avait donc d'excellentes raisons pour et contre chacune des deux opérations. Près d'Abrantès le pont était plus facile à jeter, mais on divisait l'armée; près de Santarem on la concentrait assez pour défendre nos lignes et protéger le passage, mais le fleuve était d'une largeur et d'une

Janv. 1811.

Avantages et inconvénients d'Abrantès et de Santarem comme points de passage.

inconstance qui ne permettaient guère d'en embrasser les bords trop étendus. Enfin quelque parti qu'on adoptât, même après avoir réussi, devait-on rester divisés sur les deux rives du fleuve, et n'y avait-il pas à craindre, si on ne laissait sur la gauche qu'un détachement peu nombreux, que le pont faiblement défendu ne fût détruit, si au contraire on laissait un corps suffisant, qu'un accident comme celui d'Essling n'exposât ce corps à périr? Telles étaient les chances diverses que les soldats discutaient avec une rare intelligence et un prodigieux sang-froid, car on n'apercevait pas le moindre ébranlement moral dans l'armée. Chacun d'eux, bien entendu, résolvait la difficulté à sa façon. Même controverse existait dans les états-majors. Reynier, qui se trouvait mal où il était, et voulait changer de place, soutenait que le passage était à la fois urgent et praticable, s'engageait même, pendant qu'on l'exécuterait, à accabler les Anglais s'il leur prenait envie d'attaquer la position de Santarem. Mais le maréchal Ney, sur lequel pesait la responsabilité du passage, car il était placé en arrière vers le Zezère, et sa position, son énergie, le souvenir d'Elchingen, le désignaient pour cette opération hardie, le maréchal Ney, sans se refuser à jeter le pont, paraissait douter du succès avec le matériel dont il disposait, et en présence d'un ennemi aussi averti que l'était lord Wellington. Enfin, le passage exécuté, il ne répondait nullement des conséquences que pourrait avoir une rupture du pont. Quant à Junot, variable comme le vent, il argumentait tantôt dans un sens, tantôt dans un autre, était de l'avis du passage avec Reynier, le jugeait

Janv. 1811.

Opinions opposées du maréchal Ney et du général Reynier sur la question du passage.

impossible quand il était auprès de Ney, et ne pouvait être utile qu'au moment où le feu commencerait.

Ces divergences d'avis n'auraient pas présenté de graves inconvénients, sans les expressions amères dont on usait à l'égard du général en chef, comme s'il eût été responsable de l'étrange situation où l'on se trouvait sur le Tage, et s'il n'avait pas été la première victime d'une volonté inflexible, qui prenait des résolutions loin des lieux et des événements, et dans le plus complet oubli de la réalité des choses! On ne cessait, dans chaque quartier général, de tenir un langage souverainement déplacé contre le maréchal Masséna, et de donner un dangereux exemple, celui de l'indiscipline des esprits, la plus funeste de toutes dans les armées, car en détruisant l'unité de pensée et de volonté, elle rend l'unité d'action impossible. Reynier lui-même, aigri par la souffrance de ses soldats, se plaignait et commençait à n'avoir plus la même retenue que par le passé. Junot, suivant son usage, disant comme Ney à Thomar, comme Reynier à Santarem, et, revenu au quartier général, n'osant plus contredire devant Masséna qu'il aimait, ne s'écartait pas toutefois du respect extérieur qu'il lui devait. Reynier aussi observait jusqu'à un certain point ce respect. Ney, au contraire, avait fait de son quartier général de Thomar un centre où se réunissaient tous les mécontents de l'armée, et où l'on tenait publiquement les propos les plus inconvenants. Les membres de l'administration, que la méfiance des soldats avait privés de toute participation à l'entretien des corps, avaient porté à Thomar leur oisiveté médisante, et parmi eux le princi-

Janv. 1811.

Défaut de subordination et de respect à l'égard du général en chef de la part des généraux.

pal ordonnateur, parent du maréchal Ney, n'était pas le moins malveillant dans son langage, quoique rappelé à l'activité par la protection de Masséna. Là, toutes les décisions du quartier général étaient censurées amèrement, et les souffrances d'une longue attente étaient imputées non à la politique impériale, mais au général en chef, qui était certes bien innocent de tous les maux qu'on endurait. Les choses étaient poussées à ce point que Ney, depuis qu'on avait pris la nouvelle position sur le Tage, n'était plus venu visiter Masséna, et restait à Thomar, comme s'il eût été le chef de l'armée, et que Thomar eût été le quartier général. Naturellement on rapportait tous ces détails à Masséna, qui s'en irritait quelquefois, mais retombait presque aussitôt dans sa négligence et ses dédains accoutumés, donnant sous le rapport des mœurs des exemples qui malheureusement n'étaient pas faits pour lui ramener le respect de l'armée, mais sous le rapport de la fermeté et du sang-froid en donnant d'autres que ses lieutenants auraient dû imiter, et n'imitaient point. Du reste, cette triste indiscipline n'était pas descendue des généraux aux soldats. Ceux-ci, étrangers aux envieuses déclamations de leurs chefs immédiats, confiants dans le caractère, la gloire, la fortune de Masséna, comptant sur les secours prochains de Napoléon, qui n'avait pu les envoyer si loin à la poursuite des Anglais sans leur fournir bientôt le moyen d'achever cette poursuite, s'attendaient encore à exécuter les grandes choses qu'ils s'étaient promises de cette campagne. Seulement, s'ils étaient prêts à se dévouer dans les occasions importantes, ils répugnaient à se sacrifier dans celles qui ne l'étaient pas. Le triste état des hôpitaux, où l'on manquait de médicaments, de lits, et presque d'aliments, où les vivres n'arrivaient que par un effort énergique et tous les jours renouvelé de la volonté du général en chef, le triste état des hôpitaux avait fait naître parmi eux l'opinion qu'un homme malade ou blessé était un homme mort. Aussi, résolus à se faire tuer jusqu'au dernier dans une affaire décisive, les soldats demandaient qu'on leur épargnât les petits combats dont la nécessité n'était pas démontrée. Sachant de plus qu'on manquait de munitions, ils voulaient qu'on réservât leur sang et leurs cartouches pour le moment où l'on déciderait du sort de la Péninsule et de l'Europe dans une grande journée. Ainsi cette armée invariable dans son dévouement et son héroïsme, supportant les privations, les souffrances avec une patience et une industrie admirables, n'avait perdu un peu de sa valeur que sous le rapport de la disponibilité de tous les instants : on pouvait toujours lui demander les grandes choses, mais pas toujours les petites!

Janv. 1811.

En présence d'une pareille situation on peut apprécier l'a-propos, l'utilité, l'exact rapport avec les faits des instructions impériales, qui recommandaient à Masséna de bien s'assurer le moyen de manœuvrer sur les deux rives du Tage, de jeter sur ce fleuve non pas un pont, ce qui n'était pas assez sûr, mais deux, ainsi qu'on avait fait sur le Danube; de se créer de vastes magasins de vivres et de munitions afin de pouvoir prolonger son séjour sous les murs de Lisbonne, de prendre surtout Abrantès, où devaient se trouver de grandes ressources, de har-

Combien les instructions de Paris concordaient peu avec l'état des choses en Portugal.

celer sans cesse les Anglais, de chercher à les attirer hors de leurs lignes pour les battre, etc... Savantes leçons sans doute, que Masséna n'avait pu oublier, car il avait contribué à en assurer le succès sur le Danube, mais dont celui qui les donnait, tout grand qu'il fût, aurait été fort embarrassé de faire l'application sur le Tage, sans bois, sans fer, sans pain, sans toutes les ressources de la ville de Vienne, sans la fertilité de l'Autriche, sans communication avec la France, sans obéissance à ses vues, sans aucun des moyens enfin qu'il avait eus sous la main pour opérer le prodigieux passage du Danube le jour de la bataille de Wagram! Né sur le trône, héritier de vingt rois, n'ayant jamais fait de la guerre qu'un royal amusement, Napoléon n'aurait pas autrement adapté ses ordres à la réalité! Tant l'aveugle fortune aveugle vite, même les hommes de génie, quand ils se prennent à vouloir soumettre, non pas leurs désirs à la nature des choses, mais la nature des choses à leurs désirs!

L'armée comptant toujours sur de prompts et importants secours, était à la recherche des moindres indices, des moindres bruits qui pouvaient révéler l'approche de troupes amies. Une rumeur vague, parvenue aux avant-postes, avait un moment fait espérer l'apparition d'une armée française, et causé une émotion de joie, malheureusement passagère. En effet, une colonne de nos troupes était presque arrivée jusqu'aux avant-postes sur le Zezère, et puis s'en était allée, aussi vite qu'elle était venue. On avait la plus grande peine à s'expliquer ce singulier événement, qui pourtant était bien simple.

Le général Gardanne, à qui le général Foy avait transmis l'ordre de rejoindre l'armée avec la brigade de dragons laissée en arrière, avec les hommes sortis des hôpitaux, avec des convois de vivres et de munitions, n'avait pas pu réunir plus de trois ou quatre cents cavaliers, et de quinze ou seize cents hommes d'infanterie. Il n'avait pu y ajouter ni un sac de farine, ni un baril de cartouches, ni une voiture de transport. En effet, depuis le départ de Masséna il avait été dans l'impossibilité, faute de moyens pour protéger les routes, de continuer les magasins de Salamanque et l'approvisionnement des places d'Alméida et de Ciudad-Rodrigo. Il avait, comme tous les commandants des provinces du Nord, vécu au jour le jour, étendant à peine son action à quelques lieues de lui, et dévorant autant de vivres qu'il parvenait à s'en procurer. Sur l'ordre reçu du général Foy, il s'était mis en marche avec une colonne de deux mille hommes, avait passé au sud de l'Estrella, suivi la vallée du Zezère, d'après les indications qu'on lui avait données, et poussé sa marche jusqu'à une journée des avant-postes du général Loison, devant Abrantès. Là, tout préoccupé des périls inconnus qui l'entouraient, ayant entendu dire, et ayant raison de croire que l'armée de Portugal avait autant d'ennemis derrière que devant elle, il avait craint de tomber dans les mains d'un corps nombreux, et ne rencontrant pas les avant-postes français, supposant qu'un corps considérable les avait forcés à se replier, il était revenu en toute hâte à Alméida, bravant pour retourner plus de dangers qu'il n'en fuyait. Le général Gar-

Janv. 1811.

Inutile tentative du général Gardanne pour communiquer avec l'armée de Portugal.

Janv. 1811.

danne était cependant un officier intelligent et brave, mais dans cette guerre d'aventures et de surprises, où l'on s'attendait à tout, on se prenait à craindre autant de dangers qu'on en pouvait imaginer. De retour à Alméida, il y avait trouvé le général Drouet, tant de fois annoncé, et arrivé enfin non pas avec les deux divisions d'Essling, mais avec une seule, celle du général Conroux. La division Claparède était encore à une grande distance en arrière. Sous le rapport des hommes ces divisions ne laissaient rien à désirer, car, quoique jeunes, elles avaient fait dans la campagne de 1809 un rapide et rude apprentissage de la guerre. Malheureusement ayant traversé une moitié de la France et de l'Espagne pour venir des côtes de Bretagne en Vieille-Castille, elles étaient déjà fatiguées et fort diminuées en nombre. C'est tout au plus si la division Conroux comptait 7 mille hommes en état de servir. La division Claparède, encore en marche, en comptait un millier de plus, de façon que le corps entier ne pouvait pas réunir plus de 15 mille hommes, véritablement présents sous les armes.

Départ du général Drouet pour le Portugal avec une seule de ses deux divisions, celle du général Conroux.

Pressé par les instructions réitérées de Napoléon, et notamment par les plus récentes, de pénétrer en Portugal, de rouvrir à tout prix les communications avec Masséna, de lui rendre enfin tous les services qu'il pourrait, le général Drouet n'avait pas autre chose à faire que d'entrer immédiatement en campagne, quoiqu'il n'eût sous la main que la division Conroux. Quant à la division Claparède, il n'était pas indispensable de l'attendre, car les instructions de Napoléon assignant un double objet au 9ᵉ corps, celui de secourir l'armée de Portugal et celui de rétablir les communications avec elle, de manière à ne plus les laisser interrompre, le général Drouet pouvait remplir la première partie de sa mission avec la division Conroux, et confier à la division Claparède le soin de remplir la seconde. Bien qu'il fût autorisé à demander le concours du général Dorsenne, il n'y songea point, car il l'avait trouvé s'épuisant à courir après les guérillas, s'affligeant de la dispersion et des fatigues de la jeune garde, et peu disposé par conséquent à en envoyer un détachement jusqu'aux frontières du Portugal. Il lui demanda pour unique service de ne pas retenir la division Claparède, et laissant à celle-ci l'ordre de se placer le plus tôt possible à l'entrée de la vallée du Mondego, entre Alméida et Visen, de tomber à outrance sur les détachements de Trent et de Silveyra, et de tenir la route toujours ouverte jusqu'à Coïmbre, il se décida à partir lui-même avec la division Conroux pour s'approcher du Tage. Il s'adjoignit le détachement du général Gardanne, ce qui portait à 9 mille hommes au plus le secours tant annoncé des fameuses divisions d'Essling! Le général Drouet avait bien à la vérité reçu le commandement de la division Seras, précédemment détachée du corps de Junot, et préposée à la garde du royaume de Léon; mais elle y était si occupée qu'il n'eût pas été sage de l'en retirer. Il se mit donc en route avec ses 9 mille hommes, en suivant la vallée du Mondego. Si ce n'était pas assez pour secourir efficacement Masséna, c'était plus qu'il n'en fallait assurément pour passer sur le corps de tous les ennemis qu'on pouvait

Janv. 1811.

rencontrer, bien que la rumeur publique en élevât le nombre à des proportions effrayantes. Le général Drouet n'amenait avec lui, comme le général Gardanne, ni argent, ni vivres, ni munitions. L'argent eût été inutilement compromis, sans pouvoir être fort utile dans les villes désertes qu'occupait l'armée. Des vivres et des munitions, il n'en avait pas, et en tout cas il avait encore moins le moyen de les transporter. Il s'était même vu pendant son séjour en Vieille-Castille contraint de vivre sur les approvisionnements des deux places d'Alméida et de Ciudad-Rodrigo, ce qui était un véritable malheur, ces places pouvant être tôt ou tard investies par l'ennemi.

Le général Drouet ayant pris par la vallée du Mondego, suivit la rive gauche et non la rive droite de ce fleuve, afin d'abréger. Il traversa presque sans obstacle la Sierra de Murcelha, déboucha sur Leyria, vivant de ce qu'il trouvait sur son chemin, et n'ayant pas de peine à disperser les coureurs qui rôdaient autour de lui. L'armée de Portugal, aux oreilles de laquelle était parvenu le bruit de la tentative du général Gardanne, éprouvait la plus vive impatience de voir arriver une troupe française, fût-ce même une simple colonne de quelques centaines d'hommes. On soupirait après les communications avec la Vieille-Castille et avec la France, autant qu'après un secours. On voulait savoir enfin si on était oublié ou non, si on était destiné ou non à quelque chose de grand, de praticable, de simplement intelligible, car on n'avait pas reçu un courrier de France depuis le 16 septembre 1810, jour du passage de la frontière de Portugal, et

Impatience d'avoir des nouvelles de France, éprouvée par toute l'armée.

on était au milieu de janvier 1811. Aussi, malgré la répugnance pour les combats de détail, chacun s'était-il prêté aux plus hardies reconnaissances, exécutées avec des colonnes de douze et quinze cents hommes, et dans tous les sens, le long du Tage jusqu'à Villa-Velha, le long du Zezère jusqu'à Pédragosa, et sur le Mondego jusqu'à Coïmbre. Chaque fois on avait fait fuir les paysans ainsi que les milices de Trent et de Silveyra, et tout s'était réduit à tuer du monde, à brûler des villages, à ramener du bétail, quelquefois des grains, consolation précieuse, il est vrai, dans l'état de pénurie dont on était menacé, mais qui ne dédommageait pas des nouvelles si impatiemment et si vainement attendues. Depuis quelques jours notamment on avait vu sur la rive gauche du Tage des masses de paysans chassant devant eux leurs troupeaux à travers les plaines de l'Alentejo, portant leurs hardes sur des bêtes de somme, et gagnant les environs de Lisbonne, comme si l'armée d'Andalousie avait été sur leurs traces, et on en avait conclu que Napoléon peut-être avait donné au maréchal Soult l'ordre de venir joindre l'armée de Portugal, et que le maréchal l'avait exécuté. La joie dans le camp avait été générale, mais courte.

Enfin, après plusieurs jours de cette vive attente, une troupe de dragons, conduite par le général Gardanne, joignit les avant-postes de Ney entre Espinhal et Thomar. On se reconnut, on s'embrassa avec effusion, on se raconta d'un côté les perplexités d'une longue et pénible attente de plusieurs mois, de l'autre les hasards menaçants bravés en vain

Janv. 1811.

Arrivée du général Drouet à Leyria, et grande joie de l'armée.

pour rejoindre l'armée. Le général Gardanne, qui déplorait plus vivement que personne son expédition du mois précédent, crut racheter ses torts, qu'on ne songeait guère à lui reprocher, en annonçant des merveilles à ses camarades impatients d'apprendre ce qu'on allait faire pour eux. Il dit qu'outre sa propre brigade, le général Drouet amenait une forte division, mais que ce n'était pas tout, qu'une autre division suivait, que le 9ᵉ corps réuni ne serait pas de moins de 25 à 30 mille hommes, que l'abondance l'accompagnerait, car il y avait un trésor à Salamanque, et que, les communications rétablies, les vivres, les munitions, tout arriverait aisément. On sait que d'exagérations, bien excusables assurément, naissent de ces effusions entre militaires qui se revoient après de grands dangers! A peine cette rencontre avait-elle eu lieu, que la nouvelle de l'apparition du général Drouet se répandit dans toute l'armée, de Thomar à Santarem, et y produisit une sorte d'enthousiasme. Comptant sur la prochaine arrivée de trente mille de leurs camarades, les soldats de Masséna se crurent bientôt capables de tout tenter, et se livrèrent aux plus flatteuses espérances. L'hiver si court dans ces régions allait faire place au printemps. Devant soi on avait les lignes de Torrès-Védras, qui ne paraissaient plus insurmontables à une armée de 75 mille Français, à gauche le Tage, qui ne devait plus être un obstacle, et au delà la fertile plaine de l'Alentejo, où l'on recueillerait en abondance ce que l'on commençait à ne plus trouver dans la plaine de Golgao presque entièrement dévorée.

Masséna vit le général Drouet et en reçut une masse de dépêches arriérées qui n'avaient pu lui parvenir encore. Les unes n'avaient plus aucun rapport à la situation actuelle, et prouvaient seulement les illusions dont on se berçait à Paris; les autres, plus récentes, et écrites depuis la mission du général Foy, contenaient quelques critiques qui avaient survécu aux efforts justificatifs de ce général, et dont au reste il n'y avait qu'à sourire, à sourire tristement il est vrai, en voyant les erreurs dans lesquelles Napoléon s'obstinait. Toutefois ces critiques étaient compensées par les plus belles promesses de secours, par l'annonce de la prochaine arrivée du général Drouet, par la communication des ordres adressés au maréchal Soult, par l'approbation la plus complète donnée à l'établissement sur le Tage, celle-ci accompagnée des plus vives instances pour y rester indéfiniment. Quelque peu appropriées que fussent à la circonstance beaucoup des prescriptions venues de Paris, pourtant c'était quelque chose que cette approbation donnée au séjour sur le Tage, et cette volonté fortement exprimée qu'on ne le quittât point. Il y avait de quoi ôter toute anxiété au général en chef sur la conduite qu'il avait à tenir, et de quoi inspirer une entière confiance à l'armée dans la marche par lui adoptée, puisque c'était celle que Napoléon avait ordonnée de loin, comme la meilleure et la plus conforme à ses grands desseins. Mais il s'agissait de savoir enfin ce que Napoléon envoyait de moyens pour exécuter sa résolution, par lui si fermement arrêtée, ou de forcer la position des Anglais, ou de les y

Janv. 1811.

Instructions et nouvelles apportées par le général Drouet.

Janv. 1811.

bloquer jusqu'à ce qu'ils fussent contraints de l'abandonner. Ici malheureusement tout était déception et sujet de chagrin. Le 9ᵉ corps, annoncé comme devant être de 30 mille hommes, s'élevait à peine à 15 mille. De ces 15 mille le général Drouet en amenait 7 sous le général Conroux, sans compter les 2 mille de Gardanne, réduits à 1,500 par un double voyage. Quant aux 8 mille du général Claparède, il les avait laissés à Viseu, c'est-à-dire à soixante lieues en arrière, afin de maintenir les communications. Et même les 7 mille hommes de la division Conroux, le général Drouet pouvait difficilement les laisser d'une manière permanente à Thomar, car ses instructions lui enjoignant formellement de conserver toujours ses communications avec la frontière d'Espagne, il était forcé de rebrousser chemin pour disperser de nouveau l'insurrection, qui s'était reformée sur ses derrières, comme l'onde se reforme derrière un vaisseau qui l'a fendue pour la traverser.

Profond chagrin de Masséna en voyant à quoi se réduit le secours amené par le général Drouet.

La joie était encore toute vive dans l'armée, que Masséna était déjà en proie au chagrin, et désabusé sur la réalité des secours qu'on lui avait tant promis. Pas un boisseau de grain, pas un baril de poudre, pas un sac d'argent, bien qu'il y eût des millions à Salamanque, et, au lieu de 30 mille hommes, 9 mille tout au plus, dont 7 mille allaient repartir, et n'étaient venus que pour escorter d'insignifiantes dépêches, c'était là, au lieu d'une apparition heureuse qui avait rempli l'armée d'une fausse joie, une sorte d'apparition funeste! Mieux eût valu cent fois ne rien recevoir, ni dépêches, ni renforts, que de recevoir ce secours dérisoire, car l'espérance au moins serait restée!

Masséna toutefois était résolu à ne pas laisser partir le général Drouet. Le départ de celui-ci après un séjour de quelques instants pouvait jeter l'armée dans le désespoir, et devait lui ôter certainement le moyen de passer le Tage, en lui ôtant le courage de le tenter. Or, ne point passer le Tage, c'était prendre la résolution de battre en retraite, puisque dans quelques jours il allait devenir impossible de vivre sur la rive droite, qu'on avait entièrement dévorée. Masséna fit sentir tous ces inconvénients au général Drouet. Il aurait pu se borner à lui donner sous sa responsabilité des ordres formels, car le général Drouet étant tombé dans la sphère d'action de l'armée de Portugal, se trouvait évidemment sous l'autorité du général en chef de cette armée. Mais, moins impérieux qu'il n'était énergique, Masséna aima mieux persuader le général Drouet, et obtenir de son libre assentiment ce qu'il aurait pu exiger de son obéissance. Le général Drouet ne mettait en tout ceci aucune mauvaise volonté, bien qu'il n'eût pas grande envie de faire partie d'une armée compromise; mais, tout plein de ses instructions et craignant d'y manquer, il en alléguait le texte, qui malheureusement était formel. Ces instructions disaient, en effet, que, tout en portant secours à l'armée de Portugal, il fallait ne pas se laisser couper d'Almeida, et ne pas perdre ses propres communications pour rétablir celles du maréchal Masséna. Or à Thomar, où était arrivé le général Drouet, à Leyria, où on voulait l'établir, il était

Janv. 1811.

Donne par ses instructions, le général Drouet voudrait retourner à Almeida. Masséna s'y oppose, et le retient en Portugal.

aussi coupé de la frontière de la Vieille-Castille que Masséna lui-même. Pourtant il y avait à lui dire que s'il persistait à remplir la partie de ses instructions qui lui recommandait expressément le soin de ses communications, il en violerait une autre bien plus importante, celle qui lui enjoignait de porter secours à l'armée de Portugal; que dans l'alternative forcée de violer l'une ou l'autre, il valait mieux observer la plus importante, et la plus conforme à l'esprit de sa mission, qui était d'aider l'armée de Portugal, et que, loin d'aider cette armée par son apparition, il l'aurait compromise au contraire, et peut-être perdue, en se retirant sitôt. C'était bien assez de n'amener que 7 mille hommes après en avoir annoncé 30! D'ailleurs il lui restait la division Claparède, la plus forte des deux, pour veiller à ses communications et accomplir la seconde partie de sa tâche. A tous ces arguments, Masséna ajouta le plus décisif, en lui disant qu'il mettait sous sa responsabilité personnelle les événements qui pouvaient arriver, s'il rebroussait chemin immédiatement et livrait l'armée de Portugal à elle-même.

Le général Drouet, qui était un honnête homme, victime d'instructions peu appropriées aux circonstances [1], n'hésita plus après avoir entendu le gé-

---

[1] Cette célèbre campagne de Portugal a donné lieu naturellement à de vives controverses. Les écrivains militaires se sont partagés en sens divers. Récemment un habile défenseur du maréchal Masséna, M. le général Koch, dans un ouvrage remarquable, a reproché au général Drouet, d'ailleurs avec vérité, d'avoir fort accru les embarras de tout genre qui vinrent assaillir le maréchal Masséna pendant cette déplorable campagne. Si le général Koch avait connu la correspondance de Napoléon, il aurait vu que le tort n'était pas au général Drouet, mais bien à Napoléon lui-même, qui, tout rempli d'illusions, se figurant que

néral en chef, et consentit à demeurer auprès de l'armée de Portugal. Le maréchal lui fit prendre position à Leyria, sur le revers de l'Estrella, où il empêchait que l'armée ne fût tournée par la route de la mer, pendant qu'elle était campée sur la route du Tage. L'établissement du général Drouet à Leyria avait un autre avantage, c'était de relever les troupes de Ney, et de permettre leur concentration entre Thomar et Punhete, au point où se faisaient les préparatifs de passage. Bien que le secours, en

le soin des communications pouvait et devait être en Portugal ce qu'il était en Allemagne, lui donnait l'ordre étrange de secourir Masséna sur le Tage, et de conserver en même temps ses communications vers Almeida. Nous citons les propres lettres de Napoléon, lesquelles, sans détruire les allégations du général Koch relativement aux embarras causés à Masséna par le général Drouet, font voir cependant à qui doit remonter le reproche adressé au général Drouet. Ce n'est pas du reste au génie de Napoléon qu'il faut s'en prendre ici, car si quelqu'un au monde était capable de donner des instructions, c'était lui, mais à sa politique, qui le réduisait, pour suffire à toutes ses entreprises, à donner des ordres indignes de lui, indignes de sa haute prévoyance. Voici, au surplus, le texte même des lettres dont il s'agit.

« *Au major général.*

« Fontainebleau, 3 novembre 1810.

« Je reçois la lettre du général Drouet du 22 octobre, de Valladolid.

« Les dispositions qu'il fait pour rouvrir les communications avec le Portugal ne me paraissent pas satisfaisantes. Réitérez-lui l'instruction d'aller à Almeida, et de réunir des forces considérables, pour pouvoir être utile au prince d'Essling et aider à ouvrir ses communications.

« Il faudrait qu'il donnât au général Gardanne ou à tout autre général une force de 6 mille hommes avec 6 pièces de canon pour rouvrir la communication, et qu'un autre corps de même force se trouvât à Almeida pour correspondre avec lui. Enfin il est important que les communications de l'armée de Portugal soient rétablies, afin que pendant tout le temps que les Anglais ne se seront pas rembarqués, il puisse assurer les derrières du prince d'Essling.

« Envoyez-lui le *Moniteur* d'aujourd'hui, où il y a des nouvelles de Portugal venues de Londres.

Janv. 1811.

Masséna renforcé par les troupes des généraux Gardanne et Drouet, se confirme dans la pensée de passer le Tage.

y comprenant le détachement du général Gardanne, ne fût que de 9 mille hommes environ, l'armée se trouvant reportée à près de 53 mille, Masséna y vit un moyen, non d'attaquer les lignes anglaises, mais de rendre le passage du Tage infiniment moins périlleux. En laissant en effet 23 mille hommes sur la rive droite, et en se transportant avec 30 mille sur la gauche, il y avait moins d'inquiétude à concevoir pour la position des deux fractions de l'armée séparées l'une de l'autre par un grand fleuve, le danger toutefois restant bien grave pour toutes les deux si le pont qui devait les unir venait à être rompu, comme celui du Danube à Essling. Néanmoins la

» Aussitôt que les Anglais seront rembarqués, il portera son quartier
» général à Ciudad-Rodrigo, *mon intention n'étant pas que le 9ᵉ corps*
» *s'engage dans le Portugal, à moins que les Anglais ne tiennent*
» *encore, et même le 9ᵉ corps ne doit jamais se laisser couper d'Al-*
» *méida, mais il doit manœuvrer entre Alméida et Coimbre.*

» Écrivez au général Drouet qu'il me tarde fort d'avoir des nouvelles
» de Portugal; que cela est important sous tous les points de vue, et
» qu'il faut que les communications soient rétablies de manière à avoir
» des nouvelles, sinon tous les jours, au moins tous les huit jours.

» Demandez-lui l'état des troupes laissées sur les derrières, de la di-
» vision Seras, de ce qu'a laissé le prince d'Essling, cavalerie, infante-
» rie, artillerie, enfin de ce qui est dans le 6ᵉ gouvernement. »

» *Au major général.*

» Paris, le 20 novembre 1810.

» Vous trouverez ci-joint l'extrait des derniers journaux anglais. Vous
» sentirez l'importance d'expédier un officier d'état-major au général
» Drouet pour lui faire connaître qu'au 1ᵉʳ novembre il n'y avait pas
» encore eu de bataille; que l'armée française avait sa gauche à Villa-
» Franca et sa droite à Torrès-Védras, et que l'armée anglaise était à
» quatre lieues de Lisbonne; que 10 mille hommes de milices occupent
» Coimbre et interceptent la route, que la cavalerie n'est presque d'au-
» cun usage; qu'il est donc important qu'il ne fasse point de petits pa-
» quets et qu'il rouvre les communications avec le prince d'Essling avec

témérité de se partager sur les deux rives étant beaucoup moindre avec le renfort qu'on venait de recevoir, Masséna se confirma dans la pensée de franchir le Tage, car une fois dans l'Alentejo il pouvait vivre trois ou quatre mois de plus aux environs de Santarem, remplir les instructions de Napoléon qui lui enjoignaient de persister à bloquer les lignes de Torrès-Vedras, et attendre ainsi le secours tant annoncé de l'armée d'Andalousie. Si ce secours arrivait, alors les destinées de l'armée de Portugal étaient changées; de la défensive elle pouvait passer à l'offensive, et terminer sous les murs de Lisbonne la longue guerre qui depuis vingt ans désolait l'Europe.

« un fort corps; que je compte du reste sur sa prudence pour ne pas
« se laisser couper d'Almeida.

» Il paraîtrait par les journaux anglais que la garnison de Coimbre se
« serait laissé surprendre du 10 au 15 octobre et aurait laissé prendre
« 1,500 malades qui se trouvaient dans cette place.

» Réitérez les ordres aux généraux Caffarelli, Dorsenne et Reille pour
« l'exécution des mouvements que j'ai ordonnés précédemment, c'est-
« à-dire que la garde se réunisse à Burgos; que tout ce qui appartient
« au général Drouet lui soit envoyé. Recommandez au général Keller-
« mann de ne pas retenir la division Conroux et de la laisser filer sur
« Salamanque.

« Quand les fusiliers de la garde arrivent-ils à Bayonne? Vous don-
« nerez l'ordre qu'ils se reposent deux jours à Bayonne. Les détache-
« ments qui se trouvent au camp de Marac joindront leurs compagnies.

« Écrivez au duc de Dalmatie pour lui faire connaître ce que disent
« les Anglais de l'armée de Portugal, et lui faire comprendre l'impor-
« tance de faire une diversion en faveur de cette armée. »

Ces lettres, comme on le voit, sont toutes antérieures d'un mois ou deux à la situation que nous décrivons; mais elles contiennent expressément le principe de toutes les instructions données depuis par le ministère de la guerre au général Drouet, et expliquent la position ambiguë de ce général, qui, partagé entre le désir de secourir Masséna et celui de ne pas perdre ses communications, fut pour l'armée de Portugal plus embarrassant qu'utile.

Fév. 1811.

L'armée déçue dans ses espérances par l'arrivée d'une seule division, demande à battre en retraite ou à passer le Tage.

Si Masséna avait pris son parti du désappointement qu'il venait d'éprouver en recevant au lieu d'un corps de 30 mille hommes, expressément chargé de le secourir, une division de 7 mille hommes n'ayant que des instructions équivoques, l'armée ne supporta pas aussi patiemment que lui cette triste déception. De l'enthousiasme elle passa au découragement; elle murmura tout haut, et murmura contre l'Empereur, qui la laissait en une pareille situation, sans vivres, sans munitions, sans secours. A quoi bon, disait-elle, la condamner à se morfondre sur le Tage, si on ne devait pas bientôt lui donner le moyen d'agir offensivement et efficacement? Le mal causé aux Anglais, si on avait pu les enfermer tout à fait dans Lisbonne, eût été assez grand sans doute pour mériter les plus pénibles sacrifices; mais les laisser circuler dans tout l'Alentejo, leur permettre de s'y nourrir à l'aise, c'était les embarrasser médiocrement, et en réalité n'embarrasser que nousmêmes : ils vivaient bien, et nous vivions mal, et bientôt, si cette situation se prolongeait, eux continuant à très-bien vivre, et nous fort mal, nous finirions par succomber d'inanition. L'armée en vint à éprouver, comme toutes les troupes envoyées en Espagne, le sentiment qu'on la sacrifiait sans pitié, sans chance de gloire, à la tâche ingrate de créer des royautés de famille. Il n'eût pas même fallu beaucoup de nouvelles causes d'irritation pour produire des mouvements insubordonnés. A la vérité devant l'ennemi cette disposition eût disparu à l'instant même, pour laisser place à l'honneur militaire et au plus noble courage : les faits le prouvèrent bientôt.

Dans le corps de Reynier la souffrance étant arrivée au comble, on n'entendait que ce cri : Passons le Tage, ou partons! — En effet, le général Éblé avait achevé son étonnante création, et il avait une centaine de grosses barques, avec des cordages et des grappins d'une certaine solidité, pour jeter le pont si impatiemment attendu. Il avait de plus assuré notre établissement sur les deux rives du Zezère, en y consolidant le pont de chevalets, et en y joignant un pont de bateaux, sans rien détourner de ce qui était nécessaire au grand pont sur le Tage. Les moyens matériels, quoique bien difficiles à réunir, ne constituaient donc plus la difficulté principale. La double question militaire d'un passage de vive force en présence d'un ennemi bien averti, et du partage de l'armée sur les deux rives d'un grand fleuve, était la véritable question à examiner et à résoudre.

Fév. 1811.

Tout le monde était occupé à la discuter, lorsqu'arriva enfin le général Foy avec un nouveau détachement d'environ 2 mille hommes, avec les instructions verbales de Napoléon, et les inspirations puisées dans ses nombreux entretiens. Le général Foy, parvenu à Ciudad-Rodrigo à la fin de janvier, avait attendu plusieurs jours avant qu'on pût former en recrues, en malades, en blessés sortis des hôpitaux, une escorte suffisante pour protéger sa marche et apporter un petit renfort à l'armée; et, pendant qu'on la formait, il avait profité de l'occasion d'un aide de camp qui se rendait à Séville, pour écrire au maréchal Soult les lettres les plus pressantes sur la nécessité de joindre tout ou partie

Tandis qu'on se dispose à passer le Tage, le général Foy arrive à l'armée.

de l'armée d'Andalousie à l'armée de Portugal. Le général Foy avait servi sous le maréchal Soult, et avait quelque raison de croire à sa bienveillance pour lui. S'inspirant donc des entretiens de Napoléon, il lui exposa la situation de l'Europe, celle en particulier de l'Angleterre, et l'espérance qui n'était plus douteuse d'amener la politique britannique de la guerre à la paix, si on faisait éprouver à lord Wellington un grave échec. Il ne lui présenta pas ces vues comme lui appartenant en propre, mais comme étant l'opinion même de Napoléon, et s'autorisa de ce qu'il avait entendu pour affirmer que la volonté formelle de celui-ci était que l'armée d'Andalousie marchât sur le Tage, en laissant de côté toute autre opération. En terminant il ajouta les considérations suivantes :

« Je vous conjure, monsieur le maréchal, au nom
» d'un sentiment sacré pour tous les cœurs français,
» du sentiment qui nous enflamme tous pour les
» intérêts et la gloire de notre auguste maître, de
» présenter le plus tôt possible un corps de troupes
» sur la rive gauche du Tage, vis-à-vis l'embou-
» chure du Zezere. Une marche, un détachement
» de ce côté, ne peut pas compromettre l'armée à
» vos ordres. Il y a à peine quatre journées de Ba-
» dajoz à Brito, village situé en face de Punhète.
» Les Anglais sont peu nombreux à la rive gauche
» du Tage, ils ne peuvent rien oser dans cette partie
» sans compromettre la sûreté de leurs formidables
» retranchements devant Lisbonne, qui ne sont
» qu'à huit lieues du pont de Rio-Mayor. Le sort du
» Portugal et l'accomplissement des volontés de

» l'Empereur, monsieur le maréchal, sont entre les
» mains de Votre Excellence. Suivant les détermi-
» nations que vous prendrez, l'armée de M. le
» prince d'Essling passera le Tage, fera la loi aux
» Anglais sur les deux rives du fleuve, les fatiguera,
» les rongera, les entretiendra dans leur pénible et
» ruineuse inaction, formera entre eux et vos siéges
» une barrière propre à accélérer la reddition des
» places, ou bien cette armée, manquant un passage
» devenu nécessaire, sera forcée de s'éloigner du
» Tage et des Anglais pour trouver de quoi manger,
» et par là même donnera gain de cause à nos éter-
» nels ennemis, dans une lutte où jusqu'à ce jour les
» chances ont été en notre faveur. Le pays entre
» le Mondego et le Tage étant mangé et dévasté en-
» tièrement, il ne peut plus être question pour l'ar-
» mée de Portugal de faire un pas rétrograde de
» cinq ou six lieues. La faim la relancera jusque
» dans les provinces du nord. Les conséquences
» d'une pareille retraite sont incalculables. Il vous
» appartient, monsieur le maréchal, d'être à la fois
» le sauveur d'une grande armée et le principal in-
» strument des conceptions de notre glorieux sou-
» verain. Le jour où les troupes sous vos ordres
» auront paru sur les bords du Tage, et facilité le
» passage de ce grand fleuve, vous serez le véri-
» table conquérant du Portugal. » —

Ces lettres écrites, et sa colonne formée, le général Foy s'était mis en route le 27 janvier, et était parvenu au quartier général le 5 février. Son arrivée produisit sur l'armée une assez vive sensation, parce que tout plein des impressions reçues à Paris dans

Fév. 1811.

Les discours du général Foy contribuent à réparer le mauvais effet produit dans l'armée par la faiblesse des derniers secours.

ses entretiens avec l'Empereur, il apportait la conviction que l'armée de Portugal était l'instrument de grands desseins, que ses longs sacrifices ne seraient pas un dévouement inutile, que des secours proportionnés à l'importance de sa mission allaient lui être envoyés, et qu'il ne fallait qu'un peu de patience pour qu'elle fût en mesure d'accomplir sa tâche glorieuse. Ses discours, tenus devant tous les généraux, répétés par ceux-ci à beaucoup d'officiers, établirent l'opinion qu'on n'était pas sacrifié à un but insignifiant; qu'il fallait pour atteindre ce but d'abord rester où l'on se trouvait, et ensuite opérer le passage du Tage. Ce fut un grand bien pour le moral de l'armée, et qui compensa en partie le fâcheux effet produit par la faiblesse des derniers secours. Par malheur l'arrivée du général Foy ajouta aux embarras du général Drouet, car un paquet de dépêches, qui lui fut remis en cette occasion, contenait l'instruction plus formelle que jamais de secourir Masséna, mais en ayant bien soin de ne pas se laisser couper d'Alméida et de Ciudad-Rodrigo. Or, en demeurant auprès de l'armée de Portugal, le général Drouet était aussi coupé que Masséna lui-même. Ce fut une nouvelle persuasion à opérer, de nouveaux efforts à faire auprès du général. Toutefois le moment étant venu enfin de passer le Tage, l'imminence de cette opération était pour le général Drouet un argument auquel il ne résista pas. Il consentit à rester encore à Leyria, sur les derrières et le flanc de l'armée de Portugal.

Cette armée se trouvait, avec le dernier renfort amené par le général Foy, portée à une force totale de 55 mille hommes. Masséna était disposé à tenter le passage, mais beaucoup d'objections s'étant élevées à ce sujet, il voulut conférer avec ses lieutenants, et les mettre d'accord sur une opération qui n'avait chance de réussir que par leur concours dévoué et sans réserve. D'ailleurs la présence du général Foy, dépositaire des volontés formelles de l'Empereur, ne pouvait qu'être d'un utile effet sur les généraux réunis. Il se décida donc à les convoquer, mais, ne voulant point recourir à l'appareil d'un conseil de guerre, il fit réunir dans un déjeuner, donné par le général Loison à Golgao, la plupart des chefs de l'armée dont l'avis était bon à recueillir.

Cette réunion, qui sous une forme amicale devait avoir toute l'importance d'un conseil de guerre, eut lieu en effet le 17 février à Golgao. Le maréchal Masséna comme général en chef, le maréchal Ney, les généraux Reynier et Junot comme chefs des trois corps d'armée, le général Fririon comme chef de l'état-major, les généraux Éblé et Lazowski en qualité de commandants de l'artillerie et du génie, enfin les généraux Foy, Loison et Solignac à divers titres, se trouvèrent assis à la même table. Une fois le repas terminé, Masséna dit à ses lieutenants qu'il saisissait volontiers l'occasion qui les réunissait autour de lui, pour avoir leur avis sur la conduite à tenir, car il était urgent de prendre un parti, l'armée ne pouvant plus vivre où elle était, les chevaux de l'artillerie et de la cavalerie mourant chaque jour de fatigue et d'inanition, la nécessité de changer de place devenant dès lors pressante, et le choix

Fév. 1841.

s'offrant entre une retraite sur le Mondego où il restait quelques ressources, et un passage du Tage qui permettrait de vivre dans l'Alentejo sans s'éloigner de Lisbonne, et qui, bien que fort difficile, fort dangereux, était devenu praticable, grâce au zèle et à l'habileté du général Éblé. En sollicitant leur avis, ajouta Masséna, il fallait qu'avant de le donner ils connussent les intentions de l'Empereur, recueillies de sa propre bouche par le général Foy lui-même, qui était présent et pouvait les faire connaître. Masséna invita alors le général Foy à rapporter tout ce qu'il avait entendu dans ses divers entretiens avec l'Empereur.

Le général Foy chargé d'exposer les intentions de l'Empereur.

Le général Foy prit la parole et répéta ce que nous avons dit tant de fois, de la grande utilité de tenir les Anglais en échec sous Lisbonne, jusqu'à ce qu'on les obligeât de se retirer ou par la famine ou par la force; de la nécessité, pour atteindre ce but, de passer le Tage, afin de se nourrir dans l'Alentejo, et de donner la main au 5ᵉ corps, qui ne pouvait manquer d'arriver sous peu de jours à la suite des ordres formels partis de Paris; enfin de la persuasion positive où était l'Empereur qu'on obtiendrait un immense résultat politique en chassant les Anglais du Portugal, et qu'on les amènerait ainsi à une paix prochaine. Le général Foy parlant de ce qu'il avait entendu dans ses conférences avec l'Empereur, en parlant avec la chaleur qui lui était naturelle, remplit tous ceux qui l'écoutaient de la pensée impériale et du désir de s'y conformer. Restaient à discuter les moyens d'exécution pour opérer le passage du Tage.

Masséna posa alors les questions suivantes : Fallait-il passer le Tage? Sur quel point fallait-il le passer, et au moyen de quelle opération? Si on apercevait des difficultés trop grandes à franchir ce fleuve en présence des Anglais, ou ce fleuve franchi à demeurer divisé sur ses deux rives avec un pont d'une solidité équivoque, ne serait-il pas plus sage, dans l'impossibilité de vivre plus longtemps où l'on se trouvait, d'exécuter un mouvement rétrograde de peu d'importance, de se retirer par exemple sur le Mondego, dont la vallée n'avait pas été dévastée, et qui offrait pour principal établissement la ville de Coïmbre, d'où l'on pourrait tenir les Anglais en échec, et recevoir de France les secours dont on avait besoin?

À peine ces diverses questions étaient-elles posées, qu'avec un zèle de parole auquel il aurait fallu que les actes répondissent davantage, on se jeta sur la dernière question, comme si elle se fût présentée la première, et la seule, comme si c'eût été un crime de la soulever, et on la proclama indigne d'être discutée, parce qu'elle était tout à fait contraire aux volontés de l'Empereur. Le maréchal Ney, qui voyait des difficultés à rester, à s'en aller, à passer le Tage, à ne pas le passer, déclara ne vouloir à aucun prix de la retraite sur le Mondego, comme opposée d'abord aux intentions de l'Empereur, et puis comme remplie de graves inconvénients, car, selon lui, on trouverait toutes les routes détruites, et le pays de Coïmbre aussi dévasté que celui de Santarem, car l'artillerie et la cavalerie achèveraient de perdre leurs chevaux dans le trajet, l'équipage de pont

Fév. 1811.

construit à grands frais serait sacrifié, et bien que l'on rétrogradât de la moitié du chemin seulement, on se donnerait aux yeux de l'ennemi l'apparence d'une armée définitivement en retraite, et on compromettrait ainsi l'honneur des armes. Après l'allocution du maréchal Ney, chacun renchérit sur son opinion, et appuya avec une extrême chaleur la pensée de l'Empereur, rapportée par le général Foy, comme si l'Empereur eût été présent, et on brûla devant l'image du dieu absent tout l'encens qu'on eût brûlé devant le dieu lui-même.

L'idée de rester sur le Tage ayant prévalu, il s'ensuit la nécessité de le passer pour vivre sur l'Alentejo.

L'idée de la retraite sur le Mondego écartée, restait celle de passer le Tage, quelque périlleuse que l'opération pût être, et il semble par ce qui précède qu'on aurait dû s'attacher à en découvrir les facilités plutôt que les difficultés. Il n'en fut rien cependant, car le zèle pour l'exécution des volontés de l'Empereur une fois bien prouvé, restaient les dangers de l'opération proposée, que tout le monde sentait vivement. On partit d'abord de l'idée de choisir Punhète pour point de passage, les chantiers s'y trouvant établis, deux ponts ayant été jetés sur le Zezère, et l'armée étant ainsi rapprochée d'Abrantès, qu'elle était en mesure d'investir et de prendre. Avec de fortes têtes de pont sur le Zezère et sur le Tage, avec une division tout entière laissée pour les garder et pour conserver la possession de la rive droite, on pouvait avec le gros de l'armée occuper la plaine de l'Alentejo, y vivre, et y tendre la main au 5ᵉ corps. Junot appuyait fort ce projet, lorsque le général Loison qui connaissait mieux que lui le confluent du Zezère dans le Tage, puisqu'il y était campé, fit sentir les dangers du plan proposé. On aurait, disait-il, à garder ces têtes de pont d'un côté contre le gros de l'armée britannique sortie de ses lignes, et de l'autre contre la garnison d'Abrantès, devenue par l'adjonction du corps de Hill une véritable armée. L'Alentejo, quoique très-fertile, devait être épuisé dans le voisinage du Tage par les fourrages qu'on y avait faits pour nourrir les troupes anglaises; il faudrait donc s'éloigner afin de trouver des vivres, et alors que deviendrait la division laissée sur la droite du Tage? Ne courrait-elle pas les plus grands périls? N'était-ce pas le cas d'examiner tout de suite la question de savoir si on passerait entièrement dans l'Alentejo, en repliant l'équipage de pont sur la gauche du Tage, en cherchant quelque poste afin de le mettre à l'abri, et de s'en servir quand on en aurait besoin?

L'idée de faire de la plaine de l'Alentejo le siége principal de l'armée fut à l'instant repoussée par Junot, et elle présentait en effet de grands inconvénients, car il était plus difficile encore à un simple poste qu'à une division de se maintenir sur la rive droite du fleuve, et d'y assurer la conservation de l'équipage de pont. Il fallait donc regarder le matériel de passage comme définitivement sacrifié dans ce système, la rive droite comme perdue, et l'armée comme échangeant son rôle d'armée de Portugal contre celui d'armée d'Andalousie, chargée de prendre Lisbonne par la rive gauche du Tage. Sans doute les formidables lignes de Torrès-Védras n'existaient point sur la rive gauche (voir la carte n° 53), mais de ce côté Lisbonne était protégée par le fleuve, puisqu'elle est située sur la rive droite; le fleuve devant cette ville était large de plus d'une lieue (il y prend le nom de mer de la Paille), et quand il se resserrait de nouveau vis-à-vis de Lisbonne même, il offrait encore un bras de mille mètres au moins, au delà duquel on pouvait bien jeter quelques bombes, mais sans beaucoup de résultat, sans beaucoup de chances d'émouvoir lord Wellington dans ses lignes. Bien évidemment tout projet d'attaque fondé sur une seule rive était faux en principe, car sur l'une il y avait l'obstacle des lignes de Torrès-Védras, sur l'autre l'obstacle du Tage, et la seule idée admissible était d'occuper les deux rives à la fois, pour en faire la base d'une double attaque et d'un blocus complet.

Mais les difficultés du partage de l'armée sur les deux rives, avec un pont incertain, avec des forces qui ne permettaient pas d'avoir de chaque côté un corps suffisant, se reproduisaient sans cesse. On fut ainsi conduit à examiner l'idée de passer plus bas, c'est-à-dire près de Santarem, où l'on était pour ainsi dire invincible, à entendre du moins le général Reynier, qui connaissait bien cette position, puisqu'il l'occupait depuis cinq mois. Celui-ci affirmait en effet que quiconque attaquerait de front la position de Santarem serait culbuté au pied des hauteurs, et que quiconque voudrait la tourner en passant le Rio-Mayor qui la relie à la chaîne de l'Estrella, serait enveloppé et pris. En admettant comme fondée cette double assertion, et en franchissant le Tage près de Santarem, on pouvait laisser Reynier flanqué par Drouet sur la droite du fleuve, se porter ensuite sur la gauche avec tout le reste de l'armée, et alors rapprochés les uns des autres, ayant le moyen de s'aider mutuellement pendant le passage, et, le passage opéré, ayant sur la rive droite la force de la position de Santarem, sur la rive gauche la force de la réunion des deux tiers de l'armée, il était permis de se regarder comme à peu près en sûreté. Au choix de ce point il y avait donc tous les avantages, sauf une difficulté, que déjà nous avons fait connaître, et qui malheureusement était capitale, c'était l'épanchement du fleuve devant Santarem, et surtout les incessantes variations de sa largeur suivant la crue ou la baisse des eaux. Toutefois, en sacrifiant quelque chose de l'avantage attaché à la proximité de Santarem, on pouvait trouver d'assez grandes facilités dans l'existence d'une île, située à l'embouchure de l'Alviela, petite rivière qui se jette dans le Tage sous la protection des hauteurs de Boavista. Cette île étant placée au delà de la principale largeur du fleuve, comme la Lobau par rapport au Danube, il ne restait plus, quand on y était parvenu, qu'un faible bras à franchir. En l'occupant pendant la nuit avec les forces nécessaires, il était facile d'y attacher le pont, qui aboutirait ainsi à un point fixe, invariable, aisé à défendre, et dès lors on ne pouvait plus considérer le bras restant que comme une espèce de fossé, sur lequel il suffirait d'avoir un pont-levis.

Il n'y avait à cette manière d'opérer qu'une seule objection, laquelle par malheur parut au général Ebbé beaucoup plus grave qu'elle n'était réellement. L'équipage de pont était à Punhète; le transporter

Fév. 1811.

Possibilité de passer le Tage à Boavista méconnue.

par terre jusqu'à l'embouchure de l'Alviela eût exigé des forces de traction qui manquaient, car tous les chevaux étaient épuisés, et aurait exigé en outre un temps qui suffisait pour dévoiler notre projet à l'ennemi : le descendre par eau sur le Tage, demandait plus d'une nuit, et obligeait de passer en suivant les sinuosités du fleuve, le long de la rive ennemie, sous le feu tellement rapproché des Anglais, que l'équipage de pont courait danger d'être détruit.

La grande autorité du général Éblé, qui avait accompli une sorte de merveille en créant cet équipage de pont, et dont l'opinion fut appuyée par Masséna, entraîna tous les avis, et, sans s'en douter, on tourna le dos à la fortune, en négligeant l'île qui aurait pu être une seconde Lobau. Pourquoi Napoléon, dont le coup d'œil supérieur avait su si bien trouver le moyen de franchir le Danube devant deux cent mille Autrichiens, pourquoi n'était-il pas là, au lieu d'être à Paris, occupé à préparer la funeste expédition de Russie !...

Quoi qu'il en soit, dès que la possibilité de passer à Santarem était écartée, on ne savait plus à quel plan s'arrêter, le passage près d'Abrantès ayant déjà été repoussé par les raisons qui ont été données. On divaguait donc, lorsque le général Foy, tout plein de l'idée que les ordres impériaux seraient fidèlement exécutés, et que le maréchal Soult ne résisterait pas à la chaleur persuasive de ses lettres, dit que d'après toutes les probabilités le 5ᵉ corps devait, sous huit ou dix jours, paraître sur la gauche du Tage, qu'alors toutes les difficultés tomberaient d'elles-mêmes, car les Anglais à la vue du 5ᵉ corps ne resteraient pas vis-à-vis Punhete, que la rive gauche serait ainsi nettoyée, et qu'on passerait le Tage en cet endroit comme en pleine paix. D'ailleurs, ajouta-t-il, après l'adjonction du 5ᵉ corps, on n'aurait plus à s'inquiéter de la division de l'armée sur les deux rives du fleuve, on pourrait même, le fleuve franchi, descendre le pont jusqu'à l'embouchure de l'Alviela, et se donner ainsi l'avantage de la concentration des forces près de Santarem. Il était probable de plus qu'on prendrait Abrantès, et qu'on y trouverait de quoi rendre le pont solide, indépendamment de ce que d'Abrantès même ne partiraient plus des moyens de le détruire.

L'arrivée du 5ᵉ corps, d'après ce qui avait été dit, paraissait si vraisemblable, que tout le monde se rendit aux raisons du général Foy; et si, en effet, le 5ᵉ corps devait venir de Badajoz, il n'y avait pas à hésiter, il fallait l'attendre, dût-on l'attendre dix jours et même vingt. Le maréchal Ney, resté longtemps silencieux, appuya fort cet avis. Tous les assistants s'y rangèrent avec entraînement, car cette solution les tirait d'embarras, excepté toutefois Reynier, qui affirmait ne pouvoir pas vivre plus de cinq à six jours où il était, sans manger en entier sa réserve. Quand on est fort intéressé à une éventualité, tour à tour on y croit trop, ou trop peu. Reynier dit que l'on comptait sur l'arrivée du 5ᵉ corps, qu'il voulait bien y compter aussi, mais qu'il la trouvait beaucoup moins certaine qu'on ne le prétendait; que les ordres avaient pu être retardés en route, que les ordres parvenus il faudrait tout disposer pour leur exécution, que le maréchal Soult avant de ve-

Fév. 1811.

nir voudrait peut-être prendre Badajoz, que cette arrivée tant annoncée pourrait donc ne pas se réaliser aussitôt qu'on l'espérait, que dans l'intervalle ses soldats mourraient de faim, que dans l'état de détresse où ils étaient, il ne répondait pas longtemps de leur obéissance, que quelques jours plus tôt ou plus tard on serait forcé de prendre un parti, et alors avec bien plus d'embarras, puisqu'on aurait dévoré une portion de la réserve de vivres, et perdu une moitié en plus des chevaux de l'artillerie et de la cavalerie, que mieux valait hasarder une tentative sur-le-champ, n'importe laquelle; que l'on pouvait au besoin employer toute l'armée au passage, car à lui seul il se chargeait de garder le camp de Santarem jusqu'aux sources du Rio-Mayor.

La chaleur de Reynier provoqua des répliques fort vives, et on allait se disputer au lieu de prendre une résolution, lorsque Masséna interrompit la conférence. Il voyait bien qu'on inclinait généralement à ajourner l'opération jusqu'à l'arrivée du 5ᵉ corps, arrivée que du reste on espérait de bonne foi, et il annonça qu'on attendrait en effet quelques jours.

On convient de fournir les secours en vivres au général Reynier pour lui donner le temps d'attendre.

Il fut convenu, pour apaiser Reynier, que chacun l'aiderait à vivre, et qu'on lui permettrait de fouiller les îles du Tage, où il y avait de grandes ressources, et où l'on n'avait pas voulu se montrer de peur d'y attirer l'ennemi, et de compromettre quelques-uns des bateaux si laborieusement construits. Ces choses arrêtées, on se sépara dans l'espérance de voir toutes les difficultés bientôt résolues par l'apparition du 5ᵉ corps, et dans l'opinion qu'il fallait l'attendre, opinion que tout le monde partageait, à l'exception de Reynier dont nous venons d'exposer les motifs, à l'exception de Masséna dont l'esprit simple, positif et d'une infaillible justesse, ne se berçait jamais de vaines illusions. Masséna joignait à son grand coup d'œil sur le champ de bataille, un jugement fin et sûr, développé par les traverses de la vie militaire, où les hommes ne sont pas autres qu'ailleurs, et il ne se flattait nullement que le maréchal Soult vînt à son secours. Il connaissait assez l'Espagne et les hommes pour n'en rien croire. Aussi penchait-il à se retirer tout de suite sur le Mondego, car il ne prévoyait pas un secours du côté du midi, et l'arrivée du général Drouet lui avait appris à n'en pas attendre du côté du nord. La position de Coimbre, moins gênante il est vrai pour les Anglais, moins offensive envers eux, dès lors moins imposante, mais située dans un pays neuf encore, près de la frontière d'Espagne, à portée des ressources qu'on en pouvait tirer, à portée au moins de la division Claparède, lui semblait la position qu'il eût été sensé de prendre immédiatement, avant la contrainte du besoin, avant la perte d'un plus grand nombre des chevaux de l'artillerie et du train. Mais la flatterie, même à distance, envers l'Empereur, ayant empêché qu'on fît à cet avis seulement l'honneur de l'examiner, il en coûtait au maréchal Masséna de l'adopter malgré l'opinion de tous les généraux de l'armée; d'ailleurs un tel avis reposant sur l'invraisemblance des secours annoncés, quelqu'un eût-il cru le maréchal, sauf Reynier que la faim éclairait, quelqu'un l'eût-il cru, s'il avait dit que l'armée d'Andalousie ne paraîtrait sous Abrantès, ni sous

Fév. 1811.

Raisons qui empêchent Masséna d'insister pour la retraite sur le Mondego, plan qu'il croyait le plus sage.

dix jours, ni sous vingt? et ne l'eût-on pas blâmé universellement de quitter le Tage avant une nécessité démontrée?

Chacun, après cette conférence de Golgao, rentra dans ses quartiers, attendant à défaut du secours qui n'était pas venu de la Vieille-Castille, celui qui devait arriver d'Andalousie. De fortes détonations entendues de temps en temps du côté de Badajoz, distant d'une vingtaine de lieues, faisaient supposer que le maréchal Soult assiégeait cette place, et que le siége terminé il marcherait sur le Tage. Chaque jour on appliquait l'oreille à terre pour saisir plus distinctement ces signes de voisinage donnés par les Français, et selon que les vents les apportaient ou les détournaient, on était joyeux ou triste dans cette armée de Portugal si cruellement négligée, quoiqu'en elle résidassent les destinées de la guerre et de l'Empire!

Pour juger de la probabilité des secours tant promis et si impatiemment attendus, il faut se reporter ailleurs, et savoir ce qui se passait en Andalousie, et même en Aragon, provinces dont les opérations se liaient les unes avec les autres. On a vu dans le livre précédent que l'habile direction imprimée par le général Suchet au siége de Lerida, lui avait valu la mission d'assiéger successivement Mequinenza, Tortose, Tarragone, que par ce motif une partie de la Catalogne avait été adjointe à son commandement, et que ces siéges terminés le général devait descendre sur Valence. Le maréchal Macdonald, commandant de la Catalogne, devait combiner ses mouvements de manière à seconder ceux du commandant de l'Aragon. Le général Suchet administrant toujours avec le même soin sa province et son armée, avait réussi à maintenir celle-ci à 28 mille combattants sur 40 mille hommes d'effectif. Dans ce nombre 12 mille gardaient les principaux postes, et 16 mille exécutaient les opérations actives. Donnant autant d'attention au matériel qu'au personnel de son armée, le général Suchet avait su réunir de puissants moyens d'attaque, et pris en quelques jours Méquinenza, place très-petite, mais d'un abord difficile, et très-importante parce qu'elle domine une partie du cours de l'Èbre. Il lui restait à prendre Tortose et Tarragone, les deux places les plus fortes de la Catalogne et de l'Aragon, peut-être même de l'Espagne, si l'on en excepte Cadix. Tortose est située sur le bas Èbre, presque à son embouchure, et commande, outre le débouché de ce fleuve vers la mer, la communication directe entre la Catalogne et Valence. Tarragone, située plus au nord, entre Tortose et Barcelone, sur le rivage de la mer, au centre d'un pays fertile, entourée d'ouvrages formidables, défendue à la fois par les Espagnols du côté de terre, par les Anglais du côté de la mer, avait la double importance de sa force et de sa position, et était au nord-est de la Péninsule ce que Cadix était au midi, et Lisbonne au sud-ouest. C'est de Tarragone comme d'un centre que l'insurrection espagnole de la Catalogne, de l'Aragon, de Valence, sous les ordres du général Blake, et plus récemment sous ceux du général O'Donnell, rayonnait dans tous les sens, pour pénétrer par Lerida en Aragon, quand Lerida n'était pas pris, pour menacer Barcelone par la route d'Ordal,

Fév. 1811.

pour déboucher par Tortose et le bas Èbre sur Valence. Mais il fallait isoler Tarragone avant d'essayer de la prendre, et c'est dans cette vue que le général Suchet, après s'être emparé de Lerida qui la liait avec l'Aragon, voulait se rendre maître de Tortose qui la liait avec Valence.

C'est à quoi le général Suchet venait d'employer la fin de 1810 et les premiers jours de 1811. La grande difficulté que le général Suchet avait à vaincre pour assiéger Tortose, consistait dans le transport d'un matériel d'artillerie considérable; mais heureusement la prise de la petite place de Mequinenza avait fourni, outre beaucoup d'objets utiles à un siége, la possession des gorges à travers lesquelles l'Èbre coule vers la mer. L'habile général Valée, avec ce qu'il y avait de meilleur à Lerida et à Mequinenza, avait composé un vaste parc d'artillerie; il y avait joint les outils et les munitions nécessaires, et le tout, embarqué sur une vingtaine de grosses barques, avait attendu au pied de Mequinenza les crues d'eau pour descendre jusques à Tortose. Mais comme ces crues pouvaient ne pas avoir lieu avant l'hiver, le général Suchet avait entrepris de construire une route de terre, qui, traversant les montagnes de la basse Catalogne, venait déboucher par le chemin le plus court sur le bas Èbre. Les soldats travaillant au milieu des chaleurs et des piqûres des moustiques avaient cruellement à souffrir, là comme dans toutes les parties de l'Espagne; mais bien nourris, bien payés, ils avaient patiemment supporté leurs souffrances, et vaillamment exécuté les travaux dont ils étaient chargés. Pendant qu'on s'occupait de cette route, le général Suchet avait investi Tortose sur les deux rives de l'Èbre, en portant la division Habert sur la gauche, la division Leval sur la droite du fleuve, et tour à tour rejeté O'Donnell sur Tarragone, et ramené Caro avec les Valenciens sur Valence. Enfin pour que le maréchal Macdonald, chargé de prendre position près de lui et de le seconder, n'eût aucune peine à vivre, il lui avait abandonné une portion des magasins formés par sa prévoyance.

Ces opérations préliminaires n'avaient pas exigé moins de plusieurs mois, et enfin l'automne étant venu, les crues d'eau ayant permis d'amener sous Tortose les parties du matériel impossibles à transporter par terre, le général Suchet ouvrit la tranchée devant cette place du 19 au 20 décembre. (Voir la carte n° 52.)

La place de Tortose, située sur la gauche de l'Èbre, pas très-loin de son embouchure, mais assez loin cependant pour que la marine anglaise ne pût lui prêter secours, était construite au pied des contre-forts détachés de l'Alba, partie au bord du fleuve, partie sur l'extrémité des hauteurs, de manière que son enceinte longeant alternativement la plaine ou gravissant les collines, suivait toutes les sinuosités du sol. Elle était régulièrement fortifiée, pourvue d'une enceinte bastionnée, d'un château, et de plusieurs ouvrages avancés. La portion qui bordait l'Èbre avait pour défense le fleuve même, et au delà une tête de pont très-solidement construite. La place comptait 11 mille hommes de garnison, un bon gouverneur et des approvisionnements considérables.

Fév. 1811.

Siège de Tortose.

Description de Tortose.

Fév. 1811.

Choix du point d'attaque.

Grande sortie de la garnison.

Le général Haxo, appelé à Dantzig, avait été remplacé par le général Rogniat, esprit bizarre mais énergique, et officier d'un haut mérite. Le point d'attaque avait été choisi au sud, entre les montagnes et le fleuve, dans un terrain plat, devant les bastions Saint-Pierre et Saint-Jean, à cause de la facilité des travaux dans cette partie du terrain. Notre attaque principale, s'appuyant par la gauche à l'Èbre, devait être précédée par une attaque secondaire, celle de la tête de pont. A droite elle était exposée aux feux d'un fort extérieur, construit sur les hauteurs, et nommé fort d'Orléans, en mémoire du duc d'Orléans qui prit la place en 1708 par ce côté. On avait donc aussi ouvert la tranchée devant ce fort, pour en détourner les feux, et le prendre en temps et lieu, lorsque le moment des assauts serait venu.

La tranchée ouverte hardiment, très-près de l'enceinte, avait été poussée avec vigueur, et de manière à perdre peu de temps en travaux d'approche. Effectivement en quelques jours on était parvenu au pied des ouvrages, et très-près du chemin couvert. La garnison multipliait ses sorties, dans l'intention de ralentir nos travaux, et le 28 décembre notamment, elle en avait exécuté une considérable, non par les fronts attaqués, ceux du sud, mais par ceux de l'est, afin de surprendre nos tranchées en les tournant. Trois mille hommes vigoureusement conduits avaient brusquement assailli nos travailleurs, tué plusieurs officiers du génie, et commencé à mettre le désordre dans nos tranchées, lorsque les généraux Habert et Abbé, accourant avec les réserves des 14ᵉ, 116ᵉ de ligne et 5ᵉ léger, les avaient arrêtés court, et ramenés dans la place la baïonnette dans les reins, après leur avoir pris ou tué 400 hommes. Dans cette action vigoureuse, un officier, destiné à parcourir une grande carrière, le capitaine Bugeaud, à la tête des grenadiers du 116ᵉ, avait été vu poussant les Espagnols jusqu'au pied des murs, avec une intrépidité admirée de toute l'armée. Malgré cette énergique sortie, l'ouverture du feu n'avait pas été différée d'un jour, et le lendemain 29 décembre, après quelques réparations indispensables à nos ouvrages, quarante-cinq bouches à feu de gros calibre, partagées en dix batteries, avaient vomi sur la place une grêle d'obus, de bombes et de boulets, et partout démantelé les murailles attaquées. Le 30, deux grandes brèches, l'une à droite, au fort élevé d'Orléans, l'autre à gauche, au bastion Saint-Pierre, avaient commencé à se former, et promettaient sous deux jours un libre accès au courage de nos soldats. Après avoir employé la journée du 31 à perfectionner les approches, le 1ᵉʳ janvier on avait repris le feu, et rendu les brèches tout à fait praticables. Les braves soldats de l'armée d'Aragon, devenus très-habiles et très-hardis dans cette guerre de sièges, réclamaient l'assaut à grands cris, lorsque le drapeau blanc arboré sur la place avait annoncé l'intention de capituler. Mais le gouverneur ayant demandé que la garnison pût se retirer librement à Tarragone, le général Suchet avait refusé, et recommencé le feu, quand tout à coup le drapeau blanc avait paru une seconde fois sur les murailles. Des informations venues de l'intérieur de Tortose apprenaient que cette hésitation tenait au refus de la garnison de se rendre prisonnière, et d'obéir au gouverneur. Alors le général Suchet s'était présenté audacieusement aux portes du château, y était entré avec quelques officiers, avait menacé le gouverneur de passer la garnison au fil de l'épée, si on ne lui remettait le château, s'en était fait livrer les portes, et avait obtenu le 2 janvier que la ville se rendît, et que 9,400 prisonniers défilassent devant lui en déposant leurs armes.

Ce beau siége, conduit avec encore plus de vigueur que celui de Lerida, avait coûté à l'armée d'Aragon dix-sept jours, dont treize de tranchée ouverte, et cinq à six cents hommes. Le général du génie Rogniat, le général d'artillerie Valée, y avaient déployé autant d'habileté que d'énergie.

Le siége de Tarragone devait être autrement difficile, autrement long, et tout annonçait que l'armée serait retenue en Catalogne une partie de l'année 1811. Il était par conséquent impossible que l'armée d'Andalousie en pût recevoir un secours prochain.

Pendant ce même temps, de juin 1810 à janvier 1811, l'armée d'Andalousie n'avait pas été moins occupée que celle d'Aragon.

La junte centrale, réfugiée dans Cadix après la prise de Séville, s'était démise, comme on l'a vu, en faveur d'une régence royale et des cortès. Les cortès s'étaient réunies à Cadix, avec beaucoup de solennité, le 24 septembre 1810, et après avoir assisté à une grande cérémonie religieuse, cette célèbre assemblée avait commencé par proclamer que la souveraineté nationale résidait dans les cortès, que la royauté était maintenue dans la maison de Bourbon, qu'en attendant la délivrance de Ferdinand VII cette royauté serait suppléée par la régence récemment instituée, et que les cortès exerceraient le pouvoir législatif dans la plus grande étendue. Après avoir rendu ces décrets, l'assemblée de Cadix avait exigé que la régence vînt les accepter et leur prêter serment. L'évêque d'Orense ayant voulu éluder ce serment, avait été obligé de se soumettre à la suite d'une scène assez ridicule pour lui, et ces préliminaires terminés, l'assemblée s'était mise à discuter des lois, dans le but d'opérer la réforme de la monarchie espagnole. La régence, et dans la régence le général Castaños en particulier, concertaient avec le général Blake, avec les autres commandants d'armées, avec Henri Wellesley, frère de lord Wellington, les opérations militaires.

Cadix et l'île de Léon étaient abondamment pourvus de troupes et de toutes sortes de ressources, surtout de celles qu'on peut se procurer par mer. Lord Wellington y avait d'abord envoyé 5 mille hommes, dont il avait été autorisé à retirer 3 mille depuis l'entrée en campagne du maréchal Masséna. Aux 2 mille qui étaient restés, il s'en était bientôt joint 5 mille, venus de Sicile, par la faute de Murat, qui, après avoir fait tous les préparatifs d'une expédition contre cette île, avait ensuite publié qu'il y renonçait. Outre 7 mille hommes de troupes anglaises, Cadix renfermait encore 17 ou 18 mille soldats, débris de toutes les armées régulières de

Fév. 1811.

Résolutions de cette assemblée.

Forces en hommes et en matériel réunies dans Cadix.

l'Espagne. Les blés, les viandes salées apportés d'Amérique, les vins tirés de tous les côtés abondaient dans la place, à un prix fort élevé toutefois. On n'y était privé que de viande fraîche et de fourrages, mais cette privation était peu de chose au milieu de l'exaltation qui animait les habitants, l'armée et les cortès. Il n'y manquait que l'union, et l'union même y renaissait dans les dangers extrêmes.

A cette force réunie dans Cadix se joignait à droite (à droite pour les Espagnols), dans la province de Murcie, un rassemblement d'une vingtaine de mille hommes, composé des troupes qui s'étaient retirées des défilés de la Sierra-Morena vers Grenade, et des insurgés de Murcie aidés souvent par les Valenciens. Au centre, entre Grenade et Séville, se trouvaient, outre les montagnards très-féroces de Ronda, les contrebandiers des environs de Gibraltar, oisifs en ce moment et fort habiles dans le métier de guérillas. Enfin à gauche, à l'embouchure de la Guadiana, s'agitaient dans le comté dit de Niebla, d'autres contrebandiers fort actifs, et, plus haut sur la Guadiana, entre Badajoz, Olivença, Elvas, Campo-Mayor, Albuquerque, se tenait l'armée de La Romana, forte de 27 à 28 mille hommes, dont 7 à 8 mille avaient joint lord Wellington sous le marquis de La Romana lui-même.

C'est avec ces divers rassemblements, favorisés par les lieux et la saison, que les généraux Castaños et Blake avaient réussi à paralyser entièrement les trois corps qui formaient l'armée d'Andalousie. Leur plan consistait à profiter de la présence des troupes anglaises et espagnoles réunies à Cadix et à Gibraltar, pour faire des sorties fréquentes sur le front et les ailes du 1ᵉʳ corps, et contrarier autant que possible le maréchal Victor dans les préparatifs du siège de Cadix, pour soutenir par d'autres sorties, tant de Cadix que de Gibraltar, les montagnards de la Ronda, et tourmenter de toutes les façons le général Sébastiani du côté de Grenade et de Malaga, pour exécuter enfin des descentes continuelles aux bouches de la Guadiana, y donner la main aux insurgés du comte de Niebla, et courir sans relâche entre les cinq places d'Olivença, d'Elvas, de Badajoz, de Campo-Mayor, d'Albuquerque, de manière à ne pas laisser un moment de repos au 5ᵉ corps et au maréchal Mortier qui le commandait. Être battu n'était rien, pourvu qu'on ne fût jamais soumis, qu'on ne restât pas un jour immobile, qu'on ne laissât pas un instant de repos aux Français. Une fois l'amour-propre de gagner des batailles mis de côté par les Espagnols, cette guerre de partisans, appuyée sur Valence, Murcie, Gibraltar, Cadix, la mer, la Guadiana, et les cinq places de l'Estrémadure, devait leur être aussi avantageuse que celle qu'ils faisaient au nord ; et en effet toute cette année 1810, en réalisant leurs espérances, avait démontré la faute des Français de s'être portés en Andalousie avant d'avoir pacifié le nord de l'Espagne et expulsé les Anglais du Portugal.

Le général Sébastiani, occupé alternativement dans la Ronda ou dans les Apulxaras, avait été obligé une fois de se porter en masse sur Blake, qu'il avait battu à Baza, une autre fois de livrer à Fuencirola un combat aux Anglais, qu'il avait contraints de se rembarquer. Réuni enfin à un détachement du 5ᵉ corps sorti de Séville, il s'était vu forcé de brûler les principaux villages de la Ronda, sans y étouffer l'insurrection, bien qu'il fût parvenu à rejeter dans Gibraltar les troupes qui fomentaient sans cesse les troubles de ces montagnes.

La campagne du 1ᵉʳ corps avait été moins fatigante, moins coûteuse en hommes, parce qu'il n'avait pas eu autant à se déplacer, mais elle n'avait pas été moins laborieuse à cause des travaux d'investissement qui constituaient sa tâche. Le maréchal Victor, secondé par l'habile général d'artillerie Sénarmont, celui qui avait montré à Friedland, à Uclès tant de hardiesse et de présence d'esprit, avait embrassé dans une suite de redoutes parfaitement placées, et très-bien adaptées à leur objet, tout l'espace qui s'étendait de Puerto-Santa-Maria à Puerto-Real, de Puerto-Real à Santi-Petri. (Voir la carte n° 52.) Il les avait armées de 250 bouches à feu du plus gros calibre, toutes fondues à Séville. Il avait enlevé de vive force à l'ennemi le Trocadero et le fort de Matagorda, qui, formant une pointe avancée dans la rade, pouvait couvrir Cadix de projectiles. Il avait fait fondre à Séville un mortier d'un nouvel échantillon qui lançait des bombes à 2,400 toises, portée bien suffisante pour incendier la malheureuse ville de Cadix. On en préparait un grand nombre de ce genre à Séville, afin de les placer au fort de Matagorda. Le maréchal Victor avait recueilli, radoubé, ou même construit cent cinquante chaloupes canonnières armées de gros canons, avec des bateaux de transport pour dix mille hommes, et les avait fait conduire, en côtoyant le rivage, des bouches du Guadalquivir à l'embouchure du Guadalète. Mais pour les amener de ce point dans la rade intérieure de Cadix, où l'on en avait besoin, il aurait fallu doubler la pointe de Matagorda si près des feux ennemis, qu'il y aurait eu danger pour cette précieuse flottille. Afin d'éluder cette difficulté, le maréchal les avait fait poser sur des rouleaux, et traîner par terre de Puerto-Santa-Maria à Puerto-Real. Les travaux préalables étaient donc fort avancés. Toutefois, il manquait encore des matelots pour manœuvrer la flottille, le bataillon des marins de la garde n'étant pas assez nombreux ; il manquait des canonniers pour servir cette immense artillerie, et une masse de projectiles et de munitions proportionnée à l'usage extraordinaire qu'on en devait faire. Il aurait fallu enfin un renfort d'infanterie, car le maréchal Victor, qui, sur un effectif de plus de 30 mille hommes, avait réussi à mettre en ligne jusqu'à 21 ou 22 mille combattants, en avait à peine 15 mille d'actuellement disponibles.

Il ne cessait de dire que si on lui procurait cinq ou six cents marins de plus, un millier de canonniers, des poudres et des projectiles en quantité suffisante, et un renfort de quelques mille hommes d'infanterie, il passerait le canal de Santi-Petri sur sa flottille, enlèverait à la baïonnette l'île de Léon, puis cheminerait par l'isthme sur la place de Cadix, tandis que le fort de Matagorda lancerait sur elle une masse formidable de feux. Il ajoutait encore qu'une flotte française paraissant pour quelques jours devant Cadix, où il n'y avait que huit vaisseaux anglais, cette ville se rendrait sur-le-champ. Cadix en

Fév. 1811.

Secours demandé par le maréchal Victor pour triompher de la résistance de Cadix.

notre pouvoir, cette flotte n'avait plus rien à craindre de l'ennemi, et serait là aussi sûrement qu'à Toulon. Quel résultat en effet n'eussent pas obtenu les dix-huit vaisseaux de l'amiral Ganteaume, se présentant avec 12 ou 15 mille hommes de débarquement, et un grand chargement de munitions! Ils auraient probablement changé la face des choses dans la Péninsule, car Cadix pris, on aurait pu envoyer immédiatement trente mille hommes sur Lisbonne, ce qui eût rendu presque certaine la chute des lignes de Torrès-Védras! Après avoir tant de fois remis au hasard le sort des flottes françaises, quelle plus heureuse occasion d'en risquer une, eût-elle dû périr! Jamais la grandeur du but n'aurait mieux justifié la grandeur du sacrifice.

Non-seulement le maréchal Victor ne recevait point le secours naval qu'il avait souvent demandé, mais le maréchal Soult ne le secondait d'aucune manière. Ces deux chefs militaires vivaient fort mal ensemble. Le maréchal Victor était persuadé que le siége de Cadix, parce qu'il devait être son ouvrage et son triomphe, n'avait pas la faveur du maréchal Soult; et il est vrai que ce dernier, loin de lui donner des renforts, lui enlevait fréquemment des détachements pour les envoyer soit dans les montagnes de Ronda, soit dans le comté de Niebla, et que de tous les objets, celui dont il paraissait le moins occupé, c'était Cadix.

Le modeste maréchal Mortier, qui nulle part n'était un obstacle, et partout savait se rendre utile en se contentant du second rang, n'avait pas eu une existence moins laborieuse que le général Sébastiani à Grenade, et le maréchal Victor devant Cadix. Obligé de courir avec le 5ᵉ corps tantôt à Badajoz contre les troupes de La Romana, tantôt dans le comté de Niebla contre les insurgés de cette contrée et les détachements sortis de Cadix, tantôt jusqu'à Jaen pour y aider le général Sébastiani, il avait eu à opérer à des distances de soixante lieues, et ses troupes étaient épuisées de fatigue. Il avait remporté des succès sans doute, car il avait pris ou tué 2 mille hommes à Mendizabal vers Llerena, et détruit à Fuente de Cantos la cavalerie portugaise. Mais rentré à Séville vers la fin de l'année 1810, il ne comptait pas, sur un effectif de 24 mille hommes, plus de 8 mille hommes capables de marcher.

Fév. 1811

Les trois corps composant l'armée d'Andalousie n'auraient pas réuni 40 mille hommes, bien qu'en réalité ils en comptassent 80 mille. Il est vrai que l'hiver venu la portion disponible avait considérablement augmenté, grâce à la fin des chaleurs, au repos et à la sortie des hôpitaux. Napoléon avait fort sévèrement blâmé les opérations du maréchal Soult, qui dirigeait les trois corps comme général en chef, et lui avait reproché tout ensemble le défaut de vigueur et le défaut de combinaison dans l'emploi de ses troupes. Il est certain qu'après avoir commis la faute de disperser ses forces en Espagne par l'invasion prématurée de l'Andalousie, on commettait la même faute en Andalousie en poursuivant tous les objets à la fois. Vouloir en même temps menacer Valence et Murcie, occuper Jaen, Grenade, Malaga, soumettre Ronda, fermer Gibraltar, garder Séville, assiéger Cadix, Badajoz, Elvas, Campo-Mayor, c'é-

Grande diminution des trois corps composant l'armée d'Andalousie.

Fév. 1841.

Grave inconvénient résultant du système adopté, et qui consiste à vouloir tout faire à la fois.

tait s'exposer à ruiner complétement l'armée sans atteindre un seul de tous ces buts. Bien que dès l'origine le mieux eût été, comme nous l'avons dit, de faire avant toute autre chose une campagne décisive contre les Anglais, pourtant en prenant le parti d'exécuter la campagne d'Andalousie concurremment avec celle de Portugal, il fallait alors porter toutes ses forces sur Cadix, et se borner à tenir de simples postes à Cordoue et à Séville, pour jalonner la route de Madrid. Cadix occupé, toute l'Andalousie eût été bientôt soumise, et on aurait pu avoir une force disponible pour l'employer partout où l'on aurait voulu, à Grenade ou à Abrantès. En différant l'occupation de Grenade par le 4ᵉ corps on n'aurait pas rendu le général Blake beaucoup plus redoutable, puisque ce qu'on avait le plus à désirer c'était de voir les Espagnols se présenter à nous en corps d'armée, qu'avec quelques mille hommes on battait et mettait en fuite pour longtemps. On aurait même pu ne pas envoyer le 5ᵉ devant Badajoz, et laisser venir La Romana tout près de Séville, pour avoir l'avantage de lui livrer une grande bataille sans se déplacer. On aurait eu ainsi toutes ses forces rassemblées devant Cadix, et prêtes à marcher sur tous les points où un grand intérêt l'aurait exigé, sans compter qu'on aurait réuni sous les drapeaux un quart de plus de l'effectif, en s'épargnant des courses mortelles pour combattre des guérillas qu'on dispersait sans les détruire. En Espagne, il fallait d'abord poursuivre les grands buts, et des grands passer aux moindres. Faute d'en agir ainsi, l'armée d'Andalousie épuisée de fatigue, ruinée par les maladies, s'étendant il est vrai de Carthagène à Badajoz, pouvant dire l'Andalousie soumise, mais ne pouvant pas empêcher les guerillas de la désoler, n'avait pris ni Cadix, ni Badajoz, était incapable de prêter assistance à qui que ce fût, et était réduite au contraire à réclamer pour elle-même des renforts considérables. Le maréchal Soult venait en effet de terminer l'année en demandant à Napoléon le secours de vingt-cinq mille hommes d'infanterie, d'un millier de marins, d'un millier d'artilleurs, et d'une flotte. Avec ces moyens, il promettait d'avoir bientôt pris Cadix et conquis tout le midi de la Péninsule depuis Carthagène jusqu'à Ayamonte.

Il est facile de comprendre comment après des demandes pareilles le maréchal Soult dut accueillir l'ordre arrivé de Paris d'envoyer une partie de ses forces sur le Tage. Cet ordre lui avait été adressé plusieurs fois, sous des formes différentes, et toujours plus embarrassantes. D'abord on lui avait enjoint de faire tout ce qu'il pourrait pour talonner La Romana, et l'empêcher de nuire au maréchal Masséna; puis on lui avait prescrit d'opérer une diversion sur la Guadiana avec un détachement de dix mille hommes; enfin on venait de lui ordonner d'une manière formelle d'envoyer le 5ᵉ corps tout entier avec un équipage de siége sur Abrantès, tout objet, excepté le siége de Cadix, devant être sacrifié à cet objet suprême. Lorsque ce dernier ordre parvint au maréchal Soult, il en fut surpris, et, nous pouvons le dire, consterné. On lui prescrivait, effectivement, une chose, qui, sans être absolument impossible, était extrêmement difficile,

Fév. 1811.

Surprise et chagrin du maréchal Soult, en recevant dans sa situation déjà très-difficile

même périlleuse, tout cela pour servir un voisin qu'à tort il regardait comme un rival, car la renommée de ces deux maréchaux n'était pas égale, et pour faire réussir l'œuvre d'autrui aux dépens de la sienne : c'était beaucoup attendre et beaucoup exiger du cœur humain !

Quant à la difficulté, elle est frappante d'après le seul exposé des faits. Le général Sébastiani tenait à peine Grenade; le maréchal Victor avait tout au plus de quoi garder ses redoutes; le maréchal Mortier, réduit à 8 mille hommes à la fin de l'été, disposant peut-être de 10 ou 12 mille à la fin de l'automne, était, sinon indispensable, au moins très-utile pour couvrir les derrières du maréchal Victor, occuper Séville, manœuvrer entre Séville et Badajoz. Et comment, sans l'exposer à de véritables dangers, vouloir qu'il se lançât dans l'Alentejo, en laissant cinq places sur ses derrières, Badajoz, Olivença, Elvas, Campo-Mayor, Albuquerque, en ayant à ses trousses 15 à 18 mille hommes des troupes de La Romana, en étant exposé à rencontrer les Anglais, sans savoir si Masséna aurait tout disposé pour lui tendre la main vers Abrantès? Ces objections étaient fortes, et auraient rempli d'une juste anxiété le général qui aurait eu la meilleure volonté du monde d'exécuter les ordres qu'il avait reçus. Quelle puissance ne devaient-elles pas avoir sur un général auquel on demandait d'abandonner sa conquête, pour aller assurer celle d'autrui ?

Le maréchal Soult considérant comme incontestable l'impossibilité de ce qu'on exigeait de lui, se crut dispensé d'obéir immédiatement, et différa l'exécution des ordres impériaux, en disant que ces ordres seraient la perte de l'Andalousie, probablement la perte du 5ᵉ corps lui-même, qui succomberait avant d'arriver au Tage, entre les Anglais qui l'attendraient, les Espagnols qui le poursuivraient, les Français qui ne pourraient pas étendre la main jusqu'à lui; que par ces divers motifs il croyait devoir différer l'exécution de prescriptions aussi funestes, et qu'il implorerait l'envoi d'un officier pour venir examiner et constater l'exactitude de ses assertions. Néanmoins il ajoutait que voulant rendre service au maréchal Masséna, il allait se porter avec le 5ᵉ corps tout entier, et quelques détachements des deux autres, sur la Guadiana, afin d'entreprendre le siège de Badajoz, d'Olivença, d'Elvas, et que vraisemblablement ce serait là une diversion infiniment utile à l'armée de Portugal.

Cette dernière assertion ne pouvait pas être prise au sérieux. Exécuter en effet la conquête de Badajoz dans l'espace de deux ou trois mois, et à une distance de vingt-cinq lieues du maréchal Masséna, quand celui-ci avait besoin qu'on l'aidât tout de suite à passer le Tage, était un secours dérisoire. La seule raison plausible que pût faire valoir le maréchal Soult consistait dans la difficulté de ce qu'on lui demandait. Était-il possible, ne l'était-il pas, de venir au secours de l'armée de Portugal? Telle était la question qu'il fallait s'adresser. C'était chose impraticable assurément dans le système d'occupation qu'on avait adopté en Andalousie, car étant déjà faible, et trop faible sur tous les points, on allait perdre les postes qu'on dégarnirait, sans donner

Fév. 1811.

Soult aurait pu marcher sur le Tage.

au 5ᵉ corps une force suffisante pour s'avancer en sécurité sur le Tage. Or ce système, Napoléon, sans l'approuver, l'avait en quelque sorte confirmé en le laissant pratiquer pendant une année : comment le changer tout à coup, sans son ordre formel, en faisant des sacrifices de territoire qui seraient aux yeux de l'ennemi de fâcheux mouvements rétrogrades? Et pourtant il n'y avait pas de milieu : si on voulait tenter quelque chose de possible, il fallait sur-le-champ retirer le 4ᵉ corps de Grenade, le porter à Séville, en laisser une moitié dans cette capitale pour parer aux accidents imprévus sur les derrières du maréchal Victor, puis avec le reste joindre le maréchal Mortier, tomber sur tout ce qu'il y avait d'Espagnols entre les cinq places de l'Estrémadure, marcher en toute hâte sur Abrantès avec une vingtaine de mille hommes, courir la chance d'y trouver les Anglais peut-être en très-grande force sur la rive gauche du Tage, mais remédier à ce danger en avertissant bien Masséna qu'on arrivait, de façon qu'il fût prêt à jeter son pont, et à mettre le pied sur la rive gauche au moment même où l'on y paraîtrait. Avec ces précautions, avec de grands sacrifices, avec beaucoup d'audace et de dévouement, cette opération était praticable. A de moindres conditions, sans renoncer à Grenade, sans placer un corps intermédiaire qui pût au besoin soutenir le maréchal Victor, sans renforcer beaucoup le 5ᵉ corps chargé de marcher sur le Tage, la chose était impossible, et le maréchal Soult était autorisé à la refuser. Si on voulait qu'il obéît, il aurait fallu lui tracer d'avance les sacrifices qu'il aurait à faire, les lui imposer, le laisser dès lors sans raison fausse ou vraie de désobéir, et commander enfin, non pas d'une manière vague, mais précise et absolue, comme on fait lorsqu'on songe sérieusement à ce qu'on ordonne, et qu'on ordonne avec la volonté d'être obéi. Malheureusement, se plaisant dans ses illusions, distrait par d'autres objets, croyant sérieusement sinon à l'existence de 80 mille hommes, du moins à celle de 60 mille en Andalousie, Napoléon ne pensait pas qu'il dût y avoir difficulté à l'exécution de ses volontés, et se bornait à prescrire au maréchal Soult de marcher sur Abrantès, dût-on, disait-il, se rendre un peu plus faible du côté de Grenade. C'était le seul sacrifice qu'il prévoyait et autorisait. Avec de telles conditions il devait être désobéi, et il le fut de la façon la plus grave et la plus fâcheuse pour l'ensemble des événements.

Le maréchal Soult rêvait depuis longtemps d'exécuter lui-même le siége de Badajoz, siége beaucoup moins important que celui de Cadix, mais destiné à être son ouvrage, tandis que celui de Cadix devait être attribué spécialement au maréchal Victor, et il l'avait déjà proposé à Napoléon bien avant qu'on lui eût enjoint de marcher sur le Tage. En recevant ce dernier ordre il imagina, comme manière de s'y conformer, de se transporter tout de suite sur la Guadiana, pour entreprendre outre la conquête de Badajoz, celle du double rang de places que le Portugal et l'Espagne avaient jadis construites en Estrémadure, et qui, tournées autrefois les unes contre les autres, l'étaient aujourd'hui exclusivement contre nous. Il partit donc immédiatement pour l'Estrémadure avec

Fév. 1811.

le 5ᵉ corps, en laissant le maréchal Victor réduit à lui-même, mais en recommandant au général Sébastiani, s'il venait de Gibraltar ou d'ailleurs quelque force ennemie sur les derrières de Cadix, de s'y porter sur-le-champ. Il se mit en route au commencement de janvier 1811 avec la division Girard, et se fit suivre de la division Gazan, qui devait marcher plus lentement afin d'escorter l'équipage de siége. Il n'y avait pas moins de quarante lieues de route détestable de Séville à Badajoz, et, avec les guérillas qui infestaient même les pays soumis, la précaution de laisser la division Gazan en arrière était fort nécessaire.

Siége et prise d'Olivença en quelques jours.

Le 11 janvier on arriva devant Olivença qu'on investit sans retard. Cette place, construite sur la gauche de la Guadiana, destinée à servir aux Espagnols contre les Portugais, avait appartenu depuis deux siècles tantôt aux uns, tantôt aux autres, et depuis 1801 elle était la propriété des Espagnols. Elle comptait 5 mille âmes de population, une garnison de 4 mille hommes, et un faible gouverneur. Assez régulièrement fortifiée, et enfermée dans une enceinte de neuf fronts, elle aurait pu opposer une certaine résistance, si le gouverneur avait pris ses précautions d'avance et avait eu soin d'armer les ouvrages extérieurs. Mais il n'y avait pas une seule demi-lune armée, et les chemins couverts n'étaient ni palissadés ni occupés. Il aurait donc été possible à la rigueur de se porter sur-le-champ au pied des murs et de tenter une escalade. Mais les escarpes en maçonnerie étant assez élevées, la tentative aurait pu être inutilement sanglante. On se contenta d'enlever une lunette qui n'était pas armée, et de commencer les travaux d'approche fort près de l'enceinte. Les officiers et les soldats du génie, bien secondés par l'infanterie, dirigèrent ces travaux avec une grande hardiesse et une extrême rapidité, et les eussent exécutés encore plus vite si les outils n'avaient manqué. Dans certains moments l'infanterie du maréchal Mortier, excitée par la présence de son noble chef, remua la terre avec la pointe de ses baïonnettes. Heureusement il survint une compagnie du génie avec un chargement d'outils, et en dix jours la batterie de brèche put ouvrir le feu et renverser un large pan de muraille. A l'aspect de nos colonnes prêtes à monter à l'assaut, la population, qui avait montré d'abord beaucoup d'ardeur, se troubla. La garnison et son chef ne cherchèrent pas à la raffermir, et le 23 janvier la place ouvrant ses portes, nous livra quelques magasins, un peu d'artillerie, et 4 mille prisonniers. Si on avait conduit aussi vite et aussi bien le siège de Badajoz, on aurait été en mesure de tenir bientôt la singulière promesse de secourir le maréchal Masséna après la conquête des places.

Le maréchal Soult séjourna devant Olivença les 23, 24 et 25 janvier, et partit le 26 pour Badajoz. C'était la seconde place située sur la gauche de la Guadiana, du côté espagnol, et, il faut le dire, la seule importante. Celle-ci prise, il n'y avait aucun compte à tenir des trois autres, Elvas, Campo-Mayor, Albuquerque. Le maréchal Soult y arriva avec la seule division Girard, et avec celles des troupes du génie qui étaient déjà rendues au 5ᵉ corps. La division

Fev. 1811.

Arrivée du maréchal Soult devant

Fév. 1814.

Badajoz, et investissement de cette place.

Description de Badajoz.

Armée de secours établie au camp

Gazan, comme nous venons de le dire, était encore en arrière occupée à escorter le grand parc. Le 27 on investit Badajoz, et la cavalerie balaya les troupes ennemies répandues dans les environs. On commença sur-le-champ la reconnaissance de la place.

Badajoz, capitale de l'Estrémadure espagnole, peuplée de 16 ou 17 mille habitants, est située sur la gauche de la Guadiana, près du confluent d'une petite rivière qu'on appelle le Rivillas. (Voir la carte n° 52.) Protégée le long de la Guadiana par le fleuve et un mur à redans, elle est défendue du côté de la campagne par neuf fronts régulièrement construits, et formant un demi-cercle qui appuie au Tage ses deux extrémités. A l'une de ces extrémités, celle qui est tournée vers le nord-est, s'élève un château fort, bâti sur un escarpement qui domine à la fois le Rivillas et la Guadiana au point où ils se réunissent. Les neuf fronts composant l'enceinte sont protégés par une suite de demi-lunes avec chemin couvert et glacis, par plusieurs lunettes, et surtout par un ouvrage avancé qu'on appelle le fort de Pardaleras. La place est liée à la rive droite de la Guadiana par un pont en pierre, très-ancien et très-solide, et par une forte tête de pont. Sur cette même rive, à peu près vis-à-vis du château de Badajoz, se trouve le fort de Saint-Christoval, servant d'appui à un camp retranché établi sur les hauteurs de Santa-Engracia. La rivière de la Gevora se jetant dans la Guadiana, baigne et protège ce camp de Santa-Engracia. A l'époque dont il s'agit, l'armée espagnole de La Romana, occupée à courir entre les différentes places de l'Estrémadure, avait l'habitude de se loger dans ce camp. Dispersée par les combats qu'elle avait soutenus contre le 5ᵉ corps, mais dispersée comme les armées espagnoles, qui se reformaient le lendemain de leurs défaites, elle se trouvait dans les environs de Badajoz, et attendait pour s'y porter d'être rejointe par le détachement qui avait été envoyé à Lisbonne. On l'avait redemandé à lord Wellington, qui n'avait pu refuser de le rendre, et qui l'avait laissé partir pour l'Estrémadure. Ce détachement de 7 à 8 mille hommes, un peu réduit par la saison et les maladies, arriva à Badajoz sans le général La Romana, qui venait de mourir à Lisbonne d'une maladie aiguë. L'armée entière, commandée par le général Mendizabal, pouvait, après avoir laissé dans Badajoz, c'est-à-dire à la gauche de la Guadiana, une garnison de 9 à 10 mille hommes, présenter sur l'autre rive, au camp retranché de Santa-Engracia, un corps d'environ 12 mille hommes, avec un pont en pierre pour communiquer, de manière que, dans certains moments, il était possible que les assiégeants eussent une vingtaine de mille hommes sur les bras.

La place, outre sa forte garnison, avait un excellent gouverneur, le général Menacho, des vivres et des approvisionnements pour six mois, et des ouvrages en parfait état de défense. Aux 20 mille Espagnols répandus sur les deux rives de la Guadiana et pouvant communiquer librement de l'une à l'autre, l'armée française avait à opposer 9 à 10 mille hommes, en attendant l'arrivée de la division Gazan, qui devait la porter à 15 ou 16 mille. Il faut ajouter qu'elle ne possédait aucun moyen de passage d'une rive à l'autre, si ce n'est un bac qui transportait quelques hommes à la fois.

Heureusement la qualité des soldats compensait largement cette infériorité numérique, et c'est avec un moindre nombre de troupes que le général Suchet avait pris des places infiniment plus fortes en quinze à vingt jours. Si le maréchal Soult prenait Badajoz en un pareil espace de temps, il pouvait être du 15 au 18 février en route pour Abrantès, moment où venaient de se tenir les conférences de Golgao, et où il était fort opportun de déboucher sur la gauche du Tage.

La sanglante expérience que nous avons faite des propriétés de Badajoz, qui en deux ans fut pris et repris par les Français et les Anglais, nous a enseigné que vers le sud-ouest, devant un front saillant, peu flanqué, situé sur le côté opposé au château, et assez près de la Guadiana, se trouvait un point d'attaque avantageux pour l'assiégeant, qui, abordant la place par une partie proéminente de son périmètre, n'avait pas à essuyer les feux de flancs de l'assiégé. Il est probable qu'en attaquant résolûment Badajoz de ce côté, qui se présente le premier en venant d'Olivença, on aurait pu réussir assez promptement à s'en emparer, ce qui aurait permis d'arriver en temps utile sur le Tage. Mais à peine rendu devant Badajoz, de peur apparemment de se tromper, on l'attaqua par tous les côtés à la fois, par tous ceux au moins qui regardaient la campagne, et que ne bordait pas le Tage. On dirigea une attaque à notre gauche, en s'appuyant à la Guadiana, vers le front qu'il aurait fallu aborder exclusivement, une au centre, en face du fort de Pardaleras, enfin une à droite, au delà du Rivillas, d'où l'on pouvait envoyer quelques projectiles de peu d'effet sur le château et dans l'intérieur de la place. C'eût été bien si on avait eu beaucoup de troupes, beaucoup d'artillerie et de munitions, car on eût divisé la défense, en divisant l'attaque. Mais ayant peu d'artillerie et de munitions, et tout au plus 9 mille hommes d'infanterie, du moins jusqu'à l'arrivée de la division Gazan, c'était s'exposer, qu'on le voulût ou non, à rester quarante jours devant Badajoz au lieu de vingt.

Fév. 1811

On entreprit donc trois attaques assez décousues, et qui étaient tellement distantes les unes des autres, surtout à cause du Rivillas à traverser, qu'il fallait parcourir une lieue et demie pour communiquer de celle de droite à celle de gauche. La tranchée fut ouverte le 28 janvier, à 1,000 mètres de l'enceinte vers la droite, à 500 vers le centre, et conduite avec une extrême lenteur, soit parce que l'on manquait de travailleurs, soit parce qu'on ne tenait pas à précipiter le résultat du siége. La tranchée ne fut pas plutôt ouverte qu'on se mit à construire quelques batteries, comme si on avait voulu commencer le feu presque aussitôt que les travaux d'approche. On remuait la terre au bruit d'une faible et lente canonnade, qui n'avait d'autre effet que de consommer inutilement des munitions. Il faut ajouter que les pluies continuelles de la saison ralentissaient encore les cheminements, et rendaient le sort des troupes vraiment digne de pitié, car tous les chevaux ayant été employés à amener la grosse artil-

Premiers travaux d'approche autour de Badajoz.

lerie, on n'avait pu aller fourrager au loin, et on manquait de pain. Pendant plusieurs jours les soldats ne furent nourris qu'avec de la viande, ce qui produisit parmi eux plus d'une maladie. Au lieu de quelques centaines de travailleurs dont on aurait eu besoin, on en avait à peine 150 par attaque, nouvelle preuve qu'il eût bien mieux valu concentrer sur une seule le peu de moyens dont on disposait.

Les premiers jours de travail furent donc peu fructueux, à cause du mauvais temps, de l'absence de la division Gazan, et du défaut d'empressement à accélérer le siége. Le gouverneur Menacho, voulant de son côté employer sa nombreuse garnison à ralentir nos travaux par de vives sorties, résolut de les multiplier, et de les exécuter avec de fortes colonnes. Le 31 janvier il en dirigea une vers notre attaque du centre, en avant du fort de Pardaleras, avec quatre bataillons, deux pièces de canon et deux escadrons de cavalerie. Les Espagnols s'avancèrent si promptement et si résolûment que nos travailleurs, ayant eu à peine le temps de se réunir et de saisir leurs armes, furent ramenés en arrière. Mais le général Girard étant accouru avec trois compagnies de sapeurs, et un bataillon du 88°, les arrêta brusquement, puis les reconduisit la baïonnette dans les reins jusqu'au chemin couvert de la place. Pendant ce temps la cavalerie espagnole ayant filé au galop le long de la Guadiana, puis s'étant rabattue sur notre attaque de gauche, avait surpris nos travailleurs, et sabré quelques-uns de nos officiers du génie, qui tenaient à honneur de ne pas évacuer leurs tranchées. Le chef de bataillon du génie Cazin avait été tué à coups de sabre. Le capitaine Vainsot de la même arme avait reçu onze blessures. Cette cavalerie fut ramenée à son tour et assez maltraitée. Nous perdîmes dans cette sortie une soixantaine d'hommes, et l'ennemi une centaine. Du reste, nos travaux étaient trop éloignés et trop peu avancés pour en souffrir beaucoup.

Les jours suivants les pluies, les ouragans furent si violents, que tout travail devint impossible. Le ruisseau du Rivillas débordé nous emporta des hommes et des chevaux. Heureusement la division Gazan arriva enfin avec environ 6 mille fantassins, du gros canon, et des outils. On pouvait dès lors compter sur un peu plus de 12 mille hommes d'infanterie, sur 1,200 hommes du génie et d'artillerie, et sur 2,500 cavaliers, faisant en tout environ 16 mille combattants. Disposant d'une infanterie plus nombreuse, on apporta un peu plus d'activité dans les travaux. On leur donna vers la droite la forme d'une longue ligne de contrevallation, plutôt pour se couvrir contre les Espagnols du dedans et du dehors que pour entreprendre de ce côté une attaque sérieuse. Au centre on tendit à s'approcher du fort de Pardaleras, qu'on avait l'intention d'enlever afin d'en faire la base de l'attaque principale, et à gauche on enveloppa d'une ligne circulaire un mamelon dit le *Cerro del viento*, sur lequel s'appuyait l'extrémité de notre ligne. Quelques jours s'écoulèrent à débarrasser nos tranchées de la boue qu'y apportait la pluie, et à repousser les sorties de l'ennemi; pendant ces huit jours on avança peu et on

Fév. 1814.

Arrivée de la division Gazan.

Difficultés que la saison ajoute à toutes celles que présente le siège.

se borna à jeter quelques bombes sur la place pour inquiéter la population.

Fév. 1811.

Arrivée de l'armée espagnole destinée à secourir Badajoz.

Le 6 février on apprit l'apparition de l'armée de secours, revenue en partie de Lisbonne, ainsi qu'il a été dit plus haut. En réunissant ce qui arrivait des lignes anglaises à ce qui tenait ordinairement la campagne en dehors de Badajoz, l'ennemi pouvait présenter en troupes actives environ 10 mille hommes d'infanterie, et 2 mille de cavalerie. Les uns et les autres vinrent prendre position sur la droite de la Guadiana, au camp de Santa-Engracia, établi derrière la Gevora contre le fort de Saint-Christoval. Se trouvant en communication avec la place par le pont de pierre de Badajoz, ils pouvaient, joints à la garnison, former une force de 21 mille hommes prêts à se jeter en masse sur l'armée française. En manœuvrant bien et en débouchant vivement sur un seul point, il n'était pas impossible qu'ils arrêtassent le siège, et peut-être même le fissent lever. Il est vrai qu'il leur était difficile de pousser aucune opération à fond, n'ayant point, quoique braves, le talent de tenir en rase campagne.

Grande sortie tentée le 7 février, et repoussée par les Français.

Le premier emploi qu'ils firent de leurs forces fut de tenter le 7 février une grande sortie. Après avoir exécuté une fausse démonstration sur notre gauche, ils débouchèrent sur notre droite, en passant le Rivillas sous la protection des feux du château. Marchant avec vigueur en une masse compacte de 7 à 8 mille hommes, ils parvinrent jusqu'à nos lignes. Nos détachements accourus sur ce point n'étaient pas assez forts pour résister, soit à leur nombre, soit à leur élan. Comme dans presque toutes les sorties, ils tinrent la campagne un instant et bouleversèrent quelques ouvrages de peu de valeur, surtout vers notre attaque de droite, qui n'ayant pas été entreprise sérieusement n'offrait rien de bien important à détruire. Mais le maréchal Mortier les arrêta bientôt par le déploiement de plusieurs bataillons qu'il leur présenta de front, et puis profitant de ce qu'ils s'étaient fort avancés, il jeta sur leur flanc deux bataillons, un du 88ᵉ, un du 64ᵉ, tirés de l'attaque du centre et portés rapidement au delà du Rivillas. Poussés en tête, menacés en flanc, les Espagnols après un premier moment d'impétuosité se replièrent d'abord avec ordre, puis avec confusion, et laissèrent dans nos mains 700 hommes morts ou blessés. Malheureusement la tentation trop ordinaire de les poursuivre jusque sous les feux de la place nous coûta une centaine de morts et environ 300 blessés.

Le maréchal Soult conçut alors le projet d'aller les chercher dans le camp de Santa-Engracia, et de leur ôter la possibilité de renouveler de semblables opérations en détruisant l'armée de secours, pensée fort sage, car la garnison recevait de la présence de cette armée une force morale et matérielle considérable. Mais il fallait réunir les moyens de passer la Guadiana, ce qui n'était pas facile, vu l'abondance des eaux, et en attendant, il voulut faire un pas vers l'enceinte en enlevant le fort de Pardaleras. Cet ouvrage consistait en un bastion flanqué de deux demi-bastions, et fermé à la gorge par une simple palissade. Il était possible par une surprise de l'enlever, et dès lors d'en faire le point d'appui d'un cheminement presque direct vers le point de l'enceinte qu'on avait le projet d'attaquer. Le chef de bataillon Lamare, officier du génie distingué[1], disposa deux colonnes de deux cents hommes chacune, composées avec des détachements des 24ᵉ et 28ᵉ léger, des 100ᵉ et 103ᵉ de ligne, précédées par des sapeurs du génie, et commandées par deux braves officiers, le chef de bataillon Guérin et le capitaine du génie Coste. Conformément au plan arrêté, ces deux colonnes sortirent le 11 février à sept heures du soir de nos tranchées, au milieu d'une obscurité profonde, s'avancèrent directement sur le saillant du fort de Pardaleras, se séparèrent ensuite pour passer, l'une à droite, l'autre à gauche, en suivant la crête des glacis, afin d'assaillir l'ouvrage par la gorge. La colonne de droite, quoique égarée dans l'obscurité, trouva le moyen de descendre dans le fossé de la courtine, aperçut une poterne entr'ouverte, et s'y porta vivement. Le capitaine Coste qui la conduisait se jeta sur un officier espagnol accouru pour fermer la poterne, le frappa de son épée, entra audacieusement suivi de ses soldats, et parvint dans l'ouvrage au moment où la colonne de gauche ayant réussi à le tourner, abattait à coups de hache les palissades qui en fermaient la gorge. Les deux colonnes se joignirent aux cris de vive l'Empereur, se précipitèrent ensuite à la baïonnette sur les Espagnols, en tuèrent quelques-uns, en prirent un plus grand nombre, et mirent les autres en fuite vers la place. Elles se hâtèrent de commencer

[1] Le même qui a publié un excellent ouvrage sur les sièges soutenus par les Espagnols et les Français dans Badajoz.

un épaulement tourné du côté de l'enceinte, pour se couvrir des feux qui dès ce jour devaient être tous dirigés sur l'ouvrage dont nous étions devenus les maîtres.

Fév. 1811

Cet acte hardi procurait à notre attaque du centre, la seule sérieuse, un appui solide, et propre à en accélérer le succès.

Toutefois le maréchal Soult songeait plutôt à se débarrasser de l'armée espagnole, campée au delà de la Guadiana, qu'à rendre plus rapides les opérations du siège. La difficulté n'était jamais de battre une armée espagnole en rase campagne. Mais ici il fallait franchir la Guadiana fort grossie par les eaux, aborder ensuite le camp de Santa-Engracia, en traversant à gué la Gevora sous le feu ennemi, sans cependant compromettre le siège, dont les ouvrages ne seraient plus gardés que par fort peu de troupes. Heureusement les Espagnols, malgré les sages conseils de lord Wellington, n'avaient ni élevé une palissade autour de leur camp, ni remué un cube de terre; de plus ils se gardaient mal, et, avec du secret et de la promptitude, il suffisait de 7 à 8 mille hommes pour les surprendre et les culbuter. Il devait en rester autant à la garde de nos tranchées, et c'était assez pour les protéger, l'ennemi n'étant pas prévenu de ce qui le menaçait.

L'opération projetée par le maréchal Soult fut aussi bien exécutée que bien conçue. Le 18 février, il était parvenu à se procurer par les soins du génie un moyen de passage sur la Guadiana, suffisant pour 6 mille hommes d'infanterie et 2 mille

Passage de la Guadiana pour aller attaquer l'armée espagnole.

Fév. 1811.

Bataille de la Gevora et dispersion de l'armée espagnole d'Estrémadure.

de cavalerie. On franchit la Guadiana dans la nuit du 18 au 19, avec des troupes d'élite prises dans les deux divisions Girard et Gazan. Les maréchaux Soult et Mortier marchaient à la tête de leurs soldats. A la pointe du jour du 19 on se trouvait sur l'autre rive de la Guadiana, ayant à droite dans la plaine la cavalerie composée des dragons de Latour-Maubourg et de deux régiments de chasseurs, au centre et à la gauche l'infanterie rangée en colonnes par bataillons. Comme on avait passé la Guadiana au-dessus de Badajoz, il fallait descendre la rive droite de cette rivière pour arriver près de Saint-Christoval et des hauteurs de Santa-Engracia, sur lesquelles était établi le camp espagnol. Un brouillard épais favorisait la marche de notre petite armée.

Bientôt on parvint au bord de la Gevora, avant que les Espagnols eussent songé à nous la disputer. La cavalerie la franchit un peu au loin sur notre droite, et culbuta en un clin d'œil la cavalerie espagnole qui couvrait le camp du côté de la plaine. Notre infanterie, conduite par le maréchal Mortier, entra dans la Gevora, la traversa en ayant de l'eau jusqu'à mi-corps, et arriva ensuite dans le plus bel ordre au pied de l'escarpement de Santa-Engracia, au moment où le brouillard se dissipait.

Le général en chef, avant d'ordonner l'attaque, poussa d'abord sur notre gauche deux bataillons, pour les interposer entre le fort de Saint-Christoval et les Espagnols, et empêcher ceux-ci de se réfugier dans la place. En même temps il prescrivit à la cavalerie d'opérer un mouvement de conversion par notre droite, afin de déborder par ce côté, qui était en pente douce, le camp ennemi. Puis il donna le signal de l'attaque.

Nos soldats, qui craignaient peu les troupes espagnoles, abordèrent hardiment la hauteur de Santa-Engracia, sous un feu plongeant des plus vifs, et non sans faire des pertes. Mais en peu d'instants ils arrivèrent au sommet de l'escarpement, pendant que les deux bataillons envoyés à gauche interceptaient le chemin du fort de Saint-Christoval, et que la cavalerie lancée à droite dans la plaine gagnait les derrières de l'ennemi. Les Espagnols se voyant menacés de front par notre infanterie, de flanc et en queue par notre cavalerie, se formèrent en deux carrés assez gros et assez fermes dans leur attitude. Mais assaillis bientôt par notre infanterie et nos dragons, ils furent rompus, et perdirent ce que perdent des carrés lorsqu'on est parvenu à les rompre. On leur tua ou blessa près de 2 mille hommes. On en prit 5 mille avec toute l'artillerie, et un grand nombre de drapeaux. Des 12 mille hommes qu'ils avaient en bataille, les Espagnols en sauvèrent tout au plus 5 mille, lesquels s'enfuirent dans toutes les directions.

Quoique ce ne fût point une difficulté pour nos troupes de battre douze mille hommes avec huit, quand elles avaient affaire aux Espagnols sans les Anglais, c'était une opération infiniment méritoire que celle qui venait d'être exécutée, à cause de la position de l'ennemi, couverte par les hauteurs de Santa-Engracia et par le lit de la Gevora, à cause de la Guadiana qu'il fallait franchir pour aller livrer bataille au delà, à cause du siége enfin dont il fallait continuer de garder les travaux tout en

Fév. 1811.

La bataille de la Gevora aurait rendu possible un mouvement sur le Tage, pourtant le maréchal Soult reprend lentement le siége de Badajoz.

allant combattre ailleurs. Ce sont toutes ces difficultés que le général en chef avait heureusement surmontées en agissant avec secret, promptitude et vigueur.

Le maréchal Soult profita de sa victoire pour investir la place sur la droite de la Guadiana, et la priver de toute communication avec le dehors. S'il eût voulu en profiter pour accélérer la reddition de Badajoz, il aurait certainement terminé ce siége avant le 1er mars, et alors les deux places d'Olivença et de Badajoz prises avec les garnisons qu'elles contenaient, toutes les armées espagnoles de l'Estrémadure étant dispersées, il pouvait s'avancer sans grand péril sur le Tage, et avec beaucoup de chances de donner une immense impulsion aux événements. Restait, il est vrai, le danger d'agrandir du double la distance qui le séparait du maréchal Victor. Mais en prenant sur lui d'évacuer Grenade, ou du moins de n'y laisser que très-peu de monde, et de porter le plus gros du 4e corps vers Ronda, entre Grenade et Cadix, de manière que dans une circonstance pressante le 4e corps et le 1er pussent se réunir rapidement, le danger de son mouvement sur Abrantès eût été fort diminué. En tout cas l'effet moral d'un grand succès sur le Tage eût compensé les inconvénients de son absence, tandis qu'en laissant le maréchal Masséna seul, condamné à se retirer, il s'exposait à une cruelle punition, celle d'avoir bientôt sur les bras les Anglais débarrassés du maréchal Masséna. A tout prendre, après le succès qu'il venait d'obtenir, et en considérant l'avenir, il y avait encore moins de périls dans une imprudente générosité, que dans une prudente réserve. On en jugera du reste par les résultats.

Fév. 1811.

Sentiments divers du maréchal Masséna et de lord Wellington en entendant le canon de Badajoz.

Le maréchal Soult, délivré des Espagnols, reprit tranquillement et lentement les travaux du siége de Badajoz. Pendant ce temps lord Wellington et Masséna attendaient avec des sentiments bien divers l'issue des opérations autour de cette place. Les Français ayant des troupes en Estrémadure, en ayant aussi en Castille, car la division Claparède était arrivée à Viseu, lord Wellington avait de la peine à comprendre comment ils ne se réunissaient pas en masse sur les deux rives du Tage, à la hauteur d'Abrantès. Il s'y attendait et le redoutait par-dessus tout. Pour ce cas il regardait sa situation comme difficile, car il pouvait avoir 75 mille combattants sur les bras, si la division Claparède et le 5ᵉ corps se joignaient au maréchal Masséna, et avec l'énergie de ce dernier il avait beaucoup à craindre, même derrière les lignes de Torrès-Védras. Il semble donc que tout aurait dû engager les Français à se réunir, et lord Wellington, jugeant qu'on ferait contre lui ce qu'il était si raisonnable de faire, ne cessait de presser les Portugais de ravager l'Alentejo, et d'enfermer dans Lisbonne ce qu'on pourrait transporter. Mais il ne réussissait guère à les persuader, les Portugais, quoique fort animés contre les Français, ne voulant pas, pour empêcher qu'on leur prît leur blé ou leur bétail, commencer par le détruire eux-mêmes. Loin de songer à livrer bataille au maréchal Soult, si celui-ci quittait l'Andalousie pour venir au secours de l'armée de Portugal, il avait ordonné au maréchal Beresford qui commandait à

Abrantès, de défendre les affluents du Tage qui traversent l'Alentejo, de les défendre assez pour retarder l'arrivée des Français, point assez pour perdre une bataille, et lui avait surtout recommandé de rentrer entier dans les lignes de Torrès-Védras, devenues son objet unique, et effectivement le plus important. La route se serait ainsi trouvée ouverte devant le maréchal Soult, et il n'aurait couru d'autre danger que celui de s'éloigner de Séville, et de priver ses lieutenants de son appui quelques jours de plus. Tout était donc préparé sur son chemin pour qu'il pût accomplir facilement une grande chose. Il est vrai qu'il l'ignorait, et que le fantôme de l'armée anglaise se dressait devant lui à l'idée de marcher sur Abrantès.

Ce fantôme, Masséna ne le craignait guère, et s'il n'avait eu que cette armée à rencontrer en rase campagne, pourvu qu'on lui eût procuré des munitions, il l'aurait vite assaillie, bien que d'ailleurs il l'estimât comme elle le méritait. Mais il luttait contre la faim, le défaut de munitions, le dégoût croissant de l'armée, et surtout contre la résistance de ses lieutenants, qui prenait dans certains moments la forme d'un désespoir presque factieux. Si lors de l'arrivée du général Foy on avait courbé la tête devant l'ordre impérial de demeurer sur le Tage, on était bientôt revenu, sous l'influence de la tristesse et de la faim, au désir ardent de quitter une terre où l'on se voyait condamné à mourir de besoin, sans avoir rien de grand à exécuter. Lorsque l'on comptait sur le général Drouet d'un côté, sur le maréchal Soult de l'autre, on avait entrevu un grand but, et les moyens de l'atteindre. Le général Drouet n'ayant amené que 7 mille hommes, on avait senti une première atteinte de découragement, mais restait le maréchal Soult. On comptait sur lui; de temps en temps de vives canonnades du côté de Badajoz laissaient arriver de longs échos jusqu'à Punhète, et faisaient tressaillir les cœurs. Mais depuis quelques jours on ne les entendait plus, sans doute par un pur accident atmosphérique, et on en concluait que le maréchal Soult était rentré en Andalousie. On se regardait donc comme tout à fait délaissés, comme désormais impuissants contre les lignes de Torrès-Védras, et comme destinés à mourir de faim sur une plage déserte, sans but sérieux ni même utile à atteindre. Le maréchal Ney, il est vrai, avait fait dans les derniers jours une précieuse trouvaille, c'était celle de 400 bœufs, 2,000 moutons, 4,000 quintaux de maïs. Il en avait pris une portion pour son corps, et avait donné le surplus à ses collègues. Mais le 2ᵉ corps, celui de Reynier, était réduit à la dernière extrémité, et il n'aurait pas pu subsister, sans une découverte que lui aussi avait faite récemment. C'était dans cette île placée à l'embouchure de l'Alviela et sous les hauteurs de Boavista, dont nous avons dit qu'on aurait pu se servir comme d'une seconde Lobau. En effet, sur ses vives instances, Masséna avait consenti à lui abandonner quelques-uns des bateaux de l'équipage de pont, afin de fouiller cette île, qui semblait contenir d'assez grandes ressources. Le capitaine Parmentier s'était livré au courant du Zézere d'abord, puis à celui du Tage, et, parti de Punhète à la chute du jour, était parvenu le lendemain matin dans l'île dont il s'agit, sans autre accident que de nombreux coups de fusil de la rive gauche, nombreux mais de peu d'effet. On avait trouvé dans cette île, si bien située, des grains, du bétail, dont Reynier avait grand besoin, et la triste conviction qu'on aurait pu en profiter pour passer le Tage. L'ennemi y étant accouru en force, il n'était plus temps d'en tirer parti, et il fallait renoncer à franchir le Tage dans un endroit où l'opération aurait été praticable et sûre. C'était jusqu'ici la principale et presque la seule faute qu'on eût à reprocher à Masséna, faute que l'opinion du général Éblé excuse mais n'efface point, et que Napoléon n'aurait point commise, parce que son esprit propre à tout, aux fonctions de l'ingénieur comme à celles du général en chef, et de plus infatigable, ne se reposait que lorsqu'il avait découvert la solution cherchée. Or il est rare, quelle que soit la situation, que cette solution n'existe pas, à la guerre comme ailleurs. Seulement il faut l'esprit qui la trouve, et de plus l'ardeur de caractère qui ne s'arrête qu'après l'avoir trouvée.

La détresse croissante de l'armée et l'évanouissement de toutes les espérances de secours rendent la retraite inévitable.

Reynier put donc vivre quelques jours de plus, mais à la fin de février il déclara qu'il allait entamer sa réserve de biscuit. Plusieurs fois les chefs de corps avaient parlé de recourir à cette ressource extrême, mais c'était de leur part une menace destinée à ébranler le général en chef, et à laquelle il ne s'était pas laissé prendre. Cette fois il lui était impossible de douter de la réalité des besoins, et il pouvait s'assurer par ses propres yeux, par ses propres oreilles, de la passion de s'en aller qui s'était entièrement emparée de cette armée, privée de tout secours, de toute nouvelle, et abandonnée pendant près de six mois à une extrémité du continent. Depuis surtout que l'espoir d'être renforcée par le maréchal Soult s'était évanoui, on ne pouvait plus la retenir, et on devait même craindre des mouvements d'indocilité, sous l'influence de chefs qui avaient le tort de ne pas mettre un frein à leur langue. Masséna n'avait jamais cru à l'arrivée du maréchal Soult, et il n'avait cessé de le dire secrètement à un officier de sa confiance. S'il avait attendu, c'était pour rendre évidente à tous la nécessité de se retirer, et pour épuiser les dernières chances de la fortune. Le mois de mars étant venu, la présence du maréchal Soult n'étant plus à espérer, le passage du Tage n'offrant plus de chance de succès, puisque la seule chance venait d'être perdue faute d'y avoir cru, l'impossibilité de vivre résultant de l'impossibilité de se transporter au delà du Tage, la précieuse réserve de quinze jours de biscuit, seule ressource de l'armée en cas de retraite, allant être dévorée si on attendait davantage, Masséna prit le parti d'exécuter enfin le mouvement rétrograde sur le Mondego, qu'il avait toujours regardé comme le plus sage, et qu'il eût exécuté dès les conférences de Golgao, s'il n'avait fallu alors obtempérer à l'ordre formel de Napoléon de rester sur le Tage jusqu'à la dernière extrémité. Pourtant il s'agissait de savoir si une fois le mouvement de retraite commencé, on pourrait s'arrêter à mi-chemin, et si on ne serait pas entraîné jusqu'à la frontière d'Espagne. Mais quoi qu'il pût advenir d'un premier mouvement rétrograde, il fallait partir, puisque la famine arrivant à grands pas

Mars 1811.

Masséna se décide à se retirer du Tage sur le Mondego.

Mars 1811.

Mouvement habilement conçu sur Leyria, pour empêcher l'ennemi de devancer l'armée à Coimbre.

rendait ce mouvement nécessaire. Il fallait quitter Santarem comme on ouvre les portes d'une place à sa dernière ration. Masséna donna ses ordres de manière à être en pleine retraite du 4 au 6 mars. Son plan fut conçu avec une prudence et une hardiesse qui décelaient un véritable général en chef, auquel la fortune contraire n'avait rien ôté de son sang-froid et de son intelligence.

Il était indispensable avant de commencer la retraite de l'armée, de la faire précéder du départ des malades, des blessés et des gros bagages, et ce n'était pas trop de deux jours d'avance, si on ne voulait pas les trouver accumulés sur son chemin, et peut-être se voir réduit à leur passer sur le corps pour échapper aux atteintes de l'ennemi. Pourtant ces mouvements anticipés pouvaient avoir aussi l'inconvénient de donner l'éveil aux Anglais, et de les attirer trop tôt à notre suite. Sur la route du Tage que nous occupions en force, s'ils voulaient nous talonner de trop près, il y avait moyen de les contenir, en s'arrêtant pour leur montrer nos baïonnettes. Mais sur la route de la mer qui longe le revers de l'Estrella, il était à craindre qu'avertis de notre retraite ils ne se portassent rapidement à Leyria, Pombal, Condeixa, et qu'ils ne nous prévinssent ainsi sur Coimbre et sur le Mondego. Dans ce cas, il fallait renoncer à s'établir à Coimbre, peut-être même à suivre la vallée du Mondego, et se résoudre à une retraite courte, mais épouvantable, par la vallée du Zezère, qui est au sud de l'Estrella. On pouvait parer à tous ces inconvénients en occupant Leyria en force, par un mouvement bien combiné, et opéré en temps utile, ni trop tard ni trop tôt. Masséna le conçut, et il le fit exécuter avec une rare précision.

Il décida que les malades et les gros bagages partiraient le 4 mars, en annonçant que cette évacuation avait lieu pour faciliter la concentration de l'armée sur Punhete, point sur lequel on avait toujours supposé que les Français passeraient le Tage. À la faveur de ce bruit, l'ennemi, sans même y croire entièrement, devait être retenu dans une incertitude assez grande pour n'oser faire aucun mouvement prononcé. Le 5 au soir, la nuit venue, toute l'armée avait ordre de s'ébranler. Ney, qui n'avait qu'un court espace à franchir pour se porter sur le revers des hauteurs, en passant de Thomar à Leyria par Ourem, devait se rendre à Leyria avec les deux divisions Mermet et Marchand, et avec la cavalerie de Montbrun mise à sa disposition pour cette circonstance. (Voir la carte n° 53.) Trouvant à Leyria Drouet avec la division Conroux, mise également à sa disposition, il ne pouvait pas avoir moins de 18 ou 19 mille hommes d'infanterie, de 3 à 4 mille hommes de cavalerie, formant en tout 22 à 23 mille combattants de la première valeur, et tous les Anglais et les Portugais vinssent-ils sur lui, avec ces forces et son caractère il était certain qu'il les arrêterait. Sa troisième division, celle de Loison, devait rester à Punhete pour laisser subsister l'idée du passage. Tandis que Ney franchirait ainsi les hauteurs de Thomar à Leyria, et irait se mettre en travers de la route de la mer, les routes du Tage devenant libres, Reynier et Junot avaient ordre de décamper le même jour, à la même heure, Reynier pour suivre la route qui borde le Tage, de Santarem à Thomar, Junot pour suivre celle qui passe à mi-côte, par Trèmes, Torrès-Novas, Chao de Maçans. Ce dernier devait traverser la ligne des hauteurs vers Ourem, défiler derrière Ney, le devancer à Pombal avec la cavalerie légère, rétablir le pont de Coimbre sur le Mondego, et occuper cette ville, tandis que Reynier ne franchissant les hauteurs qu'à Espinhal, était chargé de descendre par Miranda de Corvo sur le Mondego, et d'occuper Ponte de Murcelha, qui est la clef de la rive gauche de ce fleuve. Quand ils auraient l'un et l'autre exécuté leur mouvement, et laissé les routes libres, Loison après avoir détruit l'équipage de pont, devait quitter Punhète, rejoindre Ney à Leyria par la route de Thomar, et former avec lui l'arrière-garde. Il était peu probable que les Anglais réussissent jamais à entamer une arrière-garde composée de pareilles troupes, et commandée par Loison et Ney.

Masséna eut encore bien des difficultés avec ses lieutenants, notamment avec les généraux Montbrun et Drouet, qui éprouvaient la plus grande répugnance à se trouver sous les ordres du maréchal Ney. Drouet surtout, minutieux, difficile sous des apparences tranquilles, au lieu d'être rendu plus accommodant par la liberté qu'il recouvrait de regagner la frontière d'Espagne, voulait au contraire partir tout de suite, sans être d'aucune utilité à la retraite. Il désobéit même dans plusieurs détails, ce que Masséna eut tort de supporter; pourtant il consentit à marcher quelques jours avec le maréchal Ney, et à seconder la retraite par sa présence, au moins dans les premiers instants.

Le 4 au soir, les malades et les blessés, sauf quelques mourants impossibles à transporter et confiés à la loyauté anglaise, le grand parc d'artillerie, les gros bagages se mirent en mouvement, en répandant la nouvelle d'un prochain passage du Tage. La partie la plus précieuse de ce fardeau, c'est-à-dire la masse des blessés, était portée sur des ânes. On avait, faute de chevaux, réduit l'artillerie à la moindre proportion possible, et on n'avait laissé dans chaque corps que les pièces les plus mobiles, et en quantité indispensable pour combattre. Les gargousses devenues inutiles avaient été par l'industrie du général Éblé converties en cartouches. L'armée quitta ce séjour avec une satisfaction qu'empoisonnait cependant la renonciation forcée à de grands desseins. Masséna au moment de décamper expédia de nouveau le général Foy, pour aller exposer à Paris les motifs qui l'obligeaient à se retirer sur le Mondego, et l'urgente nécessité de lui envoyer immédiatement des secours, si on voulait reprendre l'offensive, ou du moins conserver l'ascendant des armes.

Les malades, les blessés et les gros bagages ayant pris une avance de vingt-quatre heures, l'armée s'ébranla le 5 mars à la chute du jour. Reynier, qui était à Santarem, placé très-près de l'ennemi, fit bonne contenance toute la journée. Le soir il détruisit les ponts du Rio-Mayor, et puis se dirigea en silence sur la route de Golgao. Junot, qui avait sur le cours supérieur du Rio-Mayor de gros détachements, en agit de même, et quitta Torrès-Novas pour suivre la route la plus rapprochée de la chaîne des hauteurs, celle de Torrès-Novas, Chao de Maçans et Ourem. Cet excellent homme, malheureusement moins sensé que brave, avait, dans un combat récent d'avant-postes, reçu au front une blessure qui devait plus tard lui être funeste, et toujours dévoué quoique peu docile, il voulait rester à cheval pendant la retraite. Masséna, pour lui en épargner la fatigue, était venu se mettre personnellement à la tête du 8ᵉ corps. Ney de son côté s'était porté sur Ourem et Leyria, pour barrer la grande route de Coïmbre sur le versant maritime, et laisser libres Thomar, Chao de Maçans, Ourem, aux corps qui allaient cheminer sur le versant du Tage.

Les dispositions de Masséna s'accomplirent avec une grande précision, nul ne faisant de faute dans l'exécution d'un mouvement qui plaisait à tous. Le 6 l'armée entière se trouva en pleine marche, sans être suivie par les Anglais. Le 7 elle était en ligne de bataille, à cheval sur les deux versants, et pouvant combattre sur l'un ou sur l'autre. Reynier était à Thomar, Junot à Ourem, Ney à Leyria. Loison resté à Punhète attendait la fin du jour pour livrer aux flammes cet équipage de pont, merveilleux et inutile ouvrage de l'industrie du général Éblé. Le soir après avoir tout brûlé il partit pour Thomar en emportant quelques chargements d'outils, et ayant à son extrême arrière-garde le bataillon des marins, qui escortait les blessés ou malades attardés dans leur marche. Le 8 toute l'armée se trouva hors d'atteinte, Reynier à droite gravissant la gorge allongée qui par Thomar, Cabaços et Espinhal, va descendre sur le Mondego, Junot au centre venant franchir la chaîne des hauteurs à Ourem, et passant derrière Ney pour aller avec la cavalerie légère occuper Coimbre et rétablir les ponts du Mondego. Ney enfin ayant ralenti le pas pour laisser écouler tout ce qui devait le précéder, et s'apprêtant à former une arrière-garde invincible avec les trois divisions Marchand, Mermet, Loison, avec la cavalerie de Montbrun, avec l'infanterie de Drouet.

Ce ne fut que le 6 au matin que lord Wellington fut exactement informé de la retraite de notre armée. Il la prévoyait d'après les mouvements déjà aperçus le 4, et d'après certains renseignements qui lui avaient été transmis; mais il était resté dans l'incertitude, et avec sa prudence ordinaire il n'avait rien voulu hasarder avant d'être bien assuré de ce qu'allaient tenter les Français. C'était déjà un si grand succès pour lui que leur retraite, qu'il avait parfaitement raison de ne pas compromettre ce succès par un mouvement précipité qui l'eût exposé à quelque grave échec. Il résolut donc de les suivre pas à pas, en les serrant de près, et en se préparant à profiter de la première faute qu'ils commettraient dans cette marche rétrograde. En même temps, comme il avait reçu la nouvelle que Badajoz était réduit à la dernière extrémité, il adressa au commandant de cette place un message pour lui annoncer de prompts secours, et le presser instamment de tenir quelques jours de plus. D'Abrantés il détacha le maréchal Béresford avec les troupes du général Hill, pour joindre les effets aux paroles, et

Mars 1811.

Lord Wellington s'étant enfin aperçu de la retraite des Français, les suit avec circonspection.

sauver une place qui était la clef de l'Alentejo. Ces dispositions terminées, il se mit en route, couchant tous les soirs à une portée de canon de nos arrière-gardes. Il avait conçu du maréchal Masséna, même d'après cette campagne si blâmée depuis, une estime profonde, et il était décidé, tout en le suivant de près, à se conduire avec la plus extrême circonspection.

Le 9 mars notre corps d'arrière-garde, le 6ᵉ, était à Pombal, entre Leyria et Coimbre, sous le maréchal Ney, à qui la présence de l'ennemi rendait ses éminentes qualités. Loison n'avait pas encore rejoint; il était partagé entre les deux versants, vers Anciado, liant Ney qui était au nord de l'Estrella avec Reynier qui était au sud et gravissait la chaîne entre Venda-Nova et Espinhal, pour déboucher dans la vallée du Mondego. Junot avait gagné un jour d'avance, afin d'aller occuper Coimbre et le Mondego. Masséna qui voulait lui en donner le temps résolut de séjourner le 9 et le 10 à Pombal, la position offrant quelques ressources, et étant de défense assez facile. Outre l'avantage de donner du temps à Junot, ce séjour avait celui de laisser défiler les nombreux convois de blessés, de munitions et de biscuit.

Ney établit donc les deux divisions Marchand et Mermet en avant de Pombal, en face de l'armée anglaise, qui s'arrêta aussi, et augmenta bientôt en nombre par l'accumulation de forces qu'un jour de retard suffisait pour amener, comme des eaux qui s'élèvent rapidement devant le premier obstacle qui les empêche de s'écouler.

En voyant les Français ne pas reprendre leur marche accoutumée, et rester en position toute la journée du 9, même celle du 10, lord Wellington conjectura qu'au lieu de se retirer tranquillement ils voulaient se dédommager de leur retraite par une bataille. Le caractère entreprenant des soldats et des chefs autorisait une pareille conjecture. Préoccupé, sinon intimidé par une telle chance, le général anglais envoya contre-ordre à une partie des troupes de Béresford destinées à secourir Badajoz, et amena à lui, par la grande route de Coimbre, la masse principale de ses forces. Il ne laissa que des détachements à la suite de Loison et de Reynier, sur l'autre versant de l'Estrella.

Ney découvrant de Pombal, où il était, la concentration de l'armée anglaise, en avertit Masséna dès le 10 au soir, et demanda ou qu'on lui permît de décamper, ou qu'on le renforçât suffisamment pour qu'il pût tenir tête à l'ennemi. Quoique sur le terrain il fût le plus hardi et le plus habile des manœuvriers, il n'avait pas dans le conseil la tranquillité un peu dédaigneuse que Masséna devait à la trempe de son caractère et à sa vaste expérience. Masséna se rendit à la hâte au quartier général de Ney, s'efforça de le rassurer, l'engagea à tenir devant Pombal, à n'en partir que le lendemain dans la journée, à bien disputer après la position de Pombal celle de Redinha, où il devait se trouver le surlendemain, de façon à donner tout le temps nécessaire à l'occupation de Coimbre et du Mondego par les troupes de Junot. Masséna dit à Ney que les Anglais, circonspects et lents comme ils étaient, ne viendraient pas à bout

Mars 1811.

Contestation entre Ney et Masséna sur le danger de l'armée à Pombal.

de quinze mille hommes commandés par lui, sur un terrain aussi propre à la défense que l'étaient les petites vallées qu'on allait traverser successivement jusqu'à Coimbre, et qui toutes formaient des affluents du Mondego. Ney, qui avait vu de près la masse des Anglais, ne se laissa pas aussi facilement convaincre que Masséna l'aurait voulu, mais promit de tenir le plus longtemps possible. Par surcroît d'embarras, le général Drouet, chargé d'appuyer Ney, était repris du désir de s'en aller, et il annonçait son départ immédiat, ce qui devait réduire Ney à deux divisions. Drouet, appelé devant Ney et Masséna, se défendit comme font les gens de mauvaise volonté, avec embarras et entêtement. Masséna, capable de la plus grande énergie quand il était poussé à bout, mais seulement alors, commit la faute de ne pas commander impérieusement, car, bien que Drouet ne fût qu'auxiliaire, il ne pouvait y avoir en présence de l'ennemi deux généraux en chef, et Masséna ayant seul en Portugal cette qualité, n'avait qu'à donner des ordres formels, sans s'épuiser à persuader un froid entêté qui ne voulait rien entendre. Ney, ne pouvant se défendre d'une certaine sympathie pour ceux qui étaient pressés de quitter le Portugal, n'appuya guère Masséna, et on se sépara sans s'être assez clairement expliqués. Drouet promit de se retirer lentement, mais il ne dit pas le moment de son départ. Ney promit de bien disputer Pombal, mais ne dit pas combien de temps. Masséna était ici dans son tort, et parce qu'il ne commandait pas avec assez de vigueur, et parce qu'il ne songeait pas à profiter de cette position de Pombal pour infliger une rude leçon aux Anglais. La position de Pombal, effectivement, eût été bonne pour leur tenir tête, et leur faire payer cher la gloire qu'ils avaient de nous voir battre en retraite. Pour cela il aurait fallu rassembler beaucoup de forces à son arrière-garde, et malheureusement Masséna n'avait pas été assez occupé de ce soin. Que faisait en effet Loison sur le flanc de Ney, à cheval sur les deux versants? Que faisait surtout Junot, envoyé tout entier sur Coimbre à la recherche des gués du Mondego? On pouvait dire, à la vérité, que Loison était nécessaire pour lier les troupes qui marchaient au sud de l'Estrella avec celles qui marchaient au nord, pour lier Reynier avec Ney. Mais en admettant que Loison pût être utile où il était, bien qu'il fût tout à fait invraisemblable que les Anglais, circonspects et mauvais marcheurs, songeassent à se jeter entre Ney et Reynier, pourquoi employer tout le corps de Junot à occuper Coimbre et à passer le Mondego, besogne à laquelle Montbrun avec une partie de sa cavalerie et deux ou trois bataillons de troupes légères aurait suffi, besogne surtout qui aurait été bien plus naturellement dévolue à Drouet, si pressé de se retirer, et de regagner Almeida? C'est dans cet art de distribuer ses forces, loin ou près de l'ennemi, que Napoléon était sans égal, et qu'aucun de ses lieutenants ne pouvait le remplacer, car c'est celle qui exige le plus d'étendue et de profondeur d'esprit. Masséna, il faut le reconnaître, donna prise ici à la mauvaise volonté de ses lieutenants, en les appuyant mal les uns par les autres, et en leur fournissant un prétexte plausible de se retirer plus tôt qu'il ne l'aurait fallu. Ney et Junot réunis, ayant Loison sur leur flanc pour les lier à Reynier, ayant Drouet sur leurs derrières pour occuper Coimbre, auraient été en mesure de donner à lord Wellington un rude choc, et de le punir de ses trop grandes prétentions.

Le lendemain 11 de très-grand matin, Ney placé à Pombal sur la rive droite de la petite rivière de l'Arunça, vit les Anglais la descendre par la rive gauche afin de la passer au-dessous de Pombal, et à cette vue il ordonna brusquement la retraite sans vouloir entendre le chef de l'état-major Fririon qui essayait de le retenir. Cependant celui-ci ayant insisté, et Ney s'apercevant qu'on pouvait jeter un grand désordre parmi les Anglais en leur reprenant Pombal, y lança un bataillon du 69°, un du 2° et un du 6° léger. Ces troupes conduites par le général Fririon, rentrèrent impétueusement dans Pombal, refoulèrent les Anglais jusqu'au pont de l'Arunça, en précipitèrent quelques-uns dans la rivière, mirent le feu au bourg, où les blessés anglais périrent dans les flammes, et retardèrent ainsi de quelques heures la marche de l'armée britannique.

Après ce coup de vigueur, Ney reprit tranquillement sa retraite, et descendit la rive droite de l'Arunça à la face des Anglais qui en occupaient la rive gauche. La route suivant la vallée pendant une lieue jusqu'à Venda da Cruz, quittait ensuite le bord de la rivière, perçait la berge gauche couverte de bois, et allait en parcourant un terrain tour à tour accidenté ou uni, descendre dans la vallée de la Soure, à un village nommé Redinha. Le maréchal Ney s'arrêta le soir à Venda da Cruz, au point où la route quittait la vallée de l'Arunça pour pénétrer dans celle de la Soure.

Masséna, averti de l'engagement de Ney à Pombal, lui fit dire qu'il allait rapprocher le général Loison, ramener en outre une des divisions de Junot (dispositions bonnes, quoique tardives), et tenter de nouveaux efforts pour retenir le général Drouet, mais qu'il le conjurait, en se repliant le lendemain sur Redinha, de se retirer lentement, car on avait peu de chemin à faire pour se trouver au bord du Mondego, et il ne fallait pas s'y laisser serrer de trop près, si on voulait le passer tranquillement, et avoir le temps de s'y établir.

Le lendemain 12, Ney décampa avant le jour, pour n'avoir pas l'ennemi à ses trousses dans les défilés qu'il avait à franchir.

Il s'engagea ainsi dans un pays accidenté où l'on marchait tantôt en plaine, tantôt sur des collines. Précédé à une assez grande distance par la division Marchand, Ney avait directement sous la main la division Mermet, forte de 6 mille fantassins admirables, ceux d'Elchingen, d'Iéna, de Friedland, n'ayant jamais servi qu'avec lui, le devinant d'un regard, prêts à se précipiter partout à un signe de son épée. Il avait en outre quatorze pièces d'artillerie, deux régiments de dragons, les 6ᵉ et 11ᵉ, et le 3ᵉ de hussards. Avec ces 7 à 8 mille hommes il se retirait lentement, suivi par 25 mille Anglais formés en trois colonnes, l'une à droite composée des troupes du général Picton et des Portugais du général Pack, l'autre au centre composée des troupes du général Cole, la troisième à gauche, de l'infanterie légère du

Mars 1811.

Retraite du maréchal Ney sur Redinha.

Beau combat de Redinha.

général Erskine. La cavalerie du général Slade, celle des Portugais et les tirailleurs liaient ces trois colonnes entre elles. Ney, comme un lion poursuivi par des chasseurs, tenait les yeux fixés sur ses assaillants pour se jeter sur le plus téméraire. Quand l'une de ces colonnes le serrait de trop près, il la couvrait de mitraille, ou la chargeait à la baïonnette, ou bien enfin lançait sur elle ses dragons, employant chaque arme selon le terrain avec un art admirable et une vigueur irrésistible. Masséna, accouru sur les lieux, ne pouvait s'empêcher d'admirer tant d'aisance, de dextérité et d'énergie. Lorsque les Anglais arrêtés court poussaient leurs ailes en avant, pour forcer les Français à se retirer en les débordant, ce qu'ils faisaient toujours un peu gauchement, n'étant ni adroits, ni agiles, Ney se rabattait sur la colonne qui avait eu la témérité de le déborder, et à son tour la prenant en flanc la renvoyait cruellement maltraitée à son corps de bataille. Il avait employé ainsi une moitié du jour à parcourir tout au plus deux lieues, et préparait aux Anglais, au bord même de la Soure, une dernière et chaude réception qui devait terminer dignement la journée. Masséna, le voyant si bien disposé, lui témoigna sa vive satisfaction, lui dit qu'il comptait sur lui, le pressa de ne pas abandonner les hauteurs qui précédaient Redinha, et le conjura de garder du terrain le plus qu'il pourrait, afin d'en avoir davantage à disputer le lendemain, puis il le quitta pour aller s'occuper du reste de l'armée.

Ney en ce moment était arrivé sur la chaîne des hauteurs qui longent la Soure, et au pied desquelles se trouve, au bord même de la rivière, le village de Redinha. Il était donc adossé au lit de la Soure et à Redinha, et avait devant lui une petite plaine arrondie, au milieu de laquelle cheminaient pesamment les Anglais, cherchant, comme ils avaient fait toute la matinée, à déborder nos ailes soit à droite, soit à gauche. La position était avantageuse à défendre, puisque de tous côtés elle entourait et dominait le petit bassin au fond duquel on apercevait l'ennemi. Elle offrait même l'occasion d'un grand succès, car on pouvait, en repoussant les Anglais, les refouler pêle-mêle dans le défilé qu'on avait traversé le matin avec eux, et les précipiter ensuite dans la vallée de l'Arunça. Ney, avec les 12 mille fantassins et les 12 cents chevaux dont il disposait, était presque certain d'obtenir ce succès, mais il était retenu par plus d'une raison de prudence. En effet il était adossé à un terrain dangereux, d'où il risquait d'être jeté dans la Soure, et poursuivi aussi dans un affreux défilé, celui qui va de Redinha à Condeixa. S'il avait eu la division Loison en réserve, et qu'il eût pu la placer sur l'autre rive de la Soure pour le recueillir en cas d'échec, il aurait été en mesure de livrer une vraie bataille avec les divisions Marchand et Mermet, et il l'aurait certainement gagnée. N'ayant pas cette réserve, il n'osa rien hasarder.

Délivré de la présence de Masséna, qui probablement eût voulu engager le combat à fond, il fit défiler devant lui la division Marchand, ordonna à cette division de descendre au bord de la Soure, de traverser la rivière par le pont de Redinha, puis de remonter sur l'autre bord, et d'y prendre position, ce qui lui permettait de se réfugier auprès d'elle s'il était trop vivement poussé. Avec la seule division Mermet, avec ses trois régiments de cavalerie et quelques bouches à feu, il résolut de tenir plusieurs heures en avant de Redinha, comme pour montrer ce qu'il était possible de faire avec sept mille hommes contre vingt-cinq mille, en manœuvrant bien sur un terrain propre à la défensive.

Posé fièrement sur les hauteurs qu'il voulait disputer, il avait ses quatre régiments d'infanterie déployés sur deux rangs, son artillerie un peu en avant, de nombreux pelotons de tirailleurs dispersés à droite et à gauche sur tous les accidents de terrain, et ses trois régiments de cavalerie en arrière au centre, prêts à charger à travers les intervalles de l'infanterie au premier moment favorable. Derrière sa gauche un chemin descendait sur Redinha, et formait sa ligne de retraite sur laquelle il avait l'œil ouvert. Derrière sa droite il avait reconnu un gué, par lequel sa cavalerie pouvait traverser la Soure et se dérober quand il en serait temps. Après s'être ainsi bien assuré ses moyens de retraite, il ne craignait pas de s'engager, étant toujours sûr de se replier à propos.

Les Anglais, déployés dans la plaine, continuaient leur manœuvre de la journée, et cherchaient à déborder nos flancs. Les généraux Picton et Pack essayaient de gravir les hauteurs à notre gauche pour disputer à Ney la retraite sur Redinha, pendant que les généraux Cole et Spencer s'avançaient en masse profonde au centre, et que l'infanterie légère d'Erskine tâchait de franchir la rivière sur notre droite aux gués choisis d'avance pour notre cavalerie. Mais Ney employant toutes ses armes avec la même présence d'esprit, commença par cribler de boulets les troupes de Picton, et leur emportant des files entières, les obligea à un mouvement oblique pour se dérober à ses coups. Parvenues toutefois à gravir les hauteurs après beaucoup de pertes, elles s'avançaient presque de plain-pied sur le flanc de Ney, et en étaient à portée de fusil, lorsque celui-ci réunissant six bouches à feu les couvrit de mitraille à bout portant, puis dirigea sur elles un bataillon du 27e, un du 59e, et tous ses tirailleurs ralliés et formés en un troisième bataillon. Ces trois petites colonnes abordèrent les Anglais de Picton à la baïonnette, les chargèrent vigoureusement, et les précipitèrent au pied des hauteurs, après en avoir tué ou blessé une assez grande quantité. En quelques instants la déroute sur ce point fut complète. Lord Wellington alors porta son centre en avant pour rallier et recueillir sa droite, et attaquer de front la position des Français. Ney laissant avancer cette masse, lui présenta le 25e léger et le 50e de ligne, avec son artillerie dans les intervalles des bataillons, et fit appuyer ces deux régiments par le 6e de dragons et le 3e de hussards. Après avoir accueilli les Anglais d'abord par les feux de son artillerie, puis par ceux de son infanterie, il les fit charger à la baïonnette, et pousser vivement sur la pente du terrain. Il lança ensuite sur eux le 3e de hussards, qui rompit leur première ligne et sabra un bon nombre de leurs fantassins. La confusion en cet instant devint extrême dans toute la masse anglaise; et si Ney, ayant gardé la division Marchand auprès de lui, avait pu engager davantage la division Mermet, la déroute serait devenue générale et irrévocable. Pourtant Ney ne voulant pas compromettre ses troupes, les ramena, les remit en bataille, et demeura en position encore plus d'une heure, continuant à envoyer aux Anglais des boulets qui faisaient dans leurs rangs de profondes trouées.

Il était quatre heures de l'après-midi. Lord Wellington, piqué au vif en se voyant ainsi retenu, maltraité par une poignée d'hommes, réunit toute son armée, la forma sur quatre lignes, et s'avança avec la détermination manifeste de forcer la position à tout prix. C'était pour le maréchal Ney le moment de se retirer, car n'ayant pas ses réserves, et voulant non pas conserver le terrain, mais le disputer, il lui était permis de l'abandonner sans regret. Il exécuta sa retraite avec l'aplomb et la vigueur qui avaient caractérisé toute cette belle journée. Tandis que les Anglais s'avançaient lentement, mais résolûment, chaque régiment d'infanterie française défilait successivement devant eux en exécutant des feux de bataillon, puis se reployait à gauche pour descendre sur la Soure par le chemin de Redinha. Les quatre régiments de la division Mermet ayant salué ainsi de leurs feux l'armée anglaise, se retirèrent par la gauche sans être même poursuivis, escortant leur artillerie qui les avait devancés, pendant que notre cavalerie, défilant par la droite, descendait paisiblement sur la Soure pour la passer à gué. Toutes les troupes de Ney vinrent s'établir de l'autre côté de la Soure, derrière la division Marchand, qui s'y trouvait en position. Les Anglais parvenus alors sur les hauteurs que nous leur avions abandonnées, se hâtèrent de descendre sur le bord de la rivière pour essayer de la franchir. Mais ils aperçurent la division Marchand postée sur l'autre rive, et couverte par une nuée de tirailleurs qui ne permettaient pas d'approcher. L'artillerie de cette division incendia le pauvre bourg de Redinha, et le rendit inhabitable. Les Anglais durent donc s'arrêter sur la Soure, après une laborieuse journée qui ne leur avait pas coûté moins de 1,800 morts ou blessés, ce qui était considérable pour eux, tandis qu'elle nous en avait à peine coûté 200. L'armée française, sous la main du plus habile de ses manœuvriers, avait montré dans cette occasion tous les genres de perfection auxquels elle arrive, quand elle joint l'éducation à la nature, c'est-à-dire la vigueur, l'adresse, l'aplomb, l'art de se ployer et de se déployer sous le feu comme sur un champ d'exercice, la facilité de passer de la défensive à l'offensive, et de celle-ci à celle-là, avec une prestesse et une solidité que rien n'égalait, il faut le dire, dans aucune armée de l'Europe, et que les Anglais ne purent s'empêcher d'admirer. Si Ney dans cette journée avait été aussi hardi comme général en chef qu'il l'avait été comme manœuvrier, il aurait certainement ramené l'armée anglaise bien loin en arrière. Mais dominé par des raisons de prudence qui avaient leur mérite, il se borna à un combat d'arrière-garde, quand il aurait pu livrer et gagner une grande bataille. Quant à Masséna, son tort fut de s'être éloigné, et surtout de n'avoir pas eu là une division de plus. L'armée britannique aurait probablement essuyé une sanglante défaite,

Mars 1811.

Résultats et caractère du combat de Redinha.

et payé cher l'honneur de nous avoir fait évacuer les bords du Tage.

Quoi qu'il en soit, les Anglais, après cette journée, avaient de suffisants motifs d'être circonspects, et les Français d'être confiants. Ney s'était replié dans un défilé qui de Redinha conduisait à Condeixa, et aboutissait à des hauteurs de facile défense, après lesquelles on tombait directement sur le Mondego et sur Coimbre. C'était le dernier échelon à parcourir sur la grande route de Lisbonne à Coimbre, et il fallait s'y maintenir vigoureusement, pour donner à Junot le temps d'établir des ponts sur le Mondego et d'occuper Coimbre, qui est sur l'autre rive de ce fleuve. Si on ne disputait pas suffisamment ce dernier point, on était jeté dans le Mondego, ou forcé de le remonter par la rive gauche, à travers une contrée difficile, en abandonnant le projet d'établissement à Coimbre, projet moyen entre le séjour prolongé à Santarem et la retraite complète jusqu'aux frontières d'Espagne. Si en effet on ne tenait pas assez devant Condeixa pour donner à Junot le temps dont il avait besoin, et qu'on fût obligé pour échapper à la poursuite des Anglais de remonter le long de la rive gauche du Mondego (voir la carte n° 53), on n'avait d'autre ressource que la position de la Sierra de Murcelha, qui ferme le bassin supérieur du Mondego sur la rive gauche, comme celle d'Alcoba le ferme sur la rive droite. Mais cette position n'était pas longtemps tenable, car les Anglais, maîtres du cours inférieur du Mondego, pouvaient la prendre à revers en remontant la rive droite de ce fleuve, et en venant se placer derrière la Sierra de Murcelha. Il n'y avait donc pas à choisir, il fallait ou s'emparer du cours du Mondego, le passer, entrer dans Coimbre, s'y établir, vivre des ressources de cette ville et de celles qu'on recueillerait dans les environs, ou se retirer sur-le-champ à Alméida et Ciudad-Rodrigo, en avouant l'insuccès complet de la campagne. Il était cependant possible d'éviter encore cette triste extrémité, car Montbrun, que Junot avait chargé de prendre les devants avec sa cavalerie, ayant trouvé une arche du pont de Coimbre coupée, avait découvert un peu au-dessous un endroit où le fleuve guéable en certaines saisons pouvait être franchi sur un simple pont de chevalets. Le général Valazé s'était procuré sur les lieux mêmes les matériaux de ces chevalets, mais il lui fallait trente-six heures pour achever le pont, et alors l'établissement à Coimbre ne faisait plus de doute, car il y avait à peine dans cette ville quelques coureurs de Trent pour nous en disputer l'entrée. En défendant Ponte de Murcelha à gauche, Busaco à droite, et en ayant son centre à Coimbre, il était facile de vivre quelque temps dans cette position, d'où l'on tenait encore les Anglais en échec, et d'où l'on pouvait partir avec avantage pour reprendre tous les projets de la campagne.

Mars 1811.

Le 12 au soir, après le superbe combat de Redinha, Masséna revint auprès de Ney, le félicita de cette journée, lui témoigna, du reste avec beaucoup de réserve, quelques regrets de ce qu'il n'avait pas voulu conserver la position en avant de la Soure, le supplia de résister en avant de Condeixa, ce qui

Instances de Masséna pour engager le maréchal Ney à disputer Condeixa le plus longtemps possible.

était fort praticable, grâce à l'avantage des lieux, et grâce aussi à l'ascendant que le 6ᵉ corps venait d'acquérir sur les Anglais. Masséna lui répéta que si on ne défendait pas Condeixa, on était ou jeté dans le Mondego, ou forcé de le remonter précipitamment en abandonnant le projet d'établissement à Coimbre. Par malheur le maréchal Ney, qui paraissait médiocrement touché des raisons du général en chef, promit de faire de son mieux, sans répondre du succès. Il semblait surtout inquiet des démonstrations des Anglais sur sa gauche, démonstrations qui, si elles avaient été sérieuses, auraient pu le séparer de Loison et de Reynier, c'est-à-dire du gros de l'armée. Pour parer à tout danger de ce côté, Masséna avait placé Loison en intermédiaire sur des hauteurs qui couraient entre la vallée de la Soure, où opérait le maréchal Ney, et celle de la Ceyra, où Reynier était descendu après avoir franchi la chaîne de l'Estrella vers Espinhal. Masséna venait en outre de détacher la division Clausel du corps de Junot, et l'avait portée au soutien de Loison, de façon que Ney avait à sa gauche deux divisions pour le lier à Reynier. Masséna aurait dû encore porter la seconde division de Junot au soutien de Ney, en ne laissant qu'un bataillon ou deux à Montbrun afin de terminer l'ouvrage des ponts. Il aurait même dû, si Drouet avait été plus obéissant, l'obliger à demeurer derrière Ney pour lui servir d'appui, et enfin y rester lui-même pour contraindre tout le monde à se conduire selon ses vues. Malheureusement il n'en fit rien, et croyant Ney assez garanti vers sa gauche par la division Clausel ajoutée à celle de Loison, le croyant assez retenu par ses instances et ses ordres, il partit le 13 au matin pour se rendre auprès de Loison, et, de la position qu'occupait celui-ci, juger les vrais projets de l'ennemi.

Mars 1811.

À peine était-il parti que Ney, resté seul et libre de ses actions devant les Anglais, se mit à observer leurs moindres mouvements avec une étrange défiance de la situation, laquelle pourtant n'avait rien d'alarmant. Les Anglais, fort éprouvés par le combat de la veille, s'avançaient lentement, ce qui, loin de rassurer le maréchal Ney, ne fit que lui inspirer plus d'inquiétude, en le disposant à croire que peut-être ils exécutaient quelque chose ailleurs. Un mouvement du général Picton sur sa gauche, qui tendait à le déborder, lui persuada sur-le-champ que toutes ses craintes étaient près de se réaliser, et qu'il allait être séparé du gros de l'armée, peut-être même enveloppé. Ce héros au cœur infaillible, à la raison quelquefois flottante, inébranlable sur un terrain qu'il pouvait embrasser de ses yeux, moins sûr de lui-même sur un terrain plus vaste qu'il ne pouvait embrasser qu'avec son esprit, ressentit ici une sorte de trouble, et craignant toujours d'être coupé, sans doute aussi trop pressé de quitter cette terre de Portugal qui lui était devenue odieuse, disputa quelques instants les hauteurs de Condeixa, puis se hâta de les quitter en défilant par sa gauche à travers une gorge étroite qui, par un trajet de trois ou quatre lieues, conduisait sur Miranda de Corvo, et devait le réunir à Loison, à Clausel, à Reynier.

Fâcheuse précipitation du maréchal Ney à quitter Condeixa, d'où résulte l'impossibilité de s'établir à Coimbre.

En adoptant une résolution aussi grave, il aurait dû pourtant en référer au général en chef, qui n'était pas loin, car ayant reçu l'ordre formel de tenir, dès lors étant exonéré de la responsabilité générale, il n'avait d'autre devoir à remplir que celui de se défendre à Condeixa même. Or jusqu'à ce moment, loin d'être réduit à l'impuissance de conserver ce poste important, il n'y était pas même attaqué sérieusement. C'était donc prendre beaucoup trop sur soi, et, pour éviter un malheur douteux, même imaginaire, comme on le sut bientôt, exposer l'armée à un malheur certain. Quoi qu'il en soit, le maréchal Ney s'engagea dans le défilé dont il vient d'être parlé, mais sentant qu'il exposait Montbrun, demeuré au bord du Mondego, à être coupé et pris, il lui fit savoir ce qui arrivait, et lui envoya l'ordre de se retirer immédiatement avec sa cavalerie, en remontant au galop les bords du Mondego, par un mouvement parallèle à celui qu'il allait exécuter lui-même avec l'infanterie du 6ᵉ corps.

Pendant ce temps Masséna s'était porté à Fuente-Cuberta, où Loison appuyé par Clausel formait la liaison de Ney avec Reynier, et était prêt à faire tourner en déroute toute tentative des Anglais pour s'interposer entre les deux masses principales de l'armée française. Du point élevé où il se trouvait, Masséna pouvait apercevoir les mouvements du général Picton, et en apprécier la portée. Or, d'après ce qu'il voyait, il n'en avait aucune inquiétude. Aussi lorsqu'on vint lui annoncer au milieu du jour que Ney avait évacué Condeixa, et avait ainsi pris sur lui de décider du destin de la campagne, il fut d'abord fort irrité, et en exprima tout haut son extrême mécontentement au chef d'état-major Fririon, qui, par son zèle, son application à rapprocher les divers chefs de l'armée, réparait, autant qu'il était en lui, les fautes commises de toute part. Masséna était même tellement exaspéré qu'il songea un instant à faire un éclat, et à retirer au maréchal Ney son commandement. Mais si près de l'ennemi, ayant besoin du concours de tous les courages, Junot n'étant pas remis de sa blessure, il sentit l'inconvénient de se priver du premier de ses lieutenants, et il s'en tint à la froide expression de son mécontentement, en ordonnant sèchement au maréchal Ney de s'arrêter au sortir du défilé dans lequel il était engagé, car il ne suffisait pas d'avoir sauvé le 6ᵉ corps d'un danger imaginaire, il fallait encore sauver Montbrun et les gros bagages d'un danger réel, en leur donnant la possibilité d'opérer un mouvement semblable à celui que venait d'exécuter le 6ᵉ corps. Du reste Masséna, qu'un instinct sûr avertissait presque toujours de ce qu'il pouvait attendre des hommes, avait pressenti ce qui allait lui arriver, et dans cette prévision il avait dirigé d'avance une partie des convois sur la route de Miranda de Corvo. Néanmoins, bien qu'acheminés depuis la veille dans cette direction, ces convois avaient besoin de beaucoup de temps pour gagner la tête de l'armée. La retraite précipitée du maréchal Ney mit Masséna lui-même, qui avait sous la main les divisions Loison et Clausel, dans un certain péril, car découvert par sa droite il aurait pu, si les Anglais avaient été plus lestes, être séparé du 6ᵉ corps. Mais il battit promptement en retraite, et marcha toute la nuit avec les deux divisions qui l'accompagnaient, par un fort beau clair de lune.

Mars 1811.

des circonstances.

Il déboucha le matin entre Casal-Novo et Miranda de Corvo, derrière le maréchal Ney, sans avoir éprouvé d'accident.

Réunion de l'armée à Casal-Novo.

Le maréchal Ney au sortir du défilé qui de Condeixa conduisait dans la direction de Miranda de Corvo, devait s'arrêter d'abord au village de Casal-Novo. Là commençait un terrain plus ouvert, mais inégal, semé de mamelons, allant aboutir à Miranda de Corvo, puis de Miranda de Corvo à Foz d'Arunce sur la Ceyra. C'est sur ce terrain que Ney devait rallier successivement les divisions Loison et Clausel, les corps de Junot, de Reynier et de Drouet. Il s'arrêta à Casal-Novo le soir, se promettant, maintenant qu'il avait rejoint l'armée et qu'il était assuré de sortir du Portugal, de disputer chaque pouce de terrain, et de faire perdre toute la journée aux Anglais, afin de donner aux détachements demeurés en arrière le temps de rejoindre.

Le lendemain 14, malgré un brouillard épais qui permettait à peine de discerner les objets à la plus petite distance, il commença de manœuvrer devant les Anglais avec une précision, une dextérité, un aplomb, qui firent l'admiration générale. Presque toute l'armée anglaise le suivait à travers cette espèce de plaine tourmentée qu'arrosent la Deuça, la Ceyra, affluents du Mondego. Ney avait rangé ses troupes en plusieurs échelons, habilement disposés sur tous les accidents de terrain propres à la défensive. Une arrière-garde sous le général Ferrey, formait le premier échelon à Casal-Novo ; la division Mermet formait le second un peu au delà, et la division Marchand le troisième, sur un relief de terrain près de Chao de Lamas. Enfin la division Loison, les divisions Clausel et Solignac du corps de Junot formaient un dernier échelon près de Miranda de Corvo. Bientôt on vit les deux armées se suivre lentement, l'une ne cédant le terrain que pied à pied, après une résistance bien calculée de chacun de ses échelons, l'autre s'avançant difficilement sous des feux meurtriers, et contre des positions où elle était obligée de poursuivre l'ennemi, sans jamais réussir à l'atteindre.

Mars 1811.

Le général Erskine avec les troupes légères ayant voulu déboucher sur Casal-Novo, l'arrière-garde du général Ferrey lui disputa le village à la faveur de quelques enclos, d'où nos tirailleurs tuaient les Anglais à coup sûr, sans pouvoir être atteints eux-mêmes. Il fallut aux troupes du général Erskine deux ou trois heures de cette fusillade si désavantageuse avant d'enlever les enclos. Lorsque les Français s'en retirèrent, et que les Anglais voulurent les poursuivre, le colonel Laferrière avec le 3ᵉ de hussards fondit sur eux au galop et sabra les plus téméraires. Les Anglais marchèrent pourtant en avant, et au moment de joindre l'arrière-garde du général Ferrey, ils la virent disparaître derrière la division Mermet, qui les arrêta tout court par son attitude et ses feux, et à son tour alla se retirer derrière la division Marchand, établie sur les hauteurs de Chao de Lamas. Celle-ci était là tout entière, fraîche, impatiente de combattre, car elle ne s'était pas mesurée avec l'ennemi depuis le commencement de la retraite, et elle était de plus très-avantageusement postée. Chaque effort des Anglais pour l'entamer fut vain. Puis à un

Belle marche de l'armée de Ca-el-Novo à Miranda de Corvo.

Mars 1811.

signal de Ney elle se retira elle aussi, et vint se mettre en ligne avec les divisions Mermet et Loison, avec les divisions Clausel et Solignac du 8ᵉ corps, sur les hauteurs de Miranda de Corvo, où les Anglais furent réduits à la suivre, perdant du monde à chaque pas, et ne gagnant que le terrain qu'on leur cédait volontairement. Le jour finissait, et ils furent contraints de s'arrêter devant l'armée française réunie en masse sur une position à peu près inabordable. Celle-ci alla coucher le 14 au soir sur les bords de la Ceyra, qu'elle franchit, sauf deux divisions que le maréchal Ney laissa à Foz d'Arunce. Les deux armées bivouaquèrent l'une à côté de l'autre.

Cette journée du 14 si bien employée par Ney, beaucoup mieux, il faut le dire, que celle du 13, donna à tous les convois le temps de regagner la tête de l'armée, et à Reynier celui de déboucher entre Miranda de Corvo et Foz d'Arunce sur la Ceyra. Montbrun de son côté, averti par Ney, avait eu la possibilité de se retirer, et avait rejoint à toutes jambes le gros de l'armée en remontant le Mondego.

Rien n'était compromis que le plan si sage du général en chef de s'établir sur le Mondego, à la hauteur de Coimbre. Tous les corps de l'armée étaient réunis avec leur matériel, après une perte d'hommes inférieure des trois quarts au moins à celle qu'avaient essuyée les Anglais, et après avoir parcouru la plus difficile partie du chemin qu'ils avaient à faire. Masséna, arrivé sur la Ceyra dans la soirée du 14, était parvenu au pied de la Sierra de Murcelha, et voulait la franchir le lendemain pour aller prendre position à Ponte-Murcelha sur la petite rivière

FUENTÈS D'OÑORO.

de l'Alva. Le général Drouet, obéissant seulement quand il fallait se mettre en tête de la retraite, s'était porté à Ponte-Murcelha, où il rétablissait les ponts de l'Alva pour lui et pour l'armée, tâche dont au reste il était heureux qu'il pût s'acquitter, car Reynier était si occupé de fourrager qu'on n'en pouvait presque rien obtenir, la moitié de ses soldats étant toujours en maraude.

Mars 1811.

Le 15 au matin on se trouvait, Junot à gauche sur la basse Ceyra, Ney au centre vers Foz d'Arunce, Reynier à droite sur la haute Ceyra. Les Anglais, si maltraités à Redinha, à Casal-Novo, ne montraient pas grande impatience de nous joindre. Ils semblaient nous escorter plutôt que nous poursuivre. Le grand caractère de Masséna, secondé par les talents de Ney, leur ôtait toute espérance de nous faire subir un échec, ou de nous faire partir une heure plus tôt que nous ne voulions.

Ney, trop confiant cette fois, n'avait pas voulu se hâter de traverser la Ceyra, et il avait permis à deux de ses divisions de passer la nuit en deçà de cette rivière, côte à côte avec les Anglais. Masséna l'avait pourtant averti du péril auquel il s'exposait, mais il n'avait tenu compte de cet avis, ne croyant plus que les Anglais eussent la hardiesse de se mesurer avec lui. Il se trompait, comme on va le voir. Lord Wellington, qui malgré sa circonspection était résolu à ne pas négliger les occasions de nous entamer, si nous avions le tort de les lui offrir, s'aperçut qu'une portion considérable du 6ᵉ corps était restée en deçà de la Ceyra, et il s'empressa dès le matin du 15 d'envelopper avec des forces imposantes le terrain do-

Surprise de Foz d'Arunce.

miné de toutes parts au fond duquel avaient bivouaqué les divisions Mermet et Marchand. Les troupes surprises par cette attaque imprévue coururent aux armes, et la division Mermet vint occuper les hauteurs qui entouraient le terrain où l'on avait passé la nuit, afin de contenir l'ennemi tandis que le maréchal Ney dirigerait la retraite de la division Marchand par l'étroit défilé du pont de la Ceyra. Malheureusement la cavalerie légère sous le général Lamotte, obligée pour fourrager de s'établir dans un champ au bord même de la Ceyra, n'avait pu faire la garde en avant de l'infanterie, ni se rallier à temps pour se porter sur les hauteurs où la division Mermet était venue prendre position. Le général Lamotte se mit donc en bataille en avant du pont, afin de laisser écouler l'infanterie qui se retirait, et de charger l'ennemi s'il se présentait jusqu'aux approches de la rivière. Pendant ce temps le maréchal Ney, à cheval dans les rangs de la division Marchand, commença de la faire défiler sur le pont, puis, la voyant se retirer tranquillement, revint auprès de la division Mermet qui contenait les Anglais sur les hauteurs, afin de ramener celle-ci et de lui faire passer le pont à son tour. Dans ce moment une batterie menacée par les Anglais se renversa sur un régiment de la division Mermet qui se reployait, et y produisit une sorte de trouble. Les soldats de ce régiment apercevant la cavalerie en bataille devant le pont, crurent qu'elle allait le traverser, craignirent de le voir obstrué par elle, et s'y précipitèrent pour n'être pas devancés. Bientôt ce ne fut qu'un torrent de fuyards en désordre, qui s'étouffaient sur le pont, et le trouvant encombré par les plus pressés, se jetaient dans la rivière pour essayer de la franchir à gué. Ney voulut en vain les retenir, et ne put jamais faire entendre sa voix. Après quelques instants de ce tumulte, il finit cependant par rallier un bataillon du 27ᵉ et quelques compagnies de voltigeurs, remonta avec cette poignée d'hommes sur les hauteurs où le général Mermet, à la tête de sa seconde brigade, soutenait un combat acharné contre les Anglais, devenus à chaque instant plus pressants. La présence de ce faible renfort et du maréchal Ney ranima l'ardeur des troupes; on chargea les Anglais, on les repoussa, et on les obligea de s'éloigner, après leur avoir fait essuyer quelques pertes. Dans cet intervalle le tumulte avait fini par s'apaiser autour du pont. Les fuyards voyant les hauteurs bien occupées derrière eux, s'étaient rassurés, et avaient défilé avec plus de calme. La seconde brigade de Mermet, après avoir disputé les hauteurs tout le temps nécessaire, en descendit à son tour, passa le pont avec ordre, et vint se réunir sur l'autre rive au reste du 6ᵉ corps. Dans le premier moment, le maréchal Ney crut avoir quelques centaines de noyés parmi ceux qui s'étaient jetés dans la rivière dans l'espoir de la traverser à gué. Heureusement le nombre des hommes perdus fut peu considérable. A peine cent cinquante soldats firent-ils défaut à l'appel dans les rangs des deux divisions, et la plupart encore avaient été tués ou blessés dans le combat livré par la seconde brigade du général Mermet contre les Anglais. Le maréchal Ney ne voulant pas s'en prendre à lui-même, s'en prit au général La-

Mars 1811.

Mars 1811.

L'armée s'arrête sur l'Alva.

motte, commandant de la cavalerie légère, qu'il renvoya sur les derrières de l'armée, quoique ce général eût bien peu de torts à se reprocher dans cette désagréable échauffourée.

Du reste, cet accident était de médiocre importance. L'armée prit position derrière la Ceyra sans être inquiétée; car la résistance du général Mermet en avant de Foz d'Arunce avait de nouveau prouvé à lord Wellington que cette armée, toujours si grande dans les périls, n'était pas facile à entamer. Les ponts de l'Alva, par lesquels on devait passer après avoir franchi la Sierra de Murcelha, n'étant pas rétablis, on séjourna le 16 entre la Ceyra et l'Alva sans être attaqué par les Anglais. Le 17 on se porta sur l'Alva. Le caractère de Masséna, comme il est aisé de le concevoir, souffrait cruellement d'être réduit à une pareille retraite, par la faute de son maître qui lui avait assigné une tâche impossible, par celle de ses lieutenants qui l'avaient contrarié dans tous ses plans, par celle de ses voisins qui ne l'avaient pas secouru, par celle des circonstances enfin qui avaient pour ainsi dire conspiré contre lui; et il aurait voulu donner à son mouvement le caractère d'une manœuvre plutôt que celui d'une retraite. C'est par ce motif qu'il avait projeté un établissement sur le Mondego, à la hauteur de Coimbre, ce qui n'était qu'une position prise un peu en arrière de celle de Santarem, mais point un abandon du Portugal. Privé de cette ressource par la promptitude du maréchal Ney à quitter le poste de Condeixa, il aurait désiré au moins s'arrêter sur l'Alva, qui longe la Sierra de Murcelha, correspondante, avons-nous dit, à la Sierra d'Alcoba. Mais cette position était peu sûre, puisqu'elle pouvait être tournée si les Anglais remontaient la rive droite du Mondego, et de plus elle n'était pas assez offensive pour compenser l'inconvénient d'être à plusieurs jours d'Alméida et de Ciudad-Rodrigo, où étaient réunies les ressources de l'armée, et d'exiger pour vivre des moyens de transport qui n'existaient point. C'était donc plutôt une consolation pour son noble orgueil, qu'une manœuvre dont le succès importât beaucoup. En tout cas, ses lieutenants n'étaient pas juges de cette question, et dès qu'il voulait s'établir sur l'Alva, leur devoir était de concourir à son dessein. Ils ne le servirent pas plus sur l'Alva qu'ils ne l'avaient servi sur le Mondego.

Mars 1811.

Le 18 on était sur l'Alva, dont les ponts étaient entièrement rétablis. Junot se trouvait à droite (droite en regardant l'ennemi) près de l'embouchure de l'Alva dans le Mondego; Ney au centre derrière Ponte-Murcelha, Reynier à gauche vers les montagnes et sur les flancs de l'Estrella, où l'Alva prend sa source; Drouet enfin, que les ordres de Masséna ne retenaient plus, sur le chemin d'Alméida. Masséna avait expressément recommandé à Ney de bien défendre la position de Ponte-Murcelha, ce qu'il avait promis, et ce qu'il était résolu à faire, pour réparer le désagrément essuyé à Foz d'Arunce.

Mais cette fois, tant la fatalité semblait poursuivre l'armée de Portugal, la désobéissance devait venir du plus obéissant des lieutenants de Masséna, de celui au moins qui jusqu'ici s'était montré le moins indocile, du général Reynier. Le maréchal Ney éta-

Un faux mouvement du général Reynier oblige l'armée à abandonner l'Alva.

bli sur l'Alva, dans la position de Ponte-Murcelha, cherchait à s'assurer par des reconnaissances si ses ailes étaient bien gardées, et s'il ne courait pas risque d'être de nouveau surpris par l'ennemi. A sa droite il avait trouvé les postes de Junot étroitement liés avec les siens. Mais à sa gauche il ne rencontra point ceux de Reynier, précisément dans la partie où la Sierra de Murcelha, faiblement rattachée à celle de l'Estrella, pouvait être franchie. Ney, inquiet en se voyant presque abandonné sur sa gauche, s'en plaignit vivement à Masséna. Celui-ci envoya officiers sur officiers pour s'enquérir de Reynier, qu'on découvrit très-loin de la Sierra de Murcelha, c'est-à-dire sur la Sierra de Moïta, autre rameau détaché de l'Estrella, et placé fort en arrière de la position actuelle de l'armée. Reynier n'ayant jamais eu à remplir pendant la retraite le rôle d'arrière-garde qui était échu au maréchal Ney, avait pris durant ces quinze jours l'habitude de se répandre au loin pour vivre, et de disperser ses troupes dans les villages, au lieu de les tenir réunies et prêtes à combattre. Il avait donc choisi le campement le plus commode, le plus étendu, et ne s'était nullement inquiété de garder la gauche du 6ᵉ corps. Il faut ajouter, pour expliquer cette conduite, que Reynier avait fini par concevoir aussi quelque humeur contre le général en chef. Militaire instruit, fort possédé du goût d'écrire sur les événements auxquels il assistait, il avait rédigé une sorte de procès-verbal de la conférence de Golgao, dans laquelle il avait joué un rôle. Son récit, inexact en plusieurs points, avait déplu à ses collègues, et Masséna avait été obligé de lui en adresser quelques reproches. C'est par suite de ces reproches, et de l'exemple des autres chefs de corps, qu'il avait commencé à s'écarter peu à peu des égards et de la subordination dus au vieux maréchal sous lequel il avait l'honneur de servir. Loin d'obéir à l'ordre de venir se placer à la gauche de l'armée, il répondit par un plan d'attaque contre la droite des Anglais, qui, suivant lui, devait avoir de grandes conséquences. Ce n'était pas là ce qu'on lui demandait, et il aurait fallu d'abord se lier à Ney pour le couvrir; mais tandis que Reynier dissertait sur les opérations qu'on aurait pu entreprendre, Ney, tout à fait découvert, et voyant distinctement les Anglais s'avancer au delà de l'Alva sur sa gauche, fut contraint, par des raisons de prudence très-fondées, d'abandonner Ponte de Murcelha, et de faire ainsi échouer de nouveau, mais involontairement, les projets de Masséna. La position de l'Alva n'était dès lors plus tenable, et du reste elle n'était regrettable que pour Masséna, dont elle eût consolé l'orgueil. Il n'y avait donc plus qu'à rejoindre la frontière d'Espagne, de laquelle on était fort rapproché en ce moment.

Les Anglais de leur côté commençant à manquer de vivres, par la difficulté de les transporter aussi loin de la mer, et désespérant d'ailleurs d'entamer une armée qui défendait si vigoureusement ses derrières, sentaient la nécessité de s'arrêter quelques jours. Les Portugais, qui étaient toujours servis après les Anglais, et que très-souvent on se dispensait de nourrir en célébrant leur sobriété, mouraient de faim, et se plaignaient hautement. Une halte de trois

Mars 1811.

définitive de l'armée, et retour en Espagne après un séjour de six mois en Portugal.

ou quatre jours entre Ponte de Murcelha et Coimbre leur était donc indispensable, et fut résolue par lord Wellington. L'armée française continua sa marche sur trois colonnes sans être poursuivie, parvint vers le 22 mars sur la ligne des hauteurs qui séparent la vallée du Mondego de celle de la Coa, et se trouva en vue des frontières de l'Espagne, d'où elle était partie six mois auparavant pour envahir le Portugal.

Le vieux maréchal rentrait en Espagne le cœur navré. Bien que cette troisième évacuation du Portugal ne ressemblât point aux deux premières, et qu'elle n'eût rien de commun avec celle du général Junot se retirant de Lisbonne après une capitulation, avec celle du maréchal Soult revenant d'Oporto sans artillerie; bien qu'après avoir tenu près de six mois sur le Tage, sans secours, sans vivres, sans communications, sans nouvelles de France, dans une des positions les plus difficiles où un général en chef ait jamais été placé, il y eût déployé toutes les qualités d'un grand caractère; bien qu'il eût exécuté une marche de soixante lieues dans un pays stérile et ruiné, suivi par une armée double de la sienne, sans perdre ni un canon, ni un blessé, ni une voiture de bagages, et eût inspiré tant de respect que l'ennemi avait presque renoncé à le poursuivre; bien qu'il n'eût rien à se reprocher dans ses déterminations principales, qui toutes avaient été aussi fermes que sensées, et qu'il eût commis seulement quelques fautes de détail, fâcheuses assurément, mais fréquentes dans les guerres même les plus vantées, néanmoins il était cruel à son âge, après tant de travaux, après tant de triomphes, d'ajouter à ses nombreuses campagnes une campagne méritoire sans doute aux yeux des juges éclairés et informés, mais se réduisant à un but manqué aux yeux de ce public ignorant et impressionnable qui ne juge que par les résultats. D'ailleurs l'aspect de son armée avait de quoi l'affecter profondément. Le spectacle qu'elle offrait n'était pas moins étrange que la campagne qu'elle venait de faire. Dès que le canon retentissait, les soldats se retrouvaient dans le rang aussi fermes, aussi disciplinés qu'on pouvait le désirer, et manœuvraient à la voix de leurs chefs avec autant de précision que sur un champ d'exercice, surtout dans le corps du maréchal Ney, qui, pendant cette retraite, avait conservé en présence de l'ennemi une tenue admirable. Hors de là ils étaient à moitié dispersés, courant de tout côté pour se procurer des vivres. On les voyait marcher en troupes hors des rangs, chargés du butin qu'ils avaient pu recueillir, mêlés à de longues files de blessés qui étaient portés sur des ânes, à des voitures de bagages ou d'artillerie qui étaient traînées par des bœufs, car la majeure partie des chevaux de trait étaient ou morts ou épuisés faute de nourriture. A peine restait-il assez de chevaux pour manœuvrer quelques pièces de canon devant l'ennemi, et la cavalerie n'osait presque plus se fier aux siens dans l'état d'épuisement où ils étaient. Le soldat noirci par le soleil, maigre, couvert de haillons, dépourvu de souliers, mais vigoureux, rompu à la fatigue, hautain, arrogant, licencieux dans son langage comme dans ses habitudes, ne supportait pas sa détresse avec la résignation qui rend quelquefois si noble la misère du

Mars 1811

Spectacle qu'offre l'armée au moment de sa rentrée en Espagne.

Mars 1814.

guerrier. Il l'endurait avec une humeur qui approchait de l'insubordination. Il s'en prenait à tout le monde de tant de souffrances inutilement subies; il s'en prenait à ses supérieurs immédiats, au général en chef, à l'Empereur lui-même. Masséna, qui au début de la campagne lui imposait tant par sa gloire, avait malheureusement perdu tout prestige par la faute des chefs de corps, qui ne l'avaient pas assez ménagé dans leurs discours, et malheureusement aussi par sa propre faute. Vieux, fatigué, ayant bien droit au repos, n'en ayant guère goûté depuis vingt ans, il avait eu la faiblesse de chercher un soulagement à ses longs travaux dans quelques plaisirs peu conformes à son âge, et dont surtout il ne faut pas rendre témoins les hommes qu'on est chargé de commander. Il s'était fait suivre par une femme, qui ne l'avait pas quitté pendant la campagne, et dont les soldats avaient dû souvent escorter la voiture au milieu de chemins difficiles et périlleux. Dans la victoire, les soldats rient des travers de leurs chefs; dans la mauvaise fortune, ils leur en font des crimes. Encouragés par le langage inconvenant de plusieurs généraux, les soldats de l'armée de Portugal en étaient venus d'une grande considération pour la vaste carrière de Masséna, à une liberté de propos dégradante pour eux et pour lui. Masséna sentait ce défaut de respect et en était vivement touché. Pourtant, loin d'être ébranlé ou déconcerté dans une position où peu d'hommes auraient su se défendre de l'être, il songeait par de nouveaux travaux, dont lui seul voulait encore, à donner une autre signification au mouvement rétrograde qu'il

Masséna, pour corriger l'effet moral de sa retraite, voudrait reprendre l'offensive en descendant

venait d'exécuter. Ainsi, à peine rentré sur la frontière, il se proposait d'accorder trois ou quatre jours de repos à l'armée, de renvoyer dans les places d'Alméida et de Ciudad-Rodrigo les éclopés, les blessés, les malades, de prendre les quelques effets d'habillement qui existaient dans les magasins, de faire acquitter la solde arriérée dont les fonds avaient été retenus à Salamanque, de se procurer quelques chevaux de rechange, et puis, par Guarda et Belmonte, de franchir la Sierra de Gata, qui relie, avons-nous dit, l'Estrella au Guadarrama, de descendre sur le Tage par Alcantara, en suivant la route que Reynier avait suivie pour le joindre au mois de juillet précédent, et de recommencer ainsi sur-le-champ la campagne de Portugal d'après d'autres données. Il lui restait encore, en défalquant les troupes du général Drouet, 40 mille hommes d'une incomparable valeur, parmi lesquels il n'y avait plus un seul soldat accessible à la fatigue ou à la crainte, et avec une pareille force, donnant désormais la main à l'armée d'Andalousie, il se flattait de pénétrer en Portugal par une voie nouvelle. Mais espérer un second effort de cette nature après le mauvais résultat du premier, c'était trop présumer, sinon des soldats, au moins des chefs. Quant aux soldats, avec des souliers, des vivres, quelques jours de repos, on pouvait tout en attendre encore, mais les chefs, désunis, découragés, mécontents d'eux-mêmes et des autres, ne voulant pas devoir à la constance les succès qu'ils n'avaient pas dus au bonheur, ils étaient pour le moment incapables de seconder les projets du maréchal. Aussi dès que ces projets furent indiqués par

Mars 1811

sur le Tage vers Alcantara

Mars 1811.

Chances que présente le projet de marcher sur le Tage par Alcantara.

les ordres émanés du quartier général, ils devinrent l'objet de violentes critiques, et d'un soulèvement d'esprit presque universel.

Il est vrai qu'ils étaient critiquables sous beaucoup de rapports. Sans dire, comme les lieutenants de Masséna s'empressèrent de le répandre jusque dans les rangs des soldats, que si on quittait les places de Ciudad-Rodrigo et d'Alméida, les Anglais, trouvant la Vieille-Castille ouverte, se hâteraient d'y pénétrer, et couperaient de leur base d'opération toutes les armées françaises agissant en Espagne, résolution peu vraisemblable de la part d'un général aussi prudent que lord Wellington, et du reste peu à craindre, car le maréchal Masséna par un prompt retour en arrière l'aurait bientôt forcé de repasser la frontière; sans alléguer ces raisons peu sérieuses, il fallait se demander si en se portant sur le Tage on pourrait y vivre, si, en admettant qu'on pût y vivre, on y atteindrait le but assigné à l'armée de Portugal, qui était de prendre Lisbonne et d'en chasser les Anglais? Or une cruelle expérience venait d'apprendre que sans la possession des deux rives du Tage on ne pouvait pas attaquer Lisbonne avec succès. Si, en effet, on opérait par la gauche du fleuve, on devait ne pas avoir la droite, à moins qu'à partir d'Alcantara on ne descendît en se tenant à cheval sur les deux rives. Pour cela il aurait fallu un équipage de pont, qu'on n'avait point, et en protéger les mouvements par des routes latérales au fleuve, qui n'existaient pas. La possession des deux rives n'était donc pas probable. De plus, avec quarante mille hommes, bien qu'excellents, on n'avait pas assez de forces pour agir offensivement. On aurait toujours eu besoin de la coopération de l'armée d'Andalousie, qu'on n'était pas beaucoup plus fondé à espérer quand on irait la chercher, que lorsqu'on l'avait attendue à Abrantès. Si véritablement elle n'avait pas pu s'éloigner de l'Andalousie à cause des embarras qui l'y retenaient, elle ne le pourrait pas davantage quand on descendrait vers elle; si, au contraire, elle ne l'avait pas voulu, on ne lui inspirerait pas plus de dévouement de près que de loin. Il n'était donc pas à présumer que dans cette nouvelle invasion du Portugal on atteignît le but plus que dans la précédente. Tout ce qu'on pouvait, c'était de donner encore une fois la preuve de l'invincible opiniâtreté du vieux défenseur de Gênes. Cinquante mille hommes de renfort, des vivres, des chevaux, un équipage de pont, une autorité obéie, un temps de repos, voilà ce qui eût été nécessaire pour recommencer avec chance de réussir la campagne de Portugal, toutes choses que ne procurait point la résolution de marcher sur Alcantara.

L'esprit rempli de ce projet qui le consolait de ses chagrins, Masséna en arrivant sur la frontière de la Vieille-Castille dirigea ses trois corps vers la Sierra de Gata, et leur assigna des cantonnements calculés d'après la marche qu'ils auraient à exécuter prochainement. Il assigna au corps de Reynier comme lieu de repos Belmonte qui est aux sources du Zezère sur le revers sud de l'Estrella, au corps de Junot, Guarda qui est aux sources du Mondego, et au corps de Ney, Celorico qui est un terrain pierreux, fort aride, fort pauvre, séparant les eaux de la Coa de celles

Mars 1811.

Résistance des lieutenants de Masséna au projet d'une nouvelle marche offensive.

du Mondego. Les instructions de Masséna, en ordonnant de se débarrasser des blessés, des malades, des bagages inutiles, d'accorder un peu de repos aux troupes, de faire venir les objets d'équipement nécessaires et les fonds de la solde, laissaient pressentir ses desseins ultérieurs. Il demandait notamment à Reynier, qui avait vécu plusieurs mois en Estrémadure, de le renseigner sur les ressources de ce pays. Bientôt le projet de Masséna ne fut plus un secret. Sa divulgation ne plut guère dans le corps de Reynier, qui n'avait pas eu lieu d'être satisfait de son séjour en Estrémadure, et qui s'attendait d'ailleurs à trouver le pays totalement épuisé. Elle ne plut pas davantage dans celui de Junot, qui ne connaissait pas l'Estrémadure, mais qui n'avait pas envie de recommencer de sitôt une campagne aussi rude et aussi peu fructueuse. Dans le corps de Ney ce fut bien pis encore. Ce corps venait de supporter toutes les fatigues et tous les dangers de la retraite, ce qui du reste était juste, puisque pendant le séjour à Santarem il avait toujours été loin de l'ennemi et entièrement préservé de la disette. Mais il venait de souffrir beaucoup, ayant été obligé de garder ses rangs pendant la retraite, et ayant été ainsi privé de la liberté de fourrager. De plus, on lui avait donné pour lieu de repos un désert rocailleux, où ne se trouvaient ni pain, ni viande, ni légumes, où pour toute récréation il n'avait que la vue d'un ennemi bien nourri, de continuelles alertes d'arrière-garde, et des pluies torrentielles. Lui annoncer qu'après trois ou quatre jours d'immobilité et de famine dans ce lieu maudit, il serait réputé reposé, et défilerait en vue de la Vieille-Castille pour descendre en Estrémadure, où il avait séjourné un instant à l'époque de la bataille de Talavera, sans y rencontrer l'abondance bien que le pays fût vierge alors, c'était le réduire au désespoir. Les généraux de division au nom de leurs troupes se hâtèrent d'élever la voix auprès du maréchal Ney, qui n'avait pas besoin d'être excité; ils le pressèrent de faire connaître leur détresse au général en chef, de lui montrer l'impossibilité de rester seulement quarante-huit heures dans le lieu où on les avait placés, l'impossibilité également de se remettre en marche sans avoir reçu des vêtements, des souliers, de l'argent, des chevaux. Or, comme les vêtements, les souliers, l'argent, étaient à Salamanque, et les chevaux on ne sait où, il était peu vraisemblable que trois ou quatre jours, même dix, suffissent au ravitaillement de l'armée. Le maréchal Ney surtout était révolté de l'idée de faire une nouvelle campagne sous l'autorité du maréchal Masséna. Encouragé par les plaintes qui s'élevaient autour de lui, par la popularité dont il jouissait dans son corps d'armée, il céda à un mouvement d'indocilité qui rappelait certains temps de la révolution, et qui, sous Napoléon, n'était concevable qu'en Espagne, au milieu de l'anarchie militaire naissant des privations, des revers et des distances. Le maréchal écrivit donc au général en chef une lettre dans laquelle, énumérant les souffrances inouïes de son corps d'armée, l'impossibilité où il était de vivre à Celorico, la nécessité de le laisser revenir sur la Coa, les inconvénients d'une nouvelle campagne sur le Tage, il réclamait

Mars 1811.

Le maréchal Ney se fait l'interprète des chefs de corps auprès du général en chef, et refuse formellement la production des ordres de l'Empereur, et déclarait que si ces ordres, comme il le croyait, n'existaient pas, il se verrait forcé de désobéir. C'était là un acte fort extraordinaire, et qui prouve à quel point le joug des lois est nécessaire en tout temps pour contenir les militaires dans la ligne du devoir. Le maréchal Ney avait d'excellentes raisons pour improuver le mouvement sur le Tage, bien que dans sa dépêche il ne donnât pas les meilleures; cette improbation il pouvait l'exprimer confidentiellement au général en chef, si ce dernier lui demandait son avis, ou même sans qu'il le demandât, mais exiger la communication des ordres de l'Empereur était une prétention des plus étranges, car il suffisait que le maréchal Masséna fût général en chef pour qu'on dût lui obéir, qu'il eût ou non des instructions de l'Empereur, qu'il y suppléât, ou qu'il les modifiât à son gré. Lui seul en était juge, et n'avait à s'en expliquer qu'avec l'Empereur, sans avoir de compte à rendre aux officiers placés sous son autorité.

Le maréchal Masséna était persuadé que l'indocilité de ses lieutenants, et parfois la tiédeur de leur zèle, l'avaient empêché à Busaco d'emporter la position de l'ennemi, à Punhète de passer le Tage, à Condeixa de s'emparer de la ligne du Mondego, à Ponte-Murcelha enfin de s'arrêter sur la ligne de l'Alva. Il en était exaspéré, et s'il n'avait pas éclaté plus tôt, c'était pour ne pas causer dans l'armée un ébranlement qui eût été dangereux pendant la retraite. Mais, tiré de son laisser aller habituel par le dernier acte du maréchal Ney, il prit instantanément la résolution de lui arracher son épée en présence de toute l'armée. Il adressa à ce maréchal une dépêche dans laquelle s'étonnant de la lettre qu'il en avait reçue, et ne daignant pas répondre à la prétention de connaître les instructions de l'Empereur, il lui réitérait ses ordres antérieurs, relatifs à un mouvement sur le Tage, et lui demandait s'il persistait dans son refus d'obéir. Le maréchal Ney, apercevant trop tard, d'après cette interpellation péremptoire, à quoi il s'était exposé, aurait voulu revenir sur une démarche irréfléchie, mais, se voyant mis à une sorte de défi devant son état-major, la pire espèce des cours, il ne l'osa pas, et insista, en termes qui quoique plus convenables étaient encore inadmissibles, pour obtenir la communication des ordres de l'Empereur.

Devant cette persistance, Masséna ne différa plus. Il enjoignit au maréchal Ney de quitter sur-le-champ le 6ᵉ corps et de se rendre dans l'intérieur de l'Espagne pour y attendre ce que l'Empereur statuerait à son égard; il ordonna au général Loison, comme au plus ancien des divisionnaires du 6ᵉ corps, d'en prendre le commandement, et défendit, sous la menace des peines attachées à la révolte, d'obéir au maréchal Ney. Les complaisants qui en flattant l'illustre maréchal l'avaient entraîné à une insubordination regrettable, sentant leur misérable coterie brisée par l'énergie du général en chef, auraient voulu maintenant décider le maréchal à céder. Mais la fierté de celui-ci, déplorablement engagée, ne le permettait guère. Une occasion de revenir s'offrait, il est vrai. Les Anglais ayant reçu leurs convois de vivres, s'étaient de nouveau mis en route, et, après avoir abandonné quelques jours les traces de l'armée française, venaient de reparaître avec l'intention apparente de les suivre. La présence de l'ennemi fournissait un prétexte d'honneur de ne pas quitter le commandement du 6ᵉ corps. Le maréchal Ney, protestant contre l'ordre qui le frappait, écrivit au maréchal Masséna qu'à l'approche des Anglais il croyait devoir ne pas s'éloigner de l'armée. Néanmoins Masséna, devenu inflexible, réitéra l'ordre au général Loison de prendre le commandement du 6ᵉ corps. Le maréchal Ney, cette fois, faisant succéder à un moment d'erreur une louable soumission, quitta le 6ᵉ corps où il laissait d'universels regrets, mais aucune disposition à la révolte.

Ce sacrifice douloureux ayant été fait à la discipline, on put remarquer chez les troupes moins d'indocilité de langage, mais pas plus de goût pour renouveler sur le Tage des tentatives qu'on regardait comme funestes à l'armée, et inutiles aux desseins de l'Empereur. On était résigné sans doute à obéir, mais avec une véritable haine contre ceux qui exigeraient une telle obéissance. Quoique Masséna, dur pour les autres comme pour lui-même, tînt peu de compte, et même trop peu de ce qu'on appelait la souffrance, il avait pourtant consenti à rapprocher le 6ᵉ corps des places d'Alméida et de Ciudad-Rodrigo, afin de puiser dans leurs approvisionnements de quoi fournir la ration qui manquait aux soldats. On commença donc à vivre aux dépens de ces places.

Malheureusement le dénûment du pays dans lequel on arrivait, égalait celui des troupes qui venaient s'y refaire. Le général Gardanne, chargé de veiller sur les derrières de l'armée de Portugal et de réunir des approvisionnements, n'avait pas eu l'autorité suffisante pour s'en procurer. Le général Drouet, commandant du 9ᵉ corps (c'était le titre donné aux anciennes divisions d'Essling), n'avait eu que le temps de paraître, puisqu'il était immédiatement entré en Portugal, et n'avait fait que consommer le peu qu'on avait recueilli. A la vérité, quelques-uns des marchés passés à l'époque du départ de l'armée, en septembre dernier, s'étaient exécutés, mais à Salamanque, et une partie des grains achetés ou requis se trouvait sur des charrettes abandonnées, le long des routes de Salamanque à Ciudad-Rodrigo. Le surplus avait servi à nourrir les divisions Conroux et Claparède. A peine restait-il dans les places d'Alméida et de Ciudad-Rodrigo un faible approvisionnement de siége pour des garnisons de médiocre force, et cet approvisionnement ne pouvait manquer d'être bientôt dévoré par le 6ᵉ corps. Une nouvelle mesure que Napoléon venait de prendre avait encore aggravé, en le compliquant, ce triste état de choses. Il avait nommé le maréchal Bessières (duc d'Istrie) commandant de tout le nord de l'Espagne. Voici quels avaient été ses motifs.

Mars 1811.

Frappé de l'inconvénient d'avoir des commandants différents à Burgos, à Valladolid, à Léon, à Salamanque, mécontent en particulier du général Kellermann, dont il blâmait l'administration, et dont il ne goûtait pas les critiques trop hardies, Napoléon avait voulu réunir toutes les troupes dispersées dans le nord de l'Espagne sous la main d'un seul commandant en chef, qui devait avoir sous ses ordres les

Nouvelles complications résultant de la présence du maréchal Bessières, nommé commandant des provinces du nord de l'Espagne.

Mars 1811.

provinces de Biscaye, de Burgos, de Valladolid, de Zamora et de Léon. Il avait choisi pour cette fonction élevée le maréchal Bessières, parce que ce maréchal avait déjà servi dans le nord de la Péninsule, où il avait remporté la brillante victoire de Rio-Seco, et parce qu'il était en outre à la tête de la garde impériale. Le plus gros corps de troupes dans cette région étant celui de la jeune garde, qui était fort de 17 mille hommes environ et résidait à Burgos, Napoléon n'avait pas cru pouvoir mieux faire que d'y renvoyer le commandant supérieur de sa garde. Le duc d'Istrie était déjà installé à Burgos au moment où l'armée de Portugal rentrait en Vieille-Castille. Masséna lui avait écrit pour lui annoncer sa venue, ses besoins, ses projets, son court séjour dans le nord de la Péninsule, et lui demander des secours immédiats en vivres, en munitions et en chevaux.

Promesses nombreuses du maréchal Bessières à Masséna.

Le maréchal Bessières était un fort brave homme, un excellent officier de cavalerie, originaire de Gascogne, promettant beaucoup, ne tenant pas autant qu'il promettait, s'agitant volontiers, du reste probe, spirituel, et profitant d'un dévouement connu à Napoléon pour lui dire souvent des vérités utiles. Il n'avait pas manqué, comme tous ceux qui prenaient un commandement en Espagne, de peindre au vrai l'état déplorable des choses, le grand nombre des guérillas, l'extrême souffrance des peuples, leur haine profonde pour nous, les misères de l'armée, et surtout cette circonstance singulière de voitures de blé abandonnées, faute de chevaux, sur la route de Salamanque à Ciudad-Rodrigo. Naturellement il avait accompagné ces vives peintures de l'engagement un peu présomptueux de remettre bientôt l'ordre dans ce chaos. Quoiqu'il témoignât pour Masséna beaucoup de déférence et d'admiration, il avait adressé à Paris des rapports peu avantageux sur ce qui venait de se passer en Portugal, se basant sur le plus trompeur des témoignages, celui d'une armée mécontente; et tandis qu'il écrivait de la sorte à Paris, il avait prodigué personnellement à Masséna les assurances du plus complet dévouement, et lui avait fait espérer des secours, qu'au surplus il lui aurait fournis volontiers, s'il avait eu le talent de se les procurer. Provisoirement il avait commencé par prendre à Salamanque une partie des sommes qui s'y étaient accumulées pour la solde de l'armée, et par les employer en marchés de blé d'un succès douteux, de manière que la dispersion des fonds avait devancé le service annoncé, et qu'au lieu de vivres il n'avait envoyé à l'armée de Portugal que des promesses fort chaleureuses.

Mars 1811.

Après quelques jours d'attente sur la frontière de la Vieille-Castille, Masséna ne voyant rien arriver, recevant en même temps de Reynier et de plusieurs autres de ses lieutenants des détails peu rassurants sur les ressources qu'on pouvait se promettre en Estrémadure, voyant diminuer les approvisionnements de Ciudad-Rodrigo et d'Almeida avec une telle rapidité qu'il y avait danger à s'éloigner de ces places, qui ne pourraient pas vivre au delà de trois ou quatre semaines si on les laissait bloquer par l'ennemi, voyant sa cavalerie et son artillerie sans chevaux, et les esprits toujours plus exaspérés contre la pensée d'une nouvelle campagne sur le Tage,

Le maréchal Masséna ne recevant que des promesses du maréchal Bessières, et reconnaissant l'impossibilité de se procurer les ressources nécessaires pour un mouvement offensif, renonce à une nouvelle marche sur le Tage.

Masséna renonça enfin au projet qui depuis la perte successive des lignes du Mondego et de l'Alva, était devenu le seul adoucissement à ses chagrins. Dès ce moment il n'y avait plus moyen de dissimuler cette douloureuse retraite, ni de lui donner une autre signification en se portant sur Alcantara; il fallait avouer qu'après une marche hardie sur Lisbonne, après un séjour opiniâtre de six mois sur le Tage, on avait été obligé, comme les deux armées qui s'étaient antérieurement avancées en Portugal, d'évacuer cette contrée si peu favorable aux armes françaises.

Le maréchal Masséna fit partir sur-le-champ pour Paris un officier de confiance afin d'exposer à Napoléon les événements de la retraite, les causes qui avaient empêché son établissement sur le Mondego, celles qui empêchaient sa nouvelle marche sur le Tage, et les scènes regrettables qui s'étaient passées entre lui et le maréchal Ney. Cet officier devait demander des secours, des ordres, tout ce qu'il fallait enfin pour recommencer immédiatement la campagne. On n'eût pas dit que cet illustre vétéran, accablé de fatigue, abreuvé d'amertumes, eût éprouvé le moindre dégoût, tant il conservait de fermeté et de résolution. Il réclamait non du repos, mais des moyens d'agir. Il n'avait pas encore alors reçu de réponse à la mission du général Foy, qui avait été chargé d'expliquer le mouvement du Tage sur le Mondego.

En même temps il fit rentrer l'armée en Vieille-Castille. Il la distribua entre Alméida, Ciudad-Rodrigo, Salamanque, Zamora, dans des cantonnements où elle pût se refaire, et ensuite il se rendit de sa personne à Salamanque pour essayer d'imprimer par sa présence quelque activité à l'administration de l'armée. Il espérait, en se rapprochant, obtenir quelque chose de la remuante activité du maréchal Bessières, qui ne cessait de se proclamer son lieutenant très-affectionné et très-soumis.

Mars 1811.

Pendant la retraite dont on vient de lire le récit, le maréchal Soult avait continué et achevé le siége de Badajoz, conduit d'abord avec une grande lenteur, et dans les derniers jours avec une remarquable célérité. Le fort de Pardaleras avait été pris le 11 février, et en ayant acquis dès cette époque ce point d'appui si rapproché de l'enceinte, on n'était pas encore parvenu dans les premiers jours de mars au bord du fossé, où, d'après toutes les règles de l'art, et vu la force de la place et de la garnison, on aurait dû être en six ou huit jours. Il est vrai que la bataille de la Gevora avait été livrée dans l'intervalle; mais, d'après le journal du siége, elle n'avait détourné les troupes que pendant trois jours, et encore n'avait-elle fait que ralentir les travaux sans les suspendre. Si le temps avait été employé devant Badajoz comme il l'avait été dans les autres siéges exécutés en Espagne, si à partir de la prise du fort de Pardaleras la place eût été emportée en douze ou quinze jours, l'armée d'Andalousie aurait pu être libre du 23 au 26 février, et le secours demandé par le maréchal Masséna, ordonné par Napoléon, aurait pu arriver en temps utile, puisque le maréchal Masséna ne quitta les bords du Tage que le 7 mars[1]. Res-

Événements en Andalousie pendant la retraite de Portugal.

Suite du siége de Badajoz.

[1] Dans son ouvrage sur les divers siéges de Badajoz, le général Lamare exprime l'opinion suivante :

« Parmi les beaux faits des assiégeants, nous ne laissons pas que de

Mars 1814.

Le maréchal Soult, alarmé par les nouvelles reçues d'Andalousie et de Portugal, brusque les dernières opérations du siège.

tait toujours, à la vérité, le danger de s'éloigner de l'Andalousie pour s'enfoncer en Portugal, danger cent fois moindre cependant que celui auquel on allait se voir exposé, lorsque les Anglais, débarrassés du maréchal Masséna, pourraient se jeter en masse sur le maréchal Soult.

Quoi qu'il en soit, le 3 ou le 4 mars on touchait à peine au bord du fossé. En y arrivant on s'aperçut que les assiégés élevaient des retranchements dans l'intérieur des bastions, de manière qu'un bastion pris, on aurait été arrêté par un retranchement en arrière. A cette vue on se hâta de changer la direction de la batterie de brèche, et de la faire porter sur la courtine (la courtine est le mur qui relie les bastions entre eux), en sorte que l'as-

« trouver aussi des fautes, et la franchise avec laquelle nous allons les
» exposer justifiera les éloges que nous venons de leur donner.
   » Nous n'avons cependant pas le dessein d'entrer dans un examen dé-
» taillé de toutes celles qui ont été commises, car, pour y parvenir, il
» faudrait suivre les attaques jour par jour, et rédiger pour ainsi dire
» une nouvelle relation; nous nous bornerons donc à signaler celles qui
» nous paraissent les plus graves.
   » Voici en peu de mots leur exposé : D'abord la cause principale qui a
» autant prolongé la durée du siège vient de ce que le premier point
» d'attaque des assiégeants, celui du centre, fut mal choisi. Le général
» Léry aurait dû profiter de l'avantage que lui offrait la position saillante
» du bastion dont le revêtement, vu en partie de la campagne, n'était
» protégé alors que par un simple chemin couvert, diriger rapidement
» sur ce bastion une vigoureuse attaque et cheminer en capitale jus-
» qu'aux glacis, de manière à couronner le chemin couvert en moins de
» huit jours. Pendant cette opération, une seconde attaque aurait été
» conduite également vers Pardaleras, pour éteindre les feux de ce fort
» et l'enlever de vive force.
   » Dans cette hypothèse, les règles du métier lui faisaient une loi d'ou-
» vrir la première parallèle à 5 ou 600 mètres des fronts (1, 2, 2, 3) et
» du fort Pardaleras, en appuyant fortement, par de bonnes redoutes,
» la gauche de la parallèle à la Guadiana, et la droite au Calamon.

saut donné on se trouvât dans l'intérieur même de la place. A mesure qu'on approchait de l'enceinte, les feux de l'ennemi, plus concentrés sur le même point, plus faciles à diriger, étaient d'une violence extrême, bouleversaient les têtes de sapes, renversaient les épaulements dans les tranchées, et tuaient ou blessaient de 50 à 60 hommes par jour. Mais les nouvelles reçues de divers côtés faisaient une loi de surmonter tous les obstacles. Les unes venues d'Andalousie apprenaient que le maréchal Victor se trouvait dans le plus grand péril, qu'une armée formée en avant de Gibraltar avec des troupes anglaises et espagnoles tirées de Sicile, de Gibraltar, de Cadix, marchait sur ce maréchal, qui n'avait pas plus de 7 à 8 mille hommes à leur opposer; que le géné-

« On conçoit que ce plan d'attaque eût été préférable à celui qui fut adopté, et qu'on aurait vraisemblablement épargné beaucoup de temps et de pertes, en hommes et en munitions de guerre, si l'on eût su profiter des avantages qu'il présentait.

« Bien que la défense des Espagnols ait été courageuse, que la rigueur de la saison, les pluies continuelles, les inondations qui submergeaient nos tranchées, le manque de vivres, les sorties multipliées, l'arrivée de Mendizabal, la bataille de la Gevora, et le petit nombre de travailleurs, aient contrarié et retardé les opérations du siège, nous devons cependant dire qu'outre les fautes commises dans la direction des attaques, soit de la part du génie, soit de la part de l'artillerie, le siège de Badajoz a été mené avec lenteur, et que l'armée a perdu au moins huit jours devant cette place; temps précieux qui aurait peut-être permis au duc de Dalmatie d'approcher des rives du Tage, et de changer la série des malheurs qui suivirent la retraite de l'armée de Portugal. »

(*Relation des Siéges et Défenses de Badajoz, d'Olivença et de Campo-Mayor*, en 1811 et 1812, par les troupes françaises de l'armée du Midi en Espagne, sous les ordres de M. le maréchal duc de Dalmatie, par le général Lamare. Paris, 1837. Pages 82 et 83.)

L'opinion de Napoléon est différente, quoique dans le même sens, et il croyait qu'on aurait pu s'emparer de Badajoz dès le mois de janvier. Il est vrai que c'était en prenant les opérations de plus haut, et en supral Sébastiani, au lieu de se tenir toujours à portée de secourir le maréchal Victor, avait au contraire dirigé ses principales forces vers le royaume de Murcie, qu'il y avait donc grand danger de voir le siége de Cadix levé, et l'immense matériel réuni pour ce siége détruit. Les autres nouvelles apportées des environs de Lisbonne annonçaient que les Anglais faisaient un mouvement vers les places de l'Estrémadure, que déjà un millier d'hommes avaient paru devant Elvas, et qu'une armée anglaise, probablement celle de lord Wellington lui-même, s'avançait pour interrompre le siége de Badajoz, ce qui, d'accord avec d'autres bruits, donnait lieu de croire que le maréchal Masséna avait enfin été contraint de se retirer du Tage sur le Mondego ou sur la

posant que le maréchal Soult serait parti beaucoup plus tôt de Séville pour se porter en Estrémadure.

Voici la lettre qu'il écrivait à ce sujet :

« *Au major général.*

» Paris, 5 février 1811.

» ..... Écrivez au duc d'Istrie pour lui annoncer, en lui envoyant le
» *Moniteur*, qu'il trouvera là les dernières nouvelles que nous avons du
» Portugal, qui paraissent être du 13 ; que tout paraît prendre une cou-
» leur avantageuse ; que si Badajoz a été pris dans le courant de janvier,
» le duc de Dalmatie a pu se porter sur le Tage, et faciliter la construc-
» tion du pont au prince d'Essling.

» Il devient donc très-important de faire les dispositions que j'ai or-
» données afin que le général Drouet, avec ses deux divisions, puisse
» être tout entier à la disposition du prince d'Essling.

» Écrivez en même temps au duc de Dalmatie pour lui faire connaître
» la situation du duc d'Istrie, et pour lui réitérer l'ordre de favoriser le
» prince d'Essling dans son passage du Tage ; que j'espère que Badajoz
» aura été pris dans le courant de janvier, et que la jonction avec le
» prince d'Essling sur le Tage aura eu lieu avant le 20 janvier ; que si
» cela est nécessaire, il peut retirer des troupes du 4ᵉ corps ; qu'enfin
» tout est sur le Tage. »

Coa. On était donc menacé de la prochaine défaite du maréchal Victor, de la levée du siége de Cadix, et peut-être même de l'apparition de l'armée anglaise, qui n'ayant plus affaire au maréchal Masséna allait tourner ses forces contre le maréchal Soult réduit à 15 ou 16 mille hommes sous les murs de Badajoz. C'était une première punition de la faute qu'on avait commise en ne réunissant pas le 4ᵉ et le 1ᵉʳ corps sous Cadix, et en ne brusquant pas le siége de Badajoz pour courir avec le 5ᵉ sur Abrantès. Que la faute fût imputable à l'état-major général de Paris qui avait mal coordonné l'ensemble des mouvements, ou à l'état-major d'Andalousie qui avait mal exécuté les ordres de Paris, les conséquences, comme il arrive toujours à la guerre, où la justice du résultat est si prompte, les conséquences se faisaient déjà cruellement sentir.

À la réception de ces nouvelles, le maréchal Soult se transporta dans les tranchées accompagné du maréchal Mortier et des principaux officiers du génie et de l'artillerie. Il leur déclara à tous qu'il voulait être en quarante-huit heures dans Badajoz. On annonçait que la batterie de brèche serait prête le lendemain, et qu'en quelques heures elle aurait renversé la courtine de manière à rendre l'assaut possible. Mais le général de l'artillerie contredisant, suivant la coutume, celui du génie, prétendit que la batterie de brèche serait exposée à rencontrer le sommet de la contrescarpe, que dès lors elle ne plongerait pas assez pour atteindre le pied du mur qu'il s'agissait d'abattre, et que la brèche pourrait bien n'être pas praticable. Il aurait fallu deux jours pour arriver

Mars 1811.

Le maréchal Soult tranche ces contestations.

par un boyau à la contrescarpe, afin d'en démolir le sommet. Une vive discussion s'engagea à ce sujet entre le génie et l'artillerie, et le maréchal Soult la trancha en décidant qu'on irait abattre à la main le sommet du mur de la contrescarpe. Les officiers du génie soutinrent qu'il serait impossible d'exécuter un pareil ouvrage à découvert, sous les feux de la place; mais le maréchal, aiguillonné par les nouvelles reçues, n'admit pas les objections, et décida que le soir même un détachement de soldats du génie, se couvrant de la nuit à défaut d'autre chose, irait abattre une portion du mur afin que la bouche des canons pût plonger davantage dans le fossé. A sacrifier ainsi la vie des hommes pour aller plus vite, il eût mieux valu le faire huit jours plus tôt.

On se sépara pour procéder à l'exécution de l'ordre donné. Un officier du génie, le capitaine Gillet, mit à exécuter cet ordre l'orgueil que de vaillants militaires mettent quelquefois à faire ressortir au prix de leur sang les erreurs de leurs chefs. A minuit il alla avec vingt-cinq sapeurs du génie se placer à découvert sur la contrescarpe, et en attaquer la crête à coups de pioche. Au premier bruit du fer sur la pierre, l'ennemi, qui était aux écoutes, fit pleuvoir une grêle de balles sur les braves gens qui se dévouaient ainsi à la discipline militaire. En quelques instants seize sapeurs sur vingt-cinq furent tués ou blessés, les autres dispersés. Le capitaine Gillet rentra seul, justement fier d'avoir prouvé au péril de sa vie combien son arme avait eu raison dans cette controverse.

La brèche

Immédiatement après on ouvrit le feu de la batterie de brèche, et la démonstration fut complète. Quoi qu'en eût dit l'artillerie, les canons portaient assez bas pour démolir le mur, et bientôt ils en firent descendre les débris dans le fossé. Malgré un feu terrible de la place, les officiers de l'artillerie, rivalisant de bravoure avec ceux du génie, continuèrent leur œuvre de démolition, et le 10 la brèche fut déclarée praticable. Le maréchal Soult, qui venait de recevoir de l'Andalousie et du Portugal des nouvelles plus inquiétantes encore, ne voulut pas perdre un instant, et fit sommer le gouverneur qui avait succédé au brave Menacho, tué pendant le siége. Ce gouverneur sentait le danger de la résistance, mais cherchait à parlementer, parce qu'il était informé de l'approche de l'armée britannique. Le maréchal Soult, n'entendant pas se laisser abuser, ordonna l'assaut pour quatre heures de l'après-midi. Les colonnes d'attaque furent disposées dans les tranchées, et elles étaient prêtes à s'élancer sur la brèche quand on vit flotter le drapeau blanc, signe de la reddition de la place.

Mars 1811.

étant praticable, on prépare l'assaut.

Ne se flattant pas de résister à la vigueur de nos soldats, les Espagnols avaient consenti à se rendre, bien qu'ils comptassent sur de prompts secours. Nos troupes entrèrent le lendemain 11 mars dans Badajoz, ayant les deux maréchaux Soult et Mortier en tête. On fit 7,800 prisonniers, on trouva dans les magasins beaucoup d'artillerie et de poudre, et, ce qui eût été quelques jours auparavant fort précieux pour l'armée, deux équipages de pont. Cette conquête avait coûté 42 jours de tranchée ouverte, temps bien considérable si on le compare à la durée

Reddition de Badajoz.

Mars 1811.

Prompt retour du maréchal Soult en Andalousie.

des siéges de Ciudad-Rodrigo, de Lerida, de Tortose, et même à celle du siége de Tarragone, qui eut lieu bientôt après.

A peine le maréchal Soult eut-il consacré deux jours au soin de faire réparer, armer, approvisionner Badajoz, afin de tenir tête aux Anglais, qu'il songea à se reporter vers Cadix, ayant les plus grandes inquiétudes sur ce qui se passait de ce côté. Il laissa au maréchal Mortier environ 7,500 hommes d'infanterie, 600 de cavalerie, quelques centaines d'artillerie et du génie, le tout ne s'élevant pas à plus de 9 mille hommes, avec la mission de mettre Badajoz en complet état de défense, et de garder la frontière d'Estrémadure le mieux qu'il pourrait, sauf à se jeter dans les places espagnoles et portugaises qu'on venait de conquérir, s'il n'avait pas d'autre ressource. Entré dans Badajoz le 11, le maréchal Soult en partit le 13 pour Séville, avec 7 mille hommes à peu près, afin d'aller au secours du maréchal Victor, qui avait eu, disait-on, un combat des plus rudes à soutenir contre les Anglais. Voici en effet ce qui s'était passé dans les environs de Cadix.

Craignant toujours la concentration de nos forces sur le Tage, les Anglais avaient résolu de se donner tant de mouvement entre Murcie, Grenade, Gibraltar et Cadix, que les Français retenus en Andalousie n'osassent pas en sortir, même eussent-ils pris Badajoz. Le plan était fort bien conçu, et des fautes multipliées de notre part leur en avaient singulièrement facilité l'exécution. Murat à Naples, après avoir tout préparé pour une descente en Sicile, ne trouvant pas ses moyens suffisants, avait ajourné l'expédition projetée, ce qui était tout simple; mais il avait eu le tort, au lieu de tenir son armée toujours rassemblée près du détroit de Messine, de la disperser, et de revenir de sa personne à Naples, en annonçant l'abandon du projet de descente, tort que Napoléon avait sévèrement blâmé, et qui avait laissé aux Anglais la liberté de détacher 4 à 5 mille hommes de leurs meilleures troupes pour les envoyer à Gibraltar. Ces troupes, jointes à quelques autres qui étaient déjà à Gibraltar, à une partie de la garnison de Cadix, s'étaient réunies au camp de Saint-Roch, au nombre de 8 à 9 mille Anglais et de 12 mille Espagnols, ce qui composait une armée de 20 mille hommes environ. S'il n'y avait eu dans ce rassemblement que des Espagnols, si peu redoutables en rase campagne, quoique si braves dans la défense des places, le danger n'eût pas été grand, mais la présence de 8 à 9 mille Anglais rendait la nouvelle armée imposante, et il ne fallait pas moins que la jonction du général Sébastiani avec le maréchal Victor pour lui tenir tête. Par malheur, d'après le plan des Anglo-Espagnols, le général Blake s'était montré fort remuant à Murcie, et y avait attiré le général Sébastiani, qui, se laissant prendre au piège, s'y était dirigé, et n'avait envoyé qu'une faible colonne de quelques centaines d'hommes à Tarifa, une autre de 12 ou 15 cents à Ronda. Ces colonnes isolées, privées de direction, ne pouvaient être d'aucun secours au maréchal Victor. (Voir la carte n° 43.)

L'armée anglo-espagnole sortie de Gibraltar devait feindre une marche vers Medina-Sidonia, comme

Mars 1811.

Événements survenus devant Cadix.

Armée sortie de Gibraltar et de Cadix.

Mars 1811.

si elle avait voulu pénétrer dans l'intérieur de l'Andalousie, puis se rabattre brusquement sur l'île de Léon, et tomber sur les derrières du maréchal Victor, tandis que la garnison restée dans Cadix l'attaquerait de front, et tâcherait d'enlever tous les petits camps qui formaient la ligne d'investissement. La flotte devait en même temps tenter des débarquements dans la rade, pour s'emparer des redoutes élevées par le maréchal Victor le long de la mer.

Ce plan avait été parfaitement suivi, et sans l'énergie du maréchal Victor il aurait pu amener des conséquences extrêmement malheureuses pour nous. Obligé de garder ses principales redoutes, d'échelonner quelques troupes entre Cadix et Séville, affaibli par les maladies de l'été, le maréchal Victor n'avait pas plus de 8 mille hommes disponibles. Il ne laissa dans les divers postes de la ligne d'investissement que le moins de monde possible, dirigea 2,500 hommes de la division Villatte vers Santi-Petri pour refouler dans l'île de Léon la garnison de Cadix qui faisait mine d'en sortir, et avec 5 mille hommes des divisions Leval et Ruffin qui lui restaient, avec 500 chevaux, il marcha par sa gauche, dans la direction de Gibraltar, à la rencontre de l'armée ennemie dont il ignorait la force.

Pendant ce temps les Anglo-Espagnols, après avoir fait une démonstration vers Caja-Vieja sur la route de Medina-Sidonia, s'étaient rabattus sur le rivage de la mer, et s'étaient portés par Conil et la tour de Barrossa vers Santi-Petri, où ils espéraient donner la main à la garnison de l'île de Léon, pour tomber ensuite sur les Français enfermés dans leurs lignes. Mais les combinaisons du maréchal Victor avaient déjoué tous leurs calculs.

Le 3 mars, le général Villatte ayant surpris les Espagnols qui venaient de jeter un pont sur l'extrémité du canal de Santi-Petri, et qui avaient déjà passé le canal, les rejeta dans l'île de Léon avec perte d'une centaine de morts, d'une centaine de noyés, et d'environ 400 prisonniers. Il prit ensuite position près du canal, attendant l'apparition de l'armée anglaise, à la recherche de laquelle était allé le maréchal Victor. Le 4, en effet, on avait su qu'elle cheminait le long de la mer, et le 5 on l'avait vue paraître sur des hauteurs sablonneuses, ayant la mer à dos, la gauche vers Santi-Petri, la droite vers la tour de Barrossa. Si les Français avaient disposé en ce moment de forces suffisantes, cette armée eût été enlevée en entier, car attaquée de front par le maréchal Victor et acculée par lui à la mer, n'ayant d'autre issue que le passage du canal gardé par le général Villatte, elle n'aurait eu aucun moyen de retraite, et se serait vue réduite à capituler. Quatre ou cinq mille hommes du général Sébastiani arrivant dans ces circonstances auraient produit d'immenses résultats : la reddition de Cadix aurait pu s'ensuivre immédiatement.

Le maréchal Victor, le 5 au matin, n'hésita pas à prendre l'offensive avec les 5 mille hommes qu'il avait sous ses ordres. Laissant à sa droite le général Villatte, qui en occupant les bords du canal attirait à lui une partie des forces ennemies, il se dirigea vivement sur les hauteurs sablonneuses qu'occupaient les Anglo-Espagnols. Par malheur notre artil-

Mars 1811

Combat de Barrossa.

lerie, mal attelée, et se traînant à peine dans ces sables marécageux, ne put pas rendre tous les services qu'on aurait dû attendre d'elle; quant à l'infanterie, formée en deux colonnes sous les généraux Leval et Ruffin, elle attaqua avec impétuosité les lignes anglaises, après avoir essuyé à bout portant des feux meurtriers. Elle renversa la première ligne sur la seconde, mais elle s'arrêta voyant trois lignes encore à enfoncer, car les Anglo-Espagnols négligeant le général Villatte étaient venus se masser les uns derrière les autres, et présentaient quatre lignes rangées parallèlement. Il n'y avait pas chance de battre 20 mille hommes avec 5, surtout lorsque dans les 20 mille il y avait 9 mille Anglais. D'ailleurs si l'ennemi avait eu environ 2 mille hommes blessés ou morts, nous en avions près de 4,200, et nous courions un grand danger en nous acharnant à continuer ce combat. Le maréchal Victor prit donc position un peu en arrière, attendant le général Villatte qu'il avait ramené à lui, et prêt, malgré tous les périls, à renouveler la lutte, si l'armée débarquée voulait quitter le bord de la mer pour pénétrer dans l'intérieur de l'Andalousie.

Les ennemis, demeurés deux jours immobiles, n'osaient pas recommencer le rude combat qu'ils avaient eu à soutenir, et ils craignaient en outre s'il arrivait des renforts au maréchal Victor, d'être précipités dans la mer. Ils finirent donc par battre en retraite, renonçant à faire lever le siége de Cadix. Nous avions perdu dans cet étrange événement cinq pièces d'artillerie embourbées au milieu des sables, et privées de leurs chevaux tués à coups de fusil. Du reste, l'ennemi ne les avait point emmenées. La flotte anglaise avait enlevé deux de nos redoutes, gardées chacune par une vingtaine d'hommes; mais deux jours plus tard nous les avions réoccupées.

Mars 1811.

Quand le maréchal Soult fut de retour en Andalousie il trouva tout réparé, le siége de Cadix maintenu, mais un triomphe des plus décisifs manqué, faute d'avoir su réunir à temps le général Sébastiani au maréchal Victor. Ainsi par une série de fautes, dans laquelle le maréchal Masséna avait certainement la moindre part, bien qu'on fût disposé à jeter sur lui tous les revers de cette campagne, on avait failli prendre, mais on n'avait pas pris Lisbonne et Cadix, et, loin d'avoir expulsé les Anglais de la Péninsule, on les laissait maîtres du Portugal, et en mesure de nous disputer même l'Andalousie.

Le maréchal Soult, en effet, malgré la conquête de Badajoz, malgré l'énergie déployée dans le combat de Barrossa, se trouvait dans la position la plus critique. Après les combats qu'il avait livrés, le maréchal Victor avait à peine de quoi maintenir le blocus de Cadix; le maréchal Mortier, laissé à Badajoz avec quelques mille hommes, était réduit à la nécessité de s'y enfermer, ou de s'en éloigner; Badajoz, récemment assiégé et occupé par les Français, allait être immédiatement assiégé par les Anglais, et probablement réoccupé par eux s'il n'était secouru par une armée capable de tenir la campagne; enfin le maréchal Soult n'avait sous la main que 7 ou 8 mille hommes amenés de l'Estrémadure, et arrivés vers Cadix lorsqu'on n'avait plus besoin d'eux: où prendre de quoi élever ce faible corps

Situation critique du maréchal Soult depuis la retraite de l'armée de Portugal.

Mars 1811.

Ses demandes de secours tant à Madrid qu'à Paris.

aux proportions d'une armée, afin de retourner en Estrémadure, et de recueillir le détachement du maréchal Mortier, qui probablement devait être réduit à quelques débris après avoir fourni la garnison de Badajoz? C'était dans le 4ᵉ corps évidemment qu'il aurait fallu chercher quelques renforts; mais comment ce corps obligé de garder Grenade, d'observer Murcie, d'aider Victor, aurait-il pu encore offrir au maréchal Soult les éléments d'une armée active assez forte pour sauver Badajoz?

Dévoré d'inquiétudes, le maréchal Soult se hâta d'écrire au roi Joseph qu'il avait peu ménagé, au maréchal Masséna qu'il avait peu secouru, pour demander à tous de bons offices et des secours! Il écrivit à Paris pour qu'on lui restituât les bataillons de marche retenus par les armées du centre et du nord, pour qu'on lui envoyât un renfort de 15 mille fantassins et de mille canonniers, pour qu'on ordonnât enfin à l'armée de Portugal, à laquelle il n'avait pas voulu se réunir, de venir le rejoindre en Estrémadure.

Telle était donc la situation des affaires d'Espagne, après tant de troupes envoyées à la suite de la paix de Vienne, après tant d'espérances conçues par Napoléon à Schœnbrunn même, après dix-huit mois d'efforts de tout genre! Masséna qui devait jeter les Anglais à la mer, était ramené des lignes de Torrès-Védras en Vieille-Castille, avec une armée épuisée, déchirée par la discorde, affamée, n'ayant ni souliers, ni chevaux, ni matériel. Le maréchal Soult parti avec 80 mille hommes pour l'Andalousie, après n'avoir rencontré aucune difficulté ni à Grenade, ni à Cordoue, ni à Séville, après avoir eu quatorze ou quinze mois pour s'emparer de Cadix, était assiégé plutôt qu'assiégeant devant cette place, avait pris Badajoz, mais n'avait pas de quoi aller au secours de cette conquête, que les Anglais menaçaient de lui enlever.

C'était le général Foy qui portait encore la plupart de ces nouvelles à Napoléon. Il fut personnellement bien accueilli parce qu'il avait su plaire, mais fort mal écouté quand il essaya de présenter la défense de son général en chef. Napoléon, qui n'aurait dû s'en prendre de tous ces mécomptes qu'à lui-même, directeur suprême des événements, s'en prenait sans pitié à son illustre lieutenant, qu'il aurait dû consoler au lieu de l'accabler comme aurait pu faire un public aveugle, ne jugeant que sur le résultat, et ne tenant aucun compte des circonstances. Pourquoi, répétait-il dans chacun de ces entretiens, pourquoi livrer bataille à Busaco ? pourquoi, au lieu de s'arrêter à Coïmbre, marcher sur Lisbonne ? pourquoi rester si longtemps sur le Tage sans y rien faire, sans chercher à attirer à soi l'armée anglaise, afin de la battre en rase campagne ? pourquoi quitter le Tage quand le maréchal Soult allait être en mesure de marcher sur Abrantès ? pourquoi rétrograder si vite et si loin ? pourquoi, du moins, ne pas s'arrêter sur le Mondego ?... — Nous avons déjà rapporté la plupart de ces reproches, et montré quelle en était la valeur. Si Masséna avait livré bataille à Busaco, c'est parce que Napoléon n'avait cessé de lui répéter qu'il fallait se jeter sur les Anglais à la première occasion, et *ne pas les marchander*. S'il ne s'était pas arrêté à

Mars 1811.

Second voyage du général Foy à Paris, et ses entretiens avec Napoléon.

Sévérité de Napoléon envers Masséna.

Injustice des reproches adressés à Masséna par Napoléon.

Coimbre, c'est parce que Napoléon lui avait enjoint de les poursuivre jusqu'à la mer, c'est parce qu'on ignorait qu'il existât des lignes formidables à Torrès-Védras, ce que Napoléon, placé au centre des informations de toute l'Europe, aurait dû savoir, et ce que Masséna en Espagne, pouvant à peine s'éclairer à trois ou quatre lieues de lui, était bien excusable d'ignorer. Si, arrivé sur le Tage, Masséna s'était décidé à y séjourner, c'est qu'il avait espéré y recevoir le général Drouet avec 15 ou 20 mille hommes, le maréchal Soult avec 20 ou 25 mille! C'est qu'il avait espéré avec ce double renfort passer le Tage, et attaquer Lisbonne sur les deux rives! S'il y était demeuré plusieurs mois, c'est que Napoléon lui avait prescrit d'y rester le plus longtemps possible! s'il n'y avait rien fait, c'est qu'entre le Tage qu'on ne pouvait pas franchir, les lignes anglaises qu'on ne pouvait pas forcer, il n'était pas facile de trouver quelque chose d'utile ou de grand à faire, et qu'attirer hors de son formidable asile un général aussi avisé que lord Wellington était plus aisé à dire dans le salon des Tuileries, qu'aisé à exécuter devant Torrès-Védras; c'est aussi que Masséna n'avait de cartouches que pour une bataille, c'est que les soldats, tout braves qu'ils étaient, ne voulaient pas qu'on prodiguât leur vie dans des combats journaliers dont ils sentaient fort bien l'inutilité! Si Masséna s'était retiré sitôt (après six mois toutefois), c'est qu'il n'y avait plus moyen de vivre sur le Tage; c'est que le secours de Drouet s'était réduit à 7 mille hommes, tous les jours prêts à s'en aller, et celui du maréchal Soult à une canonnade contre Badajoz, qu'on avait entendue un moment, puis aussitôt cessé d'entendre! Si le mouvement sur le Mondego s'était converti en une retraite définitive dans la Vieille-Castille, c'est que les lieutenants de Masséna s'étaient presque coalisés pour la rendre inévitable!

Sans doute Masséna avait eu le tort de ne pas assez bien apprécier les moyens de passer le Tage à l'embouchure de l'Alviela, mais le général Éblé lui-même s'y était trompé, et Napoléon à Essling s'était bien trompé aussi sur les moyens de passer le Danube! Il est encore vrai que dans la retraite Masséna, faute de toujours distribuer ses troupes avec une entente parfaite, avait manqué une ou deux occasions de maltraiter cruellement les Anglais. Ces reproches étaient fondés, et Napoléon du reste ignorait qu'ils le fussent, les faits ne lui étant pas encore exactement connus, mais quel est le général, même le plus vanté, qui n'en ait mérité de pareils? Très-probablement Napoléon ne se serait pas mépris sur les avantages de l'île située à l'embouchure de l'Alviela, et eût réussi à franchir le Tage en cet endroit; à Redinha il aurait eu vingt mille hommes de plus sous la main, et il eût accablé les Anglais. Mais Masséna n'était pas Napoléon, voilà ce qu'on pouvait dire ici, et apparemment en envoyant Masséna en Portugal, Napoléon n'avait pas cru s'y envoyer lui-même! et, en tout cas, pourquoi n'y était-il pas allé, lorsque tant de gens, et Masséna tout le premier, lui disaient que lui seul était capable de mener à bonne fin la guerre d'Espagne? Il n'était donc ni juste, ni généreux, ni politique d'accabler Masséna, surtout lorsque la cause de tout le mal était uniquement dans les illusions au milieu desquelles on se complaisait à Paris, et qui faisaient que lorsque l'on comptait sur 70 mille hommes pour l'entrée en campagne il y en avait 50 mille; que les moyens de transport, les vivres toujours promis, toujours annoncés, se réduisaient à rien; que le général Drouet, envoyé comme un grand secours, devenait un danger; que le passage du Tage, recommandé comme la manœuvre décisive, était presque impossible, même après le prodige d'un équipage de pont tiré du néant; que l'arrivée du maréchal Soult avec 20 mille hommes, ordonnée pour le courant de janvier, se réduisait en mars à 7 ou 8 mille ne dépassant pas Badajoz, et obligés, après s'être montrés un instant, de regagner Séville en toute hâte!

Sans tenir aucun compte de ces vérités, Napoléon fut encore plus sévère que la première fois pour le maréchal Masséna, et le général Foy, intimidé, le défendit moins bien. Après de nouveaux et nombreux entretiens avec le général, et d'autres officiers récemment arrivés, Napoléon donna les ordres suivants à ses généraux commandant en Espagne.

Reconnaissant l'impossibilité de faire servir le maréchal Ney sous le maréchal Masséna, il rappela le premier, dont il prévoyait qu'il aurait bientôt à employer ailleurs l'énergie et les talents. Il le remplaça par le maréchal Marmont, duc de Raguse, commettant encore la faute de placer des maréchaux sous d'autres maréchaux. Le maréchal Marmont, il est vrai, ancien officier de l'armée d'Italie, plein de déférence pour Masséna, spirituel, doux, facile à vivre, quoique doué d'un courage brillant, pouvait être pour le général en chef de l'armée de Portugal un lieutenant soumis, et au besoin un remplaçant utile. Napoléon lui ordonna de partir afin de s'occuper sans retard de la recomposition du 6ᵉ corps, tâche dont il était fort capable, étant très-entendu dans l'organisation des troupes. Il attacha tout à fait le général Drouet à l'armée de Portugal, et ordonna au maréchal Bessières de fournir à cette armée des chevaux, des mulets, des vivres, des munitions, de la mettre, en un mot, en mesure d'exécuter la première pensée de Masséna, qui était de descendre sur le Tage par Plasencia et Alcantara. Ne sachant pas encore s'il serait possible de faire une nouvelle campagne en Portugal, Napoléon considérait l'armée de Masséna comme celle qui, l'œil constamment attaché sur lord Wellington, le suivrait dans tous ses mouvements, lui tiendrait tête en Castille s'il restait sur le Mondego, en Estrémadure s'il descendait sur le Tage, et lui livrerait bataille à la première occasion, tandis que l'armée d'Andalousie renforcée achèverait le siége de Cadix. Si dans l'intervalle le général Suchet ayant conquis Tarragone pouvait marcher sur Valence et y entrer, on aurait alors le moyen, Valence et Cadix pris, de se reporter sur Lisbonne avec une grande partie de l'armée d'Andalousie, et avec toute l'armée de Portugal. Quoiqu'on eût échoué dans le plan de 1810, on avait cependant occupé toutes les places de la frontière du Portugal. Ciudad-Rodrigo et Almeida au nord, Badajoz et Olivença au midi; et si, à travers cette ligne de forteresses, les Anglais essayaient de pénétrer en Espagne par la Castille ou l'Estrémadure, Masséna renforcé, ravitaillé, devait

Mars 1811.

Nouvelles instructions de Napoléon aux généraux commandant en Espagne.

Masséna chargé de surveiller lord Wellington et de suivre tous ses mouvements soit en Castille, soit en Estrémadure.

Mars 1811.

Le maréchal Soult renforcé en toute hâte, afin qu'il puisse défendre la frontière de l'Estrémadure.

leur présenter la bataille, était fort capable de la gagner, et pouvait en un jour changer la face des choses, car une seule défaite mettait les Anglais dans un péril extrême! Or, tout injuste que Napoléon se montrât envers cet illustre maréchal, il savait bien que c'était encore le seul auquel on pût s'en rapporter pour une grande opération de guerre, surtout depuis que Kléber était mort et Moreau exilé!

Mais tandis qu'avec une inépuisable fertilité d'esprit, et malheureusement aussi avec une égale abondance d'illusions, Napoléon recomposait tous ses plans, il avait prévu, même avant l'arrivée des courriers d'Andalousie, les embarras dans lesquels le maréchal Soult allait se trouver. Il n'était pas probable, en effet, que l'armée du maréchal Masséna pût avant un mois se porter sur le Tage, et, en attendant, tout faisait présager que les Anglais se dirigeraient en masse vers l'Estrémadure pour reprendre Badajoz, ou du moins enverraient de ce côté un gros détachement auquel le maréchal Soult serait dans l'impossibilité de résister. Aussi Napoléon ordonnant cette fois avec une vigueur qu'il ne montrait presque plus quand il s'agissait de l'Espagne, tant il en était fatigué, et tant il craignait de donner à cette distance des ordres absolus, prescrivit à l'armée du centre et à l'armée du nord d'expédier sur-le-champ des renforts vers l'Andalousie. Il ordonna au général Belliard, dirigeant sous Joseph les mouvements de l'armée du centre, de restituer au maréchal Soult tous les détachements qui lui appartenaient; il prescrivit également au maréchal Bessières, commandant l'armée du nord, de faire partir tous les bataillons appartenant aux 4ᵉ, 1ᵉʳ et 5ᵉ corps, lesquels, comme on le sait, composaient l'armée d'Andalousie. Il avait déjà acheminé vers la Castille une division de réserve qui était formée de bataillons de marche destinés à recruter les armées d'Andalousie et de Portugal; il recommanda à Bessières de ne la point retenir, lui faisant remarquer qu'il pouvait s'affaiblir sans danger, puisqu'il était couvert vers la Vieille-Castille par la rentrée dans cette province de l'armée de Masséna. Il enjoignit au major général Berthier de rédiger ces ordres dans la forme la plus absolue, ajoutant que les chefs militaires chargés de les exécuter seraient considérés comme en état de désobéissance grave, et punis comme tels, s'ils ne les exécutaient pas immédiatement et complètement. Il estimait que ces mesures procureraient au maréchal Soult un secours prochain de douze à quinze mille hommes, ce qui lui permettrait de réparer les pertes essuyées par le 1ᵉʳ corps, de renforcer aussi le 5ᵉ, d'opposer quelque résistance aux Anglais sur la frontière d'Estremadure, et d'attendre que Masséna pût se porter à la suite de lord Wellington, si celui-ci avait quitté le nord pour le midi du Portugal.

Ces ordres émis à la fin de mars, ne pouvaient guère recevoir leur exécution qu'à la fin d'avril, ou au commencement de mai, et il était à craindre qu'avant cette époque il ne se passât de sérieux événements, ou sur la frontière de la Vieille-Castille, ou sur celle de l'Estremadure. Lord Wellington, en effet, après avoir eu de graves difficultés, soit avec le gouvernement portugais, soit avec le gouvernement britannique, tant qu'il était resté acculé aux lignes de Torrès-Védras, lord Wellington était depuis la retraite du maréchal Masséna dans une position bien différente. Les Portugais et les Anglais avaient été obligés de reconnaître que lui seul avait eu raison contre tous, que lui seul avait bien compris le genre de guerre qu'il convenait d'opposer aux Français en Espagne, et que dans les lignes de Torrès-Védras il avait créé l'unique obstacle devant lequel la fortune de Napoléon pût être contrainte de s'arrêter. Son rôle, déjà bien considérable, s'était tout à coup fort agrandi aux yeux de ses auxiliaires et de ses compatriotes. Tandis que Masséna, qui avait été sous tous les rapports son digne adversaire, ne rencontrait qu'injustice, blâme, dégoût, lord Wellington, fort contrarié un instant dans ses plans, obtenait la justice que le succès commande, que les pays libres font attendre parfois, mais qu'ils accordent tôt ou tard, parce que la contradiction les éclaire, tandis que le plus souvent elle irrite sans les éclairer les souverains habitués à jouir d'une autorité absolue. Lord Wellington, bien qu'il n'eût encore remporté aucune victoire décisive, bien qu'il n'eût obtenu d'autre avantage que d'amener les Français à s'éloigner de ses lignes, avait vu l'opposition tout entière, par l'organe de lord Grey, rendre loyalement hommage à ses combinaisons, et déclarer qu'il avait démenti toutes les craintes, dépassé toutes les espérances, et changé complétement la face des choses par sa persistance à tenir dans les lignes de Torrès-Védras. A partir de ce moment la situation des deux partis de la guerre et de la paix était devenue tout autre dans le parlement britannique, et au lieu de se trouver à force presque égale, celui de la guerre avait repris un ascendant irrésistible, et définitivement conquis le pouvoir. Sans doute la souffrance commerciale était toujours grande, la gêne financière toujours embarrassante; mais l'anxiété qui tenait les esprits dans un éveil continuel était dissipée, et on ne craignait plus de voir l'armée anglaise ou jetée à la mer, ou détruite. Le prince de Galles qui avait voulu appeler un nouveau ministère, et qui avait attendu pour cela que la maladie de son père fût réputée durable, n'y pensait plus maintenant, quoique les médecins eussent déclaré incurable l'infirmité de Georges III. Habitué peu à peu aux anciens ministres que d'abord il n'aimait pas, dispensé de ménagements envers l'opposition qui ne le ménageait plus, confirmé dans son penchant à maintenir l'état présent des choses par les succès du parti de la guerre, il ne songeait désormais qu'à soutenir M. de Perceval et ses collègues, aussi bien qu'aurait pu le faire Georges III. La chance si belle qui s'était offerte à Napoléon était évanouie, et lord Wellington, couvert d'hommages, voyait tomber tous les obstacles qui avaient un moment fermé devant lui le chemin de la fortune. Avec son armée principale il avait accompagné les pas du maréchal Masséna jusqu'à la frontière de la Vieille-Castille, et avait envoyé le maréchal Beresford avec les troupes du général Hill tenir tête à l'armée d'Andalousie. Il se proposait, tandis que le gros de ses forces resterait en vue des places d'Almeida et de Ciudad-Rodrigo, d'aller avec le

Avril 1811.

Rebuffades dans le parlement britannique.

Lord Wellington veut profiter de l'inaction

reste reconquérir Badajoz, et rétablir en Estrémadure les choses dans leur premier état. Les secours reçus de Sicile et d'Angleterre lui permettaient de suffire à cette double tâche, sans s'exposer à aucun péril, du moins pour quelque temps. L'extrême pénurie de la Vieille-Castille, l'obligation où l'armée de Masséna s'était trouvée de se diviser pour vivre, lui donnaient l'espérance d'investir Alméida sans obstacle, et de reprendre seulement par famine cette place, dont les approvisionnements étaient épuisés. Dans cette confiance, lord Wellington avait cru pouvoir s'éloigner lui-même pour quelques semaines, et s'était rendu devant Badajoz, afin d'imprimer sa propre direction aux opérations qu'on allait entreprendre de ce côté.

Les vues du général anglais ne répondaient que d'une manière trop exacte à la situation des choses, soit en Estrémadure, soit en Castille. On se souvient que Masséna, pressé de remettre son armée en état d'agir, s'était transporté de sa personne à Salamanque. Malheureusement à Salamanque il n'était plus chez lui comme l'année dernière, il était chez un hôte très-démonstratif, ainsi que nous l'avons dit, très-fécond en promesses, s'agitant beaucoup, agissant peu, point malveillant, mais cherchant à se faire valoir aux dépens d'autrui, et au milieu de tous les mouvements qu'il se donnait ne produisant pas grand'chose. Voici en effet à quoi se réduisait le résultat des promesses du maréchal Bessières, depuis qu'il était commandant des provinces du nord. Sur les sommes dues à l'armée de Portugal il y avait trois millions d'arrivés à Salamanque. Au lieu de les faire compter à cette armée infortunée, dont les officiers avaient si grand besoin d'argent, le maréchal Bessières lui avait envoyé un million, en avait pris un autre pour payer des approvisionnements, et avait gardé le troisième par devers lui, afin de pourvoir, disait-il, aux cas imprévus, s'engageant à le rembourser prochainement, sur les fonds qu'on devait recevoir de Burgos et de Bayonne. Encore s'il avait tenu ce qu'il annonçait pour prix de cet emprunt forcé, le mal n'aurait pas été sans compensation. Mais voici ce qu'avait produit le million dépensé. Le maréchal Bessières avait promis 18 mille fanègues de blé, dont, à l'entendre, 10 mille déjà rendues à Salamanque, 6 mille en route sur Ciudad-Rodrigo, et 2 mille prêtes à être livrées. Il promettait en même temps des moyens de transport pour ces approvisionnements, et en outre du biscuit fabriqué, des mulets, des chevaux, et enfin dès que les Anglais se montreraient, un secours immédiat de 8 à 10 mille hommes, tant en infanterie qu'en cavalerie. Mais au lieu de 10 mille fanègues de blé réunies à Salamanque, il y en avait 6 mille, et pas une seule en route sur Ciudad-Rodrigo; on n'avait pas entendu parler de celles qui étaient à livrer; il n'y avait ni biscuit, ni transports, ni chevaux, ni mulets. Quant au secours en hommes, le secours en matériel autorisait à en douter. En attendant, Masséna avait été obligé de laisser disperser son armée du sommet de la Sierra de Gata jusqu'à Benavente, près des Asturies, afin qu'elle pût vivre. Craignant l'apparition des Anglais, il n'aurait pas voulu que Reynier s'étendît si loin vers le royaume de Léon, ni

Avril 1811.

que le 6ᵉ s'approchât tant des sommets de la Sierra de Gata. Mais il avait été désobéi par Reynier, qui, profondément attristé par les souffrances de ses soldats, avait ajouté à l'insubordination des paroles peu convenables. Quoiqu'il eût ordonné au général Drouet de ne pas quitter les environs d'Alméida et de Ciudad-Rodrigo, afin d'empêcher ces places d'être bloquées et privées de leurs moyens de ravitaillement, ce général avait rétrogradé jusqu'à Salamanque, en se disant violenté par le besoin de ses troupes, allégation malheureusement vraie. Que faire contre des lieutenants aigris, et appuyant leur désobéissance sur la misère de leurs soldats affamés? Fallait-il les briser à la face de l'armée pour avoir voulu lui procurer du pain? Telle était la guerre d'Espagne, jugée et dirigée de Paris, où l'on connaissait à peine ces circonstances, et où l'on affectait même de les ignorer, pour ordonner plus à l'aise des mouvements la plupart du temps impossibles.

Impatience qu'éprouve Masséna de profiter de l'absence de lord Wellington pour se jeter sur l'armée anglaise.

Cependant deux puissantes raisons inspiraient à Masséna le désir de concentrer l'armée, c'était d'empêcher l'investissement d'Alméida et de Ciudad-Rodrigo, dont il fallait nécessairement remplacer les vivres, et de frapper sur l'armée anglaise, privée de son général en chef et d'une partie de son effectif, un coup terrible, qui relevât les armes de la France dans la Péninsule. Il venait d'apprendre en effet que lord Wellington s'était rendu à Badajoz; il supposait les détachements envoyés en Estrémadure considérables, et il voulait faire repentir le général britannique d'avoir trop légèrement jugé l'armée de Portugal, en n'hésitant pas à s'éloigner.

Dès que cette espérance avait lui à l'esprit de Masséna, il était devenu soudainement un autre homme; il avait tout employé, les ordres absolus là où il avait le droit de commander, les prières là où il ne pouvait que demander, afin d'obtenir ce qui était indispensable à son armée pour qu'elle se mît en mouvement. Il aurait voulu pouvoir emmener avec lui au moins trois mille cavaliers, une trentaine de bouches à feu, douze ou quinze jours de biscuit, et un convoi pour Almeida, qui n'avait plus que quinze jours de vivres. Il suffisait effectivement de laisser les Anglais deux ou trois semaines sous les murs de cette place pour qu'elle fût contrainte de se rendre. Il est vrai que Napoléon avait donné l'autorisation de la faire sauter, mais la détruire en présence de l'ennemi répugnait à la fierté du défenseur de Gênes, et d'ailleurs cette opération elle-même exigeait du temps. Masséna écrivit donc à ses lieutenants et au maréchal Bessières, leur exposa les nobles motifs qui l'animaient, et les supplia de le mettre en mesure de marcher vers le 20 avril. Reynier, Junot, Drouet, Loison, réclamèrent unanimement quelques jours de plus, car leurs chevaux n'étaient pas refaits, et il leur était impossible de se procurer tout de suite la petite quantité de biscuit dont on avait indispensablement besoin. Le maréchal Bessières, au lieu d'alléguer franchement la difficulté d'exécuter ce qu'on lui demandait, répondit par de nouvelles promesses qu'il n'était pas sûr de tenir, et prodigua à Masséna, avec ces promesses, les assurances du dévouement le plus absolu.

Pourtant le danger des places, d'Almeida surtout, était grand; l'occasion, si fugitive à la guerre, allait s'échapper. Masséna commençant à ne plus se fier aux paroles de Bessières, et ne tenant plus compte des résistances de ses lieutenants, donna enfin des ordres de concentration. Grâce à l'excellent général Thiébault, gouverneur de Salamanque, qui, bien que placé sous l'autorité de Bessières, profitait de la présence de Masséna pour obéir exclusivement à ce dernier, grâce aussi aux fonds pris sur la solde, on s'était procuré quelques quintaux de grains et de viande salée pour refaire l'approvisionnement d'Alméida, quelques quintaux de biscuit pour nourrir l'armée pendant le trajet, et après avoir réuni ce faible secours, Masséna avait résolu de l'introduire dans la place investie, en passant sur le corps de l'armée britannique. L'idée de livrer une grande bataille, qui intimide tant de généraux même distingués, l'enflammait, car c'était dans les crises graves que son coup d'œil supérieur, son caractère inébranlable se montraient avec éclat. Ses lieutenants, vaincus par ses ordres absolus, finirent par se concentrer peu à peu derrière l'Aguéda, qu'on devait passer au pont de Ciudad-Rodrigo, pour s'acheminer ensuite sur Alméida, située comme on sait à quelques lieues de Ciudad-Rodrigo. (Voir la carte n° 53.)

Les soldats, quoique à peine reposés, étaient enflammés d'ardeur à l'idée d'une rencontre décisive avec les Anglais. Débarrassés des hommes faibles ou fatigués, ils n'étaient guère que 40 mille combattants, sur lesquels tout au plus 2 mille cavaliers, sans pareils il est vrai. Ils traînaient avec eux une quarantaine de bouches à feu, quantité bien faible, et au-dessous de moitié des proportions les plus ordinaires. Réduite à ce nombre, cette armée était néanmoins capable de tous les efforts d'héroïsme. Malheureusement, à l'exception de Montbrun et de Fournier qui commandaient la cavalerie, les généraux ne partageaient pas l'ardeur de leurs soldats. Loison, toujours brave, était déconcerté par le peu de confiance que le 6ᵉ corps avait en lui. Le 6ᵉ, comme on doit s'en souvenir, était le corps du maréchal Ney, et il n'était pas consolé du départ du maréchal. Junot n'était pas rétabli de sa blessure. Reynier, qui n'était pas remis encore des fatigues et des agitations de la campagne, n'avait pas l'âme montée à la hauteur d'un grand événement; et Drouet, enfin, si peu utile jusqu'ici, venait d'apprendre qu'il allait quitter l'armée de Portugal. Napoléon, en effet, tous les jours plus inquiet pour l'armée d'Andalousie, avait ordonné que le 9ᵉ corps passât sur-le-champ le Guadarrama et le Tage, afin de se rendre sur la Guadiana, ignorant en ce moment que pour le porter plus tôt contre les Anglais, il allait précisément éloigner ce corps du champ de bataille où il pouvait contribuer à les détruire. Cependant, tout en pressant Masséna de le faire partir le plus vite possible, il avait accordé à celui-ci la faculté de fixer l'instant du départ. Masséna ordonna donc à Drouet de le suivre, ce que celui-ci, qui était homme d'honneur, n'aurait eu garde de refuser à la veille d'une action importante. Mais il n'était pas plus que les autres dans la disposition où il faut être pour tenter un effort suprême. De plus, pour beaucoup d'officiers de grade élevé, qui avaient compté sur un congé après quinze mois de la plus difficile campagne, la nouvelle d'une grande bataille était une surprise, qui, sans alarmer leur courage, trompait leurs espérances de repos. Les hommes habitués au danger le bravent toutes les fois qu'il le faut, mais à condition qu'il ne soit pas sorti de leur pensée, et qu'ils y aient à l'avance disposé leur âme.

Masséna comptant sur lui-même et sur ses admirables soldats, faisant ployer cette fois toutes les volontés sous la sienne, s'achemina vers Ciudad-Rodrigo avec tout au plus 34 mille hommes sur 40 mille, parce qu'il crut devoir laisser la division Clausel (l'une des deux divisions de Junot) sur la route de Salamanque, afin de garder ses communications. Il devait recevoir par cette route des vivres, des munitions et des renforts. Au moment de partir il adressa quelques paroles amères au maréchal Bessières, pour lui dire que puisqu'on le laissait aller seul à l'ennemi, presque sans pain, sans canons, sans chevaux, il n'en marcherait pas moins en avant, chargeant ceux qui le secondaient si mal de toute la responsabilité des conséquences devant la France et devant l'Empereur. En réponse il reçut une nouvelle lettre du maréchal Bessières, celle-là si précise, qu'il ne crut pas devoir négliger le secours qu'elle lui annonçait, secours bien faible en nombre, mais bien précieux en qualité. C'étaient 1,500 cavaliers, dont 800 de la garde sous le général Lepic, et 700 de cavalerie légère sous le général Wathier, une batterie de 6 bouches à feu parfaitement attelée, et 30 attelages d'artillerie. Un tel secours, dans l'état où se trouvait l'armée, pouvait décider du sort d'une bataille, et malgré la crainte de laisser Almeida en péril, et de manquer l'occasion que lui offrait l'absence de lord Wellington, Masséna prit le parti de remettre au 1er mai son mouvement, qui avait été résolu pour le 26 avril.

Mai 1811.

Il s'était déjà rendu à Ciudad-Rodrigo, sur la ligne de l'Aguéda; il y employa son temps à passer la revue de ses soldats, noircis au soleil, amaigris par la misère, mais rompus à la fatigue et au danger, pleins d'orgueil et de confiance. La vue de pareils hommes lui faisait espérer un prompt et brillant succès, lorsqu'une nouvelle, facile à prévoir, vint diminuer ses espérances sans toutefois les détruire. Lord Wellington, à qui des préparatifs trop ébruités avaient donné l'éveil, venait enfin de retourner à son armée. Bien que ce fût un grand renfort pour elle que la présence d'un semblable chef, Masséna, qui sur le champ de bataille n'avait personne à craindre, n'attacha pas à ce retour plus d'importance qu'il ne convenait; il vit bien que l'armée anglaise devait être avertie, concentrée, et probablement renforcée, car le général en chef n'avait pas dû arriver tout seul, mais il ne s'arrêta point à ces considérations, et marcha en avant avec le sentiment de sa supériorité personnelle et de celle de ses soldats. Il allait le 1er mai quitter Ciudad-Rodrigo sans même attendre le maréchal Bessières, qu'on ne voyait point venir, et qu'il n'était pas surpris de trouver encore une fois inexact à remplir ses promesses, lorsqu'on lui signala enfin l'apparition de ce maréchal à la tête

Retour de lord Wellington à son armée.

Masséna se décide à marcher sur les Anglais sans attendre davantage le maréchal Bessières.

d'un brillant état-major, comme on en avait alors dans la garde impériale. Le maréchal Bessières se jeta dans les bras de Masséna, et celui-ci le reçut avec cordialité, car il le savait léger, mais brave et point faux. Pourtant le duc d'Istrie semblait n'amener personne avec lui, et Masséna lui demanda si c'était son épée seule qu'il apportait. Bessières le rassura en lui annonçant que les 1,500 chevaux, la batterie de 6 pièces de la garde, et les 30 attelages seraient rendus au camp dans la soirée. Effectivement ils étaient sur la route de Salamanque à Ciudad-Rodrigo.

La certitude de ce secours, surtout en cavalerie, fit rayonner tous les visages de satisfaction. On résolut d'attendre jusqu'au lendemain. De ce qu'avait promis le maréchal Bessières en fait de vivres il était aussi arrivé quelque chose : c'était un millier de fanègues de blé, dont on se dépêcha de faire du pain. Les troupes, sans être dans l'abondance, eurent de quoi apaiser leur faim; mais il ne fallait pas qu'on les retînt longtemps dans les mêmes positions, car elles auraient été obligées de manger le convoi préparé pour Alméida, et dont l'introduction était l'objet de la nouvelle campagne. Il ne fallait pas moins ménager leurs munitions de guerre que leurs munitions de bouche, car elles avaient tout au plus en cartouches et gargousses de quoi livrer une bataille.

Le renfort du duc d'Istrie étant arrivé dans la soirée, on employa la nuit à répartir les attelages destinés à l'artillerie, et on se disposa à se mettre en route le 2 mai au matin. L'armée défila par le pont de Ciudad-Rodrigo sur l'Aguéda, et se distribua de la manière suivante. Reynier avec le 2ᵉ corps prit la droite; le 8ᵉ sous Junot, réduit à la division Solignac, le 9ᵉ sous le général Drouet, composé des divisions Conroux et Claparède, occupèrent le centre; le 6ᵉ sous Loison, réuni à la cavalerie de l'armée, prit la gauche. Aux dragons, hussards et chasseurs, qui obéissaient à Montbrun, s'étaient joints environ 700 chevaux de cavalerie légère, que commandait le général Wathier, et que le maréchal Bessières avait amenés. Montbrun commandait ainsi 2,400 chevaux, dont 1,000 dragons et 1,400 hussards et chasseurs. Huit cents beaux cavaliers de la garde, formant le surplus de la cavalerie amenée par Bessières, escortaient le convoi qu'on devait introduire dans Alméida, et qui consistait en 120,000 rations de biscuit, 100 quintaux de farine, 80 quintaux de légumes, 80 quintaux de viande salée, 100,000 rations d'eau-de-vie. L'armée, avec le renfort qu'elle avait reçu, comptait environ 36,000 hommes présents sous les armes.

En traversant l'Aguéda on trouva les avant-postes anglais en deçà et au delà d'une petite rivière, qui s'appelle l'Azava, et derrière laquelle ils se retirèrent après avoir eu quelques hommes sabrés ou pris par notre cavalerie. Leur position véritable était un peu plus loin, sur un autre gros ruisseau, le Dos-Casas, assez profondément encaissé, et offrant l'un de ces obstacles de terrain que les Anglais aimaient fort à défendre. Ce ruisseau, dans son cours de quelques lieues seulement, allait se jeter dans l'Aguéda, après avoir passé devant le fort de la Conception, à moitié détruit par nos mains l'année précédente. C'est derrière ce ruisseau que l'armée ennemie était rangée au nombre d'environ 42 à 43 mille hommes, dont 27 à 28 mille Anglais, 12 mille Portugais, 2 à 3 mille Espagnols, ceux-ci sous le partisan don Julian. Lord Wellington, parti d'Elvas le 25 avril, arrivé le 28 à son camp, avait pris lui-même toutes ses dispositions. Rangé derrière le Dos-Casas, il avait placé au loin sur sa droite, vers le village de Pozo Velho, aux sources mêmes du Dos-Casas, l'habile éclaireur don Julian, pour être averti des mouvements que les Français pourraient faire de ce côté. Plus près vers son centre, dans une partie plus encaissée du Dos-Casas, au village de Fuentès d'Oñoro, il avait établi sa division légère sous le général Crawfurd, avec une portion des troupes portugaises, et un peu en arrière trois fortes divisions d'infanterie, la 1re sous le général Spencer, la 3e sous le général Picton, la 7e sous le général Houston. Ce point de Fuentès d'Oñoro était important, car il couvrait la principale communication des Anglais avec le Portugal, c'est-à-dire le pont de Castelbon sur la grosse rivière de la Coa. Privés de ce pont, il ne leur en serait resté qu'un au-dessous d'Alméida, fort insuffisant pour une armée en retraite, surtout, pour une armée vivement poursuivie. Ce motif explique pourquoi lord Wellington avait amassé autant de forces en avant et en arrière de Fuentès d'Oñoro. A sa gauche, près d'Alaméda, à un point où le Dos-Casas était d'une profondeur qui le rendait difficile à franchir, il avait échelonné la 6e division, sous le général Campbell, plus loin encore et formant crochet en arrière vers le fort de la Conception, la 5e sous le général Dunlop, puis enfin le reste des Portugais, afin de lier le fort de la Conception avec Alméida. Ainsi avec sa droite renforcée il couvrait à Fuentès d'Oñoro la principale communication de son armée sur la Coa, et avec sa gauche allongée il se liait au fort de la Conception et à la place d'Alméida. Comme d'une extrémité à l'autre de ce champ de bataille il n'y avait guère que trois lieues et demie, il pouvait, si Masséna au lieu de se porter directement contre Fuentès d'Oñoro, défilait devant lui pour descendre sur le fort de la Conception et sur Alméida, il pouvait, disons-nous, passer le Dos-Casas et se jeter dans le flanc des Français. Il est vrai que de tels mouvements, très-praticables avec l'armée française, ne l'étaient guère avec l'armée britannique. Mais sans avoir de si grandes prétentions, et sans franchir le Dos-Casas, il lui était facile de se rabattre de sa droite sur sa gauche, pour se concentrer autour du fort de la Conception, qui n'était que partiellement détruit, et qui présentait encore un solide appui pour un jour de bataille. Cette position de Fuentès d'Oñoro n'offrait qu'un inconvénient, c'était d'avoir par derrière un ruisseau assez semblable à celui qu'elle avait par devant; ce ruisseau était le Turones, et pouvait être ou un danger, ou un nouvel appui, suivant qu'on aurait le temps de s'y replier en bon ordre, ou qu'on y serait jeté en confusion. Telle était la position derrière laquelle lord Wellington, avec son ordinaire prudence et son art à choisir les sites défensifs, avait résolu d'attendre les Français. Quoique très-circonspect, nos insuccès commençaient à le rendre plus hardi, et cette fois il se hasardait à accepter une rencontre qu'à la rigueur il aurait pu éviter. Ainsi il n'en était déjà plus au temps où il ne voulait livrer que les batailles inévitables.

Masséna après être resté la nuit du 2 au 3 mai un peu en avant de l'Azava, prit position le 3 au matin sur le Dos-Casas, en face des Anglais. Reynier à droite vint border le Dos-Casas, vis-à-vis d'Alaméda; Solignac avec la seule division du 8ᵉ corps présente au camp, Drouet avec le 9ᵉ, se placèrent au centre, entre Alaméda et Fuentès d'Oñoro, un peu en arrière du Dos-Casas. Loison avec le 6ᵉ, Montbrun avec la cavalerie se postèrent en face même de Fuentès d'Oñoro.

Après avoir reconnu l'emplacement qu'occupait l'ennemi, Masséna arrêta ses idées. Il avait le choix entre deux plans : défiler par sa droite, en exécutant une marche de flanc devant lord Wellington, descendre le cours du Dos-Casas jusqu'au fort de la Conception, et là percer sur Alméida, ou bien attaquer brusquement par sa gauche la droite des Anglais établie à Fuentès d'Oñoro, la couper de Castelbon et de la Coa, la refouler sur leur centre et leur gauche jusqu'à Alméida, puis enfin les précipiter tous ensemble sur la basse Coa, où leur retraite aurait pu devenir très-pénible, et où ils auraient même pu essuyer un désastre. Le premier plan avait l'avantage de conduire à Alméida, probablement sans bataille, grâce à la prudence de lord Wellington; mais éviter la bataille n'était pas un avantage que recherchât Masséna, et de plus il y avait à suivre cette direction le danger d'une marche de flanc devant l'ennemi, sans compter la chance de trouver dans le fort de la Conception un obstacle peut-être fort difficile à surmonter. Masséna préféra de beaucoup le second plan. En attaquant brusquement la droite des Anglais à Fuentès d'Oñoro, en la refoulant sur leur centre et leur gauche, en la jetant ainsi sur la basse Coa, il les battait dans une direction bien choisie, et qui rendait leur retraite très-problématique; de plus le ravitaillement d'Almeida s'ensuivait comme la conséquence facile, et du reste la moins importante de la bataille gagnée, car après une victoire il était vraisemblable que les Anglais seraient d'un trait ramenés jusqu'à Coïmbre, ou même jusqu'à Lisbonne, et que notre armée trouverait dans les magasins formés sur leurs derrières des moyens de les poursuivre qu'elle n'avait pas eus pour venir les attaquer.

Par toutes ces raisons Masséna prit sur-le-champ son parti, et le 3 au milieu du jour ordonna au général Ferrey, qui commandait la 3ᵉ division du 6ᵉ corps, d'attaquer Fuentès d'Oñoro, tandis qu'à la droite Reynier replierait les Anglais sur Alaméda, et que Solignac et Dronet, placés en observation au centre, lieraient entre elles les deux parties de l'armée.

Le 3, en effet, vers une heure de l'après-midi, le général Ferrey, précédé de la cavalerie légère du général Fournier, s'avança par la grande route sur Fuentès d'Oñoro. Le général Fournier avec les 7ᵉ, 3ᵉ et 20ᵉ de chasseurs chargea la cavalerie des Anglais ainsi que leur infanterie légère, et les rejeta brusquement l'une et l'autre sur le village de Fuentès d'Oñoro, après leur avoir tué ou pris une cen-

Mai 1811.

Bataille de Fuentès d'Oñoro, livrée les 3 et 5 mai 1811.

Première journée, celle du 3 mai.

taine d'hommes. Les avant-postes étant ainsi balayés, le général Ferrey avec sa division d'infanterie d'environ 3 mille hommes aborda Fuentès d'Oñoro. Ce petit village de la Vieille-Castille, devenu si célèbre, se trouvait partie en deçà du Dos-Casas, partie au delà, sur le penchant d'une hauteur. Il était entouré d'enclos d'une défense facile, et rempli de tirailleurs. Le colonel anglais Williams occupait Fuentès d'Oñoro avec quatre bataillons de troupes légères, et le 2ᵉ bataillon du 83ᵉ britannique. Outre les clôtures naturelles qui rendaient le village peu accessible, les Anglais avaient barré la principale avenue.

Le général Ferrey attaqua Fuentès d'Oñoro avec 4,200 hommes, et laissa en réserve sa seconde brigade d'à peu près 4,800. Au signal donné il s'avança au pas de charge sur la partie du village qui était en avant du Dos-Casas, enleva à la baïonnette toutes les barrières élevées dans la principale avenue, et malgré une fusillade partant de tous les points, rejeta les Anglais au delà du Dos-Casas, et les suivit sur la rive gauche de ce ruisseau. Le colonel Williams y fut blessé. Lord Wellington attiré par la fusillade avait conduit du renfort sur ce point. Il joignit aux cinq bataillons du colonel Williams le 74ᵉ britannique, et ramena les Français jusqu'au bord du Dos-Casas. On se disputa vivement le cours du ruisseau, mais de notre côté on ne put le dépasser, car 4,200 hommes se battaient avec le désavantage du lieu contre 4 ou 5 mille.

C'était assurément une faute avec les forces dont on disposait de se borner à tâter cette position, au lieu de l'aborder franchement avec toute une division, même avec deux, et de l'enlever avant que l'ennemi en eût appris l'importance. A cinq heures de l'après-midi Masséna ordonna une seconde attaque plus sérieuse, exécutée par toute la division Ferrey, et une brigade de la division Marchand. C'était une nouvelle faute. L'ennemi étant cette fois mieux averti, il aurait fallu attaquer Fuentès d'Oñoro avec les trois divisions du 6ᵉ corps conduites par le brave Loison, car en ce moment il y avait encore beaucoup de chances d'emporter cette position en y employant des moyens suffisants.

Le général Ferrey amena son artillerie, en accabla le village, puis y jeta quinze cents hommes du 26ᵉ et du 66ᵉ, lesquels surmontant tous les obstacles, conquirent la partie basse de Fuentès d'Oñoro, rive droite comme rive gauche du ruisseau, et s'avancèrent jusqu'au pied de la hauteur. Entraînés par leur ardeur ils essayèrent de la gravir. S'élevant d'enclos en enclos, de maisons en maisons, ils parvinrent presque jusqu'au sommet, mais arrivés là ils essuyèrent des feux terribles d'artillerie et de mousqueterie, et reconnurent l'insuffisance de leur nombre pour une telle entreprise. Lord Wellington, qui avait eu le temps de porter sur ce point une nouvelle division, les poussa pied à pied, et finit par les ramener au bas de la hauteur. Il allait même les tourner par leur droite, et les forcer de se replier en désordre sur la ligne du Dos-Casas, lorsque le général Ferrey, ralliant les troupes qui s'étaient engagées le matin, plus la légion hanovrienne et un régiment de la division Marchand, marcha sur les Anglais baïonnette baissée,

Mai 1811.

La journée du 3 s'achève par une possession partagée de Fuentès d'Oñoro, les Français dans le bas, les Anglais dans le haut du village.

et les obligea de regagner la position de laquelle ils étaient descendus. On coucha dans ce village inondé de sang, couvert de ruines, les Anglais restant maîtres de la partie haute, les Français de la partie basse et des deux rives du Dos-Casas. Six ou sept cents hommes du côté des Anglais étaient morts ou blessés dans les avenues et les enclos de Fuentès d'Oñoro, et à peu près autant de notre côté. C'était bien du sang répandu pour apprendre à lord Wellington toute l'importance du poste que nous voulions lui enlever. Devant Alaméda, c'est-à-dire à la droite de Fuentès d'Oñoro par rapport à nous, Reynier avait fait peu de chose; il s'était borné à prendre ce village, que les Anglais ne voulaient pas sérieusement défendre parce qu'il était situé à la droite du Dos-Casas, et il les avait décidés à se retirer sur la rive gauche, qui, sur ce point, était extrêmement escarpée. Lord Wellington y avait envoyé ses troupes légères, qu'il avait remplacées à Fuentès d'Oñoro par toutes ses divisions de droite.

Masséna après avoir reconnu la position de l'ennemi

Si Masséna n'avait pas cette clairvoyance supérieure et prompte qui chez les modernes semble n'avoir appartenu qu'à Napoléon, il s'éclairait du moins sur le champ de bataille, où la plupart des généraux perdent ordinairement ce qu'ils ont de clairvoyance, et loin de se décourager par la difficulté, il s'opiniâtrait au contraire, et trouvait des forces morales là où les autres sentent s'évanouir les leurs. Après avoir passé la journée sur le champ de bataille de Fuentès d'Oñoro, il s'était aperçu qu'en remontant vers sa gauche, et vers la droite des Anglais, le lit du Dos-Casas devenait moins profond, et qu'une sorte de plaine légèrement ondulée formait en cet endroit la seule séparation entre nous et l'ennemi. Il supposa donc que par ce côté on pourrait facilement aborder, même tourner les Anglais, et, renversant leur droite sur leur centre, leur centre sur leur gauche, réaliser sa pensée première, et toujours juste, de les rejeter sur la basse Coa, en leur enlevant la route qui conduisait au pont de Castelbon. Le lendemain 4 en effet, il parcourut tout le front des Anglais, découvrit de nouveaux préparatifs de défense sur la partie haute de Fuentès d'Oñoro, se confirma dans la résolution de chercher plus à gauche le vrai point d'attaque, envoya Montbrun en reconnaissance vers Pozo Velho, et acquit la conviction que c'était effectivement vers notre gauche, là où le terrain légèrement raviné par le Dos-Casas présentait une plaine presque continue, qu'il fallait assaillir les Anglais et les vaincre.

En conséquence le 4 mai au soir, quand l'obscurité fut assez grande pour cacher nos manœuvres, il fit exécuter à toute l'armée un mouvement de droite à gauche, de Fuentès d'Oñoro à Pozo Velho. Il laissa Reynier devant Alameda avec mission d'y occuper les Anglais par une attaque plus ou moins vive, selon les événements. Il laissa le général Ferrey dans la partie basse de Fuentès d'Oñoro, en lui adjoignant le 9ᵉ corps tout entier pour l'aider à prendre ce village, lorsque le progrès fait vers Pozo Velho rendrait l'opération praticable. Il porta les divisions Marchand et Mermet du 6ᵉ corps, toute la cavalerie, et la division Solignac du 8ᵉ corps (environ 17 mille hommes sur 36 mille) devant le terrain

Mai 1811.

dans la journée du 4, change son plan d'attaque et prend le parti de se porter sur la droite de l'armée anglaise.

Changement de position des divers corps de l'armée française.

ouvert de Pozo Velho, avec ordre de faire à la hauteur de ce village un mouvement de conversion, de se ployer autour de la droite des Anglais, de la refouler sur leur centre en prenant d'abord Pozo Velho, puis Fuentès d'Oñoro, qu'on devait assaillir à revers pendant que Ferrey l'aborderait de front, et de continuer ce mouvement jusqu'au complet refoulement de l'armée britannique vers la basse Coa. Ce plan était excellent, et si l'exécution répondait à la conception, une victoire éclatante devait s'ensuivre. Il n'y avait à redire qu'aux instructions données à Drouet et à Reynier. Il eût fallu non pas attaquer accessoirement Fuentès d'Oñoro et Alaméda pendant le mouvement de notre gauche, mais les attaquer vigoureusement, pour que les Anglais attirés partout à la fois ne pussent pas accourir en masse au secours de leur droite si dangereusement menacée.

Le lendemain 5 mai, les troupes françaises avaient achevé leur mouvement de très-grand matin. Reynier était devant Alaméda, étendant sa gauche vers Fuentès d'Oñoro. Ferrey était dans la partie basse de Fuentès d'Oñoro, et Drouet derrière lui avec le 9ᵉ corps, prêt à marcher à son soutien. Les divisions Mermet et Marchand du 6ᵉ corps, toute la cavalerie, moins celle de la garde laissée un peu en arrière, étaient à la hauteur de Pozo Velho. La division Solignac du 8ᵉ corps leur servait de réserve. L'armée, pleine de confiance et d'ardeur, croyait marcher à une victoire.

Lord Wellington, qui lui aussi s'éclairait au feu, et ne s'y troublait pas, avait entrevu quelque chose de la manœuvre de Masséna, car malheureusement il avait eu toute la journée du 4 pour deviner nos mouvements, et pour y adapter les siens. S'étant rassuré sur Alaméda, il en avait éloigné la division légère qu'il y avait portée un moment, et l'avait de nouveau acheminée vers Fuentès d'Oñoro. Il avait laissé Picton avec la 3ᵉ division sur les hauteurs de Fuentès d'Oñoro, et Spencer un peu en arrière avec la 1ʳᵉ; il avait envoyé vers Pozo Velho, où ne se trouvaient d'abord que les Espagnols de don Julian, la brigade portugaise Ashworth, deux bataillons anglais, une partie de sa cavalerie, et la 7ᵉ division du général Houston tout entière. Enfin il avait reporté plus à sa droite encore don Julian, et l'avait posté à Nave de Avel pour s'éclairer plus au loin. Bien que ce fussent là d'assez grandes précautions prises en faveur de sa droite, ce n'était pas assez pour résister aux 17 mille hommes que Masséna venait de diriger contre elle.

Le 5 au matin, le mouvement de l'armée française commença dès l'aurore. Loison s'ébranla pour marcher vers Pozo Velho, les divisions Marchand et Mermet en tête, la division Solignac en réserve. Il avait à sa gauche Montbrun avec 1,000 dragons et 1,400 hussards et chasseurs. Montbrun voulut d'abord balayer les Espagnols de don Julian, et lança contre eux sa cavalerie légère. Le général Fournier prenant Nave de Avel par la gauche, le général Wathier le prenant par la droite, chassèrent les Espagnols, en sabrèrent une centaine, et les rejetèrent au delà du Turones. Après avoir exécuté ce mouvement allongé, la cavalerie légère vint se réunir à Montbrun, et se ranger sur les ailes de la réserve de dragons. Pendant ce temps, Marchand se ployant par sa gauche vers le village de Pozo Velho, y dirigea la brigade Maucune. Ce village, entouré d'un petit bois, était gardé par les Portugais et par une partie de la division Houston. Les soldats de Maucune abordèrent vigoureusement les Anglais, les chassèrent du bois, les poussèrent sur le village, où ils entrèrent baïonnette baissée. Ils y firent environ 200 prisonniers, et y blessèrent ou tuèrent une centaine d'hommes. Les Portugais s'enfuirent en désordre; les Anglais allèrent rejoindre la division Houston, qui se retirait lentement, couverte par deux régiments de cavalerie, un hanovrien, un anglais, appuyant sa droite au ruisseau du Turones, et sa gauche à la division légère de Crawfurd qui accourait à son secours. La brigade Maucune, poursuivant les Anglais au delà du village, trouva en sortant la cavalerie de Montbrun qui s'avançait au grand trot après son expédition de Nave de Avel. A l'aspect de la ligne anglaise, que protégeaient deux régiments de cavalerie, Montbrun bouillant d'ardeur n'hésite pas à entrer en action, et dirige la compagnie d'élite de ses dragons sur la cavalerie ennemie. Cette poignée d'hommes commandée par le capitaine Brunel s'élance bravement sur les escadrons anglais, et les culbute sur l'infanterie de la division Houston. Cette charge, exécutée sous les yeux des soldats de Montbrun et de Maucune, excite dans les troupes une sorte d'enthousiasme, et elles demandent à marcher, croyant déjà tenir la victoire. Montbrun veut alors charger l'infanterie anglaise, qui se trouve sur un terrain favorable aux manœuvres de la cavalerie, mais qui est couverte par huit bouches à feu. Il fait demander quelques pièces à la batterie de la garde, mais celle-ci ne peut recevoir d'ordre que du maréchal Bessières, étiquette des troupes d'élite déjà bien funeste à Wagram. Ne pouvant les obtenir, Montbrun s'adresse à Masséna, qui, averti de cette difficulté, se hâte de lui envoyer quatre pièces de canon. Malheureusement il s'est écoulé une demi-heure pendant laquelle les troupes françaises ont eu le temps de se dépiter, et les troupes légères de Crawfurd celui d'arriver. Enfin Montbrun, pourvu de l'artillerie dont il a besoin, s'avance sur la division Houston, ayant en tête un escadron du 3ᵉ de hussards déployé pour cacher ses canons, les dragons au centre, un escadron du 11ᵉ de chasseurs à droite, un du 12ᵉ à gauche. Il marche ainsi se faisant précéder par une centaine de tirailleurs de la brigade Wathier, afin de provoquer le centre de la ligne anglaise. En effet, le 51ᵉ d'infanterie anglaise s'ébranle pour se porter en avant. Montbrun démasque alors ses pièces et le couvre de mitraille, puis envoie sur lui les chasseurs qui étaient sur nos ailes. Les deux escadrons lancés au galop rompent le 51ᵉ anglais, et sabrent ses fantassins désunis. L'élan est donné, on marche sur la division Houston, et, en continuant de la pousser devant soi, on la sépare de son artillerie qu'on est près de lui enlever, lorsqu'en approchant du ravin du Turones on essuie presque à bout portant le feu d'une ligne de tirailleurs postés dans quelques enclos. Ce feu imprévu et bien dirigé arrête nos cavaliers, et la division Houston, après avoir perdu

Mai 1811.

Commencement de succès contre la droite des Anglais, et grande probabilité d'une victoire décisive.

du monde, réussit à se retirer derrière le Turones, où elle retrouve don Julian. Au même instant elle est remplacée sur le terrain par la division légère Crawfurd qui s'est avancée en toute hâte.

Masséna voyant la droite anglaise entamée, et en partie déjà rejetée au delà du Turones, ordonne au général Loison de faire avancer les divisions Marchand et Mermet, pour que débouchant de Pozo Velho, elles secondent l'effort de la cavalerie, et se portent aux environs de Fuentès d'Oñoro, qu'elles doivent prendre à revers. Ce mouvement continué avec vigueur, la droite des Anglais doit être renversée sur leur centre, ainsi que l'a résolu Masséna. En même temps il profite de l'élan extraordinaire des cavaliers de Montbrun, pour les jeter sur Crawfurd, qui à l'aspect de notre cavalerie s'est formé en trois carrés, avec de l'artillerie dans les intervalles de chacun des trois.

Montbrun ordonne au général Fournier de faire attaquer le carré qu'il aperçoit à notre gauche par l'un de ses régiments légers, de fondre en personne avec les deux autres sur le carré du centre, qui est le plus considérable. Il ordonne au général Wathier de charger celui qui est à notre droite. Lui-même il suit avec ses dragons le mouvement de la cavalerie légère, prêt à l'appuyer lorsqu'il en sera temps.

Cette masse de cavalerie conduite avec une précision et une vigueur admirables, s'avance sous une horrible mitraille, que vomit l'artillerie placée entre les carrés anglais. Arrivés à portée de l'ennemi, les hussards et les chasseurs partent au trot, puis chargent au galop. En un clin d'œil le carré de gauche est enfoncé. Fournier pénètre lui-même dans celui du centre avec ses deux régiments. Quinze cents hommes de l'infanterie anglaise se rendent, et le colonel Hill remet son épée. Le carré de droite, protégé par un pli du terrain, échappe seul à ce désastre, et ne peut être entamé par le général Wathier. En ce moment de nouvelles décharges de mitraille pleuvent comme de la grêle sur nos cavaliers. Le général Fournier, dont le cheval est tué, tombe à la vue de ses soldats, ce qui produit quelque émotion parmi eux. Les Anglais en profitent; une partie de ceux qui s'étaient rendus s'enfuient, et recommencent le feu; les autres, cependant, au nombre de quatre ou cinq cents, restent prisonniers. Montbrun, apercevant les ravages de la mitraille, et voyant venir sur lui toute la cavalerie anglaise, fait replier ses chevaux-légers, de crainte de n'avoir pas assez de monde pour les soutenir. Il demande à grands cris la cavalerie de la garde, et en outre l'appui de l'infanterie.

Témoin de ce spectacle, Masséna a déjà envoyé un officier pour faire avancer les 800 cavaliers de la garde : même réponse qu'à Wagram!... la cavalerie comme l'artillerie de la garde ne peut agir que sur un ordre du maréchal Bessières, qu'il faut aller chercher on ne sait où, sur ce vaste champ de bataille. La garde demeure donc immobile. L'infanterie, mal dirigée par Loison, a donné trop à droite, comme si son unique but était de prendre à revers Fuentès d'Oñoro, et si elle ne devait pas se lier aussi par sa gauche à Montbrun, afin d'embrasser dans son mouvement toute la ligne de l'ennemi. Elle pénètre dans les bois qui entourent Fuentès d'Oñoro; elle s'y en-

Mai 1811

Les carrés anglais enfoncés par la cavalerie de Montbrun.

La garde ne voulant obéir qu'au maréchal Bessières, et le 9e corps s'étant trompé dans la direction à suivre, laissent Montbrun sans appui.

Mai 1811.

fonce, en chasse les Anglais, arrive au bord d'un ravin qui la sépare de Fuentès d'Oñoro, et se met à tirailler inutilement contre les troupes de Picton, tandis que Ferrey renouvelle son attaque de l'avant-veille.

Profitant du temps perdu par les Français, la droite des Anglais se reforme.

Cependant les heures s'écoulent. Montbrun, resté sans l'appui de la garde, sans celui de l'infanterie, n'a pu renouveler son attaque contre l'infanterie anglaise, qui a profité de ce répit pour se reformer et se remettre en ligne. Spencer avec la première division, ralliant les Portugais, est venu se placer à côté de Crawfurd, et présente un front imposant, appuyé par une nombreuse artillerie et par toute la cavalerie anglaise. Par sa gauche il se lie à Picton, qui défend toujours Fuentès d'Oñoro, et par sa droite à la division Houston qui est de l'autre côté du Turones.

A cet aspect Montbrun, après avoir longtemps supporté les boulets et la mitraille, abrite ses cavaliers derrière un repli du terrain, et attend ainsi la reprise de la bataille pour renouveler ses exploits du matin. Si dans ce moment Reynier, qui n'a qu'une division devant lui, celle de Campbell, attaquait fortement Alaméda, si Ferrey franchement secondé par Drouet avec tout le 9ᵉ corps, pouvait arracher Fuentès d'Oñoro à la division Picton, déjà fort réduite en nombre, la bataille serait gagnée, bien que le mouvement de la gauche des Français contre la droite des Anglais ait été ralenti. Mais Reynier croyant avoir devant lui des masses ennemies qu'il n'a pas, regardant la tâche de gagner la bataille comme réservée à d'autres, se livre à d'insignifiantes tirailleries. Ferrey attaque avec violence Fuentès d'Oñoro, et secondé par deux régiments de la division Claparède enlève les hauteurs au-dessus du village, mais, faute d'être soutenu par le reste du 9ᵉ corps, est obligé de les abandonner. Loison, plein de bonne volonté, mais égaré dans sa marche, et ayant tendu à droite au lieu de tendre à gauche, est inutilement arrêté par un ravin qui le sépare de Fuentès d'Oñoro.

C'est ainsi que s'écoule une bonne partie de la journée, et que les brillants succès de la cavalerie et de la brigade Mancune demeurent sans résultat. Mais l'invincible obstination de Masséna est là pour tout réparer. Courant de Montbrun à Loison, il a reconnu la faute commise. Il ordonne à Loison d'appuyer à gauche, vers Montbrun; il fait avancer Solignac entre Loison et Montbrun, et se propose d'attaquer à fond la droite anglaise, composée des divisions Spencer et Crawfurd, des Portugais et de la cavalerie. Bien que cette ligne soit formidable, il ne désespère pas de l'enfoncer avec les divisions Marchand, Mermet et Solignac, avec l'héroïque cavalerie de Montbrun, surtout l'ordre étant donné à Drouet de tenter un effort désespéré sur Fuentès d'Oñoro, et à Reynier d'attaquer Alaméda sérieusement. L'ardeur de Masséna est partagée par les troupes toujours confiantes dans la victoire, et voulant à tout prix en finir avec cette armée anglaise, qui, depuis si longtemps, tantôt derrière les rochers de Busaco, tantôt derrière les redoutes de Torrès-Védras, a réussi à déjouer leurs efforts.

C'est dans ces occasions que le jugement sûr,

l'opiniâtre caractère de Masséna déploient toute leur puissance. Montbrun, Loison, Marchand, Mermet ne demandent qu'à le seconder. Mais au moment de renouveler l'attaque, et de décider la victoire par un dernier coup de vigueur, le général Éblé vient annoncer avec douleur qu'il reste très-peu de cartouches, Bessières n'en ayant point apporté, et ses trente attelages n'ayant servi qu'à conduire sur le champ de bataille quelques bouches à feu de plus. On estime qu'en réunissant tout ce qu'il y a encore de cartouches chaque soldat en aura à peine trente. Or ce n'est pas assez pour un combat qui sera désespéré de la part des Anglais, surtout si, la journée n'étant pas décisive, il faut continuer à combattre, ou pour se retirer, ou pour suivre l'ennemi. Devant cette difficulté déterminante pour tout autre, Masséna ne se décourage pas; il se résigne à attendre jusqu'au lendemain matin, comptant que les Anglais n'auront pas changé de position, et certain qu'ils n'auront pas pu se renforcer, car Picton avec la 3ᵉ division est indispensable à Fuentes d'Oñoro, Campbell avec la 6ᵉ à Alaméda, Dunlop avec la 5ᵉ au fort de la Conception. Il n'aura le lendemain matin devant lui que Crawfurd, Spencer et les Portugais, et il est résolu à leur porter un de ces coups terribles, comme il en porta jadis à Rivoli, à Zurich, à Caldiéro[1]. Il consent donc à ces quelques heures de repos qui lui procureront des munitions. En conséquence, il ordonne d'envoyer en toute hâte les attelages de Bessières à Ciudad-Rodrigo pour aller chercher des cartouches et des vivres, et de distribuer aux troupes une partie

[1] Caldiéro en 1805.

du convoi destiné à Almeida. Mais Bessières alléguant la triste raison de l'épuisement de ses attelages, qui ont marché sans relâche depuis plusieurs jours, qui ne pourront pas traîner le fardeau dont on les chargera, résiste à Masséna jusqu'à l'emportement. La fortune du vieux guerrier semblait avoir un peu fléchi depuis la retraite du Portugal; on ne lui aurait pas résisté il y a six mois, on lui tient tête aujourd'hui! Que faire? Masséna doit-il encore briser l'épée de Bessières, après avoir brisé celle de Ney? Il y a des difficultés devant lesquelles les plus grands caractères sont obligés de plier. Masséna, pour prévenir de nouveaux éclats, consent à remettre au lendemain matin l'envoi de ses caissons à Ciudad-Rodrigo, et couche sur le champ de bataille avec ses troupes, bivouaquant à portée de fusil des Anglais, et mangeant les vivres qu'on avait préparés pour Almeida.

Telle fut cette bataille de Fuentés d'Oñoro, que tant d'obstacles, de contrariétés imprévues, d'actes de mauvaise volonté, rendirent indécise, et que la bravoure des troupes, les habiles dispositions de Masséna, si elles avaient été secondées, auraient convertie en une victoire éclatante, décisive pour l'Espagne, et probablement pour l'Europe! Le lendemain 6, Masséna, toujours résolu à recommencer la lutte, employa sa journée à parcourir le champ de bataille, tandis qu'on allait lui chercher des munitions à Ciudad-Rodrigo. En ce moment la position des deux armées était singulière. D'Alaméda en remontant jusqu'à Fuentés d'Oñoro les corps de Reynier et de Drouet formaient une ligne continue, opposée de front à l'armée anglaise le long du Dos-Casas. A Fuentès d'Oñoro notre ligne s'était ployée, et, formant un angle presque droit, tenait bloquée au delà du Dos-Casas l'aile droite des Anglais repliée sur leur centre. Lord Wellington avait accumulé sur ce dernier point ses meilleures troupes, et avait suppléé à la force des lieux par celle de l'art. Bien que ses soldats fussent très-fatigués, il les avait occupés toute la nuit à élever des retranchements. Il avait fait barricader la partie haute de Fuentès d'Oñoro. Entre Fuentès d'Oñoro et Villa Formosa, village situé sur le ravin du Turones, il avait remplacé les obstacles naturels qui n'existaient pas par des levées de terre, par des abatis, et par une immense quantité d'artillerie. Enfin il avait à Villa Formosa, comme à Fuentès d'Oñoro, multiplié les barricades, les canons, les défenses de tout genre. Derrière cette ligne transversale, qui allait du Dos-Casas au Turones, et qui était tout au plus de trois quarts de lieue, il avait quatre divisions, les 7e, 1re et 3e, la division légère et les Portugais, et une innombrable artillerie. Masséna vit avec douleur que le temps consacré à faire reposer les attelages de Bessières était beaucoup plus utilement employé par l'ennemi, et que la ligne artificielle créée pendant la nuit allait devenir aussi formidable que celle que la nature avait créée sur le front de Fuentès d'Oñoro à Alaméda, en creusant le lit profond du Dos-Casas. Pourtant il était bien déterminé à recommencer le combat, se fiant sur le zèle des troupes. Mais les généraux Fririon, Lazowski, Éblé, qui étaient dévoués à lui autant qu'à l'honneur des armes, lui révélèrent de tristes vérités qu'il cherchait en vain à se dissimuler, et lui répétèrent que beaucoup d'officiers, les uns fatigués, les autres appelés à servir dans des armées différentes, ou prêts à prendre leur congé, n'étaient pas assez résolus à faire leur devoir pour qu'on pût tenter avec sûreté une attaque désespérée. Reynier, qui avait tant de savoir et de courage véritable, ne valait plus rien dès que l'inquiétude l'avait saisi, et il croyait en ce moment avoir l'armée anglaise tout entière sur les bras. Drouet à la veille de partir pour l'armée d'Andalousie croyait avoir largement payé sa dette à l'armée de Portugal en engageant deux régiments sous le brave général Gérard. Bessières était indéfinissable, et se conduisait devant Masséna comme les ambitieux devant une fortune qui fléchit. On dissuada donc le général en chef, en faisant agir sur lui la seule influence qui puisse vaincre un grand caractère, le conseil de céder donné par des amis éclairés, dévoués et unanimes.

Mai 1811.

Destiné à n'emporter de cette campagne que des chagrins, Masséna se décida pour l'un des deux partis entre lesquels Napoléon lui avait laissé le choix, celui qui lui plaisait le moins, et qui consistait à faire sauter la place d'Alméida au lieu de la ravitailler. Au surplus, le convoi qu'on devait y transporter était à moitié consommé par ceux qui étaient chargés de l'introduire, et ils avaient besoin d'en dévorer le reste pour se retirer. Il n'y avait donc plus qu'à détruire Alméida, où tout était préparé pour l'entière destruction des ouvrages. Il suffisait d'un ordre, mais il fallait porter cet ordre à travers

Masséna se décide à battre en retraite en faisant sauter Alméida.

l'armée anglaise. Masséna demanda des hommes de bonne volonté; il s'en présenta trois dont l'histoire doit conserver les noms, ce furent Zamboni, caporal au 76ᵉ de ligne, Noël Lami, soldat cantinier de la division Ferrey, et André Tillet, chasseur au 6ᵉ léger. Ils portaient chacun l'ordre au général Brenier de faire sauter la place, et puis de s'ouvrir un passage à travers la ligne des postes anglais jusqu'au pont de Barba del Puerco sur l'Aguéda. (Voir la carte n° 53.) Le 2ᵉ corps, formant l'extrême droite de l'armée française, devait être en avant de ce pont pour recueillir la garnison fugitive. Il était enjoint au général Brenier de tirer cent coups de canon du plus gros calibre, pour annoncer qu'il avait reçu l'ordre du général en chef.

Le lendemain 7, Masséna ne pouvant se décider à quitter le champ de bataille, et toujours méditant d'y recommencer l'attaque si l'occasion s'en offrait, resta en position devant les Anglais. Ceux-ci, terrifiés par le formidable combat qu'ils avaient soutenu, par celui qu'ils prévoyaient, se tenaient immobiles derrière leurs retranchements; et Masséna courant à cheval devant ces retranchements, comme un lion devant des clôtures qu'il ne peut franchir, Masséna semblait le vainqueur. Le 7 au soir on entendit les cent coups de canon qui attestaient la transmission de l'ordre envoyé à Alméida. Des trois messagers, André Tillet, le seul parti sans déguisement, avec son uniforme et son sabre, était arrivé auprès du général Brenier et avait pu remplir sa mission.

Le 8, Masséna, pour donner au général Brenier

le temps de consommer la destruction d'Alméida, affecta de serrer les lignes anglaises de plus près, et reporta la division Solignac derrière le corps de Drouet, comme s'il allait exécuter une attaque sur le centre de l'ennemi. Le 9 il resta encore en position, simulant toujours un mouvement offensif, et les Anglais se tenant soigneusement dans leurs lignes, y accumulant les moyens de défense, et ne se doutant nullement du calcul du général français.

Mai 1811.

Le 10 enfin l'armée, d'après l'exemple de quelques-uns de ses chefs, commençant à murmurer de ce qu'on la retenait inutilement devant l'ennemi (elle ignorait l'intention du maréchal), et tout annonçant d'ailleurs que le général Brenier avait eu le temps de terminer ses dispositions, Masséna consentit à la retraite sur l'Aguéda. L'armée faisant volte-face, Drouet à droite se dirigea sur Espeja, les 8ᵉ et 6ᵉ corps au centre marchèrent directement sur Ciudad-Rodrigo, Reynier vers la gauche se rabattit sur le pont de Barba del Puerco, où il devait recueillir la garnison d'Alméida si elle réussissait à se faire jour, Montbrun enfin couvrit la retraite avec sa cavalerie. Les Anglais ne nous suivirent qu'avec une extrême circonspection, toute leur attention restant fixée sur le gros de l'armée, et nullement sur Alméida qu'ils croyaient définitivement abandonnée à ses propres forces, et condamnée à une prompte reddition. Le général Campbell seul, chargé d'observer Reynier, le suivit de loin, et sans veiller au pont de Barba del Puerco.

Mouvement rétrograde de l'armée commencé le 10 mai.

A minuit, l'armée entendit pendant sa marche une sourde explosion, et apprit ainsi que la place

Explosion qui apprend

d'Alméida avait été détruite. Reynier laissa le général Heudelet en avant du pont de Barba del Puerco pour recueillir la garnison. On l'attendit le lendemain avec une vive anxiété, car elle avait huit ou neuf lieues à parcourir pour gagner l'Aguéda, et c'était dans la journée du 11 qu'elle devait rejoindre. Son histoire mérite d'être connue, car elle présente une des aventures les plus extraordinaires de nos longues guerres.

Le général Brenier avait depuis longtemps miné les principaux ouvrages de la place, et n'attendait qu'un ordre pour y mettre le feu. L'ordre lui étant parvenu le 7 au soir, il fit jeter toutes les cartouches dans les puits, scier les affûts, tirer à boulet sur la bouche des pièces pour les mettre hors de service, et enfin charger les fourneaux de mine. Le 10 au soir tous ses préparatifs étant achevés, il assembla sa petite garnison, qui était d'environ 1,500 hommes, lui annonça qu'on allait abandonner la place, et se sauver en perçant à travers les masses ennemies. Cette nouvelle plut fort à la témérité de nos soldats, qui s'ennuyaient de tenir garnison dans un pays lointain et hostile, sous la menace continuelle de mourir de faim ou de devenir prisonniers de guerre, et tous se préparèrent à opérer des prodiges. A dix heures du soir on prit les armes. Le général Brenier laissa le chef de bataillon du génie Morlet en arrière avec 200 sapeurs pour mettre le feu aux mines, et le rejoindre par un sentier détourné. On sortit de la place par la partie la moins observée, celle qui conduisait aux bords de l'Aguéda. On parcourut plus de deux lieues sans apercevoir l'ennemi, puis on rencontra les avant-postes de la division Campbell et de la brigade portugaise Pack, et on leur passa sur le corps. Le général Brenier avait eu l'ingénieuse idée de se faire suivre par un convoi, au pillage duquel les Portugais s'acharnèrent en nous laissant passer. Pourtant le général Pack nous suivit avec la cavalerie anglaise du général Cotton. Au jour on arriva à Villa de Cuervos, pas loin de Barba del Puerco, et on rallia le brave Morlet et ses sapeurs, qui après avoir mis le feu aux mines étaient parvenus aussi à forcer la ligne des postes ennemis. En approchant de Barba del Puerco, Pack d'un côté se mit à tirailler contre notre brave garnison fugitive, et Cotton de l'autre à la charger à coups de sabre. Elle fit face à toutes ces attaques, et atteignit enfin l'entrée d'un défilé qui était pratiqué entre les profondes excavations d'une carrière de pierre. Là elle réussit à se sauver, en se jetant dans les bras des troupes du général Heudelet accourues à sa rencontre. Par malheur la colonne avait dû s'allonger pour traverser le défilé, et sa queue était restée en prise aux cavaliers du général Cotton. Deux ou trois cents hommes furent coupés, mais se jetèrent sur les côtés pour gagner par d'autres chemins les bords de l'Aguéda. Quelques-uns tombèrent dans un précipice et y entraînèrent les Portugais acharnés à les poursuivre. Quelques autres restés en arrière furent ramassés par les Anglais. Ainsi, sauf deux cents hommes au plus, cette héroïque garnison se sauva en trompant le calcul des Anglais, et en leur livrant une place détruite. On dit que lord Wellington, en apprenant ce fait extraordinaire, s'écria que l'acte du général Brenier valait une victoire. On conçoit cette exagération inspirée par le dépit, car il était souverainement désagréable et même humiliant de laisser détruire, sous ses yeux et presque dans ses mains, une place qu'on était près de recouvrer, et dont la possession eût annulé la valeur de Ciudad-Rodrigo. Lord Wellington, avec une injustice peu digne de lui, s'en prit au général Campbell, qui n'avait pas été plus coupable que le reste de l'armée, pas plus que le général en chef lui-même, car personne dans le camp britannique n'avait prévu que telle serait l'issue de cette courte campagne, et pour l'excuse de tout le monde il faut ajouter qu'elle était difficile à prévoir.

Masséna continuant sa retraite, laissa dans Ciudad-Rodrigo le reste du convoi destiné à Alméida, plus quelques grains ramassés pendant le mouvement de l'armée, assura ainsi à cette place quatre mois de vivres, renouvela et renforça sa garnison, rentra enfin à Salamanque, pour y donner du repos à l'armée, et pour la réorganiser. Avec son obstination ordinaire, et en conformité de ses instructions, il voulait ne pas perdre les Anglais de vue, et descendre sur le Tage avec eux s'ils faisaient mine de se diriger sur Badajoz. Pour le moment, bien que très-peu secondé par ses lieutenants, il avait atteint son but, qui était de sauver les places de la frontière espagnole en les ravitaillant ou en les détruisant, de retenir et de contenir l'armée anglaise, de l'empêcher d'envoyer la plus grande partie de ses forces en Estrémadure, et, tout en l'attirant dans le haut Beira, de lui ôter le désir de pénétrer en Espagne.

Ce but si compliqué, le maréchal Masséna l'avait en effet atteint, car Ciudad-Rodrigo qui nous suffisait était approvisionné pour quatre mois, Alméida qui nous était inutile ne rentrait aux mains de l'ennemi que démantelé, et les deux journées de Fuentes d'Oñoro avaient causé aux Anglais une telle impression, qu'ils ne songeaient guère, du moins tant que le défenseur de Gênes et d'Essling était présent, à pénétrer en Vieille-Castille. Quant à la bataille de Fuentès d'Oñoro elle-même, acte principal de cette dernière période, ce qu'on en peut dire, c'est que si Masséna avait vu trop tard le côté faible de la position de l'ennemi, s'il avait perdu la journée du 3 mai en attaques inutiles sur Fuentes d'Oñoro, celle du 4 en reconnaissances tardives, il avait enfin discerné le vrai point d'attaque, chose que tant de généraux n'aperçoivent ni au commencement ni à la fin des batailles, c'est que le 5 il avait agi avec une justesse de vues et une vigueur de caractère admirables, et que si dans cette troisième journée Reynier avait été plus entreprenant devant Alaméda, si Drouet eût voulu emporter Fuentès d'Oñoro en y employant tout son corps d'armée, si Loison eût marché plus vite et plus directement au véritable but de ses mouvements, si les misères de l'étiquette n'avaient retenu la garde impériale, les Anglais auraient essuyé un sanglant désastre! Il faut ajouter que malgré toutes ces faiblesses, malgré tous ces mauvais vouloirs, si le maréchal Bessières n'eût pas apporté au dernier instant de nouveaux obstacles au succès, si Masséna eût obtenu pour le lendemain 6 à la pointe du jour les munitions dont il avait be-

Mai 1811.

Le but principal de cette courte campagne est atteint, et si on n'a pas obtenu un résultat décisif la faute n'en est pas au maréchal Masséna.

Mai 1811.

soin, il pouvait encore, surmontant par sa constance la constance anglaise, détruire la fortune de lord Wellington, devant lequel devait succomber plus tard la fortune de Napoléon!

Masséna rentra donc à Salamanque pour attendre le jugement qu'on porterait à Paris de ses opérations. Il ne lui manquait plus après toutes les bassesses dont il avait été témoin que d'encourir la disgrâce de son maître. Il n'en savait rien, mais il n'était pas loin d'y compter. L'amertume de son cœur et sa connaissance des hommes ne le disposaient pas à espérer beaucoup de justice.

Événements qui se passent en Andalousie pendant que le maréchal Masséna livre la bataille de Fuentés d'Oñoro.

Dans ce moment, le compagnon d'armes auquel il venait de rendre un grand service sans en avoir reçu aucun, qu'il avait délivré de la présence de lord Wellington, et de celle d'une ou deux divisions anglaises, le maréchal Soult était beaucoup moins heureux encore, et recueillait le prix des fautes commises par tout le monde dans les funestes campagnes de 1810 et de 1811. Lord Wellington, à peine la retraite du maréchal Masséna commencée, avait d'abord envoyé le corps de Hill vers l'Estrémadure, et puis y avait ajouté divers détachements dans l'intention de secourir la place de Badajoz, ou de la reprendre par un nouveau siége, si les Français l'avaient prise. L'ensemble des forces réunies de ce côté se composait de deux divisions anglaises d'infanterie, de plusieurs régiments de cavalerie également anglais, de plusieurs brigades portugaises, et enfin de troupes espagnoles, les unes échappées de la Gevora, les autres sorties de Cadix. On pouvait évaluer cette armée à trente mille hommes environ, dont 12 à 13 mille Anglais, 6 mille Portugais de ligne, et 11 à 12 mille Espagnols. Elle avait passé la Guadiana à Jurumenha, avait arraché la place d'Olivença aux Français qui venaient de la conquérir, mais qui n'avaient pas eu le temps de la mettre en état de défense, et qui s'en étaient retirés en soutenant des combats d'arrière-garde désespérés, pour regagner Badajoz. Une division anglaise avait investi Badajoz, où le général Philippon s'était enfermé avec des vivres, des munitions, une garnison dévouée de 3 mille hommes, et la résolution de ne rendre la place que lorsque l'ennemi y serait entré de vive force. Le reste de l'armée anglo-portugaise et espagnole, après avoir battu la campagne pour en chasser les Français, avait pris position sur l'Albuera afin de couvrir le siége. Le 5ᵉ corps, dont le maréchal Mortier, rappelé en France, avait laissé le commandement au général Latour-Maubourg, s'était posté un peu en arrière, attendant avec impatience un secours de Séville, car resté tout au plus à 8 ou 9 mille hommes après le départ du maréchal Soult, il se réduisait presque à rien depuis qu'il avait fourni une garnison à Badajoz.

Tels étaient les événements qui s'étaient passés en Andalousie pendant que le maréchal Masséna livrait la bataille de Fuentès d'Oñoro et faisait sauter Alméida. Le maréchal Soult ayant trouvé la sécurité rétablie devant Cadix par la vigueur avec laquelle le maréchal Victor avait repoussé les Anglais, et par le retour d'une partie du 4ᵉ corps dans la province de Séville, avait prêté l'oreille aux cris de détresse

Mai 1811.

Armée anglo-espagnole envoyée en Estrémadure pour reprendre Badajoz.

Triste état du 5ᵉ corps réduit à quelques mille hommes après avoir mis une garnison dans Badajoz.

Le maréchal Soult retourne en Estrémadure pour recueillir le 5ᵉ corps et combattre les Anglais.

de la garnison de Badajoz, qui se défendait avec le plus rare courage, et s'était décidé à revenir vers elle. Après avoir donné quelques soins aux affaires de son armée, attiré à lui une partie du 4ᵉ corps, mis le maréchal Victor non pas en état de prendre Cadix, mais de conserver ses lignes si on venait les attaquer, et fait connaître de nouveau tant à Madrid qu'à Paris le besoin qu'il avait d'être promptement secouru, il était parti le 10 mai avec 11 ou 12 mille hommes pour se réunir aux restes du 5ᵉ corps sur la route de Séville à Badajoz. Il s'était mis en route à l'instant même où, comme on vient de le voir, le maréchal Masséna rentrait à Salamanque.

Après avoir rallié le 5ᵉ corps qui l'attendait sous les ordres du général Latour-Maubourg, le maréchal Soult se trouva à la tête d'environ 17 mille hommes de troupes excellentes, parfaitement disposées, et dans lesquelles il y avait 2,500 hommes de la meilleure cavalerie. Il arriva le 15 mai à Santa-Martha en vue de l'armée anglaise, qui s'était postée à quelques lieues en avant de Badajoz sur les coteaux qui bordent l'Albuera. Quoique les Anglo-Espagnols comptassent trente et quelques mille hommes et qu'il n'en comptât que 17 mille, le maréchal Soult n'hésita pas à les attaquer, car c'était le seul moyen de sauver Badajoz, et de s'épargner l'humiliation de voir tomber sous ses yeux cette place qui était son unique conquête.

Situation de l'armée anglaise sur les hauteurs de l'Albuera.

Le maréchal Beresford commandait l'armée combinée, comprenant la division anglaise Stuart, les trois brigades portugaises du général Hamilton, et les troupes détournées du siège de Badajoz. Ces dernières se composaient de la division anglaise Cole, et des troupes espagnoles venues de Cadix sous les généraux Blake et Castaños. Dix-sept mille Français de choix pouvaient bien tenir tête à 30 mille ennemis parmi lesquels il n'y avait que 12 à 13 mille Anglais.

L'armée anglo-espagnole était établie derrière le petit ruisseau de l'Albuera, très-facile à franchir. Elle avait sa gauche au village d'Albuera, son centre, formé surtout d'Anglais et de Portugais, sur des mamelons peu élevés, et sa droite, comprenant tous les Espagnols, sur le prolongement de ces mamelons, mais un peu sur leurs revers, de manière à être à peine aperçue. Les troupes tirées du siège de Badajoz passant actuellement derrière la ligne anglaise, venaient lui servir de prolongement et d'appui.

Le maréchal Soult prit le parti d'attaquer les Anglais le lendemain 16 mai au matin. Il plaça devant le village d'Albuera qui formait sa droite et la gauche de l'ennemi, le 16ᵉ léger, avec une batterie de gros calibre, pour canonner fortement ce village et y feindre une attaque sérieuse. Mais c'est par sa gauche et contre la droite de l'ennemi qu'il était décidé à tenter son principal effort. Il résolut de porter deux divisions d'infanterie, les divisions Girard et Gazan, au delà du ruisseau de l'Albuera, de leur confier la tâche d'enlever rapidement les mamelons sur le revers desquels on commençait à découvrir la droite des Anglais, de faire ensuite tourner ces mamelons par sa cavalerie postée à son extrême gauche sous le général Latour-Maubourg, de soutenir ce mouvement avec une réserve d'infanterie sous le général Werlé, et quand on aurait ainsi culbuté la droite des Anglais, d'emporter d'assaut le village d'Albuera, qui était l'appui de leur gauche et que notre artillerie aurait d'avance mis en ruines, et rendu presque impossible à défendre.

Le maréchal Soult espérait que les Anglais, attaqués surtout par leur droite qui couvrait leur communication avec Badajoz, seraient plus faciles à alarmer et à battre, et que battus dans cette direction leur revers pourrait avoir de plus grandes conséquences.

Dès le matin du 16 le maréchal mit ses troupes en action. Malheureusement il ne vint pas faire exécuter lui-même ses dispositions sur le terrain, et il retint trop longtemps auprès de lui le général Gazan, qui, tout en commandant une division, remplissait les fonctions de chef d'état-major, et était l'un des officiers d'infanterie les plus fermes et les plus expérimentés de l'armée. Il y eut donc peu d'ensemble et de précision dans les mouvements. Le détachement qui devait à notre droite inquiéter et canonner le village d'Albuera se mit de bonne heure en position le long du ruisseau, et commença un feu destructeur pour le village, et pour les Anglais eux-mêmes. Les deux divisions Girard et Gazan, formant une masse de huit mille hommes d'infanterie, entrèrent aussi en action de bonne heure, s'avancèrent en colonnes serrées, et passèrent le ruisseau, qui n'était pas un obstacle pour elles, tandis que la cavalerie du général Latour-Maubourg, opérant un mouvement allongé sur leur gauche, menaçait la droite de l'ennemi. Par malheur, en l'absence des chefs, un certain défaut d'entente dans les mouvements amena une heure d'immobilité au delà du ruisseau, et laissa aux Anglais le temps de porter le gros de leurs forces vers le lieu du péril. Enfin, le signal de l'attaque étant donné, la division Girard gravit rapidement les mamelons, suivie de la division Gazan, qui, au lieu d'être disposée un peu en arrière de manière à pouvoir se déployer, était trop serrée contre celle qui la précédait. La division Girard arrivait à peine sur la hauteur qu'elle trouva l'ennemi y arrivant en même temps qu'elle. Elle essuya de la part des Anglais et des Espagnols un feu si meurtrier que dans le 40ᵉ de ligne, qui formait son extrême gauche, 300 hommes furent atteints avec les trois chefs de bataillon, dont l'un fut depuis le général Voirol. Néanmoins cette brave division continua de se porter vigoureusement en avant, et renversa la première ligne, composée d'Espagnols et d'Anglais. Une charge vigoureuse de notre cavalerie déployée à la gauche de notre infanterie acheva de culbuter cette première ligne. On y recueillit un millier de prisonniers et plusieurs drapeaux. Mais au même instant le maréchal Beresford avait porté vers sa droite tout le reste de la division Stuart, et de plus la division Cole. Ces troupes s'avançaient les unes déployées et en ligne, les autres formant potence afin de prendre nos troupes en flanc. La division Girard se trouva ainsi accueillie de front et de côté par les feux justes et bien nourris des Anglais. En quelques minutes presque tous les officiers furent tués ou blessés. Il eût fallu se déployer pour répondre à des feux par des feux, mais les deux divisions françaises trop rapprochées étaient dans l'im-

Mai 1811.

possibilité de manœuvrer, et elles furent obligées de se replier pour ne pas essuyer une fusillade aussi destructive qu'inutile. Le général Gazan était survenu, le maréchal Soult également, et ils essayèrent l'un et l'autre de rallier les troupes, mais il était trop tard, et il fallut revenir en deçà du ruisseau. Par bonheur la cavalerie Latour-Maubourg, accourant avec ensemble, et se déployant de la manière la plus menaçante sur le flanc droit des Anglais, les arrêta court. De son côté, le général Ruty ayant habilement disposé son artillerie sur des mamelons qui faisaient face à ceux qu'occupait l'armée ennemie, couvrit celle-ci de projectiles, qu'elle endura froidement et longtemps sans oser nous poursuivre.

Les alliés perdirent par les boulets de notre artillerie presque autant de monde que nous en avions perdu par leur feu de mousqueterie, et virent le terrain presque autant couvert de leurs morts que des nôtres. On se sépara donc après un seul choc, mais des plus sanglants, les Anglo-Espagnols ayant près de 3 mille hommes hors de combat, et nous environ 4 mille. Ainsi, depuis la bataille de Vimeiro, une sorte de fatalité rendait la bravoure héroïque de nos troupes, leur habileté manœuvrière, impuissantes contre le froid courage des Anglais. Ceux-ci prenaient position sur un terrain bien choisi, se bornaient à y tenir avec fermeté, sans exécuter d'autre mouvement que de porter sur le point menacé les forces que nos attaques décousues laissaient disponibles; et nous, les abordant avec une vigueur incomparable, mais sans ensemble, surtout sans suite, nous nous retirions sans bataille perdue, mais sans autre résultat que des pertes d'hommes considérables, et une sorte de dépit chez nos soldats qui pouvait bien finir par se changer en découragement. Les batailles de Vimeiro, de Talavera, de Fuentès d'Oñoro, d'Albuera, n'avaient pas présenté d'autres vicissitudes. A Fuentès d'Oñoro toutefois les Anglais avaient été bien attaqués, quoique tard, mais le génie du général ne faisant pas défaut, c'était la bonne volonté des lieutenants qui avait failli. Il n'y avait que deux combats, celui de Roliça, livré par le général Delaborde, celui de Redinha par le maréchal Ney, où, sachant laisser aux Anglais le désavantage de l'offensive, on les avait rudement traités. Dans toutes les autres occasions, le défaut de calcul et de suite avait rendu inutiles le courage, l'intelligence et l'expérience de nos troupes. La fortune ne nous donnerait-elle pas un jour où le mérite de nos soldats, secondé par les habiles calculs du général en chef, nous vaudrait enfin la victoire si impatiemment attendue, et si chèrement achetée? C'était là ce qui faisait tant désirer que Napoléon vînt en personne commander l'armée française contre les Anglais. Qui pouvait prévoir alors dans quelle occasion il les rencontrerait? Les esprits clairvoyants, tout en commençant à concevoir de tristes pressentiments, ne prévoyaient pas que ce serait dans un jour funeste, où tout son génie ne pourrait pas suppléer à nos ressources entièrement détruites!

Le maréchal Soult, privé de 4 mille hommes sur 17, ne devait pas songer à se mesurer une seconde fois avec les Anglais. Il ramassa ses blessés, et alla prendre position à quelque distance en arrière, de

Mai 1811.

Le maréchal Soult prend position à quelque distance de Badajoz

Mai 1811.

de manière à soutenir par sa présence le courage de la garnison.

manière à rester toujours une espérance pour la garnison de Badajoz. Il écrivit sur-le-champ à Madrid, à Salamanque, à Paris, pour faire connaître ses embarras au roi Joseph, au maréchal Masséna, à Napoléon. Cependant bien qu'il n'eût pas débloqué la garnison de Badajoz, il lui avait procuré un ou deux jours de répit, il lui avait donné la preuve qu'on songeait à elle, et la confiance qu'elle serait secourue à temps si elle se défendait bien. La mauvaise direction des attaques commencées par les Anglais contre Badajoz ajoutait aux espérances fondées qu'inspiraient le courage de la garnison, la fermeté et l'habileté de ses chefs.

Résumé des événements d'Espagne, et triste résultat des campagnes de 1810 et 1811, sur lesquelles on avait d'abord fondé tant d'espérances.

Telle était la situation des affaires d'Espagne au mois de mai 1811, à la suite des grands efforts tentés par Napoléon le lendemain de la paix de Vienne. En Portugal, le maréchal Masséna, après la conquête des places frontières, après une pointe jusqu'à Lisbonne, après six mois passés devant les lignes de Torrès-Védras, avait été obligé de battre en retraite, et pour ne pas laisser prendre sous ses yeux les deux places qui étaient le seul trophée de cette campagne, venait de livrer à Fuentès d'Oñoro une bataille sanglante et indécise, qui avait suffi tout juste pour arrêter les Anglais, que d'abord on s'était flatté de chasser du Portugal. De 70 mille hommes qu'il aurait dû avoir, et qu'il n'avait pas eus, de 55 mille qu'il avait possédés véritablement, il était réduit à 30 mille soldats, épuisés, irrités, et ayant besoin d'une organisation entièrement nouvelle.

Au midi de l'Espagne, le maréchal Soult, après

avoir envahi l'Andalousie, occupé Cordoue, Grenade, Séville, presque sans coup férir, était depuis quinze mois devant Cadix, où il n'avait fait autre chose que d'élever quelques batteries autour de la rade, avait conquis, il est vrai, la place de Badajoz en Estrémadure, mais, comme le maréchal Masséna, était contraint à livrer une bataille sanglante pour sauver cette unique conquête, qu'il courait le danger de voir enlever sous ses yeux. De 80 mille hommes, il était réduit par les chaleurs, par des marches incessantes, à 36 mille hommes au plus, aussi fatigués que ceux de l'armée de Portugal, mais moins en désordre parce qu'ils faisaient la guerre dans un pays riche où ils avaient essuyé moins de privations, parce qu'ils avaient reçu aussi de moins mauvais exemples de la part de leurs chefs immédiats.

L'armée du centre, sous Joseph, très-peu nombreuse, n'avait rien exécuté de considérable, et avait suffi tout juste à maintenir les communications avec l'Andalousie, à disperser vers Guadalaxara les bandes de l'Empecinado, et à tenir en état de tranquillité la province de Tolède. L'armée du nord n'avait cessé d'être tourmentée par les guérillas des deux Castilles. Le général Bonnet avait combattu avec une infatigable activité, avec une rare énergie les montagnards des Asturies, et avait vu souvent toutes ses communications interrompues tant avec les Castilles qu'avec la Biscaye. Le général Reille perdait son temps et ses forces à courir après Mina dans la Navarre, et ne parvenait pas même à protéger les convois. Une seule province offrait des apparences de soumission, d'ordre, de repos,

Mai 1811.

c'était l'Aragon, où la longue résistance de Saragosse semblait avoir épuisé la haine des habitants, et où la sagesse du général Suchet avait ramené les cœurs fatigués par un grand désastre. Ce général, maître chez lui pour ainsi dire, dans une province fermée où ne passaient pas les armées pour se rendre en Espagne, avait pu régulariser l'administration, ménager le pays, et satisfaire aux besoins de ses soldats. Ayant à vaincre non les Anglais, mais les Espagnols, dans le genre de guerre, il est vrai, qu'ils savaient le mieux faire, celui des siéges, il avait conduit sa conquête pas à pas, et après s'être emparé de Lerida, de Mequinenza, de Tortose, il se disposait à attaquer Tarragone, la plus difficile à conquérir des places d'Espagne : mais toutes ses mesures étaient si bien prises, qu'on était fondé à compter sur le succès. Cependant, même dans cette région, un incident fâcheux venait de mêler quelque amertume à la satisfaction qu'on éprouvait, c'était la surprise de Figuères, qu'un commis aux vivres, Espagnol de naissance, avait livrée à l'ennemi. La division de réserve destinée à la Catalogne avait été envoyée sur-le-champ devant Figuères pour essayer de reprendre cette forteresse.

Malheureux état de la cour de Madrid, et voyage de Joseph à Paris.

Au triste tableau que présentent les événements militaires il faut en ajouter un autre non moins affligeant, c'est celui de la cour de Madrid. Joseph, enfermé dans sa capitale, n'ayant d'autorité que sur l'armée du centre composée seulement d'une dizaine de mille hommes valides, traité plus que légèrement par les commandants d'armée, surtout par le maréchal Soult qu'il accusait, à tort ou à raison, de la plus noire ingratitude, Joseph, réduit à une sorte d'indigence faute de finances, n'ayant pas même la consolation de pouvoir rendre ses favoris heureux, car il n'avait plus rien à leur donner, désolé par les rapports qu'il recevait de ses deux ministres envoyés à Paris, entendant jusqu'à Madrid même l'écho des railleries de son frère, qui, trop sévère pour ses faiblesses, ne lui tenait pas assez compte de ses qualités réelles, Joseph, livré à un sombre désespoir, songeait quelquefois à abdiquer comme son frère Louis, et flottant tour à tour entre le dégoût de régner de la sorte, et la crainte aussi de ne plus régner, avait demandé à se rendre à Paris, sous le prétexte des couches de l'Impératrice. Napoléon, despote inflexible mais frère affectionné, y avait consenti, en lui destinant un rôle honorable pendant le séjour qu'il devait faire dans la capitale de la France, celui de parrain de l'héritier de l'Empire, attendu en ce moment avec une entière confiance dans la fortune. Joseph était parti en avril, presque aussi affligé que si l'ennemi l'eût pour toujours chassé de sa capitale. Voilà où en était au mois de mai 1811 l'œuvre de Napoléon en Espagne : c'était bien la peine de bouleverser l'Europe pour y étendre son autorité par la main esclave et tourmentée de ses frères!

Pourquoi donc ces deux campagnes de 1810 et de 1811, desquelles on s'était tant promis, avaient-elles si peu répondu aux espérances qu'on avait conçues? Il est presque inutile de le dire après le sincère exposé des faits que nous venons de présenter, et tout le monde le comprend sans que nous ayons rien à ajouter à notre récit; pourtant nous résumerons ici les réflexions que ce récit inspire, afin de rendre la lumière plus vive en la concentrant!

La faute de vouloir dominer, asservir, transformer le monde en quelques années, une fois commise, Napoléon y avait ajouté toutes les fautes découlant de la première; il y avait ajouté le goût de tout faire à la fois en Espagne, comme il voulait tout faire à la fois en Europe, puis, ce qui suit ordinairement les entreprises exorbitantes, le besoin de se faire illusion, de se tromper lui-même pour s'excuser ou s'étourdir, puis après les illusions, les ordres vagues, sans accord avec les faits, puis enfin des négligences, presque des distractions, trahissant le génie épuisé de fatigue, qui succombe sous les efforts d'une ambition déréglée. Ainsi après la faute de vouloir asservir une nation comme la nation espagnole, que cependant on aurait pu dompter si on y avait employé le temps et les forces nécessaires, après cette faute, il aurait fallu au moins que l'exécution ne ressemblât pas à la conception, et qu'on ne voulût pas soumettre tout à la fois, le Nord et le Midi, Valence, l'Andalousie et le Portugal! En 1810, avec les forces dont la paix de Vienne permettait de disposer, il aurait fallu d'abord courir aux Anglais, tourner contre eux toutes les armées de la Péninsule, et les poursuivre en Portugal jusqu'à ce qu'on les eût précipités à la mer. Mais l'espoir d'enlever l'Andalousie, tandis qu'on allait envahir le Portugal, et de conquérir ainsi tout le Midi d'un seul coup, fut cause qu'on dispersa de Grenade à Badajoz 80 mille hommes, les meilleurs que la France possédât, et que l'armée de Portugal, privée des secours sur lesquels elle avait compté, ne put accomplir sa tâche. Bientôt à cette dispersion de ressources se joignirent les illusions, car le premier besoin qu'on éprouve après les fautes, c'est de ne pas se les avouer, et aux illusions s'ajouta inévitablement le défaut d'à-propos dans des ordres donnés de trop loin et en dehors de la réalité des choses. Certes avec sa profonde expérience, avec son pénétrant génie, Napoléon savait bien l'effroyable déchet que subissent les armées par suite des marches, des fatigues, des combats, des chaleurs de l'été, des froids de l'hiver, il le savait parce qu'il en avait été témoin sous des climats moins dévorants cependant que ceux de l'Espagne, et néanmoins il ne voulait pas admettre que les 80 mille hommes du maréchal Soult fussent réduits à 36 mille; il ne voulait pas admettre qu'au lieu de 70 mille hommes, Masséna n'en eût que 50 mille d'abord, puis 45, puis 30. Il le croyait quelquefois, puis cessait de le croire, et soit par besoin de se tromper, soit pour s'autoriser à exiger davantage de ses lieutenants, il prenait pour bases de ses plans des nombres qu'il savait ou qu'il soupçonnait être faux d'un quart ou d'un tiers, et il n'en ordonnait pas moins comme si les moyens qu'il supposait avaient véritablement existé! Et encore s'il eût ordonné avec son énergie ordinaire, peut-être l'exigence même injuste de ses ordres eût quelquefois vaincu certains obstacles, ceux par exemple qui venaient de la mauvaise volonté, de la faiblesse ou de l'extrême prudence. Ainsi, s'il avait prescrit formellement au général Drouet de marcher avec ses deux divisions au secours de l'armée de Portugal, s'il avait prescrit au maréchal Soult de tout sacrifier, même l'Andalousie, pour secourir cette armée sur laquelle reposait le destin de l'Espagne et de l'Europe, peut-être le grand but de la guerre, celui d'expulser les Anglais de la Péninsule, eût été atteint. Mais avec les doutes qu'il avait conservés sur la réalité des forces qu'il attribuait à ses généraux, à la distance où il était d'eux, Napoléon n'osait pas donner des ordres absolus, sachant que peut-être il commanderait des désastres en ordonnant de loin ce qui sur les lieux serait reconnu impossible. Il recommandait alors à Drouet de secourir Masséna, mais sans perdre ses communications; il recommandait au maréchal Soult de secourir Masséna, mais sans le lui imposer sous peine de désobéissance, sans l'autoriser surtout aux sacrifices qui auraient rendu ce secours possible, et alors il laissait à la mauvaise volonté ou à la timidité le moyen d'éluder des ordres trop peu formels, donnés à travers le vague des distances et du temps écoulé; car ces ordres, quand ils arrivaient à cinq cents lieues, et à deux mois de leur date, portaient le plus souvent avec eux la dispense de leur exécution. C'est ainsi que ce génie si net, si précis, si vaste, se complaisait lui-même dans des incertitudes qui lui étaient pourtant antipathiques, qui ruinaient ses affaires, et dont il sortait par des emportements contre ses généraux, que bien des fois au fond de son âme il savait fort innocents de ce qu'il leur reprochait.

Maintenant, qu'aux fautes du maître se joignissent

souvent les fautes des lieutenants, qui peut s'en étonner, qui aurait le droit de s'en plaindre? Ainsi Masséna manqua de suite, de tenue dans le commandement, commit une faute à Busaco qu'il aurait pu tourner, une faute sur le Tage qu'il aurait pu franchir; ainsi encore il n'aperçut pas assez tôt à Fuentès d'Oñoro le vrai point d'attaque; ainsi le maréchal Ney fit manquer l'établissement sur le Mondego, après avoir contribué à faire abandonner celui de Santarem; ainsi Drouet fut méticuleux et plus nuisible qu'utile; ainsi le maréchal Soult ne sut pas dégarnir Grenade au profit de l'Estrémadure, et fut compagnon d'armes peu dévoué en ne voulant pas braver un péril pour aller au secours du maréchal Massena : mais quel miracle que des hommes même distingués, même bons citoyens, même courageux, fussent quelquefois ou insouciants, ou inattentifs, ou désunis, ou jaloux! Napoléon, dans son âme si grande, n'avait-il pas vu se produire ces choses, la jalousie, la rancune, la colère, l'ébranlement, l'erreur! et comment pouvait-il trouver étonnant que toutes ces misères du cœur et de l'esprit se rencontrassent chez d'autres? Bien aveugle, bien imprévoyant, bien sévère, est celui qui ne sait pas deviner ces faiblesses, et baser même sa conduite sur leur certitude. Une politique est jugée lorsqu'elle ne peut supporter les fautes de ses agents sans périr.

Si donc la grande question européenne, qu'il était souverainement imprudent d'avoir transportée en Espagne, mais qu'il était possible d'y résoudre, ne fut pas résolue en 1810 et 1811, malgré d'immenses moyens, il faut en accuser non pas le génie, mais la politique de Napoléon, qui engendra les fautes militaires de ses agents et les siennes. Après avoir manqué cette solution en Espagne, il voulut la chercher au Nord (ce qui sera le sujet de nos récits dans les volumes suivants), et on verra quelle solution Napoléon y trouva. Mais comme à toutes ses fautes le génie ajoute souvent celle de ne pas vouloir les reconnaître, et de les rejeter sur autrui, Napoléon s'en prit à Masséna, et le rappela, en frappant d'une sorte de disgrâce ce vieux compagnon d'armes, qui lui avait rendu tant de services, qui devait lui faire faute un jour, et qui dans cette campagne, quoique malheureuse, avait déployé de rares qualités de caractère et d'esprit, et n'avait succombé que devant la force des choses, soulevée contre l'entreprise dont il s'était fait l'instrument trop passif.

Le vieux guerrier rentra en France l'âme navrée, sentant sa gloire obscurcie, et voyant les lâches flatteurs de sa prospérité s'éloigner de lui, pour aller répéter partout qu'il était usé, privé d'énergie, incapable désormais de commander. Napoléon, juge infaillible quand il voulait être juste, au lieu de le frapper, aurait dû le regarder avec attendrissement, et dans sa destinée lire la sienne, car Masséna était la première victime de la fortune, et il devait lui, être la seconde, avec cette différence que Masséna n'avait pas mérité son sort, et que Napoléon allait bientôt mériter le sien. En effet, ces desseins gigantesques qui devaient attirer sur leur auteur une si terrible punition de la fortune, Masséna n'en était que l'instrument, et l'instrument improbateur, Napoléon, au contraire, en était l'auteur véritable, qui, sans les approuver tout à fait, s'y laissait entraîner par une complaisance fatale pour ses propres passions. Cependant ajoutons que Masséna aussi avait mérité une partie de ce châtiment, non pour quelques fautes légères, mais pour avoir consenti à exécuter ce que son bon sens lui faisait désapprouver. Mais tel est l'ordinaire inconvénient du pouvoir illimité et non contredit : par l'habitude de la soumission il supprime jusqu'à la pensée de la résistance, même chez les esprits les plus éclairés et les plus fermes.

FIN DU LIVRE QUARANTIÈME
ET DU DOUZIÈME VOLUME.

TABLE DES MATIÈRES

CONTENUES

DANS LE TOME DOUZIÈME.

AVERTISSEMENT DE L'AUTEUR.   I à XXXIX

LIVRE TRENTE-HUITIÈME.

BLOCUS CONTINENTAL.

Situation de l'Empire après le mariage qui unit les cours de France et d'Autriche. — Napoléon veut profiter de la paix pour apaiser les esprits en Europe, et pour terminer en même temps la guerre avec l'Espagne et avec l'Angleterre. — Il se hâte de distribuer à ses alliés les territoires qui lui restent entre le Rhin et la Vistule, afin d'évacuer prochainement l'Allemagne. — Répartition des armées françaises en Illyrie, en Italie, en Westphalie, en Hollande, en Normandie, en Bretagne, dans le triple intérêt du blocus continental, de la guerre d'Espagne, et de l'économie. — Difficultés financières. — Napoléon veut faire supporter à l'Espagne une partie des dépenses dont elle est l'occasion. — Le projet de Napoléon est de forcer les Anglais à la paix par un grand revers dans la Péninsule et par le blocus continental. — État de la question maritime, et rôle difficile des Américains entre l'Angleterre et la France. — Loi américaine de *l'embargo*, et arrestation de tous les navigateurs de l'Union dans les ports de l'Empire. — Mesures de Napoléon pour fermer à l'Angleterre les rivages du continent. — Ses exigences à l'égard de la Hollande, des villes anséatiques, du Danemark, de la Suède, de la Russie. — Résistance de la Hollande. — Tout en se livrant à ces divers travaux, Napoléon s'occupe de mettre fin aux querelles religieuses. — Faute de quelques cardinaux à l'occasion de son mariage, et rigueurs qui en sont la suite. — Situation du clergé et du pape. — Efforts pour créer une administration provisoire des églises, et résistance du clergé à cette administration. — Caractère et conduite du cardinal Fesch, du cardinal Maury, et de MM. Duvoisin et

Emery. — Établissement que Napoléon destine à la papauté au sein du nouvel empire d'Occident. — Envoi de deux cardinaux à Savone pour négocier avec Pie VII, et, en cas de trop grandes difficultés, projet d'un concile. — Suite des affaires avec la Hollande. — Napoléon veut que la Hollande ferme tout accès au commerce britannique, et qu'elle lui prête plus efficacement le secours de ses forces navales. — Le roi Louis se refuse à tous les moyens qui pourraient assurer ce double résultat. — Ce prince songe un moment à se mettre en révolte contre son frère, et à se jeter dans les bras des Anglais. — Mieux conseillé, il y renonce, et se rend à Paris pour négocier. — Vaines tentatives d'accommodement. — Napoléon n'espérant plus rien ni de la Hollande ni de son frère, est disposé à la réunir à l'Empire, et s'en explique franchement. — Cependant arrêté par le chagrin de son frère, il imagine un plan de négociation secrète avec le cabinet britannique, consistant à proposer à ce dernier de respecter l'indépendance de la Hollande s'il consent à traiter de la paix. — M. Fouché intervient dans ces diverses affaires, et indique M. de Labouchère comme l'intermédiaire le plus propre à remplir une mission à Londres. — Voyage de M. de Labouchère en Angleterre. — Le cabinet britannique ne veut point agiter l'opinion publique par l'ouverture d'une négociation qui ne serait pas sérieuse, et renvoie M. de Labouchère avec la déclaration formelle que toute proposition équivoque restera sans réponse. — La négociation, à demi abandonnée, est reprise secrètement par M. Fouché sans la participation de Napoléon. — Le roi Louis se soumet aux volontés de son frère, et signe un traité en vertu duquel la Hollande cède à la France le Brabant septentrional jusqu'au Wahal, consent à laisser occuper ses côtes par nos troupes, abandonne le jugement des prises à l'autorité française, et s'engage à réunir une flotte au Texel pour le 1ᵉʳ juillet. — Retour du roi Louis en Hollande. — Voyage de Napoléon avec l'impératrice en Flandre, en Picardie et en Normandie. — Grands travaux d'Anvers. — Napoléon découvre en route que la négociation avec l'Angleterre a été reprise en secret et à son insu par M. Fouché. — Disgrâce et destitution de ce ministre. — Conduite du roi Louis après son retour en Hollande. — Au lieu de chercher à calmer les Hollandais, il les excite par l'expression publique des sentiments les plus exagérés. — Son opposition patente à la livraison des cargaisons américaines, à l'établissement des douanes françaises, à l'occupation de la Nort-Hollande, et à la formation d'une flotte au Texel. — Fâcheux incident d'une insulte faite à l'ambassade française par le peuple d'Amsterdam. — Napoléon, irrité, ordonne au maréchal Oudinot d'entrer à Amsterdam enseignes déployées. — Le roi Louis, après avoir fait de vains efforts pour empêcher l'entrée des troupes françaises dans sa capitale, abdique la couronne en faveur de son fils, et place ce jeune prince sous la régence de la reine Hortense. — A cette nouvelle Napoléon décrète la réunion de la Hollande à l'Empire, et convertit ce royaume en sept départements français. — Ses efforts pour rétablir les finances et la marine de ce pays. — Vaste développement du système continental à la suite de la réunion de la Hollande. — Nouveau régime imaginé pour la circulation des denrées coloniales, et permission de les faire circuler accordée à tous les détenteurs moyennant un droit de 50 pour 100. — Perquisitions ordonnées pour les soumettre à ce droit. — Invitation aux États du continent d'adhérer au nouveau système. — Tous y adhèrent, excepté la Russie. — Immenses saisies en Espagne, en Italie, en Suisse, en Allemagne. — Terreur inspirée à tous les correspondants de l'Angleterre. — Rétablissement des relations avec l'Amérique à condition que celle-ci interrompra ses relations avec l'Angleterre. — Situation du commerce général à cette époque. — Efficacité et péril des mesures conçues par Napoléon.   1 à 199

LIVRE TRENTE-NEUVIÈME.

TORRÈS-VÉDRAS.

Vicissitudes de la guerre d'Espagne pendant la fin de l'année 1809. — Retraite des Anglais après la bataille de Talavera et leur longue inaction en Estrémadure. — Déconsidération de la junte centrale et réunion des cortès espagnoles résolue pour le commencement de 1810. — Événements dans la Catalogne et l'Aragon. — Habiles manœuvres du général Saint-Cyr en Catalogne pour couvrir le siège de Girone. — Longue et héroïque défense de cette place par les Espagnols. — Disgrâce du général Saint-Cyr et son remplacement par le maréchal Augereau. — Conduite du général Suchet en Aragon depuis la prise de Saragosse. — Combats d'Alcaniz, de Maria, de Belchite. — Occupation définitive de l'Aragon et habile administration du général Suchet dans cette province. — Développement inquiétant des bandes de guérillas dans toute l'Espagne, et particulièrement dans le nord. — Au lieu de s'en tenir à ce genre de guerre, les Espagnols veulent recommencer les grandes opérations, malgré le conseil des Anglais, et s'avancent sur Madrid. — Bataille d'Ocaña livrée le 19 novembre, et dispersion de la dernière armée espagnole. — Épouvante et désordre à Séville. — Projet de la junte de se retirer à Cadix. — Commencements de l'année 1810. — Plans des Français pour cette campagne. — Emploi des nombreux renforts envoyés par Napoléon. — Situation de Joseph à Madrid. — Sa cour. — Son système politique et militaire opposé à celui de Napoléon. — Joseph veut profiter de la victoire d'Ocaña pour envahir l'Andalousie, dans l'espérance de trouver de grandes ressources dans cette province. — Malgré sa détermination de réunir toutes ses forces contre les Anglais, Napoléon consent à l'expédition d'Andalousie, dans la pensée de reporter ensuite ses troupes de l'Andalousie vers le Portugal. — Marche de Joseph sur la Sierra-Morena. — Entrée à Baylen, Cordoue, Séville, Grenade et Malaga. — La faute de ne s'être pas porté tout de suite sur Cadix permet à la junte et aux troupes espagnoles de s'y retirer. — Commencement du siège de Cadix. — Le 1ᵉʳ corps est destiné à ce siège; le 5e corps est envoyé en Estrémadure, le 4e à Grenade. — Fâcheuse dissémination des troupes françaises. — Pendant l'expédition d'Andalousie, Napoléon convertit les provinces de l'Èbre en gouvernements militaires, avec l'arrière-pensée de les réunir à l'Empire. — Désespoir de Joseph, et envoi à Paris de deux de ses ministres pour réclamer contre la réunion projetée. — Après de longs retards, on commence enfin les opérations de la campagne de 1810. — Tandis que le général Suchet assiège les places de l'Aragon, et que le maréchal Soult assiège Cadix et Badajoz, le maréchal Masséna doit prendre Ciudad-Rodrigo et Alméida, et marcher ensuite sur Lisbonne à la tête de 80 mille hommes. — Siége de Lerida. — Le maréchal Masséna, ayant accepté malgré lui le commandement de l'armée de Portugal, arrive de sa personne à Salamanque en mai 1810. — Triste état dans lequel il trouve les troupes destinées à agir en Portugal. — Mauvais esprit de ses lieutenants. — L'armée, qui devait être de 80 mille hommes, se réduit tout au plus à 50 mille au moment de l'entrée en campagne. — Efforts du maréchal Masséna pour suppléer à tout ce qui lui manque. — Siège et prise de Ciudad-Rodrigo et d'Alméida en juillet 1810. — Après la conquête de ces deux forteresses, le maréchal Masséna se prépare à envahir le Portugal par la vallée du Mondego. — Difficultés qu'il rencontre pour se procurer des vivres, des munitions, des moyens de transport. — Passage de la frontière le 15 septembre. — Sir Arthur Wellesley devenu lord Wellington. — Ses vues politiques et militaires sur la Péninsule. — Choix d'une position inexpugnable en avant de Lisbonne, pour résister à toutes les forces que Napoléon peut envoyer en Espagne. — Lord Wellington se prépare à s'y retirer en détruisant toutes les ressources du pays sur les pas des Français. — Retraite de l'armée anglaise sur Coimbre. — Le maréchal Masséna poursuit les Anglais dans la vallée du Mondego. — Difficultés de sa marche. — Les Anglais s'arrêtent sur la Sierra d'Alcoba. — Bataille de Busaco livrée le 26 septembre. — Les Français n'ayant pu forcer la position de Busaco parviennent à la tourner. — Retraite précipitée des Anglais sur Lisbonne. — Poursuite énergique de la part des Français. — Les Anglais entrent dans les lignes de Torrès-Védras les 9 et 10 octobre. — Description de ces lignes fameuses. — Le maréchal Masséna après en avoir fait une exacte reconnaissance désespère de les forcer. — Il se décide à les bloquer jusqu'à l'arrivée de nouveaux renforts. — En attendant il prend une solide position sur le Tage, entre Santarem et Abrantès, et s'applique à construire un équipage de pont afin de manœuvrer sur les deux rives du fleuve, et de vivre aux dépens de la riche province d'Alentejo. — Envoi du général Foy à Paris pour faire connaître à Napoléon les événements de la campagne, et pour solliciter à la fois des instructions et des secours. — État de l'armée anglaise dans les lignes de Torrès-Védras. — Démêlés de lord Wellington avec le gouvernement portugais; ses difficultés avec le cabinet britannique. — État des esprits en Angleterre. — Inquiétudes conçues sur le sort de l'armée anglaise, et tendances à la paix, surtout depuis les souffrances du blocus continental. — Avénement du prince de Galles à la régence. — Disposition de ce prince à l'égard des partis qui divisent le parlement. — Le plus léger incident peut faire pencher la balance en faveur de l'opposition, et amener la paix. — Voyage du général Foy à travers la Péninsule. — Son arrivée à Paris, et sa présentation à l'Empereur.   200 à 430

LIVRE QUARANTIÈME.

FUENTÈS D'OÑORO.

Dispositions d'esprit de Napoléon au moment de l'arrivée du général Foy à Paris. — Accueil qu'il fait à ce général et longues explications avec lui. — Nécessité d'un nouvel envoi de 60 ou 80 mille hommes en Espagne, et impossibilité actuelle de disposer d'un pareil secours. — Causes récentes de cette impossibilité. — Derniers empiétements de Napoléon sur le littoral de la mer du Nord. — Réunion à l'Empire des villes anséatiques, d'une partie du Hanovre et du grand-duché d'Oldenbourg. — Mécontentement de l'empereur Alexandre en apprenant la dépossession de son oncle le grand-duc d'Oldenbourg. — Au lieu de ménager l'empereur Alexandre, Napoléon insiste d'une manière menaçante pour lui faire adopter ses nouveaux règlements en matière de commerce. — Résistance du czar et ses explications avec M. de Caulaincourt. — L'empereur Alexandre ne désire pas la guerre, mais s'y attend, et ordonne quelques ouvrages défensifs sur la Dwina et le Dnieper. — Napoléon informé de ce qui se passe à Saint-Pétersbourg se hâte d'armer lui-même, pendant que la Russie engagée en Orient ne peut répondre à ses armements par des hostilités immédiates. — Première idée d'une grande guerre au nord. — Immenses préparatifs de Napoléon. — Ne voulant distraire aucune partie de ses forces pour les envoyer dans la Péninsule, il se borne à ordonner aux généraux Dorsenne et Drouet, au maréchal Soult de secourir Masséna. — Illusions de Napoléon sur l'efficacité de ce secours. — Retour du général Foy à l'armée de Portugal. — Long séjour de cette armée sur le Tage. — Son industrie et sa sobriété. — Excellent esprit des soldats, découragement des chefs. — Ferme attitude de Masséna. — Le général Gardanne parti de la frontière de Castille avec un corps de troupes pour porter des dépêches à l'armée de Portugal, arrive presque jusqu'à ses avant-postes, et rebrousse chemin sans avoir communiqué avec elle. — Le général Drouet, dont les deux divisions composent le 9ᵉ corps, traverse la province de Beira avec la division Conroux, et arrive à Leyria. — Joie de l'armée à l'apparition du 9ᵉ corps. — Son abattement quand elle apprend que le secours qui lui est parvenu se réduit à sept mille hommes. — Arrivée du général Foy, et communication des instructions dont il est porteur. — Réunion des généraux à Golgão pour conférer sur l'exécution des ordres venus de Paris, et résolution de rester sur le Tage en essayant de passer ce fleuve pour vivre des ressources de l'Alentejo. — Divergence d'avis sur les moyens de passer le Tage. — Admirables efforts du général Éblé pour créer un équipage de pont. — On se décide à attendre pour tenter le passage que l'armée d'Andalousie vienne par la rive gauche donner la main à l'armée de Portugal. — Événements survenus dans le reste de l'Espagne pendant le séjour sur le Tage. — Suite des siéges exécutés par le général Suchet en Aragon et en Catalogne. — Investissement de Tortose à la fin de 1810, et prise de cette place en janvier 1811. — Préparatifs du siége de Tarragone. — Événements en Andalousie. — Éparpillement de l'armée d'Andalousie entre les provinces de Grenade, d'Andalousie et d'Estrémadure. — Embarras du 4e corps obligé de se partager entre les insurgés de Murcie et les insurgés des montagnes de Ronda. — Efforts du 1er corps pour commencer le siége de Cadix. — Difficultés et préparatifs de ce siége. — Opérations du 5e corps en Estrémadure. — Le maréchal Soult ne croyant pas pouvoir suffire à sa tâche avec les troupes dont il dispose, demande un secours de 25 mille hommes. — L'ordre de secourir Masséna lui étant arrivé sur ces entrefaites, il s'y refuse absolument. — Au lieu de marcher sur le Tage, il entreprend le siége de Badajoz. — Bataille de la Gevora. — Destruction de l'armée espagnole venue au secours de Badajoz. — Reprise et lenteur des travaux du siége. — Détresse de l'armée de Portugal pendant que l'armée d'Andalousie assiége Badajoz. — Misère extrême du corps de Reynier et indispensable nécessité de battre en retraite. — Masséna, ne pouvant plus s'y refuser, se décide à un mouvement rétrograde sur le Mondego, afin de s'établir à Coïmbre. — Retraite commencée le 4 mars 1811. — Belle marche de l'armée et poursuite des Anglais. — Arrivé à Pombal, Masséna veut s'y arrêter deux jours pour donner à ses malades, à ses blessés, à ses bagages le temps de s'écouler. — Fâcheux différend avec le général Drouet. — Craintes du maréchal Ney pour son corps d'armée, et ses contestations avec Masséna sur ce sujet. — Sa retraite sur Redinha. — Beau combat de Redinha. — Le maréchal Ney évacue précipitamment Condeixa, ce qui oblige l'armée entière à se reporter sur la route de Ponte-Murcelha, et de renoncer à l'établissement à Coïmbre. — Marches et contre-marches pendant la journée de Casal-Novo. — Affaire de Foz d'Arunce. — Retraite sur la sierra de Murcelha. — Un faux mouvement du général Reynier oblige l'armée à rentrer définitivement en Vieille-Castille. — Spectacle que présente l'armée au moment de sa rentrée en Espagne. — Obstination de Masséna à recommencer immédiatement les opérations offensives, et sa résolution de revenir sur le Tage par Alcantara. — Refus d'obéissance du maréchal Ney. — Acte d'autorité du général en chef et renvoi du maréchal Ney sur les derrières de l'armée. — Difficultés qui empêchent Masséna d'exécuter son projet de marcher sur le Tage, et qui l'obligent de disperser son armée en Vieille-Castille pour lui procurer quelque repos. — Affreux dénûment de cette armée. — Vaines promesses du maréchal Bessières devenu commandant en chef des provinces du nord. — Avantageuse situation de lord Wellington depuis la retraite des Français, et triomphe du parti de la guerre dans le parlement britannique.

— Lord Wellington laisse une partie de son armée devant Almeida et envoie l'autre à Badajoz pour en faire lever le siége. — Tardive arrivée de ce secours, et prise de Badajoz par le maréchal Soult. — Celui-ci, après la prise de Badajoz, se porte sur Cadix pour appuyer le maréchal Victor. — Beau combat de Barossa livré aux Anglais par le maréchal Victor. — Le maréchal Soult trouve les lignes de Cadix débarrassées des ennemis qui les menaçaient, mais il est bientôt ramené sur Badajoz par l'apparition des Anglais. — A son tour il demande du secours à l'armée de Portugal qu'il n'a pas secourue. — Les Anglais investissent Badajoz. — Cette malheureuse ville, assiégée et prise par les Français, est de nouveau assiégée par les Anglais. — Projet formé par Masséna dans cet intervalle de temps. — Quoique fort mal secondé par l'armée d'Andalousie, il médite de lui rendre un grand service en allant se jeter sur les Anglais qui bloquent Almeida. — Ce projet, retardé par les lenteurs du maréchal Bessières, ne commence à s'exécuter que le 2 mai au lieu du 24 avril. — Par suite de ce retard lord Wellington a le temps de revenir de l'Estrémadure pour se mettre à la tête de son armée. — Bataille de Fuentes d'Oñoro livrée les 3 et 5 mai. — Grande énergie de Masséna dans cette mémorable bataille. — Ne pouvant débloquer Almeida, Masséna le fait sauter. — Héroïque évasion de la garnison d'Almeida. — Masséna rentre en Vieille-Castille. — En Estrémadure, le maréchal Soult ayant voulu venir au secours de Badajoz, livre la bataille d'Albuera, et ne peut réussir à éloigner l'armée anglaise. — Grandes pertes de part et d'autre, et continuation du siége de Badajoz. — Belle défense de la garnison. — Situation difficile des Français en Espagne. — Résumé de leurs opérations en 1810 et en 1811; causes qui ont fait échouer leurs efforts dans ces deux campagnes qui devaient décider du sort de l'Espagne et de l'Europe. — Fautes de Napoléon et de ses lieutenants. — Injuste disgrâce de Masséna. 431 à 791

FIN DE LA TABLE DU DOUZIÈME VOLUME.

1089

www.ingramcontent.com/pod-product-compliance
Lightning Source LLC
Chambersburg PA
CBHW060903300426
44112CB00011B/1313